I0225404

„Die gegenwärtige globale Vorherrschaft der USA unterscheidet sich von allen früheren historischen Beispielen durch ihr plötzliches Zustandekommen, ihr weltweites Ausmaß und die Art und Weise, auf die sie ausgeübt wird".[1]

Zbigniew Brzezinski 1997

Weltmacht USA
- hat der Niedergang begonnen?

---

[1] *Brzezinski, Zbigniew: Die einzige Weltmacht, S. 17*

für Alyssa und Liv

Impressum:

4. Auflage 2019
Titel der deutschen Originalausgabe:
„Weltmacht USA - hat der Niedergang begonnen?"

Text Copyright © 2019: Hartmut Spieker, 26419 Schortens

Bibliografische Information der Deutschen Nationalbibliothek: die Deutsche Nationalbibliothek verzeichnet diese Publikation in der deutschen Nationalbiografie; detaillierte bibliografische Daten sind im Internet über dnb.d-nb.de abrufbar.

TWENTYSIX - Der Self-Publishing Verlag
eine Kooperation zwischen der Verlagsgruppe Random House
und BoD-Books on Demand, Norderstedt

Umschlagbild und Grafiken:
Dirk Gaiser, San Carlos, CA (USA)

Herstellung und Verlag:
BoD - Books on Demand, Norderstedt

ISBN: 9-783740.744960

Weltmacht USA
- hat der Niedergang begonnen?

Die USA von heute

Vorrede

God's own Country; Musterland der Demokratie; Herd der Menschenrechte; das Land, in dem Milch und Honig fließen; vom Tellerwäscher zum Millionär; Freiheit der Bürger; Führungsmacht des Westens; die große und vielleicht die einzige richtige Weltmacht.

Das sind einige der Leitbilder, mit denen mir seit meiner Jugend die Vereinigten Staaten von Amerika nahe gebracht worden und auch näher gekommen sind. Dies galt für viele Jahrzehnte – bis hin zu den vier Jahren von 1989 bis 1993, in denen ich mit meiner Ehefrau Ursula in Rhode Island und Virginia gelebt habe. Damals begann sich meine Wahrnehmung dieser Ideale oder Leitbilder langsam zu verändern: in der Bewertung der USA wurde ich zunehmend kritischer.

Wie gelang es dieser einstmals britischen Kolonie zur einzig verbliebenen Weltmacht aufzusteigen und wie ist es möglich, dass dieses Land auf dem Gipfel seiner Macht im Jahre 2001 so rasch begann, sein öffentliches Bild und seine Position in der Welt zu verlieren und den Abstieg einzuleiten, wie man annehmen muss?

Diese Frage bewegt mich seit Langem. Ich bin ihr nachgegangen und habe nach Antworten gesucht, die ich in diesem Buch zusammengefasst habe. Hierbei habe ich mich auf Fakten gestützt, die ich in Büchern, Zeitungsartikeln und im Internet recherchiert habe. Ein großer Teil einzelner Fakten und historischer Beschreibungen sind daher nicht mein geistiges Eigentum. Zum Teil habe ich ganze Passagen von den angegebenen Quellen übernommen. Sie sind gleichwohl für die Entwicklung und Bewertung meiner Ansichten notwendig.

Zbigniew Brzezinski, Nationaler Sicherheitsberater von Jimmy Carter (39. Präsident der USA, 1977 – 1981) hat eine treffliche Aussage in seinem Buch „Die einzige Weltmacht" gemacht:

> *„Mit dem Scheitern und dem Zusammenbruch der Sowjetunion stieg ein Land der westlichen Hemisphäre, nämlich die Vereinigten Staaten von Amerika, zur einzigen und im Grunde ersten wirklichen Weltmacht auf. Folglich muß die amerikanische Außenpolitik den geographischen Aspekt der neu entstandenen Lage im Auge behalten*

und ihren Einfluß so einsetzen, daß ein stabiles Gleichgewicht mit den
Vereinigten Staaten als politischem Schiedsrichter entsteht". [2]

Das hat Brzezinski völlig richtig erkannt, nur halten sich die Regierungen der USA seither wenig an diese Analyse eines anerkannten und erfahrenen Politikers. Dies gilt insbesondere für George Bush II, wie auch für den zu Beginn mit so viel Vorschusslorbeeren angetretenen und bei Amtsübernahme sogleich mit dem Friedensnobelpreis ausgezeichneten Barack Obama. In besonderem Maße gilt es auch für den 2017 angetretenen Präsidenten Donald Trump. In den Amtszeiten der ersten beiden wurde der Abstieg des eigenen Landes beschleunigt und damit der Aufstieg des potentiellen Nachfolgers China gefördert. Und es scheint, als ob der derzeitige Präsident diesen Abstieg eher noch beschleunigen wird.

Der rasante Aufstieg in der ersten Hälfte des 20. Jahrhunderts und die unbestritten erfolgreiche und klare Führungsrolle in den folgenden 50 Jahren haben die Nation und das Land nach dem Zusammenbruch des Warschauer Paktes zur alleinigen Weltmacht geführt. Ein halbes Jahrhundert lang standen die Vereinigten Staaten für politische und wirtschaftliche Freiheit und gewannen Freundschaft und Anerkennung von vielen Nationen. Ein einzelnes Ereignis und ein Präsident reichten aus, um eine deutliche Kursänderung im Inneren wie im Äußeren vorzunehmen. „Heute erscheinen die USA immer mehr als ein Faktor der Internationalen Unordnung und, wo sie können, fördern sie Instabilität und Konflikte"[3].

Seit dem Anschlag auf das *World Trade Center* in New York im Jahre 2001 verlieren die USA weltweit stetig an Glaubwürdigkeit und Vertrauen. Verletzung der Menschenrechte, zunehmende Arroganz der Macht, wirtschaftliche Probleme, Finanzkrisen nicht gekannten Ausmaßes, fehlerhafte politische Handlungsweisen, ein schwacher und unberechenbarer Präsident -- all dieses führt dazu, dass sich die USA heute eigentlich nur noch wegen ihrer noch deutlich überlegenen Streitkräfte als Weltmacht behaupten können. Die wirtschaftlichen Schwierigkeiten, die hohe Staatsverschuldung sowie die Haushaltsprobleme schränken die politische Handlungsfähigkeit des Staates ein. So wie die *Royal Navy* früher den Wohlstand Großbritanniens sicherte, so sichern heute die Flugzeugträgergruppen der *US-Navy* dem Land noch die Weltmachtstellung. Die USA erscheinen heute nur noch als eine Weltmacht auf Abruf.

---

[2] *Brzezinski, Zigniew: Die einzige Weltmacht, S. 15-16*
[3] *Todd, Emmanual: Weltmacht USA - ein Nachruf, Piper-Verlag München 2003, Rückseite*

Wie war der rasante Aufstieg möglich, wo liegen die inneren Probleme, welche Rolle spielen die USA in der Weltpolitik und wie sind die Perspektiven? Diese und andere Fragen sollen im weiteren analysiert werden

Einige wesentliche historische Ereignisse, die mit der Frage des Niederganges zusammenhängen und die im Weiteren in diesem Buch noch zu untersuchen sind, sollen an dieser Stelle bereits einmal kurz benannt und beschrieben werden.

2001 - 11. September

Am 11. September 2001 wurden die beiden Türme des *World Trade Centers* in New York durch einen terroristischen Anschlag zerstört. Da man seit dem Bürgerkrieg 1861-1865 keinen Krieg mehr auf dem eigenen Territorium erleiden mußte, der von den USA seit 1865 geführt worden ist, traf dieser Anschlag das Land besonders hart. Die Aktion gegen das *World Trade Center* wurde von den USA als „Krieg" gegen das eigene Land gesehen und Präsident George Bush II reagierte entsprechend. 2.989 Menschen starben bei diesem Anschlag, schlimm genug. Doch wenn man gegen die Verursacher dieser Morde „Krieg" führt, dann müsste man gegen die Verursacher der jährlich 30.000 Morde in den USA durch Schusswaffen auch „in den Krieg ziehen" und die *National Rifle Association* bekämpfen. Aber mit „9/11" hat man sich offensichtlich wieder ein Feindbild aufbauen können, einen Feind, gegen den man nachhaltig „Krieg führen kann".

2001 - Afghanistan-Krieg III

Nach den ersten desaströsen Erfahrungen der Briten im 19. Jahrhundert und den gleichen Erfahrungen der Sowjetunion im 20. Jahrhundert haben die USA als dritte Weltmacht im Oktober 2001 eine Invasion in Afghanistan mit Hilfe eines großen, weltweiten Bündnisses begonnen. Zielsetzung des Krieges war es angeblich, die Terroristen auszuschalten, die nach Ermittlungen der CIA für die Anschläge am 11. September 2001 verantwortlich waren. Mit dieser Invasion gelang es der Koalition zunächst, die herrschenden Taliban zu stürzen. Mit dem Abzug der Truppen, der Ende 2014 abgeschlossen wurde, bleibt jedoch zu fürchten, dass die Taliban das Land künftig wieder beherrschen werden und der Status „pro ante" wieder hergestellt wird. All das Blutvergießen und der enorm hohe Einsatz von Kriegsgerät und Haushaltsmitteln vieler beteiligter Länder wären dann umsonst gewesen: bis Ende 2014 kamen 3.485 Koalitionssoldaten ums Leben, darunter 54 Soldaten der Bundeswehr und drei deutsche Polizisten. Die USA als größte Truppensteller haben mit rund 67% der getöteten Soldaten der Koalition die höchsten Verluste zu verzeichnen. Die Anzahl gefallener afghanischer Soldaten und Aufständischer ist unbekannt. Offizielle Angaben zu zivilen Opfern liegen nur unvollständig vor, Schätzungen sind sehr unterschiedlich, sie liegen jedoch zumeist in ähnlicher

Größenordnung bei ca. 3.500 getöteten Afghanen. Die Anzahl der gefallenen Soldaten in diesem Krieg im Einzelnen:

	Summe	USA	GBR	KAN	FRA	DEU	andere
2014	75	55	6	0	0	0	
2013	161	127	9	0	0	1	
2012	402	310	44	0	8	0	
2011	566	418	46	4	26	7	
2010	711	499	103	16	16	9	
2009	521	317	108	32	11	7	
2008	295	155	51	32	11	3	
2007	232	117	42	30	3	7	
2006	191	98	39	36	6	0	
2005	131	99	1	1	2	4	
2004	60	52	1	1	3	0	
2003	58	48	0	2	0	6	
2002	70	49	3	4	0	10	
2001	12	12	0	0	0	0	
Summe	3.485	2.356	453	158	86	54	378

2002 - Gefängnis Guantánamo

In Folge des „Krieges" gegen die „Terroristen" haben die USA von Beginn der Invasion in Afghanistan begonnen, ein Gefangenenlager auf der US-Enklave auf Kuba, dem Militärstützpunkt Guantánamo zu eröffnen. Nach der US-amerikanischen Invasion in Afghanistan im Jahr 2002 wurden insgesamt 779 Personen aus mehr als 40 Ländern als mutmaßliche Mitglieder aus den Reihen der Taliban und der Al-Qaida nach Guantánamo gebracht. Sie wurden und werden zum Teil immer noch gefangen gehalten, ohne dass gegen sie ein Prozess abgehalten, angestrebt oder geplant worden war und ist. Aus US-amerikanischer Sicht handelt es sich um ungesetzliche Kombattanten. Mit dieser ungesetzlichen Inhaftierung wollen sich die USA sowohl vor Terroristen schützen als auch geheimdienstliche Erkenntnisse gewinnen. Die von der CIA angewandten und inzwischen bekannt gewordenen Praktiken der Folterungen haben zu einem weltweiten, deutlichen Vertrauensverlust der USA geführt.

2003 - Zweiter Irak Krieg

George Bush II begann am 20. März 2003 mit der Bombardierung von Bagdad und startete damit den zweiten Irak-Krieg. Begründen ließ er diesen Krieg durch seinen Außenminister, den früheren Generalstabschef Colin Powell in einer Rede vor dem Sicherheitsrat der Vereinten Nationen in New York. Colin Powell präsentierte

„Beweise" für angebliche Massenvernichtungswaffen des Irak, Beweise, die die CIA zusammengestellt hatte und die sich später als Fälschungen herausgestellt haben. Colin Powell war von der CIA bewusst im Unwissen gelassen worden. Trotz dieser „Beweise" erhielten die USA kein UN-Mandat für den Einmarsch im Irak. George Bush II bildete sodann eine „Koalition der Willigen", der sich 42 Staaten, darunter 12 NATO-Staaten anschlossen. Deutschland unter dem Bundeskanzler Schroeder lehnte eine Beteiligung ab.

Inzwischen ist erwiesen und von Historikern bestätigt worden, dass Saddam Hussein weder über Chemiewaffen verfügt hat, noch konkrete Kriegspläne entwickelt hatte. Als tatsächliche Kriegsgründe werden heute geopolitische und wirtschaftliche Interessen der USA gesehen.

2004 - Abu Ghraib

Im Jahre 2004 wurde bekannt, dass die Streitkräfte der USA in dem von ihnen im Irak angelegten Gefängnis Abu Ghraib irakische Insassen gefoltert haben. Beweisfotos wurden veröffentlicht. Die sich anschließende Diskussion führte zur Verharmlosung durch die George Bush II-Administration. So stellte der damalige Justizminister Gonzales fest, dass die Gesetze zum Verbot von Folter nicht für „feindliche Kämpfer" gelten würden. Auch das sog. *Waterboarding* könne nicht als Folter eingestuft werden. Verteidigungsminister Donald Rumsfeld und Präsident George Bush II gerieten heftig in die Schusslinie. Auch eine öffentliche Entschuldigung des Präsidenten konnte die aufgebrachte Weltöffentlichkeit nicht beruhigen. Die Vereinigten Staaten von Amerika verletzten die Menschenrechte in hohem Maße. Ein Land, das immer wieder bei anderen Ländern die Einhaltung der Menschenrechte einforderte und unverändert einfordert, verliert durch ein solches Verhalten an Glaubwürdigkeit.

2007 - US-Immobilienkriese

Im Sommer 2007 begann in den USA eine Immobilienkrise. Der Staat hatte mit Nachdruck den Erwerb von Eigentum gefordert und gefördert, in dessen Folge Hypothekenbanken Darlehen gewährten, die bei 120% und mehr des damals angeblichen Wertes der Immobilie lagen. Auf dem Immobilienmarkt kam es zu einer deutlichen Überbewertung von Immobilien und als der Markt einen Höchststand erreichte, fielen die Preise.

Als Beginn dieser Finanzkrise wird der 9. August 2007 festgemacht, denn an diesem Tag stiegen die Zinsen für Interbankfinanzkredite sprunghaft an: es kam zum Platzen der Immobilienblase. Dieses geschah nicht nur in den USA, sondern auch in anderen Ländern; so traf es Spanien besonders hart. Aber auch viele andere Länder, darunter Deutschland wurden von der Krise erfasst. Das Platzen der Immobilienblase brachte auch andere Banken weltweit in Bedrängnis. Verluste und Insolvenzen waren die Folge.

2008 - Lehmann Brothers

Einen Höhepunkt erreichte die Krise mit dem Zusammenbruch von *Lehmann Brothers* im September 2008. Die US-amerikanische Investmentbank *Lehmann Brothers Inc.* musste am 15. September 2008 infolge der Finanzkrise Insolvenz anmelden. *Lehmann* war eine Bank, die weltweit operierte und die mit knapp 30.000 Angestellten zu den größten Banken der Welt zählte. Nachdem die US-amerikanische Regierung drei große Banken bereits mit Milliarden Dollar gestützt hatte, war der politische Druck zu groß geworden, weitere Banken konnten nicht mehr aufgefangen werden. Der damalige US-amerikanische Finanzminister Paulson konnte nach der Absage einer Beteiligung der englischen *Barclays-Bank* an *Lehman* keine weitere Unterstützung zusagen. Diese Entscheidung führte – entgegen dem bisherigen Grundsatz *too big to fail* – zur Insolvenz von *Lehman Brothers*.

Durch die Finanzkrise sahen sich auch andere Staaten veranlasst, große Finanzdienstleister mit staatlichem Kapital zu stützen. Genannt sein sollen hier nur neben *Fannie Mae* und *Freddy Mac* (USA), die *UBS* (Schweiz) oder die *Commerzbank* (Deutschland). Diese und viele andere Banken wurden durch solche staatlichen Maßnahmen am Leben gehalten. Einige Banken wurden verstaatlicht und später geschlossen. Die Krise übertrug sich auch auf andere Zweige der Weltwirtschaft. So musste der Autohersteller *General Motors* in Detroit Insolvenz anmelden und wurde durch die US-Regierung gestützt. Die Terminologie von den „Systemrelevanten Unternehmen" kam auf. Dieses sind solche Unternehmen, von denen der jeweilige Staat meint, eine Insolvenz habe irreparable Schäden der eigenen Volkswirtschaft zur Folge; diese Unternehmen *„are too big to fail"* – wie oben bereits festgestellt wurde.

In der Folge dieser Stützungsoperationen und der ohnehin bereits extrem hohen Staatsverschuldung drohte den USA vorübergehend die Staatspleite, die im letzten Augenblick abgewendet werden konnte.

2012 - Negative Handelsbilanz

Die Vereinigten Staaten von Amerika sind noch die größte Volkswirtschaft der Welt. Sie weisen aber seit den 1970er Jahren regelmäßig ein Handelsbilanzdefizit aus, welches sich seit den 1990er Jahren permament vergrößert hat. Im Jahre 2016 stand dem Import in Höhe von 2.205 Milliarden $ nur ein Export in Höhe von 1.417 Milliarden $ gegenüber. Das Handelsdefizit betrug 734 Milliarden $, das ist etwa ein Drittel des Imports. US-amerikanische Konsumenten kaufen bevorzugt ausländische Güter und fragen weniger einheimische Güter nach; US-amerikanische Waren sind auf der Welt nicht sehr gefragt, bei der Qualität vieler Güter ist diese Zurückhaltung vielleicht verständlich.

Die Handelsbilanz im Jahre 2016 für einige ausgewählte Länder zeigt diese Grafik (Angaben in Milliarden USD)[4]:

	CHI	DEU	EUR	RUS	JAP	USA
Einfuhren	1.587	987	1.727	165	629	2.205
Ausfuhren	2.098	1.283	1.910	259	641	1.471
Differenz	+ 511	+ 296	+ 183	+94	+ 12	-734

Der Fehlbetrag muss durch Kapitalzuflüsse aus dem Ausland finanziert werden, wodurch sich die USA zunehmend gegenüber dem Ausland verschulden. Größte ausländische Gläubiger sind dabei die Volksrepublik China und Japan.

Die Frage ist, ob die internationalen Anleger auf lange Sicht noch bereit sein werden, den USA jährlich etwa 800 Milliarden $ an Kredit zu gewähren. Ausgleichen wird sich die US-Handelsbilanz so schnell nicht, da dafür auch fiskal- und wirtschaftspolitische Maßnahmen der US-Handelspartner nötig wären. Da große Länder wie Frankreich oder Japan aber schon selbst sehr hohe Defizite in ihrem jeweiligen Staatshaushalt aufweisen, wird der Abbau des US-Handelsbilanzdefizits nicht so leicht realisierbar sein, wenn überhaupt.

2012 US-Rating Agenturen

Rating-Agenturen üben eine enorme Macht über Staaten und Unternehmen aus. Sie sollten daher neutral sein und kein Unternehmen oder keinen Staat bevorzugt behandeln und benachteiligen. Bei den drei großen Weltmarktführern - die alle aus den USA kommen - *Standard & Poor's, Moody's* sowie *Fitch* gelten diese Grundsätze offenbar nicht. In der Finanzkrise haben sie sich „nicht mit Ruhm bekleckert", weil sie *Lehman Brothers* noch kurz vor dem Untergang beste Noten gaben. Marode Immobilienkredite in den USA, die teils unter ihrer eigenen Mithilfe entstanden waren, haben sie hoch bewertet. Diese mächtigen Kontrolleure des Finanzmarkts üben ihre Macht weitgehend unkontrolliert aus. Ihre für objektiv erklärten Urteile über die Kreditwürdigkeit von Unternehmen und vor allem auch von Staaten geben sie als unverbindliche Meinungsäußerung aus, für die sie allerdings keinerlei Haftung übernehmen.

Dieser Flucht in die Unverbindlichkeit steht entgegen, dass die Rating-Agenturen fest in den Regelwerken des Finanzmarkts verankert sind und faktische Verbindlichkeit haben: die Agenturen haben mit ihren Ratings über Krisenstaaten die

---

[4] *CIA-Factbook mit Zahlen aus 2016*

europäische Politik vor sich hergetrieben (Irland, Griechenland, Portugal, Spanien, Italien und auch Frankreich) und die Krisen in diesen Staaten und damit in der EURO-Zone angeheizt. US-Regierung und US-Justiz schlossen sich der Sicht der Agenturen an und schonten sie mit dem Verweis auf die Meinungsfreiheit.

Zum Problem werden die Rating-Agenturen dadurch, dass sie als vermeintlich objektive Gerichtsinstanz über Staaten auftreten, deren Urteil ganze Volkswirtschaften ins Ungleichgewicht bringen können.

2013 *Government Shutdown*

Als *Government Shutdown* (Stilllegung der Regierung) wird in den USA eine Lage bezeichnet, in der die Administration ihre Tätigkeit zu großen Teilen einstellen muß und nur noch die als unerlässlich angesehenen Aufgaben erledigen kann. Der Regierungsapparat wird bei einem solchen *Shutdown* heruntergefahren, wenn die bisherige rechtliche Grundlage für die Bewilligung von Haushaltsmitteln ausläuft und sich die beiden Kammern des Parlaments und der Präsident nicht rechtzeitig über weitere Haushaltsmittel einigen, indem sie ein entsprechendes Gesetz beschließen. Solche Situationen kamen in den unterschiedlichen Regierungen der USA immer wieder vor: im Zeitraum 1976 bis 2013 war das insgesamt 19 mal der Fall. Unter Gerald Ford (1), Jimmy Carter (5x), Ronald Reagan (8x), George Bush I (1x), Bill Clinton (2x), Barack Obama (1x) und Donald Trump (1x) kam es zu „*Shutdowns*".

Der *Government Shutdown* im Oktober 2013 dauerte 17 Tage und wirkte sich auch stark auf die Wirtschaft aus. Da die Zollstellen in den Häfen und Flughäfen nur noch mit reduziertem Personal arbeiteten, kam es bei dem Umschlag von Waren zu großen Verzögerungen. Genehmigungsverfahren, Gerichtsverhandlungen etc. wurden vertagt, internationale Konferenzen abgesagt. Nach verschiedenen Schätzungen entstand der US-Wirtschaft ein Schaden von 300 bis 550 Millionen $ pro Tag. Das sind zwischen 5 und 9 Milliarden US-Dollar für diese 17 Tage.

Das Anhalten des *Shutdown* führte auch zu Auswirkungen auf die Außenpolitik der USA: Verhandlungen mit der Europäischen Union über ein Handelsabkommen mussten abgesagt werden. Nicht betroffen vom *Shutdown* waren die Bezüge der Kongressabgeordneten.

Zudem wäre aufgrund eines fehlenden Haushaltsbeschlusses am 17. Oktober 2013 die aktuelle Schuldengrenze von 16,7 Billionen $ erreicht worden. Wäre die Schuldenobergrenze am Abend jenes 17. Oktober 2013 nicht erhöht worden, hätten keine neuen Kredite aufgenommen werden dürfen: es drohte ein Staatsbankrott, der sich erheblich und extrem negativ auf das Finanzsystem der Welt und die gesamte Weltwirtschaft ausgewirkt hätte.

<u>2013 Überwachungs- und Abhöraffäre</u>

Der junge US-Amerikaner und frühere NSA-Mitarbeiter Edward Snowdon hat im Jahre 2013 mit seinen Enthüllungen über die Arbeit der *National Security Agency* (NSA, 40.000 Mitarbeiter) in den USA Einblicke in das Ausmaß der weltweiten Überwachungs- und Spionagepraktiken von US-Diensten gegeben. Diese Enthüllungen lösten universell eine Überwachungs- und Abhöraffäre aus, die in den Telefonabhöraktionen der NSA gipfelten: die USA haben nachweislich u.a. die Telefongespräche von hochrangigen Staatsmännern und -frauen wie der brasilianischen Präsidentin Dilma Rousseff, des französischen Präsidenten Francois Hollande und der deutschen Bundeskanzlerin Angela Merkel abgehört.

Die Arroganz, mit der die USA selbst enge Verbündete, Freunde und Vertraute bespitzeln, ist schon erschreckend. Der angerichtete Schaden wird kurzfristig nicht reparabel sein und Einfluss auf die künftige Zusammenarbeit mit diesen Staaten wie auch mit der *Europäischen Union* haben. Die vom *EU-Parlament* geforderte Aufkündigung des SWIFT-Abkommens mit der EU oder die verlangte temporäre Unterbrechung der Verhandlungen über das Freihandelsabkommen TTIP zwischen der EU und den USA sind Zeichen für diese Entwicklung.

<u>Menschenrechte</u>

Seit Jahrzehnten maßen sich die USA an, mit ihrem jährlichen Menschenrechtsbericht über andere Länder zu Gericht zu sitzen und dabei gleichzeitig Vergehen im eigenen Land selbstgerecht zu übersehen. Das Gros der US-Amerikaner ist fest davon überzeugt, dass die Vereinigten Staaten stets auf der Seite der Gerechten kämpfen und deshalb nichts falsch machen können. Im Inneren der USA ist parallel zu dem „Kampf gegen den Terror" ein Abbau der Demokratie und der Menschenrechte zu verzeichnen, dieses geht hin bis zur staatlich verordneten Folter von Gefangenen.

In dem letzten umfangreichen Menschenrechtsbericht des US-Außenministeriums werden Menschenrechtsverstöße in über 190 anderen Staaten beurteilt, nicht aber in den USA selbst. Seit einiger Zeit nimmt die Volksrepublik China dies nicht länger untätig hin. Peking veröffentlicht seinerseits Informationen über die Missachtung der Menschenrechte in den USA, wodurch Washington der Spiegel vorgehalten wird.

<u>Vorbildfunktion und Glaubwürdigkeit</u>

Die aufgezeigte Entwicklung in den USA nach der friedlichen Revolution in Mitteleuropa 1989/1990 hat die selbst gewählte, gewünschte und weltweit auch von vielen Ländern und vielen Menschen anerkannte Vorbildfunktion der USA und die Glaubwürdigkeit des Landes in wenigen Jahren weltweit erschüttert. Diesen

Glaubwürdigkeitsverlust beklagte selbst Präsident Obama am Ende des mühsamen Kompromisses im Haushaltsstreit am 17. Oktober 2013:

> *„But probably nothing has done more damage to America's credibility in the world, our standing with other countries, than the spectacle that we've seen these past several weeks. It's encouraged our enemies, it's emboldened our competitors, and it's depressed our friends, who look to us for steady leadership."*[5]

Doch nicht nur dieser Haushaltsstreit ist Grund für den Glaubwürdigkeitsverlust der USA. Alle bisher angerissenen Probleme – 9/11, Afghanistan, Irak-Krieg, Guantánamo, Abu Ghraib, Immobilienkrise, *Lehmann Brothers,* Handelsbilanz, *Shutdown,* Rating-Agenturen und die Überwachungsaffäre -haben zu diesem eingetretenen Verlust beigetragen, einem Verlust, der nur schwerlich wieder zu reparieren sein wird, der eher den Beginn des Abstiegs vom Thron der einzigen verbliebenen Weltmacht anzeigen könnte. Nach dem Wechsel im Weißen Haus von Barack Obama auf Donald Trump im Januar 2017 könnte ein solcher Abstieg noch beschleunigt werden.

In den folgenden 30 Kapiteln habe ich versucht, den weiten Bogen zu spannen von den ersten Gehversuchen des jungen Staates bis hin zu der aktuellen Rolle der USA als Weltmacht. Dabei bin ich in drei großen Abschnitten vorgegangen. Zunächst betrachte ich frühere Weltmächte im Abschnitt „Weltmächte kommen und gehen - die früheren Weltmächte". Dem folgt der Aufstieg der Vereinigten Staaten hin zur alleinigen Weltmacht unter der Überschrift „Die historische Entwicklung der USA" Schließlich werden das Land in der aktuellen Lage und denkbare Perspektiven betrachtet: „Die USA von heute."

im Mai 2019

Hartmut Spieker

---

[5] *examiner.com vom 18. Oktober 2013*

Weltmächte kommen und gehen - die früheren Weltmächte

Kapitel 1

Die früheren Weltmächte

„**W**eltmacht ist ein Staat, der aufgrund seiner politischen, militärischen und wirtschaftlichen Kraft global seinen bestimmenden Einfluss ausübt".[6]

Weltmacht bezeichnet also einen Staat, der auf weltpolitischer Ebene wesentlichen Einfluss ausübt und dabei über die Faktoren politische Macht, wirtschaftliche Macht und militärische Macht verfügen muss. Eine führende Rolle in der Wissenschaft sowie moralische Vorbildfunktion gehören in gleichem Masse hinzu.

Manche Historiker setzen bei dem Begriff „Weltmacht" das Vorhandensein einer globalen politischen Ebene voraus und sehen daher Mächte vor dem Zeitalter der Entdeckungen nur als Großmacht an. Da die Welt in der Antike aber noch nicht in ihren tatsächlichen Ausmaßen bekannt gewesen ist, muss man m.E. die Definition „Weltmacht" an der damals bekannten Welt ausrichten. Und damit kommen wir auf 11 Weltmächte von der Antike bis in das 21. Jahrhundert, also von Ägypten bis zu den USA. Es sind

•	Ägypten	≈ 480 Jahre	von 1550 v.Chr.	bis 1070 v.Chr.
•	Assyrien	≈ 138 Jahre	von 750 v.Chr.	bis 612 v.Chr.
•	Babylon	≈ 85 Jahre	von 624 v.Chr.	bis 539 v.Chr.
•	Medo-Persien	≈ 208 Jahre	von 539 v.Chr.	bis 331 v.Chr.
•	Griechenland	≈ 301 Jahre	von 331 v.Chr.	bis 30 v.Chr.
•	Rom	≈ 622 Jahre	von 146 v.Chr.	bis 476 n.Chr.
•	Portugal	≈ 242 Jahre	von 1415	bis 1657
•	Spanien	≈ 334 Jahre	von 1492	bis 1826
•	Großbritannien	≈ 357 Jahre	von 1588	bis 1945
•	Sowjetunion	≈ 46 Jahre	von 1945	bis 1991
•	USA	≈ 70 Jahre	von 1945	heute

---

[6] *Der Brockhaus in fünfzehn Bänden; Band 15, S. 194*

Die Jahreszahlen können dabei nicht absolut gesehen werden, da ein exakter Beginn und ein konkreter Tag des Endes einer Weltmacht nicht immer definiert werden kann. Der Aufstieg zu einer und der Abstieg von einer Weltmacht war in der Regel ein länger anhaltender Prozess. Der Prozess des Niederganges einer Weltmacht ging zudem oft einher mit dem Aufstieg einer anderen. Als Beispiel soll hier Großbritannien genannt werden, dessen Niedergang mit dem Aufstieg der USA einherging.

Im Weiteren soll der Aufstieg der früheren Weltmächte kurz dargestellt werden, dem eine kurze Analyse des Abstieges folgt.

Weltmacht Ägypten[7] ≈ 480 Jahre

Die bekannt gewordenen Anfänge Ägyptens reichen bis 3000 v.-Chr. zurück. Im Zeitraum 3032 bis 2707 v. Chr. bildeten sich größere Siedlungen am Nil heraus. Ein Herrscher des südlichen Ägyptens besetzte das Deltagebiet, wodurch es ihm gelang, die Einigung Ober- und Unterägyptens zu einem Reich zu vollziehen. Als Regierungssitz wurde Memphis gewählt – die erste ägyptische Hauptstadt.

Eine erste Blütezeit erreichte Ägypten von 2707 bis 2216 v. Chr. Es ist die Zeit von der 3. bis zur 6. Dynastie. Die Hieroglyphen wie auch bereits vorhandene Kenntnisse in der Mathematik spielten eine wichtige Rolle für den weiteren Aufbau des religiös geprägten Reiches. Schon in der Frühzeit wurde ein Kalender erfunden, welcher das Jahr in 365 Tage unterteilte. Mit ihm sowie mit der Entdeckung des Papyrus als Schreibmaterial wurden Bedingungen geschaffen, geschichtsträchtige Ereignisse dokumentieren zu können.

Handwerk und vor allem der Ackerbau entwickelten sich enorm, wobei die Zuhilfenahme von Bewässerungskanälen eine wichtige Voraussetzung war. Der Nil ließ es zu, ständigen Handel mit Völkern Vorderasiens und den Mittelmeerinseln zu betreiben. Dadurch erlebte das antike Ägypten den Beginn eines kulturellen Aufschwungs.

In dieser Zeit der 3. bis 6. Dynastie hatte sich eine perfekt funktionierende Verwaltung entwickelt; König Djoser schuf die erste Pyramide. Diese Stufenpyramide war der Grundstein für viele weitere prächtige Bauwerke des alten Ägypten – auch die Cheopspyramide entstand während dieser Zeit.

---

[7] Fernholz, M.: Die Supermacht Altes Ägypten in „Wissensmix" vom 9. Juli 2013

Mentuhotep II. (2061 – 2010 v.Chr.) gelang es zwischen seinem 30. und 39. Regierungsjahr ganz Ägypten zu einigen. Er gilt als Begründer des Mittleren Reiches. Seinen Namen änderte er zweimal, der letzte, Schema-taui bedeutet dann auch „Vereiniger der beiden Länder" (Ober- und Unterägypten). Der Herrscher startete eine aggressive Außenpolitik mit Feldzügen u.a. gegen Nubien und Libyen und machte Theben zur Hauptstadt des Landes.

Aufgrund des Vordringens bis ins tiefste Nubien durch Amenemhet I. vergrößerte sich das Land enorm, und dessen Nachfolger Sesostris I. nahm die Goldminen von Uadi-Allaki in Besitz, wodurch Ägypten zu einem nie dagewesenen Reichtum kam. Sesostris III. konnte Nubien bei weiteren Kämpfen endgültig einnehmen und drang bis Palästina vor. Auch der Handelsverkehr wurde wieder aufgenommen und reichte bis zum Roten Meer und tief in den Mittleren Osten. Kunst und Literatur erreichten ihren Höhepunkt.

Ab 1550 v. Chr. begann der Aufstieg zu einer Weltmacht. Die Herrscher der 18. bis 20. Dynastie erreichten bei Kriegen und Eroberungszügen eine Oberherrschaft über Syrien, Palästina und Nubien. Nach Thutmosis II. regierte Hatschepsut das ägyptische Reich und führte es 22 Jahre lang ohne kriegerische Auseinandersetzungen. Erst ihr Nachfolger Thutmosis III. unternahm viele erfolgreiche Feldzüge, welche dem Land erneut Reichtümer einbrachten. Ägypten hatte sich zur Weltmacht entwickelt, die weiteren Pharaonen konnten sich hauptsächlich auf die Innenpolitik konzentrieren.

Echnaton (Amenophis IV.) brachte eine Umstrukturierung in der Religion hervor; er rief den Monotheismus ins Leben und ernannte sich selbst zum Hohepriester des neuen Aton-Kultes. Nofretete, seine Gemahlin, war in die Staatsangelegenheiten involviert.

Auf Drängen des Militärs führte sein Nachfolger Tutanchamun den alten Glauben wieder ein. Ramses II (19. Dynastie) regierte von 1279 bis 1213 v. Chr. Ihm gelang es schlussendlich, die Politik und Wirtschaft zum absoluten Höhepunkt zu treiben. Der Handel expandierte.

Unter den folgenden 4 Dynastien nahm der Untergang als Weltmacht seinen Anfang: unter den Nachfolgern von Ramses III verlor Ägypten zunächst die Herrschaft über seine asiatischen Gebiete. Zwischen 1085 und 322 v. Chr. wurde das Land sodann von nubischen und libyschen Dynastien regiert. Schließlich eroberten die Assyrer 671 v. Chr. das Land und nahmen es für sich ein.

In Ägypten hatte immer der Pharao mit einem stabilen Regierungssystem geherrscht, einem System, das unübertroffen ist, was seine Dauer angeht. Das Gottkönigtum der Pharaonen überdauerte mindestens 5 Jahrhunderte. Trotz dieser erstaunlichen Stabilität ging Ägypten eines Tages unter – welche Gründe führten zu dem Niedergang?

Auf der Zeitachse gesehen kamen zunächst Assyrer, dann die Perser, sodann die Griechen und endlich die Römer, die das alte Weltreich überrannten. Neue Handelsrouten waren entstanden, die über Syrien, Babylonien und Persien führten, neue Völker waren aus dem Schlaf erwacht und drängten vor die Tore Ägyptens. Schließlich versprach der Fall Ägyptens unermessliche Beute. Die Phönizier und die Griechen errichteten eine eigene Kultur, die auf den Meeren Waren transportieren konnten. Dieses konnten sie dadurch viel leichter tun als die Ägypter mit ihren mühseligen Karawanen durch die Wüste.

An allen Küsten des Mittelmeeres gab es plötzlich Völker, die dem ägyptischen Reich den Rang streitig machten. Am Ende wurde Ägypten nach Kleopatras Tod 30. v. Chr. zu einer Provinz des Römischen Reiches.

Welches sind die formalen Gründe, die zum Untergang des ägyptischen Weltreiches geführt haben?

Politisch-militärische Gründe:
Die ausufernden Kriege einiger Pharaonen und ein Riesenreich, das die Ägypter zeitweilig beherrschten, führten dazu, dass sie es kaum wirklich kontrollieren konnten. Die strategische Überdehnung des Machtbereiches und die damit einhergehende militärische Sicherung zur Unterjochung der vielen umliegenden Völker überforderte das Reich und brachte Ägypten militärisch zu Fall.

Gesellschaftlich-wirtschaftliche Gründe:
Es rächte sich am Ende, dass Ägypten über lange Zeit andere Völker ausgebeutet, in Abhängigkeit gehalten, Tributzahlungen eingefordert und ihre Männer und Frauen als Sklaven benutzt hatte. Auf Dauer machten das diese Völker nicht mit.

Ägypten hatte es versäumt, die Führung bei der Entwicklung neuer Technologien - und damit neuere mögliche Handelsrouten - zu übernehmen, die es konkurrenzfähig gehalten hätten. So trug die Entwicklung neuer Handelsrouten, vor allem über das Mittelmeer - in Verbindung mit einer intelligenteren, höheren Schifffahrtstechnik - zu dem Untergang Ägyptens bei.

Die Priester saugten das Volk aus. Spätestens seit Ramses I. war gewöhnlich der größte Anteil jedes Beutezuges an die Tempel gegangen. Dabei wurden die eroberten Provinzen gewöhnlich hart besteuert, den Profit zogen zunehmend die Priester ein. Sie verdienten zudem an dem Aberglauben der Bevölkerung. Die Priester hatten sich den Staat zur Beute gemacht.

Die überwältigenden Tempelbauten und die Pyramiden, die die Ewigkeit zu verkörpern schienen, trugen ebenfalls zum Niedergang bei. Sie waren zu teuer und kosteten viele Menschenleben. Ein arabisches Sprichwort aus dieser Periode besagt: „Alle Welt fürchtet die Zeit, aber die Zeit fürchtet die Pyramiden."

Zusammenfassend kann festgestellt werden dass sich Ägypten bereits lange bevor die Assyrer, die Perser, die Griechen oder die Römer das ehemals allmächtige Weltreich unterjochten, selbst vernichtet hatte.

Weltmacht Assyrien[8] ≈ 138 Jahre

Das assyrische Reich existierte insgesamt etwa 650 Jahre, von 1263 v.Chr. bis etwa 612 v. Chr. Dieser Zeitraum wird in drei Perioden eingeteilt: das altassyrische Reich, das mittelassyrischer Reich und neuassyrische Reich. Das neuassyrische Reich dauerte von 750 bis 612 v. Chr. und gilt als das zweite Weltreich der Weltgeschichte. Unter König Sargon II begann das Reich mit der Ausweitung seiner Macht. Innerhalb von nur 40 Jahren hatten die Könige Tiglat-Pileser III. und Sargon II das Land zum größten Reich Vorderasiens gemacht. Die Nachfolger Sargons konnten ihr Herrschaftsgebiet durch zahlreiche Feldzüge und die Niederschlagung von Aufständen halten und sogar noch ausbauen.

Als Assur-ahhe-iddina im Jahre 669 v. Chr. auf einem Feldzug gegen Ägypten starb, übernahm dessen Sohn und Kronprinz Assurbanipal die Regierung. Dieser neue König sollte zwei Jahre später mit der Einnahme Thebens (Hauptstadt Oberägyptens) dem neuassyrischen Reich die größte Ausdehnung geben. Die 40-jährige Herrschaft Assurbanipals (668–627 v. Chr.) war eine Blütezeit.

Das neuassyrische Reich war auf Expansion ausgerichtet. Die eroberten Gebiete wurden durch Deportationen der Bewohner und durch Steuern so lange ausgeblutet, bis nur eine weitere Expansion in Frage kam, um den Lebensstandard der Führungsschicht im eigenen Lande zu halten. Um die immer weiter entfernten Gebiete unter Kontrolle zu halten, mussten immer mehr Assyrer aus dem Kernland als Soldaten eingesetzt, umgesiedelt bzw. zu Verwaltungsaufgaben abgezogen werden. Die so immer weiter abnehmende Produktivität des Kernlandes zwang wiederum zur

---

[8] *Assyrien – Bibel Lexikon in www.bibelkommentare.de*

Ausbeutung der eroberten Gebiete und damit zu weiteren Expansionen. So waren bereits bei der Eroberung Thebens 667 v.Chr. die Ressourcen an Verwaltungspersonal erschöpft. Dies führte noch nicht zu einem sofortigen Zusammenbruch, wie sich an der 40-jährigen Herrschaft Assurbanipals zeigt. Das instabil gewordene Reich konnte durch einen starken König, reiche Ernten und relativ wenig Unruhen an den Außengrenzen noch standhalten.

Assyrien, das sich durch Brutalität und Folter gegenüber seinen eroberten Gebieten auszeichnete, konnte keinen dauerhaften Bestand haben. Wann genau Assurbanipal starb, ist nicht bekannt. 616 v. Chr. zog ein babylonisches Heer unter König Nabopolassar nach Assyrien, 614 v. Chr. fiel die Stadt Assur und 612 v. Chr. nach langem Kampf auch Ninive. Dieses gilt faktisch als das Ende des assyrischen Reiches.

Das Ende Assyriens bedeutete gleichzeitig den Aufstieg Babyloniens zur Vormacht in Mesopotamien.[9]

Welche Gründe führten zum Untergang des assyrischen Weltreiches? Die Historiker sehen vornehmlich drei Gründe hierfür.

Politisch-militärische Gründe
Die von den Assyrern unterdrückten Babylonier und Meder schlossen sich zusammen, griffen die assyrischen Grenzen an und hatten damit schließlich gegen die Armee der Assyrer Erfolg.

Gesellschaftlich-wirtschaftliche Gründe
Das assyrische Reich konnte die überschnelle Expansion nicht verkraften. Ein Großteil der Bevölkerung diente als Soldaten oder in der Verwaltung der eroberten Gebiete. Dadurch fehlten im Kernland Arbeiter, Bauern und Verwaltungsbeamte. Es kam zur Unterversorgung der Bevölkerung und somit zu inneren Unruhen.

Das Klima im Nahen Osten wurde in den Jahren ab etwa 660 v. Chr. deutlich trockener. Als Folge erlebte das assyrische Reich zunehmende Dürren und Missernten. Eine seit 657 v. Chr. für fünf Jahre anhaltende Dürre hat die politische und wirtschaftliche Stabilität des assyrischen Staates zunehmend geschwächt. Da in der Zeit davor die Bevölkerung Assyriens stark angewachsen war, konnte sie nun nicht mehr ausreichend versorgt werden. Als Folge häuften sich Unruhen im Land, die zum Ausbruch von Bürgerkriege führten.

---

[9] *Wicki, Jaqueline: Aufstieg Babylons zur Weltmacht vom 4. Juli 2013*

<u>Weltmacht Babylon[10]</u> ≈ 85 Jahre

Das babylonische Reich wurde nach dem Namen seiner Hauptstadt, Babylon, benannt, sein Zentrum lag im unteren mesopotamischen Tal. In der Bibel wurde dieses Gebiet als das "Land Schinar" bezeichnet. Als bedeutende Herrscher die Macht Babylons vergrößerten und Babylon zu ihrer Hauptstadt machten, wurde das Land Babylonien genannt.

Unter der assyrischen Weltmacht spielte Babylon in verschiedenen Kämpfen und Aufständen eine Rolle. Mit dem Niedergang der zweiten Weltmacht gründete dann der Chaldäer Nabupolassar um 645 v. Chr. eine neue Dynastie in Babylon. Unter dessen Sohn Nebukadnezar II. stieg Babylon zur Weltmacht auf. Als dieser 624 v. Chr. den Thron in Babylon bestieg und der zweite Herrscher des Neubabylonischen Reiches wurde, zwang er Assyrien in die Knie. Er galt als ausgezeichneter Militärstratege. Während seiner langen, 43 Jahre anhaltenden Regentschaft nahm er die von Assyrien eroberten Gebiete in Besitz. Er dehnte sein Herrschaftsgebiet weiter aus, fügte seinem Reich im Norden Syrien hinzu und unterwarf gleichzeitig Palästina bis an die Grenze nach Ägypten und Tyrus. Er stellte die Stadt Babylon vollkommen wieder her und machte sie zu der damals größten von einer Stadtmauer umgebenen Stadt in der Welt. Hierzu stellte er die massiven Doppelmauern fertig, die sein Vater zu bauen begonnen hatte. Die Hauptstadt schien dadurch uneinnehmbar zu sein. Doch das war sie nicht, wie sich später zeigen sollte.

Unter der Herrschaft Belsazars nahm Medo-Persien 539 v.Chr. die Stadt Babylon ein. In nur einer Nacht fiel das uneinnehmbar scheinende Babylon in die Hände der Meder und Perser.

Jahrhunderte semitischer Vorherrschaft waren zu Ende gegangen. Nun kam Babylon unter arische Herrschaft.

Wo lagen die Gründe des Abgangs Babyloniens von der Weltbühne?

<u>Politisch-militärische Gründe</u>

Babylon wurde lt. einer Legende in einer Nacht im Jahre 539 v. Chr. von den Persern eingenommen. Während eines großen Festes in der von seinen Bewohnern als uneinnehmbar geltenden Stadt Babylon leitete Kyrus den mächtigen Lauf des Euphrat um. Im leeren Flussbett marschierten die Perser daraufhin in Babylon ein. Die unüberwindlichen Mauern, die Babylon zum Schutze umgaben, wurden damit einfach umgangen.

---

[10] *http://de.wikipedia.org/wiki/Babylon*

Gesellschaftlich-wirtschaftliche Gründe

Die von König Nabonid betriebene Wiedereinführung assyrischer Kulte und die Restaurierung der alten Tempelheiligtümer wurden von der Marduk-Priesterschaft abgelehnt. Die Priester setzten Nabonid als oberste Gottheit ab und dieser ging für 10 Jahre ins Exil in die große Oase Tayma in Saudi-Arabien.

Nachdem Nabonid gegangen war, kooperierte die Priesterschaft schließlich mit dem Perserkönig Kyros II, der den Fall Babyloniens und damit verbunden das Ende des Babylonierkönigs bewirkte.

Weltmacht Medo-Persien [11] ≈ 208 Jahre

Um die Mitte des 2. Jahrtausends v. Chr. brachen aus Südrussland stammende indo-iranische Völker in den Iran und Indien ein. Die Meder wurden unter den ersten dieser Völker aufgeführt; ihnen folgten die Perserstämme. Sie scheinen verschiedene Teile der Hochebene durchwandert zu haben, bevor sie Ende des 5. Jh. v. Chr. schließlich in der Region Fars im Süden des Iran sesshaft wurden.

Die Achämeniden-Dynastie in Persien begann mit dem Aufstieg Kyros d. Gr., der König Astyages von Medien stürzte und dessen Land im Jahre 550 v.Chr. eroberte. In 547 v. Chr. griff Kyros das mächtige Königreich Lydien an und eroberte die Hauptstadt Sardes. Nach einem langen Kampf gelang es den Persern schließlich 539 v. Chr., die bibl. Weissagungen (Jesaja 21,2.90) zu erfüllen und dem mächtigen Babel (Babylon) den tödlichen Schlag zu versetzen. Persien stieg zu einem Großreich auf, das das assyrische und das babylonische Reich sowie Mesopotamien und Syrien in sich vereinte. Die Herrscherlinie von Medo-Persien dauerte von 539 bis 331 v.Chr. und begann mit Darius, dem Meder, und Cyrus dem Großen, dem es gelang, die Meder und die Perser unter eine gemeinsame Führung zu bringen.

In der Regentschaft von König Darius I begannen die Auseinandersetzungen mit den griechischen Städten, da der König 512 v. Chr. anlässlich eines Zuges gegen die Skythen in Südrussland Griechenland durchquert hatte. 500 v. Chr. erhoben sich die Ionischen Städte in Kleinasien gegen den Perserherrscher, der sie jedoch besiegte, grausam bestrafte und von nun an die Eroberung Griechenlands plante. Die Perserkriege schwächten die Macht des Großkönigs und die Ressourcen des Reiches jedoch. Die immense territoriale Ausdehnung machte langanhaltende Kriege schwierig, da die Armee regelmäßig benötigt wurde, um unbotmäßige Völker oder Satrapen zu bekämpfen bzw. in Schach zu halten.

---

[11] *Persien – Bibel Lexikon in www.bibelkommentare.de*

Die Eroberungssucht Medo-Persiens ist an der Schnelligkeit und dem Erfolg erkennbar, mit dem das Reich seine Feldzüge führte. Im Norden nahm es Babylon ein, westwärts stieß es über Kleinasien bis nach Thrakien vor und auf seinem Vorstoß nach Süden eroberte es schließlich Ägypten. König Xerxes I. (486–465 v. Chr.) führte das Reich zwar äußerlich durch Eroberungen im Osten auf einen neuen Machthöhepunkt, tatsächlich aber deuteten die dauernden Aufstände in Babylonien und Ägypten den beginnenden inneren Zerfall des Perserreiches an. Nach 400 v. Chr. behinderten zudem Thronstreitigkeiten und Adelsintrigen die Errichtung einer starken Zentralgewalt. Darius III. (335–330 v. Chr.) bot im Kampf gegen Alexander den Großen von Makedonien zwar ein starkes Heer auf, wurde jedoch mehrfach vernichtend geschlagen und 330 v. Chr. von einem untergebenen Satrapen ermordet. Die Geschichte des persischen Weltreiches endete mit seiner Eingliederung in das Weltreich des Makedoniers Alexander.

Wie konnte dieses große Weltreich nach gut 200 Jahren zerfallen?

Gesellschaftlich-wirtschaftliche Gründe
Die Ausdehnung des Weltreiches von Griechenland bis Indien und vom Schwarzen Meer bis zum Sudan war sehr schnell erfolgt und überstieg die Ressourcen des Staates.

Politisch-militärische Gründe
Die Sucht, immer mehr Gebiete zu erobern, erforderte eine hohe Zahl an Soldaten und ihren Führern. Diese notwendige Zahl an Menschen konnte für die andauernden Kriege auf Dauer nicht bereit gehalten werden.

Weltmacht Griechenland[12] ≈ 301 Jahre
Der Blick zurück in die Anfänge der Geschichte der Griechen beginnt um etwa 750 vor Christus. Damals entstanden an den zerklüfteten Küsten des östlichen Mittelmeers unabhängige Stadtstaaten, die untereinander im Dauerkampf lagen. Nur die Vorstellung von einer illustren wie ebenso intriganten Götterwelt, die vom Olymp aus alle Bereiche des irdischen Lebens beherrschen, verband sie. Kein Krieg, keine Hochzeit, keine sonstigen Handlungen wurden geplant, ohne den Rat der himmlischen Helden einzuholen.

Die Entwicklung zur Weltmacht begann nachdem der makedonische König Philipp 336 v.Chr. ermordet worden war. Dessen Sohn Alexander erbte seinen Thron. Nur zwei Jahre nach seiner Thronbesteigung begann Alexander in Asien mit einem

---

[12] *Antikes Griechenland in Wikipedia 2013*

kleinen Heer von 30.000 Fußsoldaten und 5.000 Reitern einen Eroberungsfeldzug. Im Nordwesten Kleinasiens (in der heutigen Türkei) gewann der junge Alexander seine erste Schlacht gegen die Perser. Im darauf folgenden Jahr gewann er die zweite Schlacht gegen Persiens Großkönig Darius III. Das makedonische Heer bereitete den Persern eine vernichtende Niederlage. Mit seinem legendären Alexanderfeldzug (ab 334 v. Chr.) öffnete er den Griechen das Tor zu einer neuen Welt: Er besiegte die persischen Armeen und stieß bis nach Indien vor. In der dritten entscheidenden Schlacht verfiel die Medo-Persische Weltmacht endgültig und machte Platz für Griechenland.

Als Alexander der Große 323 v. Chr. an Malaria erkrankte und im Alter von nur 32 Jahren starb, wurde das gewaltige Reich unter seinen vier Generälen aufgeteilt. So entstanden aus Alexanders Weltreich vier hellenistische Königreiche, die jedoch nicht mehr über die einstige Kraft verfügten.

Es begann das Zeitalter des Hellenismus. Athens Versuch, nach dem Tod Alexanders wieder eine Macht zu werden, scheiterte. An die Stelle der Polis traten als Machtfaktor die einzelnen griechischen Bundesstaaten. Die griechische Kultur verbreitete sich bis nach Indien.

Infolge der Kämpfe zwischen den griechischen Klein- und Mittelmächten untereinander sowie mit und gegen Makedonien kam es zum Eingreifen des Römischen Reiches. Im zweiten Makedonisch-Römischen Krieg (200–197 v. Chr.) wurde Makedonien vernichtend geschlagen. 196 v. Chr. verkündete der römische General Titius Quinctius Flaminius die Freiheit Griechenlands; Rom blieb aber Protektoratsmacht. Da die Lage weiterhin instabil war, sah sich Rom in der Folgezeit immer wieder gezwungen, einzugreifen. Nach der Schlacht von Pydna 168 v. Chr. war Makedonien, welches unter König Perseus noch einmal versucht hatte, die Vorherrschaft in Griechenland gegen Rom zu erkämpfen, als Machtfaktor ausgeschaltet. Rom engagierte sich nun dauerhaft in Griechenland.

Im Jahre 133 v. Chr. wurde auch das Reich von Pergamon durch Rom annektiert, 64/63 v. Chr. folgte das Reich der Seleukiden in Syrien und 30 v. Chr. schließlich die letzte hellenistische Macht, das Ägypten der Ptolemäer.

Griechenland hatte innerhalb seines Zeitalters die höchste Stufe der Kultur erklommen. Es gab nichts Vergleichbares in den Disziplinen Philosophie, Kunst, Wissenschaft und Sport als das, was dieses begeisternde alte Griechenland geschaffen hatte. Auch die heutige moderne Welt hat den alten Griechen eine Menge zu verdanken. Die tragischsten Dramen und unterhaltsamsten Komödien, aber auch der Mathematikunterricht wurden in Athen entwickelt. Viele wissenschaftliche

Erkenntnisse hatten die Griechen von den Kulturen des Morgenlandes übernehmen und festhalten können. Die Olympischen Spiele sind den Griechen geschuldet: sie sollten die Menschen unterschiedlichster Herkunft friedlich miteinander vereinen. Nicht zuletzt aber ist die Demokratie das Erbe berühmter Vordenker aus Athen: Griechenland gilt als die Wiege Europas.

Warum musste das Weltreich Griechenland untergehen?

<u>Politisch militärische Gründe</u>
Die griechischen Staaten verloren zunehmend Schlachten gegen ihre Gegner. Dieses reicht von der Seeschlacht bei Knidos im Jahre 394 v.Chr. bis zur Schlacht bei Charoneia (338 v.Chr.)

<u>Gesellschaftlich-wirtschaftliche Gründe</u>
Alle drei grundlegenden Regierungsformen, nämlich die Monarchie, die Aristokratie und die Demokratie hatten Schwächen gezeigt: In der Monarchie wurde heftig um einen Thron gekämpft, zuweilen zwischen hundert Bewerbern gleichzeitig. Gewalt war an der Tagesordnung, wenn es darum ging, einen Thron zu gewinnen. Selten war die Nachfolge gut geregelt, selten das Haus gut bestellt. Offensichtlich waren auch die Nachteile der Aristokratie. Wenn eine Clique von Aristokraten das Volk aussaugte, scheiterte der Staat ebenfalls über kurz oder lang. Die Aristokratie zerstörte sich selbst, da sie nicht ehrlich an dem Wohlergehen aller Bevölkerungsschichten interessiert war. Die Demokratie hatte versagt, weil die demokratischen Einrichtungen in Athen in Vergessenheit gerieten, als jeder nur noch seinen eigenen Vorteil suchte. Die Steuern in einigen griechischen Demokratien waren am Schluss so hoch, dass jeder Initiative und jeder Arbeitswilligkeit schon im Vorfeld der Garaus gemacht wurde.

Von höchster Bedeutung für den Verfall war das gestörte Wirtschaftsleben. Teilweise durch außerpolitische Wirren bedingt, teilweise aufgrund der Entartung der verschiedenen Herrschaftsformen, existierte schlussendlich keine Ordnung mehr, innerhalb dessen Handel und Wirtschaft reibungslos hätten funktionieren können.

Der Verfall der Religion trug ebenso zum Niedergang bei: Die religiösen Legenden waren längst als fromme Lügenmärchen enttarnt worden. Ethik besaß keine Patronage mehr bei den Göttern.

Die Knabenliebe war schon immer Bestandteil des griechischen Liebeslebens gewesen. Nun regierte zunehmend die Dirne. Es sind ganze Städte in dem sterbenden alten Griechenland als Prostituierten-El-Dorados bekannt. Die Moral verfiel, Nacktänze waren an der Tagesordnung. Der Wechsel der Geschlechtspartner wurde offen propagiert und fester Bestandteil des griechischen Lebens. Des Weiteren war die Abtreibung schließlich nicht mehr strafbar. Viele Kinder wurden nach der Geburt ausgesetzt. Dadurch sank die Geburtenrate. Eine Familie wünschte sich schließlich nur noch eine Tochter oder einen Sohn, wobei den Töchtern nicht die gleiche Bedeutung beigemessen wurde wie den Söhnen. Also wurden Töchter oft ausgesetzt und dem Tod überantwortet. Die Kindstötung wurde schließlich als ein legitimes Mittel gegen den Bevölkerungsüberschuss gebilligt.

Weltmacht Rom[13] ≈ 622 Jahre

Der Aufstieg Roms zur Weltmacht begann zunächst durch erfolgreiche kriegerische Auseinandersetzungen gegen andere Mächte im Mittelmeerraum, wie der Besetzung der Adriaküste, der nordafrikanischen Küste oder Kleinasiens, also der heutigen Türkei. Später kam auch die Ägäis mit Griechenland hinzu. Neue Provinzen und Kolonien wurden erobert, Kontrolle über neue Regionen hergestellt.

Rom unterwarf mit seiner militärischen Kraft alles, was sich ihm in den Weg stellte und expandierte immer mehr. Seine Gebiete erstreckten sich am Ende von den Britischen Inseln über einen großen Teil Mitteleuropas und den gesamten Mittelmeerraum bis nach Babylon und zum Persischen Golf. Während Rom immer wohlhabender wurde, verfiel seine militärische Stärke immer mehr. Letztendlich zerbrach das einst so mächtige Reich in viele kleinere Königreiche.

Durch die neuen Provinzen und Kolonien gab es eine große wirtschaftliche Expansion in Rom. Die Wirtschaftsform war demokratisch, doch nicht alle Beteiligten waren demokratisch. So war das römische Volk der demokratische Teil, der Senat das aristokratische Element und das Konsulat ein monarchisches Element. Die Römer konnten ein gutes Leben führen, das Volk war zufrieden: Als Beispiel mögen die Spiele oder Gladiatorenkämpfe genannt werden. Eine Familie ebenbürtiger Nationen war lange Jahre das Geheimnis dieses riesigen Vielvölkerstaates und seiner sehr langen Lebensdauer.

Dank der Kontrolle anderer Kulturen eignete sich Rom ein großes Wissen an, übernahm so auch das Wissen der Griechen und dadurch auch das der arabischen Welt.

Die *Pax Romana*, die lang anhaltende innere Friedenszeit des Römischen Reiches endete mit der Absetzung des letzten Kaisers von Rom im Jahre 476 n.Chr.. Tatsächlich war der Untergang Roms ein langer Prozess, der 300 Jahre dauerte. Am

---

[13] *antike-wiki-bgym-t10b.wikispaces.com/Punische+Kriege+%26+Aufstieg*

Ende ging auch das scheinbar „ewige Rom" unter, Rom, das immerhin ein rundes Jahrtausend Bestand hatte (6. Jahrhundert v. Chr. bis 5. Jahrhundert n. Chr.) und das länger als 600 Jahre Weltmacht war.

Allerdings übte Rom mit dem Papst noch viele Jahrhunderte politische und religiöse Herrschaft über Europa aus. Alle Könige erkannten die Macht und die Größe des Papstes an. So bestimmte im Mittelalter lange Zeit das *Heilige Römische Reich Deutscher Nation* mit dem päpstlichen Rom als Mittelpunkt die Angelegenheiten der bekannten Welt.

Welche Gründe führten zu dem langsamen, aber steten Niedergang dieses großen Weltreiches?

Politisch-wirtschaftliche Gründe

Die zahlreichen Kriege waren einer der Gründe für den Niedergang Roms. Gleichzeitig degenerierte das römische Heerwesen. Ein Heer, das nur durch Geld motiviert wird, ist leichter zu besiegen, als eines, das dem eigenen Land dient. Die Existenz von Söldnerheeren förderte den Niedergang Roms. Jeder Krieg schuf zudem böses Blut in den eroberten Gebieten, jeder Krieg forderte unzählige Menschenleben, jeder Krieg kostete Unsummen von Geld. Die Besiegten empfanden einen unendlichen Hass gegen die Eroberer. Sklaven und Sklavinnen wurden von den Römern hinweggeführt und der gesamte Adel häufig ausgerottet. Das Land blieb verwüstet zurück, und viele Provinzstatthalter füllten ihre Geldsäckchen. Die Ausbeutung der Provinzen, die unter Kaisern wie Augustus und Hadrian praktisch beendet worden war, wurde von unfähigen Nachfolgern wieder fortgesetzt. In dem Maße, in dem sich Rom für den Mittelpunkt der Welt hielt und alles andere um sich herum nur als „Blutspender" betrachtete, verlor das Reich. Rom, das ein durch Kriege zusammengeführtes Reich war, zerfiel, als es einen Machtbereich aufrechtzuerhalten suchte, der weit über seine Kraft hinausging. Unter militärischen Gesichtspunkten kann man von einer strategischen Überdehnung sprechen.

Gesellschaftlich-wirtschaftliche Gründe

Nicht alle Herrscher waren intelligent und integer. Es gab Persönlichkeiten mit unglaublichen Tugenden auf dem römischen Kaiserthron (wie Trajan, Hadrian oder Marc Aurel) und andere Herrscher mit schlimmen Auswüchsen (wie Caligula oder Nero), deren Hurerei, Völlerei, Tyrannei und Kriegslust bekannt sind. Besonders in der Degenerationsphase kamen Kaiser mit fragwürdiger Gesinnung an die Macht.

Aus der Zeit von 77 bis 60 v. Chr. wird ein ständiger Kampf zwischen den Optimates (Aristokraten) und den Populares (dem Volk) berichtet. Die Populares forderten freie Bahn den Tüchtigen, alle Macht der Volksversammlung und freies

Land für die Veteranen und Armen. Die Optimates dagegen glaubten, dass hohe Ämter nur durch Adlige bekleidet werden könnten bzw. durch Söhne von Familien, deren Vorfahren bereits hohe Ämter bekleidet hatten. Beide Parteien strebten ganz offen nach der Macht und bedienten sich ohne Gewissensbisse Einschüchterungsmethoden und Korruption. Stimmen wurden auf dem Markt gekauft. Ganze Wählergruppen wurden bestochen, deren Führern man vorher ein erkleckliches Sümmchen ausgehändigt hatte.

Auch wirtschaftliche Gründe führten letztlich zum Scheitern Roms. An erster Stelle sind hohe Steuern zu nennen. Kein Herrscher nach Hadrian und Marc Aurel war intelligent genug, niedrige Steuern zu verlangen. Die meisten Gelder wurden überdies in Kriegen verschwendet, die durch die Söldnerheere immer teurer wurden. Außerdem verwandelte sich Rom mehr und mehr in einen Wohlfahrtsstaat. Während kluge Herrscher der Armut durch Arbeit entgegengesteuert hatten, waren die Kaiser am Schluss töricht genug, blind Getreide kostenlos unter das Volk zu werfen, um den „Pöbel zu beruhigen". Brot und Spiele wurden zum Nulltarif verlangt.

Es gab zunehmend eine überwuchernde Bürokratie und einen schmarotzenden Hof, der Unsummen verschlang. Geld wurde an allen Ecken und Enden verschwendet, die Tugend der Sparsamkeit geriet in Vergessenheit. Dafür erhöhte man weiter die Steuern und geriet damit in einen Teufelskreis. Die erdrückenden Steuern lähmten den Handel, die Industrie und die Gewerbetreibenden. Das Verkehrswesen sank auf ein niedrigeres Niveau und durch die mangelnde Ordnung hielt wiederum Rechtsunsicherheit Einzug. Während die hart arbeitende Mittelklasse hoch besteuert wurde, gaben Adel und Hof fröhlich das Geld aus und schürten damit den Hass.

Die Anzahl der Sklavenaufstände nahm im sterbenden Rom zu; die Sklaven fühlten sich ausgebeutet und wollten ungerechten und selbstgerechten Herren nicht länger dienen.

Spätestens seit Hadrian war ein erheblicher Bevölkerungsrückgang festzustellen. Auf der anderen Seite drangen Barbaren in das Reich, die zum Teil durch intelligente Herrscher wie Marc Aurel in das Volk integriert wurden. Aber das römische Volk selbst starb gewissermaßen aus. Der Grund dafür war eine neue Einstellung zur Familie. Abtreibung und Scheidungen waren an der Tagesordnung.

Mangelnde Moral war ein wichtiger Faktor für den Verfall dieses Riesenreiches. Dieses galt für die Regierung wie für die Familie. Die Ehe wurde nicht mehr geachtet, Geburtenbeschränkungen und Kindesaussetzungen waren akzeptiert. Sexuelle Ausschweifungen, Ehelosigkeit und Promiskuität kennzeichneten die Sitten. Die Zahl der Eunuchen in Rom nahm ständig zu. Die Empfängnisverhütungen und die Kindestötungen führten zu einem empfindlichen Rückgang der Bevölkerung.

Im Übrigen gilt für Rom was auch für Griechenland wahr ist: Rom wurde nicht von außen zerstört, nicht durch den Einfall der Barbaren, sondern letztlich durch sich selbst.

Weltmacht Portugal[14] ≈ 242 Jahre

Portugal gilt heute als eines der ärmsten Länder Europas. In der Zeitenwende vom Mittelalter zur Neuzeit allerdings hatten die Portugiesen, „ein kleines unbeachtetes Seevolk im letzten Winkel Europas"[15], ihre grosse Stunde. Vasco da Gama fand über das Kap der Guten Hoffnung den Seeweg nach Indien, Ferdinand Magellan umsegelte die Südspitze Amerikas und Pedro Alvarez Cabral eroberte Brasilien. Über zwei Jahrhunderte blieben die Portugiesen Kolonialmacht Nummer eins und beherrschten den Handel mit Indien und dem Fernen Osten. Gewürze, Seiden, Pferde und Sklaven – alle „Waren" gingen durch die Stützpunkte Portugals und brachten dem Land Reichtum und Ruhm.

Wie war es möglich, dass sich eines der kleinsten Länder Europas zwischen den Jahren 1415 bis 1515 den Zugang zu den wichtigsten Handelsplätzen auf zwei Kontinenten sichern konnte?

Gegen Ende des 14. Jahrhunderts hatte Portugal etwa eine Million Einwohner. In Lissabon, der größten Stadt, wohnten 40.000 Menschen. Portugals Gesellschaft war weitgehend landwirtschaftlich orientiert und baute Weizen, Hirse, Wein, Oliven und Südfrüchte an. Die meisten Arbeiter standen als Tagelöhner im Dienst weltlicher und geistlicher Herren. Einen Großteil ihres Lohnes mussten sie für das Stück Land abgeben, das sie für sich selber bewirtschafteten. Und sie konnten jederzeit zum Frondienst eingezogen werden. Im weniger fruchtbaren Süden, im *Alentejo*, war die Abwanderung in die Hafenstädte groß. Wer konnte, versuchte dem mühseligen Los des Landarbeiters zu entgehen, sei es durch städtisches Handwerk, durch Kleingewerbe oder eben auf See. So förderte der Drang der Portugiesen, der Feldarbeit zu entgehen, schließlich die portugiesische Übersee-Expansion.

Gegen Ende des 14. Jahrhunderts hatte Portugal seine langen Grenzkonflikte mit Kastilien beigelegt und mit England ein Handelsabkommen abgeschlossen. Da es

---

[14] *Portugal: Weltmacht im 15. und 16. Jahrhundert" in www.moneymuseum.com*
[15] *Zweig, Stefan: Magellan - Der Mann und seine Tat*

seinen Außenhandel über den Seeweg abwickelte – aber auch zum Schutz seiner Küsten – brauchte es eine leistungsfähige Flotte. Zusätzlich lockten Gerüchte von sagenhaften Schätzen in Indien, die man aus den Reiseberichten des Venezianers Marco Polo kannte, in die weite Welt. Denn bis zum Ende der *Reconquista* 1492 (Vertreibung der Muslime von der Iberischen Halbinsel) war Portugal durch die Araber vom Mittelmeerhandel abgeschnitten. So erwachte der Wunsch, an die begehrten indischen Gewürze ohne Vermittlung der Muslime zu gelangen.

Für Kolumbus, Vasco da Gama und Magellan hingegen wirkten Goldgier, Abenteuerlust, kriegerischer Betätigungsdrang und ein von der iberischen *Reconquista* geprägter Geist als Antriebskräfte, als sie zu ihren Fahrten durch unbekannte Ozeane aufbrachen. Die Renaissance mit ihrer Hinwendung zur diesseitigen Welt fand in diesen Entdeckungsfahrten ihren sichtbarsten Ausdruck.

Die Eroberung der nordafrikanischen Hafenstadt Ceuta, strategisch günstig an der Straße von Gibraltar gelegen, bildete 1415 schließlich den Anfang von Portugals weltgeschichtlicher Leistung. Von hier aus wurde die Vorherrschaft der weißen Zivilisation in der Neuzeit begründet.

Die Portugiesen segelten zunächst an der Westküste Afrikas entlang, um das offene Meer zu meiden. 1487 umschiffte Bartolomeu Dias das Kap der Guten Hoffnung und ebnete den Weg für Vasco da Gama, der 1498 in Ostindien landete. Der Seeweg ostwärts nach Indien und zu den Gewürzinseln im Pazifik stand den Portugiesen jetzt offen. Deshalb lehnten sie Kolumbus' Plan, westwärts in den Fernen Osten zu segeln, ab. So fiel die Entdeckung Amerikas 1492 unter die Schirmherrschaft der Spanier.

Portugal und Spanien wollten nun ihre Entdeckungen sichern. Der Papst fand dafür eine für beide Länder annehmbare Lösung: Er zog eine Demarkationslinie von Pol zu Pol, die auf Äquatorhöhe in der Nähe der Amazonasmündung verlief. Im Vertrag von Tordesillas erhielt Portugal 1494 die Gebiete östlich dieser Linie (das 1500 von Pedro Alvarez Cabral entdeckte Brasilien und die Gewürzinseln in Südostasien). Spanien erhielt den Kolonialanspruch auf die Gebiete westlich der Linie (Mittel- und Südamerika).

Dieser Vertrag und weitere ähnliche Abkommen zeigen, wie sehr im mittelalterlichen Völkerrecht die Idee eines „orbis christianus", eines christlichen Weltkreises, verankert war. Der Missionsgedanke war also von Anfang an ein Grundpfeiler des Kolonialismus.

Spanier und Portugiesen waren wohl Konkurrenten, gingen aber mit den eroberten Gebieten völlig unterschiedlich um. Während die Spanier ihre Kolonialgebiete im Namen der Krone feierlich in Besitz nahmen, die Eingeborenen unterwarfen und die Bodenschätze ruchlos ausbeuteten, entwickelten die Portugiesen ein ganz anderes Modell. Sie verzichteten auf grossen Landerwerb und errichteten ein weitgespanntes Netz von Handelsstützpunkten mit Goa als zentralem Hafen. Mit einer eindrücklichen Machtdemonstration am Anfang wurden die Lokalfürsten zur Abtretung eines kleinen Hafenplatzes oder einer vorgelagerten Insel zum Bau von Festungen bewegt. Der einheimischen Bevölkerung beließ man ihre Siedlungs- und Herrschaftsstrukturen. Zur Pflege der gegenseitigen Beziehungen entwickelte sich an den Küsten Afrikas und Asiens über die Jahre eine oft gemischtrassige Mittelschicht von Bootsleuten, Händlern und Dolmetschern. Im Osten, in China und Japan, stießen die Portugiesen ohnehin auf hoch entwickelte Fremdkulturen, die ihnen Respekt abnötigten.

Portugals Erfolgsgeheimnis bestand darin, sich immer auf das ursprüngliche Konzept zu beschränken: Das kühne und tapfere Seefahrervolk wollte sich den Zugang zu den begehrten Naturprodukten des Ostens sichern – dies unter Umgehung des Islam und auf dem vorteilhaftesten maritimen Weg. Mit den unterschiedlichen Bevölkerungsgruppen, auf die sie stießen, pflegten die Portugiesen eine beide Seiten zufriedenstellende Kulturbeziehung. Und das wohl nicht zuletzt, weil sie, von ihrer Geschichte her gesehen, selbst eine Mischrasse mit phönizischen, jüdischen, römischen, arabischen und schwarzafrikanischen Wurzeln waren. Sie kannten keine Rassenvorurteile und vermischten sich mit der einheimischen Bevölkerung, wie es durch Brasilien beispielhaft gezeigt wird.

Einiges war zusammengekommen, das dem Aufbruch in neue Welten förderlich war. Das Wissen um ferne Länder und grosse Schätze hatte sich durch die Reiseberichte von Marco Polo über seine Erlebnisse in China und von Sir John Mandeville, der von den Gewürzen Ostasiens und den Schätzen des Grosskhans erzählte, bis nach Portugal verbreitet. Ausserdem waren die Bewohner des Mittelmeerraums durch die Vertreibung der Mauren in Kontakt mit dem Wissen arabischer und jüdischer Gelehrter gelangt. So stand den portugiesischen Entdeckern u. a. ausgezeichnetes Kartenmaterial der Araber zur Verfügung.

Sie selbst zeichneten seit dem 15. Jahrhundert viel genauere Karten als die Kartografen des Mittelalters, welche oft Legende und Realität vermischt hatten. Die Landkarten, wie sie die Venezianer und Genuesen und die jüdischen Kartografen auf Mallorca fertigten, waren z. B. mit Windstrichlinien überzogen, die es dem Kapitän leichter machen sollten, den Weg in den nächsten Hafen zu finden. Die Entwicklung der hochseetauglichen Segelschiffe, der Karavellen, machte es möglich, den Atlantik zu überqueren. Der Einsatz von Geschützen auf Schiffen brachte den neuen

Seemächten die Überlegenheit auf den Weltmeeren. Der Kompass, den die Araber im 12. Jahrhundert in China kennengelernt und im 13. Jahrhundert nach Europa gebracht hatten, der Sternenhöhenmesser und das Log machten als Navigationshilfsmittel die grossen Fahrten von Vasco da Gama, Pedro Cabral, Bartolomeu Dias und Magellan erst möglich.

Goa war der Mittelpunkt des Handels mit dem Osten. Es war von Lissabon 10.000 Seemeilen entfernt. Von hier waren es noch einmal 4.000 Seemeilen bis Macao. Für die Reise nach Europa und zurück rechnete man eineinhalb Jahre.

Während des 16. und 17. Jahrhunderts sandte Portugal jedes Jahr 20 Schiffe mit insgesamt 15.000 Reisenden (darunter nur ein paar Dutzend Frauen) über die Meere. Auf der Reise nach Indien war die Sterblichkeit hoch. Immer wieder rafften Skorbut, Tropenfieber und Syphilis ein Drittel der Besatzung dahin. Eines von zehn ausgelaufenen Schiffen erlitt Schiffbruch, sodass regelmäßig etwa 25 Prozent der eingeschifften Seeleute und Kolonisten auf einer zweijährigen Reise starben.

Auf der Rückreise nach Europa führten die portugiesischen Seefahrer vor allem Gewürze und Textilien mit sich: Pfeffer von der Malabarküste, Zimt aus Ceylon, Muskatblüten und -nüsse und Nelken von den Molukken. Aus Arabien und Persien kamen Pferde, von der indischen Ostküste kostbar bedruckte Stoffe, aus Japan und China Seide, Porzellane und Edelmetalle. An der afrikanischen Küste wurden Glasperlen, Textilien, Branntwein und Gewehre aus dem Mutterland im regen Tauschhandel eingesetzt.

Im Afrikahandel konzentrierte sich Portugal im Lauf des 16. Jahrhunderts – neben Gold, Elfenbein und Leder – immer mehr auf den Sklavenhandel. Anfänglich wurden die Schwarzafrikaner als Haussklaven nach Portugal verfrachtet, später fanden die Sklaven Verwendung auf den Zuckerrohrplantagen Madeiras, São Tomés und der Kapverdischen Inseln. Um 1530 wurden mit der portugiesischen Kolonisation Brasiliens dann immer mehr Sklaven nach Südamerika verschifft. Deshalb werden Zuckerrohrplantagen und das Sklavenproblem auch als „Portugals Geschenk an Amerika" bezeichnet.

Portugal leistete an der Zeitenwende vom Mittelalter zur Neuzeit durch die Fahrten seiner Entdecker einen ausschlaggebenden Beitrag zur Erforschung und Kolonisierung neuer Welten.

Früher betonte die Geschichtsschreibung vor allem den Pioniergeist und Mut der portugiesischen Entdecker, ihre hohen wissenschaftlichen und navigatorischen Kenntnisse und auch den Impetus, den die Kreuzzugsidee dem Vorstoß in die Neue

Welt gab. Heute erscheint es als größte Leistung der Portugiesen, dass sie als ein kleines Volk in kurzer Zeit ein stabiles weitgefächertes Handelsimperium begründen konnten. Die für den Aufbruch in neue Welten nötige Kühnheit verbanden sie mit einem sicheren Sinn für ihre Grenzen. Sie betrieben keine Siedlungspolitik, verwickelten sich nicht in aufreibende Kleinkriege und ließen sich nicht von Goldgier zu fatalen Raubzügen verleiten. Mit Tapferkeit, Durchsetzungsvermögen und Verständnis gelang es ihnen, den gewaltigen Raum von Afrika bis nach Asien mit Handelsstützpunkten (z. B. Goa und Macao) zu überziehen und mit den vielen unterschiedlichen Kulturen, denen sie begegneten, eine beide Seiten zufriedenstellende Kulturbeziehung einzugehen. So könnte man Portugal als das Land bezeichnen, das den heute noch anhaltenden Trend zur Globalisierung begonnen hat.

Nachdem die nördlichen niederländischen Provinzen im Jahr 1581 ihre Unabhängigkeit von Spanien erlangten und England ein paar Jahre später die Armada zerschlug, lösten die Holländer Portugal im afrikanisch-asiatischen Raum ab und wurden zur grossen Handelsmacht. Dabei kopierten sie das von den Portugiesen entwickelte Stützpunktsystem: Portugals Pioniertat war zum Vorbild geworden.

Politisch-militärische Gründe

40.000 Portugiesen und Söldner waren bei dem marokkanischen Abenteuer umgekommen, was zu einer langen, nachhaltigen Schwächung der militärischen Schlagkraft Portugals führte. Die Staatskasse musste zum größten Teil zur Auslösung portugiesischer Gefangener aus marokkanischer Gefangenschaft verwendet werden. Größere Reserven waren ohnehin nicht angelegt worden, so dass man im Konkurrenzkampf mit den anderen europäischen Nationen militärisch nicht mehr mithalten konnte.

Der territoriale Niedergang des portugiesischen Kolonialimperiums setzte im 16. Jahrhundert ein und verstärkte sich im 17. Jahrhundert, als die Niederländer begannen sich ebenfalls in Afrika, Amerika und Asien zu engagieren und den Portugiesen einen Großteil ihrer asiatischen Kolonien, wie Malakka, Ceylon und die Gewürzinseln entrissen. England ging gegen die Kolonien seines bisherigen engsten Verbündeten Portugal vor, nachdem Portugal in Personalunion mit Spanien, einem Gegner Englands regiert wurde. An der Ostküste Afrikas eroberte der Oman die meisten portugiesischen Besitzungen.

Gesellschaftlich-wirtschaftliche Gründe

War zwischen 1505 und 1515 der Gewürzhandel über das Mittelmeer zum Erliegen gekommen, kamen ab 1516 wieder Waren aus Indien über Alexandria nach Europa. Auch der Handel über die Pilgerstraße nach Mekka konnte von den Portugiesen nicht unterbunden werden. Ebenso wenig über die Seidenstraße und die

Hafenstädte Palästinas und des Schwarzen Meeres.

Die Gewinne aus dem Handel mit Indien und Afrika im 15. und 16. Jahrhundert galten als Privateigentum des portugiesischen Königs. Unter Manuel I. (1495–1521) wurden sie nicht gewinnbringend, sondern in Prunkbauten und Hofhaltung investiert. Weitere Profiteure waren die Kirche, der Adel und das Großbürgertum, das sich an den Fahrten mit Investitionen beteiligte. Der Großteil des Volkes ging leer aus. Unter den Kolonialbeamten grassierte die Korruption. Unter Johann III. (1521–1557) stiegen die Auslandsschulden aufs Unermessliche. 1549 musste die portugiesische Niederlassung in Antwerpen geschlossen werden. Sebastian I. (1557–1578) musste den Staatsbankrott erklären.

1578 wurde König Sebastian I. bei dem Versuch ganz Marokko zu erobern in einer Schlacht getötet. Sein Nachfolger wurde Heinrich I., der als Kardinal kinderlos blieb. Mit ihm starb der letzte männliche Angehörige des Hauses Avis und Portugal fiel in Personalunion an Spanien.

Weltmacht Spanien[16] ≈ 334 Jahre

Die Heirat von Isabella I, Königin von Kastilien und Ferdinand II, König von Aragon im Jahre 1469 führte zu einer Reichszusammenlegung. 10 Jahre später, im Jahre 1479 wurde der spanische Nationalstaat gegründet. Dieser vereinigten Macht von Kastilien und Aragon unterlagen die Mauren. 1492 fiel Granada. Das bedeutete das Ende des Königreichs Granada, und damit auch das Ende einer Epoche der arabischen und damit auch der islamischen Herrschaft auf der iberischen Halbinsel. Gleichzeitig war die Reconquista vollendet.

Das Königspaar war bestrebt, den jungen Nationalstaat Spanien innen- und außenpolitisch zu stärken. Aus diesem Grunde war Spanien bereit, die Unternehmungen von Kolumbus im Jahre 1482 zu unterstützen, die ihn schließlich nach Amerika führten und die Spaniens Handelsmachtstellung festigen sollte. Diese Reise bildete den Grundstein des späteren spanischen Weltreichs, welches bereits 1550 einen grossen Teil Süd- und Mittelamerikas umfasste. Im Vertrag von Tordesillas erkannten Spanien und Portugal (welches dort auch Besitzungen hatte) ihre gegenseitigen Interessengebiete an. Als die Habsburger durch Heirat Mitte des 16. Jh. mit Karl V in Spanien an die Macht kamen, war Spanien ein mächtiges und innerlich gefestigtes Reich, dem das Mutterland, die Kolonien in Amerika, die Niederlande und weite Teile des heutigen Italiens angehörten. Spanien wurde zur unbestrittenen Weltmacht.

---

[16] *Geschichte Spaniens in Wikipedia 2013*

Das "goldene Zeitalter" bezeichnet die Zeit des ausgehenden 16. Jh., als Spanien auf dem Höhepunkt seines Weltmachtstatus stand und eine Blütezeit erlebte. Dieses Zeitalter bedeutete eine Abkehr von der reinen Agrargesellschaft. Die Industrie erlebte einen starken Aufschwung, der nicht zuletzt dem spanischen Monopol im Kolonialhandel zu verdanken war. Im ganzen Land entstanden Manufakturen und Bergwerke, welche den Frühkapitalismus kennzeichneten. Auch der Handel entwickelte sich kräftig. Zudem kam der Gedanke des Humanismus auf, der zu vielen Universitätsgründungen im Lande führte.

Die spanischen Kolonien hatten den Status von Vizekönigreichen, die Kolonialverwaltung war jedoch stark im Mutterland zentralisiert. Jede Kolonie wurde nach spanischem Vorbild verwaltet, meist mit spanischen Beamten. In ländlichen Gebieten versuchte Spanien seine Macht mit Hilfe der katholischen Missionen zu festigen. 1542 erfolgte ein gänzliches Verbot der Versklavung von Indianern welche als freie und gleichberechtigte Untertanen der spanischen Krone anerkannt wurden. Sie besaßen aber keine politischen Rechte. Im ausgehenden 18.Jh. ereigneten sich in mehreren spanischen Kolonien Unruhen. Die Forderung war aber nicht nach Unabhängigkeit, sondern nur nach stärkerer Autonomie, was ihnen auch zugestanden wurde.

Nach dem goldenen Zeitalter ging es fast nur noch abwärts, unterschiedliche Gründe spielten hierfür eine Rolle.

Politisch-militärische Gründe

Unfähige Könige und mehrere Kriege leerten die Staatskasse und schwächten die Streitkräfte. Unter anderem verlor Spanien in einem Krieg gegen Großbritannien fast seine gesamte Flotte. Diese Kriege wurden oft unter dem Vorwand von Religionskriegen geführt. In Wirklichkeit handelte es sich jedoch um Machtkämpfe.

Gesellschaftlich-wirtschaftliche Gründe

Auf der einen Seite hatten die Spanier zwar Einnahmen aus den Gold- und Silberminen Zentral- und Südamerikas, aber ihre Ausgaben waren höher als ihre Einnahmen: allein die Flotten die zum Schutz der Handelswege bereitstehen mussten, verschlangen schon den größten Teil des Wertes der von Amerika nach Spanien transportiert wurde.

Zeitgleich drückte vor allem das Silber, das auf den europäischen Markt geschwemmt wurde, den Wert des Silbers, es kam also zur Inflation. Naturkatastrophen, Misswirtschaft und immense Ausgaben ruinierten die spanische Wirtschaft. Spaniens materielle, menschliche und finanzielle Reserven litten so stark, dass es Mitte des 17.Jh. seine Großmachtstellung einbüßte, zunächst aber noch die vielen überseeischen Besitzungen behalten konnte.

Statt in die Wirtschaft zu investieren, investierte man lieber in Paläste und Prestigeobjekte. Juden (1492) und Muslime (1492-1499, 1570/1571, endgültig 1608/09) wurden gleichzeitig von der iberischen Halbinsel vertrieben und damit zwei wichtige Gruppen in der Wirtschaft der iberischen Halbinsel ausgeschaltet. Die Juden hatten Verbindungen sowohl in den arabisch-islamischen Raum, als auch in den christlich-europäischen Raum, den andere so nicht hatten, die Muslime kultivierten Nutzpflanzen, die mit ihrer Vertreibung von der Halbinsel verschwanden. Die Spanier waren sich zu einem großen Teil zu gut zu arbeiten, insbesondere die in den Adelsstand erhobenen Hidalgos. Und von denen, die bereit waren zu arbeiten, gingen viele nach Amerika.

Aufkommen anderer Mächte

Gründe für den langsamen Niedergang des spanischen Weltreiches waren neben den durch die Französische Revolution und die Haitianische Revolution angefachten Unabhängigkeitskriegen auch die kolonialen Bestrebungen Großbritanniens, Frankreichs und der Niederlande, denen es gelang, die spanische Hegemonie empfindlich zu stören.

Nachdem Ferdinand VII. in der Verfassung von 1812 nicht mehr absoluter Monarch von Gottes Gnaden war, sondern an die Konstitution gebundener Monarch, war auch den Amerikanern die Idee gekommen, dass es nicht gerecht sei, was sie von der spanischen Krone erdulden mussten. Die meisten südamerikanischen Staaten kamen daher zwischen 1816 und 1824 nach teilweise blutigen Auseinandersetzungen in die Unabhängigkeit. Nur Kuba und Puerto Rico gehörten noch bis 1898 zur spanischen Krone.

Weltmacht Großbritannien[17] ≈ 357 Jahre

Bis zum Ende des 16. Jahrhunderts war England recht unbedeutend im Weltgeschehen. Doch das änderte sich als Elisabeth I. den Thron bestieg. Es begann Britanniens Aufstieg zur Weltmacht mit einer energischen Expansion des Außenhandels. 1571 wurde die Londoner Börse eingerichtet, 1600 die East India Company gegründet. Elisabeth stellte die Staatskirche wieder her und machte Großbritannien zur protestantischen Vormacht. Die Auseinandersetzung mit Spanien endete zugunsten Großbritanniens. 1588 siegte die britische Flotte gegen die

---

[17] *Britisches Weltreich in Wikipedia 2013*

spanische Armada und 19 Jahre später 1607 wurde die Armada durch die Niederländer vernichtend geschlagen.

Großbritannien wurde zur beherrschenden Seemacht und konnte mit einer erfolgreichen Kolonialpolitik beginnen. Die britische Tuchindustrie wurde (auf Kosten der Landwirtschaft) zum Rückgrat der englischen Wirtschaft. Durch Großbritanniens Sieg über die Spanier und der wachsenden Anzahl von Kolonien im 17. Jahrhundert errang Großbritannien die Vorherrschaft und wuchs zur größten Handels- und Kolonialmacht der Welt jener Zeit heran.

Die wichtigsten Quellen Großbritanniens zur Entwicklung einer Weltmacht waren drei Dinge: zunächst einmal der Aufbau und der Beginn eines einheitlichen und nach modernen Grundsätzen geordneten Staatswesens, sodann die sich rasch aufblühende Industrie und schließlich sein Überseehandel mit der sie schützenden Marine.

Die Ausrufung Englands zum Commonwealth of England (offizielle Bezeichnung von 1649 bis 1660) im Jahre 1649 war ein weiterer wesentlicher Schritt Großbritanniens zur Weltmacht. Durch die Navigationsakte (ein 1651 von Oliver Cromwell verfasstes und sodann beschlossenes Gesetz zur Förderung und Begünstigung der nationalen Schifffahrt) sicherte Großbritannien seinen Kaufleuten und Reedern den Handel mit den jetzt anwachsenden Kolonien.

Mehrere siegreiche Kämpfe zur See gegen die holländische und die spanische Kolonialmacht beschleunigten Großbritanniens Aufstieg zur führenden Seemacht. In Ausnutzung europäischer Konflikte annektierten die Briten in mehreren Kolonialkriegen französische und spanische Kolonien in Amerika. Ferner gelang es weitblickenden Politikern und Finanzleuten Großbritanniens über die britische Ostindien Kompanie 1757 Bengalen zu erobern und seine Machtposition in Indien zu festigen. Indien wurde zur wichtigsten Kolonie auf dem Weg zur Weltmacht.

1783 erkannte Großbritannien die Unabhängigkeit seiner amerikanischen Kolonien an.

Die britische Außenpolitik strebte in Europa ein Gleichgewicht der Nationen (Balance of power) an, um die Vorherrschaft eines Staates auf dem Kontinent zu verhindern. Unter der Rückendeckung des europäischen Gleichgewichts konnte Großbritannien seinen kolonialen Machtbereich weiter ausdehnen. Es vereinnahmte 1819 Singapur und 1839 Aden. Im Opiumkrieg eroberte es Hongkong und zwang China zur gewaltsamen Öffnung für den britischen Handel.

Zur Absicherung seiner Weltherrschaft errang Großbritannien wichtige Stützpunkte an fast allen Meerengen wie Gibraltar, die Falklandinseln sowie Malta und Zypern – um nur einige zu nennen. Die Kontrolle des Suezkanals erreichte Großbritannien durch die Erringung der Aktienmehrheit über diesen wichtigen Seeweg und brachte damit zugleich Ägypten in seine Abhängigkeit.

Die Stützpunkte dienten der englischen Flotte als Operationsbasis zur Überwachung der Seewege (*Sea Lines of Communications, SLOCS*). Großbritanniens Außenpolitik war auf Friedenswahrung nach außen orientiert sowie auf indirekte Einflussnahme durch wirtschaftliche und finanzielle Maßnahmen in Amerika, Asien und im Nahen Osten. Auch in Afrika war Großbritannien bestrebt, sich eine Vormachtstellung als Welthandelsmacht durch die gewaltsame Inbesitznahme von Kolonien zu sichern.

Großbritanniens Rang und Großbritanniens Zukunft lag somit in der Seefahrt, die dem Land Reichtum und Macht verschaffen sollte und konnte. Rückblickend verhalf sie Großbritannien zu einer neuen Identität. Dies wird in der heimlichen Nationalhymne deutlich, die mit den Worten *Rule, Britannia! Britannia rule the waves!* beginnt. Man kann dies auch so definieren, dass die *Royal Navy* die „Goldtransporte" aus den Kolonien in das Mutterland begleitete und sicherte.

Um 1860 erreichte Großbritannien mit nur zwei Prozent der Weltbevölkerung ungefähr ein Fünftel des europäischen Bruttosozialproduktes, produzierte die Hälfte von Eisen und Stahl auf dem Globus und beherrschte mit seinen Produktionsgütern etwa 40 Prozent des Welthandels. Der „Union Jack" wehte über fast einem Drittel der Erdoberfläche, dazu war das stolze Albion der Herrscher auf allen Weltmeeren, was vor dem Ersten Weltkrieg im Jahre 1905 den Ersten See Lord Seiner Majestät, Admiral Sir John Fisher, zu folgender Aussage veranlasste: „Wir halten jene strategischen Schlüssel in Händen, mit denen wir die Welt verriegeln können – nämlich die großen Basen von Dover, Gibraltar, Alexandria, das Kap der Guten Hoffnung und Singapur".

Der Niedergang Großbritanniens als Weltmacht begann mit dem Ende des 2. Weltkrieges, beschleunigte sich dann weiter und zügig in den fünfziger Jahren des 20. Jahrhunderts.

Politisch-militärische Gründe
Im Oktober 1951 übernahmen die Konservativen unter Winston Churchill wieder die Regierung in *Downing Street Nr. 10*. Am 3. Oktober 1952 wurde Großbritannien Atommacht. Die Konservativen waren davon überzeugt, dass Großbritanniens Status als Weltmacht vom Weiterbestehen des Empire abhing. Dabei spielte der Suezkanal

trotz des Verlusts von Indien eine Schlüsselrolle. Gamal Abdel Nasser, der 1952 in Ägypten an die Macht gelangt war, handelte das Suez-Abkommen aus, das bis 1956 den Abzug britischer Truppen aus der Kanalzone vorsah. 1956 verstaatlichte Nasser unvermittelt den Suezkanal. Als Reaktion darauf führte der neue Premierminister Anthony Eden Verhandlungen mit den Regierungen Frankreichs und Israels. Ein israelischer Angriff auf Ägypten sollte den Briten und Franzosen als Vorwand dienen, die Suezkanalzone zurückzuerobern.

US-Präsident Dwight D. Eisenhower war nicht in die Pläne eingeweiht worden und verweigerte jegliche Unterstützung. Eisenhower fürchtete zudem einen Krieg gegen die Sowjetunion, da Nikita Chruschtschow gedroht hatte, den Ägyptern zu Hilfe zu eilen. Die Amerikaner übten Druck aus, indem sie den Verkauf ihrer Pfund-Reserven androhten, was zum Zusammenbruch der britischen Währung geführt hätte. Obwohl die Invasion militärisch erfolgreich war, wurden die Briten auf Druck der Vereinigten Staaten zu einem demütigenden Rückzug ihrer Truppen gezwungen, Eden trat Anfang 1957 zurück.

Die Suezkrise zeigte klar die Grenzen britischer Macht auf und leitete den endgültigen Niedergang des Empire ein. Ohne Einwilligung oder gar Unterstützung durch die Vereinigten Staaten war Großbritannien allein nicht mehr länger handlungsfähig. Die britische Machtposition im Nahen Osten war nach der Suezkrise erheblich geschwächt, sie brach jedoch noch nicht zusammen. Großbritannien entsandte bald wieder Truppen in die Region und intervenierte in Oman (1957), Jordanien (1958) und Kuwait (1961), wenn auch mit US-amerikanischer Billigung. Die britische Präsenz im Nahen Osten endete mit dem geordneten Rückzug aus Aden (1967) und Bahrain (1971).

Premierminister Harold Mac Millan hielt im Februar 1960 in Kapstadt eine Rede und sprach dabei vom *wind of change*, der durch Afrika wehe. Er wollte Unabhängigkeitskriege wie beispielsweise den Algerienkrieg, in den Frankreich verwickelt war, vermeiden. Die britischen Kolonien gewannen ihre Unabhängigkeit.

Zu Beginn der 1980er Jahre war die Dekolonisation weitgehend abgeschlossen. Großbritannien verfügte nur noch über einige über die ganze Welt verstreute Gebiete. Zudem wurde Kanada 1982 durch das vom britischen Parlament erlassene Kanada–Gesetz verfassungsrechtlich vollständig vom Mutterland getrennt. Entsprechende Gesetze für Australien und Neuseeland folgten 1986.

Im September 1982 verhandelte Premierministerin Thatcher mit der Regierung der Volksrepublik China über die Zukunft der letzten bedeutenden und bevölkerungsreichen britischen Kolonie Hongkong. Gemäß den Bestimmungen des

Vertrags von Nanking von 1842 hatten die Chinesen *Hongkong Island* „auf ewig" abgetreten. Doch der überwiegende Teil der Kolonie bestand aus den *New Territories*, die für 99 Jahre gepachtet worden waren; dieser Pachtvertrag würde 1997 auslaufen. Thatcher wollte an Hongkong festhalten und schlug eine britische Verwaltung unter chinesischer Souveränität vor, was die Chinesen jedoch ablehnten. 1984 vereinbarten beide Regierungen die „Sino-British Joint Declaration", welche die Einrichtung einer Sonderverwaltungszone unter dem Prinzip „Ein Land, zwei Systeme" vorsah.

Gesellschaftlich-wirtschaftliche Gründe

Der Zweite Weltkrieg legte brutal offen, dass das Reich zu groß war für ein Land und eine Nation wie Großbritannien. Zwar bewies dieses seine Stärke gegen Nazideutschland und Italien, und die Dominions hielten auf den Kriegsschauplätzen treu zu ihm. In Indien jedoch musste Großbritannien 1947 die Bildung zweier Staaten - Indien und Pakistan – zugestehen und im gleichen Jahr Palästina den Vereinten Nationen übergeben. In der Folge holten die Völker der Kolonialterritorien - eines nach dem andern - den *Union Jack* ein und hissten ihre eigenen Flaggen. Durch die englische Sprache hatten sie die Grundsätze und Institutionen freiheitlicher Staatsverfassung und des Rechtsstaates vernommen.

Was ist geblieben?

Anders als manche früheren Weltreiche ist Großbritannien nicht untergegangen, sondern hat nur die Rolle als Weltmacht an die USA abgeben müssen. Geblieben ist dem Land aber immerhin der Status einer Großmacht. Hierzu tragen der ständige Sitz im Sicherheitsrat der Vereinten Nationen, der (jedoch nur sehr begrenzt verfügbare) Besitz von Nuklearwaffen, die verbliebenen „Britischen Überseegebiete" sowie das *Commonwealth of Nations* bei.

Die „Britischen Überseegebiete" sind 14 kleine Gebiete weltweit, über die Großbritannien die Souveränität ausübt. Einige sind mit Ausnahme von militärischem oder wissenschaftlichem Personal unbewohnt, die übrigen verwalten sich in unterschiedlichem Maße selbst und sind in den Bereichen Außenpolitik und Verteidigung von Großbritannien abhängig. Die britische Regierung hat jedem Überseegebiet Unterstützung zugesagt, falls es die Unabhängigkeit anstreben will. Diese 14 Gebiete sind:[18]

Überseegebiet	Einwohner
Anguilla	12.800
Bermuda	64.482
Britisches Antarktis Territorium	200

---

[18] *Britische Überseegebiete in Wikipedia 2013*

Britische Jungferninseln	21.730
Britisches Territorium im Pazifik	3.700
Falklandinseln	2.967
Gibraltar	27.776
Kaimaninseln	41.934
Montserrat	6.409
Pitcairninseln	50
St. Helena, Ascension und Tristan da Cunha	6.563
Souveräne Militärbasen Akroterien und Dekelia	15.500
Südgeorgien und die Südlichen Sandwichinseln	26
Turks- und Caicosinseln	33.302
Summe	217.439

Das *Commonwealth of Nations* ist ein freiwilliger, unpolitischer Zusammenschluss gleichberechtigter Staaten, in welchem Großbritannien kein privilegierter Status zusteht. Sechzehn Staaten des Commonwealth, die so genannten *Commonwealth Realms*, teilen sich mit Großbritannien das Staatsoberhaupt, den britischen Monarchen. Dieses sind

Antigua und Barbuda	Jamaika	St. Lucia
Australien	Kanada	St. Vincent und die Grenadinen
Bahamas	Neuseeland	Tuvalu
Barbados	Papua-Neuguinea	Vereinigte Königreich
Belize	Salomonen	
Grenada	St. Kitts und Nevis	

Zusammenfassend kann man feststellen, dass der Niedergang der Weltmacht Großbritannien mit dem Ende des 2. Weltkrieges im Jahre 1945 begann und mit der Unabhängigkeit der meisten ehemaligen Kolonien in den fünfziger und sechziger Jahren des 20. Jahrhunderts abgeschlossen worden ist.

Weltmacht Sowjetunion[19] ≈ 46 Jahre

Im Kampf gegen die Deutsche Wehrmacht trug die Sowjetunion die Hauptlast. Sie ging aus dem Zweiten Weltkrieg kriegsverwüstet und geschwächt, jedoch auch als Siegermacht hervor und konnte sich als Weltmacht etablieren. In der „Potsdamer Konferenz" versuchten sich die Siegermächte in Europa auf eine Nachkriegsordnung

---

[19] *wikipedia.org/wiki/Sowjetunion*

zu einigen, was jedoch nur zum Teil gelang. Die Koalition zerbrach am gegenseitigen Misstrauen. Aufgrund der unterschiedlichen Gesellschaftsordnungen begann der Ost-West-Konflikt und damit der Kalte Krieg.

Nach dem Zweiten Weltkrieg hatte sich die Sowjetunion den gewonnenen territorialen Machtbereich gesichert. Das im „Hitler-Stalin-Pakt" vereinbarte sowjetische Interessengebiet in Ostpolen sowie das gesamte Baltikum schloss die UdSSR dauerhaft ihrem Staatsgebiet an. Albanien (1948–1961), Bulgarien, Polen, Rumänien, Ungarn, Tschechoslowakei und die 1949 gegründete DDR gerieten unter den Machteinfluss der Sowjetunion und wurden als Satellitenstaaten kommunistisch regierte Volksdemokratien.

1953, nach Stalins Tod, wurde Nikita Chruschtschow Erster Sekretär der KPdSU. 1956, auf dem XX. Parteitag der KPdSU sprach er sich in einer Geheimrede gegen den Stalinismus aus. Er versuchte eine Wende in der sowjetischen Politik mit einer vorsichtigen Liberalisierung zu erreichen. Der Ungarische Volksaufstand wurde jedoch 1956 von der Roten Armee blutig niedergeschlagen und widerlegte eine Wende zur Liberalisierung in Moskau.

Trotz intensiverer diplomatischer Kontakte zu den USA ging der Kalte Krieg weiter. Die Mitgliedstaaten der NATO und des Warschauer Vertrages rüsteten unvermindert gegeneinander auf. Die Kuba-Krise von 1962 brachte die Welt an den Rand eines Atomkrieges. Auf Druck der USA zog Chruschtschow die zur Stationierung auf der Karibikinsel vorgesehenen Atomraketen ab und verhinderte die drohende Eskalation und damit wohl den Ausbruch eines dritten Weltkrieges.

Im Herbst 1957 begann die prestigeträchtige „Eroberung des Weltalls": mit Sputnik 1 wurde der erste künstliche Satellit in die Erdumlaufbahn gebracht und noch im gleichen Jahr gelang es, mit dem Hund Laika das erste Lebewesen in den Weltraum zu befördern. 1961 glückte Juri Gagarin mit Wostok 1 der erste Flug eines Menschen in das Weltall. Die Sowjetunion hatte die Führung in der Eroberung des Weltalls übernommen. Sie war – neben den USA – die zweite Weltmacht.

1964 wurde Chruschtschow durch den konservativen Leonid Breschnew als Erster Sekretär der KPdSU (ab 1966: Generalsekretär) ersetzt. Reformversuchen in anderen kommunistischen Staaten widersetzte sich das Regime vehement. Zwar unterzeichnete Breschnew im Jahre 1975 das KSZE-Abkommen auf der „Konferenz für Sicherheit und Zusammenarbeit in Europa" in Helsinki, aber noch 1968 wurde mit dem Einmarsch von Panzern der Warschauer-Pakt-Staaten die Freiheitsbewegung des „Prager Frühlings" in der Tschechoslowakei niedergeschlagen. Mit der Verhängung des Kriegsrechts in der Volksrepublik Polen 1981 (Niederschlagung der

Reformbewegung der Gewerkschaft Solidarność) durch den damaligen Ersten Sekretär der „Polnischen Vereinigte Arbeiterpartei" und polnischen Regierungschef Wojciech Jaruzelski konnte dieser den Einmarsch der Truppen des Warschauer Paktes (und damit auch deutscher Truppen aus der DDR) verhindern.

Mit dem Einmarsch sowjetischer Truppen (bis zu 100.000 Soldaten) eskalierte 1979 der Bürgerkrieg in Afghanistan; es entstand eine neue weltpolitische Krisenzone. Das Land wurde verwüstet, seine Infrastruktur zerstört. Durch die Kämpfe zwischen Regierungstruppen und Mudschaheddin wurden große Flüchtlingswellen ausgelöst; ca. 1,2 Millionen afghanische Todesopfer und ca. fünf Millionen Flüchtlinge waren die Folge. Afghanistans Staatspräsident Mohammed Nadschibullah setzte 1986 auf einen Kurs der nationalen Versöhnung. Michail Gorbatschow, der 1985 Generalsekretär geworden war, hielt das sowjetische Engagement in Afghanistan für zu kostspielig und verlustreich. 1988 / 1989 wurden die sowjetischen Truppen abgezogen. Die siegreichen Mudschaheddin, von den US-amerikanischen und pakistanischen Geheimdiensten CIA und ISI organisiert und ausgerüstet, übernahmen die Macht, um sich erneut in bürgerkriegsähnliche Kämpfe zu verstricken. In dieser Lage konnten sich die radikal-islamischen Taliban von Pakistan aus in einem raschen Vorstoß in weiten Teilen des Landes durchsetzen und errichteten Mitte der 1990er Jahre einen islamischen Gottesstaat in Afghanistan.

Die wirtschaftliche Entwicklung der Sowjetunion zeigte seit Anfang der achtziger Jahre einschneidende Wachstumsrückgänge. Der Abstieg begann. Ab 1985 wurden von Michail Gorbatschow erste Reformen eingeleitet. Durch *Perestroika* (Umbau) und *Glasnost* (Offenheit) sollte der Realsozialismus reformiert werden und zu neuem, kritischen Denken führen. Außenpolitisch wurde durch Michael Gorbatschow eine umfassende Politik der Entspannung und Abrüstung eingeleitet.

Durch *Glasnost* und *Perestroika* traten die Probleme des Systems offen zutage, deren öffentliche Diskussion die Position der Zentralregierung schwächte. Die Entwicklung verselbständigte sich und entglitt zunehmend der Kontrolle der Partei, die nicht reagieren konnte, da dem damit einsetzenden Demokratisierungsprozess der institutionelle Rahmen fehlte. Die von Gorbatschow initiierten Reformen brachten aber keine Wachstumssteigerung. Weder konnte die Weiterentwicklung der Industrie in großen Kombinaten gefördert werden, noch zogen die wachsenden Investitionsanteile des Agrarsektors eine bessere Lebensmittelversorgung der Bevölkerung nach sich. Die zunehmende Wirtschaftskorruption entzog der Staatswirtschaft wichtige Ressourcen.

Die westeuropäischen Länder bemühten sich noch, die sich im freien Fall befindende sowjetische Wirtschaft und die 1986 von Gorbatschow begonnenen

Reformen zu unterstützen. Sie gewährten der Sowjetunion Milliardenkredite und Subventionen. Die sowjetische Auslandverschuldung stieg von 20 Milliarden Dollar im Jahre 1986 auf 103 Milliarden Dollar fünf Jahre später, als die Sowjetunion endgültig zerfiel. Die westeuropäischen, in erster Linie westdeutschen Kredite und Subventionen waren nur ein Tropfen auf dem heißen Stein. Sie waren nicht im Stande, den wirtschaftlichen Niedergang und folglich den Zerfall des sowjetischen Imperiums abzuwenden. Infolgedessen erlangten die unterworfenen Völker in Ost- und Mitteleuropa endlich ihre Freiheit, darunter auch die Ostdeutschen: Der Weg für die Wiedervereinigung Deutschlands wurde frei.

Die durch die politischen und wirtschaftlichen Umbrüche entstandene Unsicherheit wurde noch durch natürliche und technogene Katastrophen verstärkt. 1986 ereignete sich in der Ukraine mit der Katastrophe von Tschernobyl eine schwere nukleare Havarie. Dies zeigte, dass die entwickelten Technologien unter den gegebenen sozio-ökonomischen Bedingungen nicht mehr ausreichend beherrschbar waren. Dazu kamen schleichende Umweltbelastungen, die zur Destabilisierung beitrugen: Die Austrocknung des Aralsees, die flächenhafte Boden- und Vegetationskontamination durch auslaufendes Erdöl in Westsibirien und die Luftverschmutzung über allen großen Industriestädten.

Im Nationalitätengefüge der Sowjetunion entstanden ebenso Destabilisierungen. Im Dezember 1986 kam es erstmals nach der Ära Breschnew zu schweren ethnischen Konflikten, als der kasachische Parteichef Kunajew infolge eines gravierenden Korruptionsverdachts durch den von Moskau an die Spitze Kasachstans gesetzten Russen Genadi Kolbon ersetzt wurde. Anfang 1988 begann der armenisch-aserbaidschanische Bergkarabach-Konflikt, aus dem sich der erste Krieg zwischen Nachfolgestaaten der Sowjetunion entwickelte. Es folgte innerhalb kurzer Zeit die Entstehung einer Vielzahl von neuen Nationalitätenkonflikten innerhalb der Sowjetunion.

Das Nationalitätenproblem in der Sowjetunion hatte sich über Jahrzehnte entwickelt. Schuld daran waren die politischen Führer selbst. Mit der Ausnahme von Stalin (aus Georgien) kam keiner der entscheidenden Männer an der Spitze im Politbüro aus anderen Republiken, es gehörten nur wenige dieser Führer einer anderen Nationalität als der russischen an. Auch waren die führenden Politiker kaum in den anderen Sowjetrepubliken in Führungspositionen gewesen und kannten diese daher nicht gut. Dieses alles sollte sich nun „auszahlen".

Der Bruch der Randstaaten der Sowjetunion mit dem Moskauer Zentrum ging weniger vom Volk der in Vielzahl entstandenen kleinräumigen Krisenzentren aus, sondern von den politischen Führungen der Unionsrepubliken. Es waren zunächst die sich auf ihre nationale Identität berufenden drei baltischen Republiken.

Am 11. März 1990 erklärte zunächst Litauen, am 9. April 1991 Georgien sowie am 4. und 5. Mai 1990 Lettland und Estland ihre Unabhängigkeit von der UdSSR[20]. Es folgten am 24., 25., 27. und 31. August 1991 Weißrussland, die Ukraine, Moldawien und Kirgistan, am 1., 9. und 21. September 1991 Usbekistan, Tadschikistan und Armenien, am 18. und 27. Oktober 1991 Aserbaidschan und Turkmenistan sowie am 16. Dezember 1991 Kasachstan. Die „Russische Sozialistische Föderative Sowjetrepublik" (RSFR) erklärte im Dezember 1991 formal ihre Souveränität, nicht aber die Unabhängigkeit von der Sowjetunion, was die Überleitung der Außenbeziehungen der alten Sowjetunion auf die neu entstandene Russische Föderation erleichterte.

1991 ging es in der Sowjetunion um alles oder nichts: Die Industrieproduktion war gesunken, die Arbeitslosigkeit heftig gestiegen und durch die Inflation verloren die Bürger ihre Ersparnisse. Zwischen den verschiedenen Ethnien der Sowjetunion waren Konflikte ausgebrochen.

"Die Sowjetunion hätte gerettet werden können und müssen", sagt Gorbatschow heute. Damals strebte er eine neue Föderation an, in der die einzelnen Republiken souverän sind und die gleichen Rechte haben. Am 19. August 1991, einen Tag vor Unterzeichnung des neuen Staatsvertrags, kam es aber zu einem Putsch gegen Gorbatschow: Kommunistische Verschwörer sperrten den Staatschef der UdSSR an seinem Urlaubsort ein und kappten alle Verbindungen zur Außenwelt. In der Sowjetunion wurde der Notstand ausgerufen und durch Moskaus Straßen fuhren Panzer.

Doch der Staatsstreich scheiterte. Zehntausende Menschen demonstrierten in Moskau gegen den Putsch und die kommunistische Partei wurde verboten. Drei Monate nach dem Putsch gründete Boris Jelzin, ein Gegner der Kommunisten, als neuer Präsident Russlands mit der Ukraine und Weißrussland die „Gemeinschaft Unabhängiger Staaten" (GUS). Am 26. Dezember 1991 wurde die Sowjetunion offiziell aufgelöst.[21] Damit war auch das Ende der Weltmacht Sowjetunion gekommen.

Die beiden Weltmächte USA und Sowjetunion waren zur gleichen Zeit, als Folge des 2. Weltkrieges entstanden. Der Aufstieg hatte aber unterschiedliche Gründe. Henry Kissinger definiert diese so: „Der Aufstieg der Sowjetunion gründete auf den

---

[20] *pbp vom 11.3.2015: Baltikum - Unabhängigkeit von der Sowjetunion*
[21] *Goncharenko, Roman: Wie die Sowjetunion vor 20 Jahren unterging - Deutsche Welle am 23.8.2011*

rücksichtslosen Manipulationen Stalins; der Aufstieg der Vereinigten Staaten von Amerika kündigte sich mit Amerikas industrieller Stärke an".[22]

Die Konkurrenz zwischen dem Kommunismus und dem Kapitalismus habe beim Untergang der UdSSR eine wichtige Rolle gespielt, meinte 20 Jahre später Gerhard Simon, Osteuropa-Experte der Universität in Köln. Simon betont, dass der große Fehler der sowjetischen Propaganda war, dass sie sich von Anfang an immer mit dem Westen verglichen hat. Die Sowjetunion habe sich selbst den Strick um den Hals gelegt.[23] Welche Gründe führten nun tatsächlich zum Niedergang der Sowjetunion nach erst 46 Jahren als Weltmacht?

Politisch-militärische Gründe

„Die Staaten Osteuropas, die er unter dem Terminus „gefangene Staaten" subsummierte, seien der Verzweiflung nahe", sagte John Foster Dulles bereits 1952 und daran sollte sich bis 1989 nichts ändern.[24]

Die westlichen Staaten, unter der Führung der USA und deren Präsidenten Ronald Reagan, hatten im Kalten Krieg heftig aufgerüstet. Dieses war in einem Umfang geschehen, mit dem die Sowjetunion nicht mithalten konnte: Die Sowjetunion wurde vom Westen geradezu totgerüstet. Tatsächlich hatte die Sowjetunion rund 15 Prozent ihres Bruttoinlandsprodukts Jahr für Jahr in das Militär investiert. In den USA waren es dagegen nur sechs Prozent, in der Bundesrepublik Deutschland damals drei und in Japan ein Prozent.

Gesellschaftlich-wirtschaftliche Gründe

Sinkende Industrieproduktion steigende Arbeitslosigkeit und eine Inflation, durch die die Bürger ihre Ersparnisse verloren, waren wichtige Gründe für die Unruhen im Lande.

Der hohe Anteil von Rüstungsausgaben am Bruttosozialprodukt hatte wirtschaftliche und soziale Folgen. Obwohl die Privilegierung der Schwerindustrie bis in die Zwanzigerjahre zurückreichte und nicht originär mit dem Kalten Krieg in Verbindung zu bringen ist, geriet die sowjetische Wirtschaft seit den fünfziger Jahren infolge der Rüstungsinvestitionen immer mehr in eine Schieflage. Je länger der Kalte Krieg dauerte, desto mehr Ressourcen wurden der zivilen Produktion und dem staatlichen Sozial- und Gesundheitswesen entzogen. Schließlich entfiel jeder zehnte Arbeitsplatz auf die Rüstungsindustrie - eine Entwicklung, die im Vergleich zu den USA umgekehrt proportional verlief. Hinzu kamen die sowjetischen

[22] *Kissinger, Henry: Die Vernunft der Nationen, S. 368*
[23] *Goncharenko, Roman: Deutsche Welle vom 20.12.2011*
[24] *Dulles, John Foster: Life vom 19.5. 1952*

Transferzahlungen an die Verbündeten in Osteuropa. Allein diese schwollen zwischen 1975 und 1981 von 5,3 auf 18,6 Milliarden Dollar an.

„Die Planwirtschaft nach sowjetischem Vorbild hatte sich in der Sowjetunion wie auch in dem Satellitenstaaten als ineffizient und untragbar erwiesen. In den Satellitenstaaten hatte sie von Anfang an katastrophale Auswirkungen. Vor dem Zweiten Weltkrieg war der Lebensstandard in der Tschechoslowakei in etwa so hoch wie jener in der Schweiz gewesen; danach sank er auf das graue und eintönige Niveau zurück, das in der gesamten kommunistischen Sphäre herrschte. Polen verfügte vor dem Kriege über eine ebenso breite industrielle Basis und sogar über größere Ressourcen als Italien, wurde jedoch zur Bedarfswirtschaft auf osteuropäischen Standard zur verordneten Armut verdammt. Auch die Ostdeutschen erblickten im kommunistischen System das einzige Hindernis, um denselben wirtschaftlichen Wohlstand wie die Bundesrepublik zu erreichen. Die Menschen sämtlicher osteuropäischer Länder wussten nur zu gut, dass sie ihren eigenen Wohlstand der kommunistischen Ideologie und der sowjetischen Hegemonie opferten"[25].

Die administrative Kommandowirtschaft wird von vielen namhaften Wissenschaftlern für die Unterversorgung mit Konsumgütern verantwortlich gemacht. Den Todesstoß erhielt die Wirtschaft von Gorbatschow. Zwar wollte er lediglich Teile des ökonomischen Systems reformieren, griff dabei aber zu Mitteln, die am Ende das sowjetische System als Ganzes zerstörten. So gesehen galt auch hier: „It was the economy, stupid"[26]

Ethnische Gründe

Die Führung der Sowjetunion hatte – wie vorher der Zar - das Land um immer mehr Fläche und damit auch um andere Völker erweitert. Die ethnische Vielfalt der Bevölkerung wurde immer größer. Gleichzeitig gelang es aber nur wenigen Politikern anderer Ethnien als der russischen in den engsten Machtbereich aufzusteigen. Hinzu kam, dass die wenigsten Spitzenpolitiker profunde Kenntnisse über und Verständnis für andere Sowjetrepubliken durch einen Einsatz eben dort hatten gewinnen können.

Konflikte zwischen den verschiedenen ethnischen Gruppen mit der Zentralmacht, also den Russen hatten sich 1991 verstärkt und führten schließlich zur Abspaltung / Unabhängigkeitserklärung. Litauen hatte im März 1990 einen Dominoeffekt ausgelöst, der im Dezember 1991 mit der Unabhängigkeit von Kasachstan endete und das Ende der sowjetischen Weltmacht besiegelte.

---

[25] *Kissinger, Henry: Die Vernunft der Nationen, S. 599*
[26] *Greiner,Bernd; Müller, Christian Th.; Weber, Claudia (Hg.): Ökonomie im Kalten Krieg.*

Verhinderte Weltmächte

In der Geschichte der Menschheit gab es immer wieder einige Staaten, die auf eine deutliche Erweiterung ihres Einflussbereiches weltweit drängten und die den Status einer Weltmacht anstrebten. Hier sind das Kaiserreich Frankreich unter Napoleon I, das Kaiserreich Japan in der Mitte des 19. Jahrhunderts und das Großdeutsche Reich Adolf Hitlers zu nennen. Das „Heilige Römische Reich Deutscher Nation" zeigte Ansätze einer Weltmacht im Mittelalter. Alle vier Reiche haben aber nicht den Status einer Weltmacht erreichen können. Entweder war ihre Dominanz nur von einer sehr kurzen Dauer (Frankreich, Japan, Deutschland) oder die Strukturen entsprachen nicht denen einer Weltmacht (Heiliges Römisches Reich).

Das „Heilige Römische Reich"[27] ≈ 1254 bis 1806

„Heiliges Römisches Reich" war die offizielle Bezeichnung für den Herrschaftsbereich der römisch-deutschen Kaiser vom Mittelalter bis 1806. Das Reich bildete sich im 10. Jahrhundert unter der Dynastie der Ottonen aus dem ehemals karolingischen Ostfrankenreich heraus. Der Titel „Heiliges Römisches Reich" ist 1254 erstmals urkundlich belegt.

Die Ausdehnung und die Grenzen des „Heiligen Römischen Reiches" veränderten sich im Laufe der Jahrhunderte erheblich. In seiner größten Ausdehnung umfasste das Reich fast das gesamte Gebiet des heutigen Mittel- und Südeuropas

Da sich das Reich seit Mitte des 18. Jahrhunderts immer weniger gegen die expansive Politik innerer Kräfte und äußerer Mächte zu schützen vermochte, begann sein Untergang. Nachdem Napoleon das alte Reich erfolgreich marginalisiert hatte, legte Kaiser Franz II. am 6. August 1806 die realpolitisch belanglos gewordene römische Kaiserkrone nieder.

Das Französische Kaierreich[28] ≈ 1804 - 1815

Während dieser kurzen Zeit war der französische Staat eine nach dem monarchischen Prinzip ausgerichtete zentralistische konstitutionelle Monarchie, der Kaiser Napoleon I. regierte autokratisch.

Die Monarchie entstand nach einem Staatsstreich am 9. November 1799 durch Napoleon, der sich am 18. Mai 1804 zum Kaiser krönen ließ. Die Zeit des Kaiserreichs war durch militärische Siege der *Grande Armée* gegen Österreich, Preußen,

27 http://de.wikipedia.org/wiki/Heiliges_Römisches_Reich
28 http://de.wikipedia.org/wiki/Französisches_Kaiserreich

Russland, Portugal und deren verbündete Nationen, durch die beginnende Industrialisierung sowie durch soziale Reformen geprägt. Wirtschaftlich wandte sich das Land zu einer frühen Industrienation und nach Großbritannien zur zweiten führenden Wirtschaftskraft Europas zu Beginn des 19. Jahrhunderts.

Durch eine aggressive Außenpolitik und den erneuten Einstieg in den überseeischen Imperialismus um 1800 wurde das französische Kaiserreich zu einer Großmacht. Das Territorium des Kaiserreichs erreichte mit der Annexion Kataloniens 1812 seine größte Ausdehnung. Dazu kamen noch die Kolonien. In diesen Jahren war Frankreich flächenmäßig der zweitgrößte und bevölkerungsmäßig der größte Staat Europas

Die Vormachtstellung des Französischen Kaiserreichs endete mit der katastrophalen Niederlage im Russlandfeldzug. Am 11. April 1814 musste Napoleon als Kaiser abdanken und ging nach Elba ins Exil. Nachdem er überraschend am 1. März 1815 von Elba zurückgekehrt war, dauerte seine erneute Herrschaft in Frankreich nur 100 Tage. Mit der „Schlacht bei Waterloo" im Jahre 1815 wurde Napoleon endgültig gestürzt und das Kaiserreich zum zweiten und letzten Mal aufgelöst.

Das Kaiserreich Japan[29] ≈ 1931 - 1945
Das Japanische Kaiserreich bestand verfassungsgemäß in die Zeit vom 30. November 1890 bis zum 2. Mai 1947. 1889 war der Titel Tenno (Kaiser von Japan) erstmals offiziell genutzt wurde.

Wegen fehlender Ressourcen gliederte das Kaiserreich zunächst Formosa (1895) und Korea (1910) als Kolonien in das Japanische Kaiserreich ein. Die riesigen Ressourcen Chinas waren sodann ein primäres Ziel der Industrie.

Im Ersten Weltkrieg war Japan nach dem Sieg gegen Russland 1904/05 in den Rang einer Großmacht aufgerückt. Mit der Weltwirtschaftskrise wandte sich das Japanische Kaiserreich dem Faschismus zu. Japan verfolgte nun zwei Ziele: Weiterentwicklung der Wirtschaft und Besetzung von rohstoffreichen Ländern in Asien.

1931 wurde die Mandschurei gegen nur schwachen Widerstand erobert. Jehol, ein an die Mandschurei grenzendes chinesisches Territorium, wurde 1933 eingenommen. 1937 startete Japan die Invasion Chinas und löste damit den Zweiten Japanisch-

---

[29] http://de.wikipedia.org/wiki/Japanisches_Kaiserreich

Chinesischen Krieg aus. Vor der Invasion 1936 hatte Japan einen antikommunistischen Vertrag, den sogenannten „Antikominternpakt" mit Deutschland abgeschlossen, dem 1937 auch Italien beitrat.

Am 27. März 1933 trat Japan aus dem Völkerbund aus. Mit den Achsenmächten Deutschland und Italien verband Japan sein aggressives Expansionsstreben und begann einen Eroberungsfeldzug in Ostasien unter dem Motto „Asien den Asiaten´. Innerhalb weniger Monate brachen die asiatischen Teile der Kolonialreiche der Niederlande, Großbritanniens und der USA zusammen. Der Angriff auf Pearl Harbour Ende 1941 führte zum formellen Eintritt in den Zweiten Weltkrieg. Nach anfänglichen Siegen konnte sein Einflussgebiet in ganz Südostasien zunächst ausgedehnt werden. Japan beherrschte Indonesien, die Philippinen, Neuguinea und Birma sowie zahllose Inselgruppen. Mit Indonesien war ein erdölreiches Land Kolonie des Kaiserreichs geworden. Nach mehreren verlorenen Seeschlachten (Midway, Guadalcanal. Iwojima, Okinawa) und den umstrittenen Atombombenabwürfen auf Hiroshima und Nagasaki am 6. bzw. 9. August 1945. zwangen die Alliierten Japan zur bedingungslosen Kapitulation Japans, die am 2. September 1945 formell unterzeichnet wurde.

Das „Großdeutsche Reich"[30] ≈ 1939 - 1945

Das Deutsche Reich war von 1933 bis 1945 eine Diktatur der Nationalsozialistischen Deutschen Arbeiterpartei (NSDAP). Unter Adolf Hitler wurde in dieser Zeit eine Führerdiktatur errichtet. Mit dem Anschluss Österreichs (des Geburtslandes von Hitler), dem „Münchner Abkommen" und der Zerschlagung der Rest-Tschechei erweiterte das NS-Regime bis 1939 das Herrschaftsgebiet des Deutschen Reiches. Hitler führte den Zweiten Weltkrieg als Vernichtungs- und Eroberungskrieg, um das ab März 1938 offiziell genannte „Großdeutsche Reich" bis an die Grenzen Mittelasiens auszudehnen.

Unter dem Stichwort „Volk ohne Raum" annektierte das NS-Regime auch die später eroberten Gebiete zu „Gebieten des Großdeutschen Reiches" einseitig und völkerrechtswidrig.

Durch die bedingungslose Kapitulation der Deutschen Streitkräfte am 8. Mai 1945 endete der Zweite Weltkrieg in Europa und gleichzeitig auch das „Großdeutsche Reich".

---

[30] *http://de.wikipedia.org/wiki/Deutsches_Reich_1933_bis_1945*

Résumé

Eine jede Weltmacht kam und ging früher oder später. Politisch-militärische und gesellschaftlich-wirtschaftliche Gründe führten zumeist zum Untergang der jeweiligen Weltmacht. Die Frage stellt sich eigentlich nicht, ob es den USA in gleicher Weise ergehen wird, sondern, lediglich, wann dieses sein wird. Zbigniew Brzesinski bestätigt diese These in seinem Buch "Die einzige Weltmacht".

Die historische Entwicklung der USA

Kapitel 2

Die Ausrottung der Indianer

Nachdem Columbus im Jahre 1492 Amerika entdeckt hatte wurde der Kontinent nach und nach von europäischen Staaten in Besitz genommen. Zu jener Zeit lebten etwa drei Viertel der indianischen Urbevölkerung des großen Kontinents in den von Spaniern und Portugiesen eroberten Gebieten und ein Viertel im Norden, also den Gebieten, die von den Franzosen und Engländern in Besitz genommen wurden.

„Die Bevölkerungszahlen der Indianer Nordamerikas im 16. Jahrhundert werden heute aus archäologischen Quellen geschätzt, dabei wird als Bezugsjahr zumeist das Jahr 1500 angegeben. Die so ermittelten Zahlen variieren erheblich zwischen 2,4 und rund 18 Millionen Menschen".[31] Das US-amerikanische *Smithonian Institut* in Washington hat für Nordamerika drei Millionen Menschen ermittelt.

900.000 Indianer standen der Sucht der weißen Siedler nach Neuland und Bodenschätzen im Wege und bereits mit der Ankunft des ersten weißen Mannes zu Beginn des 17. Jahrhunderts begann das langsame Sterben des roten Mannes.

Thomas Jefferson, der 3. Präsident der USA (1801 – 1809) hatte festgestellt und geschrieben „Wir werden gezwungen sein, sie wie Tiere aus den Wäldern in die Felsengebirge zu treiben. Ich werde niemals aufhören, sie zu verfolgen!" Der gleiche Jefferson hatte vorher dem Volk der Cherokee wegen seiner gelungener Anpassung an die christliche Zivilisation Schutz zugesichert.

Kriege spielten bei dem Zusammenbruch der indigenen Bevölkerung eine wichtige Rolle, doch Umsiedlungen und Zwangsarbeit dezimierten die Bevölkerung in einem hohen, kaum quantifizierbaren Ausmaß. Zudem richteten Epidemien wie

---

[31] **Milner,** *George R.; Chaplin, George: Eastern North American Population at ca. A.D. 1500. in: American Antiquity, Volume 75, No. 4, Oktober 2010, S. 707–726*

Pocken, Masern oder Grippe katastrophale Schäden an, Krankheiten, gegen die die Indianer über keinerlei Abwehrstoffe verfügten. Hinzu kamen Hunger und Alkohol.

Skalpprämien waren der Höhepunkt des Genozids: einige Kolonien hatten Skalpprämien ausgesetzt, um das Töten von Indianern zu fördern. Die Skalpe sollten als Beleg für den Tod eines Indianers dienen. Beispiele:

- 1700 führte *Massachusetts* eine Prämie von 100 Pfund Sterling für jeden männlichen Indianerskalp ein, das Vierfache eines damaligen Jahresdurchschnittsverdienstes.
- 1706 bot der *Gouverneur von Pennsylvania* 130 Pesos für den Skalp jedes männlichen Indianers über zwölf Jahre und 50 Pesos für jeden Frauenskalp.

In Kalifornien wurden noch 1849 - nach dem Goldrausch - innerhalb von nur zwei Jahrzehnten mehrere Tausend Indianer ermordet.

An den 30 Kriegen gegen die Indianer im Osten wie im Westen des Kontinents waren weiße Siedler aus England, Frankreich, Spanien und den Niederlanden beteiligt.

Zusammengefasst kann festgestellt werden, dass die wirtschaftliche Ausbeutung, die desolaten Sozialverhältnisse, kriegerische Auseinandersetzungen, Epidemien, die Sklavenjagd und ethnische Säuberungen zu dieser demographischen Katastrophe geführt haben. Unklar ist jedoch, wie hoch der Anteil einer jeden dieser Handlungen gewesen ist. Der Tiefpunkt der Katstrophe wurde erst in den ersten Jahrzehnten des 20. Jahrhunderts durchschritten.

Der „Wilde" wurde von den puritanischen Einwanderern nicht mit dem Menschen, sondern mit jagdbarem Wild gleichgesetzt, eine halbe Stufe tiefer noch als der schwarze Sklave, den man, wie das Haustier, wohl schikanieren, nicht aber einfach abschießen zu dürfen glaubte. Es hat sehr lange gedauert, bis diese Einstellung überwunden wurde.

Fest steht, dass zahlreiche Völker mitsamt ihrer Kultur und Sprache vernichtet worden sind. Es ist, gemessen an der Zahl der Opfer, eine der größten demographischen und auch kulturellen Katastrophen in der Geschichte der Menschheit.

Zur politischen und rechtlichen Entwicklung:
Eine eigenständige Indianerpolitik der Vereinigten Staaten setzte ab 1781 ein. In diesem Jahr erhielt der Kongress die oberste Entscheidungsgewalt, „den Handel und alle Angelegenheiten mit den Indianern zu regeln". Die Indianerpolitik entwickelte aus

einer Vielzahl von Gründen eine eigene Dynamik. Ein starker Siedlungsdruck einer schnell wachsenden Bevölkerung, die vornehmlich aus Europa einwanderte war entstanden. Dieser wurde durch die fast ungesteuerte Art der Landaneignung durch die Siedler und durch deren religiösen und kulturellen Überlegenheitsanspruch verstärkt.

Schloss man zunächst noch Verträge mit den Indianern, so wurden um 1830 fast alle Indianer aus dem Gebiet östlich des Mississippi zwangsweise umgesiedelt („Pfad der Tränen"). Es war zwar nie vorherrschende Politik, die Ureinwohner auszurotten, aber sie sollten der Besiedlung nicht im Weg stehen und sich religiös, kulturell und auch wirtschaftlich den Idealen der weißen Gesellschaft anpassen; sie sollten also Christen, „Amerikaner", Bauern und Viehzüchter werden.

Diese Politik scheiterte jedoch und so entstand die Idee von Reservaten, in denen die Indianer auf die US-amerikanische Lebensweise vorbereitet werden sollten. Die Zerstörung ihrer Lebensgrundlagen zwang viele Gruppen zum Nachgeben, wobei die Regierung oftmals mehrere Stämme in großen Reservaten zusammenfasste, auch solche, die sich kaum verständigen konnten. Dies führte vielfach zu internen Konflikten, zumal die Gebiete meist wenig für die neue Lebensweise geeignet waren. Darüber hinaus wurden die Indianer zunehmend zu Mündeln des für sie seit 1824 zuständigen „Büros für Angelegenheiten der Indianer". Diese Behörde erwies sich zudem als ausgesprochen korruptionsanfällig; sie existierte bis 1849.

Das Land der Reservaten galt zunächst als „für die Indianer reserviertes Gemeingut", das alle dort Lebenden nutzen konnten. Ab 1887 wurde das Land vom Staat an Individuen oder Familien vergeben. Die Indianer konnten das zur Bewirtschaftung zugeteilte Land jedoch nicht vererben, so dass es nach dem Tod des Inhabers öffentlich versteigert wurde.

Erst 1924 erhielten die meisten Indianer allgemeine Bürgerrechte, womit sie an Wahlen teilnehmen konnten; Im Jahre 1940 verweigerten jedoch noch sieben Bundesstaaten den Indianern das Wahlrecht.[32] 1934 stimmten die Indianer über eine Art Selbstverwaltung aus demokratisch gewählten Stammesräten und Häuptlingen ab und ab 1953 zogen sich die staatlichen Institutionen zunehmend aus den Angelegenheiten der Indianer zurück. Damit entfiel aber auch jegliche Förderung der oftmals ländlichen und von dünner Infrastruktur gekennzeichneten Regionen. Hierdurch setzte eine starke Abwanderung in die prosperierenden Städte ein, die zu einer weiteren Verarmung vieler vernachlässigter Gebiete führte.

---

[32] *von Matuschka, Marianne: in „Die Zeit" vom 28.5.1971*

Ab Ende der 1960er Jahre konnten die indianischen Gruppen eine größere Eigenständigkeit durchsetzen; manche Stämme wurden ökonomisch überaus erfolgreich. Zahlreiche Gerichte sprachen den misshandelten, vertriebenen und enteigneten Indianern Entschädigungen zu. Manche Gruppen versuchten, ihre traditionellen Gebiete zurückzukaufen.

Die US-amerikanische Regierung hatte sich bis 2009 für ihre mehr als zwei Jahrhunderte verfolgte Indianerpolitik nicht öffentlich entschuldigt. Im Jahre 2009 kam es zu Entschädigungsabsprachen zwischen der Regierung und Stammesvertretern. Am 19. Dezember 2009 unterzeichnete Präsident Obama schließlich ohne nennenswerte mediale Aufmerksamkeit eine Erklärung, in der er „im Namen des Volkes der Vereinigten Staaten bei allen Ureinwohnern für die vielen Vorfälle von Gewalt, Misshandlung und Vernachlässigung, die den *Native peoples* durch Bürger der Vereinigten Staaten zugefügt wurden", um Verzeihung bat.[33]

Ende 2010 führten 5.220.579 Einwohner der USA ihre Abstammung zumindest partiell auf indianische Vorfahren zurück. Ausschließlich als Indianer bzw. Ureinwohner Alaskas fühlten sich 2.932.248 Einwohner. Seit dieser letzten Zählung im Jahr 2000 ist die Gesamtzahl derjenigen, die sich als Indianer betrachten, um 27 % gestiegen. Die größten Gruppen waren dabei Cherokee (819.000) und Navajo (287.000), die größten alaskanischen Gruppen waren Yup'ik (34.000) und Inupiat (33.000).

Résumé
Der Genozid an vielen Ureinwohnern ist Teil der US-amerikanischen Geschichte – auch wenn er immer wieder herunter gespielt oder verdrängt worden ist. Die USA reihen sich damit ein in die lange Liste von Völkern, die andere Völker ausrotten wollten oder ausgerottet haben und die in Anlage H zusammengefasst sind.

---

[33] *Rickert Levi: editor-in-chief in Native Currents am 20.12.2012*

Kapitel 3

Die Unabhängigkeit und die ersten 13 Bundesstaaten

Der langsame Aufstieg der USA zur Weltmacht nach dem 2. Weltkrieg geht einher mit dem langsamen Niedergang der Weltmacht Großbritannien. Die USA konnten ihre politische Bedeutung in der Welt parallel zu dem Abbau der politischen Bedeutung des früheren Mutterlandes, Großbritannien aufbauen und ausbauen. Wie hat dieser langsame Prozess der Bildung einer Weltmacht begonnen?

Der Siebenjährige Krieg in Europa zwischen Frankreich und England (1756 – 1763) fand auch auf der anderen Seite des Nordatlantiks statt; er wurde in Nordamerika der „Franzosen- und Indianerkrieg" genannt. Frankreich verlor den Krieg und musste 1763 im „Frieden von Paris" der Abtretung seiner Besitzungen auf dem nordamerikanischen Halbkontinent zustimmen. Hierin wurde festgelegt, dass das Louisiana-Territorium westlich des Mississippi an Spanien fiel und dass Kanada und das übrige Louisiana-Territorium zu Großbritannien kamen.

Der Krieg hatte Großbritannien viel Geld gekostet und das Königreich wollte, dass sich auch die Kolonien an der Sanierung der Staatsfinanzen beteiligten. Zwei Gesetze aus London stießen auf besonderen Widerstand bei den Siedlern in den Kolonien an der Ostküste Nordamerikas: Mit dem *Quartering Act* wurden die Siedler gezwungen, britische Soldaten zu beherbergen und mit dem *Stamp Act* mussten sie Steuermarken kaufen, die für jegliche Dokumente galten – wie Zeitungen, juristische Papiere oder Lizenzen. Hinzu kam, dass die Siedler keinerlei Vertretung in der Hauptstadt in London hatten. Wenn man schon zahlen müsse, müsse man auch über ein Mitspracherecht verfügen: *„no taxation without representation".*

1765 konnten sich die Briten noch einmal gegen die Kolonisten mit der gesetzlichen Verpflichtung durchsetzen, Soldaten aufzunehmen. Sie führten zudem einen Zoll gegen die Einfuhr von Tee ein. Diese Maßnahme war letztendlich im Jahre 1773 Auslöser der bekannten *Boston Tea Party*, bei der radikale amerikanische Patrioten als Indianer verkleidet britische Schiffe im Hafen von Boston überfielen und über 300 Kisten mit Tee in den Hafen warfen.

Die britische Regierung reagierte mit neuen Gesetzen gegen diese „Auflehnung": der Hafen von Boston wurde geschlossen und der Handel unterbunden. Als Reaktion auf diese Maßnahmen kam es zu dem ersten Kongress der Kolonien, auf dem alle aufgefordert wurden, sich den Repressionen der Briten zu widersetzen. Zudem wurden Waffen beschafft und Milizen aufgestellt.

Am 19. April 1775 begann der „Amerikanische Unabhängigkeitskrieg" gegen Großbritannien. Der zweite Kongress der Kolonien trat im Mai 1775 in Philadelphia zusammen und koordinierte die Maßnahmen der verschiedenen Gruppierungen der Kolonien. Auf diesem Kongress wurden Landstreitkräfte und Seestreitkräfte gegründet. Oberbefehlshaber wurde George Washington, ein Plantagenbesitzer aus Virginia, der bereits an dem „Franzosen- und Indianerkrieg" teilgenommen hatte.

Banknoten wurden gedruckt und diplomatische Beziehungen mit verschiedenen Ländern wurden aufgenommen, unter anderem mit Frankreich. Thomas Jefferson aus Virginia schrieb mit Unterstützung anderer die *Declaration of Independence*. Am 2. Juli 1776 hatte ein Antrag auf Erklärung der Unabhängigkeit eine Mehrheit gefunden, zwei Tage später wurde der Text dieser Erklärung von dem Kongress formal beschlossen und sogleich von Vertretern der 13 unabhängigen Staaten unterzeichnet.

Diese 13 Staaten - Connecticut, Delaware, Georgia, Maryland, Massachusetts, New Hampshire, New Jersey, New York, North Carolina, Pennsylvania, Rhode Island, South Carolina und Virginia bildeten zunächst nur einen lockeren Staatenbund, zusammengehalten durch die Konföderationsartikel der *Declaration of Independence*.

Der langjährige Kontinentalkongress – der immer noch tagte – berief im Jahre 1787 einen Verfassungskonvent unter dem Vorsitz von George Washington nach Philadelphia ein. Nach heftigen Debatten wurde am 17. September 1787 ein Verfassungsentwurf verabschiedet, der zwar die Befugnis der Zentralregierung entscheidend stärkte, den einzelnen Staaten aber dennoch ein hohes Maß an Autonomie vorbehielt.

Die Verfassung (Bill of Rights) war jedoch noch nicht rechtskräftig, denn der *siebte Artikel* enthält die Voraussetzungen für die erfolgreiche Ratifizierung der Verfassung. Der Entwurf sollte erst dann rechtskräftig werden, wenn mindestens neun Staaten in speziellen Versammlungen zugestimmt hatten. Dies geschah am 21. Juni 1788, als New Hampshire sich als neunter Staat mit der Verfassung einverstanden erklärte. Als der Kontinentalkongress vom Ergebnis der Abstimmung erfuhr, wurde ein Übergangsplan erarbeitet, unter dem am 4. März 1789 die neue Regierung ihre Arbeit aufnehmen konnte.

Damit war der gemeinsame Bundesstaat allerdings erst am 4. März 1789 staatsrechtlich gegründet. Mit Abschluss des Jahres hatten 12 der Gründungsstaaten die Verfassung unterzeichnet und ratifiziert. Rhode Island ratifizierte die Verfassung erst 1790. Mit der Annahme der Verfassung traten die 13 Staaten die vorher unter ihnen aufgeteilten Landgewinne zwischen Apalachen und Mississippi an die Union ab, so dass dort nach und nach neue Staaten gebildet werden konnten. Die erste Demokratie der Neuzeit, gefolgt von Polen-Litauen vier Jahre später im Jahre 1791, war geboren. Als dritte demokratische Verfassung der Neuzeit folgte wenig später die französische Verfassung vom 3. September 1791.

Wer waren nun diese 13 einzelnen Staaten, die sich zu einer Union zusammengeschlossen hatten?

1787 Delaware – Bundesstaat Nummer 1[34]
Zum Namen Delaware:
Der Name entstammt dem Titel des zweiten Gouverneurs der Kolonie von Virginia, Sir Thomas West, Lord de La Warr und dem nach ihm benannten Delaware River.
Spitzname: *The First State.*

1664 eroberten die Engländer die Kolonie und fügten sie ihrer eigenen Kolonie New York hinzu. 1681 vergab König Karl II. die Provinz Pennsylvania an William Penn. Dieser reichte beim Königshaus ein Gesuch ein, ihm auch jenes Land auf der Westseite des Delaware River und der Bucht zu übereignen, das unterhalb seiner Provinz lag. Dieser Bitte wurde im März 1682 entsprochen. Penn erhielt das Land der heutigen Landkreise New Castle, St. Jones und Deale. Nach seiner Ankunft in Amerika, am 27. Oktober 1682 in New Castle, erfolgte die Übergabe des zugesprochenen Landes an Penn. Die Kolonisten dieser Ländereien leisteten einen Treueschwur auf Penn.

1683 wurden diese drei Bezirke Pennsylvania angeschlossen. 1704 bekamen sie ein eigenes Parlament, und 1710 einen eigenen Verwaltungsrat. 1776, zwei Monate nach Unterzeichnung der Unabhängigkeitserklärung, schlossen sich die drei Landkreise zum Staat Delaware zusammen und trennten sich vollständig von Pennsylvania. Delaware sagte sich als eine von dreizehn Kolonien von den britischen Machthabern los und schloss sich der Amerikanischen Unabhängigkeitsbewegung an.

1777 wurde Dover an Stelle von New Castle Hauptstadt von Delaware. Am 7. Dezember 1787 ratifizierte Delaware während einer Zeremonie in Dover als erster der 13 Kolonien die neue amerikanische Verfassung und wurde damit erster Bundesstaat

---

[34] http://de.wikipedia.org/wiki/Delaware

der USA.

Der zweitkleinste Staat der USA verfügt über eine Fläche von 6.447 km². Das ist etwas mehr als die doppelte Fläche von Luxemburg. In Delaware leben knapp 900.000 Einwohner, etwas weniger als in Köln am Rhein.

Delaware ist bereits seit Jahren der wirtschaftlich erfolgreichste Bundesstaat. Ein Grund für diese wirtschaftliche Stärke des Staates liegt darin, dass das dortige Gesellschaftsrecht als das liberalste in den USA gilt, was dazu führt, dass fast alle großen Unternehmen der USA in Delaware registriert sind. Es gibt zudem Landwirtschaft, eine Fischindustrie, eine bedeutende chemische Industrie, sowie Lebensmittelfabrikationen und papierverarbeitende Betriebe.

Joe Biden (* 1942), unter Barack Obama Vizepräsident kommt aus Delaware.

1787 Pennsylvania – Bundesstaat Nummer 2[35]
Zum Namen Pennsylvania:
Er kommt aus dem Lateinischen: „Penns" = Waldland' (lat. silva „Wald" bzw. Silvanus, eine Waldgottheit).
Spitzname: *The Keystone State*

Ursprünglich war Pennsylvania das Siedlungsgebiet der Irokesen und der von europäischen Kolonisten ausgerotteten Susquenaoock. 1643 ließen sich die ersten Siedler aus Schweden kommend nieder. Später gelangte es unter die Kontrolle der Engländer.

Von 1671 an reiste William Penn in viele europäische Länder und warb für die Quäker-Kolonien in der Neuen Welt. Die größte Immigration von Quäkern begann ab 1681, als Karl II. von England den Quäkern ein großes Landgebiet an der damaligen Westgrenze der besiedelten Gebiete überließ und Penn zum Gouverneur des später Pennsylvania genannten Gebietes ernannte. Das „heilige Experiment", wie es Penn nannte, war der einzige jemals existierende Quäker-Staat. In ihm herrschte von Anfang an volle Religionsfreiheit.

1774 und 1775 tagte der Kontinentalkongress in Philadelphia, wo am 4. Juli 1776 die Unabhängigkeitserklärung in dem damaligen *Pennsylvania State House* unterzeichnet wurde. 1787 wurde in Philadelphia auch die Verfassung der Vereinigten Staaten während des Verfassungskonvents ratifiziert. Nach Delaware stimmte Pennsylvania

---

[35] *http://de.wikipedia.org/wiki/Pennsylvania*

am 12. Dezember 1887 der Verfassung zu und trat damit als zweiter Bundesstaat der Union bei.

Pennsylvania hat eine Fläche von 119.283 km², was der Hälfte Großbritanniens entspricht. Der Staat ist von 12,7 Millionen Menschen (ebenso viele wie in Bayern) bewohnt. Wichtige Wirtschaftszweige sind: Ackerbau, Eisen- und Stahlerzeugung, Kohlebergbau, Viehzucht sowie Metallwaren- und chemische Industrie.

Als VIP aus Pennsylvania sollen die beiden Jazz-Musiker Jimmy Dorsey (1904 – 1957) und Tommy Dorsey (1905 – 1956) genannt werden.

1787 New Jersey – Bundesstaat Nummer 3[36]
Zum Namen: New Jersey:
New Jersey wurde nach der britischen Kanalinsel Jersey benannt.
Spitzname: *The Garden State*

New Jersey wurde seit 1609 besiedelt und bildete anfangs mit dem heutigen Staat New York die holländische Kolonie „Neuniederland", die 1664 von den Engländern erobert wurde. Während des Amerikanischen Unabhängigkeitskrieges war New Jersey Schauplatz von etwa 100 Schlachten.

Schon 1776 wurde die erste Verfassung von New Jersey verabschiedet, die allen Einwohnern ab einem bestimmten Besitzniveau das Wahlrecht garantierte. Somit konnten männliche Weiße und Schwarze sowie Witwen wählen, nicht jedoch verheiratete Frauen, da sie kein Eigentum besitzen durften. New Jersey war kurze Zeit Sitz der ersten aus dem Kontinentalkongress hervorgegangenen Regierung der USA: 1783 in Princeton und 1784 in Trenton. New Jersey trat am 18. Dezember 1787 der Union bei und wurde damit dritter Bundesstaat.

1804 wurde in *New Jersey* als letztem nördlichen Bundesstaat die schrittweise Abschaffung der Sklaverei beschlossen.

Mit einer Fläche von 22.588 km² ist *New Jersey* etwa so groß wie *Slowenien* und hat mit 9 Millionen ähnlich viele Einwohner wie *Österreich*. *New Jersey* ist einer der führenden Industriestaaten der *USA*. Von Bedeutung sind unter anderem die Elektronikindustrie, die Bekleidungsindustrie, die Stahlproduktion sowie der Schiff- und Maschinenbau.

Frank Sinatra (1915 – 1998) stammt aus New Jersey.

---

[36] *http://de.wikipedia.org/wiki/New_Jersey*

1788 Georgia – Bundesstaat Nummer 4[37]

Zum Namen: Georgia:

Zu Ehren des britischen Königs Georg II. wurde der Staat Georgia benannt.

Spitzname: *The Peach State*

Die ersten Europäer waren die Spanier, die 1526 nahe der Insel St. Catherine's Island eine erste Kolonie gründeten. Der Konflikt zwischen Spanien und England brach ungefähr 1670 aus, als die Engländer vom Norden aus Carolina und die Spanier vom Süden aus Florida aufeinander trafen.

Am 17. November 1732 fuhr der englische Abenteurer James Oglethorpe nach Georgia, um die erste britische Siedlung in Georgia zu gründen. Er und 114 Kolonisten erreichten am 12. Februar 1733 Yamacraw Bluff und gründeten die Stadt Savannah und somit Georgia. Später schlossen sich weitere Menschen der Siedlung an, u.a. Salzburger und Schotten. Nach blutigen Kämpfen mit den Spaniern und inneren Streitigkeiten erhielt die Kolonie 1752 einen königlichen Gouverneur. 1776 konnte sich Georgia von den Briten lösen und wurde autonom.

Georgia trat den USA am 2. Januar 1788 als vierter Bundesstaat bei. 1798 verbot Georgia als letzter der US-Bundesstaaten den Sklavenhandel, aber nicht den Einsatz von Sklaven.

Halb so groß wie Polen erstreckt sich Georgia über eine Fläche von 153.909 km² und hat knapp 10 Millionen Einwohner, soviel wie Baden-Württemberg.

1892 wurde der Firmensitz von Coca-Cola in Georgia gegründet. Atlanta ist der Hauptsitz der Fluggesellschaft DELTA Airlines sowie des Nachrichtensenders CNN. Ende der 1990er Jahre und zu Beginn des neuen Jahrtausends hat es viele Firmen aufgrund des niedrigen Steuersatzes nach Georgia gezogen. 1996 wurden die Olympischen Sommerspiele von Atlanta ausgerichtet

Im „*Pfirsich-Staat*" *Georgia* wird Landwirtschaft betrieben. In den Städten gibt es vorherrschend Textil- Holz- und Nahrungsmittelindustrie.

Jimmy Carter (* 1924) war von 1977 – 1981 der 39. Präsident der USA und kam ebenso aus Georgia wie der schwarze Bürgerrechtler Martin Luther King.

---

[37] *http://de.wikipedia.org/wiki/Georgia*

1788 Connecticut - Bundesstaat Nummer 5[38]
Zum Namen Connecticut:
Das Wort kommt aus der Mohegan-Sprache und bedeutet „Langer Fluss".
Spitzname: *Constitution State*

Der Niederländer Adriaen Block kam 1614 als erster Europäer nach Connecticut. Zu dieser Zeit lebten 16 Algonkin-Indianerstämme mit 6.000 bis 7.000 Menschen dort.

1633 kamen die ersten Engländer aus Massachusetts ins Land. Die Siedlungen schlossen sich 1639 zur Kolonie Connecticut zusammen. Im selben Jahr wurde die Kolonie New Haven gegründet. 1662 erhielt Connecticut eine von König Karl II. genehmigte Autonomie sowie eine eigene Verfassung. 1665 kam es zum Zusammenschluss von Connecticut und New Haven.

Die Planung eines Zusammenschlusses mit dem Dominion von Neuengland erfolgte 1685. Zwei Jahre später wollte König Jacob II. die Verfassung von 1662 rückgängig machen. Nach dem Sturz von König Jakob II. 1688 konnte Connecticut die Autonomie zurückgewinnen.

Im Juli 1776 erklärte Connecticut als einer der 13 Gründerstaaten die Unabhängigkeit von Großbritannien und wurde am 9. Januar 1788 der fünfte Bundesstaat der Vereinigten Staaten. Die Sklaverei wurde 1848 abgeschafft.

Connecticut ist mit 14.357 km² so groß wie Schleswig-Holstein und seine 3,5 Millionen Einwohner entsprechen der Einwohnerzahl von Berlin.

Nur Delaware hat ein noch höheres Pro-Kopf-Einkommen als Connecticut. Angebaut werden in Connecticut vorwiegend Getreide, Kartoffeln, Tabak, Mais und Hafer. Im Staat wird auch Viehzucht betrieben. Connecticut ist ein sehr industrieller Staat, unter anderem werden hier Flugzeugmotoren, Maschinen, Textilien und Atom-U-Boote hergestellt.

Der Schriftsteller Mark Twain (1835 – 1910) soll als VIP aus diesem Bundesstaat genannt werden.

---

[38] *https://de.wikipedia.org/wiki/Connecticut*

1788 Massachusetts – Bundesstaat Nummer 6[39]
Zum Namen Massachusetts:
Massachusetts ist von dem Indianerwort [mass-adschu-s-et] abgeleitet und bedeutet „beim großen Hügelchen".
Spitzname: *The Bay State*

Als die ersten Europäer in die Region kamen, lebten am Küstensaum bis ins Hinterland die Wampanoag-Stämme, zu denen u.a. die Massachusetts, Nauset, Nantucket, Pennacook, Pokanoket und Pocasset gehörten. In der südlichen Mitte von Massachusetts lebten die Mohegan, während im Westen die Mohican lebten.

1620 gründeten Engländer im Südosten des späteren Bundesstaates die Plymouth Colony, die bis 1691 bestand. Neun Jahre später wurde von englischen Puritanern die Massachusetts Bay Colony gegründet. Die beiden daraus entstandenen Kolonien wurden 1691 vereinigt. Im Jahre 1630 hatte eine weitere Puritanergruppe die Stadt Boston gegründet.

Besonders John Eliot (1604–1690) trieb die Mission unter den Indianern voran: diese wurden in separaten Dörfern zusammengefasst, doch fielen viele der Indianer dort Krankheiten zum Opfer, die von Europäern eingeschleppt wurden.

1780 wurde die Verfassung von Massachusetts verabschiedet, die noch heute in Kraft und eine der ältesten modernen Verfassungen der Welt ist. Am 6. Februar 1788 trat Massachusetts als sechster Staat den USA bei.

Massachusetts ist mit 27.330 km² so groß wie Albanien und hat mit 6,5 Millionen Menschen doppelt so viele Einwohner wie das Land an der Adria.

Wichtige Wirtschaftszweige sind die elektrotechnische und elektronische Industrie, der Maschinenbau und die Metallindustrie, die Nahrungsmittelindustrie und Seefischerei sowie die Textilindustrie. Massachusetts gehört zu den vermögendsten Bundesstaaten der USA. Im realen pro-Kopf-Einkommen liegt der Bundesstaat an dritter Stelle.

John F Kennedy (1917 – 1963) und der gesamte Kennedy-Clan kommen aus Massachusetts.

---

[39] *http://de.wikipedia.org/wiki/Massachusetts*

1788 Maryland – Bundesstaat Nummer 7[40]
Zum Namen Maryland:
1632 wurde das Land nach Königin Henrietta Maria, der Ehefrau des englischen Königs Karl I. benannt
Spitzname: *Old Line State*

Am 25. März 1634 ließen sich die ersten Siedler in diesem Gebiet nieder. Maryland war die einzige katholische unter den strikt protestantischen britischen Kolonien in Nordamerika.

Das erste katholische Bistum und die erste katholische Kathedrale der USA entstanden hier. Das Maryland-Toleranz-Gesetz war eines der ersten Gesetze, das ausdrücklich andere (christliche) Konfessionen tolerierte.

Ursprünglich hatte die königliche Charta - aufgrund einer fehlerhaften Landkarte – Maryland das Territorium nördlich des Potomac River bis zum 40. Breitengrad zugesprochen, wodurch ausgerechnet Philadelphia, die größte Stadt Pennsylvanias, zu Maryland gehört hätte. Daraufhin beauftragten die herrschenden Familien Marylands und Pennsylvanias, die beiden Geometer Mason und Dixon mit dem Vermessen einer neuen gültigen Grenze. Die später nach ihnen benannte Linie ist auch die traditionelle und gern zitierte Grenze zwischen den so genannten Nordstaaten und Südstaaten geworden. Am 6. Februar 1788 wurde Maryland siebenter Bundesstaat der USA.

Die US-amerikanische Hauptstadt Washington D.C. entstand in einem zu diesem Zweck von Maryland abgetrennten Distrikt und wurde am 16. Juli 1790 gegründet.

Bei einer Einwohnerzahl gleich der von Hessen mit knapp 6 Millionen Menschen hat Maryland eine Fläche wie Belgien: 32.133 km². Der Agrarsektor liefert vornehmlich Meeresfrüchte, Fisch, Geflügel, Molkereiprodukte, Rinder, Getreide und Tabak. Die Industrieproduktion hat ihre Schwerpunkte in der Elektrotechnik und der Medizintechnik sowie in der Biotechnologie und der Chemie. Hinzu kommen Druckereien und Verlage sowie der Tourismus. Die Industrie ist auf die größte Stadt Marylands, Baltimore, konzentriert.

Der Schriftstelle Tom Clancy (1947 – 2013) stammt aus Maryland.

---

[40] *http://de.wikipedia.org/wiki/Maryland*

1788 South Carolina – Bundesstaat Nummer 8[41]

Zum Namen South Carolina:

Der Staat wurde nach der lateinischen Bezeichnung Carolus für den englischen König Karl I. bezeichnet.

Spitzname: *The Palmetto State*

Mehr als 30 Stämme der amerikanischen Ureinwohner bevölkerten Jahrtausende lang vor Ankunft der ersten Europäer diese Region. Die Bevölkerung reduzierte sich nach Ankunft der europäischen Siedler aufgrund von Krankheiten, lokalen Kriegen und Auseinandersetzungen dramatisch. Einige Stämme überlebten und haben heute Nachkommen, die noch immer in Stammesverbänden organisiert sind. Dazu gehören die Catawba, Cherokee, Pee Dee, Chicora, Edisto, Santee und die Chicora-Waccamaw.

Der erste bekannte Versuch des Aufbaus einer europäischen Siedlung war der einer Gruppe Spanier im Jahre 1526 in der Nähe von Georgetown. Einige Jahrzehnte später siedelte sich eine Gruppe französischer Hugenotten in der Nähe von Beaufort an. Keine dieser beiden Siedlungen blieb lange bestehen. Die erste dauerhafte Besiedlung des Bundesstaates begann im Jahre 1670 mit der Landung der Engländer in der Nähe von Charleston am Ashley River.

Die von Karl II. von England nach seinem Vater benannte Provinz Carolina wurde de facto bereits 1710/12, offiziell aber erst 1729 in North Carolina und South Carolina getrennt. South Carolina ratifizierte am 5. Februar 1778 als erster Staat die Konföderationsartikel, die erste Verfassung der Vereinigten Staaten. Am 23. Mai 1788 wurde South Carolina als achter Bundesstaat in die Vereinigten Staaten von Amerika aufgenommen.

Flächenmässig ist South Carolina vergleichbar mit Tschechien, es hat 82.832 km² während der Bundesstaat sich hinsichtlich seiner Einwohner mit dem Freistaat Sachsen vergleichen kann: 4,6 Millionen. In der Wirtschaft sind von Bedeutung die Holzverarbeitung und die Textilindustrie, die Elektronische und die Chemische Industrie. Hinzu kommen der Anbau von Baumwolle, Tabak und Obst sowie Viehzucht und Tourismus an der Atlantikküste.

Der schwarze Bürgerrechtler Jesse Jackson (*1941) kommt aus South Carolina.

1788 New Hampshire - Bundesstaat Nummer 9[42]

---

[41] *http://de.wikipedia.org/wiki/South_Carolina*

Zum Namen New Hampshire:
Die Kolonie wurde nach dem englischen Hampshire benannt.
Spitzname: *The Granite State*

Die große Mehrheit der Bevölkerung ist europäischer Abstammung, Indianer gab es seit den 1740er Jahren nicht mehr. Kontakte mit Europäern führten ab den 1630er Jahren zu starken Bevölkerungsverlusten unter den Ureinwohnern, vor allem durch Pockenepidemien. Schließlich trieben Kämpfe mit Irokesen und Engländern die Überlebenden nach Maine und Kanada.

Im Januar 1776 gründete New Hampshire als erste Kolonie eine Regierung und verabschiedete eine Verfassung, doch im Gegensatz zu Rhode Island, das sich als erstes für unabhängig erklärte, wollte New Hampshire keineswegs die Herrschaft Londons abschütteln. Der Angriff auf das heutige *Fort Constitution* brachte Munition für die Schlacht am *Bunker Hill*, die wenig später nördlich von Boston stattfand. New Hampshire stellte drei Regimenter für die Continental Army. Auch die *New Hampshire Militia* kämpfte bei Bunker Hill, aber auch bei Bennington, in der *Saratoga Campaign* und der Schlacht von Rhode Island. Am 21. Juni 1788 wurde New Hampshire als neunter der 13 Gründerstaaten in die Union der Vereinigten Staaten aufgenommen.

New Hampshire ist mit 24.216 km² so groß wie Mazedonien und hat mit 1,3 Millionen soviel Einwohner wie Estland.

Wichtige Erzeugnisse sind Schuhe und Granit. Von Bedeutung ist die Landwirtschaft (Milch- und Geflügelwirtschaft) sowie Elektro-, Papier- und Zellstoffindustrie.

Der Schriftsteller John Erving (* 1942) stammt aus New Hampshire

1788 Virginia – Bundesstaat Nummer 10[43]
Zum Namen Virginia:
Den Namen erhielt Virginia zu Ehren der englischen Königin Elisabeth I, da die unverheiratete Königin den Beinamen „Jungfräuliche Königin" hatte und es aus der Sicht der Kolonialisten um die Besiedlung und Urbarmachung eines solchen jungfräulichen Landes ging, wurde dieser Name gewählt.
Spitzname: *The Old Dominion State*

---

[42] *http://de.wikipedia.org/wiki/New_Hampshire*
[43] *http://de.wikipedia.org/wiki/Virginia*

Von den Ureinwohnern Virginias sind am besten die Powhatan bekannt, die nahe der Küste lebten. Weitere Gruppen waren die zur Irokesen-Sprachfamilie gehörenden Nottaway und Meherrin, die zur Sioux-Sprachfamilie gehörenden Monacan und Saponi sowie die Cherokee im äußersten Westen des Staates.

In Virginia fanden die ersten Siedlungsversuche der Engländer statt – noch vor den *Pilgrim Fathers* in Plymouth, nahe Boston. Allerdings wurden diese ersten Versuche nicht von der englischen Regierung, sondern von einem Unternehmen namens *Virginia Company* unternommen, das 1607 die Siedlung *Jamestown* gegründet hatte. Der englischen Regierung fehlte zu dieser Zeit das Geld, um solche teuren und unsicheren Expeditionen zu finanzieren. Anfangs hatten die Besiedlungsversuche nur mäßigen Erfolg. Von den im Dezember 1606 in England gestarteten 144 Männern waren neun Monate später nur noch 38 am Leben; Hungersnöte waren keine Seltenheit, trotzdem nahmen immer mehr Engländer die Gelegenheit wahr und emigrierten nach Virginia. In den englischen Powhatankriegen kam die Kolonie in starke Bedrängnisse.

Als Heimat vieler Gründungsväter, insbesondere Patrick Henry, Thomas Jefferson, Richard Henry Lee, James Madison und George Washington, spielte Virginia eine herausragende Rolle in der Amerikanischen Unabhängigkeitsbewegung. Die britischen Kolonialherren wurden am 9. Dezember 1775 endgültig aus Virginia vertrieben. Der in Williamsburg tagende Konvent von Virginia erklärte am 15. Mai 1776 Virginia für unabhängig. Im Rahmen der Arbeit an einer Verfassung verabschiedete er am 12. Juni 1776 einstimmig eine maßgeblich von George Mason formulierte Grundrechteerklärung – die *Virginia Declaration of Rights*.

Nach über 150 Jahren als englische Kolonie erlangte Virginia zusammen mit zwölf anderen Kolonien die Unabhängigkeit. Am 25. Juni 1788 war Virginia der zehnte Staat, der die Verfassung der USA ratifizierte.

Virginia ist sowohl flächenmäßig (110.785 km²) als auch nach der Einwohnerzahl (knapp 9 Millionen) mit Bulgarien vergleichbar.

Der Staat gehört zu den wirtschaftlich erfolgreichsten Bundesstaaten der USA. Es verfügt über bedeutende Anbaugebiete für Tabak, Baumwolle, Erdnüsse, Mais und Weizen. Milchviehhaltung und Austernfischerei und reiche Bodenschätze und deren Verarbeitung (Kohle, Natursteine, Eisen, Holz, Papier, Glas) ergänzen dieses. Im Bau von Kriegsschiffen ist Virginia führend. Wichtige Wirtschaftsfaktoren sind die zivilen und militärischen Behörden in Arlington (Pentagon) und Hampton. Von Bedeutung ist auch der Tourismus.

Aus Virginia stammt die berühmte Jazz-Sängerin Ella Fitzgerald (1971 – 1996).

1788 New York - Bundesstaat Nummer 11[44]

Zum Namen New York:
Benannt wurde New York nach dem Herzog von York, dem späteren König Jakob II., der die Kolonie von seinem Bruder, König Karl II., geschenkt erhielt.
Spitzname: *The Empire State*

Die meisten Indianer auf dem Gebiet des heutigen Bundesstaats wurden vertrieben. So gingen viele Lenni Lenape nach Oklahoma, Mohican und Munbee nach Wisconsin. Die Irokesen leben zu einem großen Teil noch heute im Bundesstaat New York.

Die 1621 gegründete niederländische Kolonie Nieuw Nederland wurde 1664 durch die englische Krone annektiert und in New Jersey und New York geteilt. 1667 traten die Niederlande im Frieden von Breda Nieuw Nederland an England ab. Die Abtretung wurde nach zeitweiliger Besetzung der Stadt New York durch eine niederländische Flotte 1674 im Frieden von Westminster bestätigt. 1685 wurde New York Kronkolonie und drei Jahre später, 1688, Teil des kurzlebigen Dominions Neu-England. Als 1689 die Nachricht von der Revolution die Kolonien erreichte, brachen Wirren aus, in denen der Deutsch-Amerikaner Jacob Leisler eine führende Rolle spielte. Erneut in Kraft gesetzt wurde die Kolonialverfassung der Provinz New York nach Ankunft eines neuen Gouverneurs 1691.

Als eine der dreizehn Kolonien trat New York am 26. Juli 1788 als elfter Staat der amerikanischen Union bei. Die Stadt New York City wurde 1789 die erste Hauptstadt der USA, verlor diese Rolle aber bereits im Jahre 1790 an Philadelphia und dieses wiederum wurde am 11. Juni 1800 durch Washington D.C. abgelöst.

Der Bundesstaat New York ist mit 141.299 km² etwa so groß wie Ungarn und die Slowakei zusammen und hat mit 19 Millionen wenig mehr Einwohner als Nordrhein-Westfalen.

Insgesamt ist der Wirtschaftsraum New York vom sekundären (Industrie) und tertiären (Dienstleistungen) Wirtschaftssektor geprägt. Die Landwirtschaft sowie der Fischfang spielen eine relativ geringe Rolle. Elektrotechnik und das Druckgewerbe gehören zu den wichtigsten Industriezweigen in der Region um New York City. Dennoch nimmt diese Region eine Ausnahmestellung ein, denn die Dienstleistung ist

---

[44] http://de.wikipedia.org/wiki/New York

hier der mit Abstand wichtigste Wirtschaftszweig. Zahlreiche Unternehmen der High-Tech-Industrie (IBM), des Banken- und Finanzwesens (Goldman Sachs, JP Morgan) sowie einflussreiche Zeitungen (New York Times, Wall Street Journal) und Fernsehsender (NBC, HBO) haben ihren Sitz in New York City, ebenso die weltweit wichtigste Börse NYSE (New York Stock Exchange). Außerdem befinden sich in New York City zahlreiche bedeutende wissenschaftliche (New York University, Columbia University) und kulturelle Einrichtungen (Metropolitan Opera, Museum of Modern Art) auf engstem Raum.

Der Komponist, Pianist und Dirigent George Gershwin (1898 – 1937) wurde in New York City geboren.

1789 North Carolina – Bundesstaat Nummer 12[45]
Zum Namen North Carolina:
Der Staat wurde nach der lateinischen Bezeichnung Carolus für den englischen König Karl I. bezeichnet.
Spitzname: *The Tar Heel State*

Als 1524 der erste Europäer die Region auf der Suche nach einer Passage in den Pazifik betrat, besiedelten Stämme der Cherokee, Tuscarora, Muskogee, Cheraw, Tutelo, Catawba und einige kleinere, mit den Irokesen und den Algonkin verwandte Stämme, das Land.

1584 verlieh Königin Elisabeth I. Walter Raleigh eine Charta zur Gründung einer englischen Kolonie. Der erste Besiedlungsversuch scheiterte jedoch. Der zweite Versuch begann im Frühjahr 1587. Eine Gruppe von 110 Personen besiedelte die Insel Roanoke.

1701 erkannten die Eigentümer der Kolonie ihre de facto längst vollzogene Trennung in North und South Carolina an; erst ab 1712 führte jedoch der Verantwortliche für die nördlichen Siedlungen den Titel Governor of North Carolina. 1729 wurden die beiden Carolinas in Kronkolonien umgewandelt und die Trennung so zementiert.

Gesellschaftlich wie politisch ähnelte North Carolina zur Kolonialzeit mehr dem nördlichen Nachbarn Virginia als South Carolina. Mit der Ratifizierung der US-Verfassung am 21. November 1789 wurde North Carolina der 12. Bundestaat der Union.

---

[45] *http://de.wikipedia.org/wiki/North_Carolina*

North Carolina ist mit 139.389 km² so groß wie die drei deutschen Bundesländer Bayern, Bade-Württemberg und Nordrhein-Westfalen zusammen. Seine Bevölkerung beträgt hingegen mit 10,1 Millionen nur etwa ein Viertel der Bevölkerung dieser drei deutschen Bundesländer zusammen.

North Carolina war in seiner Geschichte ein stark landwirtschaftlich geprägter Staat, vielfach wurde auf Plantagen Reis, Baumwolle und Tabak angebaut. Die Forstwirtschaft war ebenfalls von Bedeutung. Wie in den meisten Südstaaten begann nach dem Sezessionskrieg erst sehr langsam eine Umstrukturierung hin zu einer industrialisierten Gesellschaft. Ein Schwerpunkt der Wirtschaft liegt bis heute in der Landwirtschaft und in der Verarbeitung land- und forstwirtschaftlicher Produkte. Die wichtigsten Industriezweige des produzierenden Gewerbes sind die Möbel- und Textilproduktion. Das Militär ist ein wichtiger Wirtschaftsfaktor im Staat. North Carolina ist ein traditioneller Militärstützpunkt sowie Standort von Zulieferbetrieben der Rüstungsindustrie und steht dem Militär und seinen Einrichtungen sehr positiv gegenüber.

Aus North Carolina stammen die Schauspielerin Ava Gardner (1922 – 1990) und auch der Whistleblower Edward Snowden (*1983)

1790 Rhode Island – Bundesstaat Nummer 13[46]
Zum Namen Rhode Island:
Adriaen Block, ein holländischer Forscher, nannte das Land wegen seiner roten Erde „Rhode Eylandt"; daraus wurde im Laufe der Jahre das englische Rhode Island.
Spitzname: *The Ocean State*

1511 nahm erstmals ein europäischer Entdecker die Küsten des späteren Rhode Islands zur Kenntnis. Der portugiesische Seefahrer Miguel de Cortereal segelte an der Küste vorbei, ohne jedoch dort zu landen.

Die Kolonie, die später die Bezeichnung *Rhode Island and Providence Plantations* erhielt, wurde 1636 von dem Anthropologen, Staatsphilosophen, Politiker und Theologen Roger Williams gegründet, einem Baptisten, der aus der puritanischen Massachusetts Bay Colony verbannt worden war. Die von Williams entworfene Verfassung der Kolonie war demokratisch und gewährte den Angehörigen aller Denominationen volle Glaubens- und Gewissensfreiheit. Rhode Island verbot bereits 1652 die Sklaverei.

---

[46] http://de.wikipedia.org/wiki/Rhode_Island

Am 29. Mai 1790 wurde Rhode Island der 13. Bundesstaat der USA.

Der kleinste Staat der USA hat ebenso viele Einwohner wie das Saarland in Deutschland (1 Millionen) und die doppelte Fläche des Saarlandes (4.009 km²)

Die Wirtschaft dieses Bundesstaates liegt im Werkzeugbau, in der Textilindustrie, in der Metallverarbeitenden Industrie, sowie im Schiffbau. Tourismus und Medizinische Forschung wie Ozeanische Forschungseinrichtungen runden das Bild ab.

Der Begründer der nach ihm benannten Sprachenschule, Maximilian Delphinius Berlitz (1852 – 1921) wurde zwar in Horb am Neckar geboren, wanderte in die USA aus und lebte in Providence, RI. Der bekannte deutsche Marineoffizier Hartmut Spieker lebte mit seiner Frau für ein Jahr in Rhode Island (!).

Résumé

Die Gründung der USA und die damit verbundene Entstehungsgeschichte der ersten 13 Bundesstaaten zeigt, dass es am Ende des 18. Jahrhunderts in Nordamerika zu der Entstehung eines Staatsgebildes ohne Gleichen in der Welt gekommen war. Dadurch, dass die Vereinigten Staaten auf einem neu entdeckten Kontinent und in Opposition zum britischen Mutterland, zu dessen Tradition und dessen Geschichte entstanden sind, dadurch, dass ihre Bevölkerung sich aus Bürgern verschiedener europäischer Staaten zusammensetzte und zudem aus sehr unterschiedlichen sozialen Schichten stammte, konnten Grundlagen für eine moderne, damals wohl einzigartige und in anderen Teilen der Welt nicht realisierbare Demokratie gelegt werden. Damit wurde auch der erste Grundstein für eine künftige Weltmacht gelegt, mit all den Werten, die z.T. auch heute noch geschätzt werden.

Die Erklärung der Unabhängigkeit der 13 britischen Kolonien war der erste Schritt eines steten und eindrucksvollen Aufstiegs, der letztlich nach dem Ende des 2. Weltkriegs 1945 zu einer der größten Weltmächte der Geschichte führen sollte.

Kapitel 4

Der Drang nach Westen

Es sollte nicht lange dauern, bis sich dieser junge Staat weiter ausbreitete; man suchte Land und drang nach Westen vor. Gebiete, die man auf diesem Wege annektierte, wurden als US-Territorium der Regierungsgewalt in Washington unmittelbar unterstellt. Später wurden sie zu einem Bundesstaat oder in einen bestehenden Bundesstaat integriert.

Die Erweiterung der Territorien erfolgte im Laufe der Geschichte durch drei unterschiedliche Handlungsweisen: durch Landkauf (wie z.B. Alaska), durch Kriege (wie z.B. Arizona) und durch Teilungsverträge (wie z.B. Oregon). Bei dem Erwerb all dieser Territorien auf dem Kontinent hat man auf die Interessen und Ansprüche der einheimischen indianischen Bevölkerung wenig Rücksicht genommen.

Nach und nach konnten die neuen Territorien zu Bundesstaaten aufgewertet werden und in die Union aufgenommen. Ihre jeweiligen Grenzen deckten sich nicht immer mit den aus ihnen gebildeten Staaten, häufig mussten daher Grenzkorrekturen vorgenommen werden. Auf der Zeitachse von 1789 bis 1912 lässt sich der Drang nach Westen leicht verfolgen.[47]

von	bis	Territorium	Späterer Bundesstaat
1789	1883	Nordwest-Territorium	Ohio
1790	1796	Südwest-Territorium	Tennessee
1798	1817	Mississippi-Territorium	Mississippi und Alabama
1800	1816	Indiana-Territorium	Indiana, Illinois, Wisconsin, Michigan, Minnesota
1804	1812	Orleans-Territorium	Louisiana
1805	1837	Michigan-Territorium	Michigan, Minnesota, Wisconsin, Iowa, South Dakota, North Dakota
1809	1818	Illinois-Territorium	Illinois, Michigan, Minnesota, Wisconsin
1817	1819	Alabama-Territorium	Alabama

---

[47] *http://de.wikipedia.org/wiki/Historische_Territorien_auf_dem_Boden*

1819	1836	Arkansas-Territorium	Arkansas, Oklahoma
1822	1845	Florida-Territorium	Florida
1836	1848	Wisconsin-Territorium	Minnesota, Wisconsin, Iowa, North Dakota, South Dakota
1838	1846	Iowa-Territorium	Iowa, Minnesota, South Dakota, North Dakota
1848	1859	Oregon-Territorium	Oregon, Washington, Idaho, Montana, Wyoming
1849	1858	Minnesota-Territorium	Minnesota, Wisconsin, North Dakota, South Dakota
1850	1912	New-Mexico-Territorium	New Mexico, Arizona, Nevada, Colorado
1850	1896	Utah-Territorium	Utah, Nevada, Colorado, Wyoming
1853	1889	Washington-Territorium	Washington, Idaho, Montana, Colorado
1854	1861	Kansas-Territorium	Kansas, Colorado
1854	1867	Nebraska-Territorium	Nebraska, Colorado, Montana, South Dakota, North Dakota
1859	1861	Jefferson-Territorium	Colorado, Wyoming
1861	1876	Colorado-Territorium	Colorado
1861	1864	Nevada-Territorium	Nevada
1861	1889	Dakota-Territorium	North Dakota, South Dakota
1863	1912	Arizona-Territorium	Arizona, New Mexico
1863	1890	Idaho-Territorium	Idaho, Wyoming, Montana
1864	1889	Montana-Territorium	Montana
1868	1890	Wyoming-Territorium	Wyoming
1890	1907	Oklahoma-Territorium	Oklahoma
1898	1959	Hawaii-Territorium	Hawaii
1912	1959	Alaska-Territorium	Alaska

Schon 1791 entstand mit Vermont der 14. Staat. Er ging aus einem vorher zwischen New York, New Hampshire und Massachusetts strittigen Gebiet hervor.

1792 bildete Kentucky den ersten Staat westlich der Apalachen. Er war somit der erste Staat, der jenseits der in den Kolonialzeiten definierten Siedlungsgrenze für Weiße liegt. Die Bundesstaaten Tennessee, Ohio, Indiana, Mississippi, Illinois und Alabama entstanden im Zeitraum 1796 bis 1819 aus den 1783 eroberten Gebieten.

Die Frage der Sklaverei auf Bundesebene führte bei den Politikern zu Sorge über das Gleichgewicht der Macht im US-Senat, in dem jeder Staat durch zwei Senatoren vertreten war. Zunächst gab es eine gleiche Zahl an Bundesstaaten, die die Sklaverei erlaubten und die, die diese nicht duldeten. So gab es im US-Senat eine gleiche Anzahl an Sklavenstaaten und an freien Staaten.

Als die Bevölkerung der freien Staaten schneller anwuchs als in den Sklavenstaaten, führte das dazu, dass die freien Staaten die Kontrolle im US-Repräsentantenhaus übernahmen. Um das existierende Gleichgewicht aufrechtzuerhalten, wurden nun Sklavenstaaten und freie Staaten oft paarweise in die Union aufgenommen.

Louisiana entstand bereits 1812 rund um die 1803 von Frankreich gekaufte Stadt New Orleans. Damit und mit der Gründung von Missouri im Jahre 1821, dem ersten komplett westlich des Mississippi liegenden Staat, verschob sich das Gewicht zugunsten der sklavenhaltenden Bundesstaaten. Als Ausgleich wurde 1820 aus der nordöstlichen Landreserve von Massachusetts der neue Staat Maine gebildet. Arkansas und Michigan als sklavenhaltender beziehungsweise freier Staat nahm die Zentralregierung in Washington kurz nacheinander auf.

Nach dem Kaufvertrag mit Spanien von 1819 trat Florida im Jahre 1845 als Bundesstaat den USA bei. Als Ausgleich für diesen Sklavenstaat wurden 1846/48 Iowa und Wisconsin aufgenommen.

Die Annektion von Texas im Jahre 1845 führte zu einem sehr gespannten Verhältnis mit Mexiko. Nachdem Mexiko ein Kaufangebot der Amerikaner für Kalifornien abgelehnt hatte, standen bereits im Januar 1846 amerikanische Truppen an der Grenze. Im Mai 1846 erklärten US-amerikanische Siedler die Unabhängigkeit Kaliforniens und proklamierten ihre eigene Republik. Nach einem von den Amerikanern vorgetäuschten Angriff der Mexikaner erfolgte am 13. Mai 1846 die Kriegserklärung der USA. US-Truppen besetzten Monterrey im Juli 1846, standen im Januar 1847 in Los Angeles und eroberten Mexiko, das sich gezwungen sah, den gesamten Norden, also Kalifornien, Arizona, New Mexico, Utah, Nevada, Texas und einen Teil von Colorado und Wyoming abzutreten: Die USA hatten die Pazifikküste erreicht, die Bedrohung wurde auf der Gegenküste für Japan greifbar.

Mit der Aufnahme von Kalifornien als Bundestaat errichteten die USA im Jahre 1850 den erster Staat am Pazifik. Mit Minnesota und Oregon wurden zwei weitere freie Staaten aufgenommen und nach blutigen Kämpfen trat 1861 Kansas der Union bei; diese Kämpfe waren einer der Auslöser des Bürgerkrieges.

1861 traten elf Südstaaten aus der Union aus. Diesen Austritt wertete Präsident Abraham Lincoln als nicht zulässig; er führte zum Bürgerkrieg von 1861 – 1865. Die Frage, ob einzelne Bundesstaaten ein Recht zum Austritt aus der Union der Vereinigten Staaten hätten, wurde nach dem Gewinn des Krieges durch die unionstreuen Nordstaaten faktisch beantwortet: kein Bundesstaat besaß ein Recht eines Austritts.

Noch während des Krieges konnte im Jahre 1863 aus dem in den Apalachen gelegenen Teil des abtrünnigen Virginia ein neuer Staat gebildet werden, West Virginia. Im Westen nahm man ein Jahr später Nevada auf.

In den Jahren von 1867 bis 1890 erfuhr fast der gesamte Westen eine neue Struktur, zudem wurde Colorado 1876 ein eigener Bundesstaat. Das Indianer-Territorium bildete 1907 als Oklahoma ebenfalls einen Bundesstaat und als letzte der heute 48 territorial zusammenhängenden Bundesstaaten konnten 1912 Arizona und New Mexico in die Union aufgenommen werden.

Der Expansionsdrang war zwar zunächst von den einzelnen Bürgern ausgelöst worden, doch hatte sich der junge Staat diesem Drang rasch angeschlossen. Dieser Drang der Regierung in Washington hörte nicht an der eingenommenen Pazifikküste auf, sondern setzte sich unter Einsatz aller denkbaren legalen und auch illegalen Mittel fort. Von dem nordamerikanischen Kontinent breitete sich die Expansion auf die Karibik und das riesige Seegebiet des Pazifik und deren Inseln aus. 1867 kauften die USA für 7,2 Millionen US Dollar (4,74 US Dollar für jeden Quadratkilometer) Russland deren Gebiet Alaska einschließlich der Inselgruppe Aleuten ab.

Das Jahr 1898 brachte eine deutliche Erweiterung des US-amerikanischen Besitzes außerhalb des Mutterlandes:

- Im Zeitraum vom 12. Juni 1898 bis 4. Juli 1902 lösten sich die Philippinen - die sich mit Spanien im Krieg befanden - mit Hilfe der Vereinigten Staaten von Spanien und erklärten sich für unabhängig. Entgegen den ursprünglichen Versprechungen unterwarfen die Vereinigten Staaten die Philippinen und errichteten nun ihrerseits ein kolonialistisches Regime. Am 21. Dezember 1898 gab Präsident William McKinley in seiner Rede vor dem Kongress faktisch die Annexion der Philippinen zu, indem er sie öffentlich als eine „wohlwollende Assimilierung" bezeichnete. Als sich im Jahre 1899 die erste philippinische Republik konstituierte, erkannten die USA die junge Republik jedoch nicht an und bekämpfte sie im Philippinisch-Amerikanischen-Krieg von 1899 bis 1902 massiv. Ab etwa 1901 standen weite Teile der Inseln unter US-amerikanischer Verwaltung. Isoliert wurde noch über ein Jahrzehnt lang Widerstand geleistet, von den Moros im Süden der Inseln sogar noch bis

1916. In jenem Jahr übergaben die USA die Regierungsgewalt schließlich an die Filipinos. Das Land blieb, mit der Unterbrechung durch die japanische Besetzung im Zweiten Weltkrieg, bis 1946 praktisch eine amerikanische Kolonie.

- Am 21. Juni 1898 eroberten US-Truppen Guam ohne Blutvergießen. Nach der spanischen Niederlage im Spanisch-Amerikanischen-Krieg gelangte die Insel 1899 endgültig unter US-amerikanische Verwaltung.
- Am 7. Juli 1898 annektierten die USA das Königreich Hawaii. Dieses erfolgte wegen der großen strategischen Bedeutung während des Spanisch-Amerikanischen-Krieges durch eine gemeinsame Entschließung des Senates und des Repräsentantenhauses. Der formelle Akt fand am 12. August 1898 statt.
- im Zuge des Spanisch-Amerikanischen-Krieges besetzten und annektierten die USA am 10. Dezember 1898 die Insel Puerto Rico.

Japan, war im 18. und 19. Jahrhundert die vorherrschende Macht im pazifischen Raum, Tokio zur größten Metropolregion der Welt gewachsen. So ist es verständlich, dass man in Tokio diesen Drang der „Newcomer" nach Westen argwöhnisch verfolgte. Diese Expansion der USA nach Westen hatte sich für Japan als eine ernst zu nehmende perzeptive Bedrohung dargestellt. In Konsequenz entwickelte die japanische Regierung Kriegspläne gegen die USA, wie später der Angriff der Kaiserlich Japanischen Marine auf die in Pearl Harbour liegende Pazifikflotte der USA zeigen sollte. Dieser Angriff erfolgte am 7. Dezember 1941 und führte zum Kriegseintritt der USA.

Die USA nahmen auch weiterhin eine Reihe von kleineren Territorien weltweit in Besitz und beanspruchen bis heute die vollen Souveränitätsrechte über diese Inseln.

Nach einer bewegten Geschichte, in der die Nördlichen Marianen unter der Herrschaft zeitweilig Spanien, Deutschland, dem Völkerbund, Japan und der UNO unterstellt waren, kamen diese Inseln letztlich im Jahre 1978 unter US–Herrschaft.

Inselgruppen und Inseln, die im Besitz der USA sind, haben die offizielle Bezeichnung „Außengebiete unter der Hoheitsgewalt der Vereinigten Staaten von Amerika". Sie liegen sowohl in der Karibik als auch im Pazifischen Ozean.[48]

---

[48] *Außengebiete der Vereinigten Staaten in „Wikipedia"*

Inselgruppe oder Insel	Einwohner	Besitznahme
Bakerinsel	0	1856
Howlandinsel	0	1856
Jarvisinsel	0	1856
Navassa	0	1858
Johnston-Atoll	0	1859
Kingmanriff	0	1860
Midwayinseln	40	1867
Puerto Rico	3.994.259	1898
Guam	168.564	1898
Amerikanisch-Samoa	57.881	1899
Wake-Atoll	0	1899
Palmyra-Atoll	0	1912
Amerikanische Jungferninseln	108.605	1917
Nördliche Marianen	44.582	1945

Die Bewohner der US-Außengebiete haben kein Wahlrecht auf Bundesebene, wählen aber teilweise bei den Vorwahlen zur Präsidentschaft Delegierte, auch wenn sie bei der eigentlichen Wahl nicht teilnehmen können.

Résumé

Mit der tiefgreifenden Erweiterung ihres Staatsgebietes konnten die USA erhebliche Ressourcen gewinnen und Raum für viele Einwanderer aus anderen Teilen der Welt schaffen. Mit beidem sollte eine weitere Grundlage für den Weg zu einer Weltmacht gelegt werden.

Kapitel 5

Die weiteren Bundesstaaten[49]

Es dauerte nicht sehr lange, bis sich die nächsten Territorien der Union als Bundesstaaten anschließen wollten und auch vom Senat aufgenommen wurden. Dabei versteht sich, dass zunächst Territorien aufgenommen wurden, die sich an die 13 Gründungsstaaten geografisch anschlossen. Langsam, aber stetig dehnte sich der junge Staat nach Westen aus. Bis zum Ende des 19. Jahrhunderts waren die USA auf 44 Bundesstaaten angewachsen. Als letzter und 50. Bundesstaat kam Hawaii erst im Jahre 1959 hinzu.

1791 Vermont – Bundesstaat Nummer 14[50]
Zum Namen Vermont:
1609 erklärte der französische Entdecker de Champlain die Umgebung angesichts der ihn umgebenden Berge als *Les Verts Monts*
Spitzname: *The Green Mountain State*

Am 18. Januar 1777 erklärte sich Vermont zur unabhängigen Republik. In den ersten 6 Monaten wurde die erste Verfassung Vermonts vorgelegt und ratifiziert, die erste geschriebene Verfassung eines unabhängigen Staates in der Neuen Welt überhaupt. Sie wies schon damals weitgehende Freiheitsrechte auf. Vermont schaffte als erster Staat Nordamerikas die Sklaverei ab, garantierte allen Männern das gleiche, von jeglichen Vermögensverhältnissen unabhängige Wahlrecht. Die Verfassung enthielt die Verpflichtung, dass der Staat allen seinen Bürgern eine Schulbildung ermöglicht. 1791 trat Vermont der Union als 14. Mitglied bei.

Vermont ist mit 28.281 km² (Größe wie etwa Brandenburg) und einer Bevölkerung von 625.000 Einwohnern (vergleichbar Bremen) einer der kleineren Bundesstaaten.

Wirtschaftlich lebt der Bundesstaat von seinen Molkereiprodukten, Rindern und Pferdezucht, Cidre und Ahornsirup-Produkten sowie industrieller Fertigung von

---

[49] *https://auswandern-info.com/usa/karte.html*
[50] *http://de.wikipedia.org/wiki/Vermont*

Elektroartikeln, Werkzeugen, Druckereierzeugnissen und Papierprodukten.

Der Mormonenführer Brigham Young (1801 – 1877) strammt aus Vermont.

1792 Kentucky – Bundesstaat Nummer 15[51]
Zum Namen Kentucky:
Der Name des Staates ist irokesischer Herkunft mit der Bedeutung Wiese, Aue, Flur.
Spitzname: *The Bluegrass State*

Jahrzehntelang hatte das Gebiet westlich der Appalachen für die amerikanischen Siedler nur als wildreiches Jagdgebiet gedient. Dem mit den Indianern Handel treibenden John Finlay und den Erkundungen Daniel Boones seit 1769 ist es zu verdanken, dass das erste Fort gegründet sowie eine Trasse für die erste Straße, die *Wilderness Road* erschlossen wurde. Damit wurde Kentucky für die spätere Besiedlung erschlossen.

Kentucky trat am 1. Juni 1792 als 15. Staat der Union bei.

Die Größe von Kentucky mit 104.659 km² ist der von Island vergleichbar, während die Einwohnerzahl von 4,3 Millionen jener Kroatiens entspricht.

Die Agrarwirtschaft wird in vielen Regionen von der Pferdezucht dominiert, bedeutender sind allerdings Rinder, Molkereiprodukte, Schweine, Soja und Getreide. Kentucky ist der Bundesstaat mit den höchsten Exporten von Vieh und Viehprodukten. Daher gilt der Staat als Fleischtopf von Chicago. Die Industrie produziert Automobilteile, chemische Produkte, Elektroartikel und Maschinen. Hinzu kommt der Kohlebergbau. Als das bekannteste Produkt gilt der hier gebrannte Whiskey. 90 Prozent des in der Welt konsumierten Bourbon Whiskeys stammt aus diesem Staat.

Berühmtester Sohn des Bundesstaates ist Abraham Lincoln (1809 – 1865), der von 1861 bis 1865 der 16. Präsident der USA gewesen ist.

1796 Tennessee - Bundesstaat Nummer 16[52]
Zum Namen Tennessee:
Der Name Tennessee kommt von Tanasi, dem Namen einer Indianersiedlung am *Little Tennessee River.*

---

[51] *http://de.wikipedia.org/wiki/Kentucky*
[52] *http://de.wikipedia.org/wiki/Tennessee*

Spitzname: *The Volunteer State*

Zu Beginn der Besiedlung durch europäische Kolonisten wurden die meisten Ureinwohner nach Süden und Westen verdrängt, insbesondere die Stämme der Muskogge und Yuchi. Bis zur Gründung des Staates stand das Gebiet unter der Verwaltung von North Carolina und war als Südwest-Territorium bekannt. Das Südwest-Territorium galt sehr lange Zeit als gesetzloses Gebiet, da es die Regierung von North Carolina nicht schaffte, eine ausreichende Verwaltung einzurichten. 1785 bis 1788 wurde der erste Versuch unternommen, hier einen Bundesstaat der USA zu gründen. Im Osten des heutigen Tennessee wurde der Staat Franklin gegründet. Nach fünf Jahren des Streits mit der Regierung von North Carolina und häufiger Indianerüberfälle brach die Regierung in Greeneville zusammen, und das Gebiet geriet wieder unter die Kontrolle von North Carolina.

Am 1. Juni 1796 trat Tennessee den Vereinigten Staaten durch eine vom Senat gebilligte Gründung als 16. Staat bei. Von 1838 bis 1839 wurden die restlichen verbliebenen ca. 17.000 Cherokee in den Westen von Arkansas deportiert. Dieser Gewaltmarsch, bei dem etwa 4000 Indianer zu Tode kamen, ist unter dem Namen „Pfad der Tränen" bekannt.

Bei etwas mehr als 6 Millionen Einwohnern (2010) ist Tennessee mit 109.151 km² so groß wie Bulgarien. Mit der Einwohnerzahl von 6,3 Millionen entspricht es etwa der von Dänemark.

Die wichtigsten Wirtschaftszweige sind chemische Industrie und Maschinen- und Kraftfahrzeugbau, Textilindustrie sowie der Anbau von Tabak, Baumwolle, Sojabohnen und Mais. Forstwirtschaft und Bergbau (Kohle, Zinkerz, Phosphat) spielen eine Rolle. Hinzu kommt der Tourismus (*Great Smokey Mountains*).

Jonny Cash (1932 – 2003), einer der bekanntesten Western-Musiker stammt aus diesem Bundesstaat.

1803 Ohio - Bundesstaat Nummer 17[53]

Zum Namen Ohio;
Der Name Ohio kommt aus der Sprache der Irokesen und bedeutet „Schöner Fluss".
Spitzname: *The Buckeye State*

Die Region zwischen dem Ohio River und den Großen Seen wurde ursprünglich

---

[53] *http://de.wikipedia.org/wiki/Ohio*

von verschiedenen Indianerstämmen bewohnt, darunter die Miami, Wyandot, Shawnee, Lenni, Lenape, Ottawa und Erie. Während der Kolonisation Nord-Amerikas durch Europäer beanspruchten Irokesen aus dem heutigen Bundesstaat New York das Gebiet.

Im 18. Jahrhundert baute Frankreich hier ein System von Handelsposten auf, um den Handel zwischen Europäern und Indianern zu kontrollieren. 1754 brach der Franzosen- und Indianerkrieg zwischen Großbritannien und Frankreich aus, in dessen Folge Frankreich 1763 die Kontrolle über das heutige Ohio an die Briten abtreten musste.

Die Königliche Proklamation von Georg III. aus dem Jahre 1763 hatte die neu erhaltenen Gebiete in Nordamerika aufgeteilt. Sie verbot das Besiedeln des neu gewonnenen Landes, verlor allerdings nach der amerikanischen Unabhängigkeit an Gültigkeit. Daraufhin wurde im Jahre 1787 das Nordwest-Territorium erschlossen, das neben dem Gebiet des heutigen Ohio auch die Gebiete weiterer Bundesstaaten umfasste. Das neue Territorium war das erste Gebiet der Vereinigten Staaten, in dem die Sklaverei offiziell verboten wurde.

In der „Nordwest-Verfügung" wurde beschlossen, dass Teilgebiete des Nordwest-Territoriums zu Staaten werden können, sobald diese eine Einwohnerzahl von 60.000 erreichten. Obwohl das künftige Ohio 1801 erst 45.000 Einwohner hatte, beschloss der US-Kongress aufgrund des rapiden Bevölkerungswachstums dessen Staatsgründung. Am 19. Februar 1803 wurde Ohio von dem US-Präsidenten Thomas Jefferson als 17. Bundesstaat in die USA aufgenommen.

Ohio ist mit 116.096 km² drei mal so groß wie Baden-Württemberg und hat 11,5 Millionen Einwohner. Dies entspricht jener von Bayern.

Es ist heute einer der führenden Standorte des Maschinenbaus der USA. Zur industriellen Produktion gehören außerdem Nahrungsmittel und Elektrogeräte. Von Beginn an spielte die Agrarwirtschaft eine große Rolle. Die landwirtschaftliche Produktion umfasst Sojabohnen, Milchprodukte, Mais, Tomaten, Schlachtvieh, Geflügel und Eier.

Thomas Edison (1847 – 1931), der Erfinder der Glühbirne und anderer elektrischen Geräte stammt aus Ohio.

1812 Louisiana - Bundesstaat Nummer 18[54]
Zum Namen Louisiana:
Der Name wurde zu Ehren Königs Ludwig XIV. von Frankreich gewählt.
Spitzname: *The Pelican State*

Die ersten Europäer, die dieses Gebiet besiedelten, waren die Spanier, gefolgt von den Franzosen. Diese nannten es Louisiana. Louisiana wurde früh erforscht; bereits der Spanier Hernando de Soto erkundete von 1539 bis 1542 das Mississippi-Gebiet, der Franzose Robert Cavelier de La Salle setzte diese Forschungen 1681 fort, woraufhin Frankreich das Gebiet für sich beanspruchte und 1699 erstmals dauerhaft besiedelte.

Im Herbst 1729 kam es mit dem Natchez-Aufstand zu einer großen Rebellion der Natchez-Indianer, die sich mit afrikanisch stämmigen Sklaven gegen die französischen Kolonialherren verbündet hatten. Bei diesem Aufstand kamen fast alle dort lebenden Franzosen ums Leben. Der Aufstand traf die Kolonisten so schwer, dass die Wirtschaft der Region fast ein Jahrhundert lang stagnierte. Eine profitable Plantagenwirtschaft, wie sie sich in anderen Teilen des amerikanischen Südens bereits im 18. Jahrhundert entwickelt hatte, konnte sich in Louisiana erst im 19. Jahrhundert herausbilden.

Die Besitzverhältnisse änderten sich im Laufe der Jahre mehrmals: Auf Grund der Übereinkünfte im Pariser Frieden kam der westliche Teil 1762 an Spanien, der östliche ein Jahr später an Großbritannien, das ihn 1783 an die Vereinigten Staaten abgeben musste. 1800 erwarb Napoleon I. den spanischen Anteil zurück.

Am 30. April 1803 kaufte der US-Präsident Thomas Jefferson mit dem so genannten *Louisiana Purchase* die französische Kolonie Louisiana von Napoleon I. für 15 Millionen US-Dollar Dollar (das entspricht heute etwa 170 Millionen Euro). Die Vereinigten Staaten verdoppelten damit ihr Staatsgebiet auf einen Schlag, denn das damalige Louisiana umfasste noch große Gebiete des Mittleren Westens. Louisiana wurde am 10. März 1804 in einer förmlichen Zeremonie übergeben. Mit dem *Organic Act* vom 26. März 1804 wurde mit Wirkung vom 1. Oktober aus dem Gebiet, das südlich des 33. Breitengrades lag, das Orleans-Territorium geschaffen, das im Wesentlichen dem heutigen Louisiana entspricht. Der weitaus größere Teil nördlich des 33. Breitengrades wurde zum *District of Louisiana,* der 1805 in Louisiana-Territorium umbenannt wurde. Am 30. April 1812 wurde das Orleans-Territorium unter dem Namen Louisiana als 18. Bundesstaat der USA aufgenommen. Um eine

---

[54] *http://de.wikipedia.org/wiki/Louisiana*

Verwechslung zu vermeiden wurde im Juni des gleichen Jahres das Louisiana-Territorium in Missouri-Territorium umbenannt.

So groß wie Griechenland misst Louisiana 134.264 km², hat aber nur etwa 4,5 Millionen Einwohner, ebenso viel wie der Freistaat Sachsen.

Der Bundesstaat hat eine ausgeprägte Landwirtschaft mit Anbau von Sojabohnen, Gurken, Baumwolle, Zuckerrohr, Süßkartoffeln und Reis. Große Bedeutung haben Fleisch- und Milchviehhaltung, Geflügelzucht und Fischerei (Garnelen, Austern) sowie Pelzproduktion durch Fallenstellen (Nerze, Otter, Bisamratte, Opossum, Nutria). Die Wälder liefern Bauholz und den Rohstoff für Papiererzeugung. Reiche Lagerstätten an Erdöl und Erdgas (später kam auch Offshore-Förderung hinzu) sowie an Schwefel und Steinsalz sind Grundlagen der Industrie.

Der wohl berühmteste Jazztrompeter der Welt kommt aus Louisiana: Louis Armstrong (1901 – 1971).

1812 Indiana - Bundesstaat Nummer 19[55]
Zum Namen Indiana:
Der Name Indiana bedeutet das Land der Indianer.
Spitzname: *„The Hoosier State"*

Bevor die ersten Europäer nach Indiana kamen, lebten dort Delaware-, Potawatomi-, Miami-, Shawnee- und Wea-Indianer.

1679 betraten französische Forscher aus dem Norden das Land. Ab 1763 fiel das Land an die Briten, die es vorerst kaum nutzten. 1787 wurde Indiana Teil des Nordwest-Territoriums. 1800 wurde das Nordwest-Territorium auf die Größe des künftigen Bundesstaates Ohio verkleinert, der Rest (inklusive des künftigen Bundesstaates Indiana) wurde ein eigenständiges Territorium mit dem Namen Indiana-Territorium. Mit der Schaffung des Michigan-Territoriums im Jahre 1805 und des Illinois-Territoriums 1809 wurde das Indiana-Territorium auf die Fläche des heutigen Bundesstaates reduziert. Indiana trat der Union am 11. Dezember 1816 als 19. Staat bei.

Mit 94.321 km² ist Indiana etwa so groß wie Portugal und hat 6,5 Millionen Einwohner, entspricht damit etwa der Einwohnerzahl von Berlin und Brandenburg zusammen.

---

[55] *http://de.wikipedia.org/wiki/Indiana*

Indianas wichtigster Wirtschaftsfaktor war von Beginn an die Landwirtschaft. Aufgrund der Menge an jährlich produzierten Getreide zählt Indiana zu dem sogenannten Getreidegürtel (*Corn Belt*) der USA. Industrielle Produkte sind Stahl, Elektronik, Logistikausrüstung, chemische Erzeugnisse, raffiniertes Öl, Kohleerzeugnisse und Maschinenbau.

Die Pioniere der Luftfahrt, Wilbur Wright (1867 – 1912) und Orville Wright (1871 – 1948) stammen aus Indiana.

1817 Mississippi - Bundesstaat Nummer 20[56]
Zum Namen Mississippi:
Der Staat hat seinen Namen vom Mississippi River, der mit dem indianischen Wort für „großer Fluss" bezeichnet ist.
Spitzname: *The Magnolia State*

Ausgehend von New Orleans stießen die französischen Kolonisten weiter ins Territorium des heutigen Staates vor. Dabei kam es immer wieder zu Auseinandersetzungen mit den Natchez. 1729 schließlich kam es zu einer militärischen Konfrontation, in deren Folge die Natchez fast ausgerottet wurden, die Franzosen aber das Staatsgebiet ebenfalls verließen.

1763 kam das Gebiet östlich des *Mississippi River* an Großbritannien. Die südliche Gegend profitierte ökonomisch noch stark von den Franzosen in New Orleans. Sie brachten die Holzindustrie wie die Viehzucht in diese Gegend. Ebenso Früchte, Reis, Tabak, Indigo und eine wertvolle Baumwollart, die aus Siam stammte. Aus ihren karibischen Kolonien brachten die Franzosen auch das Plantagensystem mit Sklavenarbeit ins Land.

Größere Siedlerzahlen kamen aber erst mit den Briten nach Mississippi. Zuerst bekamen Veteranen des Franzosen- und Indianerkrieges dort Land zugesprochen. Es handelte sich also von Anfang an um eine Migration aus wirtschaftlichen Gründen von Menschen mit einem größtenteils mittelständischen Hintergrund. Die Siedler gründeten als erste Stadt Natchez. Infolge des von den Siedlern in Mississippi größtenteils abgelehnten Amerikanischen Unabhängigkeitskrieges fiel das Gebiet an Spanien. Die spanische Krone wollte ihren Einfluss sichern und gewährte den Siedlern der Gegend deshalb viele Privilegien: Steuerfreiheit, einen festen hohen Preis für angebauten Tabak und eine großzügige Landvergabe an Neusiedler. Die Siedler reagierten darauf, indem sie erstmals nennenswerte Mengen an Sklaven anschafften

---

[56] https://de.wikipedia.org/wiki/Mississippi

und sich gleichzeitig im Vertrauen auf die hohen Tabakpreise verschuldeten.

Als die Tabaksubventionen schließlich eingestellt wurden, sahen sich die meisten Siedler von plötzlicher Armut bedroht. Erst nach diversen Experimenten beschlossen sie, im großen Stil Baumwolle anzubauen, die schließlich zur bestimmenden Ertragsbasis der Südstaatenwirtschaft werden sollte. Begünstigt wurde der Erfolg durch die Erfindung der Textilmaschine *Cotton Gin*. Um 1800 hatten die meisten Plantagen im südlichen Mississippi auf Baumwolle umgestellt.

Präsident Andrew Jackson vertrieb die Muskogee, die Chicksaw und die Choctaw, die noch im Staat lebten. Auch im Norden und Osten Mississippis wurden auf diese Weise große Flächen zur Besiedlung durch Europäer frei. Fast alle Siedler waren bereits vorher in den USA angesiedelt; sie hofften in Mississippi auf ein wirtschaftliches Weiterkommen durch den Erwerb freien und sehr fruchtbaren Landes, durch die Anbindung an den *Mississippi River* und damit auch an die europäischen Märkte.

Der Staat Mississippi wurde am 10. Dezember 1817 als 20. Bundessstaat in die Union aufgenommen.

Mississippi ist mit 125.4453 km² etwa so groß wie Lettland und Litauen zusammen, hat mit knapp 3 Millionen Einwohnern aber nur so viele Einwohner wie Litauen.

Mississippi ist das wirtschaftliche Schlusslicht der USA. Wichtige Wirtschaftszweige sind der Anbau von Baumwolle, Mais, Weizen, Reis und Sojabohnen, die Erdöl- und Erdgasförderung sowie die Holzwirtschaft.

Der Schriftsteller Tennessee Willams (1911 – 1983) kam aus Mississippi.

1818 Illinois - Bundesstaat Nummer 21[57]
Zum Namen Illinois:
Der Name kommt aus der Algonkin-Sprache und bezeichnet den Indianerstamm der Illiniwek oder Illini, der damals das Land bewohnte und dessen Name „Das Volk" bedeutet.
Spitzname: *The Prairie State*

Im 17. Jahrhundert bestand die Illinois-Konföderation, die 1651 Tiononati und

---

[57] *http://de.wikipedia.org/wiki/Illinois*

Huronen aufnahm, die auf der Flucht vor den Irokesen waren. Die Illinois weigerten sich, die Flüchtlinge auszuliefern, woraufhin die Seneca, ein Stamm der Irokesen, sie zwangen, westwärts über den Mississippi zu fliehen.

1673 kamen die Franzosen Louis Joilet (Forscher) und Jaques Marquette (Jesuitenmissionar) ins Land und waren wohl die ersten Europäer. 1712 kam das Land zur französischen Kolonie Louisiana, doch musste Frankreich 1763 Illinois an Großbritannien abtreten. Die französische Kolonie löste sich bis 1765 auf. 1783, im Vertrag von Paris, der den Unabhängigkeitskrieg der USA beendete, fiel das Gebiet an die USA, die es 1787 in das Nordwest-Territorium eingliederten. Ab 1800 Teil des neu geschaffenen „Indiana-Territorium", wurde Illinois 1809 ein eigenes Territorium, das am 3. Dezember 1818 als 21. Bundesstaat in die Union der USA aufgenommen wurde.

Illinois ist mit 149.998 km² halb so groß wie Polen. Die Bevölkerung von 12,8 Millionen ist der von Bayern vergleichbar.

Illinois hat sehr fruchtbare Böden, die überwiegend zum Soja-, Mais- und Weizenabbau (*Corn Belt*) genutzt werden. Neben der Landwirtschaft spielt auch die Industrie eine bedeutende Rolle. Schwerpunkt der industriellen Wirtschaft des Staates ist Chicago. Aufgrund der günstigen Verkehrssituation, wo viele Eisenbahnrouten zusammentreffen, entwickelte sich hier eine große Schlacht- und Lebensmittelverarbeitungsindustrie. Die Wasserstraßenanbindung von hier an den Mississippi-River und den St. Lorenz-Seeweg tragen auch zu der Rolle als Handelssitz sowie zum Standort mehrerer Einzelhandelskonzerne bei. Im Süden bestimmt die Eisen- und Stahlindustrie den wirtschaftlichen Schwerpunkt. Der IT-Sektor ist unter anderem mit dem Firmensitz von Motorola vertreten. Der Landmaschinenbau (John Deere und Caterpillar) sowie die Agrarindustrie spielen eine beachtliche Rolle.

Aus Illinois stammt Ronald Reagan (1911 – 2004), der 40. Präsident der USA.

1819 Alabama - Bundesstaat Nummer 22[58]
Zum Namen Alabama
Der Name Alabama geht auf die französische Bezeichnung des heute unter dem Namen Alabama bekannten Indianerstamms aus der Muskogee-Sprachfamilie zurück.
Spitzname: *The Yellowhammer State*

Im 18. Jahrhundert waren die Choctaw mit etwa 15.000 Angehörigen eine der

---

[58] *http://de.wikipedia.org/wiki/Alabama*

größten indianischen Gruppen im Süden. Schon früh lieferte der Sklavenbedarf der europäischen Zuckerrohrplantagen den Anlass zu Kriegen, wie etwa der Creek und Chicksaw, die mit europäischen Waffen einmal 2000 Choctaw einfingen und als Sklaven nach Britisch-Westindien verkauften. Als die Franzosen sich in Biloxi festsetzten, erwarben die Choctaw Gewehre von ihnen, mit denen sie sich zur Wehr setzten und als die Franzosen 1763 Nordamerika aufgeben mussten, intensivierten die Choctaw ihre Handelskontakte mit den Briten, die jedoch gleichfalls unterlagen. 1784 schlossen diese Indianer einen Friedensvertrag mit Spanien, 1786 mit den USA.

Im Jahr 1798 bildete Alabama (mit Ausnahme der Küste mit der Stadt Mobile, die noch zum spanischen Florida gehörte) einen Teil des Mississippi-Territoriums. 1813 wurde auch Mobile Teil des Territoriums.

Vier Jahre später, im Jahre 1817, als Mississippi in den heutigen Grenzen der Union beitrat, wurde das verbliebene Gebiet als Alabama-Territorium organisiert. Am 14. Dezember 1819 wurde Alabama schließlich Bundesstaat der Vereinigten Staaten.

Die Fläche von 135.765 qm² wird von 4,7 Millionen Menschen bewohnt. Das entspricht der Bevölkerung von Irland. Die Fläche stimmt mit jener der deutschen Bundesstaaten Bayern, Baden-Württemberg und Hessen überein.

Vor allem an der Flussebene des Alabama River wird Ackerbau (Baumwolle, Mais, Zuckerrohr, Tabak, Kartoffeln) betrieben. Im Bereich der Tierzucht werden überwiegend Rinder und Schweine gehalten. Alabama besteht zu 50 Prozent aus Kiefer- und Laubwäldern und verfügt daher über eine ausgeprägte Forst- und Holzwirtschaft. Der industrielle Anteil der Wirtschaft des Staates liegt bei der Textilindustrie, Eisen und Stahl sowie im Autobau (Mercedes, Honda, Hyundai).

Der weltbekannte Leichtathlet und mehrfacher Goldmedaillengewinner bei den Olympischen Spielen 1936 in Berlin, Jesse Owens (1913 – 1980) stammt aus Alabama.

1820 Maine - Bundesstaat Nummer 23[59]
Zum Namen Maine:
Die Herkunft des Namens ist unklar. Wahrscheinlich ist er nach der französischen Landschaft Maine benannt, möglicherweise ist der Name aber auch eine Kurzform von *Mainland*
Spitzname: *The Pine Tree State*
Die ersten europäischen Siedler waren 1604 Franzosen, die versuchten, auf St.

---

[59] *https://de.wikipedia.org/wiki/Maine*

Croix Island eine Kolonie zu errichten. 1607 siedelten sich die ersten von der Plymouth Company unterstützten Engländer an. Von der Kolonie Jamestown im südlicheren Virginia kamen bereits 1610 erstmals Fischer an die Küste von Maine.

Die englischen und französischen Kolonien bekämpften einander. 1614 kam John Smith nach Maine und verfasste seine *Description of New England,* die einige Engländer zur Auswanderung dorthin bewog.

Die Franzosen verfolgten ihrerseits weiterhin das Ziel, die Region für Neufrankreich, ihre amerikanische Kolonie zu gewinnen. 1640 wurde der erste Abenaki-Häuptling von französischen Missionaren für den Katholizismus gewonnen und auf den Namen Jean Baptiste getauft. 1671 wurde der Osten Maines wieder französisch. Doch nicht nur Engländer und Franzosen bekämpften sich gegenseitig. 1642 überfielen Mohawk den Westen Maines, 1661 töteten Abenaki 30 der angreifenden Mohawk. Erst 1671, als der überwiegende Teil der Stämme bereits schweren Epidemien zum Opfer gefallen war, kam es zu einem Friedensschluss.

Das Gebiet in seinen damaligen Grenzen, also der Südwesten Maines, wurde 1652 Teil der *Massachusetts Bay Colony.* Nach der Niederlage der Franzosen in den 1740er Jahren fiel das Gebiet östlich des Penobscots River unter die nominelle Verwaltung der Provinz Nova Scotia. Streitigkeiten zwischen Briten und Amerikanern gingen dann vom amerikanischen Unabhängigkeitskrieg bis zum Krieg von 1812. Britische Truppen besetzten Maine.

Nach der Unabhängigkeit der USA war Maine, obwohl nicht direkt daran angrenzend, bis 1820 ein Teil des Bundesstaats Massachusetts. Durch den Missouri-Kompromiss, der vorsah, dass der Sklavenstaat Missouri in die Union aufgenommen werden könnte, wenn gleichzeitig ein nicht sklavenhaltender Staat aufgenommen würde, wurde Maine von Massachusetts abgetrennt und am 15. März als Bundesstaat in die Union aufgenommen. Duch diese Massnahme wurde der Stimmengleichstand zwischen sklavenhaltenden und freien Bundesstaaten im Senat der Vereinigten Staaten erhalten.

Von der Größe Ungarns (91.646 km²) hat dieser Bundesstaat mit 1,3 Millionen nur eine Bevölkerung wie München.

Maine ist der *US-Bundesstaat* mit dem höchsten Waldanteil. Mehr als 90 % der Landfläche sind u.a. mit Kiefern bewachsen. Die Wirtschaft lebt vornehmlich von Ackerbau und Viehzucht, von Fischfang und der Holzindustrie. In der Neuzeit sind die Werftindustrie und der Tourismus hinzugekommen.

Der Schriftsteller Stephen King (* 1947) stammt aus Maine

1821 Missouri - Bundesstaat Nummer 24[60]

Zum Namen Missouri:

Benannt nach dem Fluss Missouri, der wiederum seinen Namen vom indianischen Volk der Missouri hat.

Spitzname: *The Show Me State*

Das Staatsgebiet Missouris war Teil der Fläche, die Frankreich als Louisiana abgekauft wurde. Missouri wurde am 10. August 1821 als Teil des Missouri-Kompromisses zum 24. Bundesstaat. Missouri wurde auch „Tor zum Westen" genannt, weil es Durchgangsland der Siedler auf dem Weg in den Westen war.

Mit einer Fläche von 180.533 km² ist Missouri halb so groß wie Deutschland und hat mit 6 Millionen Einwohnern eine Bevölkerung des Bundeslandes Hessen.

Wichtigste Industriezweige sind Luftfahrttechnik, Logistik, Landwirtschaft und Nahrungsmittelwirtschaft. Weiterhin Chemische Industrie, Druckindustrie und Elektronik. Die landwirtschaftlichen Produkte sind vornehmlich Rindfleisch, Bohnen, Schweinefleisch, Heu, Mais, Geflügel und Eier. Im Südosten Missouris in den fruchtbaren Ebenen des Mississippis werden Baumwolle und Mais angebaut. Missouri besitzt große Vorräte von Kalkstein, Blei und Kohle. Der Tourismus und Dienstleistungen sind weitere wichtige Erwerbszweige.

Harry S. Truman (1884 – 1972), der 33. Präsident der USA kam aus Missouri.

1836 Arkansas - Bundesstaat Nummer 25[61]

Zum Namen Arkansas:

Der Name Arkansas rührt von der französischen Aussprache des indianischen Wortes der Quapaw her, das sinngemäß „Land der flussabwärts gelegenen Menschen" bedeutet

Spitzname: *The Natural State*

Bevor europäische Eroberer in das Gebiet des heutigen Arkansas kamen, herrschten die Quapaw-, Cadd und die Osage-Indianer über das Land. Erste europäische Eroberer waren der Spanier Hernando de Soto im Jahre 1541 und die Franzosen Louis Joliet (1673) und Robert Cavelier de La Salle (1682). Die erste Siedlung der Franzosen wurde 1686 bei Arkansas Post gegründet. Arkansas gehörte im 18. Jahrhundert zur französischen Kolonie Louisiana. 1762 trat Frankreich das Gebiet an Spanien ab, erhielt es aber 1800 zurück.

---

[60] *http://de.wikipedia.org/wiki/Missouri*
[61] *http://de.wikipedia.org/wiki/Arkansa*

1803 kam Arkansas als Teil des Louisiana-Landkaufs an die USA und wurde am 15. Juni 1836 der 25. Bundesstaat.

Der Bundestaat gehört zu den ärmsten in den USA. Wichtigster Wirtschaftszweig ist die Landwirtschaft: Anbau von Sojabohnen, Reis, Obst, Weizen und Baumwolle stehen im Vordergrund. Geflügelzucht, Waldwirtschaft und Holz verarbeitende Industriekommen hinzu. An Bodenschätzen besitzt Arkansas Bauxit, Kohle, Erdöl und Erdgas.

Der bekannteste Bürger von Arkansas ist wohl der 42. Präsident der USA. Bill Clinton (* 1946). Er wurde in Hope, AR geboren und am 3. November 1992 zum Präsidenten gewählt.

1837 Michigan - Bundesstaat Nummer 26[62]
Zum Namen Michigan:
Der Name kommt aus den Indianischen Sprachen und heißt „großer See"
Spitzname: *The Great Lakes State*

1622 erreichten französische Entdecker als wahrscheinlich erste Weiße den Oberen See. Die erste ständige Niederlassung von Europäern wurde 1668 von Jesuiten gegründet. 1701 gründete Antoine de Cadillac an der Stelle des heutigen Detroit einen Außenposten, den sie Fort Pontchartrain Detroit nannten.

Aus dem Indiana-Territorium wurde das Michigan-Territorium geschaffen, mit Detroit als Regierungssitz. Nach Ausbruch des Krieges von 1812 zwangen britische Truppen Brigadegeneral Hulls Armee in Detroit zur Kapitulation und hielten Teile Michigans besetzt, bis sie durch den amerikanischen Sieg im Herbst 1813 zum Rückzug gezwungen wurden. Durch die Schlacht am Thames River wurde auch die Widerstandskraft der Indianer gebrochen. Im Jahre 1835 erfolgte die erste Verfassung gebende Versammlung.

Infolge der Indianer-Umsiedlung erlebte Michigan in den 1830er Jahren einen Wirtschaftsboom. Dieser wurde zusätzlich noch durch den schuldenfinanzierten Ausbau der Verkehrswege befördert. 1840 war die Staatsverschuldung in Michigan daher deutlich angestiegen. Michigan erklärte in der Folge der Wirtschaftskriese von 1837 im Jahre 1840 den Staatsbankrott und bediente seine Staatsanleihen nur noch teilweise weiter. Am 26. Januar 1837 wurde Michigan der 26. Staat der USA.

---

[62] *https://de.wikipedia.org/wiki/Michigan*

Michigan ist 250.494 km² groß und verfügt damit über eine Fläche wie Großbritannien. Die Einwohnerzahl von 9,88 Millionen kommt der von Weißrussland nahe.

Michigan ist einer der führenden Industriestaaten der USA und verfügt über eine vielseitige Wirtschaft. Der primäre (Landwirtschaft, Bergbau) und der sekundäre (Industrie) Sektor sind von größter Bedeutung für den Wirtschaftsraum. Wichtigste landwirtschaftliche Erzeugnisse sind Milchprodukte, Mais, Sojabohnen und Rinder. Hinzu kommt der Obstanbau. Der Bergbau spielt eine tragende Rolle für Michigan. Er ist ein wichtiges Standbein für die Industrie. Es gibt reichliche Vorkommen an Erzen und auch Erdgas und Erdöl werden im mittleren Norden und Süden gefördert. Die wichtigsten Rohstoffe sind Eisenerz, Petroleum, Erdgas, Zement, Salz und Kupfer. Michigan exportiert Kies, Torf, Silber und Pottasche. Detroit ist eines der wichtigsten Zentren der Autoindustrie. Hier befinden sich die Firmensitze der drei großen Automobilhersteller Chrysler, Ford und General Motors. Andere wichtige industrielle Erzeugnisse sind Motoren und Baumaschinen. Die Industrie in Michigan macht 27 % des Bruttosozialprodukts aus.

Der größte Dienstleistungsbereich ist der Tourismus. Dieser Wirtschaftszweig bringt jährlich 6,3 Milliarden US-Dollar ein. Dies liegt vor allem an der landschaftlichen Attraktivität des Staates. Außerdem gibt es weit reichende Erholungsmöglichkeiten wie Wassersport und einen sommerlichen Badebetrieb an vielen Küstenbereichen der Großen Seen. In den kalten und relativ schneereichen Wintern ziehen die Wintersportmöglichkeiten Touristen an.

Der *King of Rock 'n Roll,* Bill Haley (1925 – 1981) stammt aus Michigan.

1845 Florida - Bundesstaat Nummer 27[63]
Zum Namen Florida:
Der Name entstammt den spanischen Entdeckern. Das Land wurde während der Osterzeit entdeckt und Ostern heißt auf Spanisch auch Pascua Florida.
Spitzname: *The Sunshine State*

Die Ureinwohner Floridas starben nach der Ankunft der ersten Spanier zu Tausenden, weil sie gegen die von ihnen eingeschleppten Krankheiten nicht immun waren. Ganze Völker wurden ausgelöscht, und es wird angenommen, dass die Spanier nach der britischen Übernahme von Florida die wenigen Indianer, die in ihren katholischen Missionen überlebt hatten, nach Kuba in Sicherheit brachten. Im Verlaufe des 18. Jahrhunderts wurde die Halbinsel jedoch erneut von Indianern

---

[63] *https://de.wikipedia.org/wiki/Florida*

besiedelt, als Teile der Muskogee, die sich untereinander entzweit hatten, aus dem Norden einzuströmen begannen. Infolge des Yamasee-Krieges gelangten auch viele Flüchtlinge der Yuchti und der Yamasee nach Florida. Trotz ihrer heterogenen Wurzeln wurden diese Indianer einheitlich als Seminolen bezeichnet.

Im amerikanischen Unabhängigkeitskrieg gewann Spanien, das auf Seiten Frankreichs gegen die Briten kämpfte, 1781 die Kontrolle über den größten Teil von Westflorida zurück. Im Frieden von Paris (1783) wurde Spanien ganz Florida wieder zugesprochen. Zu einer nennenswerten spanischen Besiedelung kam es danach nicht, die Besiedelungspolitik der Spanier zog Migranten jedoch insbesondere aus den Vereinigten Staaten an. Ein Zufluchtsort wurde Florida auch für Sklaven, die aus den Südstaaten entflohen, weil die Spanier ihnen die Freiheit versprochen hatten, wenn sie sich zum katholischen Glauben bekannten.

Im Jahre 1810 erhoben sich britische Siedler gegen die spanische Herrschaft und riefen am 23. September eine *Free and Independent Republic of West Florida* aus, die jedoch nur gut 10 Wochen Bestand hatte.

Am 27. Oktober desselben Jahres wurden Teile von Westflorida von den Vereinigten Staaten beansprucht, die geltend machten, die Region sei Gegenstand des *Louisiana Purchase*, bei dem die USA 1803 die französische Kolonie Louisiana erworben hatten. Die Übergabe der betroffenen Gebiete erfolgte im Dezember 1810. Nach dem ersten Seminolenkrieg (1817/1818), in dessen Verlauf amerikanische Truppen wiederholt in spanisches Gebiet eindrangen, kontrollierten die USA das gesamte Gebiet von Westflorida. Seit dem Britisch-Amerikanischen Krieg (1812-1814) befanden sich auch Teile von Ostflorida unter amerikanischer Kontrolle.

Ihren Abschluss fand die Annektierung von Florida 1819 mit dem Adams-Onis-Vertrag, bei dem die Vereinigten Staaten im Gegenzug auf Landansprüche in Texas verzichteten. Am 30. März 1822 wurde Florida zum *Organized Territory*. Ostflorida und Westflorida wurden vereinigt. Neue Hauptstadt des Territoriums wurde Tallahassee.

Ähnlich wie Michigan erlebte Florida infolge der Indianer-Umsiedlung in den 1830er Jahren einen Wirtschaftsboom. Dieser wurde zusätzlich noch durch den schuldenfinanzierten Ausbau der Verkehrswege befördert. 1840 war die Staatsverschuldung Floridas daher massiv angestiegen. Mit einer Schuldenstandsquote von 77 % der Wirtschaftsleistung lag Florida an der Spitze der amerikanischen Staaten und Gebiete. Infolge der Wirtschaftskrise von 1837 musste Florida 3 Jahre später, 1840 Staatsbankrott anmelden und bediente seine Staatanleihen nicht weiter.

Am 3. März 1845 wurde Florida der 27. Bundesstaat der Union.

Florida ist halb so groß wie Deutschland und hat eine Fläche von 170.304 km². Die Bevölkerung ist leicht höher als die von Nordrhein-Westfalen und beträgt 19,8 Millionen.

Floridas Klima und die vielen Strände machen es zu einem interessanten Freizeitort für Urlauber aus aller Welt sowie zum Alterssitz vieler Amerikaner. Die Hauptsaison liegt wegen der dann unerträglich schwülen Wetters eher abseits der Sommermonate Juni-August. Auch die diversen Vergnügungsparks sind große Anziehungspunkte für Touristen. Daneben konzentriert sich die Wirtschaft auf den Anbau von Zitrusfrüchten (50 % des Verbrauchs der USA) einschließlich der Verarbeitung. Florida ist der wichtigste Startplatz der NASA und der US Air Force für ihre Weltraummissionen vom Cape Canaveral.

Die Tennislegende Chris Evert (* 1954), die in ihrer Karriere 18 Grand Slam Titel gewann, stammt aus Florida.

1845 Texas - Bundesstaat Nummer 28[64]
Zum Namen Texas:
Der Name „Texas" hat eine weite Verbreitung unter den indianischen Stämmen im östlichen Teil des heutigen Staates Texas und bedeutete Freunde
Spitzname: *The Lone Star State*

1519 entstand durch die Spanier die erste kartografische Erfassung der texanischen Küste. Dies war auch der Beginn der spanischen Inbesitznahme des Territoriums. In der Folgezeit wurden viele Ortschaften und vor allem Missionen im heutigen Staatsgebiet von Texas gegründet. 1621 gründeten spanische Einwanderer die Stadt Corpus Christi de la Isleta. 1659 folgte El Paso.

Zu einem französischen Kolonisierungsversuch auf dem Territorium von Texas kam es 1685. Der Abenteurer Robert de La Salle erreichte per Schiff die Matagorda Bay und gründete dort das Fort St. Louis. Die Ansiedlung litt jedoch stark unter Indianerangriffen, Krankheiten und dem Verlust wichtigen Materials durch Schiffbruch einlaufender Versorgungsschiffe. Bereits zwei Jahre später wurde La Salle von seinen eigenen Leuten ermordet, als er versuchte, Hilfe zu holen. St. Louis wurde daraufhin aufgegeben, Texas war wieder spanisch. In den Siedlungen im Delta des Mississippi konnten sich die Franzosen jedoch behaupten.

Im Zuge weiterer spanischer Expeditionen wurden mehrere Missionsstationen

---

[64] *http://de.wikipedia.org/wiki/Texas*

gegründet. So entstand 1718 die Mission San Antonio de Valero. Über 100 Jahre später wird diese Mission in die Geschichte eingehen als *The Alamo*. 1821 wurde Texas ein Teil des von Spanien unabhängig gewordenen Mexiko. Schon während des mexikanischen Unabhängigkeitskrieges sammelten sich hier viele Abenteurer aus den Vereinigten Staaten an. Immer mehr Siedler aus dem Norden erreichten den Golf von Mexiko. Es war der Beginn der angloamerikanischen Kolonisation, bis 1835 siedelten etwa 45.000 Menschen aus dem Norden in Texas.

Die Spannungen zwischen amerikanischen Siedlern auf der einen und den Mexikanern und der mexikanischen Regierung auf der anderen Seite wurden immer heftiger, als Mexiko die Sklaverei verbot. Weil die Vereinigten Staaten den ganzen Staat Texas kaufen wollten, verboten mexikanische Landesbehörden 1830 die weitere Immigration aus den USA. Besonders religiöse, kulturelle und politische Probleme schienen unüberbrückbar. Doch neue Gesetze und Verordnungen gewährten den Siedlern in Texas soviel Ausnahmen und Freiheiten, dass die Spannungen abnahmen und 1835 zuerst ein relativ ruhiges Jahr war. Landspekulanten aus den USA schürten jedoch das Misstrauen gegen Mexiko. Als Stephen F. Austin bei einem Besuch in Mexiko-Stadt inhaftiert wurde und sich auf Grund persönlicher Enttäuschung gegen einen Verbleib in Mexiko aussprach, sahen Separatisten ihre Chance. Nach Austins Rückkehr erklärten sie in einer eilig einberufenen Versammlung die Loslösung Texas' von Mexiko. Die mexikanische Regierung entsandte deswegen kurz darauf Truppen nach Texas. Am 2. Oktober 1835 begann der Unabhängigkeitskrieg

Am 2. März 1836 riefen die Texaner die unabhängige Republik Texas aus und ernannten den General Houston zum militärischen Oberbefehlshaber, der die mexikanischen Truppen (etwa 1.600 Soldaten) am 21. April 1836 überraschend schlagen konnte. Als unabhängige Republik wurde Texas von Frankreich und dem Vereinigten Königreich am 23. November 1839 beziehungsweise am 14. November 1841 anerkannt. Erster Präsident der unabhängigen Nation und Republik Texas wurde der General Sam Houston. Mit Unterbrechung war er es bis kurz vor dem Zusammenschluss mit den USA.

In Texas selbst aber verlangte die Mehrheit den Anschluss an die Vereinigten Staaten. Das Land wurde darauf am 19. Februar 1845 von den USA annektiert, der US-Kongress billigte dies nachträglich am 1. März 1845. Die förmliche Aufnahme in den Staatenbund erfolgte am 29. Dezember 1845.

Texas ist der flächenmäßig größte Bundesstaat und mit 696.241 km² doppelt so groß wie Deutschland. Seine Bevölkerung von knapp 30 Millionen entspricht der von Bayern und Nordrhein-Westfalen zusammen.

Wichtigste Wirtschaftszweige sind die Erdöl- und Erdgasförderung und damit die Erdölraffinerien und die Petrochemie. In der Landwirtschaft wird hauptsächlich Baumwolle, Weizen, Zitrusfrüchte, Reis, Mais, Hafer und Gemüse angebaut. Rinder und Schafe werden gezüchtet, die Nahrungsmittelindustrie ist verbreitet. Texas ist ein Schwerpunkt der US-amerikanischen Luft- und Raumfahrtindustrie wie auch der elektronischen Industrie. In Texas wird das meiste Öl der USA gefördert. Texas ist nach Kalifornien der zweitwichtigste Industrie- und Handelsstaat der USA.

Dwight D. Eisenhower (1890 – 1969), General im 2. Weltkrieg und der 34. Präsident der USA (1953 – 1961) ist ein Texaner.

1846 Iowa - Bundesstaat Nummer 29[65]
Zum Namen Iowa:
Der Staat wurde nach dem Iowa-Stamm benannt
Spitzname: *The Hawkeye State*

Im Nordosten des Bundesstaates liegt am Ufer des Mississippi Rivers das *Effigy Mounds National Monument*, eine Gedenkstätte und archäologisches Schutzgebiet für Mounds genannte künstliche Hügel, die von einer frühen indianischen Kultur in der Woodland-Periode zwischen 500 v. Chr. und etwa dem Jahr 1200 errichtet wurden.

Mit seinen fruchtbaren Prärien und dem Vorherrschen von Landwirtschaft gilt es als einer der typischen Bundesstaaten des Mittleren Westens, denn 90 Prozent der Fläche werden landwirtschaftlich genutzt. Iowa wird auch *Corn State* genannt, wegen des Anbaus von Mais. Außerdem findet man viele Parks von oftmals auch historischer Bedeutung.

Iowas erste Hauptstadt war Iowa City. Als der Bevölkerungsschwerpunkt durch die zunehmende Besiedlung nach Westen rückte, wurde beschlossen, die Hauptstadt näher zur geografischen Mitte des Staates zu verlegen. 1857 wurde Des Moines zur Hauptstadt bestimmt.

Am 18. Dezember 1846 wurde Iowa der 29. Staat der USA.

Der Bundesstaat Iowa ist mit 145.743 km² halb so groß wie Italien, hat aber mit knapp 3 Millionen nur so viel Einwohner wie Litauen.

Iowas Haupterzeugnisse sind Rinder, Schweine, Mais, Sojabohnen, Kartoffeln und Milchprodukte. Andere Erzeugnisse sind Güter zur Lebensmittelherstellung,

---

[65] *http://de.wikipedia.org/wiki/Iowa*

Maschinen, Elektronik, chemische Produkte, außerdem Produkte des Druckgewerbes und der Metallindustrie. Der Bundesstaat Iowa ist Teil des *Corn Belt*.

William Frederic Cody (1846 – 1917), genannt „Buffalo Bill", eine der berühmtesten Figuren des Wilden Westen kam aus Iowa.

1848 Wisconsin - Bundesstaat Nummer 30[66]

Zum Namen Wisconsin:

Der Name Wisconsin ist die englische Version der französischen Adaption eines Namens der Miami-Illinois für den Wisconsin River mit der Bedeutung „der rot liegt"

Spitzname: *„The Badger State"* oder auch *America's Dairyland*.

Als die ersten Europäer das Gebiet des heutigen Wisconsin betraten, lebten dort die indianischen Stämme der Winnebago, Chippewa, Menominee, Sioux und Fox. Die ersten Europäer, die den Boden Wisconsins betraten, waren Franzosen, die über den Sankt-Lorenz-Strom und die Großen Seen in den Norden der heutigen USA vordrangen. Im Jahre 1634 traf der französische Entdecker Jean Nicolet auf der Suche nach einem Weg nach Asien in der Bucht von Green Bay auf Winnebago-Indianer. Die Dominanz der Franzosen wurde 1763 mit dem „Vertrag von Paris" beendet. Die anschließende englische Kontrolle des Gebietes währte bis 1812 (Britisch-Amerikanischer Krieg).

Während lange Zeit der Pelzhandel die wichtigste Einnahmequelle der Siedler war, führte die Ausbeutung von Bleiminen zu einer ersten Siedlungswelle zu Beginn des 19. Jahrhunderts. Im weiteren Verlauf des Jahrhunderts beschleunigte der Bau von Eisenbahnen die Ausbeutung der natürlichen Ressourcen des Landes. Vor allem die Holzwirtschaft und später die Papierindustrie prägten den Norden des Landes. Neben einer starken Einwanderungswelle aus Deutschland kamen in der zweiten Hälfte des 19. Jahrhunderts auch viele Siedler aus den skandinavischen Ländern in den Staat. Aber auch aus Mittel- und Osteuropa fanden viele Einwanderer den Weg nach Milwaukee, so auch die spätere israelische Ministerpräsidentin Golda Meir. 10 % der Einwohner von Wisconsin stammen aus Polen oder von polnischen Einwanderern ab.

Seit dem 29. Mai 1848 ist Wisconsin der 30. Bundesstaat der USA.

Mit 169.639 km² ist Wisconsin genau halb so groß wie Finnland, hat aber die gleiche Bevölkerungszahl von 5,6 Millionen

---

[66] *http://de.wikipedia.org/wiki/Wisconsin*

Haupterwerbszweig ist die Landwirtschaft. Wegen seiner intensiv betriebenen Milchwirtschaft trägt der Staat denn auch den Namen „Amerikas Molkereiland". Wisconsin verfügt aber auch über eine starke industrielle Wirtschaftsbasis. Milwaukee wurde in den Zeiten des *New Deal* und des Zweiten Weltkrieges zu „Amerikas Werkzeugkiste". Die Sanitärfabrik Kohler hat ihren Sitz hier und die Motorräder von Harley-Davidson sowie die Rasenmäher von Briggs & Stratton kommen aus Wisconsin.

George Frost Kennan (1904 – 2005) kommt aus diesem Bundesstaat. Er war Historiker und Diplomat und sein Name ist eng mit dem Marshallplan wie auch der Containment–Politik in der Zeit des Kalten Krieges verbunden.

1850 Kalifornien - Bundesstaat Nummer 31[67]

Zum Namen Kalifornien:
Einer bekannten Hypothese nach existierte der Name bereits vor der Entdeckung bei den europäischen Eroberern. 1510 veröffentlichte der Spanier Rodriguez einen Roman, in dem eine Insel voller Gold namens Kalifornien vorkommt, bewohnt von wunderschönen Amazonen, die von Königin Califia beherrscht werden.
Spitzname: *The Golden State*

Vor der Ankunft der Europäer lassen sich mehr als 70 verschiedene Indianer-Stämme unterscheiden, womit Kalifornien zu den kulturell und linguistisch vielfältigsten Regionen der Welt gehörte. Die Gesamtzahl der Bewohner zu jener Zeit wird auf über 300.000 geschätzt.

Nach den Landungen von Cabrillo im Jahre 1542 und Drake 1579, die das Gebiet für Spanien bzw. England beanspruchten, verloren die europäischen Kolonialmächte das Gebiet Kaliforniens wieder weitgehend aus den Augen. Für die Indianer bedeutete die Expedition Cabrillos jedoch einen schweren Einbruch der Bevölkerungszahl durch Pocken.

Kalifornien als Oberkalifornien, der spätere nördlichste Bestandteil des Vizekönigreichs Neuspanien, wurde erst ab 1769 unter der Leitung des Franziskaners Serra kolonisiert. Dieser gründete die erste von insgesamt 21 Missionen. Neben diesen Missionen errichtete man auch militärische Befestigungen und zivile Siedlungen.

1812 wurde im heutigen Sonoma County im nördlichen Kalifornien mit Fort Ross ein russischer Stützpunkt als Fortsetzung und Abrundung der russischen

---

[67] *http://de.wikipedia.org/wiki/Kalifornien*

Besitzungen in Alaska errichtet. Nach der mexikanischen Unabhängigkeit im Jahr 1821 wurde Kalifornien mexikanische Provinz. Die Regierung kehrte wieder zum Missionssystem zurück, bis die demokratische Partei das Missionswesen am 17. März 1833 per Dekret vollständig beendete und die Stationen auflöste. Zugleich wurde die Besiedlung durch Einwanderung gefördert. Die ersten Einwanderer wurden allerdings nach dem Regierungsantritt Santa Annas, der die Missionsstationen erhalten wollte, wieder vertrieben. Diese Ereignisse legten den Grundstein für die jahrzehntelange Feindseligkeit der Kalifornier gegen die mexikanische Regierung. 1836 brach ein Aufstand unter dem früheren Zollinspektor Alvaredo aus, der von der ohnmächtigen Regierung schließlich als Gouverneur von Kalifornien bestätigt werden musste. Zu diesem Zeitpunkt zählte das Land nur noch etwa 150.000 Indianer und 5.000 Europäer als Einwohner.

Im Frühjahr 1846 rebellierten die Bewohner Ober-Kaliforniens und wählten Don José Castro , einen geborenen Kalifornier, zum Generalkommandanten.

1845 annektierten die USA Texas, was zu einem sehr gespannten Verhältnis mit Mexiko führte, welches das Kaufangebot der Amerikaner für Kalifornien ablehnte. Bereits im Januar 1846 standen Truppen an der Grenze. Die unter José Castro gebildete Junta von Monterrey versuchte, Alta California durch Abspaltung von Mexiko aus dem Krieg herauszuhalten. Doch noch während die Junta darüber beriet, ob der Unabhängigkeit oder dem Anschluss an einen anderen Staat der Vorzug zu geben sei, erklärten im Mai 1846 US-amerikanische Siedler die Unabhängigkeit Kaliforniens und proklamierten ihre eigene Republik Kalifornien. Am 13. Mai 1846 erfolgte die Kriegserklärung der USA nach einem vorgetäuschten Angriff der Mexikaner. US-Truppen besetzten im Juli 1846 Monterey, standen im Januar 1847 in Los Angeles und eroberten Mexiko, das sich im „Vertrag von Guadelupe Hidalgo" gezwungen sah, den gesamten Norden, also Kalifornien, Arizona, New Mexiko, Utah, Nevada, Texas und einen Teil von Colorado und Wyoming abzutreten.

Zahlreiche Glücksritter zogen nun die im Januar 1848 einsetzenden Goldfunde an, die den „Kalifornischen Goldrausch" auslösten. Goldsucher und Glücksritter kamen in großer Zahl nach Kalifornien, was dazu beitrug, dass die öffentliche Ordnung weitgehend zusammenbrach. Hunderttausende durchsuchten die Erde, das Tal des Sacramento Rivers war zum „goldenen Westen" geworden. Letztendlich erkannte die Regierung die unrechtmäßigen Zustände an, da so die USA zu einem wichtigen Goldexportland geworden waren. Die Indianer wurden verfolgt und vertrieben. Von den rund 150.000 Indianern um 1850 lebten um 1870 nur noch rund 30.000.

Am 9. September 1850 wurde Kalifornien als einunddreißigster Staat in die USA aufgenommen.

Kalifornien ist mit 423.970 km² etwas größer als Schweden und hat mit 37 Millionen Einwohnern etwas weniger Einwohner als Polen.

Mit 1,9 Billionen US-Dollar trug Kalifornien im Jahre 2010 allein 13 Prozent des jährlich erwirtschafteten Bruttoinlandsproduktes der USA bei. Als von den USA losgelöster Einzelstaat wäre Kalifornien weltweit die achtgrößte Wirtschaftsmacht nach den USA selbst, Japan, China, Deutschland, Großbritannien, Frankreich und Italien.

Nicht zuletzt der für die industrielle Landwirtschaft wetterbegünstigte Süden und das dortige Einzugsgebiet billiger mexikanischer Landarbeiter verhilft Kalifornien zu diesem Wohlstand. Große Anstrengungen erfordert jedoch die Wasserversorgung.

In Kalifornien wird eine intensive Landwirtschaft mit Anbau von Baumwolle, Gerste, Weizen, Mais, Reis, Hafer, Bohnen und Zuckerrüben betrieben. Von Bedeutung ist auch der Südfrucht- und Gemüseanbau sowie die Vieh- und Geflügelzucht und die Fischerei. Der Weinanbau ist ebenfalls bedeutend. Etwa 90 Prozent der gesamten Weinproduktion der USA stammen aus Kalifornien.

Kalifornien hat reiche Vorkommen an Bodenschätzen, wie Erdöl, Erdgas, Borsalze, Quecksilber, Magnesit und Gold und verfügt über eine hoch entwickelte Industrie. Luftfahrt, Raumfahrt, Elektronik und Computer bilden den Schwerpunkt (Silicon Valley), Fahrzeugbau, Nahrungsmittelindustrie, Hüttenwerke kommen hinzu. In Hollywood befindet sich der Hauptsitz der amerikanischen Filmindustrie.

Als einer der vielen bekannten Persönlichkeiten aus diesem Bundesstaat soll Steven P. Jobs (1955 – 2011) genannt werden. Er war einer der bedeutendsten Unternehmer in der Computerindustrie und einer der Gründer von „Apple".

1858 Minnesota - Bundesstaat Nummer 32[68]
Zum Namen Minnesota:
Der Name entstammt der Sprache der Dakota Sioux und lautet übersetzt etwa „mit Himmel gefärbtes Wasser".
Spitzname: *The North Star State*

Vor der Besiedlung durch die Europäer war Minnesota von den Anishinabe, den Sioux, und anderen Ureinwohnern bevölkert. Die ersten europäischen Siedler waren

---

[68] *https://de.wikipedia.org/wiki/Minnesota*

französische Pelzhändler, welche zu Beginn des 17. Jahrhundert ankamen.

1679 errichtete Greysalon nach einer Expedition am Ufer des Oberen Sees ein Fort und beanspruchte das Gebiet des nördlichen Minnesotas fortan für Frankreich. Als Folge des Franzosen- und Indianerkrieges musste Frankreich 1763 diese Gebiete jedoch an Großbritannien abtreten. Mit dem „Frieden von Paris" und der Unabhängigkeitserklärung wurde das Gebiet zwischen den Großen Seen und dem Mississippi Teil des Nordwestterritoriums und war damit erstmals den USA zugehörig. Dennoch blieb die Region bis etwa 1816 stark vom Einfluss Großbritanniens geprägt. Mit dem *Louisiana Purchase* erwarben die USA auch die südlichen und westlichen Gebiete des heutigen Minnesotas von Frankreich. Zwischen 1860 und 1870 kam die erste große Welle deutscher Einwanderer, die noch heute das kulturelle Bild Minnesotas prägen.

Im Jahre 1805 erwarb der Entdecker und Offizier Zebulon Pike Gebiete am Zusammenfluss des Minnesota River und des Mississippi River. Allerdings dauerte es noch einige Jahre, bis die ersten Siedler in die Gegend kamen. Als Folge wurde als erste dauerhafte Siedlung von 1819 bis 1825 Fort Snelling errichtet, Als die Industrie später wuchs, bildete sich dort die Stadt Minneapolis. In der Zwischenzeit hatten sich viele Menschen in der Nähe des Forts angesiedelt. 1839 zwang die Armee sie flussabwärts zu ziehen. Sie ließen sich in der Gegend nieder, in der später Saint Paul entstand. Bis 1858 kamen tausende weitere Siedler nach Minnesota. Innerhalb von knapp zehn Jahren hatte sich die Bevölkerungszahl von 6.000 auf mehr als 170.000 vervielfacht. Am 11. Mai 1858 wurde aus dem östlichen Teil des Minnesota Territory und dem westlichen Teil des Wisconsin Territory Minnesota als 32. Bundesstaat der Vereinigten Staaten von Amerika gegründet.

Der flächenmäßig große Staat (225.171 km²) kann mit Rumänien verglichen werden, seine Bevölkerung von 5,3 Millionen mit der Slowakei.

Die Wirtschaft von Minnesota hat in den letzten 200 Jahren einen starken Wandel vollzogen. Vor allem die Region im Nordwesten um Duluth profitierte von den Eisenerzvorkommen. Wie in allen Industrieländern stieg aber auch in Minnesota seit den 1950er-Jahren der Anteil des Dienstleistungssektors im Bruttoinlandsprodukt immer weiter. Heute sind über 80 Prozent aller Beschäftigten in ihm tätig, wohingegen nur noch weniger als ein Prozent im primären Sektor beschäftigt sind. Innerhalb der USA gehört der Bundesstaat aber weiterhin zu den größten Produzenten landwirtschaftlicher Erzeugnisse wie Zuckerrüben, Zuckermais oder Erbsen.

Judy Garland war eine US-amerikanische Filmschauspielerin Sängerin und Oscar-

Preisträgerin. Berühmt wurde sie mit dem Musicalfilm „Der Zauberer von Oz" und dem „Ohrwurm" *Over the Rainbow.*

1859 Oregon - Bundesstaat Nummer 33[69]
Zum Namen Oregon:
Herkunft und Bedeutung des Namens Oregon sind nicht eindeutig geklärt.
Spitzname: *The Beaver State*

Oregon beheimatete ursprünglich eine Vielzahl von Indianerstämmen wie die Bannocks, die Chinooks, die Klamaths und die Nez Percé. Heute leben neun von der Bundesregierung anerkannte Stämme in Oregon.

James Cook entdeckte die Küste Oregons 1778 auf der Suche nach der Nordwestpassage. Die Expedition von Lewis und Clark reiste auf Weisung von Thomas Jefferson durch dieses Gebiet, um es für den Kauf von Louisiana zu erkunden. Die Erkundung durch Lewis und Clark (1805–1806) sowie durch den britisch-kanadischen Kartographen David Thompson (1811) zeigte, dass es in dem Gebiet keinerlei Pelze und Nerze gab. 1811 errichtete der New Yorker Investor Johann Jakob Astor das Fort Astoria an der Mündung des Columbia River, um einen Handelsposten der Pacific Fur Company zu gründen. Fort Astoria war die erste dauerhafte Ansiedlung von Weißen in Oregon. Im Britisch-Amerikanischen Krieg von 1812 erlangten die Briten den Besitz über sämtliche Handelsposten.

In den 1820er und den 1830er Jahren wurde das Gebiet durch die *Britische Hudson's Bay Company* beherrscht. Die Indianer der Region erhielten offenbar Kenntnis von der Vertreibung der Indianer im Osten und standen der weißen Zuwanderung von Anfang an ablehnend gegenüber.

Von 1842 bis 1843 erreichten mehr Siedler Oregon. Es drohte ein erneuter Krieg zwischen den Vereinigten Staaten und Großbritannien, bis die Streitigkeiten im Oregon-Kompromiss beigelegt wurden. Aus dem amerikanischen Teil wurde 1848 das Oregon-Territorium gebildet, das in etwa die heutigen US-Bundesstaaten Washington, Oregon, Idaho und Wyoming sowie das westliche Montana umfasste. Wenige Jahre später gab es eine erneute Gebietsreform, nach der Oregon am 14. Februar 1859 als 33. Staat in die Union aufgenommen wurde.
Oregon verfügt über eine Fläche von 254.805 km² – das ist die gleiche Fläche, wie sie das Jugoslawien von Tito hatte. Die Bevölkerung von 3,8 Millionen ist gleich groß wie die von Bosnien-Herzegowina heute.

---

[69] *https://de.wikipedia.org/wiki/Oregon*

Wichtige Erzeugnisse sind Douglasien, Gras (Rollrasen, Grassamen), Flusslachs, Obst und Getreide. Seit den 1980er und 1990er Jahren haben sich zahlreiche Technologieunternehmen im sog. *Silicon Forest* niedergelassen. Dazu zählt der Halbleiterhersteller Intel, sowie IBM, Hewlett Packard, Xerox, Yahoo oder Mentor Graphics. Die Sportartikelhersteller Nike und Columbia haben ihren Sitz in Oregon, Adidas hat dort einen seiner Hauptstandorte. Weitere wichtige Wirtschaftszweige sind die Holzwirtschaft, Nahrungsmittel- und Aluminiumindustrie sowie der Tourismus.

Ein sehr bekannter Mann aus Oregon war Carl Barks Comicautor und Zeichner bei Walt Disney. Er schuf insbesondere die Figur „Donald Duck" und die Charaktere „Dagobert Duck", „Gustav Gans" und die „Panzerknacker".

1861 Kansas - Bundesstaat Nummer 34[70]
Zum Namen Kansas:
Sein Name leitet sich von dem Wort Kansas ab und bedeutet in der Sprache der Sioux „Volk des Südwinds".
Spitzname: *The Sunflower State"*

Die spanischen Eroberer erreichten bereits im Jahre 1541 als erste Europäer die Gegend. Sie führten Pferde ein, was zur Zuwanderung nomadischer Indianer führte, die alteingesessene Stämme verdrängten. Später kamen französische Entdecker und amerikanische Siedler ebenfalls in diese Region. Im Rahmen des *Louisiana Purchase* wurde das Gebiet 1803 Teil der USA. Mit diesem Wechsel begann auch die Umsiedlung von Indianern in Ländereien westlich des Mississippi, zum Teil freiwillig, zum Teil aber auch unter Druck und mit Gewalt. Bis 1854 war Kansas nicht zur Besiedlung durch Europäer freigegeben.

Die folgende Zeit bis zur Staatsgründung wurde als *Bleeding Kansas* bekannt, Kansas wie auch Nebraska wurden von den USA als Territorien einverleibt. Die Territorien gehörten zwar zu den USA, waren aber noch keine Bundesstaaten mit entsprechenden Rechten.

Das Leben im Kansas Territory war unsicher, da Befürworter und Gegner der Sklaverei um die Mehrheit im zukünftigen Bundesstaat stritten und Partisanen ihr Unwesen trieben. Am 30. März 1855 fielen Freischärler von Missouri kommend in Kansas ein und erzwangen die Wahl einer sklavenfreundlichen Regierung. In der Folgezeit kam es immer wieder zu gewaltsamen Zusammenstößen und zu Überfällen auf Befürworter der Sklaverei im Jahre 1856. In der intensiven politischen Auseinandersetzung zwischen Kräften für und gegen die Sklaverei wurde über

---

[70] *https://de.wikipedia.org/wiki/Kansas*

insgesamt vier Verfassungsentwürfe für den zukünftigen Bundesstaat abgestimmt. Am 29. Januar 1861 wurde Kansas als 34. Staat in die Union aufgenommen, mit dem Verbot der Sklaverei in der Verfassung.

Kansas breitet sich auf einer Fläche von 213.096 km² aus und ist damit so groß wie die Schweiz, Österreich und Slowenien zusammen. Die Bevölkerung entspricht mit 2,8 Millionen der von Albanien.

Wichtige Wirtschaftszweige sind die Landwirtschaft (vor allem Weizenanbau, Mais, Rinderhaltung), der Flugzeugbau, Bergbau (Erdöl, Erdgas, Salz, Gips, Blei- und Zinkerz) sowie die Heliumproduktion. Kansas ist der größte Weizenproduzent der USA, der „Brotkorb der Nation", hat das größte natürliche Erdgasfeld der Welt und ist zweitgrößter Rindfleischproduzent in den USA

Der Autobauer Walter Chrysler (1875 – 1940) stammt aus Kansas. Im Jahre 1925 hat er die „Chrysler Motor Cooperation" gegründet.

1863 West Virginia - Bundesstaat Nummer 35[71]
Zum Namen West Virginia:
Eindeutig: der westliche Teil von Virginia.
Spitzname: *The Mountain State*

West Virginias Entstehung ist einzigartig in der Geschichte der USA. Bis zum Sezessionskrieg gehörte es zu Virginia. Schon seit der Besiedlung dieses Landesteils gab es jedoch politische Differenzen zwischen den eher ärmeren Kleinbauern der Gebirgsregion und den Plantagenbesitzern in den Ebenen. Letztere waren in der Politik des Staates dominant. Nach dem Ausbruch des amerikanischen Bürgerkrieges und der Loslösung Virginias von der Union trennten sich ihrerseits die westlichen Landkreise von ihrem Mutterstaat am 27. April 1861. Vertreter dieser Verwaltungsbezirke bildeten eine neue Regierung, die ihren Sitz in Alexandria, Virginia einnahm. Durch eine Note Abraham Lincolns vom 31. Dezember 1862 waren sie dazu ermächtigt worden.

Virginia hatte zu diesem Zeitpunkt zwei Parlamente: eines, das den Anschluss an die Konföderation beschlossen hatte, und ein Gegenparlament, das der Union und damit den Nordstaaten treu war. Nach der Verfassung der USA war es nicht erlaubt, einen Teil des Gebietes eines Staates in die Union aufzunehmen, ohne dass jener Staat dazu seine Zustimmung gab. Diese Zustimmung erteilte das Gegenparlament Virginias am 13. Mai 1862, so dass der Verfassung formal Genüge getan war. Da sich

---

[71] *https://de.wikipedia.org/wiki/West_Virginia*

das Gegenparlament fast nur aus Delegierten des westlichen Teils Virginias zusammensetzte, bestanden starke Zweifel an der Verfassungsmäßigkeit der Aufnahme West Virginias in die Union, auch bei Abraham Lincoln. Diese Zweifel wurden während des Krieges aber aus strategischen Gründen ignoriert. Während des Bürgerkriegs war West Virginia Schauplatz zahlreicher Schlachten und Gefechte. 1870, nachdem Virginia wieder mit allen Rechten in die Union aufgenommen wurde, setzte der Oberste Gerichtshof die Rechtmäßigkeit der Abspaltung West Virginias in einem Gerichtsurteil über die Zugehörigkeit zweier Landkreise zu West Virginia voraus.

Die Bewohner West Virginias bezeichnen ihren Staat selbstironisch als Irland der USA. Denn die Umgebung ist ländlich und von ärmeren Verhältnissen geprägt. Am 20. Juni 1863 wurde West Virginia als 35. Bundesstaat Mitglied der Union.

Die Fläche von West Virginia von 62.755 km² wie auch die Bevölkerungszahl von 1,85 Millionen entspricht genau jenen von Lettland. Die Bevölkerung West Virginias zählt zu den ärmsten der US-Bundesstaaten. Beim Pro-Kopf-Einkommen liegt der Bundesstaat auf dem vorletzten Platz, vor Mississippi.

Die einst prächtigen Wälder waren für lange Zeit abgeholzt. Eine Aufforstung zeigt erst in den letzten Jahrzehnten Erfolge. Der Bergbau (Steinkohle und auch Erdgas, Erdöl) spielt immer noch eine wichtige Rolle, aber bereits 50 Prozent der Staatseinnahmen werden durch den Tourismus erwirtschaftet.

Die Schriftstellerin und Gewinnerin des Literaturnobelpreises 1938, Pearl S. Buck (1892 – 1973) stammt aus West Virginia.

1864 Nevada – Bundesstaat Nummer 36[72]
Zum Namen Nevada:
Nevada, ist nach dem spanischen Wort *nieve* für Schnee benannt.
Spitzname: *The Silver State*

Ursprünglich ein Teil Mexikos, musste das Gebiet im „Vertrag von Guadalupe Hidalgo" an die USA abgetreten werden. 1850 wurde durch den US-Kongress das Utah-Territorium errichtet, das damals die heutigen Staaten Utah, Colorado und Nevada umfasste. 1859 wurden die reichhaltigen Silber- und Goldvorkommen entdeckt und Virginia City gegründet. Mit dieser Entdeckung strömten immer mehr Menschen in die Region: Goldsucher, Händler und andere, die ihr Glück suchten.

---

[72] *https://de.wikipedia.org/wiki/Nevada*

Am 2. März 1861 wurde Nevada vom Utah-Territorium abgetrennt und nahm den jetzigen Namen an. Am 31. Oktober 1864 trat Nevada schließlich als 36. Staat der USA bei.

Die Fläche des Wüstenstaates Nevada beträgt 286.351 km². Nevada ist damit fast so groß wie Italien, hat aber nur 2,7 Millionen Bewohner – wie Litauen.

Wichtigster Wirtschaftsfaktor Nevadas ist, bedingt durch die liberalen Glücksspielgesetze und die guten Wintersportmöglichkeiten, der Fremdenverkehr. Von Bedeutung sind die Viehwirtschaft und der Bergbau (Kupfer, Gold, Quecksilber).

Große Teile Nevadas sind militärisches Sperrgebiet, wobei es vor allem die *Nellis Range* im Süden hervorzuheben gilt, wo die meisten amerikanischen Atombomben getestet wurden. Daneben gibt es Anlagen zur Erprobung geheimer militärischer Flugkörper, wie die sagenumwobene *Area 51 (Groom Lake)*.

Aus Las Vegas in Nevada kommt Andre Agassi, Wimbledon-Sieger 1992 und Olympiasieger 1996 im Tennis. Er ist mit der deutschen Tenniskönigin Steffi Graf verheiratet.

1867 Nebraska – Bundesstaat Nummer 37[73]
Zum Namen Nebraska:
Der Name Nebraska stammt von einem indianischen Wort mit der Bedeutung „flaches Wasser“. Der Name rührt vom *Platte River,* der durch den Staat fließt.
Spitzname: *The Cumhusker State*

Das Kansas-Nebraska-Gesetz trat am 30. Mai 1854 in Kraft, mit der Folge, dass das Land zum Territorium der Vereinigten Staaten, und zwar zu den Bundesstaaten Nebraska und Kansas wurde.

In den 1860er Jahren kam die erste Welle von Siedlern durch das Heimstättengesetz nach Nebraska, um das von der Regierung zur Verfügung gestellte Land in Besitz zu nehmen. Nebraska wurde am 1. März 1867, kurz nach dem Sezessionskrieg, als 37. Bundesstaat in die Union aufgenommen.

Nebraska hat eine Fläche von 200.500 km². Dies entspricht etwa der von Weißrussland. Die Zahl von 1,8 Millionen Einwohnern ist identisch mit der des Kosovo.

---

[73] *https://de.wikipedia.org/wiki/Nebraska*

Nebraska ist Produzent landwirtschaftlicher Erzeugnisse, insbesondere Mais, Weizen, Hirse, Sojabohnen und Zuckerrüben. Von Bedeutung ist die Schweine- und Rinderzucht. Nebraska besitzt auch Erdöl- und Erdgaslagerstätten.

Fred Astaire (1899 – 1987), einer der besten Tänzer, der Sänger und Schauspieler stammt aus Nebraska.

1876 Colorado – Bundesstaat Nummer 38[74]
Zum Namen Colorado:
Colorado kommt aus dem Spanischen und steht für gefärbt, rot, von ursprünglich *coloratus* im Lateinischen
Spitzname: *The Centennial State*

In historischer Zeit lebten in der Region vorwiegend Cheyenne- und Ute-Indianer. Im Südwesten ragte das Einflussgebiet der Navajo nach Colorado, von Südosten auch das der Kiowa.

Colorado wurde vermutlich Anfang des 17. Jahrhunderts von den Spaniern erstmals erkundet. Für das spanische Königreich wurde der südöstliche Teil des heutigen Colorado jedoch erst im Jahr 1706 beansprucht. Der Gebietsanspruch kollidierte dabei mit den wirtschaftlichen Interessen der Franzosen, wenngleich diese primär die Kolonialisierung am Sankt-Lorenz-Strom vorantrieben.

Nach der Niederlage im Franzosen- und Indianerkrieg (1754–1760) gegen die Briten musste Frankreich mit Ausnahme von New Orleans jedoch alle Gebiete westlich des Mississippi an Großbritannien abtreten, das seinerseits – als Ausgleich für die Eroberung Floridas – den Spaniern den zentralen Teil Nordamerikas (das später zum Louisiana-Territorium wurde) überließ. Dies sorgte für Spannungen zwischen Spanien und Frankreich, die erst am 1. Oktober 1800 unter dem Druck von Napoleon I. dem „Frieden von San Ildefonso" und der damit verbundenen Rückeroberung der zentralamerikanischen Gebiete durch Frankreich endeten. Schon wenig später, im Jahre 1803, fiel das Territorium durch den so genannten *Louisiana-Purchase* schließlich an die Vereinigten Staaten.

Obwohl immer mehr Pelztierjäger ins heutige Colorado vorstießen, begann eine größere Ansiedlung erst ab den 1830er Jahren mit der Errichtung von Bent's Fort. Das im Jahre 1833 erbaute Fort wurde schnell zu einem bedeutenden Handelsplatz zwischen weißer und indigener Bevölkerung.

---

[74] *https://de.wikipedia.org/wiki/Colorado*

Unterdessen begann ab 1850 die politische Gliederung des im *Louisiana Purchase* erworbenen Landes im Osten sowie der nach dem Krieg mit Mexiko (1846–1848) neu hinzugewonnenen Gebiete von den Rocky Mountains bis zur Pazifikküste. Das Kansas-Nebraska-Gesetz legte den Grenzverlauf zwischen den Territorien Nebraska und Kansas fest. In den Bergen schloss sich das bereits 1850 gegründete Utah-Territorium an, während die restlichen Gebiete des heutigen Colorado Teile Nebraskas (Nordosten) und Neumexikos (Süden) waren.

Waren die Beziehungen zwischen Weißen und Indianern – nach anfänglichen Vorbehalten - bis dato überwiegend freundlich, so änderte sich das ab den frühen 1850er Jahren, als Meldungen über Goldfunde in Kalifornien zu immer größer werdenden Siedlerströmen durch die Great Plains und die Rocky Mountains führten.

Als im Juni 1858 auch im heutigen Denver erstmals Gold gefunden wurde und Goldsucher am Fluss und in den umliegenden Bergen die ersten größeren Siedlungen gründeten, nahmen die Spannungen zwischen weißer und indigener Bevölkerung zu. In den Bergen wuchs die Anzahl der Minencamps stetig und die Region wurde um das Jahr 1860 zu einem Zentrum des Goldrauschs.

Das größte Wachstum der seinerzeit noch zu Kansas gehörenden Region verzeichnete jedoch das 1858 gegründete Denver City, das sich zwei Jahre später die Nachbarstadt Auraria einverleibte und nun rund 6.000 Einwohner zählte. Die rasch ansteigende Bevölkerungsanzahl trieb Pläne voran, um die Region als eigenständiges Territorium zu gründen. Dies geschah schließlich am 28. Februar 1861. Das junge Colorado gliederte sich in 17 Bezirke und zählte bei seiner Gründung rund 25.000 Einwohner; Hauptstadt wurde zunächst Colorado City. Das wirtschaftlich aufstrebende Colorado hatte zu diesem Zeitpunkt längst seine Eigenstaatlichkeit erreicht. Standen bei vielen zunächst noch Bedenken ob höherer Steuern und zu starker Einmischung seitens Washingtons dem Beitrittswunsch entgegen, schloss sich das Colorado-Territorium unter Beibehaltung seiner bisherigen Grenzen am 1. August 1876 als 38. Bundesstaat den Vereinigten Staaten an.

Die Fläche von Colorado entspricht der zweifachen Fläche von Griechenland. Und auf diesem großen Land leben nur 5 Millionen Einwohner – soviel wie in Dänemark, das nur über 1/6 der Fläche verfügt.

Colorado gehört zu den wirtschaftlich erfolgreichsten Bundesstaaten der USA. In der zweiten Hälfte des 20. Jahrhunderts haben sich vor allem die Industrie- und Dienstleistungsbereiche entwickelt. Die Wirtschaft in Colorado ist auf ein breites Spektrum aufgefächert. Bemerkenswert ist vor allem die Firmendichte im Bereich der wissenschaftlichen Forschung und der High-Tech-Branche. Colorado hat viele

Universitäten. Der Staat ist ausgesprochen reich an Bodenschätzen Dazu gehören: Kupfer, Uran, Kohle, Gold, Silber, Ton, Vanadium, Blei, Zink, Eisen, Molybdän, Erdöl und Edelsteine. Colorado ist der größte Molybdänerzeuger der Erde und besitzt große Mengen an noch nicht genutzten Ölschiefern.

Aus Colorado stammt der Außenmister der Obama-Regierung, John Kerry (*1943).

1889 North Dakota – Bundesstaat Nummer 39[75]
Zum Namen North Dakota:
Der Name Dakota leitet sich von der indianischen Ethnie der Dakota ab, die vor der Unterwerfung durch die Amerikaner in diesem Gebiet lebten.
Spitzname: *The Peace Garden State*

Seit mindestens einigen Jahrtausenden besiedeln Indianer North Dakota. Der erste Europäer, der das Gebiet erreichte, war der Franzose Pierre La Vérendyn, der um 1738 eine Expedition zu den Dörfern der Mandan-Indianer anführte. Der Handel zwischen den Stämmen war so arrangiert, dass die Stämme North Dakotas nur selten direkt mit den Europäern Handel trieben. Trotzdem unterhielten die Stämme einen ausreichenden Kontakt mit den Europäern, um sich der französischen und spanischen Ansprüche auf ihr Gebiet bewusst zu sein.

Bis zum Ende des 19. Jahrhunderts, als rasch Eisenbahnen gebaut wurden und das Land in großem Umfang verkauft wurde, war das Dakota-Territorium nur spärlich besiedelt. Den Weg zum Bundesstaat machte für North und South Dakota ein Gesetz vom 22. Februar 1889 frei. Mit der Unterschrift des Präsidenten erfolgte am 2. November 1889 die Aufnahme in die Union. Die Streitigkeit zwischen den beiden neuen Staaten, wer von ihnen zuerst aufgenommen werden sollte, stellte ein Problem dar. Die Lösung kam, als man die Papiere mischte und dadurch die Reihenfolge der Unterschriften zu kaschieren. Da jedoch „North Dakota" im Alphabet vor „South Dakota" steht, wurde North Dakota zuerst im Gesetzesblatt aufgenommen und dadurch vor South Dakota der 39. Bundesstaat.

North Dakota umfasst mit 183.112 km² rund die Hälfte der Fläche von Deutschland, hat aber nur so viele Einwohner wie Frankfurt/M (672.500). Der Name der Hauptstadt Bismarck (61.000 Einwohnern) wurde 1873 von der *Northern Pacific Railway* eingeführt und leitet sich vom damaligen deutschen Reichskanzler ab. Man wollte damit den deutschen Kanzler ehren und hoffte, deutsche Einwanderer in die Stadt zu locken

---

[75] *https://de.wikipedia.org/wiki/North_Dakota*

Obwohl weniger als 10 % der Bevölkerung in der Landwirtschaft beschäftigt sind, spielt diese weiter eine bedeutende Rolle. Wichtige Erzeugnisse sind Getreide, Kartoffeln und Flachs. North Dakota ist der größte Produzent von Gerste, Sonnenblumenkernen, Weizen und Hartweizen in den Vereinigten Staaten. Die Rinderhaltung und Truthahn-Zucht ist von Gewicht. Die Erdöl- und Erdgasförderung gewinnt an Bedeutung, seit 1951 Ölvorkommen entdeckt wurden, der Abbau von Braunkohle nimmt ab. Der technische Fortschritt und der gestiegene Ölpreis der letzten Jahre haben zu einem „Ölboom" in der Region geführt, welche über große Vorkommen Fracking-Öl verfügt. Diese werden nun zunehmend ausgebeutet. Im März 2012 wurden in North Dakota 17,9 Millionen Barrel Rohöl gefördert, damit überholte North Dakota erstmals Alaska (17,5 Mio. Barrels) und war hinter Texas der zweitgrößte Ölproduzent in den USA.

Die Sängerin Peggy Lee (1920 – 2002) stammt aus North Dakota.

1889 South Dakota – Bundesstaat Nummer 40[76]
Zum Namen South Dakota:
Der Name Dakota leitet sich von der indianischen Ethnie der Dakota ab, die vor der Unterwerfung durch die Amerikaner in diesem Gebiet lebten.
Spitzname: *The Mount Rushmore State*

Das Dakota-Territorium war ein Hoheitsgebiet der Vereinigten Staaten. Im Jahre 1889 wurde es in eine nördliche und eine südliche Hälfte geteilt. Diese Gebiete, North Dakota und South Dakota, wurden als 39. und 40. Bundesstaat in die USA aufgenommen, South Dakota am 2. November 1889 als 40 Staat.

Am 29. Dezember 1890 massakrierte die 7. US-Kavallerie bei *Wounded Knee* über 300 Männer, Frauen und Kinder der Sioux-Indianer unter deren Häuptling *Big Foot*. Dieses Massaker brach den letzten Widerstand der Indianer gegen die Weißen.

South Dakota hat eine Fläche von 199.731 km² und ist damit doppelt so groß wie Island. Der Staat hat mit 831.000 ebenso viele Einwohner wie Amsterdam

Hauptwirtschaftszweig ist die Landwirtschaft mit Getreideanbau und Rinderhaltung. Von Bedeutung ist weiterhin der Gold-Bergbau.

Aus South Dakota stammt „Sitting Bull" (1831 – 1890) Indianerführer und Medizinmann der Hunkpapa-Lakota.

---

[76] *https://de.wikipedia.org/wiki/South_Dakota*

<u>1889 Montana – Bundesstaat Nummer 41</u>[77]
Zum Namen Montana:
Der Name Montana leitet sich wahrscheinlich von dem spanischen Wort *montaña*, vielleicht aber auch von dem lateinischen *montanus* ab.
Spitzname: *The Treasure State*

Die heute in Montana ansässigen Stämme der Indianer sind relativ spät eingewandert. Die meisten von ihnen lebten ursprünglich viel weiter östlich. Dabei haben einige von ihnen sehr komplizierte Wanderungen durchlebt.

Eine der ersten Gruppen, die westwärts zog, waren wohl die Blackfoot; ihre Kultur lässt sich wahrscheinlich bis ins 8. Jahrhundert zurückverfolgen. Die Salish oder Flathead, kamen eher aus Westen. Die im Hinterland lebenden Salish-Gruppen mussten sich der trockenen Landschaft auch kulturell anpassen und wurden ebenso Reiternomaden, wie ihre Nachbarn. Die Absarokee kamen erst im 18. Jahrhundert, gleichfalls von den Großen Seen nach Montana, in dessen Süden sie lebten. Die Cheyenne wurden im 18. Jahrhundert verdrängt und zogen nach Dakota und Colorado. Ähnlich erging es den Sioux die wohl ab etwa 1650 von den Irokesen nach Westen abgedrängt worden waren.

Bis auf die frühen Zuwanderer ist allen Gruppen gemein, dass sie von Stämmen verdrängt wurden, die im Austausch gegen Pelze von den Europäern Waffen erhielten und diese nutzen konnten.

Französische Händler erreichten 1743 als erste Europäer das Gebiet des heutigen Montana. Am 30. April 1803 erwarben die USA das französische Louisiana, zu dem auch das spätere Montana gehörte. 1846 überließ Großbritannien im Zuge des Oregon-Kompromisses den USA auch den Nordwesten Montanas. 1862 begann der Goldrausch auch hier und lockte tausende in das dünn besiedelte Gebiet; die Indianer waren vorher in Reservate gezwungen worden. Bereits 1864 wurde Montana zu einem eigenständigen Territorium mit Virginia City als Hauptstadt (bis 1875).

Zwischen 1864 und 1889 wurde Montana als Territorium organsiert. 1875 wurde die Hauptstadt nach Helena verlegt. Die Aufnahme als Bundesstaat in die USA erfolgte am 8. November 1889 – Montana wurde somit 41. Bundesstaat.

Montana ist mit seinen 380.838 km² etwas grösser als Deutschland. Würde man Deutschland in die Fläche von Montana verlegen, würde zusätzlich Mecklenburg

---

[77] *https://de.wikipedia.org/wiki/Montana*

noch ein zweites Mal Platz in dem Land haben. Die Bevölkerung von knapp einer Million ist ähnlich der von Köln, Deutschlands viertgrößter Stadt.

Montana ist ein Bundesstaat reich an Bodenschätzen und anderen natürlichen Ressourcen. Zu den wichtigsten Vorkommen an Rohstoffen zählen Kupfer, Gold, Silber, Edelsteine, Talkum, Tonerden, Antimon, Kalkstein, Phosphat, Gips, Sand und Kies. Allerdings sind viele Minen heute erschöpft. Von großer Bedeutung sind heute die Vorkommen an Erdöl, Erdgas und Kohle. So basiert der Großteil der Industrieproduktion auf der Verarbeitung der geförderten Rohstoffe (Erdöl- und Kohleprodukte, Erzverhüttung, chemische Erzeugnisse, Metallprodukte). Die Landwirtschaft ist ein wichtiger Erwerbszweig. Im Nordosten und im Zentrum von Montana wird Weizen, Mais und Gerste angebaut, während im Süden die Rinder- und Viehzucht betrieben wird. Die Forstwirtschaft floriert vor allem im Nordwesten des Landes.

Der berühmte Filmschauspieler und Oscar Preisträger Gary Cooper (1901 – 1961) kommt aus Montana.

1889 Washington – Bundesstaat Nummer 42[78]

Zum Namen *Washington*:
Der Staat wurde nach dem ersten US-Präsidenten, George Washington benannt. Um den Bundesstaat von der Hauptstadt abzugrenzen, wird die Bezeichnung „Washington State" verwendet.
Spitzname: *The Evergreen State*

1775 wurde das Küstengebiet von Washington durch Spanier unter Führung von Bruno de Hezeta erkundet. 1792 befuhr der amerikanische Weltumsegler Robert Gray den Columbia River. 1810 gründeten kanadische Pelzhändler Spokane House, die erste dauerhafte weiße Siedlung auf dem Gebiet des heutigen Staates Washington. 1811 gründeten die Amerikaner unter Führung von Johann Jakob Astor das Fort Okanogan. 1836 wurde eine Siedlung bei Walla Walla gegründet. 1846 kam das Gebiet von Washington durch Teilung des britisch-amerikanischen Kondominiums Oregon in den Besitz der USA. 1853 entstand das Washington-Territorium – seit 1863 in den heutigen Grenzen. 1855 kam es zu Goldfunden im Nordosten. Nach mehreren Kriegen mit den Indianern – bekannt ist der Krieg mit den Nez Percé im Jahre 1877 – trat Washington am 11. November 1889 als 42. Staat der Union bei.

Washington ist mit 184.665 km² halb so groß wie Deutschland und hat die gleiche Bevölkerungszahl wie Serbien: knapp 7 Millionen.

---

[78] *https://de.wikipedia.org/wiki/Washington_(Bundesstaat)*

Bedeutendster Wirtschaftszweig ist die Luft- und Raumfahrtindustrie. Der wichtigste Arbeitgeber des Bundesstaates und größtes Exportunternehmen der USA ist Boeing mit der Zivilflugzeugfertigung in Seattle, Renton und Everett. Von großer Bedeutung ist die Computertechnologie. Der Marktführer für Software Microsoft hat seinen Sitz in einem Vorort von Seattle; das Online-Versandhaus Amazon hat seinen Sitz in Seattle selbst. Ein weiteres bedeutendes Unternehmen aus Seattle ist die Kaffeehauskette Starbucks. Weitere wichtige Wirtschaftszweige sind die Aluminium- und Kupfergewinnung, der Anbau von Getreide, Kartoffeln, Hopfen, Futterpflanzen und Obst sowie die chemische Industrie und die Holz- und Papierindustrie. Ein Kernenergieversuchszentrum, Lachsfang und Lachszucht, Maschinenbau und Schiffbau sowie Wasserkraftgewinnung vervollständigen die Wirtschaftskraft dieses Bundesstaates.

Bill Gates (* 1955), der Begründer von Microsoft stammt aus Seattle und war nach Forbes im Jahre 2017 der zweitreichste Mann der Welt (90 Milliarden US-Dollar).

1890 Idaho – Bundesstaat Nummer 43[79]
Zum Namen Idaho:
Der Name des Staates Idaho rührt vom indianischen Wort *„Ee-dah-how"* her, was sinngemäß etwa „Licht auf den Bergen" bedeutet.
Spitzname: *The Gem State*

Am 4. März 1863 unterzeichnete der US-Präsident Abraham Lincoln ein Gesetz, mit dem das Idaho-Territorium geschaffen wurde. Idaho wurde bereits 1805 durch Lewis und Clark erforscht. Zu dieser Zeit lebten etwa 8.000 Indianer in der Gegend.

Zunächst war Idaho ein Teil der Territorien von Oregon und Washington, der Pelzhandel und die missionarische Tätigkeit ließen die ersten Siedler in die Region aufbrechen. Tausende durchzogen Idaho während des kalifonischen Goldrausches, nur wenige ließen sich in Idaho nieder. Als es 1863 in ein Territorium umgewandelt wurde, lag die Gesamtbevölkerung unter 17.000.

1865 wurde Boise Hauptstadt. Als 1866 Gold in Idaho entdeckt wurde und die transkontinentale Eisenbahn 1869 vollendet wurde, kamen zahlreiche Menschen nach Idaho, insbesondere chinesische Einwanderer zur Arbeit in den Minen. 1877 kam es im Rahmen des Feldzuges gegen die Nez Percé in Idaho zu mehreren Gefechten zwischen dem amerikanischen Heer und Nez Percé-Indianer. Die Indianer waren dabei sehr erfolgreich, flohen allerdings schließlich, von den Amerikanern verfolgt,

---

[79] *https://de.wikipedia.org/wiki/Idaho*

nach Wyoming und Montana.

Präsident William Harrison unterzeichnete ein Gesetz, mit dem Idaho am 3. Juli 1890 als 43. Bundesstaat den Vereinigten Staaten beitrat. Die damalige Bevölkerung betrug 88.548. Die damalige Verfassung von 1889 ist noch immer in Kraft.

Mit 216.446 km² ist Idaho etwas größer als Rumänien und hat mit 1,5 Millionen so viele Einwohner wie Estland.

Landwirtschaftliche Erzeugnisse sind Rindfleisch, Kartoffeln, Zuckerrüben, Molkereiprodukte, Weizen und Gerste. Die industriellen Produkte sind Holzwaren, Maschinen, Computer-Hardware, chemische Erzeugnisse, Papierprodukte, Silber und andere Bodenschätze. Ein wichtiger Wirtschaftszweig ist der Tourismus.

William Mark Felt (1913 – 2008) kommt aus Idaho. Er war ein hochrangiger FBI-Geheimagent, der als der damalige Informant *Deep Throat* die Watergate-Affäre in den 1970er-Jahren ins Rollen brachte.

1890 Wyoming – Bundesstaat Nummer 44[80]
Zum Namen Wyoming:
Der Name stammt aus der Sprache der Algonkin-Indianer und bedeutet „Große Ebenen".
Spitzname: *The Equality of Cowboy State*

Bis zum Ende des 19. Jahrhunderts war Wyoming zu einem großen Teil von vielen Indianerstämmen bewohnt. Als die Weißen von Osten weiter und weiter nach Westen vordrangen, gerieten die Indianerstämme Wyomings immer stärker unter Druck.

Seit Ende des 17. Jahrhunderts gehörte Wyoming mit Ausnahme des Südwestens zur französischen Kolonie Louisiana. 1762 ging das Territorium an Spanien, 1800 wiederum an Frankreich. Drei Jahre später erwarben die USA mit dem *Louisiana Purchase* das Gebiet der Louisiana-Kolonie für 15 Millionen US-Dollar. Der südwestliche Teil gehörte erst zu Utah.

Ende des 18. Jahrhunderts stießen im Norden möglicherweise französische Fallensteller als erste Weiße in das Gebiet von Wyoming vor. 1827 erkundete Jim Bridger den Südpass über die Rockies. Diese Route wurde ab 1841 Teil des *Oregon Trails*, über den viele Pioniere nach Westen vorstießen. Entlang des Trails schossen in

---

80 *https://de.wikipedia.org/wiki/Wyoming*

kurzer Zeit viele Forts aus dem Boden. Nachdem Wyoming mit der Eisenbahn erschlossen worden war, entstanden bald die ersten Städte. Im 20. Jahrhundert wurde ein Highway über den Bridger-Pass gebaut, die Interstate 80.

Nachdem die *Union Pacific Railroad* 1867 die Stadt Cheyenne mit dem Osten verbunden hatte, stieg die Zahl der Weißen in Wyoming kontinuierlich an. Am 25. Juli 1868 gründeten sie das Wyoming Territory. Im Gegensatz zu den benachbarten Bundesstaaten Montana, South Dakota und Colorado gab es in Wyoming nie einen plötzlichen Bevölkerungszuwachs aufgrund von größeren Edelmetall-Funden wie Gold und Silber. Einzig Kupfer wurde in verschiedenen Teilen Wyomings gefunden.

Das Wyoming-Territorium führte 1869 als erstes Gebiet der USA das Frauenwahlrecht ein. Wyoming wählte später auch die erste weibliche Abgeordnete ins US-Parlament, hatte die erste weibliche Friedensrichterin und 1925 die erste Gouverneurin eines Bundesstaats der USA.

Im Jahre 1872 gründete die US-Regierung den ersten Nationalpark der Welt, den Yellowstone-Nationalpark, der zu 96 Prozent in Wyoming liegt. Im 19. Jahrhundert führten viele Indianer-Stämme Wyomings einen verzweifelten Verteidigungskrieg gegen die einströmenden Weißen. Die verbündeten Lakota, Arapaho und Cheyenne siegten zwar in einigen Scharmützeln und Schlachten über Truppen der US-Armee, gegen Ende des 19. Jahrhunderts mussten sie aber vor der weißen Übermacht kapitulieren. Ein wesentlicher Faktor dabei war, dass die Weißen die Bisons systematisch abschossen und damit den Indianern die Lebensgrundlage entzogen. Einer, der sich bei der Bisonjagd besonders hervortat, war William Cody, besser bekannt als Buffalo Bill.

Am 10. Juli 1890 wurde der Bundesstaat als 44. den USA angeschlossen.

Wyoming ist mit 253.336 km² so groß wie Großbritannien und hat so viel Einwohner wie Dortmund: 580.000.

Historisch gesehen waren Rinder- und Schafzucht die wichtigsten Erwerbszweige in Wyoming und sind immer noch ein wichtiger Bestandteil der Kultur und Lebensart. Wichtigster Wirtschaftszweig ist aber heute der Bergbau (Erdöl, Erdgas, Kohle, Salz, Uran, Eisenerz, Methangas). Der Tourismus spielt vor allem in den Rocky Mountains, den beiden Nationalparks und den National Monuments eine bedeutende Rolle.

Jackson Pollock (1912 – 1956) war ein einflussreicher und angesehener US-amerikanischer Maler des Abstrakten Expressionismus, der vor allem für das von ihm begründete *Action Painting* bekannt ist und dessen „No. 5, 1948" mit einem

Verkaufspreis von 140 Mio. $ im Jahre 2006 als teuerstes Gemälde aller Zeiten gilt. Er stammt aus Wyoming.

<u>1896 Utah – Bundesstaat Nummer 45</u>[81]
Zum Namen Utah:
Der Name Utah leitet sich von dem Indianer-Volk der Ute ab, die neben einigen anderen Völkern bis heute in Utah leben.
Spitzname: *The Beehive State*

Ab 1847 wurde Utah von den Anhängern der Mormonen auf zum Teil ungewöhnliche Weise besiedelt.

Um die Mitglieder der Kirche nach Utah zu bringen, wurde 1850 der „Ständige Einwanderungsfonds" ins Leben gerufen. Finanziert aus Spenden sollten die Mittel in diesem Fonds dazu genutzt werden, noch im Osten der USA Lebende, vor allem aber Neubekehrte aus Europa, nach Salt Lake City zu bringen. Je nach Bedürftigkeit des Einzelnen übernahm der Fond Teile oder die ganzen Kosten für die Reise nach Utah, wobei sich das jeweilige Kirchenmitglied vertraglich verpflichtete, dieses Geld nach seiner Ankunft zurückzuzahlen.

Ende des Jahres war das Geld im Fond knapp geworden, so dass Gouverneur Bringham Young, zugleich Präsident der Mormonen-Kirche, einen alten Plan wieder aufleben ließ. Dieser sah vor, die Einwanderer statt mit von Pferden oder Ochsen gezogenen Planwagen mit Handkarren bis in das Tal des Großen Salzsees ziehen zu lassen, was eine Ersparnis von 6 Pfund pro Person bringen sollte. Die europäischen Emigranten, die meist aus ärmlichen Verhältnissen in britischen Städten stammten, sollten mit dem Schiff an die Ostküste kommen und von dort aus weiter mit dem Zug nach Iowa City fahren, wo die Handkarren auf sie warten würden. Schließlich mussten die Emigranten innerhalb von 90 Tagen mit den Karren (beladen mit 50 kg Gepäck) nach Salt Lake City laufen.

Die ersten Handkarren-Pioniere von insgesamt ca. 800 erreichten mit minimalen Verlusten Anfang Oktober 1856 Salt Lake City. In den darauffolgenden vier Jahren gab es noch fünf weitere Trecks mit Handkarren, die reibungslos verliefen.

Am 4. Januar 1896 wurde Utah als 45. Staat ein voll berechtigtes Mitglied der USA. Mehrere frühere Anläufe, als Bundesstaat anerkannt zu werden, waren an Konflikten der Mormonen-Kirche mit der amerikanischen Bundesregierung gescheitert, vor allem an Auseinandersetzungen über die mormonische Polygamie.

---

[81] *https://de.wikipedia.org/wiki/Utah*

Erst als die Leitung der Kirche diese 1890 offiziell abschaffte, war der Weg zum Bundesstaat frei. Allerdings sind selbst in der heutigen Verfassung von Utah immer noch zahlreiche Bestimmungen enthalten, die einstmals aus Furcht vor einem durch die Mormonen dominierten Staat aufgenommen wurden. In der Präambel der Verfassung von Utah wird zwar Gott angerufen, aber der weitere Verfassungstext bekräftigt das Recht auf Religionsfreiheit, die Trennung von Staat und Kirche und verbietet nicht zuletzt das Dominieren des Staates durch eine einzelne Kirche. Das ist ein deutlicher Seitenverweis auf die Mormonen-Kirche. Die Polygamie ist schließlich ebenfalls durch eine Verfassungsbestimmung verboten, wobei diese Bestimmung sogar nur mit Zustimmung der US-Bundesinstanzen geändert werden kann.

Utah ist so groß wie Weißrussland (219.887 km²) und hat so viele Einwohner wie Litauen (2,7 Millionen)

Der Ackerbau ist in Utah wegen der weithin wüstenähnlichen Landschaft nur in Gebirgsnähe mit Bewässerung möglich (Weizen, Zuckerrüben, Kartoffeln, Obst). Es wird Viehhaltung betrieben (Rinder, Schafe). Von Bedeutung sind der Bergbau (Kupfer, Erdöl, Uranerz, Gold, Salz, Silber, Blei, Eisen, Erdgas, Metalle) sowie die Luftfahrtindustrie und der Fremdenverkehr. Utah ist der Hauptsitz der Mormonen-Kirche.

Gail Halvorsen (*1920) ist ein ehemaliger US-amerikanischer Pilot der Luftwaffe, der als erster „Rosinenbomber" während der „Berliner Luftbrücke" (1948/49) für die Berliner Kinder kurz vor der Landung auf dem Flughafen Tempelhof Süßigkeiten an kleinen Fallschirmen abwarf.

1907 Oklahoma – Bundesstaat Nummer 46[82]
Zum Namen Oklahoma:
Das Wort Oklahoma stammt aus der Choctaw-Sprache: *okla* ’der Mensch’ und *humma* ’rot’, die Zusammensetzung bedeutet so viel wie „Das Land des roten Mannes".
Spitzname: *The Sonner State*

Innerhalb der USA nimmt Oklahoma eine Sonderstellung ein. Das Gebiet fiel im Rahmen des *Louisiana Purchase* 1803 an die USA. Diese erkannten allerdings keinen Wert in diesem Gebiet und wiesen es zwischen 1817 und 1830 den Indianerstämmen der Muskogee, der Seminolen, der Cherokee und der Choctaw zu, die aus den östlichen Staaten vertrieben wurden. Etwa 50.000 Menschen wurden nach Oklahoma vertrieben, wo sie auf bereits ansässige andere Indianerstämme trafen. Diese Umsiedlung ging als *Trail of Tears* in die Geschichte ein. 1834 wurde das Gebiet zum

[82] *https://de.wikipedia.org/wiki/Oklahoma*

Indianer-Territorium deklariert. Noch heute haben viele Indianerstämme ihren politischen Hauptsitz in Oklahoma.

Obwohl die Regierung 1880 offiziell eine Besiedelung des Landes durch die Weißen untersagte, kam es seitens der Bevölkerung immer wieder zu Übertretungen der Grenzen. Im Jahr 1885 wurden schließlich Verhandlungen mit den Muskogee und den Seminolen aufgenommen, die dazu führten, dass am 22. April 1889 *zwei Millionen Acre* Land für Siedler freigegeben wurden. Die Folge war der *Oklahoma Land Run*, bei dem innerhalb kürzester Zeit zahlreiche Siedler in das Land strömten und sozusagen über Nacht Oklahoma City entstand.

1890 wurde das Indianer-Territorium zum „Oklahoma-Territorium". Bis 1906 kam es zu einer beständigen Ausweitung des Siedlungsgebiets. Der Anlauf, im Osten des Landes einen indianisch geprägten Bundesstaat Sequoyah ins Leben zu rufen, blieb vergeblich. Das Territorium rückte durch die aufstrebende Ölindustrie in den Mittelpunkt. Nachdem in Texas 1901 die erste größere Ölquelle angezapft wurde, geriet auch Oklahoma in den Fokus des Ölgeschäfts.

Am 16. November 1907 trat Oklahoma als 46. Bundesstaat der Union bei.

Oklahoma ist mit 181.035 km² so groß wie die drei Baltischen Staaten Estland, Lettland und Litauen zusammen und hat mit 3,8 Millionen so viele Einwohner wie Bosnien & Herzegowina.

Ein wichtiger Wirtschaftszweig ist der Bergbau. Gefördert werden vor allem Erdöl und Erdgas, daneben sind Gips und Jod bedeutende Rohstoffe. Außerdem werden Kohle, Granit und Kalkstein abgebaut. Zur Jahresmitte 2011 gab es in Oklahoma etwa 1,7 Millionen Beschäftigte im zivilen Sektor des Arbeitsmarktes, davon rund 1,5 Millionen außerhalb der Landwirtschaft.

Der Schauspieler Brad Pitt (* 1963) stammt aus Oklahoma.

1912 New Mexiko – Bundesstaat Nummer 47[83]
Zum Namen New Mexico:
Der Name stammt von den spanischen Eroberern, die damit das Land westlich und nördlich des Rio Grande bezeichneten.
Spitzname: *The Land of Enchantment*

Bereits lange vor Erkundung des Gebiets durch Europäer war die Gegend von

---

[83] https://de.wikipedia.org/wiki/New_Mexiko

Indianerstämmen bewohnt. Sie siedelten an Flüssen und im Hinterland.

Als 1540 spanische Eroberer das Land durchquerten, lebten dort Pueblo-Indianer. Den Eroberern folgten spanische Missionare und Siedler. In der Folge kam es immer wieder zu Auseinandersetzungen zwischen Indianern und den Eingewanderten. Nachdem sich die Pueblo-Indianer mit den Apachen verbündeten, begann 1680 die Pueblo-Revolte, die sich gegen die schlechten Arbeitsbedingungen der Indianer und die Ausbeutung ihres Landes richteten. Trotz Handels zwischen Weißen und Indianern kam es immer wieder zu kriegerischen Auseinandersetzungen, und erst 1780 kam es zu einem ersten Friedensabkommen zwischen den Indianern und Spaniern. Bis 1821 stand New Mexico unter spanischer Herrschaft, danach bis 1846 unter mexikanischer. In mexikanischer Zeit etablierte sich der Handel mit den amerikanischen Siedlungszentren am Missouri, der nicht nur wirtschaftlichen, sondern vor allem politischen und kulturellen Einfluss auf den bis dahin abgelegenen Teil des spanischen Reiches hatte. Zu Beginn des mexikanisch-amerikanischen Krieges (1846–1848) nahm General Stephen W. Kearny Santa Fé ein, und 1848 fiel mit dem Guadeloupe-Hidalgo-Vertag das Gebiet New Mexicos an die Vereinigten Staaten.

1853 wurde der südlichste Teil des Bundesstaates von Mexiko erworben. 1862 stand New Mexico für kurze Zeit unter der Regierung der Konföderierten, die allerdings 1862 das Gebiet an die Union übergeben mussten. Am 23. Februar 1863 wurde New-Mexico durch eine Teilung in Nord-Süd-Richtung mit Schaffung des Arizona-Territoriums in seinen heutigen Grenzen festgelegt. Der Bau der Santa-Fe-Eisenbahn in den 1880er Jahren und die Entdeckung von Öl Ende des 19. Jahrhunderts führten zu einem schnellen Wachstum der Region.

Am 6. Januar 1912 schließlich wurde New Mexico als 47. Staat Bundesstaat der USA.

New Mexiko ist so groß wie Norwegen und hat 314.915 km². Die Einwohnerzahl entspricht mit 2 Millionen jener von Lettland.

Ackerbau (Mais, Weizen, Hirse, Baumwolle) ist nur mit künstlicher Bewässerung möglich. Von Bedeutung ist die Viehzucht. New Mexico ist der wichtigste Uranlieferant der USA. Gefördert werden ferner Erdöl, Erdgas und Kalisalze. Hauptindustrieerzeugnisse sind unter anderem chemische Produkte, Nahrungsmittel, Maschinen, Metallwaren und Holzprodukte

Aus New Mexiko stammt der Hotelier Conrad Hilton (1887 – 1979), Begründer der nach ihm benannten Hotel-Kette.

1912 Arizona – Bundesstaat Nummer 48[84]

Zum Namen *Arizona*:
Der Name soll vom Begriff *alĭ ṣonak* (kleine Quelle) der *O'odham*-Sprache stammen, was phonetisch rein zufällig dem Spanischen *árida zona* für „trockenes Gebiet" ähnelt und deswegen zum Namen des Landes wurde.
Spitzname: *The Grand Canyon State*

Um 1535 bereiste Alvar Nunez de Vaca als erster Europäer den heutigen Südwesten der Vereinigten Staaten. Die eigentliche Kolonialisierung begann durch katholisch-spanische Missionare. Sie begannen, die Indianer zum katholischen Glauben zu bekehren. Bald darauf gründeten die Spanier die ersten befestigten Städte wie Tubac oder Tucson. Arizona gehörte schließlich nach dem Erlangen der mexikanischen Unabhängigkeit im Jahr 1821 vollständig zu Mexiko.

1848 musste Mexiko nach seiner Niederlage im mexikanisch-amerikanischen Krieg alle Gebiete nördlich des Gila River gegen eine Zahlung von 15 Mio. Dollar an die USA abtreten. Dieses Gebiet erstreckte sich über die heutigen Bundesstaaten Arizona, New Mexico, Kalifornien, Nevada, Utah, den westlichen Teil Colorados und den südwestlichen Teil Wyomings. 1850 wurde das New-Mexico-Territorium aus dem heutigen Arizona, dem westlichen Teil New Mexikos und dem Süden Nevadas gebildet. 1853 wurde von Mexiko für 10 Mio. US-Dollar ein weiteres Gebiet von 77.700 km² südlich des Gila River erworben. Dieses Gebiet wurde zunächst dem New-Mexico-Territorium angeschlossen: Seit dessen Aufteilung in die Territorien Arizona und New Mexiko am 24. Februar 1863 gehört es großteils zu Arizona.

Am 14. Februar 1912 wurde Arizona als 48. Staat als selbstverwalteter Bundesstaat etabliert.
Arizona ist mit 295.254 km² etwas kleiner als Polen und hat mit 6,4 Millionen ebenso viele Einwohner wie Österreich.

Haupterzeugnisse der Landwirtschaft sind neben den Früchten der Bewässerungskulturen (Citrus, Getreide, Baumwolle, Wintergemüse) Rinder. In Arizona sind die flächengrößten Farmen der USA zu finden. Von Bedeutung ist die Kupfererzförderung, Kohle, Erdöl und die Feinelektronik. Arizona hat eine große Bedeutung als Reiseland.

Aus Arizona kommt Jay Miner (1932 – 1994). Er war ein US-amerikanischer Computerpionier, der u. a. für „Atari" Multimediachips und Anfang der 1980er-Jahre mit dem „Amiga" einen der erfolgreichsten und für seine Zeit revolutionären

---

[84] *https://de.wikipedia.org/wiki/Arizona*

Heimcomputer entwickelte.

1959 Alaska – Bundesstaat Nummer 49[85]
Zum Namen *Alaska:*
Der Name Alaska hat seinen Ursprung in dem Begriff Alyeska der Aleuten-Ureinwohner und bedeutet „Das Große Land".
Spitzname: *The Last Frontier*

Alaska war der erste Teil des amerikanischen Kontinents, der von Menschen besiedelt wurde. Aus Sibirien kommend, erreichten die ersten Nomaden die Gegend vor etwa 16.000 bis 12.000 Jahren über die damals noch bestehende Beringia, eine Landbrücke zwischen Asien und Nordamerika. Erst mit dem Ende der Eiszeit hob sich der Meeresspiegel, und vor rund 10.000 Jahren wurden die beiden Kontinente durch die heutige Beringstraße getrennt. Zunächst verhinderte noch eine Eisbarriere ein weiteres Vordringen, erst nach einer zwischenzeitlichen Warmzeit öffnete sich ein Korridor und ermöglichte die Besiedlung des amerikanischen Kontinents.

Der erste Europäer, der Alaska sichtete, war möglicherweise der russische Entdecker Semjon Deschnjow, der 1648 die Tschuktschen-Halbinsel umschiffte und so die These widerlegte, dass Amerika und Asien zusammenhängen. Alaska war für die aufstrebende Weltmacht Russland die einzige Übersee-Kolonie, die aber kaum rentabel und schwierig zu verwalten war. Da die Passage durch das Eismeer zu gefährlich war, führte der einzige Weg von der damaligen russischen Hauptstadt Sankt Petersburg quer östlich durch das Land über die Tschuktschensee und dauerte mehr als ein halbes Jahr. Mit der Zeit wurden die Pelztiere, insbesondere der Seeotter, infolge der Bejagung immer seltener und das Territorium für Russland immer schwieriger zu unterhalten. Zudem machten die einheimischen Indianer, vornehmlich die Tlingit, den Russen Schwierigkeiten. Um die Staatskasse nach dem verlorenen Krimkrieg wieder aufzufüllen, stimmte Zar Alexander II. einem Vertrag zu, den Eduard von Stoeckl, sein Botschafter in den USA, am 30. März 1867 mit dem Außenminister der USA in Washington unterzeichnet hatte. Danach verkaufte das Zarenreich Alaska für 7,2 Millionen Dollar an die Vereinigten Staaten (*Alaska Purchase).*

Dieser Kauf wurde mit einem Preis von nur 4,74 Dollar pro Quadratkilometer einer der billigsten Landkäufe der Geschichte. Am 18. Oktober 1867 ging Alaska offiziell in amerikanischen Besitz über.

In den folgenden Jahren wurde Alaska nacheinander von der Armee, vom

---

[85] *https://de.wikipedia.org/wiki/Alaska*

Finanzministerium und von der Marine verwaltet. Von 1884 bis 1912 hatte Alaska als District of Alaska eine eigene Regierung und 1912 bis 1959 als Alaska-Territorium einen Sitz im Kongress in Washington D.C. Am 3. Januar 1959 wurde Alaska der 49. Bundessaat der USA.

Alaska ist mit 1,7 Millionen km² so groß wie die 4 großen europäischen Staaten Frankreich, Spanien, Schweden und Deutschland zusammen, hat aber mit 710.000 nur die Einwohnerzahl von Frankfurt/M.

Alaska gehört zu den wirtschaftlich erfolgreichsten Bundesstaaten der USA Die Quelle des Reichtums stellen die Ölvorkommen Alaskas dar, die rund 85 Prozent der staatlichen Einnahmen ausmachen. Einmalig in den USA ist dabei der *Alaska Permanent Fund,* der die Einnahmen des Ölgeschäfts verwaltet und den jährlichen Gewinn zu gleich großen Teilen unter die Bewohner Alaskas verteilt. So erhielt jeder Bewohner Alaskas 2016 zusätzliche Einkünfte aus dem Fonds in Höhe von rund 1.022 $. Wegen der großen Waldgebiete ist die Holz- und Papierindustrie eine wichtige Einnahmequelle. In den Bergen werden Gold, Kupfer, Silber, Blei, Zinn und Eisenerz abgebaut. Von der Fischerei werden überwiegend Lachs und Kabeljau exportiert. Nur in den Flusstälern kann Landwirtschaft betrieben werden, wobei es nur sehr wenige Anbauflächen gibt. Gezüchtet werden vorwiegend Pelztiere.

Ray Mala (1906 – 1952) war ein US-amerikanischer Schauspieler, der als erster Amerikaner indigener Abstammung und erster Alaskaner zum Filmstar seines Landes avancierte.

1959 Hawaii – Bundesstaat Nummer 50[86]
Zum Namen *Hawaii:*
Eine Theorie ist, dass der Name aus einer Kombination der Wörter "*Hawa*" und "*ii*" kommt und ein kleines oder neues Heimatland bedeutet.
Spitzname: *The Aloha State*
Es waren vermutlich Polynesier von den Marques-Inseln, die zwischen dem zweiten und sechsten Jahrhundert nach Hawaii gelangten. Eine zweite Siedlerwelle von Polynesiern folgte etwa im 11. Jahrhundert von Tahiti aus. An der Spitze der neu-hawaiischen Gesellschaft standen die Adligen, die ihre mystische Abstammung auf Götter zurückführten.

Am 20. Januar 1778 landete James Cook auf seiner dritten Pazifikreise an der Südwestküste der Insel Kauai. Der eigentliche Zweck seines Unternehmens bestand darin, eine Passage in den Atlantik zwischen Alaska und Sibirien zu finden.

---

[86] *https://de.wikipedia.org/wiki/Hawaii*

Der König Kamehameha I. einigte die Inseln Hawaiis. Ab 1810 war er alleiniger Herrscher und damit der erste König von Hawaii. Seine Kamehameha-Dynastie regierte bis 1872, danach folgten noch drei gewählte Könige.

Die Unabhängigkeit Hawaiis war immer wieder bedroht. Nachdem 1815–1817 der in russischen Diensten stehende Deutsche Georg Anton Schäfer vergeblich versucht hatte, die Kontrolle über die nördlichen Inseln zu bekommen, scheiterten sowohl die fünfmonatige Annexion Hawaiis durch Briten im Jahre 1843 als auch die der Franzosen im Jahre 1849.

Die Beziehungen Hawaiis zu den Vereinigten Staaten waren anfangs sehr gut. So ließen sich ab 1820 US-amerikanische Missionare in Honolulu nieder und 1842 erfolgte die Anerkennung der Unabhängigkeit Hawaiis durch die Vereinigten Staaten. Der Einfluss wurde dennoch etwa seit 1850 immer größer, vor allem durch den Vertrag über zollfreien Zuckerexport in die USA von 1875 und seine Ergänzung 1887 mit der Übernahme des Marinestützpunkts Pearl Harbour. Nach einem Putsch wurde 1894 die Republik Hawaii errichtet.

Die wirtschaftlichen Beziehungen Hawaiis mit der Außenwelt begannen als Zwischenstation für Handelsschiffe zur Versorgung mit Proviant und Ersatzteilen. Für den Zuckerrohranbau wurde ab Mitte des 19. Jahrhunderts die Einwanderung von Vertragsarbeitern unter anderem aus China, verschiedenen Südseeinseln, Japan und Portugal gefördert, die im 20. Jahrhundert dann auch für den Ananasanbau stattfand.

Am 15. Februar 1894 wurde ein Komitee gebildet, das im März offiziell den Auftrag zur Ausarbeitung einer Verfassung für die zu gründende Republik Hawaii erhielt, da die Bemühungen um eine schnelle Annexion durch die USA keinen Erfolg hatten. Diese Verfassung wurde am 3. Juli 1894 durch einen Verfassungskonvent bestätigt und trat am folgenden Tag in Kraft. Die so begründete Republik wurde zwar kurz darauf durch die USA anerkannt, sollte aber vor allem dem Ziel der Annexion dienen. Sie war nur von kurzer Dauer. Wegen der großen strategischen Bedeutung wurde Hawaii während des spanisch-amerikanischen Krieges durch eine gemeinsame Entschließung der beiden Kammern des US-amerikanischen Parlamentes vom 7. Juli 1898 durch die Vereinigten Staaten annektiert. Der formelle Akt fand am 12. August 1898 statt. Das US-Territorium Hawaii erhielt eine entsprechende Verwaltung. Die Machtübernahme stieß bei vielen Einheimischen auf Widerstand, da die hawaiische Sprache, Hula und andere Bereiche hawaiischer Kultur unter dem starken kulturellen Einfluss der USA zurückgedrängt wurden.

Nach dem Ersten Weltkrieg wurde Pearl Harbour zum wichtigsten

Flottenstützpunkt der USA im Pazifik ausgebaut. Nach dem Angriff auf Pearl Harbour durch die Japaner am 7. Dezember 1941 wurde die zivile Regierung abgesetzt und ein acht Jahre lange anhaltendes Kriegsrecht über Hawaii verhängt. Dieses bedeutete eine Außerkraftsetzung von Grundrechten. Rund 500.000 US-Soldaten waren in dieser Zeit hier stationiert. Diese Zahl entsprach annähernd der damaligen zivilen Einwohnerzahl von Hawaii.

Die Einwanderung von Asiaten und US-Amerikanern hatte die Hawaiier zur Minderheit im eigenen Land gemacht. Der sprachliche und kulturelle Identitätsverlust begünstigte die Verbreitung des westlichen Lebensstils. Dies zeigte das Ergebnis eines Volksentscheides, in dem die Mehrheit für einen Beitritt zu den USA stimmte. Am 21. August 1959 wurde Hawaii zum 50. Bundesstaat erklärt.

Die Inseln von Hawaii sind zusammen so groß wie Albanien und haben eine Fläche von 28.311 km². Die Einwohnerzahl entspricht mit 1,3 Millionen der von Estland. Der Tourismus ist der Hauptwirtschaftszweig des Staates gefolgt von den wirtschaftlichen Aktivitäten und Einflussfaktoren der militärischen Anlagen und Truppen. Der Anbau und Export von Zuckerrohr und Ananas auf Plantagen war früher der bedeutendste Wirtschaftszweig und leistet noch heute einen wichtigen Beitrag zum Einkommen Außerdem werden Blumen, Macadamia-Nüsse, Kaffee, Bananen, Tabak, Reis, Baumwolle, Papaya, Guave, Kokosnüsse und andere tropische Früchte geerntet. Ansonsten werden Orchideen gezüchtet, Rinderweidewirtschaft und Thunfischfang betrieben. 1901 gründete James Dole in Hawaii die *Hawaiian Pineapple Company*.

Der Hafen Honolulus hat ausgedehnte Verladeanlagen und liegt im Mittelpunkt der transpazifischen Passagier- und Frachtschifffahrtslinien. Der Internationale Flughafen Honolulu ist Flugverkehrsknotenpunkt im Pazifik. Industriezweige sind Lebensmittelverarbeitung meist für den US-amerikanischen Markt (Dosenananas), Zuckerraffinade, Maschinenbau, Metallwaren, Baustoffe und Bekleidungsindustrie. Militäranlagen wie der Flottenstützpunkt Pearl Harbor und die Hickam Air Force Base sind für die örtliche Wirtschaft von Bedeutung.

Robby Naish von der Insel Oahu (*1963) ist vielfacher Weltmeister im Surfen.

Résumé
Der unendliche Raum sowie die immensen und vielfältigen Ressourcen ermöglichen die Bildung sehr unterschiedlicher und insgesamt ausgesprochen erfolgreicher Bundesstaaten und in Folge den Aufstieg zu einer großen Weltmacht.

Kapitel 6

Der Sezessionskrieg[87]

Der Sezessionskrieg oder der Amerikanische Bürgerkrieg von 1861 – 1865 festigte und einte die Vereinigten Staaten nachhaltig und ebnete ihren Aufstieg zur Großmacht. Er gilt wegen seines totalen Charakters sowie der zahlreichen eingeführten technischen Neuerungen auf dem Schlachtfeld als der erste moderne und nach industriellen Maßstäben geführte Waffengang der Geschichte. Es war die verlustreichste und die letzte Auseinandersetzung, die auf dem Boden der USA ausgefochten wurde, und forderte mehr amerikanische Todesopfer als jeder andere Krieg, an dem das Land im Laufe seiner Geschichte beteiligt war. Der Bürgerkrieg ist noch heute im kollektiven Gedächtnis der Amerikaner präsent, besonders in den Südstaaten, auf deren Gebiet die Kämpfe fast ausschließlich ausgetragen wurden.

Die Gegensätze gehen auf die Staatsgründung der Vereinigten Staaten zurück. Die Sklaverei wurde durch die Verfassung dort geschützt, wo sie bereits existierte. Wegen der Regelung, dass die Anzahl der Abgeordneten eines Bundesstaates zum Repräsentantenhaus von der Bevölkerungszahl abhing – Sklaven wurden zu drei Fünftel auf die Bevölkerungszahl angerechnet – war der Einfluss der stimmberechtigten Bevölkerung der Südstaaten größer als derjenige der Nordstaaten.

Das schwierige Gleichgewicht beider Seiten geriet immer wieder in Gefahr, wenn ein neuer Staat der Union beitrat. Als 1820 die beiden Staaten Missouri und Maine in die Union aufgenommen werden sollten, einigten sich die Abgeordneten auf den „Missouri-Kompromiss". Danach sollte die Sklaverei in allen neuen Staaten südlich der sog. „Mason-Dixon-Linie" erlaubt, nördlich davon jedoch prinzipiell verboten sein, mit Ausnahme Missouris.

Das Gleichgewicht, das der „Missouri-Kompromiss" hergestellt hatte, wurde durch die großen Gebietsgewinne der USA im mexikanisch-amerikanischen Krieg 1848 erneut in Gefahr gebracht. Kalifornien trat der Union 1850 als sklavenfreier Staat bei. Dies brachte den freien Staaten nicht nur eine Mehrheit von 32 zu 30 Stimmen im Senat, sondern schob auch der Ausdehnung der Sklaverei bis zum Pazifik einen Riegel vor.

Der Konflikt spitzte sich zu, als absehbar wurde, dass im Süden nur noch Florida,

---

[87] *http://de.wikipedia.org/wiki/Sezessionskrieg*

im Norden jedoch drei weitere Staaten der Union beitreten würden. Als die Mehrheit des Kongresses 1854 mit dem Kansas-Nebraska-Gesetz den „Missouri-Kompromiss" aufhob, schaukelte sich der Konflikt hoch. Immer häufiger kam es zu Ereignissen, die die Nation in Nord und Süd polarisierten. Dazu gehörten das Aufsehen erregende Urteil des Obersten Bundesgerichtes von 1856, nach dem Schwarze keine „Rechte hätten, die der weiße Mensch respektieren müsste".

Aus Sicht des Südens ging es in dem Konflikt jedoch nicht primär um die Sklavenfrage, sondern um die Rechte der Einzelstaaten. Verfechter der Sezession vertraten die These, die Einzelstaaten hätten mit dem Beitritt zur Union nicht ihre Souveränität aufgegeben und könnten diese daher jederzeit wieder verlassen. Zudem könne die Union keinem Einzelstaat ein bestimmtes Gesellschaftssystem vorschreiben. Ein Bundesstaat habe daher das Recht, ein gegen sein Interesse verstoßendes Bundesgesetz auf seinem Gebiet zu annullieren. Verweigere der Bund diese Doktrin, bliebe dem Staat die Absonderung. Hätte dies nicht schon bei der Gründung der Union gegolten, die in der Verfassung von 1787 das Eigentumsrecht auf Sklaven ausdrücklich garantierte, wären die Südstaaten ihr niemals beigetreten. Nach Meinung der Südstaaten verstießen demnach die Nordstaaten mit den Angriffen auf die Sklaverei fortlaufend gegen den Geist der Verfassung und gefährdeten so den Bestand der Union.

Tatsächlich gab es in den Nordstaaten keine Mehrheit für die Abschaffung der Sklaverei. Auch Abraham Lincoln, der Präsidentschaftskandidat der Republikanischen Partei für das Wahljahr 1860, trat nicht für die Abschaffung der Sklaverei ein, sondern nur für ihre Beschränkung auf die Staaten, in denen sie bereits existierte. Wie weit die Polarisierung damals bereits fortgeschritten war, zeigt sich daran, dass Lincoln in zehn Südstaaten nicht einmal auf den Wahlzetteln stand.

Beide Seiten verneinten später, dass die Frage der Sklaverei der Grund für den Ausbruch des Bürgerkriegs gewesen sei. Aber an ihr hatten sich tiefer gehende politische und wirtschaftliche Streitigkeiten zwischen den Nord- und Südstaaten immer wieder neu entzündet.

Während in den Nordstaaten die Industrialisierung und damit der steile Anstieg der Produktivität von Lohnarbeitern voranschritt, verblieb der Schwerpunkt der Wirtschaft der Südstaaten auf der Produktion billiger Rohstoffe, wo der Preisdruck die im Vergleich zur Lohnarbeit billigere Sklavenhaltung begünstigte. Somit bot der Norden Einwanderern bessere Arbeitsbedingungen, und der damals allgemein herrschende Arbeitskräftemangel trat im Süden verschärft zu Tage. Damit einher ging die Abhängigkeit des Südens von der Sklaverei.

Ein bereits seit langer Zeit bestehender Streitpunkt zwischen Nord und Süd war die Schutzzollpolitik des Bundes. In einigen Staaten des Nordens setzte sich die Überzeugung durch, dass höhere Schutzzölle der heimischen Wirtschaft helfen könnten, die Wirtschaftskrise zu überstehen. Die Schutzzölle sollten vor allem billige Importe ausländischer Industriegüter verteuern und damit den Absatz der im Norden produzierten Industriegüter verbessern. Der agrarische Süden stellte jedoch kaum Industriegüter her, sondern musste diese entweder aus dem Ausland oder aus dem Norden importieren. Ein durch die Schutzzölle verursachter Preisanstieg hätte daher die Wirtschaft des Südens stark getroffen.

Im Norden und Süden hatten sich unterschiedliche Gesellschaften herausgebildet: Das Gros der Bevölkerung der Nordstaaten bestand aus Kleinbauern im Westen und Lohnarbeitern im Osten. Daneben gab es eine kleine Mittelschicht sowie wenige Alteingesessene und Neureiche der Oberschicht. Das öffentliche Bildungssystem war gut ausgebaut, da in der Industrie qualifizierte Werktätige benötigt wurden. Zugang zu den Hochschulen hatten jedoch meist nur Privilegierte.

Im Süden lebten verarmte weiße Tagelöhner und Bauern, eine kleine Mittelschicht aus Handwerkern und kleinen Plantagenbesitzern mit wenigen Sklaven, denen eine kleine, alteingesessene Oberschicht der großen Plantagenbesitzer gegenüberstand. Das öffentliche Bildungssystem blieb rudimentär, doch wurden die Angehörigen der Oberschicht an Privatschulen gut ausgebildet. Trotz der enormen Vermögensunterschiede kam es innerhalb der weißen Gesellschaft des Südens kaum zu Spannungen. Das Leitbild des Pflanzeraristokraten und das dagegen stehende Bild des Sklaven, die wegen der Hautfarbe – gleichgültig, wie tief der Einzelne gesunken war – weit unter einem Weißen standen, ließ die Südstaatler geschlossen hinter der Institution Sklaverei stehen.

Bei der Präsidentschaftswahl 1860 spaltete sich die Demokratische Partei in zwei Flügel, einen gemäßigt Sklaverei kritischen und einen eindeutig die Sklaverei befürwortenden Flügel. Für die Republikaner trat Abraham Lincoln an. Lincoln hatte in der Frage der Sklaverei immer wieder betont, die Entscheidung darüber sei Sache der Einzelstaaten. Dennoch kam es nach seiner Wahl zur Sezession. Innerhalb von drei Monaten nach der Wahl Abraham Lincolns im November 1860 traten sechs Staaten aus der Union aus: South Carolina, Mississippi, Florida, Alabama, Georgia und Louisiana. Diese sechs Staaten, in denen die mit Sklavenarbeit betriebene Plantagenwirtschaft (Erdnüsse, Zuckerrohr, Tabak und Baumwolle) der wichtigste Wirtschaftsfaktor war, gründeten am 4. Februar 1861 einen von den USA unabhängigen Staatenbund, die „Konföderierten Staaten von Amerika" (CSA). Mit einem Angriff auf Fort Sumter begannen die Konföderierten am 12. April den Krieg und besetzten dieses Fort und andere Stützpunkte des US-Militärs auf ihrem Gebiet. Als Reaktion mobilisierte Lincoln die Streitkräfte, um die Stützpunkte zurückzuerobern. Vier weitere Bundesstaaten (Virginia, Tennessee, Arkansas und North Carolina) traten in der Folge aus der Union aus, Texas war bereits im Februar aus der Union aus- und im März der Konföderation beigetreten, die dadurch nun insgesamt elf Staaten umfasste.

Vier „Sklavenhalterstaaten" verblieben in der Union: Missouri, Kentucky, Maryland und Delaware. In Virginia spalteten sich die nordwestlichen Landkreise von der Konföderation ab und wurden 1863 als eigener Staat (West Virginia) in die Union aufgenommen.

Versuche, die Nordstaaten zu einer friedlichen Anerkennung zu bewegen, blieben ergebnislos. Der Konföderiertenkongress wählte am 9. Februar 1861 Jefferson Davis zum vorläufigen Präsidenten und genehmigte die Einrichtung des Kriegsministeriums. Nach dem Beitritt Virginias zur Konföderation wurde Richmond die Hauptstadt der CSA.

Der Norden war dem Süden nach Bevölkerungszahl und Wirtschaftskraft weit überlegen. Den ca. 21 Millionen Nordstaatlern standen nur 9 Millionen Einwohner der Südstaaten gegenüber, von denen wiederum nur 5 Millionen der weißen Bevölkerung angehörten, aus denen sich die Armee der Konföderation rekrutieren musste. Die Industrieproduktion des Staates New York allein war im Jahr 1860 etwa viermal größer als die aller Südstaaten zusammen.

Dagegen hatte der Süden einige strategische Vorteile gegenüber dem Norden: Zum einen konnte er aufgrund der geographischen Lage zu seiner Verteidigung die „inneren Linien" nutzen. Dazu kam, dass es in der Oberschicht der Südstaaten eine ausgeprägtere militärische Tradition gab als in der des Nordens, wodurch der Konföderation eine verhältnismäßig größere Anzahl fähiger Offiziere zur Verfügung stand. Die Südstaaten mussten jedoch – anders als der Norden – zur Durchsetzung ihrer Kriegsziele keinen Eroberungskrieg führen. Um die Unabhängigkeit zu erreichen, benötigte sie keinen vollständigen militärischen Sieg. Es hätte genügt, den Konflikt so in die Länge zu ziehen, dass der Norden kriegsmüde geworden wäre oder die europäischen Großmächte England und Frankreich, deren Wirtschaft unter dem Ausfall der Baumwolllieferungen litt, zu Gunsten des Südens interveniert hätten. Beide Ziele wurden von der Regierung Jefferson Davis verfolgt.

Die bewaffneten Feindseligkeiten endeten im Wesentlichen mit der Kapitulation der *North-Virginia-Army* im *Appomattox Court House* am 9. April 1865. Die letzten konföderierten Truppen kapitulierten am 23. Juni 1865 in Texas.

Damit war der letzte Krieg auf US-amerikanischem Boden beendet. Die anschließenden 150 Jahre ohne Krieg auf dem eigenen Territorium führten in den USA zu einer völlig anderen Einstellung zum Krieg als z.B. in Europa, wo Staaten im gleichen Zeitraum eigentlich permanent Krieg auf dem eigenen Boden führte. Genannt sein sollen hier die folgenden europäischen Kriege:

1866	der Preußisch-Österreichische Krieg
1870–1871	der Deutsch-Französische Krieg
1885–1886	der Serbisch-Bulgarische Krieg
1897	der Türkisch-Griechische Krieg
1911–1912	der Italienisch-Türkische Krieg
1912–1913	die Balkankriege
1914–1918	der Erste Weltkrieg
1917–1920	der Russische Bürgerkrieg
1918	der Finnische Bürgerkrieg
1918–1919	der Polnisch-Ukrainische Krieg
1919–1920	der Ungarisch-Rumänische Krieg
1919–1921	der Irische Unabhängigkeitskrieg
1919–1923	der Griechisch-Türkische Krieg
1920	der Polnisch-Litauische Krieg
1920–1921	der Polnisch-Sowjetische Krieg
1922–1923	der Irische Bürgerkrieg
1936–1939	der Spanische Bürgerkrieg
1939	der Slowakisch – Ungarische Krieg
1939–1945	der Zweite Weltkrieg
1946–1949	der Griechische Bürgerkrieg
1956	der Ungarischer Volksaufstand
1968–1979	der Bürgerkrieg im Baskenland
1969–1997	der Nordirische Bürgerkrieg
1989	die Rumänische Revolution
1991–2001	die Jugoslawienkriege
2014	Anhaltender Krieg in der Ostukraine

Résumé

Der Sezessionskrieg von 1861 – 1865 sollte prägenden Einfluss auf die weitere Geschichte der USA haben und wichtige Voraussetzungen für den Aufstieg zur Weltmacht schaffen. Es sollte aber gleichwohl auch Probleme ungelöst lassen, die bis in die Gegenwart andauern und unlösbar (?) erscheinen.

Zunächst einmal wurde der deutlich überlegene Norden mit seiner begonnenen

Industrialisierung gestärkt. Die Industrialisierung konnte nach dem Kriege nicht nur fortgesetzt, sondern deutlich gesteigert werden. Sie wurde zum Grundstein der prosperierenden Wirtschaft, die im Verlauf der Jahrzehnte immer größer und dominanter in der Welt wurde und dadurch einer der wichtigsten Garanten des Aufstiegs zur Weltmacht wurde.

Weiterhin sollte sich dieser Krieg als letzter auf dem eigenen US-Territorium als bestimmend für die weiteren Generationen US-amerikanischer Bürger in deren Verhältnis zu bewaffneten Konflikten oder Kriegen auswirken. Über die Generationen verebbte die Erinnerung an das Grauen des Krieges und die Opfer in den eigenen Familien – seien es nun personelle oder materielle Opfer. So wurde es der Politik in Washington künftig zunehmend leichter gemacht, die eigenen Soldaten auf Kriegsschauplätzen auf der ganzen Welt einzusetzen und damit zunehmend mehr die Rolle des ersten Weltpolizisten zu übernehmen. Nur wenn der Blutzoll zu hoch wurde (siehe Vietnam oder Irak II), kam nach einiger Zeit der Ruf *bring the Boys home* auf. Dieser wurde dann gerade auch in Vietnam sehr laut. Durch diese sehr unterschiedlichen Erfahrungen - keine Kriege auf US-Territorium seit 1865 und mehr als 25 Kriege auf europäischem Territorium - sollte sich im Verlaufe der nächsten 150 Jahre eine deutlich unterschiedliche Haltung zu Kriegen in Europa bzw. in den USA entwickeln.

Schließlich konnte durch den Sezessionskrieg das Problem der Behandlung der Schwarzen nur überdeckt werden. Zwar wurde im Verlauf der Zeit in allen Bundesstaaten die Sklaverei abgeschafft und ebenso wurde das Wahlrecht für Schwarze inzwischen in allen 50 Bundesstaaten als Grundrecht eingeführt. Doch besteht das Problem der Rolle der Afro-Amerikaner (wie sie inzwischen offiziell bezeichnet werden) unverändert weiter. Immer wieder und überall in den Vereinigten Staaten kommt es zu Rassenkrawallen und der unverändert weit verbreitete Rassismus scheint nicht auszurotten zu sein. (siehe Kapitel 20).

Kapitel 7

Der Aufstieg zur Weltmacht

Der Aufstieg der Vereinigten Staaten von Amerika sollte bereits mit dem Ende des Bürgerkrieges beginnen, setzte aber erst richtig ein, als sich Europa in zwei Weltkriegen bekämpfte. Die geografisch weit entfernten USA konnten als entscheidende Kraft zum entscheidenden Augenblick eingreifen ohne das eigene Territorium zu gefährden und spielten am Ende ein jedes Mal eine weitaus stärkere Rolle in der Weltpolitik als sie es zu Beginn getan hatten.

Die Folgen des Bürgerkrieges und die danach einsetzende wirtschaftliche Entwicklung sowie die industrielle Revolution bildeten hierzu die Grundlage. Den permanenten Aufstieg und die zunehmend größer werdende politische Verantwortung konnten auch zeitweilige Rückfälle in die Isolation nicht verhindern. Der 1. Weltkrieg und hier insbesondere die Verhandlungen in Versailles sowie die Folgen des 1. Weltkrieges brachten einen ersten deutlichen Schub hin zu einer Großmacht. Mit der Unterstützung Großbritanniens im 2. Weltkrieg und dem später folgenden Eintritt in diesen Krieg wurde der letzte Schritt getan. Geschicktes Handeln im US-amerikanischen Interesse führten das Land in dreißig Jahren zur Weltmacht; verantwortlich hierfür waren insbesondere die zwei Präsidenten Woodrow Wilson im 1. Weltkrieg und Franklin D. Roosevelt im 2. Weltkrieg.

Gleichzeitig muß aber auch festgestellt werden, dass Präsident Roosevelt durch zu späte Erkenntnis der wahren Ziele seines Koalitionspartners Josef Stalin den Grundstein für den „Kalten Krieg" legte.

Das 20. Jahrhundert sollte zu dem „US-amerikanischen Jahrhundert" werden – mit dem Wermutstropfen, dass parallel auch die Sowjetunion zu einer Weltmacht aufsteigen konnte.

Die verschiedenen Schritte sollen im Einzelnen näher betrachtet werden.

Nach dem Bürgerkrieg

Eine wichtige Folge des Sezessionskrieges von 1861 bis 1865 war die bis dahin noch nicht sehr ausgeprägte Bildung der Einheit der Nation. Dieser Bürgerkrieg eröffnete zudem neue Dimensionen moderner Militärstrategie, die sich später im Ersten Weltkrieg zeigen sollten.

Nach Ende des Bürgerkrieges standen zunächst Fragen der Innenpolitik im Zentrum von Regierung und Bevölkerung: die Südstaaten mussten gesellschaftlich an die Nordstaaten angeschlossen und besser in sie eingegliedert werden; die gewaltigen Immigrationswellen aus vielen Ländern Europas mussten integriert und die territoriale Ausdehnung nach Westen abgeschlossen werden. Alle drei Faktoren bargen Risiken in sich, sollten sich aber letztlich positiv auf die Bildung der Einheit der Nation und auf die wirtschaftliche Entwicklung auswirken.

Die Außenpolitik des nun erstarkten jungen und geografisch großen Staates wurde maßgeblich und für lange Jahre von der *Monroe-Doktrin* geprägt. Der 5. Präsident der Vereinigten Staaten, James Monroe wollte Europa von weiteren kolonialistischen Bestrebungen in Nord - und Südamerika ausschließen. Diesen einseitigen Beschluss verkündete er mit seiner Rede zur Lage der Nation am 2. Dezember 1823, in der er u.a. unmissverständlich klar machte, dass die USA in ihrem Einflussgebiet Nord-, Mittel- und Südamerika keinerlei Einmischung durch andere Staaten aus Europa oder anderen Teilen der Welt dulden würden. Im Gegenzug würden die USA selbst auch nicht in die Politik anderer Regionen eingreifen. Das gelte auch für Europa. Monroe machte sehr deutlich, dass die Vereinigten Staaten jede Ausdehnung einer euröäpischen Macht auf irgendeinen Teil dieser Hemisphähre als friedens- und sicherheitsgefährdend einstufen würden. Er verkündete im Umkehrschluss aber auch, dass sich die USA „an Kriegen zwischen europäischen Mächten, die deren Angelegenheiten untereinander betreffen, nicht beteiligen würden".[88]

Mit dieser Doktrin gab sich die US-amerikanische Regierung selbst einen Freifahrtschein für eine weitere Expansion auf dem gesamten amerikanischen Kontinent bei gleichzeitigem Fernhalten eventueller Mitbewerber. Konkret hieß dass, dass Washington künftig den Handel stärken, den Einfluss intensivieren und sich andere Territorien einverleiben konnte. Mit diesen Möglichkeiten war der Weg hin zu einer Großmacht oder gar Weltmacht vorgezeichnet und konnte dabei die bisherigen Großmächte in Europa auf Distanz halten. Erstaunlich erscheint, dass dieses Streben nach Expansion mit den hehren Prinzipien, denen man sich ja selbst immer verpflichtet fühlte, nicht in Deckung zu bringen ist und dass diese Diskrepanz den Verantwortlichen in Washington keine Kopfschmerzen bereitete. Gewinnung der Oberhand über die Indianer oder Annektieren von Teilen Mexikos wurden – aus US-amerikanischer Sicht - durch die „Monroe-Doktrin" begründbar.

Diese „heilige Lehre" wurde im Laufe der Jahre angepasst und noch erweitert: die USA fühlten sich zunehmend als Aufpasser für die Entwicklung auf dem gesamten

---

[88] *Kissinger, Henry: Die Vernunft der Nationen, S. 32*

amerikanischen Kontinent von Alaska bis Feuerland. Diese Doktrin ermöglichte den USA immer wieder Eingriffe in die Souveränität anderer Staaten.

Die Besetzung und Vereinnahmung von Guam, Kuba, Puerto Rico und den Philippinen im Krieg gegen Spanien im Sommer 1898 machte die USA zu einer Kolonialmacht. Man war nun genau das, was man bis dato an den europäischen Mächten kritisiert und bekämpft hatte. So verwundert es nicht, dass man – einmal auf den Geschmack gekommen – in Folge auch Hawaii (1898), die Wake-Islands (1899) und Samoa (1899) annektierte. Bereits 1867 hatte man die Midway-Inseln annektiert und Alaska vom Zaren käuflich erworben.

So blieb es nicht aus, dass sich die europäischen und die asiatischen Großmächte zunehmend herausgefordert sahen, von diesem Emporkömmling auf der anderen Seite des Ozeans – Pazifik wie Atlantik. Der wirtschaftliche Aufstieg und die nahezu unbegrenzten Ressourcen verstärkten die aufkommende Rivalität einzelner Staaten mit den USA. Erste außenpolitische Erfolge stellten sich ein, als mit Hilfe der USA die Unabhängigkeit Marokkos im Jahre 1906 auf der „Konferenz von Algeciras" bestätigt wurde; dies geschah gegen koloniale Interessen einiger europäischer Mächte, darunter auch Deutschland. Die USA wurden offensiver in ihrer Außenpolitik.

Industrialisierung und wirtschaftliche Entwicklung

Auf der Geschichtsleiste gesehen, eröffnete der Bürgerkrieg die Zeit des Aufstiegs der USA zunächst zur führenden Wirtschaftsmacht. Präsident Theodore Roosevelt (1901 – 1909) setzte die interventionistische Politik seiner Vorgänger zu Beginn des neuen Jahrhunderts fort und beanspruchte eine hegemoniale Machtstellung über die lateinamerikanischen Staaten. Dabei wurde Panama aus Kolumbien herausgelöst und musste die Souveränität über den Panamakanal an die USA abtreten. Der Bau dieses Kanals, der den Atlantik mit dem Pazifik verbindet, sollte die geostrategische Lage der USA deutlich verbessern und ihren Aufstieg zur Weltmacht beschleunigen. Die geostrategische Bedeutung war zweifach gegeben: durch die Übernahme der Kanalzone konnten sie zum einen den internationalen Schiffsverkehr überwachen und zum anderen wurde die Flotte der US-Navy „swingfähig": das heißt, in relativ kurzer Zeit konnten die Einheiten aus dem Pazifik in den Atlantik verlegt werden oder umgekehrt; dadurch nahm die Bedeutung der Pazifikflotte wie die der Atlantikflotte deutlich an Gewicht zu. Der Zeitgeist traute den USA viel zu, mehr als den großen europäischen Mächten. So hatte sich bereits Goethe überzeugt gezeigt, dass den Amerikanern der Bau eines Kanals durch Mittelamerika gelingen werde. Er stelle fest: "Dieses möchte ich erleben: aber ich werde es nicht." Auch damit sollte der Dichter recht behalten: Goethe hätte 164 Jahre alt werden müssen, um die Eröffnung des Panama-Kanals zu erleben.

Die sehr starken Immigrationswellen brachten zwischen 1865 und 1910 mehr als 18 Millionen Einwanderer in das Land, die ihre eigenen Fähigkeiten mitbrachten und einsetzen mussten, um in dem für sie neuen Umfeld überleben und gegf. reüssieren zu können. Gleichzeitig setzte die Industrialisierung ein und führte zur Bildung großer Wirtschaftsunternehmen. Mit neuen Techniken und Innovationen gelang es dem Land, die eigene Wirtschaft rapide auszubauen und sowohl den Binnenmarkt als auch den Export deutlich zu erweitern.

Die wichtigste Grundlage der Wirtschaft eines Landes sind zunächst seine natürlichen Ressourcen. Und hier sind die Vereinigten Staaten von Beginn an reich mit Bodenschätzen und fruchtbaren Böden gesegnet. Sie verfügen ferner über ein gemäßigtes Klima. Und als weitere wichtige Grundlage kommt das Arbeitskräftepotential hinzu, das aus den natürlichen Ressourcen Waren herstellt. Bereits im Jahre 1885 hatten die USA die Weltmacht Großbritannien in der Industrieproduktion überflügelt. Der Energieverbrauch war um 1900 höher als in den 6 Großmächten Deutschland, Frankreich, Italien, Japan, Österreich-Ungarn und Russland zusammen. Die Kohleförderung war von 1865 bis 1900 um 800 Prozent, die Herstellung von Stahlschienen um 523 %, der Ausbau des Schienennetzes um 567% sowie die Weizenernte um 267% gestiegen.

Die Entwicklung der Bevölkerungszahlen trug entscheidend zu der Entwicklung bei. Sie hatte sich in den ersten 50 Jahren des 19. Jahrhunderts bereits verfünffacht und verdreifachte sich bis 1900 noch einmal. In Zahlen: lebten im Jahre 1800 noch gut 5 Millionen Menschen in den USA, so waren es im Jahre 1900 bereits mehr als 75 Millionen.

Möglich wurde dieses rasante Wachstum durch verschiedene Einwanderungswellen, die ihren Höhepunkt in den Jahren 1892 - 1924 erreichten. Im späten 19. Jahrhundert richtete die Regierung eine besondere Einwanderungsstelle auf Ellis Island ein. Diese Einrichtung war von 1892 bis 1954 in Betrieb. Zwischen 1820 und 1879 ließen die Vereinigten Staaten über 49 Millionen Einwanderer ins Land.

Der ständige Zustrom von Einwanderern in die USA hatte große Auswirkungen auf den US-amerikanischen Charakter. Man braucht Mut und Flexibilität, um sein Heimatland zu verlassen und in einem anderen Land ein neues Leben anzufangen. Die US-Amerikaner sind bekannt für ihre Bereitschaft, Risiken einzugehen und neue Dinge auszuprobieren, ebenso für ihre Unabhängigkeit und ihren Optimismus.

Einwanderer bereicherten auch die US-amerikanische Gesellschaft in dem sie Aspekte ihrer eigenen Kultur mitbrachten. Viele schwarze US-Amerikaner feiern Weihnachten ebenso wie Kwanzaa, ein Fest das auf Afrikanischen Ritualen beruht.

Hispano-Amerikaner feiern ihre Traditionen mit Straßenfesten und anderen Veranstaltungen am *Cinco de Mayo* (5. Mai). Die Vereinigten Staaten entwickelten sich in diesen Jahrzehnten zu einer Gesellschaft von Einwanderern, von denen jeder sein Leben neu begonnen hatte und zwar unter gleichen Voraussetzungen. Das ist vielleicht das Geheimnis der USA und ihrem Aufstieg: eine Nation von Menschen mit der frischen Erinnerung an alte Traditionen, die sich trauen, neue Grenzen zu erforschen.

All diese Aspekte trugen zu der Entwicklung der Gesellschaft bei. Bereits mit ihrer Gründung brachten die Angloamerikaner die Gleichheit der Bedingungen in die Neue Welt. Nie gab es bei Ihnen Bürger und Adlige. Vorurteile der Geburt waren ihnen ebenso unbekannt wie die des Berufes. Alexis de Tocqueville schrieb 1835 in seinem berühmten Buch „Über die Demokratie in Amerika": „Unter allen modernen Erscheinungen, welche meine Aufmerksamkeit beim Aufenthalt in den Vereinigten Staaten zugezogen haben, machte die dort überall spürbare Chancengleichheit den meisten Eindruck auf mich. Ich nahm den außergewöhnlichen Einfluss wahr, den sie auf die Gesellschaftsentwicklung ausübt, indem sie der allgemeinen Denkweise Richtung angibt".[89]

Es gab bis zur Jahrhundertwende noch eine beispiellose Diskrepanz zwischen wirtschaftlicher Macht und außenpolitischem Desinteresse (ausgenommen bereits *The Americas*), die USA waren ein außenpolitisch ambitionsloser Staat. Doch wich das isolationistische Selbstverständnis zusehends einem imperialistischen Zeitgeist, der auch die USA erfasste.

Die USA expandieren von 1899 bis 1914 nicht aus einem Gefühl der Bedrohung, sondern aus wachsendem Eigeninteresse, das gern in selbstloser Rhetorik verschleiert wurde: Theodore Roosevelt sei der erste amerikanische Präsident gewesen, der das Land nachdrücklich auf die Pflicht hinwies, seinen Einfluss weltweit geltend zu machen, urteilte rückblickend Henry Kissinger. Und tatsächlich hatte Theodore Roosevelt – auf der Grundlage Darwins Theorie, nach welcher nur der Stärkere überlebt – die USA auf die weltpolitische Bühne geführt und begonnen, das zwanzigste Jahrhundert zum amerikanischen Jahrhundert zu machen, die USA als ein Land, das seine ungeheuren Kräfte klug und maßvoll eisetzten muss, um sowohl Stabilität im eigenen Lande als auch weltweit zu dienen.

Isolationismus

Seit der bereits erwähnten „Monroe-Doktrin" aus dem Jahre 1823 war Isolationismus ein fester Teil der US-amerikanischen Außenpolitik geworden. Er

---

[89] *Zawadzki, Mariusz: in „Gazeta Wyborcza" vom 27.12.2014*

wurde im Verlaufe des Ersten Weltkrieges zunehmend ausgesetzt und war seit Ende des Zweiten Weltkrieges bis zum Jahre 2017 praktisch ohne Bedeutung in den USA.

Nun mag man die Frage stellen, woher dieser Hang zum Isolationismus kommt. Wenn man sich die Größe des Landes vor Augen hält und die Entfernung zu anderen Ländern oder gar zu Europa, kann man vielleicht verstehen, dass der Landwirt in Montana im Jahre 1890 oder der Bergmann in West Virginia im Jahre 1909 kein ausgeprägtes Interesse aufbringt für die Frage, ob das Elsass nun deutsch oder französisch ist. Hier bestand einfach kein Interesse an derartigen Fragen. Die Bauern und Arbeiter hatten eigene Probleme, die sie lösen wollten und mussten. Hinzu kam die in dieser Zeit doch deutlich geringere Informationsflut im Vergleich zu 1940 oder gar 2017.

Der US-Amerikaner auf der Straße wollte sich aus verständlichen Gründen nur um seine eigenen Angelegenheiten kümmern und war gleichgültig gegenüber dem Geschehen in anderen Ländern, vielleicht war er auch gegen das Ausland als solches feindlich eingestellt.

Der Isolationismus war oft stärker wirtschaftlich als politisch betont. Man war gegen fremde Waren und für eine Hochschutzzollpolitik. (Aspekte, die sich bis heute in der US-amerikanischen Öffentlichkeit gehalten haben und mit Donald Trump hoch aktuell sind). Der Isolationismus herrschte eigentlich vom Ende des Bürgerkrieges über 1919 bis Pearl Harbour und erlebte seine Glanzzeit in den zwanziger Jahren unter Präsident John Calvin Coolidge. Damals ging es den Amerikanern wirtschaftlich so gut, dass sie glaubten, abgesondert von der Welt in Glück und Zufriedenheit leben zu können – bis die Krise des Jahres 1929 die Fragwürdigkeit dieser Auffassung zeigte.

Bei Ausbruch des 1. Weltkrieges rief Präsident Woodrow Wilson (1913 – 1921) zu strikter Neutralität auf. Obwohl er sich in der Anfangszeit des Krieges leidenschaftlich für Neutralität ausgesprochen hatte, führte er dieses isolationistische Land schrittweise in den Krieg und gab somit den Isolationismus auf. Nach seiner Auffassung konnte dieser langjährige, fest in der Gesellschaft verankerte Isolationismus nur aufgebrochen werden, wenn er die USA an ihren Glauben an die Außerordentlichkeit ihrer Ideale appellierte.

Eintritt in den 1. Weltkrieg
Erst der Eintritt in den Ersten Weltkrieg sollte für die USA eine entscheidende Wende bedeuten. Das bis dato außenpolitisch weitgehend ambitionslose Land prägte besonders Präsident Woodrow Wilson ab 1913 mit der Idee einer neuen Weltordnung. Der Erste Weltkrieg wurde zum Ausgangspunkt für das Jahrhundert,

das man als das "Amerikanische Jahrhundert" bezeichnet. Das erfolgreichste *Nation-building* der Moderne war gegen Ende des 19. Jahrhunderts ausgelöst worden und befand sich nun auf dem Weg.

Während des Ersten Weltkrieges waren die Vereinigten Staaten bis 1917 formal neutral geblieben, wenngleich sie die Mächte der Entente vor allem durch Nachschublieferungen kräftig unterstützten. Einen Stimmungswandel in der öffentlichen Meinung im Lande bei der Frage der Neutralität hatte der „Untergang der Lusitania" eingeleitet. Was war geschehen?

Henry Cabot Lodge sen. (1850 bis 1924) war 1915 der unbestrittene Mehrheitsführer der Republikaner im Senat und einer der unversöhnlichsten Gegenspieler des im Ersten Weltkrieg lange friedlich gestimmten Präsidenten Woodrow Wilson (1856 bis 1924). Lodge empfand tiefe Abneigung gegenüber diesem Oberbefehlshaber, den er ungeniert einen Feigling nannte, weil er nicht gegen die Deutschen in den Krieg ziehen wollte.

In einem an seinen Freund Henry Lee Higgins gerichteten Brief vom 23. Februar 1915, schrieb Lodge, dass sich die öffentliche Meinung in den Vereinigten Staaten zugunsten eines Kriegseintritts bestimmt ändern würde, sollte ein Schiff mit US-amerikanischen Passagieren an Bord von einem deutschen U-Boot versenkt werden. Auch ein mögliches Ziel nannte er: die „Lusitania".

Drei Monate später, am 7. Mai 1915 wurde das Passagierschiff der britischen Cunard-Linie, eines der größten und schnellsten Schiffe der damaligen Zeit, mit 1959 Menschen an Bord nach einem deutschen Torpedo-Beschuss innerhalb von 18 Minuten vor der irischen Küste versenkt. 1.198 Zivilisten kamen ums Leben, unter ihnen 128 US-Amerikaner.

Wie Lodge vorausgesagt hatte, änderte sich die Stimmung im Land. Das bekam vor allem die deutsche Minderheit zu spüren. Bis zum Untergang der „Lusitania" waren Deutsch-Amerikaner noch stolz durch Städte wie Milwaukee und St. Louis marschiert und hatten ihren Kaiser mit schwarz-weiß-roten Fahnen hochleben lassen. Nach dem 7. Mai richtete sich der zunehmende Volkszorn gegen sie.

Auch Woodrow Wilson reagierte, setzte seinen auf Ausgleich bedachten Außenminister William Jennings Bryan ab, blieb aber weiterhin unentschlossen. Als die Deutschen ihren am 1. Februar 1917 erklärten „uneingeschränkten U-Boot-Krieg" aufnahmen und ein weiteres britisches Passagierschiff mit Amerikanern an Bord, die „Laconia", am 25. Februar 1917 von einem deutschen U-Boot versenkt worden war, erklärten die USA dem Deutschen Reich den Krieg.[90] Man schrieb den 6. April 1917. Präsident Wilson hatte vier Tage vorher den US-Kongress zur Teilnahme am Kreuzzug der „friedensliebenden" Demokratien gegen die „militärisch-aggressiven" Autokratien der Erde aufgefordert. Beide Häuser des Kongresses stimmten mit überwältigender Mehrheit der Kriegserklärung zu.

Die tieferen Ursachen für diese Entwicklung lagen zunächst in der Auffassung, dass sich die jeweiligen Vorstellungen einer globalen Nachkriegsordnung gegenseitig ausschlossen und die deutschen kontinentaleuropäischen Hegemonialabsichten und weltpolitischen Ambitionen mit den amerikanischen Interessen nicht in Einklang zu bringen waren. Schon vor dem Krieg war man in den Vereinigten Staaten zunehmend zu der Ansicht gekommen, dass die mit dem Tirpitz-Plan verbundene politische Strategie langfristig den amerikanischen Interessen – unter anderem der *Monroe-Doktrin* – widersprach. Weiterhin war die Einstellung führender amerikanischer Gelehrter und Politiker Anfang des 20. Jahrhunderts geprägt von tiefem Misstrauen gegenüber dem angeblichen deutschen kulturellen Überlegenheitsanspruch und der deutschen Staatsidee. Die zunehmenden wirtschaftlichen Verflechtungen mit der Entente seit Kriegsbeginn, Berichte über tatsächliche und angebliche deutsche Kriegsgräuel und die Schiffsversenkungen mit US-amerikanischen Opfern verstärkten die antideutsche Stimmung.

Frankreich war nicht in der Lage, über die Zukunft der internationalen Lage zu bestimmen. „Die Entscheidung über den Ausgang des Krieges hatte zum Teil vom Engagement Großbritanniens und mehr noch von dem der USA abgehangen. Die beiden angelsächsischen Mächte waren in die Rolle von Schiedsrichtern hineingewachsen, die über die künftige Verteilung der Macht auf dem europäischen Kontinent zu entscheiden hatten".[91] Dabei war Großbritannien nur der Juniorpartner der USA.

Die in Frankreich eintreffenden US-amerikanischen Truppen verschoben die Kräfteverhältnisse endgültig zugunsten der Alliierten; der Weg zum Sieg der Entente gegen die Mittelmächte war damit vorgezeichnet. Am 11. November 1918 kam es zum Waffenstillstand, dem die Verhandlungen von Versailles 1919 folgen sollten.

Versailles
Ohne das besiegte Deutschland in die Verhandlungen einzubeziehen, wurde am 18. Januar 1919 der Versailler Friedensvertrag beschlossen. Deutschland wurde von den USA, von Frankreich, England und Italien die alleinige Schuld am Ersten

---

[90] *Schmitt, Peter-Philipp: Peter-Pin FAZ vom 7.5.2015*
[91] *Loth, Wilfried: Geschichte Frankreichs im 20. Jahrhundert, S. 33*

Weltkrieg zugeschrieben. Das besiegte Deutschland musste die Verantwortung für sämtliche Schäden übernehmen und seine Kolonien aufgeben. Die Grenzen wurden neu gezogen und Deutschland verlor 70.000 Quadratkilometer seines Territoriums an Frankreich und Belgien.

Die USA waren jedoch bereit, das Deutsche Reich weitgehend in seiner Machtstellung zu belassen. Frankreich dagegen erstrebte eine dauerhafte Sicherung der eigenen machtpolitischen Stellung und hielt deshalb territoriale Abtretungen und wirtschaftliche Schwächung des potenziell nach wie vor überlegenen Deutschen Reiches für geboten. Für Großbritannien war in erster Linie die Ausschaltung der deutschen Weltmachtkonkurrenz (Kolonien, Flotte) wichtig.

Frankreich und Großbritannien wurde von den USA ein Beistandspakt angeboten. Doch da die gesamte Friedensordnung vom US-amerikanischen Senat wegen zu weit gehender Verpflichtungen der USA abgelehnt wurde, konnte dieser Pakt nicht implementiert werden

Die Grundzüge einer Friedensordnung für das vom Ersten Weltkrieg erschütterte Europa wurden durch die USA gelegt, und zwar in den 14-Punkten, die Präsident Woodrow Wilson am 8. Januar 1918 in einer programmatischen Rede vor beiden Häusern des US-Kongresses vorgestellt hatte und durch den die USA die Führung für eine Friedensordnung in Europa übernehmen sollten.

Der Völkerbund
Mit dem Versailler Vertrag wurde auch die Gründung des Völkerbundes konzipiert, dessen Satzung Bestandteil des Vertrages war. Wie kam es zum Völkerbund? Der deutsche Philosoph aus Königsberg, Immanuel Kant hatte bereits im Jahre 1795 in seinem Buch „Zum ewigen Frieden" das Völkerrecht eingefordert, wobei er die Idee einer „durchgängig friedlichen Gemeinschaft der Völker" erstmals ausführlich beschrieb. Ein Programm zur Umsetzung dieser Kant'schen Forderung hatte, ausgelöst durch die Schrecken des Ersten Weltkrieges, der US-Präsidenten Woodrow Wilson in dem genannten 14-Punkte-Programm aufgegriffen, in dem es unter Punkt 14 heißt:

> *„Ein allgemeiner Verband der Nationen muss gegründet werden mit besonderen Verträgen zum Zweck gegenseitiger Bürgschaften für die politische Unabhängigkeit und die territoriale Unverletzbarkeit der kleinen sowohl wie der großen Staaten"*

„Am 20. März 1920 lehnte der US-amerikanische Senat die Ratifizierung des Versailler Vertrags ab, weil ihm eine permanente Bindung an ein multilaterales

Allianzsystem zuwider war. Damit fehlte die kriegsentscheidende Großmacht im Völkerbund, eine unglaubliche Entscheidung des Senats, da der Vorschlag zur Bildung des Völkerbundes von den USA selbst gekommen war".[92] Der US-Senat hatte einen Beitritt am 19. November 1919, unter anderem deswegen auch abgelehnt, weil es Wilson versäumt hatte, die Senatsparteien im Vorfeld angemessen einzubinden. Diese Ablehnung führte zu einem temporären Isolationismus der USA, der gemeinsam mit dem zunehmend stärker werdenden Protektionismus der Vereinigten Staaten nach dem Krieg auch zu einer ultranationalistischen Reaktion in Deutschland beitragen sollte.

Mit dem Deutschen Reich schlossen die USA im Jahre 1921 einen Separatfrieden.

Folgen von Versailles für Europa

Während der Vertrag mit Ausnahme von Deutschland überall freudig als Wende zu dauerhaftem Frieden begrüßt wurde, läutete er in Wahrheit bereits das Ende der Versailler Weltordnung ein. Von nun an wurde es immer schwieriger, zwischen Sieger und Besiegten zu unterscheiden: eine durchaus förderliche Situation, hätte der Sieger dadurch ein größeres Sicherheitsgefühl entwickeln oder der Besiegte sich damit abfinden können, unter veränderten Bedingungen zu existieren. Leider aber traf beides nicht zu. Frankreichs Ohnmachtsgefühl wurde mit jedem Jahr stärker. Ebenso gewann die nationalistische Bewegung In Deutschland an Bedeutung. Zugleich entledigten sich die ehemaligen Kriegsverbündeten all ihrer Verantwortlichkeiten: Die Vereinigten Staaten drückten sich vor einer friedensgestaltenden Rolle in eine temporäre Isolation, Großbritannien verzichtete auf seine Funktion als ausgleichendes Element und Frankreich gab seinen Standpunkt als Bewahrer der Versailler Verträge preis. Einzig Stresemann, an der Spitze des besiegten Deutschen Reiches stehend, verfolgte eine langfristig angelegte Politik. Mit unerbittlicher Zielstrebigkeit führte er sein Land zurück in die internationale Staatengesellschaft und das internationale Geschehen.

Wilson und die Versailler Friedensstifter suchten die Ursache für den ersten Weltkrieg im Bösen schlechthin. Und das Böse forderte Bestrafung. Als der Hass sich verflüchtigte, begannen aufmerksame Beobachter zu erkennen, dass die Ursachen für diesen Krieg weitaus komplizierter waren. Zweifellos gebührte Deutschland ein großer Teil der Verantwortung. Trotzdem: War es gerechtfertigt, Strafmaßnahmen nur gegen Deutschland zu verhängen? Nachdem diese Frage einmal aufgekommen war, erlahmte der Wille, die gegen Deutschland verhängten Strafmaßnahmen in aller Härte durchzusetzen. Die Schöpfer des Friedens fragten sich, ob ihr Werk wirklich

---

[92] Loth, Wilfried: Geschichte Frankreichs im 20. Jahrhundert, S. 64

gerecht war. Schließlich trat zutage, dass sich das traditionelle Gleichgewicht der Kräfte in Europa nicht durch ein moralisches Gleichgewicht ersetzen ließ.

Was waren die Folgen? Die Sieger wollten Deutschland physisch schwächen; statt dessen hatten sie es geopolitisch gestärkt. Was die Beherrschung Europas anging, befand sich das Land nach Versailles in einer weitaus besseren Lage als vor dem Krieg: Sobald es die Fesseln der Entwaffnungsbestimmungen abgeworfen haben würde – und das war nur eine Frage der Zeit - musste es in der europäischen Politik eine stärkere Rolle denn je zuvor spielen. Der britische Diplomat Harold Nicholson, der an den Verhandlungen in Versailles teilgenommen hatte, bemerkte resigniert: „Wir kamen voller Vertrauen nach Paris, dass eine neue Weltordnung geschaffen werden würde. Wir verließen es in der Überzeugung, dass die neue Ordnung die alte nur zerrüttet hatte".[93]

Nach dem Ende des Ersten Weltkrieges schien die herkömmliche Debatte über die Rolle von Moral und Interesse in internationalen Angelegenheiten zu einem endgültigen Ergebnis gelangt zu sein. „Recht" und „Moral" schienen sich als Leitbegriffe internationaler Politik durchgesetzt zu haben. Unter dem Schock der Katastrophe hofften viele auf eine bessere Welt, die nach Möglichkeit frei von jener Art Realpolitik sein sollte, die die Jugend einer ganzen Generation verschlungen hatte. Die Vereinigten Staaten trieben diesen Prozess voran. Daran änderte auch ihr Rückzug in den Isolationismus nichts. Denn Europa schlug, auch ohne die USA, den Weg ein, den Wilson vorgezeichnet hatte, und versuchte, Stabilität nicht mehr über den traditionellen europäischen Ansatz mit Hilfe eines Allianz- und Gleichgewichtssystems zu erreichen, sondern mittels kollektiver Sicherheit. Das war Wilsons Vermächtnis.

Im Laufe der nächsten fünf Jahre leistete Deutschland Reparationszahlungen von über einer Milliarde Dollar, erhielt jedoch dafür Anleihen in Höhe von zwei Milliarden Dollar zum großen Teil amerikanischer Provenienz. Im Grunde genommen also zahlten die Vereinigten Staaten die Reparationen, während Deutschland den Rest der Darlehen zur Modernisierung seiner Industrie verwandte. Frankreich hatte auf Wiedergutmachungsleistungen bestanden, um Deutschland dauerhaft zu schwächen; doch als es sich nun zwischen einem schwachen und einem starken Deutschland zu entscheiden hatte, einer Nation also, die zur Zahlung der Reparationen in der Lage war, votierte es für letztere. Die Folge war, dass es fortan zusehen musste, wie die Reparationsleistungen zum Wiederaufbau der deutschen Wirtschaft und schließlich auch seiner Wiederaufrüstung beitrugen.

---

[93] *Kissinger, Henry: Die Vernunft der Nationen, S. 263*

Folgen von Versailles für die USA

Der Eintritt der neutralen Amerikaner in den Ersten Weltkrieg im Jahre 1917 sollte die europäische Geschichte für den Rest des Jahrhunderts entscheidend beeinflussen und dabei die politische Bedeutung der USA zunehmend stärken.

Durch den kostspieligen Krieg und den anschließenden Wiederaufbau waren die Europäer zu Schuldnern der Vereinigten Staaten geworden. Die herausragende wirtschaftliche Rolle der Vereinigten Staaten zeigte sich besonders deutlich, als auf den Börsenkrach im Oktober 1929 – auch „Schwarzer Freitag" („Black Thursday") genannt – die Weltwirtschaftskrise folgte. Das führte in den Vereinigten Staaten zu einer jahrelangen innenpolitischen Krise mit etwa 15 Millionen Arbeitslosen im Jahr 1932. Unter Präsident Franklin D. Roosevelt wurden mit dem *New Deal* tiefgreifende Wirtschafts- und Sozialreformen umgesetzt. Unter anderem wurden die Finanzmärkte reguliert, um dort weitere Turbulenzen zu verhindern und mit dem *Social Security Act* von 1935 der Grundstein der amerikanischen Form eines Sozialstaates gelegt. Zudem wurden zahlreiche öffentliche Bauprojekte wie Straßen, Brücken, Flughäfen und Staudämme realisiert.

„Der Weg der USA durch die internationale Politik war ein Triumph des Glaubens über die Erfahrung. Seit die Vereinigten Staaten 1917 in die Arena der Weltpolitik eingezogen waren, besaßen sie eine derart überwältigende Stärke und waren von der Richtigkeit ihrer Ideale so sehr durchdrungen, dass die wichtigsten internationalen Abkommen dieses Jahrhunderts stets Ausdruck US-amerikanischer Wertvorstellungen waren - vom Völkerbund 1919 und dem Kellogg-Pakt 1928 bis später hin zur Charta der Vereinten Nationen 1945 und der Schlussakte von Helsinki 1973".[94]

Entwicklung der *US - Navy*

Mit der zunehmenden wirtschaftlichen Macht im Rücken war es nur eine Frage der Zeit, diese nicht doch in eine stärkere politische Position umzusetzen. Teil dieser Entwicklung wurde die Marine. Diese war zunächst vernachlässigt worden, wohl auch nicht nötig für die Aufgaben und Ambitionen bis dato. Nun begann man mit der Entwicklung und Vergrößerung der Marine. Hierzu erarbeitete der Marineoffizier und Historiker Alfred Thayer Mahan die Konzeption. Mit seinem Buch „Der Einfluss der Seemacht auf die Geschichte" begründete Mahan die moderne *US-Navy* Doktrin der Seeüberlegenheit. Mahans Buch wurde zum Standardwerk der Ausbildung von Marineoffizieren weltweit. Mahan wurde der „Clausewitz zur See".

---

[94] *Kissinger, Henry: Die Vernunft der Nationen, S. 13*

So nimmt es nicht wunder, dass andere Nationen argwöhnisch auf die sich ausweitende Marine der USA schauten. In der Washingtoner Flottenkonferenz im Jahre 1922 wurde eine Obergrenze für die Flottenstärken festgelegt. Dabei wurde den USA zugestanden, ihre Flotte bis zu der Größe der britischen *Royal Navy* auszubauen. Japans Marine wurde auf drei Fünftel der Umfangstärke jener der USA festgelegt.

Um den Rüstungswettlauf bei den Kreuzern in den Griff zu bekommen und um Klarheit darüber zu gewinnen, wie die Flottenrüstung nach Ablauf der in Washington vereinbarten zehnjährigen Baupause weitergehen sollte, traten Delegationen aus Großbritannien, den USA und Japan am 22. Januar 1930 in London zusammen. Frankreich und Italien durften nur als Beobachter teilnehmen. Beide fühlten sich – wie bereits bei der Konferenz im Jahre 1922 - ungerechterweise zurückgesetzt. Der neue Flottenvertrag vom 22. April 1930 legte u.a. fest, dass die im Jahre 1922 festgelegte Baupause bis 1936 verlängert wird. Frankreich und Italien verpflichteten sich, nur ihre jeweils zwei seit 1927 zustehenden Ersatzbauten zu beginnen. Das wesentliche Ergebnis war die Festlegung des Verhältnisses beim Bau von Schlachtschiffen zwischen den USA, Großbritannien und Japan, das auf 15 : 15 : 9 festgeschrieben wurde. Etwaige überzählige Einheiten sollten verschrottet werden.

Die Festlegungen in den beiden Flottenkonferenzen von Washington 1922 und London 1930 stießen die Entwicklung von Kriegsplänen der Kaiserlich Japanischen Marine an, die diese zwischen 1922 und 1940 entwickelte und die mit dem Beschuss von Pearl Harbour am 7. Dezember 1941 sehr deutlich wurden. Die USA wurden mit diesem Flottenabkommen die führende Seemacht zunächst im Pazifik und sollten es nach 1945 auch im Atlantik werden. In Folge wurde die *US-Navy* die bei weitem dominierende Marine weltweit – bis heute.

Haltung zwischen den Weltkriegen

In der Zwischenkriegszeit schwankte die Außenpolitik der USA zwischen Isolationismus und einer Politik der offenen Tür. Die USA wollen sich nicht mehr in internationale Konflikte hineinziehen lassen. Zur Vermeidung des Engagements in potentiellen Krisenherden in Europa und Asien beschlossen sie u.a.

- den Versailler Vertrag nicht zu unterzeichnen,
- eine Übernahme des Mandats über Armenien abzulehnen,
- auf ein Defensivbündnis mit Großbritannien und Frankreich zu verzichten
- und dem Weltgerichtshof nicht beizutreten.

Gleichwohl bleibt es ein Verdienst der USA, die beiden großen westeuropäischen Demokratien im Ersten Weltkrieg vor der militärischen Niederlage bewahrt zu haben. Zwar spielten die USA ökonomisch und diplomatisch im Europa der

Zwischenkriegszeit weiter eine Rolle, aber militärisch und politisch zogen sie sich zurück. Damit überließen sie Europa einem fatalen Selbstzerfleischungsprozess, der 1945 seinen Höhepunkt erreichen sollte.

Nach den enttäuschenden Erfahrungen mit europäischen Regierungen erfolgte also wieder der Rückzug auf den eigenen Kontinent mit einem Ansatz von erneutem Isolationismus. In diese Zeit fiel der *Neutrality Act* von 1935, der das Verbot des Verkaufs und der Lieferung von Waffen an Krieg führende Parteien enthielt. Ein Umschwenken wurde erst dann wieder sichtbar, als Präsident Roosevelt im Januar 1941 die "Vier Freiheiten" verkündete:

- Freiheit der Rede;
- Freiheit der Meinung;
- Freiheit des Glaubens und
- Freiheit von Not und Furcht.

Im Januar 1938 sah sich Präsident Franklin D. Roosevelt plötzlich einem erneuten Ausbruch isolationistischer Einstellungen gegenüber. Das Repräsentantenhaus wollte eine Verfassungsänderung verabschieden, nach der jeder Kriegserklärung eine Volksabstimmung vorzuschalten sei. Ausgenommen war der Fall einer Invasion in die Vereinigten Staaten. Roosevelt konnte diesen Antrag im Parlament nur durch einen persönlichen Appell an die Abgeordneten verhindern.

Für Präsident Franklin D. Roosevelt scheint das Münchener Abkommen vom 30. September 1938 der Wendepunkt in seiner Einstellung zum Isolationismus gewesen zu sein. Von nun an konnten sich die Vereinigten Staaten nicht mehr abseits halten, weder politisch noch materiell. Roosevelt gab seine Zurückhaltung auf und setzte sich mit ganzer Kraft dafür ein, die Diktatoren in Europa zu bekämpfen. Er stand an der Spitze der Vereinigten Staaten, als die internationalen Angelegenheiten eine zögerliche Nation in ihren Strudel zogen, und er erkannte, dass die USA von nun an eine entscheidende Rolle im Weltgeschehen würde spielen müssen.[95] „Drei Jahre später erreichten seine Bemühungen mit dem Eintritt der USA in den zweiten Weltkrieg ihren Höhepunkt"[96]

Roosevelt vertrat grundsätzlich eine Politik, die internationalistisch geprägt war und die zum Ziel hatte, sich mit den europäischen Westmächten und Russland zu verbünden, um die faschistischen Mächte wie Deutschland, Italien und Japan zu ächten. Noch vor seiner Wahl als Präsident sagte er dem französischen Botschafter in

---

[95] *Kissinger, Henry: Die Vernunft der Nationen S. 26*
[96] *Kissinger, Henry: Die Vernunft der Nationen S. 405*

Washington: „Hitler ist ein Verrückter". Roosevelt hatte auch „Mein Kampf" in englischer Sprache gelesen und fand es schrecklich. Als US-Botschafter wurde von ihm 1933 mit William Dodd ein liberaler Historiker nach Berlin entsandt mit der Begründung, dass er einen amerikanischen Liberalen als stets mahnendes Beispiel in Deutschland haben möchte. Roosevelt bewertete 1933 den Stand der Dinge in der Welt so, dass etwa 8 % der Bevölkerung der ganzen Welt (Deutschland und Japan) wegen ihrer imperialistischen Haltung imstande seien, Friedensgarantien und Abrüstungsmaßnahmen, die von 92% gewollt wurden, zu verhindern. Deutschland hielt er für gefährlich und schloss einen Krieg nicht aus.

Aus verschiedenen Gründen konnte der Präsident jedoch nicht eingreifen:
- die USA hatten weder den Versailler Vertrag unterschrieben, noch waren sie Mitglied im Völkerbund geworden,
- eine starke Opposition im Lande pflegte die traditionellen isolationistischen Ansichten,
- als Folge des Einsatzes im 1. Weltkrieg befanden sich die Streitkräfte in einem schlechten Zustand,
- die innenpolitische Wirtschaftskrise nach dem 1. Weltkrieg forderte eine andere Schwerpunktsetzung.

In der US-Außenpolitik kümmerte man sich zudem mehr um die Beziehungen zu Lateinamerika und um jene Märkte, die vorher von den Europäern beherrscht wurden. Bei dieser Politik war der US-Regierung vor allen anderen Staaten der lateinamerikanische Markt am wichtigsten, weil sie diesen Markt, der vor dem 1. Weltkrieg von den Engländern beherrscht worden war, erobern bzw. ausbauen wollten.

Der Kongress verabschiedete zwischen 1935 und 1937 mehrere Neutralitätsgesetze, die u.a. festlegten:
- keine Beteiligung an Bündnissen oder Verwicklungen mit anderen Staaten,
- keine Verwicklung in kriegerische Konflikte zwischen anderen Nationen, also auch keine Hilfe für angegriffene Länder,
- Neutralität im Falle eines Krieges,
- keine Waffenlieferungen an Staaten, die angegriffen werden.

In einer Rede in Chicago am 5. Oktober 1937 übte Roosevelt deutliche Kritik an den Neutralitätsgesetzen und forderte, dass jene Staaten, die Völkerrecht und Ordnung unterdrücken, unter Quarantäne gestellt werden müssten.

Heimlich hatte sich Roosevelt noch entschieden weiter vorgewagt. Ende Oktober 1938 unterbreitete er in Einzelgesprächen dem britischen Luftfahrtminister, einem persönlichen Freund des Premierministers, einen Plan mit dessen Hilfe die Neutralitätsgesetze umgangen werden konnten. Er schlug vor, in Kanada, nahe der amerikanischen Grenze, britische und französische Flugzeugmontagewerke zu errichten. Die Vereinigten Staaten würden die Bauteile - deklariert als Zivilgüter - liefern, die Endmontage aber den Briten und Franzosen überlassen, womit rein formal den Neutralitätsgesetzen Genüge getan wäre. Roosevelt bedeutete Chamberlains Abgesandten, „er habe, sollte es zum Krieg mit den Diktatoren kommen, das industrielle Potential der amerikanischen Nation im Rücken".

Roosevelts Plan, Großbritannien und Frankreich beim Aufbau ihrer Luftwaffen behilflich zu sein, musste scheitern, und sei es nur aufgrund der Tatsache, dass es rein logistisch unmöglich war, ein derart großangelegtes Unternehmen unter Ausschluss der Öffentlichkeit in Angriff zu nehmen. Von diesem Zeitpunkt an aber hielt sich seine Unterstützung gegenüber den Alliierten nur noch dann in Grenzen, wenn er den Kongress und die Öffentlichkeit weder umgehen noch überzeugen konnte.

1938 forderte er in einem offenen Brief an die betroffenen Staaten, dass die Sudetenkrise friedlich gelöst werden sollte und war über das Münchener Abkommen erzürnt. Aus Protest gegen die Reichskristallnacht und die deutsche Politik wurde der US-Botschafter im November 1938 als erster Botschafter der Westmächte aus Berlin zurückgezogen. Am 4. Januar 1939 kritisiert Roosevelt erneut die Neutralitätsgesetze und kündigte eine Erhöhung der Verteidigungsausgaben an. So erreichte er in den Jahren 1938/1939 die schrittweise Aufgabe der Neutralitätspolitik und eine Erhöhung der Verteidigungsausgaben. England und Frankreich wurden mit Waffen beliefert.

„Schon 1935 hatte der britische Premierminister Stanley Baldwin in einer Rede in der Albert Hall festgestellt: Ich war seit jeher der Überzeugung, dass die größte Sicherheit gegen einen Krieg in irgendeinem Teil der Welt, ob in Europa oder in Asien, überall, in einem engen Zusammengehen des Britischen Empire mit den Vereinigten Staaten von Amerika besteht".[97]

Im April 1939 forderte Roosevelt von Deutschland und Italien eine Nichtangriffsgarantie für 31 unabhängige Staaten. Im Gegenzug bot er eine Abrüstungskonferenz an und den unbegrenzten Zugang aller Länder zu den Weltrohstoffquellen, also eine Aufhebung des Rohstoffembargos gegen Deutschland und Italien. Im November 1939 passierte das sog. *Cash and Carry-Gesetz* den Kongress: man genehmigt damit die Lieferungen von kriegswichtigen amerikanischen Gütern an

---

[97] *Kissinger, Henry: Die Vernunft der Nationen, S. 650*

Großbritannien und Frankreich   unter 2 Voraussetzungen: sie müssen aus amerikanischen Häfen mit nichtamerikanischen Schiffen abgeholt werden und müssen bar bezahlt werden.

Aufgabe der Neutralität

Am Tag der britischen Kriegserklärung berief Roosevelt eine Sondersitzung des Kongresses für den 21. September 1939 ein. Diesmal konnte er sich durchsetzen. Durch das sogenannte Vierte Neutralitätsgesetz vom 4. November 1939 wurde der Verkauf von Waffen und Munition aus den Vereinigten Staaten an kriegführende Länder unter der Voraussetzung genehmigt, dass sie bar bezahlten und den Transport auf eigenen oder neutralen Schiffen vornahmen. Da nur Großbritannien und Frankreich dazu in der Lage waren, existierte die „Neutralität" im Grunde nur noch auf dem Papier. Kurz: Die Neutralitätsgesetze hatten genau so lange gehalten, wie Neutralität nicht gefordert war.

Während Frankreich und Großbritannien in der Defensive verharrten und den weiteren Verlauf des Krieges abwarteten, war Washington überzeugt, dass man von den USA lediglich materielle Hilfe erwartete. Nach verbreiteter Auffassung würde die französische Armee, die hinter der Maginotlinie Rückendeckung durch die Royal Navy genoss, Deutschland durch eine Kombination aus defensivem Bodenkrieg und Seeblockade in die Zange nehmen.

Am 10. Juni 1940, als Frankreich fiel, gab Roosevelt offiziell die Neutralität auf. Beredt schlug er sich auf die Seite der Briten. In einer mitreißenden Rede in Charlottesville, Virginia, verknüpfte er eine vernichtende Kritik an Mussolini, dessen Armee Frankreich an jenem Tag angegriffen hatte, mit der Verpflichtung der Vereinigten Staaten, Hilfeleistungen nunmehr kompromisslos auf jedes Land auszudehnen, das Deutschland und Italien Widerstand leistete.

Im September 1940 erst hatte Roosevelt eine raffinierte Vereinbarung entworfen. Er schlug London einen Tausch vor: fünfzig angeblich veraltete US-amerikanische Zerstörer gegen das Recht, auf acht britischen Besitzungen, von Neufundland bis zum südamerikanischen Festland, US-amerikanische Stützpunkte errichten zu dürfen. Winston Churchill gab später zu, dies sei „ein entschieden nicht neutraler Akt" gewesen, denn die Briten brauchten die Zerstörer wesentlich dringender als die USA die Stützpunkte. Die meisten von ihnen lagen weit entfernt von potentiellen Kriegsschauplätzen, einige wurden sogar direkt neben schon bestehenden US-Stützpunkten eingerichtet. Der Zerstörerhandel war in erster Linie ein Vorwand, um den Briten Kriegsgerät zukommen zu lassen.

Roosevelt suchte in dieser Angelegenheit weder um die Zustimmung des Kongresses noch um eine Anpassung der Neutralitätsgesetze nach. Unbegreiflich aus heutiger Sicht, wurde er auch von niemandem dazu aufgefordert. Dass er einen so riskanten Schritt unternahm, obwohl der Präsidentschaftswahlkampf vor der Tür stand, zeigt, wie tief ihn die militärischen Fortschritte der Nationalsozialisten beunruhigten. Er fühlte sich verpflichtet, die britische Kriegsmoral um jeden Preis zu unterstützen, selbst wenn er sich dabei am Rande der Legalität bewegen musste.

Im April 1941 unternahm Roosevelt einen weiteren Schritt in Richtung Krieg. Mit dem dänischen Vertreter in Washington vereinbarte er ein Abkommen, das den amerikanischen Streitkräften die Besetzung Grönlands erlaubte. Da Dänemark von den Deutschen eingenommen war und es keine dänische Exilregierung gab, „autorisierte" der Diplomat ohne Land die immerhin weitreichende Erlaubnis, US-amerikanische Stützpunkte auf dänischem Boden einzurichten, auf eigene Verantwortung. Sofort informierte Roosevelt persönlich Churchill darüber, dass fortan US-Schiffe im Nordatlantik, westlich von Island, patrouillieren und „die Position von Kaperschiffen und Flugzeugen innerhalb der US-amerikanischen Patrouille-Zone sofort bekannt gegeben würden". Die USA beobachteten mithin zwei Drittel des gesamten Atlantischen Ozeans. Drei Monate später landeten US-Truppen als Nachschub für die britischen Streitkräfte auf Einladung der Regionalregierung in Island, das ebenfalls zu Dänemark gehörte. Daraufhin erklärte Roosevelt - ohne Zustimmung des Kongresses - das gesamte Territorium zwischen den dänischen Besitzungen und Nordamerika zum Bestandteil des Gebietes, dessen Verteidigung der westlichen Hemisphäre oblag.

Am 14. August 1941 trafen sich Roosevelt, der Präsident eines dem Wortlaut nach zu diesem Zeitpunkt noch neutralen Landes, und Churchill, der Garant für Großbritanniens Teilnahme am Krieg auf einem Kreuzer vor der Küste Neufundlands. Die gemeinsame Erklärung der beiden Regierungschefs - die sogenannte „Atlantik-Charta" - proklamierte nicht Kriegsziele im herkömmlichen Sinn, sondern den Entwurf einer völlig neu gestalteten Welt, die von den Werten geprägt sein sollte, für die die Vereinigten Staaten seit jeher eingetreten waren. Die oben genannten vier Freiheiten erfuhren nun ihre Erweiterung in dieser "Atlantik-Charta".

Der Präsident beschränkte sich nicht auf dieses halblegale Abkommen. Parallel zum Zerstörertausch trieb er einige Gesetzesinitiativen voran. So stockte er den US-amerikanischen Verteidigungshaushalt auf und drängte den Kongress, die Wehrpflicht auch in Friedenszeiten einzuführen. Welches Gewicht isolationistische Vorbehalte noch immer hatten, zeigte sich im Sommer 1941, als, knappe sechs Monate vor dem

Kriegseintritt der Amerikaner, die Wehrpflicht vom Repräsentantenhaus mit hauchdünner Mehrheit von nur einer Stimme verlängert wurde.

Kriegseintritt

Im September 1941 überschritten die Vereinigten Staaten die Schwelle zum Krieg. Roosevelts im April erteilter Befehl, den Briten die Position deutscher U-Boote mitzuteilen, musste irgendwann zu einem Zusammenstoß führen. Am 4. September 1941 wurde der US-amerikanische *Zerstörer Greer* torpediert, während er britischen Flugzeugen die Koordinaten eines deutschen U-Bootes zufunkte. Am 11. September 1941 beschuldigte Roosevelt Deutschland der „Piraterie", ohne die Umstände näher zu erläutern. Er verglich die deutschen Unterseeboote mit Klapperschlangen, die nur darauf warteten, zuzuschnappen, und befahl der *US-Navy*, alle deutschen oder italienischen U-Boote, die in der zuvor festgelegten, bis nach Island reichenden US-amerikanischen Verteidigungszone geortet würden, sofort zu versenken. Praktisch hieß das nichts anderes, als dass die Vereinigten Staaten mit den Achsenmächten in einen Seekrieg eingetreten waren – ohne diesen formal erklärt zu haben.

Am 7. Dezember 1941 führte Japan einen Überraschungsangriff auf Pearl Harbor durch, bei dem ein bedeutender Teil der US-Pazifikflotte zerstört wurde. Am 11. Dezember erklärte Hitler den Vereinigten Staaten den Krieg.

Damit war die Zeit der Nichteinmischung zu Ende. Es war ein langer Weg, den die USA von ihrer Verwicklung in den Ersten Weltkrieg bis zur aktiven Beteiligung am Zweiten Weltkrieg zurückgelegt hatten. Zwischenzeitlich war die US-amerikanische Politik wieder in den Isolationismus zurückgefallen. Die tiefe Abscheu der Öffentlichkeit in den USA gegen internationale Angelegenheiten beleuchtet den Wert der Leistung Roosevelts. Den Spitzenpolitikern unserer Zeit, die auf der Grundlage von Meinungsumfragen regieren, könnte die Rolle, die Roosevelt spielte, als er eine isolationistisch eingestellte Nation zum Kriegseintritt bewegte, als ein Lehrstück für Führung im Rahmen einer Demokratie dienen.

Sicherlich hätten die Vereinigten Staaten von Amerika angesichts des bedrohten europäischen Gleichgewichts zwangsläufig gegen Deutschland einschreiten müssen, um sich dessen Griff nach der Weltherrschaft entgegenzustellen. Allein schon aufgrund ihrer ständig wachsenden Macht mussten die Vereinigten Staaten früher oder später in den Mittelpunkt des internationalen Geschehens rücken. Dass dies jedoch mit solcher Schnelligkeit und Entschlossenheit geschah, ist Franklin Delano Roosevelt zu verdanken. Roosevelt führte eine isolationistisch orientierte Gesellschaft in einen Krieg zwischen Staaten, deren Konflikte untereinander noch einige Jahre zuvor als weitgehend unvereinbar mit US-amerikanischen Wertvorstellungen, vor allem aber als unbedeutend für die Sicherheit der Vereinigten Staaten eingestuft worden waren.

Nach 1940 konnte der 32. Präsident der USA seinen Kongress, der wenige Jahre zuvor mit überwältigender Mehrheit eine Reihe von Neutralitätsgesetzen erlassen hatte, für eine verstärkte Unterstützung Großbritanniens gewinnen. Diese schloss zwar direkte Kriegshandlungen aus, doch ging sie gelegentlich - gegenüber Deutschland - über diese Grenze auch hinaus. Schließlich räumte Japans Angriff auf Pearl Harbour Amerikas letzte Bedenken, in den Krieg einzutreten, aus. So gelang es Roosevelt, eine Gesellschaft, die sich zweihundert Jahre lang in nahezu ungestörter Sicherheit gewogen hatte, von den erheblichen Gefahren eines Sieges der Achsenmächte zu überzeugen; mehr noch: Er sorgte dafür, dass die Verwicklung in europäische Angelegenheiten dieses Mal zugleich zum ersten und entscheidenden Schritt zu einem ständigen internationalen Engagement wurde.

„Den Qualitäten, die er als Präsident an den Tag legte, ist es zu verdanken, dass die Alliierten während des Krieges zusammenhielten und dass jene multilateralen Institutionen ins Leben gerufen wurden, die noch heute im Dienst der internationalen Gemeinschaft stehen".[98]

Kriegsverlauf

Bis Mitte 1941 wurde der Konflikt von der deutschen Wehrmacht in Europa vorwiegend als Eroberungskrieg geführt. Nach Polen wurden in kurzen, konzentriert geführten Feldzügen Dänemark, Norwegen, Belgien, die Niederlande, Luxemburg, der Großteil Frankreichs, Jugoslawien und Griechenland erobert und besetzt. Die Gebiete wurden teils ins Deutsche Reich eingegliedert, teils mit vom Deutschen Reich abhängigen Regierungen beherrscht und wirtschaftlich ausgebeutet. Großbritannien war von der Kapitulation Frankreichs am 22. Juni 1940 bis zum deutschen Angriff auf die Sowjetunion am 22. Juni 1941 Deutschlands einzig verbliebener europäischer Kriegsgegner. Zu diesem Zeitpunkt waren die Achsenmächte eindeutig auf der Siegerstraße, auch wenn die Briten durchhielten, angeführt von Winston Churchills Standfestigkeit gegenüber Adolf Hitler. Diese Standfestigkeit des britischen Premiers wurde zu einer großen, mitentscheidenden Bedeutung für den Verlauf des Zweiten Weltkrieges.

Hitlers Angriff auf die Sowjetunion am 22. Juni 1941, Japans Angriff auf Pearl Harbor am 7. Dezember 1941 und Hitlers Kriegserklärung an die Vereinigten Staaten einige Tage später sollten das Blatt zu Gunsten der Alliierten wenden. Großbritannien sollte schließlich doch noch auf der Siegerseite stehen. Erst von diesem Augenblick an

---

[98] *Kissinger, Henry: Die Vernunft der Nationen, S. 392*

konnte sich Churchill wirklich mit Kriegszielen auseinandersetzen, allerdings unter Voraussetzungen, unter denen traditionelle britische Konzepte nicht mehr anwendbar waren. Im Laufe des Krieges nämlich stellte sich immer deutlicher heraus, dass erstens das System des *Balance of power* in Europa immer weniger Chancen hatte und dass zweitens die Sowjetunion nach Deutschlands absehbarer Kapitulation zur herrschenden Macht des Kontinents aufsteigen würde - vor allem, wenn die Vereinigten Staaten ihre Streitkräfte abzogen.

Churchills diplomatische Bemühungen konzentrierten sich während des Krieges darauf, zwischen zwei Gefahren zu lavieren, die gleichermaßen Großbritanniens Position bedrohten, wenn auch aus entgegengesetzten Richtungen. Roosevelts Plädoyer für weltweite Selbstbestimmung war eine Kampfansage an das britische Empire; Stalins Versuch, die Sowjetunion in das Zentrum Europas vordringen zu lassen, drohte die Sicherheit Großbritanniens zu unterminieren.

„In dieser Bedrängnis - zwischen US-amerikanischem Idealismus und russischem Expansionismus - gab sich Churchill aus einer vergleichsweise schwachen Position heraus alle Mühe, um der bewährten Politik seines Landes gerecht zu werden: Sollte die Welt nicht in die Hände der stärksten und rücksichtslosesten Macht geraten, musste der Frieden auf einer Art Gleichgewicht aufgebaut werden. Dem Premier war bewusst, dass Großbritannien seine entscheidenden Interessen bei Kriegsende allein nicht mehr verteidigen, geschweige denn aus eigener Kraft ein Gleichgewicht unter Kontrolle halten konnte, auch wenn er sich nach außen hin selbstbewusst gab. Doch im Unterschied zu seinen amerikanischen Freunden, die lange glaubten, Großbritannien könne das europäische Gleichgewicht selber aufrecht erhalten, hatte Churchill erkannt, dass sein Land während des Krieges zum letzten Mal die Rolle einer im Wortsinne „unabhängigen Weltmacht" spielen würde. Daher war für ihn in der Bündnisdiplomatie nichts so wichtig wie die Schaffung freundschaftlicher und stabiler Beziehungen zu den Vereinigten Staaten, um zu verhindern, daß Großbritannien nach dem Krieg der Welt allein gegenübertreten mußte. Und so schloß er sich schließlich den von der US-amerikanischen Regierung gesetzten Prioritäten zumindest im Grundsatz an, auch wenn er seine Partner in den Vereinigten Staaten häufig davon überzeugen konnte, daß Washingtons strategische Interessen weitgehend mit denen Londons übereinstimmten".[99]

Roosevelt und Churchill
Unter dem Eindruck des deutschen Überfalls auf die Sowjetunion trafen sich Roosevelt und Churchill vom 9. bis 12. August 1941 unter höchster Geheimhaltung auf dem britischen Schlachtschiff *HMS Prince of Wales* in der Placentia Bucht vor der

---

[99] *Kissinger, Henry: Die Vernunft der Nationen, S. 425 - 426*

Küste von Neufundland. Hier vereinbarten sie die Atlantik-Charta, die am 14. August 1941 veröffentlicht wurde und die Grundlage für die Gründung der Vereinten Nationen sein sollte, die dann am 26. Juni 1946 erfolgte.

Darüber hinaus wurden auf der Konferenz erhöhte US-Waffenlieferungen an Großbritannien und die UdSSR vereinbart sowie eine Ausweitung der US-amerikanischen Sicherungszone für diese Lieferungen bis nach Island. Besprechungen, die sich vor allem um die Lage in China und Spanien drehten, führten zu keinen militärstrategischen Entscheidungen.

Roosevelt wollte bei diesem ersten Treffen mit Churchill sogleich grundsätzliche Prinzipien amerikanischer Politik festlegen. Er verlangte nachdrücklich, die Charta solle nicht nur in Europa, sondern überall, und zwar auch in den Kolonialgebieten, Anwendung finden. Er war der festen Überzeugung dass ein dauerhafter Frieden nur erreichbar ist, wenn die Entwicklung zurückgebliebener Länder mit einbezogen würde. Nach seiner Auffassung war es ausgeschlossen, einen Krieg gegen die faschistischen Staaten zu führen und gleichzeitig nichts zu unternehmen, um die Völker überall in der Welt von der überholten Kolonialpolitik zu befreien. Eine solche Sicht war für die Briten natürlich nicht hinnehmbar. So wies das britische Kriegskabinett diese Ansichten auch entschieden zurück.

Die Debatte über den Kolonialismus war damit aber nicht beendet. „1942 unterstrich der stellvertretende US-Außenminister Sumner Welles in einer Rede zum *Memorial Day* die amerikanische Gegnerschaft zum Kolonialismus: Falls dieser Krieg tatsächlich ein Krieg um die Befreiung der Völker ist, so muß er die souveräne Gleichheit der Völker in der gesamten Welt genauso gut gewährleisten, wie es in Amerika der Fall ist. Unser Sieg muß die Befreiung aller Völker zur Folge haben Das Zeitalter des Imperialismus ist vorbei".[100]

War diese Aussage zu diesem Zeitpunkt noch eher ein Wunschdenken der US-Administration, so sollte der Kolonialismus in Folge des Ergebnisses des 2. Weltkrieges tatsächlich zu Ende gehen und dabei die bisherige Weltmacht Großbritannien und andere weltweit agierende Mächte wie Frankreich, Belgien, Portugal oder die Niederlande in die zweite Reihe verdrängen. Auch diese Entwicklung trug dazu bei, dass die USA nach dem 2. Weltkrieg zur Weltmacht aufsteigen konnten.

---

[100] *Kissinger, Henry: Die Vernunft der Nationen, S. 427*

Roosevelt und Stalin

Dass der US-amerikanische Präsident den sowjetischen Parteichef Stalin, der immerhin politische Massenmorde angeordnet und bis vor kurzem noch mit Hitler kollaboriert hatte, mit der Bezeichnung „Onkel Joe" zu einem wahren Ausbund an Mäßigung stilisierte, war wohl der letzte Triumph der Hoffnung über die Erfahrung. Daß Roosevelt Stalins guten Willen derart betonte, entsprang nicht seiner persönlichen Neigung, sondern kam vielmehr den Wünschen einer Nation entgegen, deren Glaube an das Gute im Menschen das Vertrauen auf geopolitische Analysen überwog: Man wollte einfach in Stalin lieber den onkelhaften Freund als den totalitären Diktator sehen.

„Daher war die US-amerikanische Bevölkerung auch nicht irritiert, als ihr Präsident die Ergebnisse der Teheraner Konferenz lediglich in einer persönlichen Bewertung des sowjetischen Diktators zusammenfasste: Ich würde sagen, ich kam mit Marschall Stalin gut aus. In ihm vereinen sich eine schonungslose Entschlossenheit und ein handfester Humor. Ich glaube, dass er Russlands Herz und Seele leibhaftig repräsentiert, und ich glaube, dass wir mit ihm und dem russischen Volk gut - ja, sogar sehr gut - auskommen werden."[101]

Kurz nach Jalta charakterisierte Roosevelt Stalin vor dem Kabinett als jemanden, „in dem neben der revolutionär-bolschewistischen Sache auch noch etwas anderes existiert". Diese besondere Eigenart schrieb er Stalins früherer Ausbildung zum Priester zu: „Ich glaube, etwas von dem Wissen davon, wie ein Christenmensch sich zu verhalten hat, ist auch in sein Wesen eingedrungen."

Stalin jedoch war ein meisterhafter Realpolitiker und eben kein Christenmensch. Er nutzte den Vormarsch der sowjetischen Armee zur Realisierung dessen, was er schon Milovan Djilas, damals ein führender jugoslawischer Kommunist, anvertraut hatte, als er zu ihm sagte: „Dieser Krieg ist nicht so wie früher; jeder, der ein Gebiet besetzt, stülpt ihm auch sein eigenes soziales System über. Jeder setzt sein eigenes System so weit durch, wie seine Armee reichen kann. Es kann nicht anders sein."

Roosevelt, der Stalin vertraute, muß als leichtgläubig dargestellt werden. Wäre Roosevelt von Stalins wahren Absichten überzeugt gewesen, wäre er zweifelsohne dem sowjetischen Expansionismus entschieden begegnet und hätte die notwendigen Maßnahmen rechtzeitig getroffen. Kaum etwas deutet jedoch daraufhin, dass er zu dieser Einschätzung gelangt ist oder dass er seine militärischen Möglichkeiten unter dem Gesichtspunkt einer möglichen Konfrontation mit der Sowjetunion betrachtet hätte.

---

[101] *Kissinger, Henry: Die Vernunft der Nationen, S. 439*

Erst kurz vor Kriegsende äußerte Roosevelt Befremden über Stalins Taktik. Doch während des Krieges hatte er sich zur sowjetisch/US-amerikanischen Zusammenarbeit bemerkenswert konsequent, ja sogar beredt, bekannt und kaum etwas für so wichtig gehalten wie die Aufgabe, Stalins Misstrauen zu beseitigen. Roosevelt verließ sich viel stärker auf seine persönliche Beziehung zu Stalin, als Churchill es je getan hätte.

Roosevelt versuchte bereits kurz nach Amerikas Kriegseintritt ein Treffen mit Stalin an der Beringstraße zu arrangieren - ohne Churchill. Es sollte „eine inoffizielle, ganz einfache Zusammenkunft für ein paar Tage zwischen Ihnen und mir" sein, um eine „völlige Übereinstimmung" zu erreichen. Roosevelt wollte nur seinen engsten Vertrauten Harry Hopkins, einen Dolmetscher und einen Stenographen mitbringen. Das Treffen an der Beringstraße kam jedoch nicht zustande.

In den beiden Gipfeltreffen in Teheran und in Jalta setzte Stalin alles daran, Roosevelt und Churchill vor Augen zu führen, dass sie weitaus mehr auf dieses Treffen angewiesen seien als er selber; allein schon die Schauplätze dieser Zusammenkünfte sollten ihre Hoffnungen dämpfen, ihm Zugeständnisse abringen zu können. Teheran lag nur ein paar hundert Kilometer von der sowjetischen Grenze entfernt, und Jalta gehörte zum sowjetischen Staatsgebiet. In beiden Fällen mussten die westlichen Staatsoberhäupter eine Reise von mehreren tausend Kilometern auf sich nehmen, die für Roosevelt aufgrund seiner Behinderung schon zum Zeitpunkt des Teheraner Treffens eine äußerste Strapaze war. Auf der Konferenz von Jalta war der US-Präsident bereits vom Tode gezeichnet.

Aus der Retrospektive muss festgestellt werden, dass Roosevelt die historischen und geografischen Zusammenhänge zu wenig kannte und auch deutlich unterschätzte. Während Stalin klare Vorstellungen und präzise Pläne hatte, war der US-amerikanische Präsident wohl etwas leichtgläubig oder gar naiv und für die Gespräche mit Stalin schlecht vorbereitet. Das sollte sich bei der Konferenz in Jalta vom 4. – bis 22. Februar 1945 deutlich zeigen.

Teheran

Die Konferenz fand vom 28. November bis 1. Dezember 1943 als erste Konferenz der Regierungschefs der drei Hauptalliierten der Anti-Hitler-Koalition im Zweiten Weltkrieg in Teheran statt. Teilnehmer waren der US-Präsident Franklin D. Roosevelt, der britische Premierminister Winston Churchill und der sowjetische Staatschef Josef Stalin, allesamt mit ihren jeweiligen militärischen Beratern.

Geplanter Gegenstand der Konferenz war in erster Linie die Absprache über die weitere Vorgehensweise auf dem europäischen Kriegsschauplatz im Jahr 1944 und die Zeit nach einem Sieg der Alliierten über Deutschland.

Am letzten Konferenztag, dem 1. Dezember 1943, erklärte sich Roosevelt mit Stalins Plan, die polnischen Grenzen nach Westen zu verschieben, einverstanden und deutete an, er werde ihn hinsichtlich der Baltikumfrage nicht bedrängen. Sollten die Sowjetarmeen die baltischen Staaten besetzen, würden weder die Vereinigten Staaten noch Großbritannien sie „verjagen", obwohl Roosevelt gleichzeitig einen Volksentscheid empfahl. Unbestreitbar bleibt, dass der US-Präsident an einer breit angelegten Erörterung der Nachkriegsproblematik nicht interessiert war. Daher brachte er seine Kommentare zu Stalins Nachkriegsplänen in Osteuropa so vorsichtig vor, dass sie sich fast wie eine Entschuldigung anhörten. Er wies Stalin darauf hin, „dass die sechs Millionen amerikanischen Wähler polnischer Herkunft seine Wiederwahl im kommenden Jahr sicherlich beeinflussen würden. Und wenngleich er persönlich mit den Ansichten von Marschall Stalin einverstanden sei und auch die Notwendigkeit sehe, den Staat Polen wiederherzustellen, sei es ihm lieber, dass die Ostgrenze weiter nach Westen und die Westgrenze sogar bis zur Oder verschoben würde. Dennoch hoffe er, der Marschall werde verstehen, dass er sich aus den oben dargestellten politischen Gründen weder hier in Teheran noch im nächsten Winter an einer Entscheidung zu diesem Thema beteiligen und zum gegenwärtigen Zeitpunkt öffentlich an einer solchen Vereinbarung nicht teilhaben könne." Dies konnte kaum bedeuten, dass Stalin durch eigenmächtiges Vorgehen ein großes Risiko eingehen würde. Im Gegenteil: Es legte nahe, dass die Zustimmung der Vereinigten Staaten nach den Wahlen nur noch eine Formsache sei.

Aus Teheran konnte Stalin als klarer Sieger nach Moskau zurückkehren mit der festen Annahme, für sein weiteres Vorgehen im Osten Europas freie Hand zu haben.

Jalta
Die Konferenz von Jalta, auch unter der Bezeichnung Krim-Konferenz bekannt, war ein Treffen der gleichen drei alliierten Staatschefs wie in Teheran. Dieses Mal traf man sich in dem auf der Krim gelegenen Badeort Jalta und zwar vom 4. bis zum 11. Februar 1945. Es war das zweite von insgesamt drei alliierten Gipfeltreffen der „Großen Drei" während des Zweiten Weltkrieges bzw. unmittelbar danach. Themen dieser Konferenz waren vor allem die Aufteilung Deutschlands, die künftige Machtverteilung in Europa nach dem Ende des Krieges sowie der Krieg gegen das Japanische Kaiserreich.

Nach der Teheran-Konferenz im November 1943 hatte sich die militärische und politische Lage verändert. Während in Europa mit dem Vormarsch der US-amerikanischen, britischen und französischen Truppen im Westen und der Roten Armee im Osten der Krieg so gut wie gewonnen war, glaubten die Verantwortlichen, dass die militärischen Auseinandersetzungen mit Japan noch lange andauern würden. Daher zeigten sich Churchill und Roosevelt gegenüber den Forderungen Stalins kompromissbereit.

In den Beschlüssen fanden auch die sowjetischen Interessen in Asien (Mongolei, Kurilen, Sachalin) gegenüber Japan und China ihren Niederschlag.

Deutschland wurde zunächst in drei, später dann in vier Besatzungszonen aufgeteilt. In gleicher Weise wurde die Hauptstadt Berlin in vier Zonen aufgeteilt.

Stalin forderte für die Sowjetunion zusätzliche Sicherheiten. Die besetzten Länder von Italien über die Tschechoslowakei bis zum Baltikum und praktisch der ganze Balkan sollten einen Sicherheitsring von Satellitenstaaten um die Sowjetunion bilden. Darauf gingen Churchill und Roosevelt nur teilweise ein. Italien wurde der westlichen Einfluss-Sphäre zugeschlagen, während man die Tschechoslowakei und die baltischen Staaten Stalin überließ. Über die Regierung von Polen wurde keine Einigung erzielt, und auch der Grenzverlauf blieb unklar. Die Einflusszonen in Südosteuropa hatten Stalin und Churchill bereits bilateral im Oktober 1944 in informeller Weise auf einem kleinen Zettel aufgeteilt. Churchill hatte geschrieben:

Rumänien	Russland 90 % – die anderen 10 %
Griechenland	Großbritannien 90 % – Russland 10 %
Jugoslawien	50 % – 50 %
Ungarn	50 % – 50 %
Bulgarien	Russland 75 % – die anderen 25 %

Stalin bestätigte laut Churchill den Vorschlag, indem er einen Haken auf das Blatt setzte!

In einer Geheimabsprache verpflichtete sich die Sowjetunion, zwei bis drei Monate nach der deutschen Kapitulation den Krieg gegen Japan zu eröffnen und ein Bündnis mit China einzugehen. Im Gegenzug erhielt sie territoriale Zugeständnisse in den Kurilen und Südsachalin sowie politische Vorrechte in der Mandschurei, Besatzungsrechte in Korea und die Autonomie der Äußeren Mongolei.

Wie bereits die frühere Konferenz von Teheran ließ auch die Konferenz von Jalta viel Auslegungsspielraum offen. Von vornherein einig war man sich nur über die bedingungslose Kapitulation, die Entnazifizierung und Entmilitarisierung

Deutschlands gewesen.

Definitive Absprachen, Einzelheiten über die Abtretung der deutschen Ostgebiete oder die künftige polnische Westgrenze wurden nicht getroffen. Verabredet war allenfalls, dass Polen im Norden und Westen deutsche Gebiete erhalten solle, nach den Vorstellungen der USA und Großbritanniens jedoch keine westlich der Oder. Absprachen über die Vertreibung von Millionen von Menschen sollten erst später auf der Potsdamer Konferenz 1945 folgen. Als Ostgrenze Polens wurde die „Curzon-Linie" festgelegt.

Auf dieser Konferenz einigten sich die drei Politiker auch über die letzten noch strittigen Punkte des Entwurfs zur Charta der Vereinten Nationen. Es ging insbesondere um den Abstimmungsmodus im mächtigsten Gremium der künftigen Organisation, dem Sicherheitsrat. Den ständigen Sicherheitsratsmitgliedern – der UdSSR, den USA, Großbritannien, Frankreich und China – räumte man auf Betreiben der UdSSR ein Vetorecht in allen wichtigen Fragen ein. Ohne dieses Zugeständnis wäre keine Einigung möglich gewesen.

In Jalta wurden die Grundlagen für die Gestaltung der Nachkriegswelt geschaffen. Damals hatte die Rote Armee die sowjetischen Landesgrenzen von 1941 bereits überschritten: Jetzt war sie von sich aus in der Lage, den Rest Osteuropas der politischen Herrschaft der Sowjetunion zu unterwerfen. Hätte jemals auf einem Gipfeltreffen über Nachkriegsregelungen verhandelt werden müssen, dann sicherlich am besten fünfzehn Monate vorher in Teheran. Denn vor Teheran hatte die Sowjetunion noch hart kämpfen müssen, um eine Niederlage abzuwehren; zur Zeit der Konferenz von Jalta jedoch war die Schlacht von Stalingrad bereits gewonnen, ein Sieg sicher und ein separates Arrangement zwischen den Sowjets und der deutschen Führung höchst unwahrscheinlich. Die USA hätten bei klaren Verhandlungen in Teheran die alleinige Führung in der Welt erringen und wahrscheinlich auch die 45 Jahre Kalten Krieg mit der Unterdrückung der Länder im östlichen und südöstlichen Europa verhindern können.

Potsdam

Nachdem die Deutsche Wehrmacht am 8. Mai 1945 kapituliert hatte, kam es vom 17. Juli bis zum 2. August 1945 zur Potsdamer Konferenz. Die drei Hauptalliierten trafen sich nach dem Ende der Kampfhandlungen auf dem europäischen Kriegsschauplatz im Potsdamer Schloss Cecilienhof, um auf höchster Ebene über das weitere Vorgehen in Europa zu beraten.

Die Ergebnisse wurden im Potsdamer Abkommen festgehalten. Zu den wichtigsten Beschlüssen zählen die Legitimierung des „geordneten und humanen

Transfers" deutscher „Bevölkerungsteile" aus der Tschechoslowakei und Ungarn sowie aus den deutschen Gebiete östlich der Oder-Neiße-Linie. Die Grenzziehung zwischen Polen und Deutschland sollte einer friedensvertraglichen Regelung mit Deutschland vorbehalten bleiben. Bei dieser Konferenz hatte sich die Zusammensetzung verändert: Harry S. Truman kam als Nachfolger des verstorbenen Präsident Roosevelt für die USA und Clement Atlee löste während der Konferenz Winston Churchill ab, da Atlee die Unterhauswahlen gewonnen hatte. Für die Sowjetunion kam unverändert Josef Stalin.

Churchill und Truman erkannten damit die sowjetischen Grenzen von 1941 an. Für den britischen Premier, dessen Land schließlich auch in den Krieg gezogen war, um Polens territoriale Integrität zu wahren, war dies ein besonders schmerzlicher Schritt. Die Verständigung, Polens Westgrenze in Richtung Oder und Neiße zu verschieben, blieb zunächst umstritten, da es zwei Flüsse namens Neiße gibt. Die Glatzer Neiße im Osten hätte Breslau und einen Teil Niederschlesiens in Deutschland belassen, die Lausitzer Neiße hätte diesen Teil Polen zugeschlagen. Angeblich sollten die beiden Delegationen aus Washington und London von der Existenz der beiden Neiße-Flüsse nichts gewusst haben. Anders als die sowjetische Delegation, die schließlich die Lausitzer Neiße im Westen festschrieb.

Die Konferenz von Potsdam markiert das Ende des Zweiten Weltkrieges in Europa und in gewisser Weise gleichzeitig den Beginn des Kalten Krieges. Das Scheitern einer gemeinsamen Besatzungspolitik führte letztendlich zu der über 40 Jahre anhaltenden Deutschen Teilung.

Ordnung nach 1945
Der Krieg endete mit einem geopolitischen Vakuum. Das Gleichgewicht der Kräfte war zerstört und die Ausarbeitung eines umfassenden Friedensvertrages wurde verschoben. Sie blieb aber lange aus, da die Welt begann, sich in zwei ideologische Lager zu spalten.

Stalin war ein kühler Kopf, der wusste, dass Großbritannien nach dem Kriege und ohne seine Kolonien allein kein Gegengewicht zur Sowjetunion bilden konnte. Daher würden sich nach dem Kriege zwei Möglichkeiten ergeben: Wenn die USA sich wieder aus Europa zurückziehen würden, wäre ein riesiges Vakuum direkt vor der sowjetischen Haustüre entstanden, in das Stalin einstechen könnte. Sollten die Vereinigten Staaten mit ihren Truppen aber in Europa bleiben wollen, würde dieses den Auftakt zu einer langen Auseinandersetzung mit den USA bilden. Stalins Kurs war daher von Beginn an klar gewesen: die Macht seines Landes so weit wie möglich nach Westen auszudehnen, um entweder seine Gewinne einzustreichen oder um für sich selbst die günstigste Verhandlungposition im Hinblick auf eine später stattfindende Kraftprobe zu erobern.

Nachdem die US-Amerikaner im Krieg ihre industrielle und militärische Vorherrschaft bewiesen hatten, konnten sie nach 1945 als wichtigste Zugewinne das westdeutsche und das japanische Protektorat verzeichnen. Beide Länder verfügten grundsätzlich über eine ausgesprochen starke Wirtschaftskraft und die Vereinigten Staaten setzten mit ihrer militärischen Stärke die Macht über diese beiden für die Kontrolle der Weltwirtschaft wichtigen Partner durch.

Der enorme Zugewinn an militärischer und politischer Stärke wurde zudem durch den Abwurf der beiden Atombomben auf Hiroshima am 6. August 1945 und Nagasaki am 9. August 1945 untermauert. Die USA dokumentierten dadurch, dass sie die Fähigkeit besaßen, Atomwaffen zu bauen und dass sie auch willens und bereit waren, diese ggf. einzusetzen. 1945 waren sie die einzige Macht in der Welt, die über diese Fähigkeit verfügte.

Die USA waren bei Kriegseintritt fest entschlossen gewesen, sich nach Ende des Krieges aus Europa zu verabschieden. Mit der erfolgten deutlichen Erweiterung des Einzugsbereiches der Sowjetunion sollte sich diese Einstellung jedoch langsam ändern. Die Gefahr bestand, dass Moskau auf der Basis der bereits gewonnenen Vasallenstaaten noch weiter nach Westen drängen würde und zunächst die westlichen Gebiete Rest-Deutschlands unter seine Kontrolle bringen könnte. Diese neue geopolitische Lage konnte man in Washington nicht ignorieren. Es wurde in Washington daher nach Möglichkeiten gesucht, dem sowjetischen Drang entgegenzuwirken. Die Vereinigten Staaten wurden tiefer in Europas Angelegenheiten hineingezogen.

Marshall-Plan

Der letzte Auslöser für die Entscheidung, die europäischen Länder einschließlich Deutschland zu unterstützen, war der beginnende „Kalte Krieg". Als Reaktion auf die Situation im Bürgerkrieg in Griechenland (1946 - 1949) hatte Präsident Harry S. Truman am 12. März 1947 die *Truman-Doktrin* verkündet, nach der die USA alle „freien Völker" im Kampf gegen totalitäre Regierungsformen unterstützen werden. Griechenland war den Beschlüssen der Kriegskonferenzen zufolge britisches Einflussgebiet (siehe Seite 160); trotzdem unterstützte die Sowjetunion die dortigen Kommunisten im Bürgerkrieg. Da Großbritannien sich nicht in der Lage sah, mit der Situation dort fertig zu werden, bat es um die Unterstützung der USA.

Auf Initiative des Außenministers George C. Marshall In Washington hatte ab Mai 1947 George F. Kennan, Leiter des Planungsstabes im Washingtoner

Außenministerium, mit der Ausarbeitung eines Hilfsprogramms für alle europäischen Staaten begonnen. Das Programm ging als Marshall-Plan in die Geschichte ein. Ausgangspunkt der Überlegungen Marshalls war die Analyse, dass nur ein vereinigtes, ökonomisch gesundes Europa gegen jede Art von Totalitarismus immun sei. Doch auch eigene US-wirtschaftspolitische Absichten spielten natürlich eine Rolle bei der Entwicklung des Marshall-Plans, der für ganz Europa gelten und auch Deutschland einschließen sollte.

Warum auch Deutschland? Der deutsche Wiederaufbau lag zunehmend auch im Interesse der USA und der Staaten Nachkriegseuropas. Sowohl für den westeuropäischen als auch für den US-amerikanischen Markt war Deutschland als zentrale Wirtschaftsmacht unverzichtbarer Abnehmer von Rohstoffen und Lieferant von Fertigprodukten. Hinzu kam für die USA die Schlüsselrolle Deutschlands im beginnenden Kalten Krieg. Die beiden neuen Machtblöcke unter der Führung der USA und der Sowjetunion stießen an der Grenzen zwischen der "Bizone" (die 1948 vereinigte US-amerikanische mit der britischen Besatzungszone) und der sowjetischen Besatzungszone und ihre unterschiedlichen Interessen aufeinander. Ein wirtschaftlich und politisch instabiles Westdeutschland konnte unabsehbare Folgen haben – nicht nur für Deutschland, sondern für ganz Westeuropa.

Der Marshall-Plan wurde ein großes Wirtschaftswiederaufbauprogramm der USA, dass aus Krediten, Rohstoffen, Lebensmitteln und Waren bestand. Das Programm wurde am 3. April 1948 vom Kongress verabschiedet. Am gleichen Tage wurde es von US-Präsident Harry S. Truman unterzeichnet und in Kraft gesetzt; es sollte vier Jahre dauern. Im gesamten Zeitraum (1948–1952) leisteten die USA bedürftigen Staaten in Europa Hilfen im Wert von insgesamt rund 13 Milliarden Dollar (das entspricht rund 130 Milliarden Dollar im Jahr 2017).

Ursprünglich war die Unterstützung für alle kriegsbeteiligten Länder geplant. Doch die Sowjetunion zwang einen Teil der Länder in ihrer Einflußsphäre, auf die Mittel zu verzichten. Auch die damals noch demokratische Tschechoslowakei musste auf Druck Moskaus verzichten. So konnten nur die westlichen Länder davon profitieren. Auch die neutralen Staaten wie die Schweiz und Schweden erhielten finanzielle Hilfen.

Die Details des Marshall-Planes wurden auf mehreren Konferenzen besprochen. Zur Koordinierung der Finanzhilfen gründeten am 16. April 1948 zunächst 16 europäische Länder den „Ausschuss für europäische wirtschaftliche Zusammenarbeit" (OEEC), den Vorläufer der heutigen OECD. Die USA garantierten diesen Ländern im Rahmen des „Europäischen Wiederaufbauprogramms" (ERP) bis zum Jahr 1952 finanzielle Unterstützung. Begleitet wurde dieses Programm von einer

Informationskampagne für die Bevölkerung der beteiligten Staaten, die aus heutiger Sicht zwischen praktischen Ratschlägen, politischer Bildung und Propaganda anzusiedeln ist. Es wurde auch von Indoktrination gesprochen. Am 30. Oktober 1949 trat auch die Bundesrepublik Deutschland der OEEC bei. Die Länder hatten allerdings auch Verpflichtungen einzugehen. Sie mussten ihre eigenen jeweiligen Staatsfinanzen durch Währungsreformen stabilisieren.

Die Zuteilungen zu den 18 Staaten erfolgten in folgendem Umfang:[102] (Gesamtsumme in Millionen US Dollar).

Großbritannien	3.442,8 $
Frankreich	2.806,3 $
Italien	1.515,0 $
Bundesrepublik Deutschland	1.412,8 $
Niederlande	977,3 $
Österreich	711,8 $
Griechenland	693,8 $
Belgien-Luxemburg	555,5 $
Dänemark	275,9 $
Norwegen	253,5 $
Türkei	242,5 $
Jugoslawien	159,3 $
Irland	146,2 $
Schweden	107,1 $
Indonesien	101,4 $
Portugal	50,5 $
Triest	32,6 $
Island	29,8 $

Résumé

Das 20. Jahrhundert wird allgemein als das „US-amerikanische Jahrhundert" bezeichnet. Und das wohl auch zu Recht. Als direkten Ausgangspunkt kann man den Eintritt der USA in die Kampfhandlungen des 1. Weltkrieges sehen. Doch tatsächlich reichen die Gründe für den rasanten Aufstieg bis zum amerikanischen Bürgerkrieg zurück, in dessen Folge die ersten Grundlagen gelegt wurden.

Nachdem sich der junge Staat „arrondiert" hatte und sodann auch mit der Monroe-Doktrin das eigene Einflussgebiet abgesteckt hatte, schienen die USA

---

[102] *Statista - das Statistik-Portal*

„saturiert" zu sein. Der weit verbreitete Isolationismus stützte diese Annahme, die nicht nur im Ausland so gesehen wurde, sondern auch im eigenen Land.

Der Eintritt in den 1. Weltkrieg eröffnete dann weitergehende Perspektiven hin zu einer Großmacht und darüber hinaus. Diese Perspektiven ermöglichte dann der 2. Weltkrieg, der die politischen und sozialen Strukturen der Welt grundlegend veränderte. Die europäische Kolonialmacht Großbritannien verlor ihre Weltmachtstellung, die Kolonialmacht Frankreich ihre Großmachtstellung, und die meisten der afrikanischen und asiatischen Kolonien wurden unabhängig.

Die Organisation der UNO wurde gegründet, deren ständige Mitglieder im Sicherheitsrat die Hauptsiegermächte des Zweiten Weltkrieges wurden: USA, die Sowjetunion, China, Großbritannien und auch Frankreich. Die USA dehnten ihren Einfluss weltweit aus und lösten Großbritannien als Weltmacht ab. Sie mussten allerdings den Status der Weltmacht mit der Sowjetunion teilen, die ebenso ihr Einflussgebiet deutlich ausdehnen konnte und die in kurzer Zeit von einem alliierten Partner zum schärfsten Gegner wurde. Die Rivalität der USA mit der Sowjetunion führte zum Kalten Krieg, der 45 Jahre dauern sollte und an dessen Ende die USA als alleinige Weltmacht standen.

Kapitel 8

Die Vereinten Nationen

Nach dem endgültigen Scheitern des Völkerbundes mit Ausbruch des 2. WK mussten neue Wege zu einer internationalen Friedensordnung gesucht werden.

Historie

Unter dem Eindruck der rigorosen und völkerrechtlich fragwürdigen Kriegshandlungen des Deutschen Reiches kam es zu einer Annäherung zwischen den USA und der Sowjetunion. US-Präsident Roosevelt hatte bereits im Januar 1941 in einer Rede vor dem Kongress sein „Konzept der Freiheiten" erläutert in dem er das Vorgehen Hitlers gegen die internationale Demokratie als eine "Tyrannei" bezeichnete, der man entschieden begegnen müsse.

Bei dem bereits in Kapitel 7 beschriebenen Treffen an Bord der *HMS Prince of Wales* vor der Küste von Neufundland stimmte sich Roosevelt mit Churchill über den Entwurf einer „Atlantik-Charta" ab. Diese US-Initiative kann als Grundstein der Vereinten Nationen gesehen werden.

Während der „Arcadia-Konferenz" in Washington, einer Fortsetzung der bilateralen US-amerikanisch/britischen Konferenz in der Placentia Bay 1941 wurde am 1. Januar 1942 die „Deklaration vereinter Nationen" (*Declaration by the United Nations*) von 26 Staaten der Anti-Hitler-Koalition unterzeichnet. Sie diente der Formalisierung und Bekräftigung der zuvor beschlossenen bilateralen US-britischen Atlantik-Charta und war der zweite Schritt auf dem Weg zur Gründung der Vereinten Nationen. Da die Sowjetunion bei den Beratungen in Washington nicht anwesend war, kam es zu einem weiteren Treffen der Alliierten unter Beteiligung Chinas in Moskau. Auf dieser Moskauer Außenministerkonferenz von 1943 sprachen sich die künftigen Siegermächte für die Einrichtung einer "internationalen Organisation zur Friedenssicherung" aus. Es war der 3. Schritt auf dem Wege zur UNO. Am 1. Dezember 1943 wurde dieses Ziel auf der Konferenz von Teheran von Roosevelt, Stalin und Churchill noch einmal bestätigt.

Nachdem bereits im Juli 1944 auf der Konferenz von Bretton Woods die Grundzüge eines weltweiten Währungs- und Wirtschaftssystems und seiner künftigen Institutionen (IMF und Weltbank) festgelegt worden waren, berieten die Alliierten auf der Konferenz von Dumbarton Oakes noch bis zum 7. Oktober 1944 über die Satzung und die Struktur einer künftigen Weltorganisation: der 4. Schritt zu den Vereinten Nationen. Die Konferenz von Jalta im Februar 1945 brachte die Einigung der drei Großmächte über die Gründung der UNO. Am 11. Februar 1945 erklärten Präsident Roosevelt, Premierminister Churchill und Präsident, Premier und Marschall Josef Stalin in Jalta ihren Entschluss, „eine allgemeine internationale Organisation zur Erhaltung von Frieden und Sicherheit" einzurichten. Als letzte noch offene Frage der neuen Organisation erzielten die Staatsmänner Einigung über das Abstimmungsverfahren im Sicherheitsrat. Sie legten die 5 Ständigen Mitglieder im Sicherheitsrat fest und räumten diesen das sogenannte „Vetorecht" ein. Als die fünf ständigen Mitglieder wurden China, Frankreich, Großbritannien, die Sowjetunion und die Vereinigten Staaten von Amerika bestimmt. Trotz drastischer Änderungen in der Welt seit Gründung der UNO blieben die 5 ständigen Mitglieder bis heute bei der Struktur und dem Vetorecht, über das sie exklusiv verfügten.

Am 25. Juni 1945 wurde im Opernhaus von San Francisco die 111 Artikel umfassende Charta einstimmig angenommen, die am darauffolgenden Tag auch sogleich unterzeichnet wurde. Die unterzeichnenden Staaten waren allesamt auf alliierter Seite am Zweiten Weltkrieg beteiligt. Nachdem auch Polen als 51. Staat seine Ratifizierungsurkunde hinterlegt hatte, trat die UN-Charta am 24. Oktober 1945 endgültig in Kraft. Dieses Datum gilt als der „Tag der Vereinten Nationen".

Die große, notwendige Friedensinitiative der USA, die unter Roosevelt begonnen worden war, konnte somit noch vor dem Ende des 2. Weltkriegs zum Abschluss gebracht werden und noch im selben Jahr konnten die FAO (Ernährungs- und Landwirtschaftsorganisation der Vereinten Nationen), die UNESCO (Organisation der Vereinten Nationen für Erziehung, Wissenschaft und Kultur), der IMF (Internationaler Währungsfonds) und die Weltbank als Sonderorganisationen der UNO gegründet werden.

Der Einfluss der USA auf die UNO und ihre Sonderorganisationen war von Beginn an sehr stark. Er wird besonders deutlich, wenn man die Sitze der einzelnen Organisationen betrachtet. Alle wichtigen Sonderorganisationen haben – wie die UNO selbst – ihren Amtssitz in den USA: die UNO in New York, der IMF in Washington und die Weltbank ebenfalls in Washington. In diesen drei Institutionen wird die Weltpolitik beeinflusst und da übt das gastgebende Land natürlich einen besonders starken Einfluss aus. Eine Verlagerung des Sitzes der FAO von Washington nach Rom und des Sitzes der UNESCO nach Paris konnten die USA leichten Herzens zustimmen.

Am 10. Januar 1946 wurde die erste Generalversammlung, in der 51 Nationen vertreten waren, in London eröffnet, am 17. Januar 1946 trat der Sicherheitsrat erstmals zusammen und beschloss seine Geschäftsordnung und am 1. Februar 1946 wurde der Norweger Trygve Lie in New York, zum ersten Generalsekretär der Vereinten Nationen gewählt.

Am 24. Oktober 1949 wurde der Grundstein für den gegenwärtigen Amtssitz der Vereinten Nationen in New York gelegt, 1952 zogen die Vereinten Nationen von ihrem temporären Standort in London in das neue Hauptquartier am Ostufer von Manhattan ein. Das Grundstück – ein ehemaliger Schlachthof von 7 Hektar - hatte der US-Amerikaner John D. Rockefeller gestiftet.

Struktur und Organisation

Die Organisation der Vereinten Nationen hat in den mehr als siebzig Jahren Existenz ihre Zusammensetzung und ihre Tätigkeitsfelder erheblich ausgeweitet. Von ursprünglich 51 Gründungsstaaten ist die UNO auf nunmehr 193 Staaten angewachsen. Unabhängig davon hat sie ihre ursprüngliche Struktur mit der Charta der Vereinten Nationen als Grundlage behalten, dem UN-Generalsekretär und dem Weltsicherheitsrat als wichtigstem Entscheidungsorgan. 17 Sonderorganisationen haben die Vereinten Nationen seit 1945 gegründet.[103]

Kürzel	Name	Sitz	Gründung
FAO	Ernährungs- und Landwirtschaftsorganisation	Rom	1945
IMF	Internationaler Währungsfonds	Washington	1945
WB	Weltbankgruppe	Washington	1945
ILO	Internationale Arbeitsorganisation	Genf	1946
UNESCO	Organisation für Erziehung, Wissenschaft und Kultur	Paris	1946
ICAO	Internationale Zivilluftfahrtorganisation	Montreal	1947
ITU	Internationale Fernmeldeunion	Genf	1947
UPU	Weltpostverein	Bern	1947
IMO	Internationale Seeschifffahrts-Organisation	London	1948
WHO	Weltgesundheitsorganisation	Genf	1948
WMO	Weltorganisation für Meteorologie	Genf	1950
IAEO	International Atomenergie-	Wien	1957

---

[103] *Bundeszentrale für politische Bildung vom 2.2.2011*

	Organisation		
UNIDO	Organisation für industrielle Entwicklung	Wien	1967
WIPO	Weltorganisation für geistiges Eigentum	Genf	1974
UNWTO	Welttourismus-Organisation	Madrid	1974
IFAD	Internationaler Fonds für landwirtschaftliche Entwicklung	Rom	1977
ISTGH*	Internationaler Strafgerichtshof	Den Haag	1998

* Der IStGH ist eine internationale Organisation, deren Beziehung zu den Vereinten Nationen über ein Kooperationsabkommen geregelt ist. 123 Staaten sind Mitglied und haben die Verträge ratifiziert. 31 Staaten haben die Verträge nicht ratifiziert, davon haben drei Staaten dem Generalsekretär der UNO mitgeteilt, dass sie die Verträge auch nicht ratifizieren wollen und werden. Diese 3 Staaten sind Israel, der Sudan und die USA. Die USA wollen vor allem verhindern, dass die Anklagebehörde auf eigene Faust ermitteln kann, wenn sie ein Aggressionsverbrechen zu erkennen meint. Diese Haltung muß man vor dem Hintergrund so mancher US-amerikanischen Kriege sehen, bei denen militärische Gewalt gegen einen Staat unter offensichtlichem Verstoß gegen die UN-Charta eingesetzt worden ist. Es ist also als Selbstschutz zu sehen. Hinter dem Streit um den Straftatbestand des Angriffskrieges steckt aber immer auch die Debatte um die „Gleichheit vor dem Völkerrecht" und um die Frage, ob sich politisch einflussreiche Nationen dem Gerichtshof auf Dauer entziehen können. Bei der hohen Anzahl (86) von Kriegen, die die USA seit ihrer Gründung geführt haben, wird der Hintergrund für diese Ablehnung deutlich. Über andere Staaten will man wohl richten, aber andere Nationen sollen nicht über die USA oder US-Staatsbürger richten dürfen.

Vor dem Hintergrund der völlig veränderten Weltlage seit 1945 besteht bei Beobachtern und Praktikern der internationalen Politik Konsens darüber, dass die Organisation dringend reformiert werden muss. Die Strukturen und Verfahren entsprechen nicht mehr den weltpolitischen Realitäten des 21. Jahrhunderts. So ist auch das Bemühen von Ländern wie Brasilien, Deutschland, Indien oder Japan zu sehen, einen ständigen Sitz im Weltsicherheitsrat anzustreben, erklärlich. Gleichwohl zeigen sich die 5 ständigen Mitglieder im Sicherheitsrat wenig geneigt, diese Bestrebungen aufzugreifen und im Rahmen einer Re-Organisation der UNO auch andere große Nationen mit hoher Bevölkerungszahl und / oder hoher wirtschaftspolitischer Bedeutung in den exklusiven Kreis der 5 aufzunehmen. Insbesondere Großbritannien und Frankreich würden ihre Bedeutung und ihren

Einfluss ungern durch weitere Mitglieder verwässern wollen. Doch auch die USA weigern sich nach wie vor, die Zahl der Ständigen Mitglieder zu erhöhen und damit das Veto-Recht der Ständigen Mitglieder aufzuweichen. Mit der unveränderten Struktur und der Rolle des Sicherheitsrates können die USA eine jede Entscheidung blockieren, die nicht in ihrem Sinne ist. Gleiches gilt natürlich auch für Russland und China, wie für Großbritannien und Frankreich.

Das Finanzierungssystem der Vereinten Nationen basiert auf drei wesentlichen Säulen: den Pflichtbeiträgen zum ordentlichen Haushalt, den Pflicht-Beitragsumlagen zur Finanzierung der Friedensmissionen sowie den freiwilligen Beiträgen der Mitgliedsstaaten. Bei der Bemessung der Beiträge lautet das Prinzip: Reichere Länder zahlen mehr, ärmere Länder zahlen weniger. Die vier größten Beitragszahler der Vereinten Nationen sind die USA (22 %), Japan (9,7 %), China (7,9 %) und Deutschland (6,4 %). Sie tragen zusammen rund 46 Prozent zum gesamten Haushalt der Vereinten Nationen bei. Japan und Deutschland sind trotzdem kein Ständiges Mitglied. Der reguläre Haushalt der Vereinten Nationen für das Haushaltsjahr 2014/2015 belief sich auf 5,8 Milliarden US-Dollar. Fonds und andere Sonderorganisationen haben ihren eigenen Etat.

Zuweilen weigern sich Mitgliedstaaten, ihre Beiträge zu bezahlen. Dieses geschieht immer dann, wenn Mitgliedstaaten mit einer Entscheidung nicht einverstanden sind. Auch die USA haben wiederholt zu diesem Mittel gegriffen. So haben die USA und Israel im November 2013 ihr Stimmrecht bei der UNESCO verloren. Da die UNESCO Palästina als Vollmitglied aufgenommen hatte, hatten die beiden Länder aus Protest für 2 Jahre ihre Mitgliedsbeiträge nicht mehr bezahlt.

IRAK-Krieg 2003
In den Fokus der internationalen Politik geriet die Weltorganisation wieder einmal im Kontext der Auseinandersetzungen um militärisches Eingreifen im Irak im Frühjahr 2003. Nachdem der Irak im August 1990 Kuwait überfallen hatte und daraufhin nach einem erfolglos verstrichenen Ultimatum der Vereinten Nationen im Januar 1991 eine breite Koalition aus 28 Staaten unter der Führung der USA militärisch eingriff und Kuwait befreite (*Operation Desert Storm*), wurden dem Irak von der UNO einstimmig eine Reihe von Bedingungen diktiert. Darunter ist insbesondere die Kontrolle des irakischen Massenvernichtungsprogramms zu zählen. Die Vereinten Nationen wollten sicherstellen, dass der Irak atomare, biologische und chemische Waffen weder entwickelt noch herstellt oder erwirbt.

Für die Beurteilung der Legitimität eines Krieges gegen den Irak war denn auch die Einschätzung über den Erfolg der bisherigen internationalen Eindämmungspolitik gegenüber dem Irak entscheidend. Während im Frühjahr 2003 insbesondere

Frankreich, Russland und China als ständige Mitglieder sowie Deutschland als damals nichtständiges Mitglied des Sicherheitsrates Fortschritte in der Kooperation sowie Erfolge bei den Inspektionen der UNO und damit keinen ausreichenden Grund für ein militärisches Eingreifen sahen, erklärten die USA, Großbritannien, Spanien und Bulgarien, der Irak kooperiere nicht in ausreichendem Masse. In der Folge konnte dieser Konflikt nicht auf dem Forum des Weltsicherheitsrates gelöst werden. Die USA führten daraufhin am 20. März 2003 ohne vorherige Ermächtigung des Sicherheitsrates den militärischen Angriff gegen den Irak durch.

Später stellte sich heraus, dass der Irak tatsächlich nicht über Massenvernichtungswaffen verfügt hatte. Am 5. Februar 2003 hatte Colin Powell, der erste farbige US-Außenminister den längst beschlossenen Krieg der Regierung Bush gegen den Irak vor der UNO begründet. Der CIA hatte ihn mit gefälschten Unterlagen in die Sitzung des UN-Sicherheitsrates geschickt. Colin Powell sollte unter diesem Auftritt leiden, er trat bald darauf vom Amt des US-Außenministers zurück und entschuldigte sich öffentlich.

Global Governance und Internationaler Strafgerichtshof[104]

Die Vereinten Nationen bilden auf weltpolitischer Ebene ein Forum für die Entwicklung einer Weltordnungspolitik (*Global Governance*). Das politische Konzept von *Global Governance* besteht darin, dem Verhalten von Staaten, aber auch von anderen Organisationen, Unternehmen und Individuen durch einen Rahmen von Regeln Grenzen aufzuerlegen. Ziel ist dabei die Schaffung und Einhaltung rechtlicher, ethischer, moralischer Grundlagen der internationalen Beziehungen für ein korrektes Verhalten der verschiedenen Akteure bei politischen Konflikten. Als Beispiel hierfür kann die Errichtung des Internationalen Strafgerichtshofs (IStGH) zur Verfolgung und gegf. Bestrafung der Urheber schwerer Verletzungen der Menschenrechte angesehen werden.

Zwar wurde die Idee zur Errichtung eines Internationalen Strafgerichtshofs bereits unter dem Eindruck der Tätigkeit der Internationalen Militärgerichtshöfe von Nürnberg und Tokio nach dem Zweiten Weltkrieg in den Vereinten Nationen diskutiert. Diese Vorstellungen konkretisierten sich jedoch erst in der Folge der Einrichtung der beiden Ad-hoc-Strafgerichtshöfe für das ehemalige Jugoslawien (1993) und für Ruanda (1994) durch die UNO. Das am 17. Juli 1998 in Rom verabschiedete Statut des Internationalen Strafgerichtshofs beschränkt dessen Gerichtsbarkeit auf vier besonders schwere Verbrechen, welche die internationale Gemeinschaft als Ganzes berühren: Völkermord, Verbrechen gegen die Menschlichkeit, Kriegsverbrechen und das Verbrechen der Aggression. Dabei ergänzt

---

der Internationale Strafgerichtshof die innerstaatliche Gerichtsbarkeiten, deren Vorrang im Statut verankert ist. Gemäß dem Grundsatz der Komplementarität soll der Internationale Strafgerichtshof tätig werden, wenn sich nationale Strafverfolgungsinstanzen als unfähig oder unwillig erweisen, die Ermittlungen oder die Strafverfolgung ernsthaft durchzuführen.

Der Verabschiedung der Verträge („Römisches Statut") gingen erhebliche Auseinandersetzungen unter den Delegierten voraus, die sich im Wesentlichen unter zwei Staatengruppen mit zwei unterschiedlichen Ansätzen hinsichtlich der konkreten Ausgestaltung des Strafgerichtshofs zusammenfassen lassen. Eine Gruppe, die von den USA angeführt wurde, zeigte sich primär auf ihre nationale Souveränität bedacht und wollte dem Internationalen Strafgerichtshof möglichst erst mit Einzelfallerlaubnis der betroffener Staaten die Untersuchung gestatten. Demgegenüber setzte sich eine zweite Gruppe „gleichgesinnter Staaten", darunter sämtliche damalige Mitgliedstaaten der EU, aber auch verschiedene Menschenrechtsorganisationen wie *Amnesty International* für das Ziel eines möglichst effektiven und unabhängigen Internationalen Strafgerichtshof ein - eine Position, die sich letztlich auch bei der Schlussabstimmung über das Römische Statut durchsetzen konnte.

Im April 2002 hatten schließlich 60 Staaten ihre Ratifikationsurkunde zur Schaffung des Internationalen Strafgerichtshof bei den Vereinten Nationen hinterlegt - darunter sämtliche damaligen 15 EU-Staaten -, sodass das Statut zum 1. Juli 2002 in Kraft treten und der Internationale Strafgerichtshof als ständige Einrichtung mit Sitz in Den Haag eingerichtet werden konnte. Im März 2003 wurden die ersten 18 Richter des Gerichtshofs vereidigt und inzwischen haben 121 Staaten das Statut von Rom ratifiziert. Die USA lehnen diese Einrichtung nach wie vor ab. Aber auch Staaten wie China, Indien, Russland, Irak, Iran, Nordkorea und die Türkei haben das Statut entweder nicht unterzeichnet oder nicht ratifiziert.

Im März 2006 wurde der erste Angeklagte vor dem Internationalen Strafgerichtshof vorgeführt. Es handelte sich um Thomas Lubanga, Angehöriger des Hema-Volkes und Führer der „Union Kongolesischer Patrioten" sowie deren Miliz in Ost-Kongo. Lubanga wurde vorgeworfen, eine der Hauptfiguren des Dauerkrieges zwischen Hema und Lendu zu sein. Dieser Krieg wurde wie alle Konflikte im Kongo durch Nachbarländer und durch den Kampf um Rohstoffe angefacht. Nach Schätzungen der Vereinten Nationen fielen ihm seit 1999 etwa 60.000 Menschen zum Opfer. Am 10. Juli 2012 wurde Lubanga zu 14 Jahren Freiheitsstrafe verurteilt.

Résumé
Nach dem Scheitern des Völkerbundes wurde mit der Gründung der Vereinten Nationen zum zweiten Mal auf politik-praktischer Ebene der Versuch unternommen,

die Unordnung der internationalen Politik zu ordnen bzw. zu verrechtlichen und eine globale Organisation mit der Wahrung des Weltfriedens zu betrauen.

Initiator waren die USA. Ihrem Präsidenten Roosevelt kommt der Verdienst zu, diese nun seit über 70 Jahren insgesamt doch erfolgreich operierende Organisation ins Leben gerufen zu haben. Als Initiator hatten die USA natürlich auch die beste Gelegenheit, diese weltumspannende Organisation nach ihren Wünschen und Vorstellungen zu strukturieren. Die Lokalisierung in New York und weiterer wichtiger Sonderorganisationen in Washington verstärken zudem die Möglichkeiten der Einflussnahme im US-amerikanischen Interesse. Dazu trägt auch bei, dass die USA der größte Beitragszahler der UNO sind. Gleichwohl, wenn die nationalen Interessen der USA im Widerspruch zu den Grundregeln der UNO stehen, halten sich die USA in keinster Weise an die Regeln der UNO, sondern setzen ihre eigenen Interessen durch.

Die Struktur entspricht heute noch unverändert der Lage bei Ende des 2. Weltkrieges im Jahre 1945. Die geschichtlichen Änderungen seither erfordern eine komplette Re-Organisation der Vereinten Nationen. Diese wird aber seit langer Zeit von den 5 ständigen Mitgliedern, einschließlich der USA abgelehnt. Als Mitglied dieses exklusiven Kreises kann man deutlich Einfluss auf andere Staaten und Regionen ausüben und diesen Einfluss möchte man sich natürlich erhalten.

Grundsätzlich bleibt festzuhalten, dass die Schaffung der Vereinten Nationen eine eindeutige Erfolgsgeschichte ist, die den Vereinigten Staaten von Amerika auf das Habenkonto geschrieben werden muß

Kapitel 9

Die NATO

Nachdem die West-Ost-Allianz gegen Hitler-Deutschland als gemeinsamer Feind im 2. Weltkrieg gekämpft hatte, traten die Gegensätze zwischen den westlichen, demokratischen Staaten auf der einen Seite und der kommunistischen Sowjetunion mit den von ihr beherrschten Staaten in Mittelosteuropa auf der anderen Seite immer stärker zutage. Meinungsverschiedenheiten und daraus folgende Konflikte häuften sich. Es kam zu Spannungen zwischen den USA und der Sowjetunion. 1946/47 hatten Russland und Amerika widerstreitende Interessen in der Türkei, im Iran und in Griechenland. Sowohl die UdSSR als auch die USA hatten dort Ziele und Pläne, die denen der jeweils anderen widersprachen. Die Ziele und Pläne bezogen sich sowohl auf Bodenschätze als auch auf die politische Ausrichtung der betroffenen Länder. Es war eindeutig ein geostrategischer Interessenkonflikt.

Der erste Anlauf zur Gründung der Nato war am Widerstand der USA gescheitert. Vergebens hatte der sozialistische britische Außenminister Ernest Bevin im Dezember 1947 seinen amerikanischen Kollegen George Marshall zur "Unterstützung Westeuropas durch die USA" gedrängt. In Europa hatte der Kalte Krieg bereits begonnen, und Bevin befürchtete, der sowjetische Diktator Josef Stalin könne sein Imperium bis an den Atlantik ausdehnen. Doch Marshall winkte ab. Zwei Jahre nach dem Ende des Zweiten Weltkriegs waren die meisten US-amerikanischen Soldaten gerade wieder zu Hause. Sie zurück nach Europa zu schicken, hätte den Wählern kaum gefallen.

Erst als Stalin im Februar 1948 in Prag die demokratische Regierung durch ein kommunistisches Regime ersetzte, drehte sich die Stimmung. Am 11. Juni 1948 gestattete eine Resolution des amerikanischen Senats der Regierung die Teilnahme an einem Verteidigungsbündnis. Zehn Monate stritten sich die künftigen Partner der Allianz um die Formulierung des Nato-Vertrages. Der französische Außenminister Robert Schuman verlangte US-amerikanische Waffen und die sofortige Stationierung von US-Einheiten in seinem Land. Der niederländische Kollege Dirk Stikker wollte nur unterschreiben, wenn auch Hollands indonesische Kolonien einbezogen würden.

Am 3. April 1949 rief US-Präsident Harry Truman die Außenminister der neuen Verbündeten im Weißen Haus zusammen und warnte, dass man gemeinsam nur eine Atempause von ein paar Jahren habe, die man nutzen müsse, um eine gemeinsame

Politik zu entwickeln. Einen Tag später, am 4. April 1949 unterzeichneten die 12 Staaten, nämlich Belgien, Dänemark, Frankreich, Großbritannien, Island, Italien, Kanada, Luxemburg, die Niederlande, Norwegen, Portugal und die USA den Nordatlantikpakt. Als Name der neuen Organisation wurde *North Atlantic Treaty Organisation* gewählt, da zwischen den Gründungsstaaten der Nordatlantik lag, also "Nordatlantischer Pakt". Den Sitz des Hauptquartiers der NATO legte man zunächst nach Washington und ab 1952 nach Paris. Dieses sollte sich in den 60er Jahren ändern.

Die Intention dieser 12 Staaten bestand darin, sich gegen eine mögliches Vordringen des Kommunismus nach West-Europa zu wappnen, indem man gemeinsam Freiheit, Demokratie, Menschenrechte, Frieden und Marktwirtschaft gewährleisten wollte.

Erst in Art. 5 wird die kollektive Selbstverteidigung thematisiert. In diesem wohl wichtigsten Artikel verpflichten sich die Teilnehmerstaaten der NATO zu gegenseitigem Beistand. Wie dieser allerdings konkret auszusehen hat, konnte und kann immer noch jeder Staat für sich selbst entscheiden. Die "Beistandspflicht" liegt im Einsatz von Truppen genauso wie in nichtmilitärischen Hilfsmaßnahmen, wie Lebensmittelhilfen oder ärztlicher Versorgung. Die NATO ist ihrem Selbstverständnis nach also in erster Linie eine politische Allianz, eine Wertegemeinschaft und erst in zweiter Linie ein militärisches Verteidigungsbündnis. Diese Tatsache wird von der veröffentlichten Meinung häufig anders dargestellt.

Die NATO strebte und strebt eine dauerhafte internationale Sicherheit an und setzte sich für die Weiterentwicklung der Demokratie ein. Der Vertrag ist im Gebiet der Mitgliedsländer, aber auch auf Stützpunkten, Schiffen und Flugplätzen im Mittelmeer und im Atlantik gültig. Neben der militärischen Unterstützung strebten die Mitgliedsstaaten auch eine stärkere Zusammenarbeit auf wirtschaftlicher Ebene an.

Ein Reibepunkt zu Beginn war die Festlegung des „Hoheitsgebietes" der NATO. Einige europäische Regierungen wie die aus Großbritannien, Frankreich, Belgien und den Niederlanden plädierten für einen weltweiten Einsatz der NATO. Die USA wehrten sich dagegen und setzten sich durch. Sie wollten nicht in eventuelle Auseinandersetzungen der europäischen Kolonialmächte mit deren überseeischen Kolonien verwickelt werden. So wurde als südliche Grenze der NATO der Wendekreis des Krebses festgelegt. Interessant ist, das es einige Jahrzehnte später die USA waren, die NATO-Truppen gern weltweit eingesetzt sehen wollte, die Europäer hingegen eine solche Erweiterung der Grenzen der NATO ablehnten. Der Begriff *Out-of-area* beschäftigte Politiker und Militärs immer. Dieses sollte sich erst in Folge des NATO-Gipfel in Rom ändern. Seither gilt die vereinbarte Bereitschaft der NATO zu den *Out-of-Area*-Einsätzen. Nach Ermächtigung durch den UN-Sicherheitsrat oder der OSZE sind nun auch Einsätze außerhalb des NATO-Territoriums möglich.

Im Zuge der Verhärtung ideologischer Auseinandersetzungen zwischen den USA und der Sowjetunion und der atomaren Aufrüstung in den drei NATO-Staaten USA, Großbritannien und Frankreich und in der Sowjetunion kam es zu einer nachhaltigen Verstärkung der militärischen Komponente des Bündnisses. Das Ausbrechen regionaler und lokaler Konflikte wie der Koreakrieg und die Kubakrise kamen hinzu.

Die 1960er und 1970er Jahre zeichneten sich durch ein Wettrüsten zwischen den Supermächten aus, dass in einer von beiden Seiten verfolgten Strategie wechselseitiger nuklearer Abschreckung mündete, ungeachtet der Proteste dagegen insbesondere in Westeuropa und hier gerade auch in der Bundesrepublik Deutschland. US Präsident Ronald Reagan (1980 bis 1988) instrumentalisierte den Rüstungswettlauf zu einem Wirtschaftskrieg, der für die Sowjetunion finanziell ruinös wurde und zu deren Zerfall Ende der 1980er Jahre maßgeblich beitrug.

Zu einschneidenden Änderungen kam es, als bei den französischen Präsidentschaftswahlen 1965 Charles de Gaulle wiedergewählt wurde und seine 2. Präsidentschaft mit einer signifikanten Änderung der bisherigen französischen Verteidigungspolitik begann. Am 21. Februar 1966 kündigte er den Austritt Frankreichs aus der militärischen Integration der NATO an. Mit der Zündung der ersten französischen Atombombe am 13. Februar 1960 in der Sahara war das Land in den Kreis der Nuklearmächte aufgestiegen und baute mit der *Force de Frappe* eine eigene (kleine) Atomstreitkraft auf. Mit gestärktem Selbstbewusstsein erinnerte sich Frankreich auch der zum Teil demütigenden Behandlung durch die Alliierten während des Zweiten Weltkriegs. De Gaulle lehnte eine dauerhafte Dominanz der USA in der NATO ab und verlangte die Unterstellung der in Frankreich stationierten US-amerikanischen und kanadischen Einheiten unter französisches Kommando. Nachdem die USA ihre Zustimmung verweigert hatten, forderte der französische Präsident im Februar 1966 den Abzug aller alliierten Truppen und aller NATO-Hauptquartiere mit der Begründung, dass Frankreich jetzt die volle Ausübung seiner Souveränität ausübe, die durch die Stationierung fremder Streitkräfte auf seinem Boden bisher nicht gewährleistet sei. Am 1. Juli 1966 zogen sich die Vertreter Frankreichs aus den militärischen Organen der NATO zurück und die französischen Truppen wurden aus der militärischen Integration der NATO herauzsgezogen. 30.000 NATO-Soldaten mussten Frankreich verlassen, das Militärhauptquartier SHAPE wurde nach Mons in Belgien, das nationale Europäische Kommando der US-Streitkräfte (US-EUCOM) nach Stuttgart und das NATO-Oberkommando Mitteleuropa (AFCENT) nach Brunssum in die Niederlande verlegt. Am 16. Oktober 1966 verabschiedeten die Mitglieder des NATO-Rats auf Druck der USA einstimmig auch die Verlegung ihres obersten politischen Organs nach Brüssel. Dieses hatte de Gaulle allerdings nicht gefordert, er hätte den Nordatlantikrat gern in Paris behalten.

Die USA, die das Bündnis deutlich dominierten, konnten sich gegenüber dem eigensinnigen General aus Paris durchsetzen und ihre Rolle zunehmend festigen. Ihre Präsenz in Europa wurde weiter ausgebaut. Und so ergab sich für die USA durch die NATO-Mitgliedschaft eine deutliche Veränderung ihrer Außenpolitik. Die Politik der Nichteinmischung in die Angelegenheit anderer Staaten, die die USA über viele Jahrzehnte verfolgt hatten, war nun wohl endgültig Geschichte geworden.

Niemand hat das Konzept der NATO in ihren Anfangsjahren so einfach und treffend beschrieben wie der britische General Hastings Ismay: Ziel sei es, *keep the Americans in, the Russians out and the Germans down*, sagte der erste Generalsekretär des 1949 gegründeten transatlantischen Bündnisses. Die ersten beiden Prinzipien bestanden 50 Jahre lang bis zum Ende des Kalten Krieges fort. Das dritte erledigte sich in kurzer Zeit.

Am 18. Februar 1952 wurden Griechenland und die Türkei als Mitglieder Nummer 13 und 14 aufgenommen. Eine Maßnahme, die auch zur Stabilisierung der Demokratien in beiden Staaten beitragen sollte. Zudem gewann die NATO mit der Mitgliedschaft dieser beiden Staaten die Kontrolle über den Ausgang des Schwarzen Meeres. Ein nicht zu vernachlässigender Nebeneffekt ist die Tatsache, dass seither der Zugang der einzigen sowjetischen Flotte mit eisfreien Häfen zu den Weltmeeren durch von der NATO kontrollierte Meerengen verläuft

Am 6. Mai 1955, nur sechs Jahre nach Gründung der NATO, wurde die Bundesrepublik Deutschland als 15. gleichberechtigtes Mitglied in das Bündnis aufgenommen. Ausgelöst wurde diese Entscheidung durch den Ausbruch des Korea-Kriegs 1950. Von dem damaligen Bundeskanzler Konrad Adenauer (CDU) wird der Satz kolportiert, dass ein Staat ohne Armee kein richtiger Staat sei. Der Unterzeichnung der Verträge war in Deutschland eine heftige Kontroverse über die Wiederbewaffnung des eigenen Landes vorausgegangen.

Die USA setzten den Nato-Beitritt Deutschlands durch, die Franzosen hielten dagegen und initiierten die Gründung der Westeuropäischen Union (WEU), einen Beistandspakt sieben europäischer Länder inklusive Deutschlands. Die WEU war im Schatten der NATO jedoch politisch bedeutungslos und wurde 2010 aufgelöst.

Eine Woche nach dem NATO-Beitritt der Bundesrepublik gründete die Sowjetunion den Warschauer Pakt, dem auch die DDR angehörte. Die Teilung

Europas in zwei Blöcke war damit besiegelt[105]

Spanien wurde als 16. Staat am 30. Mai 1982 in das Bündnis aufgenommen. Bis zum Ende des Kalten Krieges sollte die Zahl der Mitgliedstaaten der NATO nun unverändert bleiben.

Strategien der NATO

Seitdem die Vereinigten Staaten von Amerika sich darüber klar geworden waren, dass es in ihrem ureigenen Interesse liegt, sich mit den Demokratien Europas zu verbünden, um sich gemeinsam dem Expansionsdrang der Sowjetunion entgegenzustemmen, mussten die Europäer und Amerikaner sich immer wieder um einen Abgleich ihrer jeweiligen sicherheitspolitischen Interessenlage bemühen. Dabei blieben Spannungen zwischen der Allianzstrategie und der nationalen US-amerikanischen Strategie nicht aus.

„Im Vordergrund der US-amerikanischen Überlegungen zur Bündnisstrategie stand seit Gründung der Atlantischen Allianz die Rolle der Nuklearwaffen zur Abschreckung und Verteidigung. Aufgrund der unterschiedlichen geographischen Nähe zum Bedrohungspotential des Warschauer Paktes hatte es seit Bestehen des Bündnisses unterschiedliche Risiken für NATO-Europa und Nordamerika gegeben: Die europäischen NATO-Staaten waren mit der unmittelbaren Bedrohung durch das überlegene konventionelle Potential des Warschauer Paktes konfrontiert und standen zusätzlich unter der kontinentalen und interkontinentalen Nuklearbedrohung durch die Sowjetunion. Für die USA und Kanada gab es diese Mehrfachbedrohung nicht. Die Vereinigten Staaten hatten für die Sicherheit des nordamerikanischen Kontinentes ausschließlich die Verwundbarkeit durch sowjetische nuklearstrategische Interkontinentalwaffen in Rechnung zu stellen, mußten zugleich aber auch die globalen Auswirkungen sowjetischer Interventionsfähigkeit berücksichtigen.

Dabei bestand aus US-amerikanischer Sicht ein erhebliches Risiko darin, durch ein konventionelles Ungleichgewicht in Europa in eine nukleare Auseinandersetzung mit der Sowjetunion gedrängt zu werden, was im Konfliktfall nichts anderes bedeutet hätte, als dass die USA ihre Existenz in die Waagschale der gemeinsamen Sicherheit werfen müssten.

Für die Bündnisbeziehungen bestand mithin die erste Kernfrage darin, wie unter sich wandelnden strategischen Bedingungen, wie unter Berücksichtigung des jeweiligen militärischen Kräfteverhältnisses eine Risikogemeinschaft zwischen USA/Kanada und NATO-Europa erhalten werden konnte, die den

---

[105] *Fischer, Michael: in „Wilhelmshavener Zeitung" vom 6.5.15*

Sicherheitsinteressen diesseits und jenseits des Atlantiks einigermaßen gleichmäßig gerecht wurde. Es ging mit anderen Worten um die Frage: wie konnte die politisch-strategische Einheit für das Bündnisgebiet Nordamerika – Nordatlantik – NATO-Europa erhalten bleiben?

Die zweite Kernfrage richtete sich auf die Problematik unterschiedlicher weltweiter Interessen und damit auf die Spannung zwischen einer auf die Grenzen des NATO-Vertragsgebietes eingeengten Bündnisstrategie und einer global angelegten US-Strategie".[106]

Am 9. Dezember 1952 wurde die erste NATO-Strategie, die „Strategie der Vorneverteidigung" *(Forward Strategy, MC 14/1)* beschlossen. Am 16. März 1955 kündigte US-Präsident Dwight D. Eisenhower für den Kriegsfall den Einsatz taktischer Nuklearwaffen gegen militärische Ziele an.

Mit dem Beschluss des Nordatlantikrates vom 23. Mai 1957 wurde die MC 14/1 durch die „Strategie der massiven Vergeltung" *(Massive Retaliation, MC 14/2)* als NATO-Strategie abgelöst.

Aufgrund des 1967 veröffentlichten „Harmel-Berichts" im Nordatlantikrat wurde auf der NATO-Ministerratstagung in Brüssel am 14. Dezember 1967 die „Strategie der abgestuften Reaktion" *(Flexible Response, MC 14/3)* bestätigt und für die NATO übernommen. Sie kann als ein Beispiel für *Brinkmanship* gesehen werden: man ist bereit, das Spiel mit dem Feuer als die strategische Drohung ggf. bis zum Alleräußersten zu gehen. Diese Strategie der NATO sollte bis zum Ende des Kalten Krieges gültig bleiben.

Auch zur Verringerung nuklearer Risiken galt nicht mehr die Strategie der massiven Vergeltung, sondern die NATO setzte mit der „Zwei-Pfeiler-Doktrin" den Fokus einerseits auf militärische Sicherheit durch konventionelle Streitkräfte und die neu entwickelten taktischen Nuklearwaffen und andererseits auf Entspannungspolitik. In den Folgejahren baute die NATO ein neues Selbstverständnis auf: Die Triade aus konventionellen, taktisch-nuklearen und strategisch-nuklearen Potenzialen als Mittel der NATO-Strategie. Die Triade sollte erreichen, dass für jeden Angreifer Art, Ausmaß und Zeitpunkt der jeweiligen Reaktion der NATO nicht kalkulierbar waren. Das hohe Risiko eines nicht kalkulierbaren, in jedem Fall unannehmbaren eigenen Schadens sollte den potenziellen Gegner in seinem Entscheidungsprozeß zwischen Frieden und Krieg zum Erhalt des Friedens bewegen. Damit wurde deutlich, dass die Abschreckung ein friedensicherndes Prinzip ist, das nicht nur politisch und militärisch

---

[106] *Weisser, Ulrich: Strategie im Umbruch, S. 31-32*

vernünftig, sondern auch moralisch vertretbar ist.

Spiritus rector bei all diesen strategischen Überlegungen waren immer wieder die USA, die mit ihren überdimensionalen Streitkräften das Bündnis dominierten.

Die Umwälzungen in Mittel- und Osteuropa, der strategische Rückzug der Sowjetunion aus diesem Gebiet sowie ihre Auflösung im Dezember 1991, die Erfolge im Abrüstungsprozess und der Beginn eines neuen Zeitalters in Europa hatten die bis 1990 gültige Strategie der NATO obsolet werden lassen und zu einer drastischen Veränderung geführt. Auf dem Gipfel der 16 Staats- und Regierungschefs der NATO-Mitglieder am 7. und 8. November 1991 in Rom wurde das neue "Strategische Konzept des Bündnisses" verabschiedet. Angesichts der weitreichenden Veränderungen in der europäischen Sicherheitsarchitektur wie auch in der NATO selbst wurde im Verlauf der 1990er Jahre deutlich, dass das Konzept endgültig vom Ballast des Ost-West-Konflikts befreit werden musste. Die Strategie der "Allianz im Übergang" dokumentierte damit das Ende des Kalten Krieges. Die Strategie von 1991, die unmittelbar nach dem Wendejahr 1989 entwickelt worden war, musste in eine politisch noch ungewisse Zukunft zielen. Die Sowjetunion und der Warschauer Pakt waren im gleichen Jahr zerfallen, und die Gefahr von Instabilitäten, von neuen (auch militärischen) Konflikten und von nationalen Alleingängen im ehemaligen Ostblock war immanent.

Im Sommer 1997 gaben die Staats- und Regierungschefs der damals 16 Mitgliedstaaten den Auftrag für die Formulierung eines neuen Konzeptes, das nach intensiven Auseinandersetzungen auf dem Gipfeltreffen aus Anlass des 50-jährigen Bestehens am 24. und 25. April 1999 in Washington beschlossen wurde. Das strategische Konzept vom 25. April 1999 - zeitgleich führte die NATO Krieg gegen Jugoslawien - wurde schließlich zu einem Konsenspapier, in dem die neuen Aufgaben und Instrumente des Bündnisses in allgemeiner Form beschrieben wurden und damit durch ein hohes Maß an Flexibilität und Interpretierbarkeit gekennzeichnet waren. Die „Neue NATO" sollte nach diesem Konzept größer, schlagkräftiger und flexibler werden. Ungeachtet der von der NATO konstatierten positiven Gesamtentwicklung in ihrem Umfeld sowie der Unwahrscheinlichkeit eines Angriffs gegen das Bündnis - so die Annahme - bestehe jedoch auch weiterhin die Möglichkeit, dass sich "eine Bedrohung längerfristig entwickelt". In dem Konzept von 1999 heißt es unter Ziffer 20 „Die Sicherheit des Bündnisses bleibt einem breiten Spektrum militärischer und nichtmilitärischer Risiken unterworfen, die aus vielen Richtungen kommen und oft schwer vorherzusagen sind. Zu diesen Risiken gehören Ungewissheit und Instabilität im und um den euro-atlantischen Raum sowie die mögliche Entstehung regionaler Krisen an der Peripherie des Bündnisses, die sich rasch entwickeln können".

In diesem Zusammenhang wurde von der NATO unter anderem auf die Verbreitung von Massenvernichtungswaffen, Flüchtlingsströme infolge von bewaffneten Konflikten und auch Risiken umfassender Natur wie Terrorakte, Sabotage, organisiertes Verbrechen oder die Unterbrechung der Zufuhr lebenswichtiger Ressourcen verwiesen. Zur klassischen Kernfunktion der Bündnisverteidigung kam damit die Krisenbewältigung im euro-atlantischen Raum hinzu. In Zusammenarbeit mit anderen internationalen Organisationen wollte die NATO zudem "Konflikte verhüten oder, sollte eine Krise auftreten, in Übereinstimmung mit dem Völkerrecht zu deren wirksamer Bewältigung beitragen, darunter auch durch die Möglichkeit von nicht unter Artikel 5 fallenden Krisenreaktionseinsätzen", wie es in Ziffer 31 des Konzeptes von 1999 heißt.

Obwohl zahlreiche Grundannahmen dieses Konzeptes weiterhin gültig sind, haben sich die strategischen Rahmenbedingungen für die NATO seitdem erheblich verändert. Die Bedrohung durch den internationalen Terrorismus und fragile Staaten, weltweite Einsätze wie in Afghanistan und am Horn von Afrika, die Verschiebung von Mächtegleichgewichten, Energiesicherheit, Bedrohung der Handelswege und das Risiko von Cyberangriffen, aber auch die Erweiterung auf 28 Mitgliedstaaten stellten die Allianz vor die Notwendigkeit der Strategieanpassung.

Der Wandel der NATO zu einem Bündnis im Dauereinsatz gegen nicht von allen Alliierten als gleichermaßen existenziell wahrgenommene Risiken und Bedrohungen hatte das Bündnis in den vergangenen Jahren oftmals zu einem Spielball zunehmend divergierender Interessen der Mitgliedstaaten werden lassen. Das Bündnis zerfaserte zusehends in Fraktionen mit teils sehr unterschiedlichen Vorstellungen über die Rolle und Aufgaben der Organisation. Identifiziert werden konnte dabei ein Lager, das die NATO grundlegend in Richtung eines global agierenden Ordnungsfaktors reformieren will. Diese Reformer wurden von den USA angeführt. Dagegen stand eine Gruppe von Staaten, die status-quo-orientiert waren und große Veränderungen ablehnten wie Deutschland und Frankreich. Die osteuropäischen Staaten schließlich wünschten sich gerade nach dem russisch-georgischen Konflikt im Spätsommer 2008 eine Rückbesinnung der Allianz auf die klassische Territorialverteidigung nach Artikel fünf des Nordatlantikvertrags.

Diese sehr unterschiedlichen Herangehensweisen und Prioritätensetzungen der Mitgliedstaaten gaben bereits früh einen Vorgeschmack auf die Notwendigkeit, Kompromisse zwischen unterschiedlichen Positionen zu finden. Es war und ist dabei eine offene Frage, ob sich die Allianz eher dazu entschließen sollte, Konflikte durch unverbindliche und blumige Kompromissformeln zu überdecken, oder aber in der Sache entscheidet. Auch diese Wahl zwischen Überdecken und Entscheidung ist nicht neu. Denn traditionell finden sich in allen NATO-Strategiedokumenten

Kompromissformulierungen, die breiten Raum für Interpretationen bieten. Die inhaltliche Füllung dieser Kompromissformeln wird im Einzelfall immer wieder zu Konflikten zwischen den Mitgliedstaaten führen.

Bereits im November 2006 hatte die NATO auf ihrem Gipfeltreffen in Riga ein Schlüsseldokument beschlossen, das als politische Richtungsvorgabe für die Transformation der NATO in den kommenden Jahren konzipiert wurde. Die so genannte umfassende politische Leitlinie (Comprehensive Political Guidance) gab insbesondere die Prioritäten für alle fähigkeitsbezogenen Fragen, Planungsdisziplinen und das Nachrichtenwesen des Bündnisses vor. Mit diesem Papier waren bereits wichtige Leitplanken für die militärische Transformation der NATO vorgegeben. Diese bezogen sich aber - was bei einem Militärbündnis auch nicht überraschen sollte - vorwiegend auf die militärischen Fähigkeiten. Ein strategisches Konzept muss jedoch mehr leisten: eine Vision für die Allianz.

Daher beschlossen die Staats- und Regierungschefs der NATO auf ihrem Gipfeltreffen 2009, bis spätestens Ende 2010 ein neues Konzept zu erarbeiten. Diese Entscheidung war nicht unumstritten, denn einige Mitgliedstaaten wie Beobachter befürchteten, dass der NATO die Kraft zu einer konzeptionellen Neubestimmung fehlen würde und die Suche nach einem neuen Konsens allenfalls die Bruchstellen offen legen könne.

Streitpunkte zwischen den Mitgliedstaaten bestanden insbesondere in der Frage des Umgangs mit Russland, der Gewichtung von Territorialverteidigung und operativer Tätigkeit, der Bedeutung von Nuklearwaffen und Raketenabwehrsystemen, des Aktionsradiuses der Allianz, dem Stellenwert von neuen Themen wie Cyberangriffen, der Bedeutung und der Ausgestaltung von Partnerschaften zu anderen internationalen Organisationen wie den Vereinten Nationen (UNO) und der Europäischen Union (EU) sowie zu Staaten außerhalb der NATO wie China, Südkorea oder Australien. Hinzu kam die Frage, ob die NATO über eigene Mechanismen und Instrumente verfügen sollte, mit der sie "vernetzte Sicherheit" gestalten kann.

Das Strategische Konzept der NATO 2010 wurde beim NATO-Gipfel in Lissabon am 19. und 20. November 2010 von den Repräsentanten der 28 Mitgliedsstaaten gebilligt und sodann der Öffentlichkeit vorgestellt. Es löst das Strategische Konzcpt der Allianz von 1999 ab und gilt (Stand Dezember 2016) bis zum Jahr 2020. Eckpunkte sind

- Das Bündnis sieht den Inhalt des Artikels 5 zur Landesverteidigung (Bündnisfall) immer noch als seine Hauptaufgabe.

- Die NATO bekennt sich grundsätzlich zu dem Konzept Abrüstung, will aber die Nukleare Abschreckung praktizieren, solange Atomwaffen existieren.

- Die Kooperation mit Russland soll intensiviert werden.

- Es soll ein gemeinsamer Raketenabwehrschild aufgebaut werden. Der Schild soll das gesamte europäische Nato-Gebiet vor Angriffen durch Lenkraketen schützen. Russland soll in die Planungen und die Durchführung eingebunden werden.

- Auf die Möglichkeiten von Angriffen auf und über die elektronische Infrastruktur für Kommunikation wurde explizit eingegangen. Nach dem Dokument soll bei einem solchen Angriff nicht der Bündnisfall ausgerufen werden, sondern es sollen nur Konsultationen nach Artikel 4 folgen.

- Durch eine engere Zusammenarbeit mit der EU, der UNO sowie Nichtregierungsorganisationen will die NATO einen vernetzten Sicherheitsansatz (*comprehensive approach*) fördern, der für die Bewältigung neuer Herausforderungen als unabdingbar betrachtet wird.

Londoner Erklärung 1990[107]

Der Fall der Mauer am 9. November 1989, die schnelle Erosion des Warschauer Paktes, die Heimkehr von Polen, Tschechen, Slowaken und Ungarn nach Europa - kurzum die friedliche europäische Revolution von 1989/90 setzte alle strategischen Verabredungen der NATO außer Kraft: die Sowjetunion erklärte sich bereit, die Deutschen in die Einheit zu entlassen und ihre Streitkräfte aus dem westlichen Vorfeld auf das eigene Territorium zurückzuziehen. Der Weg für diese bahnbrechende Entwicklung wurde durch eine Kette von Gipfeltreffen geebnet.

Am 6. Juli 1990 gaben die an der Sitzung des Nordatlantikrats teilnehmenden Staats- und Regierungschefs die Londoner Erklärung "Die Nordatlantische Allianz im Wandel" ab.

Bevor es hierzu kommen konnte, trafen sich der US-amerikanische Präsident George Bush I und Bundeskanzler Kohl am 25. Februar 1990 auf einem Gipfeltreffen in Camp David. Präsident Bush sicherte der Deutschen Bundesregierung die volle Unterstützung für den Einigungsprozess zu und definierte gemeinsam mit dem deutschen Kanzler ein Paket mit neun Vorschlägen, die der Sowjetunion die Zustimmung erleichtern sollten. Zu diesen Vorschlägen gehörten im Wesentlichen:

- Deutschland wird seinen Verzicht auf A-, B- und C-Waffen bestätigen.

- Die NATO revidiert ihre Strategie und passt die Rolle der nuklearen und konventionellen Streitkräfte den veränderten Gegebenheiten an.

---

[107] *Weisser, Ulrich: NATO ohne Feindbild, S. 58-61*

- Die NATO wird für eine Übergangszeit keine integrierten Streitkräfte auf dem Territorium der ehemaligen DDR stationieren.
- Deutschland stimmt zu, den sowjetischen Streitkräften in Ostdeutschland eine Übergangszeit für den Abzug zu gewähren.
- Deutschland wird die offenen Grenzfragen politisch eindeutig regeln und dabei klarstellen, dass das vereinte Deutschland aus der Bundesrepublik, der DDR und Berlin bestehen wird.
- Deutschland wird die Wirtschaftsprobleme der Sowjetunion so lösen helfen, dass die *Perestroika* gefördert wird.
- Der KSZE-Prozess wird gestärkt.

Diese neun Vorschläge waren dann Basis für die Londoner Erklärung. Mit dieser Erklärung wurde klar, dass die NATO sich nicht mehr auf einen großen Angriff aus dem Osten einrichtet, sondern auf die Beherrschung von Krisen und Konflikten neuer Art. Der Akzent in der Strategie verschob sich - weg von der Vorbereitung hinreichender Verteidigung als Substanz glaubwürdiger Abschreckung, hin zur Friedensgestaltung, Krisenvorsorge und Krisenbeherrschung.

NATO-Osterweiterung

Die geopolitische Lage in Europa hatte sich zu Beginn der 90er Jahre dramatisch verändert. Am 24. August 1989 hatte Polen mit der Wahl des ersten nichtkommunistischen Ministerpräsidenten nach 1945 die Änderungen eingeläutet. Es folgte am 9. November 1989 der Fall der Berliner Mauer. Am 11. März 1990 erklärte Litauen als erste sowjetische Teilrepublik seine Unabhängigkeit, am 4. Mai 1990 folgte Lettland und vier Tage Estland. Am 3. Oktober kam es zur Wiedervereinigung Deutschlands. Am 1. Juli 1991 löste sich der Warschauer Pakt selbst auf. Die in Polen, der Tschechoslowakei und Ungarn stationierten sowjetischen Truppen wurden abgezogen; in Deutschland blieb auf ehemaligem DDR-Gebiet die sowjetische/russische Westgruppe der Truppen (WGT) noch bis Ende Oktober 1994 stationiert.

Wie sollte die NATO auf diese geopolitischen und geostrategischen Änderungen reagieren?

Am 20. / 21. Oktober 1993 trafen sich die 16 Verteidigungsminister der NATO auf Einladung des deutschen Verteidigungsministers Volker Rühe in Travemünde zu einem informellen Meinungsaustausch ohne Zeitplan und ohne Kommuniqué. Bei dem Treffen fanden die entscheidenden Beratungen über das PfP-Programm statt. Schon im Vorfeld war berichtet worden, dass in deutsch-amerikanischen Konsultationen Übereinstimmung darüber erzielt worden sei, beim NATO-Gipfel im

Januar ein deutliches Signal der Öffnung nach Osten hin zu setzen. Verteidigungsminister Volker Rühe hatte in der Absicht nach Travemünde geladen, den entscheidenden Schritt zur Öffnung der NATO für neue Mitglieder zu bewirken und Beitrittskriterien für die MOE-Staaten zu erörtern. Zusammen mit Belgien, Norwegen und den Niederlanden schlug er die direkte Aufnahme der MOE-Staaten vor, was aber keine Zustimmung fand. Demgegenüber brachte der britische Verteidigungsminister Malcom Rifkind Skepsis zum Ausdruck und verwies darauf, dass die NATO kein Club, sondern eine Sicherheitsorganisation sei. Der US-amerikanische Verteidigungsminister Les Aspin stellte den unter Federführung des Pentagon erarbeiteten Plan vor, den Ländern eine „Partnerschaft für den Frieden", das heißt, ein individuelles Programm engerer Zusammenarbeit bei der militärischen Friedensbewahrung, anzubieten. Dieser Vorschlag war geeignet, die Meinungsverschiedenheiten auszuräumen. [108]

Formal wurde das Programm „*Partnerschaft für den Frieden*" (*Partnership for Peace*; PfP) auf dem NATO-Gipfel in Brüssel am 10./11. Januar 1994 beschlossen.

PfP ist ein Programm der militärischen Zusammenarbeit zwischen der NATO und 22 europäischen und asiatischen Staaten, die keine NATO-Mitglieder sind. Das Ausmaß der Zusammenarbeit kann von jedem teilnehmenden Staat selbst bestimmt werden. Zumeist handelt es sich dabei um gemeinsame Manöver und Übernahme von NATO-Standards bei der Beschaffung neuen militärischen Geräts. Die Teilnahme an friedenserhaltenden und friedensschaffenden Missionen der NATO ist über die PfP ebenfalls möglich. Vorgesehen ist auch die Konsultation der NATO bei Bedrohung eines Unterzeichnerstaats von außen. PfP ist jedoch explizit kein Verteidigungsbündnis; die Beistandspflicht bleibt NATO-Mitgliedern vorbehalten.

Koordiniert wird die Zusammenarbeit zwischen NATO und den Partnerstaaten seit 1997 im Euro-Atlantischen Partnerschaftsrat (EAPR), zuvor Nordatlantischer Kooperationsrat (NAKR).

Unterzeichnet haben das PfP-Rahmendokument die folgenden 22 Staaten: Armenien, Aserbaidschan, Bosnien & Herzegowina, Finnland, Georgien, Irland, Kasachstan, Kirgistan, Malta, Mazedonien, Moldawien, Österreich, Russland, Serbien, Schweden, Schweiz, Tadschikistan, Turkmenistan, Ukraine, Usbekistan, Weißrussland.[109] 13 weitere frühere Unterzeichnerstaaten sind inzwischen Mitglied der NATO: Albanien, Bulgarien, Estland, Kroatien, Lettland. Litauen, Montenegro,

---

[108] *Broer, Michael in Ostmitteleuropa, Rußland und die Osterweiterung der Nato: Perzeptionen und Strategien Im Spannungsfeld Nationaler und Europäischer Sicherheit, S. 305*
[109] *http://de.wikipedia.org/wiki/Partnerschaft_für_den_Frieden*

Polen, Rumänien, Slowakei, Slowenien, Tschechien und Ungarn.

Das erste gemeinsame Manöver unter Beteiligung von Truppen aus mehreren dieser Länder und aus NATO-Ländern sollte ursprünglich im Herbst 1994 in den Niederlanden stattfinden. Doch die polnische Regierung unter Waldemar Pawlak (Bauernpartei) und mit Verteidigungsminister (Vizeadmiral a.D.) Piotr Kołodziejczyk setzte alles dran, um das erste Manöver in diesem Rahmen auf polnischem Territorium auszurichten. Das erste Manöver im Rahmen PfP fand schließlich vom 12. – 16. September 1994 auf dem Truppenübungsplatz Biedrusko (deutsch: Warthelager) unter der Bezeichnung *Cooperative Bridge* statt und war ein politisches Ereignis der Sonderklasse. Es fand auch bei der Presse der gesamten Welt hohe Beachtung. Scherzhaft wurde behauptet, dass mehr Journalisten als Soldaten an diesem kurzen Manöver teilnahmen.

Wenngleich PfP von den meisten NATO-Ländern zunächst lediglich als eine kleine politische Geste gegenüber all jenen Ländern gesehen wurde, die ihre Freiheit gewonnen hatten, erkannten einige Regierungen sehr schnell die Möglichkeiten, PfP als Vehikel für die Bestrebungen zur Vollmitgliedschaft in der NATO anzusehen. Der polnische Staatssekretär Dr. Andrzej Karkoszka, der 1994 PfP zunächst noch als den größten Taschenspielertrick bezeichnet hatte, den sich die NATO habe einfallen, wurde zu einem Vorkämpfer für Polens NATO-Mitgliedschaft. Für die drei Länder Polen, Tschechien und Ungarn sollte dieser Weg schon schnell Realität werden: sie wurden auf dem NATO-Gipfel am 8./9. Juni 1997 in Madrid zu Beitrittsverhandlungen eingeladen und schließlich am 12. März 1999 vollwertige Mitglieder in der Allianz. Damit erfüllte sich der Traum in diesen 3 Ländern. Der tschechische Präsidenten Vaclav Havel hatte bereits am 21. März 1991 in einer Rede vor dem NATO-Rat ausgeführt:

> *„Seit meiner Jugend hörte ich in meinem Land von allen Medien über die NATO immer nur das Eine: Dass sie ein Bollwerk des Imperialismus sei, der Teufel in Person, der den Frieden gefährde und uns vernichten wolle. Ich freue mich über die Gelegenheit, hier und heute die Wahrheit sagen zu können: Das Nordatlantische Bündnis ist und bleibt nach dem Willen der demokratisch gewählten Regierungen seiner Mitgliedstaaten eine durch und durch demokratische Verteidigungsgemeinschaft, die wesentlich dazu beigetragen hat, dass dieser Kontinent seit fast einem halben Jahrhundert von Krieg verschont geblieben ist und ein großer Teil Europas vor dem Totalitarismus bewahrt wurde."* [110]

---

[110] *Weisser, Ulrich: NATO ohne Feindbild, S. 31*

Die US-Regierung, die sich ursprünglich bedeckt gehalten hatte, wurde nun zu einem starken Befürworter des Beitritts dieser Länder. Sie lehnte jedoch die von Frankreich geforderte Aufnahme der Rumänen, Slowenen und der Slowaken zu diesem Zeitpunkt noch ab.

Auf dem Gipfeltreffen 2002 in Prag beschloss die NATO dann die größte Erweiterung in ihrer Geschichte: 7 Länder wurden schließlich am 29. März 2004 aufgenommen. Neben Bulgarien, Rumänien, der Slowakei und Slowenien wurden mit Estland, Lettland und Litauen erstmals auch ehemalige Sowjetrepubliken Mitglieder der NATO. Am 1. April 2009 folgten Albanien und Kroatien als Mitgliedstaaten Nummer 27 und 28. Am 5. Juni 2017 schließlich wurde das kleine Montenegro als 29. Staat Mitglied in der Allianz.

NATO und Russland

Mit Unterzeichnung der KSZE-Charter von Paris am 21. November 1990 wurde der Ost-West-Konflikt offiziell für beendet erklärt. Als eine Folgemaßnahme wurde die Gründung des NATO-Russland-Rates beschlossen und eine Transformation der NATO eingeleitet. Mit dem Fall des Eisernen Vorhang kamen neue Aufgaben wie UN-Missionen (seit 1992), die militärische Interventionen im ehemaligen Jugoslawien (1995, 1999) und der Kampf gegen den internationalen Terrorismus seit 2001 auf die NATO zu. Hinzu kamen aber auch solche Maßnahmen, die eine Umgestaltung des Verhältnisses zu den Nachfolgestaaten der Sowjetunion und deren früheren Satellitenstaaten in Osteuropa zum Gegenstand hatten. All dieses erfolgte in Form einer Einbindung in das Bündnis oder aber als Kooperationspartner.

Nach offizieller Mitteilung der NATO besteht der Sinn des NATO-Russland-Rates darin, Russland in Fragen des Krisenmanagements, der Waffenkontrolle und der Nichtverbreitung von Waffen voll und ganz mit einzubinden.

Die erste Tagung des „Ständigen gemeinsamen Rates NATO-Russland" auf Ministerebene fand am 26. September 1997 in New York statt. Sie hatte eine prominente Besetzung und musste sich gleich mit gefährlichen Konfliktherden befassen. In Anwesenheit und präsentiert von dem NATO-Generalsekretäre Javier Solana, dem russischen Außenminister Jevgeni Primakow und dem damaligen Vorsitzenden des Nordatlantikrates, dem belgischen Außenminister Erik Derycke wurden Maßnahmen zur Friedenserhaltung und zu den aktuellen Krisen im Kosovo und in Bosnien-Herzegowina besprochen. Eine rasche Institutionalisierung fand insofern statt, als bereits Ende des Jahres in Moskau eine *NATO Military Liaison Mission* eröffnet werden konnte. Umgekehrt hat auch Russland eine Vertretung bei der NATO eingerichtet.

Der Schaffung des „Ständigen gemeinsamen Rates NATO-Russland" vorhergegangen war die Unterzeichnung der Grundakte zwischen Russland und der NATO am 27. Mai 1997. Mit dieser Grundakte wurde eine neue Perspektive der Beziehungen festgelegt die sich zunächst als konstruktiv und friedenserhaltend auszeichnen sollte. Die Unterzeichnenden bekundeten, dass sie sich „nicht mehr als Gegner betrachten", sondern stattdessen „zum Bau eines stabilen, friedlichen und ungeteilten, geeinten und freien Europas" beitragen wollten.

Knapp fünf Jahre später, am 28.05.2002, wurde der „Ständige gemeinsame Rat NATO-Russland" in den heute bekannten „NATO-Russland-Rat" umbenannt. Die Rechtsgrundlage und die Zielsetzungen blieben diejenige der Grundakte. Liest man die gemeinsame Erklärung der NATO-Mitgliedstaaten und der Russischen Föderation, dann wird unter neuem Namen vor allem der Wille erneuert, ein friedfertiges und sicheres Europa zu schaffen: *We are convinced that a qualitatively new relationship between NATO and the Russian Federation will constitute an essential contribution in achieving this goal.*

Der Anstoß zur Neugründung war in nicht geringem Maße durch die infolge der den NATO-Bündnisfall auslösenden Anschläge vom 11. September 2001 veränderten globalen Sicherheitslage gelegt worden. Dies lässt sich auch an der Erweiterung der gemeinsamen Agenda um den Punkt „Terrorismus" ablesen. „*NATO member states and Russia*", heißt es im Text, „will continue to intensify their cooperation in areas including the struggle against terrorism, crisis management, non-proliferation, arms control and confidence-building measures, theatre missile defence, search and rescue at sea, military-to-military cooperation, and civil emergencies."

Zum Zeitpunkt der Anschläge vom 11. September 2001 hatten die Beziehungen zwischen der NATO und Russland bereits einige Turbulenzen hinter und noch einige vor sich, die sich recht präzise sowohl im Umgang mit dem Ständigen gemeinsamen Rat wie auch seinem Nachfolger niederschlugen. Russland verweigerte nicht nur zusammen mit der Volksrepublik China dem humanitären Eingreifen der NATO im Kosovo die Legitimierung durch den UN-Sicherheitsrat im Frühjahr 1999, sondern zog auch seinen Vertreter im NATO-Russland-Rat ab und ließ auf dieser Ebene die diplomatischen Beziehungen bis zum Februar 2000 ruhen.

Für die Zeit nach den Anschlägen vom 11. September 2001 ist zunächst eine Annäherung zu verzeichnen, der sogar die laut gewordene Überlegung der damaligen US-Außenministerin Condolezza Rice vorausging, Russland in die NATO aufzunehmen. Doch dann bahnte sich 2004 in der Ukraine die sogenannten „Orangen Revolution" ihren Weg, die von Russland für eine Intrige der USA gehalten wurde, und als Russland im Jahre 2008 im Georgienkonflikt von der abtrünnigen Kaukasus-

Republik Südossetien aus nach Georgien einmarschierte, war es diesmal die NATO, die die Arbeit des „NATO-Russland-Rates" auf Eis legte und erst im Frühjahr 2009 wieder aufnahm. Zumindest betraf dies die Konsultationen und einige militärische Kooperationen; laut NATO sollte die Zusammenarbeit in den Bereichen Terrorismus und Bekämpfung der Drogenkriminalität sowie die in Afghanistan fortgeführt worden sein.

Der deutsche Politikwissenschaftler Johannes Varwick bilanziert trotzdem nüchtern: „Die Partnerschaft ist labil und steht immer wieder vor neuen Herausforderungen." Dieses gilt im Jahre 2015 in besonderem Masse, nachdem Russland ab Februar 2014 die Separatisten im Osten der Ukraine unterstützt und am 18. März 2014 die Krim annektiert hat. Durch diese Aktionen wird die strategische Partnerschaft zwischen der NATO und Russland schwer belastet. Die Zusammenarbeit im „Nato-Russland-Rat", die für die Zeiten von Krisen und Spannungen geschaffen wurde, funktioniert nicht: als Folge des Ukraine-Konfliktes ist die praktische Zusammenarbeit zwischen Nato und Russland von 2014 bis 2016 stillgelegt worden

Die praktische Zusammenarbeit wurde also immer mal wieder suspendiert. Allerdings wurde ein „Rotes Telefon" eingerichtet, damit zumindest die Militärs miteinander sprechen können. Dieses ist eine wichtige Maßnahme, die dazu beitragen könnte, eine weitere Ausweitung des Konfliktes zu vermeiden.

USA und Europa
Die Bündnisbeziehungen zwischen den Vereinigten Staaten von Amerika und den europäischen Alliierten haben seit Gründung der Atlantischen Allianz vielerlei Krisen und Kontroversen gesehen. Allerdings waren viele dieser Meinungsverschiedenheiten zumeist nur kurzlebig und konnten deshalb selbst bei schrillen Dissonanzen im transatlantischen Konzert schnell ausgeräumt werden.

Dabei hat sich immer wieder gezeigt, dass eine wesentliche Ursache für Missstimmungen und Missverständnisse in der erstaunlichen Ignoranz von US-Amerikanern und Europäern über die Beweggründe, die Haltung und Position der jeweils anderen Seite zu suchen war und immer wieder ist. Die US-amerikanische Unkenntnis über die Vielfalt und das Ausmaß der europäischen Verteidigungsleistungen ist dafür beispielhaft. Das Gespräch zwischen einem dänischen Marineoffizier und einem US-amerikanischen Marineoffizier im NATO Hauptquartier in Norfolk VA aus dem Jahre 1992 mag diesen Aspekt verdeutlichen:

US-Offizier: „The Danish contribution to NATO is rather meagre,
isn't it?"
DK-Offizier: „You are absolutely right. However, what would be the
contribution of the City of Chicago, if Chicago would be member of
NATO?"

Aber Gleiches gilt für die europäische Unkenntnis über die ganze Breite amerikanischer Verpflichtungen zum weltweiten Schutz der Wirtschafts- und Sicherheitsinteressen der westlichen Nationen. Unbestritten ist die Diskrepanz zwischen den militärischen Fähigkeiten der USA und denen ihrer europäischen Alliierten. 70% der Militärausgaben der NATO entfallen auf die USA. Alle anderen 28 NATO-Mitglieder zusammen bringen nur 30% der Verteidigungsleistungen aller 29 NATO Mitgliedstaaten auf die Beine. Details sind in Anlage J ersichtlich.

Der häufig anzutreffende Mangel an amerikanischer Einsicht in die Bedeutung einer Ost-West-Entspannung für die Situation der Menschen in Europa nach deren Erfahrungen aus 2 Weltkriegen im 20. Jahrhundert gehört ebenso beispielhaft in diesen Zusammenhang wie das Unvermögen in einigen europäischen Ländern, US-amerikanische und sowjetische Beziehungen als globalen Machtkampf zu begreifen.

Offenkundig ist, dass die USA die NATO als Entscheidungsmonopol in verteidigungspolitischen Fragen behalten und lieber unter ihrer Führung den Konsens im Konzert der Allianzmitglieder suchen als ihre eigene langjährige Forderung Wirklichkeit werden zu lassen, dass die Allianz einen starken europäischen Pfeiler braucht. Hier zeigt sich die ganze Widersprüchlichkeit der US-amerikanischen Europapolitik: Einerseits wollen die USA von den Europäern Entlastung für ihr weltweites Verteidigungsengagement zumindest auf dem alten Kontinent. Andererseits sehen die USA ihre Führungsrolle scheinbar unerträglich beeinträchtigt, wenn sie innerhalb der Allianz in absehbarer Zeit mit einem europäischen Block konfrontiert werden würden, der seine Vorstellungen gemeinsam und damit auch durchschlagskräftig durchzusetzen sucht.

„Die USA fordern mehr Engagement von den Europäern. Seit die USA selber stark von der Finanzkrise betroffen sind, wollen sie die geringen Beiträge der Europäer zur gemeinsamen Verteidigung nicht länger akzeptieren. In den USA müssen die Verteidigungsausgaben reduziert werden, die wirtschaftliche Lage und das hohe Haushaltsdefizit, die enorme Schuldenhöhe verlangen danach. Hinzu kommt die Schwerpunktverlagerung ihrer sicherheitspolitischen Interessen auf Asien.

Trotzdem muss die militärische Handlungsfähigkeit der NATO auch künftig gewährleistet sein und da sind die Europäer stärker gefragt. Eine Antwort auf dieses

Dilemma soll *Smart Defence* sein: die (europäischen) Staaten sollen Prioritäten setzen und ihre schrumpfenden Verteidigungsausgaben auf unentbehrliche Fähigkeiten konzentrieren; sie sollen besser zusammenarbeiten, um Kosten zu sparen und sie sollen sich im Vertrauen auf eine staatenübergreifende Arbeitsteilung auf bestimmte Aufgaben spezialisieren.

Die Ideen klingen überzeugend: wenn Staaten ihre veraltete Ausrüstung abgeben, ihre Ausbildungsstätten zusammenlegen, die Waffensysteme der nächsten Generation gemeinsam anschaffen, warten und nutzen, dann können sie mit weniger Geld trotzdem einsatzfähig bleiben. Einige kleinere Beispiele gibt es bereits, wie das sogenannte *Air Policing* im Luftraum der drei Baltischen Staaten. Doch mit den bislang bekannten Vorschlägen werden sich die militärischen Probleme der Allianz nicht lösen lassen. Große Sparpotenziale können die Staaten nur erschließen, wenn sie sich in ihrer Sicherheitspolitik in bewusste und organisierte Abhängigkeiten von ihren Partnern begeben.

Diese Abgabe von Souveränität scheuen die meisten europäischen Staaten bislang, für die USA kämen sie ohnehin nicht in Frage. Die Regierungen und ihre Parlamente befürchten, dass sie bei zu enger Zusammenarbeit die Kontrolle darüber verlieren, wo und wie ihre Armeen eingesetzt werden. Zudem können sie sich oft nur schwer auf ein gemeinsames Produkt einigen, weil jedem Staat die eigene, nationale Rüstungsindustrie am nächsten ist und bei der Schließung z.B. einer Werft den Wählern nicht erklärt werden kann, warum die neuen Korvetten im Nachbarland gebaut werden und nicht auf dieser Werft.

Hinzu kommt, dass viele Staaten fürchten, dass eine intensivere Arbeitsteilung im Ernstfall zu Problemen führen könnte, weil sie sich nicht auf die Partner verlassen können. Denn wie kann sichergestellt werden, dass ein Einsatz zustande kommt, wenn ein Partner sich nicht beteiligen möchte, seine militärischen Kapazitäten, z.B. Flugzeuge, jedoch gebraucht werden? Wie kann sichergestellt werden, dass ein Land nicht im Einsatz allein gelassen wird, weil ein anderes plötzlich seine Truppen abzieht? Wie kann sichergestellt werden, dass sich ein Land nicht auf Kosten der anderen ausruht? Gerade Deutschland hat sich in dieser Hinsicht nicht gerade als ein sehr verlässlicher Partner gezeigt.

Wenngleich die Sorgen berechtigt sind, haben die Staaten keine Wahl, wenn sie die militärischen Verfallserscheinungen der NATO aufhalten wollen. Wenn die Allianz auch weiterhin eine Rolle spielen soll, müssen ihre Mitglieder zum einen die militärischen Ambitionen der NATO an die neuen Realitäten anpassen: wenn die militärische Schlagkraft sinkt, kann die Allianz nicht mehr so viel leisten. Zum anderen braucht es, um selbst diesen geringeren Ambitionen gerecht zu werden, mehr Zusammenarbeit". [111]

Einsätze der NATO[112]

Seit ihrer Gründung bis zu der friedlichen Revolution in Europa 1989/1990 war die NATO hoch gerüstet an der innerdeutschen Grenze auf einen Krieg vorbereitet und hat ihn, ebenso der Warschauer Pakt durch ebendiese starke Rüstung verhindert. Man hat erfolgreich den Frieden bewahrt und nach den Änderungen in Europa sollte es im Frieden weiter gehen. Alle Staaten in Europa und auch die USA und Kanada reduzierten ihre Verteidigungshaushalte deutlich und reduzierten ihre Streitkräfte: die Friedensdividende wurde eingefordert und die wurde gezahlt.

Böses Erwachen trat auf, als die Jugoslawische Volksarmee zunächst 1991 in Slowenien und daraufhin in Kroatien „intervenierte". In Folge zerfiel Jugoslawien in seine 6 Teilrepubliken. Es gab wieder Krieg in Europa und das unmittelbar vor der Haustür der NATO und der EU. Diese Entwicklung hatte Einfluss auf die Planungen und Handlungen der NATO. In gleicher Weise wirkte sich der Anschlag auf das *World Trade Center* in New York am 11. September 2001 aus. In diesem Fall löste die NATO sogar den Bündnisfall nach Artikel 5 des NATO-Vertrages aus: die USA fühlten sich vom Internationalen Terrorismus angegriffen. In Folge dieser beiden Entwicklungen – Jugoslawien und New York – sollte die NATO in immer mehr Konflikte eingreifen, gleich, ob mit Mandat der UNO oder ohne deren Zustimmung. Die Führung lag natürlich bei den USA. Genannt werden sollen hier

- 1992 bis 1996 die *Operation Sharp Guard (OSG)*, bei der Marineverbände der NATO ein Embargo gegen das ehemalige Jugoslawien in der Adria durchsetzten,
- 1992 bis 1996 die *Operation Deny Flight (ODF)*, bei der während des Bosnienkrieges die Flugverbotszone über Bosnien-Herzegowina durchgesetzt wurde,
- Seit 1995 *Stabilisation Force in Bosnia and Herzegovina (SFOR)* mit dem Auftrag, Verhinderung von Feindseligkeiten, Stabilisierung des Friedens und Normalisierung der Verhältnisse im Land nach dem Bosnienkrieg. Die Operation wurde 2004 in EUFOR umbenannt und von der Europäischen Union übernommen.
- 1999 *Operation Allied Force (OAF)* gegen die Bundesrepublik Jugoslawien im Kosovo-Konflikt mit der Zielsetzung, das Ende der militärischen Operationen Belgrads im Kosovo herbeizuführen und die Gewaltaktionen

---

[111] *Major, Claudia: NATO - Die USA und ihre europäischen Zwerge in SWP vom 15.5.2012*
[112] *http://www.nato.diplo.de/Vertretung/nato/de*

und Unterdrückung der albanischen Bevölkerung zu beenden.

- 1999 *Kosovo Force* (KFOR) mit dem Auftrag, nach Beendigung des Kosovokrieges die Resolution 1244 des Sicherheitsrates der Vereinten Nationen vom 10. Juni 1999 umzusetzen und für ein sicheres Umfeld für die Rückkehr von Flüchtlingen Sorge zu tragen.
- 2001 *Operation Essential Harvest (OEH)* zum Einsammeln von Waffen der albanischen Rebellen in Mazedonien, um damit eine friedliche Entwicklung in dem Balkanstaat zu flankieren.
- 2001 – 2014 *International Security Assistance Force (ISAF)*. Sie war eine Sicherheits- und Wiederaufbaumission unter NATO-Führung in Afghanistan. Die Aufstellung erfolgte auf Ersuchen der Teilnehmer der ersten Afghanistan-Konferenz 2001 an die internationale Gemeinschaft und mit Genehmigung durch den Sicherheitsrat der Vereinten Nationen mit der Resolution 1386 vom 20. Dezember 2001. Der Einsatz ist keine friedenssichernde Blauhelm-Mission, sondern ein sogenannter friedenserzwingender Einsatz unter Verantwortung der beteiligten Staaten.
- seit 2003 *Operation Active Endeavour (OAE)*, eine militärische Operation im Mittelmeerraum unter der Führung der NATO. Ziel der Operation ist es, NATO-Solidarität und Entschlossenheit zu demonstrieren und zur Entdeckung und Abschreckung terroristischer Aktivitäten im Mittelmeerraum beizutragen.
- Seit 2009 *Operation Ocean Shield (OOS)* eine durchgeführte NATO--Marinemission zur Bekämpfung der Piraterie im Golf von Aden.
- Seit 2012 *Operation Active Fence (OAF)*: zum Schutz des NATO-Mitglieds Türkei vor Angriffen aus dem im Bürgerkrieg befindlichen Nachbarstaat Syrien.
- seit 2015 *Resolute Support Mission (RSM)* in Afghanistan als Nachfolgemission von ISAF. Im Mittelpunkt der Mission stehen Ausbildung, Beratung und Unterstützung der afghanischen nationalen Sicherheitskräfte.

Résumé

Das atlantische Bündnis war immer wieder eine problematische Allianz, in der US-Amerikaner und Europäer um Aufgaben und Führung stritten.

Auch wenn die Initiative für die NATO von Europa ausgegangen war, so hatte die US-Regierung sehr schnell erkannt, dass sie mit einer solchen Allianz nicht nur Pflichten in Europa übernahm, sondern auch eine langfristige Möglichkeit der Einflussnahme auf Europa schaffte. Auf der Habenseite standen für die USA:

- eine nachhaltige Stationierung von US-Truppen in unterschiedlichen Ländern in Europa,

- ein maßgebliche Einfluss auf politische und militärische Abkommen und Strategien der Länder der Allianz,
- eine Bindung wichtiger europäischer Länder an die USA,
- ein umfassendes internes US-Netzwerk, das über die unterschiedlichen NATO-Hauptquartiere in Belgien, Dänemark, Deutschland, Frankreich (zunächst noch), Großbritannien, Italien, den Niederlanden, Norwegen, Portugal und der Türkei gebildet und/oder ausgeweitet werden konnte,
- Einfluss auf Rüstungsvorhaben in der Allianz und damit Stärkung der eigenen Rüstungsindustrie und schließlich
- eine Stärkung der eigenen Weltmachtposition.

Die NATO, die auch die Plattform für den Rüstungswettlauf bildete, dem die östliche Seite - und hier vornehmlich die Sowjetunion - nicht standhalten konnte, hat im überwiegenden Maße dazu beigetragen, dass aus dem Ost-West-Duell der Westen als Sieger und die USA als alleinige Weltmacht herausgegangen sind.

Ohne die dominierende Rolle der USA mit ihrer militärisch-wirtschaftlichen Stärke hätte die NATO längst nicht so durchsetzungsfähig und erfolgreich in der Zeit des *Kalten Krieges* sein können; die damaligen 14 europoäischen NATO-Staaten hätten das allein niemals schaffen können.

Die USA konnten und können aber auch die NATO als Rahmen in Krisen bei notwendigen Interventionen nutzen und dadurch ihre Glaubwürdigkeit und auch ihre Durchsetzungsfähigkeit verbessern.

Die Schaffung der NATO, die Mitgliedschaft der USA und deren führende Rolle waren eine win-win Situation – für Europa, aber auch für die USA.

Kapitel 10

Der Kalte Krieg 1945 bis 1991

„**D**ie Ergebnisse der Jalta-Konferenz im Februar 1945 waren auf allen Seiten der Alliierten noch jubelnd begrüßt worden. In seinem Bericht vor dem Kongress betonte Präsident Roosevelt die erreichte Vereinbarung zur Gründung der UNO: Die Jalta-Konferenz sollte das Ende einseitiger Maßnahmen, exklusiver Bündnisse, der Einflußsphäre, des Gleichgewichts der Kräfte und all der anderen Behelfsmittel bedeuten, die jahrhundertelang ausprobiert worden sind - und immer scheiterten. Wir schlagen vor, all dies durch eine Weltorganisation zu ersetzen, in der alle friedliebenden Nationen endlich die Chance haben, sich zusammen zuschließen".[113]

Roosevelt äußerte sich 2 Monate vor seinem Tode aber nicht zu Entscheidungen über die politische Zukunft Asiens und Europas. Nach dem Krieg sollte die Kriegsallianz zwischen den beiden Supermächten schnell zerbrechen. Zu unterschiedlich waren die Wertevorstellungen: auf der einen Seite standen die westlichen Staaten, die durch ihre demokratische Bürgergesellschaft und eine liberale Marktwirtschaft geprägt waren; auf der anderen Seite die Sowjetunion mit einem autoritär gelenkten Aufbau eines sozialistisch-kommunistischen Staates. Beide Seiten hatten mit dem besiegten Deutschland eigene Pläne und konnten sich nicht auf einen gemeinsamen Mittelweg einigen.

Grund dafür war auch ein gegenseitiges Misstrauen, dass nach dem Krieg herrschte. Die UdSSR musste im 2. Weltkrieg zunächst schwere Niederlagen einstecken und einen hohen Blutzoll zahlen. Die USA hingegen gingen gestärkt aus dem 2. Weltkrieg hervor. Zwar hatten die Amerikaner auch Verluste zu erleiden, diese hielten sich aber, auf die Gesamtopfer betrachtet, sehr im Rahmen. Militärisch waren sie zudem nunmehr mit dem Besitz und dem Beweis der „Effizienz" der Atombombe eine unangreifbare Macht, und schließlich hatte der Krieg die Wirtschaftskraft der USA enorm angekurbelt.

Kritik am jeweils anderen gab es zu genüge. So rügte Stalin beispielsweise, dass es die US-Regierung ablehnte, die US-Atomwaffen unter internationale Kontrolle zu stellen; oder aber er bemängelte das Ausbleiben von Reparationslieferungen aus der

---

[113] *Kissinger, Henry: Die Vernunft der Nationen, S. 442-443*

amerikanischen Besatzungszone. Auf Seiten der USA hingegen beklagte man beispielsweise das Hinauszögern der Räumung von nordpersischen Erdölgebieten; oder man monierte die angeblichen russischen Einmischungen in einen kommunistischen Aufstand in Griechenland.

Es herrschte zunehmend eine vergiftete Stimmung und die beiden Fronten verhärteten sich. Mit der „Truman-Doktrin" aus dem März 1947 schlugen die USA in ihrer Außenpolitik eine neue Richtung ein: die USA wollten künftig „solchen freien Völkern beistehen, die sich einer angestrebten Unterwerfung durch bewaffnete Minderheiten oder aber durch äußeren Druck widersetzen". Unmittelbares Ziel von Truman war es, die Zustimmung des Kongresses für eine Militär- und Wirtschaftshilfe zugunsten der Türkei sowie antikommunistischer Kräfte im Griechischen Bürgerkrieg zu erhalten.

Die „Truman-Doktrin" bedeutete das Ende der amerikanischen Kriegskoalition mit der Sowjetunion und markiert den Beginn des Kalten Krieges. Diese Doktrin wurde kurz darauf durch das Konzept des *Containment* von George Kennan ergänzt/erweitert.

George Kennan, ein ehemaliger Gesandter an der amerikanischen Botschaft in Moskau, hatte im Juli 1947 die Containment-Politik „zur Eindämmung des sowjetischen Imperialismus" in der Zeitschrift *Foreign Affairs* einem breiteren Publikum vorgestellt. In diesem Artikel wies Kennan auf die inhärenten Schwächen des Sowjetsystems hin und vertrat die Ansicht, dass, wenn sich die USA auf ihre Stärken besinnen und ihre Führungsrolle akzeptieren würden, sie in der Lage seien, den russischen Expansionstendenzen mit hinreichendem Gegendruck zu begegnen.

Mit diesen beiden Massnahmen – *Truman-Doktrin* und *Containment* - sollte der Vormarsch des Kommunismus aufgehalten werden. Aus Furcht vor einer sowjetischen Expansion, reagierten die USA zudem mit militärischer Aufrüstung und wirtschaftlicher Hilfe für „gefährdete Staaten". Eine dieser Hilfen war der Marshall-Plan, der insbesondere westeuropäische Staaten Finanzhilfen für den Wiederaufbau in Milliardenhöhe zusagte. (siehe Seiten 163/164)

Auf militärischer Ebene wurde die NATO gegründet, die die Verbindung der USA zu den westeuropäischen Staaten weiter festigen sollte. Während die westeuropäischen Staaten sich vom Bündnis Schutz durch die US-amerikanischen Atomwaffen versprachen, profitierten die USA durch Stützpunkte und durch die Unterstützung nichtamerikanischer Truppen.

Der Osten musste natürlich reagieren. Als Antwort auf den Marshall-Plan folgte die Gründung des Kominform (Informationsbüro der kommunistischen und Arbeiterparteien). Die Sowjetunion untersagte sodann all jenen osteuropäischen Ländern die Teilnahme am Marshall-Plan, auf die sie das stalinistische Herrschaftssystem übertragen hatte. 1955 folgte die Gründung des Warschauer Paktes als Gegenstück zur NATO.

Währenddessen lief das militärische Wettrüsten ungebremst weiter. In einem Kriegsfall sollte jeder der jeweils anderen Seite unverzüglich mit gleicher Härte zurückschlagen können. Durch diese „Zweitschlagfähigkeit" sollte der Gegner erst gar nicht auf die Idee kommen, einen Angriff zu starten. So entstand das „Gleichgewicht des Schreckens".

Es legte sich ein „Eiserner Vorhang" mitten durch Europa. Die Schöpfung dieses Begriffes wird Winston Churchill zugeschrieben. Tatsächlich wurde er aber bereits während des 2. Weltkriegs erstmals genannt, bevor Churchill ihn gebrauchte: Der deutsche nationalsozialistische Lissabon-Korrespondent Max Walter Clauss (1901-1988) hatte diese Bezeichnung am 18. Februar 1945 in einem Beitrag für die Titelseite der nationalsozialistischen Wochenzeitung „Das Reich" verwendet. Eine Woche später hatte Joseph Goebbels die Bezeichnung in einer Reaktion auf die Ergebnisse der Konferenz von Jalta in der gleichen Zeitschrift benutzt: bei einer deutschen Kapitulation würde sich vor dem von der UdSSR besetzten Territorium „sofort ein eiserner Vorhang heruntersenken, hinter dem dann die Massenabschlachtung der Völker begänne".

Die britische Zeitung *The Times* übernahm die Formulierung, die anschließend Winston Churchill als Bezeichnung für die Abschottung des Ostblocks gegen den Westen gebrauchte, zuerst am 12. Mai 1945 - wenige Tage nach der bedingungslosen Kapitulation der Wehrmacht - in einem Telegramm an US-Präsident Truman. Im Juli 1945 war Churchill abgewählt worden und als Oppositionsführer formulierte er am 5. März 1946 bei einer Rede in Fulton, Missouri, bei der auch Truman anwesend war: „Von Stettin an der Ostsee bis Triest an der Adria hat sich ein Eiserner Vorhang auf Europa herabgesenkt. Dahinter liegen all die Hauptstädte der alten Staaten Mittel- und Osteuropas. Warschau, Berlin, Prag, Wien, Budapest, Belgrad, Bukarest und Sofia. Diese berühmten Städte und die Bevölkerung ringsum liegen alle im sowjetischen Wirkungskreis, so muss ich es nennen, und unterliegen, auf die eine oder andere Weise, nicht bloß sowjetischem Einfluss, sondern zu einem sehr hohen und in einigen Fällen zunehmendem Maße der Lenkung durch Moskau." Diese Rede gilt – nicht zuletzt wegen dieser Formulierung – „als Fanfarenstoß für den Kalten Krieg".[114]

---

[114] *http://de.wikipedia.org/wiki/Eiserner_Vorhang*

„Es war also Churchill, der mit seiner Rede in Fulton, Missouri zur Warnung vor dem sowjetischen Expansionismus symbolisch die Alarmglocke läutete. Die Sowjets hätten in allen von der Roten Armee besetzten Ländern sowie in der deutschen Sowjetzone prokommunistische Regierungen eingerichtet. Die besiegten Deutschen zwischen den Sowjets und den westlichen Demokratien platziert, wurden dadurch letzten Endes in die Lage versetzt, sich selber an den Meistbietenden zu versteigern. Dieser unmittelbaren Bedrohung müsse durch ein Bündnis zwischen den Vereinigten Staaten und dem britischen Commonwealth begegnet werden. Eine langfristige Lösung könne nur in einer europäischen Einigung bestehen, von der kein Land auf Dauer ausgeschlossen werden dürfe".[115]

„Die Berlinkrise 1958 markierte die endgültige Konsolidierung der beiden Einfluss-Sphären. Immer wieder war es entlang der Trennlinie, die den europäischen Kontinent zerschnitt, zu Reibereien gekommen. In der ersten Phase dieses Prozesses, von 1945 bis 1949, hatte Stalin die osteuropäischen Länder zu sowjetischen Satellitenstaaten gemacht und damit zugleich eine latente Bedrohung für die Freiheit Europas geschaffen. In der zweiten Phase, von 1950 bis 1955, reagierten die westlichen Demokratien mit der Gründung der NATO, der Umwandlung ihrer Besatzungszonen in die Bundesrepublik Deutschland und der Einleitung des Prozesses der europäischen Integration.

Während dieses Konsolidierungsprozesses gab es in regelmäßigen Abständen Versuche beider Lager, die Einfluss-Sphäre des Gegners aufzubrechen. Alle diese Versuche schlugen fehl. Stalins Friedensnote von 1952, mit der er versucht hatte, Deutschland aus dem westlichen Lager zu locken, führte zu keinem Ergebnis; zum Teil ganz einfach deshalb, weil Stalin in der Zwischenzeit verstarb. Im Jahr 1956 war die von John Foster Dulles propagierte Strategie zur „Befreiung" Osteuropas durch die Ereignisse in Ungarn als leere Phrase entlarvt worden. Das Berlin-Ultimatum Chruschtschows von 1958 stellte einen weiteren Versuch dar, die Bundesrepublik Deutschland vom Westen zu trennen, auch wenn die Sowjets sich am Ende damit begnügen mußten, ihre Machtposition gegenüber dem ostdeutschen Satelliten zu stärken. Nach der Kubakrise konzentrierte sich Moskau auf den Vorstoß in die Entwicklungsländer. Das Ergebnis war eine Stabilität, deren paradoxes Wesen von dem großen französischen Politologen Raymond Aron auf den Begriff gebracht worden ist: Die gegenwärtige Situation in Europa ist anomal oder absurd, aber sie ist klar umrissen; jeder weiß, wo die Demarkationslinie liegt, und niemand hat ernste Sorgen um das, was geschehen könnte. Wenn auf der anderen Seite des Eisernen Vorhangs etwas geschieht, dann geschieht auf dieser Seite nichts. Eine so klare Teilung Europas hält man zu Recht oder zu Unrecht für weniger gefährlich als jede

---

[115] *Kissinger, Henry: Die Vernunft der Nationen, S. 472*

andere Ordnung der Dinge."[116]

Die Entwicklung aus Sicht der USA

Die beiden neuen Kontrahenten befanden sich nach Ende des 2. Weltkrieges in einer sehr unterschiedlichen Lage.

Die USA waren durch den Zweiten Weltkrieg zur militärischen Supermacht geworden. Auch ihre wirtschaftlich führende Stellung hatte sich verstärkt. Das Land hatte keinerlei Zerstörungen erlitten, es war reich an Bodenschätzen und technisch wie auch wissenschaftlich führend. Die modernsten Produktionsanlagen befanden sich hier und es gab sehr viel Kapital in diesem Land. Der Dollar war zur Leitwährung der westlichen Welt geworden und die US-amerikanischen Firmen konnten ihr Geld im Inland wie im Ausland gut und gewinnbringend anlegen.

All das bewirkte, dass immer mehr amerikanische Produkte als jemals zuvor auf der ganzen Welt verkauft werden konnten. Vor allem in Europa gewann man zunehmend das Gefühl einer „Amerikanisierung". Das galt nicht nur für die Wirtschaft sondern für viele Lebensbereiche wie Kleidung, Essgewohnheiten, Unterhaltungsmusik und sogar für den Wortschatz. Anglizismen wurden von den Sprachen Westeuropas aufgesogen.

Die Bevölkerung der USA hatte weiter zugenommen: von 123 Millionen im Jahre 1930 auf 140 im Jahre 1945. Vom Kriegsende bis zum Ende der fünfziger Jahre hatte es nochmals eine starke Zuwanderung aus Europa gegeben. Und die Bevölkerung sollte weiter wachsen: auf 180 Millionen in 1960 über 239 Millionen in 1985 bis auf 326 Millionen im Jahre 2017.

Kurz nach Ende des Krieges hatte sich Washington für die Einheit des Westens entschieden. Die USA hatten wohl auch keine andere Wahl, wollten sie nicht das Risiko eingehen, Stalins Andeutungen zu folgen, nur um später feststellen zu müssen, dass dieser die Verhandlungen zur Unterminierung eben jener neuen Weltordnung missbrauchte, deren Aufbau sich die Vereinigten Staaten zum Ziel gesetzt hatten. So wurde die Eindämmungspolitik zum Leitprinzip westlicher Politik und sie sollte es über vierzig Jahre lang bleiben.

„Clark Clifford, Berater im Weißen Haus und später US-Verteidigungsminister hatte in einer streng geheimen Studie vom 24. September 1946 die Einschätzung unterstrichen, dass eine Umkehr der Kremlstrategie nur durch die Schaffung eines Gegengewichts zur sowjetischen Macht erreicht werden könne: Das wichtigste Mittel,

---

[116] *Kissinger, Henry: Die Vernunft der Nationen, S. 648*

um einen sowjetischen Angriff auf die Vereinigten Staaten oder auf ein Gebiet, das für unsere Sicherheit lebenswichtig ist, abzuschrecken, wird die militärische Stärke dieses Landes sein".[117]

In einem Memorandum des Außenministeriums in Washington vom 1. April 1946 wurde aus der Geschichte Russlands abgeleitet, dass die sowjetischen Zielsetzungen aus der Unsicherheit und der Furcht vor dem Einfluss leistungsstärkerer mächtigerer und besser organisierter Gesellschaften stammen. Ziele und Denkungsart der Vereinigten Staaten seien mit denjenigen der Sowjetunion nicht vereinbar.[118]

Zum ersten Mal behandelte eine US-amerikanische Denkschrift zur Außenpolitik die Auseinandersetzungen mit der Sowjetunion als ein dem sowjetischen System immanentes Phänomen. Moskau müsse „zunächst einmal mit diplomatischen Mitteln, letzten Endes jedoch, wenn notwendig, auch mit militärischer Gewalt" überzeugt werden, dass „sein gegenwärtiger außenpolitischer Kurs die Sowjetunion nur in eine Katastrophe führen" könne.

„Diese kühnen, weniger als ein Jahr nach Ende des Zweiten Weltkrieges getroffenen Äußerungen konnten so verstanden werden, dass die Vereinigten Staaten jedes an der Peripherie der riesigen Sowjetunion gelegene Gebiet verteidigen würden. Doch beherrschten die Vereinigten Staaten zwar die Luft und das Meer; die Sowjetunion war hingegen zu Lande überlegen. Das Memorandum unterstrich daher die Untauglichkeit der US-Streitkräfte, was die eurasische Landmasse betrifft, und grenzte den Einsatz von Gewalt auf jene Gebiete ein, in denen der Stärke der sowjetischen Armeen durch die See-, Amphibien- und Luftstreitkräfte der Vereinigten Staaten und ihrer möglichen Verbündeten begegnet werden kann. Die weite Einschränkung warnte vor einseitigem Handeln: Die Charta der Vereinten Nationen bietet den Vereinigten Staaten das beste und unanfechtbarste Mittel, den sowjetischen Expansionsbestrebungen entgegenzutreten".[119]

Das von den USA geführte westliche Lager hatte mit dem Korea-Krieg gewissermaßen seine Geburtswehen hinter sich. Nun ging man daran, ein gewaltiges Militärpotential aufzubauen. Dem Generalsekretär in Moskau hingegen war offenbar klargeworden, dass der Versuch, Keile zwischen die Westmächte zu treiben, gescheitert war. Seine harte Gangart und seine außerordentlich rigide Politik in

[117] *Kissinger, Henry: Die Vernunft der Nationen, S. 482*
[118] *Kennan, George F.: The Charge in the Soviet Union, in Foreign Relations of the US, 1946, Washington DC, 1969 Bd. VI, S. 666-709*
[119] *Kissinger, Henry: Die Vernunft der Nationen, S. 481*

Osteuropa hatten lediglich zu einem verstärkten Zusammenhalt im westlichen Bündnis geführt und ein wiederbewaffnetes Deutschland in greifbare Nähe rücken lassen.

Jene harmonische Weltordnung, nach der sich die USA während des Krieges so sehr gesehnt hatte, war in zwei feindliche und bis an die Zähne bewaffnete Lager auseinandergefallen. Beide Seiten waren von Ängsten getrieben, die sich als unbegründet herausstellen sollten. Führende US-amerikanische Politiker hielten den Korea-Krieg für eine sowjetische Strategie, mit der die USA in weit abliegende Konflikte in Asien hineingezogen werden sollten; das wiederum würde angeblich einen sowjetischen Angriff auf alliierte Positionen in Europa erleichtern: eine gewaltige Fehleinschätzung des sowjetischen Machtpotentials ebenso wie der Stalinschen Methoden, denn in seiner ganzen Karriere hat dieser gewiefte Analytiker niemals alles auf eine Karte gesetzt. Gleichzeitig stellte sich der westliche Machtzuwachs für Stalin nicht als jenes Bedürfnis nach Verteidigung dar, das es in Wirklichkeit war, sondern als Ouvertüre zu einem Entscheidungskampf, den er schon immer befürchtet und konsequent zu vermeiden versucht hatte. So bereiteten sich beide Lager auf etwas vor, das von der jeweils anderen Seite gar nicht beabsichtigt war - auf eine unmittelbare, totale Konfrontation.

Die Entwicklung aus Sicht der UdSSR
Die Sowjetunion hatte mit dem Ende des 2. Weltkriegs ihre Grenzen durch weitere Annexionen deutlich erweitert: sowjetisch waren nun Teile Kareliens, das nördliche Ostpreußen mit Königsberg, Estland, Lettland, Litauen, das westliche Weißrussland, die westliche Ukraine mit Lemberg, die Karpato-Ukraine, Bessarabien, Sachalin und die Kurilen geworden.

Das Ende des Zweiten Weltkriegs hatte die politische Ordnung in der Sowjetunion nicht verändert, Stalins Herrschaft blieb unangetastet. Trotzdem kam es zu neuen Säuberungen. Stalin wollte einerseits neue vermeintliche Verschwörer vernichten, anderseits Völker, die im Krieg angeblich die deutschen Angreifer unterstützt hatten, bestrafen. Etwa eine Million Menschen wurde nach Sibirien oder Zentralasien deportiert. Von ihnen fanden viele in den GULAGS den Tod.

Die sowjetische Außenpolitik der ersten Nachkriegsjahre wurde von der Konsolidierung bzw. weiteren Ausdehnung des sowjetischen Einflussbereiches bestimmt. In Deutschland führte diese Strategie im Jahre 1949 zur Gründung der Deutschen Demokratischen Republik (DDR). Die mittelosteuropäischen und südosteuropäischen Staaten Polen, Tschechoslowakei, Ungarn, Rumänien, Bulgarien und Albanien wurden sowjetische Satellitenstaaten.

Ebenso wie in Ost-Mitteleuropa hatte sich die Sowjetunion auch in Asien Satellitenstaaten geschaffen: die Mongolische Volksrepublik und die demokratische Volksrepublik Korea. Beide Staaten waren unter massiver Einflussnahme der Sowjetunion gegründet worden.

„1947 hatte Stalin den Außenminister Marshall zu einem ausgedehnten Treffen nach Moskau eingeladen, in dessen Verlauf er betonte, er messe einem übergreifenden Abkommen mit den Vereinigten Staaten höchste Bedeutung bei. Stalin argumentierte, die festgefahrene Verhandlungslage sowie die Auseinandersetzungen seien nur die ersten Scharmützel der Aufklärung und behauptete, ein Kompromiss sei in allen Hauptfragen möglich. Er fügte freilich hinzu, man müsse Geduld haben und dürfe nicht in Pessimismus verfallen. Meinte er dies indes ernst, so hatte er sich verkalkuliert. War das Vertrauen der USA in seine guten Absichten erst einmal zerstört, würde es für die USA kaum noch ein Zurück geben. Ohne wirkliches Gespür für den psychologischen Hintergrund der Demokratien und insbesondere der USA, hatte der sowjetische Diktator das Spiel zu weit getrieben. Das Ergebnis waren dann auch der Marshallplan, das Atlantische Bündnis und die Aufrüstung im Westen - Maßnahmen, die in Stalins Generalplan wohl nicht vorgesehen waren".[120]

Der Warschauer Pakt war nur dem Namen nach ein Bündnis, da er ausschließlich durch Zwangsmaßnahmen zusammengeführt und -gehalten werden konnte.

Ost-West-Dialog

Trotz der sich verschärfenden Gegensätze zwischen den USA und der UdSSR kam es in der gesamten Zeit des Kalten Krieges immer wieder zu Dialogen zwischen deren Führern auf unterschiedlichen Gipfeltreffen. Über den gesamten Zeitraum des Kalten Krieges von 46 Jahren waren das 23 Gipfeltreffen[121].

Jahr	Ort	USA	UdSSR	Bemerkung
1955	Genf	Eisenhower	Chruschtschow	Mit Eden (GBR) und Faure (FRA)
1959	Camp David	Eisenhower	Chruschtschow	Erster Besuch eines sowjetischen Führers in USA
1960	Paris	Eisenhower	Chruschtschow	Mit MacMillan /GBR) und de Gaulle (FRA)
1961	Wien	Kennedy	Chruschtschow	Bilaterale Beziehungen
1967	Glassboro	Johnson	Kosygin	Bilaterale Beziehungen

[120] *Kissinger, Henry: Die Vernunft der Nationen, S. 474-475*
[121] *https://en.wikipedia.org/wiki/List_of_Soviet_Union–United_States_summits*

1972	Moskau	Nixon	Breschnew	Unterzeichnung SALT I und ABM-Vertrag
1973	Washington	Nixon	Breschnew	Abkommen zur Verhinderung eines Atomkriegs
1974	Moskau	Nixon	Breschnew	Vertrag zur Limitierung von Kernwaffentests
1974	Wladiwostok	Ford	Breschnew	Thema: Rüstungskontrolle
1975	Helsinki	Ford	Breschnew	Unterzeichnung Schlussakte KSZE
1979	Wien	Carter	Breschnew	Unterzeichnung SALT II
1985	Genf	Reagan	Gorbatschow	Abrüstungskonferenz
1986	Reykjavik	Reagan	Gorbatschow	Bilateraler Gipfel
1987	Washington	Reagan	Gorbatschow	Verhandlungen zum INF-Vertrag
1988	Moskau	Reagan	Gorbatschow	Unterzeichnung INF-Vertrag
1988	New York	Reagan	Gorbatschow	Bilateraler Gipfel
1989	Malta	Bush I	Gorbatschow	Bilateraler Gipfel
1990	Washington	Bush I	Gorbatschow	Unterzeichnung Chemiewaffenabkommen
1990	Helsinki	Bush I	Gorbatschow	Gespräche über Kuwait
1990	Paris	Bush I	Gorbatschow	Unterzeichnung KSE-Vertrag
1991	London	Bush I	Gorbatschow	Im Rahmen G7-Gipfel
1991	Moskau	Bush I	Gorbatschow	Unterzeichnung START-Abkommen
1991	Madrid	Bush I	Gorbatschow	Nah-Ost-Friedenskonferenz

Im Juli 1955 fand die Genfer Gipfelkonferenz statt, an der die USA, die UdSSR, Großbritannien und Frankreich teilnahmen. Es war das erste Treffen der Staats- und Regierungschefs der vier Siegermächte nach dem 2. Weltkrieg (Frankreich war bei der Potsdamer Konferenz ja nicht vertreten gewesen). Die Regierungschefs Eisenhower, Chruschtschow, Eden und Faure einigten sich auf ein anschließendes Treffen ihrer Außenminister, der ersten Genfer Außenministerkonferenz, an der Dulles, Molotow, MacMillan und Pinay teilnahmen.

Bei diesen Gipfelgesprächen wurde zwar viel von friedlicher Koexistenz gesprochen, doch konnte dies nicht über die Wirklichkeit hinwegtäuschen. Die Vereinigten Staaten und die Sowjetunion, die weitaus stärksten Weltmächte, befanden sich unwiderruflich in einem geopolitischen Wettstreit, und ein Zugewinn der einen Seite wurde in den meisten Fällen als Niederlage der anderen Seite aufgefasst. Mitte der fünfziger Jahre entwickelte sich die US-amerikanische Einfluss-Sphäre in Westeuropa immer besser, und die ersichtliche Bereitschaft der USA, diese Region mit militärischer Gewalt zu verteidigen, hatte eine abschreckende Wirkung auf die sowjetische Abenteuerlust.

Am 27. November 1958 hatte die zweite Berlin-Krise begonnen: Chruschtschow hatte in einer Note an die drei westlichen Besatzungsmächte Berlins angekündigt, dass die Sowjetunion der DDR die Kontrolle über die Verbindungswege zwischen Westdeutschland und West-Berlin übertragen werde, wenn nicht innerhalb eines halben Jahres eine alliierte Übereinkunft zustande kommen würde, mit der Berlin in eine „Freie Stadt" verwandelt würde. Diese Note wird als das Chruschtschow-Ultimatum bezeichnet.

Unabhängig von seinem immer noch stehenden Ultimatum bereiste Chruschtschow vom 15. bis zum 27. September 1959 die USA und löste in der US-amerikanischen Öffentlichkeit ähnlich euphorische Reaktionen aus, wie schon vier Jahre zuvor auf dem Genfer Gipfel. Es war der erste Besuch eines sowjetischen Regierungschefs in den USA. Einmal mehr war das Treffen der beiden Regierungschefs eher von Atmosphäre als von greifbaren Inhalten geprägt; der „Geist von Camp David" war in aller Munde. Das Magazin *Newsweek* veröffentlichte eine Wertungsliste, aus der hervorging, dass die Ergebnisse des Besuchs die Fehlschläge angeblich bei weitem übertrafen. Was immer es auch für Fehlschläge seien, sie beträfen, so hieß es, vor allem die Unfähigkeit der beiden Staatschefs, in der Berlin-Frage Fortschritte zu erzielen - als ob dies eine unbedeutende Angelegenheit gewesen wäre. Die Liste der Fortschritte umfasste die Ausweitung des Handels, den kulturellen Austausch und größere wissenschaftliche Zusammenarbeit - alles Themen, die keineswegs ein Treffen von Regierungschefs erforderlich gemacht hätten. Der eigentliche Gewinn dieser Reise lag nach Überzeugung vieler denn auch darin, dass der sowjetische Führer vermutlich etwas über seine Gastgeber gelernt hatte. Solche Ansichten spiegelte die in den USA übliche Auffassung wider, dass Konflikte zwischen Nationen eher durch Missverständnisse als durch kollidierende Interessen hervorgerufen werden und dass folglich niemand, der die USA besucht und gesehen hat, diesem Land bei seiner Abreise noch feindlich gesonnen sein könne.

Am 15. Juni 1960 forderte Chruschtschows, dass noch in dem gleichen Jahr ein Friedensabkommen in Europa geschlossen werden müsse. Diese Forderung nach einer Friedensregelung war im Grunde nichts Neues: Churchill hatte bereits 1943 darauf gedrängt; Stalin machte in seiner Friedensnote von 1952 einen entsprechenden Vorschlag, und George Kennan setzte sich Mitte der fünfziger Jahre für eine Übereinkunft in der Deutschland-Frage ein. Doch im Gegensatz zu anderen Kriegen hatte man nach dem Zweiten Weltkrieg keine formale Nachkriegsordnung geschaffen. Die amerikanische wie die sowjetische Einflußsphäre hatten sich Schritt für Schritt und eher durch Anerkennung von *faits accomplis* als durch formale Vereinbarungen etabliert.

Als John F. Kennedy die Präsidentschaft übernahm, waren schon fast drei Jahre vergangen, seit Chruschtschow erstmals das Ultimatum verkündet hatte. Angesichts dieser langen Zeitspanne hatte nicht nur die Glaubwürdigkeit seiner Drohung, sondern auch das allgegenwärtige Gefühl der Gefahr abgenommen. Als die Berlin-Krise gerade abzuklingen schien, hinterließen der fehlgeschlagene Versuch der Kennedy-Administration, Fidel Castro durch das Abenteuer in der Schweinebucht zu stürzen, und die Unentschlossenheit des US-amerikanischen Präsidenten in der Laos-Frage bei Chruschtschow offensichtlich den Eindruck, dass Kennedy ein Schwächling sei. Auf einem Gipfeltreffen mit Kennedy in Wien Anfang Juni 1961 ließ Chruschtschow deshalb das Ultimatum wieder aufleben, setzte erneut eine Frist von sechs Monaten und leitete damit eine der schärfsten Konfrontationsphasen während des gesamten Kalten Krieges ein.

In den frühen Morgenstunden des 13. August 1961 trat die Festlegung der Einfluss-Sphäre in Europa in ihre letzte Phase ein. An diesem Tag erwachten die Westberliner buchstäblich in einem Gefängnis. Die Ostdeutschen hatten über Nacht zwischen dem sowjetischen Sektor und den von den Westmächten besetzten Sektoren Barrikaden aus Stacheldraht errichtet und West-Berlin rundherum eingezäunt; Familien, deren Mitglieder zu beiden Seiten dieser Mauer lebten, waren getrennt. Im Lauf der folgenden Tage wurde die Mauer verstärkt, und fortan waren Beton, Tretminen und Wachhunde die Symbole der geteilten Stadt und sowjetischer Unmenschlichkeit. Der Bankrott eines kommunistischen Regimes, das seine Bürger nicht im eigenen Land zu halten vermochte, wurde so vor aller Augen offenkundig. Nichtsdestoweniger hatten die Kommunisten das Loch im Deich des sowjetischen Blocks gestopft, wenn auch nur vorübergehend.

„Die Mauer offenbarte aber auch die Widersprüche und Zwiespältigkeiten der Haltung der USA und der anderen westlichen Demokratien zur Berlin-Frage. Sie waren zwar willens, die Freiheit der Stadt gegen offene Aggression zu verteidigen, hatten sich aber nicht entschieden, wie sie unterhalb dieser Schwelle reagieren würden. Kennedy jedenfalls bestimmte fast unmittelbar nach Bekanntwerden des Mauerbaus, dass dieser Akt nicht unter die US-amerikanische Definition von Aggression fiel, und beschloss, militärisch nicht dagegen vorzugehen. Dass die USA den Bau der Berliner Mauer zunächst zu bagatellisieren suchten, verdeutlichte die Tatsache, dass Kennedy an jenem Tag zum Segeln ging und Außenminister Dean Rusk einem Baseballspiel beiwohnte. Von Krisenstimmung war in Washington nichts zu merken".[122]

Als er erkannte, dass ihm kein Ausweg mehr blieb, verkündete Chruschtschow im Januar 1963, der „Erfolg" der Berliner Mauer mache eine andere Berlin-Regelung überflüssig. Nach fünf Jahren war die Berlin-Krise endlich vorüber. Den Alliierten war es - allen Schwankungen zum Trotz - gelungen, ihre Position in den entscheidenden Fragen während dieser Krise aufrechtzuerhalten. Chruschtschow dagegen hatte nicht mehr erreicht als den Bau einer Mauer, um die unwilligen Untertanen in Ostdeutschland daran zu hindern, die kommunistische Utopie platzen zu lassen.

„Die Berlin-Krise, einschließlich ihrer Zuspitzung in der kubanischen Raketenkrise, markierte einen Wendepunkt im Verlauf des Kalten Krieges, auch wenn sie damals nicht so verstanden wurde. Hätten interne Auseinandersetzungen die Demokratien nicht so stark in Anspruch genommen, hätten sie die Berlin-Krise vielleicht als das gesehen, was sie war: eine Demonstration der latenten Schwäche der Sowjetunion".[123] Ein weiterer Beweis sollte mit der Niederschlagung des Volksaufstandes im Rahmen des „Prager Frühlings" 1968 folgen.

1969 begann unter Nixon und Breschnew die Entspannungspolitik, bei der sich beide Seiten bemühten, im Rahmen des Ost-West-Verhältnisses um eine Verbesserung der politischen Atmosphäre, um größere Rationalität und Transparenz im Rüstungswesen, um eine verstärkte Zusammenarbeit im Bereich von Wirtschaft, Wissenschaft und Kultur sowie um Erleichterungen im humanitären Bereich und um mehr Freizügigkeit für Menschen, Informationen und Meinungen. Durch die Schaffung gegenseitiger Abhängigkeiten und durch Interessenverflechtung sollte ein Netz von Beziehungen geknüpft werden, das beiden Seiten Vorteile brachte, an dessen Aufrechterhaltung deshalb beide Seiten interessiert waren und dessen Zerstörung von keiner Seite ohne Beeinträchtigung wichtiger eigener Interessen unternommen werden konnte.

Die Entspannungspolitik war ein Versuch, den Spannungsgrad des Ost-West-Konflikts zu reduzieren und auf der Basis des Status quo zu einer Zusammenarbeit zu gelangen. Militärische Faktoren sollten eine zunehmend geringere Bedeutung bekommen und die militärische Konkurrenz schrittweise durch andere, friedlichere

---

[122] *Kissinger, Henry: Die Vernunft der Nationen, S. 635*
[123] *Kissinger, Henry: Die Vernunft der Nationen, S. 644*

Formen des Wettbewerbs ersetzt werden. Die KSZE mit der Unterzeichnung der Schlussakte in Helsinki im Jahre 1975 sollte dabei eine besonders wichtige Rolle zukommen. In gleichem Masse sollte letztlich der Aufstand der Solidarität in Polen mit der folgenden Verhängung des Kriegsrechts im Dezember 1981 zur Entspannung beitragen.

Deutliche und entscheidende Änderungen im Dialog zwischen den USA und der Sowjetunion sollten mit dem Antritt von Ronald Reagan in Washington (1981) und Michail Gorbatschow in Moskau (1985) eintreten. Zu Beginn der Präsidentschaft von Reagan sah das allerdings völlig anders aus.

In seiner ersten Pressekonferenz bezeichnete Reagan die Sowjetunion als ein verbrecherisches Weltreich, das bereit sei, „jedes Verbrechen zu begehen, zu lügen und zu betrügen", um seine Ziele zu erreichen. Diese Charakterisierung sollte 1983 schließlich in der Gleichsetzung der Sowjetunion mit dem „Reich des Bösen" gipfeln - eine direkte moralische Herausforderung, vor der seine Vorgänger sicherlich zurückgeschreckt wären. Reagan jedoch setzte sich über konventionelle diplomatische Erkenntnisse einfach hinweg und vergröberte stark die US-amerikanischen Tugenden, um seine Landsleute im Rahmen seines selbsterklärten Auftrages davon zu überzeugen, dass der ideologische Ost-West-Konflikt von Bedeutung sei und dass es bei internationalen Kämpfen um Sieger und Verlierer, nicht aber um Stehvermögen oder Diplomatie gehe.

Reagans Redeweise, derer er sich während seiner ersten Amtszeit bediente, kennzeichnete zunächst das offizielle Ende der Entspannungsperiode. Washingtons Ziel war es nicht mehr, auf entspannte Beziehungen hinzuarbeiten, sondern einen Kreuzzug auszutragen, um den Feind zu bekehren. Reagan war wegen seines Versprechens, einen militanten Antikommunismus zu verfolgen, gewählt worden, und er hielt Wort.

Es sollte sich jedoch herausstellen, dass wichtige Verhandlungen entgegen den Vorhersagen der Kritiker durch Reagans Rhetorik nicht blockiert wurden. Im Gegenteil: In Reagans zweiter Amtsperiode entwickelte sich ein umfassender und intensiver Ost-West-Dialog, wie es ihn seit Nixons Entspannungspolitik nicht mehr gegeben hatte. Der Grund hierfür lag im Wechsel der sowjetischen Führung in Moskau. Im November 1982 war Juri Andropow Nachfolger von Breschnew geworden. Nach nur 13 Monaten im Amt verstarb er und wurde von Konstantin Tschernenko abgelöst. Auch dieser verstarb nach 13 Monaten. Dessen Nachfolger wurde Michael Gorbatschow, bei Übernahme der Führung der Sowjetunion erst 54 Jahre alt. Seine Politik von *Glasnost* und *Perestroika* sollten den Ost-West-Dialog entscheidend beeinflussen und fördern.

Die USA haben für sich immer wieder reklamiert, dass Verständnis unter den Völkern der Normalzustand, Spannung indes eine Verwirrung sei und das Vertrauen durch eifrige Bezeugungen guten Willens geschaffen werden könne. Nur so ist es zu erklären, dass Reagan, der Erzfeind des Kommunismus, sich in der Nacht vor seinem ersten Treffen mit Gorbatschow, am 19. November 1985 in Genf, in erwartungsvoller Vorfreude zu der Hoffnung hinreißen ließ, dieses Treffen könne Konflikte aus der Welt schaffen".[124]

Und doch: Wie optimistisch oder gar „liberal" Reagans Ansichten über den endgültigen Ausgang auch sein mochten, er beabsichtigte, seine Ziele durch gnadenlose Konfrontation zu erreichen. Seiner Auffassung zufolge konnte ein Ende des Kalten Krieges nicht dadurch herbeigeführt werden, dass man sich um eine „günstige" Atmosphäre oder um einseitige Gesten bemühte, die von den Fürsprechern dauerhafter Verhandlungen so gepriesen wurden. Reagan war der erste Nachkriegspräsident, der den Ost-West-Konflikt zugleich als ideologische und als geostrategische Auseinandersetzung begriff.

„Die Reagan-Administration ließ nicht nur ehrlichen Demokraten – wie etwa in Polen – Hilfe zukommen, sie unterstützte auch islamische Fundamentalisten in Afghanistan (die mit dem Iran unter einer Decke steckten), Rechtsregierungen in Mittelamerika und kriegerische Stammesfürsten in Afrika".[125]

Das nukleare Gleichgewicht

Am 22. Dezember 1938 hatten Otto Hahn und Fritz Strassmann in Berlin die Kernspaltung entdeckt. Schnell war klar geworden, dass sich durch eine unkontrollierte Kettenreaktion Atombomben mit unglaublicher Zerstörungskraft bauen ließen. Auch bestand die Hoffnung, die im Atomkern schlummernde Energie durch Reaktoren zu nutzen.

Am 13. August 1942 begannen die USA das streng geheim gehaltene „Manhattan-Projekt" als Großforschungsprojekt. Eine Gruppe um Robert Oppenheimer und General Groves zündete bei Alamogordo/New Mexico am 16. Juli 1945 die erste Plutonium-Bombe. Das Nuklearzeitalter hatte begonnen und erreichte mit dem Abwurf zweier Atombomben auf die japanischen Städte Hiroshima und Nagasaki am 6. und 9. August 1945 seinen ersten grausamen Höhepunkt.

Das Atomwaffen-Monopol der USA dauerte bis 1949. Am 3. September 1949 teilte der US-amerikanische Präsident Harry S. Truman der Weltöffentlichkeit mit,

---

[124] Kissinger, Henry: Die Vernunft der Nationen, S.854/855
[125] Kissinger, Henry: Die Vernunft der Nationen, S. 859

dass Ende August in der Sowjetunion ein Atombombenversuch stattgefunden habe. Das US-amerikanische Sicherheitskonzept, das von einem Atomwaffenmonopol bis mindestens 1953 ausgegangen war, geriet ins Wanken. Es sollten weitere Länder folgen, die den Besitz von Atomwaffen anstrebten und auch realisierten: Großbritannien folgte 1952, Frankreich 1960 und China 1964.

Die französischen Bemühungen um Entwicklung und Aufbau einer eigenen Atomstreitmacht fanden auf der anderen Seite des Atlantiks keine große Begeisterung. Eisenhowers Bemühungen bestanden darin, den „starrsinnigen" Staatspräsidenten Charles de Gaulle davon zu überzeugen, dass eine unabhängige französische Atomstreitmacht nicht notwendig und der Aufbau einer solchen ein Akt des Misstrauens sei. Mit einer typisch US-amerikanischen Mischung aus Legalismus und Idealismus bemühte sich Eisenhower, der Schreckensvision seines Landes zu begegnen, jenem Alptraum, es könne zu einem von den Verbündeten entfesselten Atomkrieg kommen. Bei einem Besuch in Paris 1959 fragte er den General, auf welche Weise die verschiedenen atomaren Streitkräfte innerhalb des Bündnisses in einen einheitlichen Militärplan einbezogen werden könnten. Denn zu diesem Zeitpunkt hatte Frankreich sein eigenes Atomprogramm bereits angekündigt, aber noch keine Atomwaffentests unternommen. Eisenhower erhielt darauf eine Antwort, die er nicht hinnehmen wollte.

„Für de Gaulle war die Integration der atomaren Streitkräfte ein politisches und kein organisatorisches Problem. Es war bezeichnend für die Kluft, die sich zwischen diesen beiden Konzepten aufgetan hatte, dass es Eisenhower offenbar entgangen war, dass de Gaulle auf die Frage des US-amerikanischen Präsidenten im Grunde bereits ein Jahr zuvor reagiert hatte, als er ein politisches Direktorium innerhalb der Atlantischen Allianz vorschlug. Der US-Amerikaner erstrebte strategische, der Franzose politische Optionen, und während es Eisenhower primär um eine effiziente Kommandostruktur für den Kriegsfall ging, war de Gaulle weniger an Plänen für die Führung eines allgemeinen Krieges interessiert – der in seinen Augen ohnehin nicht zu gewinnen war - als an der Erweiterung diplomatischer Alternativen durch die Sicherung der französischen Handlungsfreiheit vor einem Krieg.

Am 17. September 1958 ließ de Gaulle ein Memorandum an Eisenhower und Macmillan in London übergeben, in dem seine Vorstellungen von einer geeigneten NATO-Struktur festgehalten waren. Er schlug ein politisches Direktorium innerhalb des Atlantischen Bündnisses vor, das aus den Regierungschefs der drei Atommächte USA, Großbritannien, Frankreich bestehen sollte. Dieses Direktorium sollte in regelmäßigen Abständen zusammentreten, einen gemeinsamen Stab einrichten und eine gemeinsame Strategie entwerfen, vor allem im Hinblick auf Krisen außerhalb des NATO-Gebiets. Politische und strategische Fragen von Weltbedeutung sollten einem neuen Gremium anvertraut werden, das aus den Vereinigten Staaten von Amerika, Großbritannien und Frankreich besteht. Dieses Gremium sollte die Befugnis haben, gemeinsame Entscheidungen zu allen politischen Fragen im Hinblick auf die Weltsicherheit zu treffen und strategische Pläne, insbesondere im Zusammenhang mit dem Einsatz von Kernwaffen, zu entwickeln und notfalls in die Tat umzusetzen. Darüberhinaus sollte es zuständig sein für die Organisation der Verteidigung von einzelnen Operationsgebieten wie der Arktis, dem Atlantik, dem Pazifik und dem Indischen Ozean, wo dies zweckdienlich ist. Diese Regionen hätten ihrerseits gegf. noch weiter unterteilt werden können.

Um zu beweisen, wie ernst er es mit seinen Vorschlägen meinte, verband de Gaulle seine Vorschläge mit der Drohung, er werde andernfalls den Austritt Frankreichs aus der NATO bewirken. Die französische Regierung, schrieb er, hält eine solche Sicherheitsorganisation für unverzichtbar. Künftig wird die gesamte weitere Entwicklung der gegenwärtigen NATO-Mitgliedschaft Frankreichs auf ihr beruhen"[126].

Nachdem er eingesehen hatte, dass seine Vorschläge nicht auf fruchtlosen Boden gefallen waren, machte de Gaulle seinen Gesprächspartnern klar, dass er durchaus über Alternativen verfügte. Er befahl den Abzug amerikanischer Kernwaffen von französischem Boden; dann zog er zunächst die französische Flotte und schließlich sämtliche französischen Streitkräfte aus der NATO-Integration.[127] Gleichwohl blieb er in der politischen Integration, durch die er Einfluss in der Allianz behielt.

„Während des ersten Jahrzehnts der Nachkriegsära sah es so aus, als ob das US-amerikanische Atomwaffenmonopol Allmachtsvisionen hätte Wirklichkeit werden lassen. Doch gegen Ende der fünfziger Jahre wurde offensichtlich, dass die beiden atomaren Supermächte in absehbarer Zeit in der Lage sein würden, sich gegenseitig derartige Zerstörungen zuzufügen, deren Ausmaß in der gesamten Menschheitsgeschichte ohne Beispiel war und das Überleben der Zivilisation selber bedrohte.

Diese Erkenntnis bildete den Ausgangspunkt einer Revolution, die das Wesen der internationalen Beziehungen verändern sollte. Zu allen Zeiten hatte die Waffentechnik sich weiterentwickelt, doch bis zum Ende des Zweiten Weltkriegs war der Umfang ihrer Zerstörungskraft relativ begrenzt geblieben. Kriege erforderten eine umfassende Mobilisierung von Hilfsmitteln und Soldaten, und hierfür benötigte man gewisse Zeit. Wenn ein Krieg begann, gab es daher stets noch verhältnismäßig wenige

---

[126] *Kissinger, Henry: Die Vernunft der Nationen, S. 666*
[127] *Kissinger, Henry: Die Vernunft der Nationen, S. 668*

Gefallene; erst allmählich stieg ihre Zahl an. Zumindest theoretisch war es mithin möglich, einen Konflikt zu beenden, bevor er außer Kontrolle geraten war.

Da sich politische Macht vormals nur in eher kleinen Schritten steigern ließ, war jeder territoriale Zugewinn von strategischer Bedeutung. Die Vorstellung, dass ein Staat eines Tages über mehr Macht verfügen könnte, als sich mit rationalen politischen Zwecken vereinbaren ließ, wäre absurd erschienen. Doch genau das war der Fall im Atomzeitalter. Das zentrale strategische Problem der beiden Supermächte bestand am Ende nicht mehr in der Anhäufung weiterer Machtfülle, sondern in der Bändigung des ungeheuren Zerstörungspotentials in ihren Händen. Bis heute ist es keiner atomaren Großmacht gelungen, auf diese Herausforderung eine Antwort zu finden. Politische Spannungen, die in früheren Zeiten fast unweigerlich einen Krieg heraufbeschworen hätten, wurden nunmehr aus Angst vor atomarer Verwüstung in Schranken gehalten. Anders gesagt: Die Atomwaffen schufen eine Risikoschwelle, die ein halbes Jahrhundert lang den Frieden bewahrte.

Dieser Zustand indessen brachte zugleich ein Gefühl politischer Handlungsunfähigkeit mit sich, dem sich auf der anderen Seite die Tatsache verband, dass die Wahrscheinlichkeit und die Häufigkeit von kriegerischen Auseinandersetzungen mit konventionellen Waffen zunahmen".[128]

„Das Problem war, dass beide Seiten sich in einem für das Nuklearzeitalter typischen Dilemma befanden. Zwar vermochten sie dank ihrer Atomwaffen einem gewissen Druck zu widerstehen; doch konnten mit diesen Waffen allein noch keine positiven Veränderungen herbeigeführt werden. Und wie hoch auch immer das Maß an Überlegenheit theoretisch veranschlagt werden mochte: Das Risiko eines Atomkrieges stand in keinem Verhältnis zu irgendeinem erreichbaren Ziel. Selbst ein Kriegsrisiko von nur fünf Prozent ist unerträglich, wenn der Preis dafür die Zerstörung der eigenen Gesellschaft, ja sogar der ganzen Zivilisation ist. Aus diesem Grund schreckten letzten Endes beide Seiten vor dem Risiko eines Krieges zurück!.[129]

„Um die Wirkung der nuklearen Abschreckung zu erhöhen, mussten die USA und ihre Verbündeten sowohl den Automatismus als auch die Härte ihrer Antwort auf einen Angriff unterstreichen. Um die Glaubwürdigkeit der Abschreckung zu erhöhen und das Ausmaß der Katastrophe zu begrenzen, falls das Konzept fehlschlug, suchten die USA nach Mitteln und Wegen, einen Atomkrieg zugleich berechenbarer und weniger desaströs zu machen. Eine begrenzte Wahl der Ziele, eine zentrale Kommandostelle, eine Steuerung und eine Strategie der flexiblen Antwort,

[128] Kissinger, Henry: Die Vernunft der Nationen, S. 662/663
[129] Kissinger, Henry: Die Vernunft der Nationen, S. 637

das alles wurde zum Credo der Intellektuellen im US-Verteidigungsministerium. Doch die Verbündeten der Vereinigten Staaten widersetzten sich diesen Vorhaben. Sie befürchteten, je berechenbarer und hinnehmbarer ein Atomkrieg gemacht würde, desto wahrscheinlicher werde es zu einer atomaren Aggression kommen, die eher auf dem europäischem als auf nordamerikanischem Territorium ausgetragen würde.

Andererseits konnte auch der Fall eintreten, dass die USA im letzten Augenblick davor zurückschreckten, ihre Kernwaffen einzusetzen, wie begrenzt eine solche Option auch immer sein mochte, sodass für Europa am Ende nur die nachteiligen Auswirkungen beider Möglichkeiten übrig bleiben konnten: mangelnde Abschreckung und eine fehlgeschlagene Strategie".[130]

Die Nuklearwaffenmächte, allen voran die USA und die Sowjetunion lieferten sich zunächst einen Rüstungswettlauf. Mit der Entwicklung der Wasserstoffbombe 1953/1954 wurde das Zerstörungspotenzial vertausendfacht. Während der so genannten "Kuba-Krise" im Jahr 1962, als die Sowjetunion taktische Nuklearwaffen auf Kuba stationieren wollte, drohte die Situation in einen Nuklearkrieg zwischen den beiden Weltmächten zu eskalieren.

Im Zeitraum bis 1963 führten die USA und die Sowjetunion über 200 oberirdische Tests durch, bis aufgrund von Massenprotesten wegen der radioaktiven Verseuchung 1963 zwischen den USA, Großbritannien und der Sowjetunion der Begrenzte Teststoppvertrag (LTBT) unterschrieben wurde, der das Verbot von Nukleartests in der Atmosphäre, im Weltraum und unter Wasser festlegte. Die Tests wurden zur Verfeinerung und der Entwicklung neuer Sprengköpfe jedoch unterirdisch fortgesetzt.

Der US-amerikanische Präsident Dwight D. Eisenhower hatte anfangs die größte Verantwortung getragen: Die Entscheidung, ob man das Risiko eines Atomkriegs einging oder nicht, lag letztlich auf seinen Schultern. Die USA gewannen aus der Berlin-Krise die Einsicht, dass Atomwaffen in dem Jahrzehnt, da die USA als einziges beziehungsweise fast als einziges Land solche Waffen besessen hatte, vielleicht noch ein schnelles und relativ kostengünstiges Instrument zur Wahrung der Sicherheit gewesen waren; im Zeitalter des beginnenden nuklearen Gleichgewichts hingegen setzten sie der eigenen Risikobereitschaft deutliche Grenzen und engten so auch die diplomatische Handlungsfreiheit des Landes ein.

„Solange die Vereinigten Staaten gegen Angriffe weitgehend immun blieben, verschafften die Atomwaffen ihnen einen Vorteil, den keine Nation je genossen hatte.

---

[130] *Kissinger, Henry: Die Vernunft der Nationen, S. 664*

Wie so häufig, wurde dieser Vorteil jedoch dann am treffendsten formuliert, als die USA bereits kurz davorstanden, ihn wieder einzubüßen. Als sich das US-amerikanische Atomwaffen-Monopol (oder das Fast-Monopol) seinem Ende zuneigte, entwickelte Außenminister John Foster Dulles das Konzept der sogenannten „massiven Vergeltung", um einerseits sowjetische Aggressionen abzuschrecken, andererseits aber langwierige Pattsituationen wie in Korea künftig vermeiden zu können. Dulles meinte, die USA sollten Aggressionen weniger an dem Ort entgegentreten, an dem sie sich tatsächlich ereigneten, als vielmehr zu gegebener Zeit und mit den Waffen ihrer Wahl gegen die eigentlichen Ursachen der Spannungen vorgehen. Doch just zu dem Zeitpunkt, als dieses Konzept diskutiert wurde, begann die Sowjetunion ihre eigenen thermonuklearen Waffen und strategischen Interkontinentalraketen zu entwickeln. Die Strategie der massiven Vergeltung verlor infolgedessen rasch an Glaubwürdigkeit, und zwar in der Wahrnehmung sogar noch schneller als in der Wirklichkeit. Ein allgemeiner Atomkrieg stand als strategisches Mittel schließlich in keinem Verhältnis zu den meisten der absehbaren Krisen, die Berlin-Krise eingeschlossen. Die demokratischen Staatschefs nahmen Chruschtschows weit übertriebene Verlautbarungen über die sowjetische Raketenstärke ernst, vielleicht zu ernst. Doch schon 1958 stand außer Frage, daß ein allgemeiner Atomkrieg die Zahl der Todesopfer aus beiden Weltkriegen binnen weniger Tage um ein Vielfaches übertreffen würde".[131]

Mitte der siebziger Jahre ersetzte die Sowjetunion ihre auf Westeuropa gerichteten atomaren Mittelstreckenwaffen durch moderne SS-20-Raketen. Das Gleichgewicht der Kräfte in Europa geriet in Gefahr. Der deutsche Bundeskanzler Helmut Schmidt hielt am 28. Oktober 1977 vor dem Londoner *International Institute for Strategic Studies* eine Brandrede und warnte heftig vor einer unkontrollierten Aufrüstung der Mittelstreckenraketen, ohne die SS 20 zu erwähnen. Werde diese Waffengattung nicht in Rüstungskontrollverhandlungen einbezogen, dann könne die Sowjetunion das bisherige strategische Gleichgewicht damit unterminieren. Solange ein sowjetischer Angriff auf Westeuropa letztlich nur durch interkontinentale und globale atomare Vergeltung der USA abzuschrecken sei, bleibe Westeuropa erpressbar. Darum forderte Schmidt die NATO zu eigenen Gegenmaßnahmen auf, wobei Verhandlungsangebote Vorrang haben sollten. Die Rede gilt als Auslöser für Überlegungen, die zum NATO-Doppelbeschluss führten. Hinter dieser Forderung von Schmidt standen prinzipielle Zweifel, ob die USA auf einen Angriff der Sowjetunion auf Westeuropa mit interkontinentalen Atomraketen reagieren und damit entsprechende Gegenschläge und somit ihre Selbstzerstörung riskieren würden. Wegen dieses Risikos sahen auch die USA ein „taktisches" atomares Gleichgewicht in Europa als notwendig an.

---

[131] *Kissinger, Henry: Die Vernunft der Nationen, S. 623-624*

Der Nato-Doppelbeschluss wurde am 12. Dezember 1979 von den Außen- und Verteidigungsministern des Nordatlantikpaktes in Brüssel verabschiedet. Er sah Abrüstungsverhandlungen mit der Sowjetunion, aber auch eine Drohung vor: Sollten sie keinen Erfolg zeitigen, wollten die USA nach vier Jahren – also Ende 1983 – ebenfalls atomare Mittelstreckenraketen vom Typ *Pershing II* in Europa stationieren. Das war die Logik der Abschreckung, die sich als wirksam erweisen sollte.

Die wichtigste Veränderung im militärischen Kräfteverhältnis zwischen den beiden Weltmächten und zugleich zwischen den beiden Bündnissen NATO und Warschauer Pakt bestand in der nuklear-strategischen Parität, die in den siebziger Jahren von der Sowjetunion erreicht wurde.

„Während der siebziger Jahre hatte die Sowjetunion ihr strategisches Arsenal nach Quantität und Qualität so weit ausgebaut, dass sie mit den USA gleichzog. Die sowjetische Nuklearrüstung erreichte das strategische Patt mit den USA. Für die Sowjetunion war nuklear-strategischer Gleichstand mit der anderen Weltmacht zum entscheidenden politischen Attribut der eigenen Weltmachtstellung geworden. Nuklearstrategische Unterlegenheit wird seitdem von USA und Sowjetunion mit dem Verlust der Weltmachtstellung gleichgesetzt".[132]

Mitte der 80er Jahre hatten die USA und die Sowjetunion zusammen etwa 50-70.000 Nuklearsprengköpfe produziert und einen großen Teil auf Raketen, Bombern und U-Booten stationiert. Ein globaler Nuklearkrieg, der die gesamte Erde hätte zerstören können, war möglich geworden. Taktische Nuklearwaffen wurden in den 80er Jahren in Europa auf Trägersystemen unterschiedlicher Reichweite von NATO und Warschauer Pakt vermehrt stationiert.

Unter Michail Gorbatschow kam es schließlich zu Abrüstungsverhandlungen, die 1987 in den Vertrag über nuklear bestückte Mittelstreckenraketen mündeten (*Intermediate-Range Nuclear Forces*, INF-Vertrag) und das Ende des Ost-West-Konfliktes einleiteten. Nach dem Ende des Kalten Kriegs wurden in Europa weitere Rüstungskontrollverträge möglich. Der Nichtverbreitungsvertrag (NVV), der 1970 in Kraft getreten war, wurde 1995 verlängert und schrieb die Zweiklassenstruktur der Nuklearwaffenbesitzer fest.

1998 führten zwei Nichtmitglieder des NVV, Indien und Pakistan, Nuklearwaffentests durch und bauten ihr Arsenal stetig aus. Nordkorea hat seinen Austritt als Nichtkernwaffenstaat aus dem NVV erklärt. Vor dem Hintergrund, dass

---

[132] *Weisser, Ulrich: NATO ohne Feindbild, S. 45*

dem Iran nachgesagt wurde, sein ziviles Nuklearprogramm auch als eine Option für eine Nuklearbewaffnung gegf. einzusetzen, kam es im Juli 2015 zu einem Atomabkommen zwischen dem Iran mit den 5 Ständigen Mitgliedern des UN-Sicherheitsrates plus Deutschland. Dieses Abkommen soll Teheran die Nutzung der Atomkraft ermöglichen, aber den Bau einer Atombombe verhindern.

Konventionelle Streitkräfte

Die Vorneverteidigung war von 1963 bis 1991 die geltende Konzeption der NATO-Strategie für den Abschnitt Mitteleuropa, die eine konventionelle Verteidigung dicht an der Demarkationslinie zur DDR vorsah; Sie war Teil der Abschreckung und der *Flexible Response*. Die Vorneverteidigung entfiel mit der im Herbst 1991 in Rom verabschiedeten neuen NATO-Strategie, deren Elemente Verteidigungsfähigkeit, Dialog und Kooperation sind. Mit der Vorneverteidigung erfolgte eine Konzentration militärischen Potenzials an der innerdeutschen Grenze, dem Eisernen Vorhang. Auf dem Territorium der Länder in Europa standen sich in der Zeit des Kalten Krieges 3.068.000 Soldaten der NATO und 3.115.000 Soldaten des Warschauer Paktes gegenüber.

Auf der Seite der NATO wurde das Prinzip der „Schichttorte" angewandt, d.h. die Durchmischung der Korps-Gefechtsstreifen mit den Landstreitkräften möglichst vieler verschiedener NATO-Staaten. Entscheidend war hierbei insbesondere die abschreckende Wirkung durch die Einbindung der US-amerikanischen Streitkräfte. Es waren 9 Heeres-Korps an der Grenze in der folgenden Aufstellung von Nord nach Süd aufgestellt:

- Dänemark /Deutschland
- Niederlande
- Großbritannien
- Deutschland
- Belgien
- Deutschland
- USA
- USA
- Deutschland

Sollte eine Verteidigung nicht gelingen, behielt sich die NATO die Option des Einsatzes nuklearer Mittel vor. Dies bedeutete nicht einen strategischen offensiven "Erstschlag", sondern war als Abschreckung und potentielle, eskalierende Antwort auf einen bereits stattfindenden konventionellen Angriff zu verstehen.

Dramatisch war die strategische Lage in Mitteleuropa durch den Ausstieg Frankreichs aus der militärischen Struktur der NATO im Jahr 1966 geworden. Der Vorneverteidigung fehlte damit das Hinterland, was man durch das Konzept der Heranführung überseeischer Verstärkungskräfte (*Reinforcements*) einigermaßen zu kompensieren versuchte.

Zu Beginn der friedlichen Revolution in Europa, also in 1990/1991 standen die folgenden ausländischen Truppen auf deutschem Territorium:

Sowjetunion	380.000 Soldaten
USA	282.000 Soldaten
Großbritannien	68.000 Soldaten
Frankreich	44.000 Soldaten
Belgien	26.500 Soldaten
Kanada	7.900 Soldaten
Niederlande	7.500 Soldaten
SUMME	815.900 Soldaten

Hinzu kamen 495.000 deutsche Soldaten in der Bundesrepublik Deutschland auf der westlichen Seite des Eisernen Vorhangs und 160.000 deutsche Soldaten der Deutschen Demokratischen Republik auf der östlichen Seite. Insgesamt standen sich also knapp 1,5 Millionen Soldaten von NATO und Warschauer Pakt an der Innerdeutschen Grenze gegenüber.

Auf Seiten der NATO kam eine Manöverserie hinzu, die *Return of Forces to Germany,* kurz R*eforger* genannt wurde und die ein- oder mehrmals im Jahr abgehalten wurden. Die Manöver fanden von 1969 bis kurz nach Ende des Kalten Krieges 1993 statt und brachten jeweils eine große Anzahl von US-Soldaten nach Europa.

Ziele der Übungen waren die Überprüfung und Verbesserung der geplanten Abläufe, das Training der beteiligten Truppen und die Machtdemonstration gegenüber dem potentiellen Gegner, dem Warschauer Pakt. Da weder die USA noch die Bundesrepublik Deutschland die für einen Krieg in Europa erforderlichen konventionellen US-Streitkräfte ständig in Deutschland stationieren wollten, ergab sich die Notwendigkeit dieser Übungen. Das Material (Kampf- und Transportfahrzeuge, Waffen, Versorgungsgüter usw.) mehrerer Großverbände der US-Streitkräfte war in Deutschland eingelagert. Durch schnelles Heranführen des Personals aus Übersee, das dann lediglich das Material übernehmen und aktivieren musste, sollte eine rasche Verstärkung der konventionellen Streitkräfte in Europa kostengünstig ermöglicht werden.

Die USA hielten diese Art der Verstärkung gerade auch aus dem Grunde für erforderlich, weil die sowjetischen Truppen in der DDR sich relativ schnell und problemlos durch Truppen aus den asiatischen Republiken der Sowjetunion verstärken konnten. Diese Möglichkeit fehlte den USA durch das Hindernis des Atlantischen Ozeans.

Die US-Truppen in der Bundesrepublik Deutschland hatten im Jahre 1990 eine Stärke von 282.400 Soldarten, davon 242.800 vom Heer und 40.000 von der Luftwaffe. Die ausländischen Truppen aus den USA belegten insgesamt 663 Kasernenanlagen in der Bundesrepublik Deutschland. 32.446 Deutsche waren als Zivilangestellte bei den US-Streitkräften in Deutschland beschäftigt. Die Integration der US-amerikanischen Familien in die deutsche Bevölkerung war wenig erfolgreich, da die Familien der Soldaten fast ausnahmslos in *Little America* – Kolonien wohnte.

Die „Gruppe der Sowjetischen Streitkräfte in Deutschland" (GSSD), belegten auf dem Territorium der DDR zu jener Zeit 777 Kasernenanlagen an 276 Orten. Dies schloss 47 Flugplätze und 116 Übungsplätze mit ein. Die 380.000 Soldaten waren auf 24 Divisionen, fünf Landarmeen und eine Luftarmee verteilt. Hinzu kamen noch 208.400 Familienangehörige von Offizieren sowie Zivilangestellte, darunter befanden sich etwa 90.000 Kinder. Die Integration der Soldaten und ihrer Familien in die deutsche Bevölkerung war von sowjetischer Seite nicht gewollt. Etwaige Ansätze wurden tatsächlich hintertrieben.

USA und Europa

War man in Washington gegen Ende des Krieges noch davon ausgegangen, dass man sich nach dem Kriegsende aus Europa wieder zurückziehen könne und wolle, änderte sich das spätestens mit dem kommunistischen Staatsstreich in der Tschechoslowakei im Februar 1948. Was war geschehen? Nach Ankündigung der US-Marshallplanhilfe beschleunigte Stalin die Durchsetzung der kommunistischen Kontrolle über Osteuropa. Bezüglich der Vasallentreue der osteuropäischen Staaten reagierte er dabei außerordentlich hart, wenn nicht sogar paranoid. Politiker, die sich ihr Leben lang der kommunistischen Sache verschrieben hatten, wurden eliminiert, wenn sie in den Verdacht gerieten, auch nur die leisesten nationalen Gefühle zu hegen. In der Tschechoslowakei waren die Kommunisten aus freien Wahlen als stärkste Partei hervorgegangen und kontrollierten die Regierung; doch das genügte Stalin offenbar nicht. Die gewählte Regierung wurde gestürzt; der nichtkommunistische Außenminister Jan Masaryk, Sohn des Gründers der Tschechoslowakischen Republik, kam bei einem Sturz aus dem Fenster seines Büros, für den aller Wahrscheinlichkeit nach kommunistische Schläger verantwortlich waren, ums Leben. In Prag wurde eine kommunistische Diktatur errichtet.

„Die Brutalität, mit der der Staatsstreich in der Tschechoslowakei durchgeführt worden war, schürte Ängste vor weiteren Machtübernahmen ähnlichen Stils. Die Methode bestand darin, erst einen kommunistischen *Coup d'état* zu fördern, um die neue Regierung dann anzuerkennen und zu stützen, indem man militärisch die Muskeln spielen ließ. Aus diesem Grund schlossen sich 1948 mehrere westeuropäische Nationen zusammen und unterzeichneten den Brüsseler Vertrag, einen Verteidigungspakt, der dem Zweck diente, jeden militärisch unterstützten Versuch, eine demokratische Regierung zu stürzen, abzuwehren. Freilich lief jede Analyse der Kräfteverhältnisse in Europa darauf hinaus, dass die Europäer militärisch einfach nicht stark genug waren, um sich sowjetischer Übergriffe erwehren zu können. Die Vereinigten Staaten mussten also in irgendeiner Form in die europäische Verteidigung eingebunden werden, und das Nordatlantische Verteidigungsbündnis sollte den institutionellen Rahmen dazu liefern.

Als eine der Reaktionen auf Moskaus Vorgehen wurde die NATO gegründet. Sie war das erste in Friedenszeiten geschlossene militärische Bündnis in der Geschichte der Vereinigten Staaten. Die NATO sorgte für eine unerwartete Wende in der US-amerikanischen Außenpolitik: Unter internationalem NATO-Oberbefehl schlossen sich US-amerikanische Truppen zusammen mit kanadischen den westeuropäischen Streitkräften an. Entlang der quer durch Mitteleuropa verlaufenden Trennlinie standen sich nun zwei Einfluss-Sphären und zwei Militärbündnisse gegenüber".[133]

Im Oktober 1951 kehrte Churchill in das Amt des Premierministers in London zurück. Er musste jedoch zur Kenntnis nehmen, dass er sich angesichts der Abhängigkeit seines Landes von den Vereinigten Staaten nicht den Luxus einer eigenständigen Initiative erlauben konnte, schon gar nicht in Fragen, die Washington am Herzen lagen.

Das Verhältnis von Churchill zu Truman bzw. Eisenhower macht deutlich, wie die Rolle der Weltmacht nach dem Ende des 2. Weltkrieges von Großbritannien zu den USA gewechselt ist. Als ein gutes Beispiel kann hier das Angebot Malenkows vom 17. März 1953 gesehen werden, bei dem Churchill versuchte, Eisenhower zu drängen, anzunehmen um keine Gelegenheit auszulassen, um „herauszufinden, wie weit das Malenkow-Regime zu gehen bereit ist, um die allgemeine Lage zu entspannen". Eisenhower indessen zeigte sich für Churchills diplomatische Initiative nicht empfänglicher als sein Vorgänger Truman. Er bat Churchill lediglich, die politische Erklärung abzuwarten, die er am 16. April 1953 abzugeben beabsichtige und in der er Churchill de facto deutlich widersprach. Eisenhower trug vor, die Ursachen der Spannungen lägen ebenso offen auf der Hand wie die Abhilfe: ein

---

[133] *Kissinger, Henry: Die Vernunft der Nationen, S. 490*

Waffenstillstand in Korea, ein Österreichischer Staatsvertrag und ein Ende der direkten und indirekten Angriffe auf die Sicherheit von Indochina und Malaya würden die Situation von Grund auf im positiven Sinne verändern. Verhandlungen seien nicht erforderlich, erklärte Eisenhower. Es sei Zeit für Taten, nicht für Worte.

„Churchill blieb anderer Meinung. Am 11. Mai 1953 legte er dar, inwiefern er sich mit seiner Einschätzung der Lage von Eisenhower und Dulles unterschied: Während die US-amerikanische Führung die Gefährdung des Zusammenhalts im Atlantischen Bündnis fürchtete, hatte Churchill vor allem Bedenken, dass eine durchaus hoffnungsvolle innere Entwicklung der Sowjetunion in Gefahr gebracht würde. Es wäre zu bedauern, führte er aus, wenn der natürliche Wunsch, auf internationaler politischer Ebene zu einer Einigung zu kommen, sich als Hindernis für eine spontane und gesunde Entwicklung innerhalb Russlands erweisen würde. Nach meiner Einschätzung sind manche Erscheinungen in dessen Inneren und der offensichtliche Stimmungsumschwung weitaus wichtiger und bedeutsamer als das, was draußen passiert ist. Ich befürchte, dass so, wie die Dinge stehen und wie sich die Außenpolitik der NATO-Mächte präsentiert, nichts dazu angetan ist, das zu ersetzen oder im Stellenwert zu übertreffen, was sich als eine tiefgreifende Bewegung innerhalb der Sowjetunion herausstellen könnte"[134]

„Im Januar 1954 fand in Sachen Deutschlandpolitik ein Außenministertreffen statt. Die Gespräche blieben sehr schnell stecken. Außenminister John Foster Dulles nutzte den Stillstand, um sein Ziel, die Integration Deutschlands in die NATO zu erreichen. Die Frage, wie man die Bundesrepublik Deutschland in die westliche Militärstruktur einbinden sollte, war zu einem drängenden Problem geworden. Die Franzosen waren nicht erpicht darauf, ein vollständig wieder bewaffnetes Deutschland an ihrer Seite zu sehen; ebenso wenig wollten sie aber auch ihr nationales Verteidigungspotential einem integrierten System westlicher Verteidigung opfern, das Deutschland einschloss. Dies hätte ja nichts anderes bedeutet, als einen Teil der französischen Sicherheit in die Hände desjenigen Landes zulegen, von dem man im Jahrzehnt zuvor noch in schwere Verwüstung gestürzt worden war. Zudem wäre Paris in seiner Freiheit beschränkt worden, koloniale Konflikte militärisch zu lösen".[135]

„De Gaulle hatte die deutsch-französische Zusammenarbeit zu einem Eckpfeiler seiner Außenpolitik gemacht. Aber selbst wenn er in Bonn Unterstützung für seine Berlin-Politik und Verständnis für seine Ansichten zur nuklearen Kontrolle fand, gab es doch eine Grenze, die kein westdeutscher Staatsmann überschreiten konnte oder wollte, nämlich bei der Frage einer Loslösung von den Vereinigten Staaten. Welche

---

[134] *Kissinger, Henry: Die Vernunft der Nationen, S. 551*
[135] *Kissinger, Henry: Die Vernunft der Nationen, S. 556*

Bedenken Sie auch immer gegen einzelne US-amerikanische Maßnahmen hegen mochten: Politiker in der Bundesrepublik Deutschland verspürten schwerlich ein Bedürfnis, am Ende allein mit der Unterstützung Frankreichs der Sowjetunion gegenüberzustehen. Und was immer sie von den anglo-amerikanischen Vorstellungen von atomarer Kontrolle und europäischer Integration halten mochten: Keiner von ihnen hätte vernünftigerweise die unbedeutende französische atomare Streitmacht dem riesigen Arsenal der USA oder die politische Unterstützung Frankreichs derjenigen der USA vorziehen können und wollen. Schon dadurch waren den Zielen, die de Gaulle mit seiner anti-amerikanischen Haltung zu erreichen trachtete, enge Grenzen gezogen".[136]

Das Verhältnis zwischen den Vereinigten Staaten und Großbritannien war durch eine besondere Zusammenarbeit geprägt. Es waren (und sind) spezifische Beziehungen, die schon immer durch gemeinsame Werte gepflegt wurden. Für die Politik in den USA und in Großbritannien hatte die *Special Relationship* daher einen denkbar hohen Stellenwert. Dies hat einerseits historische Gründe und andererseits die gemeinsame englische Sprache als Grundlage.

Eine wesentliche Rolle für die Aufrechterhaltung der Verbundenheit zwischen beiden Nationen nach dem Kriege spielte die außerordentliche Fähigkeit Großbritanniens, sich veränderten Verhältnissen anzupassen. Es war durchaus möglich, dass London, wie Dean Acheson bemerkte, zu lange an der Illusion des Empire festgehalten und es versäumt hatte, sich eine zeitgemäße Rolle in Europa zu suchen. Auf der anderen Seite demonstrierte London in seinen Beziehungen zu Washington fast täglich, daß man sich als ein Land mit langer Geschichte in grundlegenden Fragen keiner Selbsttäuschung hingab. Sobald man zutreffend erkannt hatte, daß man nicht länger damit rechnen konnte, die US-amerikanische Politik mit den herkömmlichen Methoden eines Ausgleichs von Nutzen und Wagnis zu bestimmen, beschloß man in London, zumal nach der Suezkrise, wenigstens ein bestimmtes Maß an Einfluss geltend zu machen. Und mit der Zeit gelang es den britischen Führern, sich den US-amerikanischen Entscheidungsträgern so unentbehrlich zu machen, daß die US-Präsidenten und ihre Berater Konsultationen mit London nicht als besondere Gunst gegenüber einem schwächeren Bündnispartner, sondern als unerläßlichen Bestandteil ihrer eigenen Regierungspolitik betrachteten.

„Großbritannien stimmte nicht immer und nicht in allen Punkten mit dem außenpolitischen Vorgehen der USA überein. Im Gegensatz zu den USA haben die Briten schließlich zu keiner Zeit geglaubt, man könne den Menschen zu einem

---

[136] *Kissinger, Henry: Die Vernunft der Nationen, S. 673-674*

vollkommenen Wesen umformen, und nur ganz selten haben sie moralische Grundsätze zur Richtschnur ihres politischen Handelns gemacht. In ihrem Welt- und Menschenbild orientierten sie sich überwiegend an Thomas Hobbes: da sie vom Menschen stets das Schlechteste annahmen, mussten sie nur selten eine Enttäuschung erleben. Auch außenpolitisch neigte man in London zu einer bequemen Form des ethischen Egoismus, einfacher ausgedrückt: was gut für Großbritannien war, war auch für die übrige Welt am besten".[137] Dieser Grundsatz gilt wohl auch in ganz besonderem Masse für die USA.

„In der Suezkrise im Herbst 1956 machten Frankreich und Großbritannien die Erfahrung, wie eng die Spielräume im Ost-West-Konflikt geworden waren. Die Verantwortlichen in London und Paris überschätzten wohl zunächst den Spielraum, über den sie im Zeichen der Ost-West-Entspannung verfügten. Jedenfalls ließen sich die beiden Regierungen in London und Paris dazu verleiten, gegen die Nationalisierung des Suezkanals durch Ägypten - von General Nasser im Juli 1956 mit viel Theatralik angekündigt - militärisch vorzugehen. Am 30. Oktober 1956 griff die israelische Armee mit dem geheimen Einverständnis der beiden europäischen Großmächte die Sinaihalbinsel an; einen Tag später begannen britische Bombenangriffe auf die Suezkanal-Zone, und am 5. November 1956 landeten dort britische und französische Fallschirmjägereinheiten. Kurz vor dem Sieg wurden sie gestoppt: Die Sowjetregierung drohte Großbritannien und Frankreich den Einsatz schrecklicher Vernichtungswaffen an, wenn sie nicht sofort das Feuer einstellten; und die US-amerikanische Regierung verhalf ihrer Forderung nach Abbruch des Unternehmens dadurch Nachdruck, dass sie die Krise des britischen Pfunds kräftig anheizte. Die alten Kolonialmächte mussten zur Kenntnis nehmen, dass die Entspannungspolitik auch die Züge eines Kondominiums der beiden Weltmächte annehmen konnte und dass eigenständige Operationen der Europäer folglich nicht mehr so leicht möglich waren".[138]

In Frankreich legte deren Präsident Charles De Gaulles besonderen Wert auf die Unabhängigkeit der *Grande Nation*. Dabei trat er immer wieder mit Behauptungen und Forderungen hervor, deren Absicht darin bestand, Amerikas Rolle in Europa zu schwächen. Immer wieder betonte er, die Europäer könnten sich nicht darauf verlassen, dass die Vereinigten Staaten ihre Streitkräfte für unbegrenzte Zeit in Europa stationiert hielten. Deshalb müsse der Kontinent sich – unter der Führung Frankreichs – darauf vorbereiten, seine Zukunft allein zu meistern. Der General und Präsident behauptete nicht, dass er eine solche Entwicklung bevorzuge. Aber er schien blind gegenüber der Möglichkeit zu sein, dass er mit seiner Politik eben das

[137] *Kissinger, Henry: Die Vernunft der Nationen, S. 651*
[138] *Loth, Wilfried: Geschichte Frankreichs im 20. Jahrhundert, S. 156*

bewirken konnte, was er nach eigenem Bekunden befürchtete.

„Während eines Besuchs in Paris im Jahre 1959 fragte Eisenhower den französischen Staatspräsidenten: Warum zweifeln Sie eigentlich daran, dass die USA ihr Schicksal mit dem Europas verbindet? Wenn man bedenkt, wie Eisenhower sich im Fall der Suezkrise, wie er sich seit Chruschtschows Berlin-Ultimatum verhalten hatte, war das eine etwas selbstgerechte Frage. In seiner Antwort erinnerte de Gaulle Eisenhower daran, daß in den Zweifeln Europas die Lehren zum Ausdruck kämen, die es aus seiner Geschichte gezogen habe. Die USA seien Frankreich im Ersten Weltkrieg erst nach drei Jahren zu Hilfe gekommen, drei Jahre, in denen das Land tödlicher Gefahr ausgesetzt war, und auch in den Zweiten Weltkrieg seien sie erst eingetreten, nachdem Frankreich bereits besiegt und besetzt worden war. Im Atomzeitalter wären beide Interventionen zu spät gekommen.

De Gaulle ließ keine Gelegenheit ungenutzt, um darauf hinzuweisen, dass die Einschätzungen der USA in bestimmten Fällen weniger europäisch waren als diejenigen Frankreichs, und er nutzte Chruschtschows Berlin-Ultimatum in dieser Hinsicht rücksichtslos aus. In Bonn wollte Paris als verlässlicher Partner gewürdigt werden, verlässlicher als die Amerikaner: Nach und nach wollte Frankreich die Vereinigten Staaten bei der Führung Europas ersetzen. Und als nach einigen einseitigen US-amerikanischen Initiativen eine Reihe bislang unberührter Grundsätze westlicher Berlinpolitik auf die Tagesordnung gesetzt wurde, brachte die wachsende Unruhe Adenauers den Franzosen eine Gefahr, aber auch eine Chance. Die Gefahr bestand darin, daß im Fall eines Seitenwechsels der Westdeutschen das europäische Gleichgewicht zerstört wäre, und das könnte das Signal zu einem Krieg sein. Die Chance wiederum lag in einer Stärkung des französischen Einflusses".[139]

„Seit dem Ende des Zweiten Weltkriegs hatten die Vereinigten Staaten die Weltpolitik in einem Grade bestimmt, wie es in früheren Zeiten keiner einzelnen Nation möglich gewesen war. Obschon das Land nur einen sehr kleinen Teil der Weltbevölkerung umfasste, produzierte es knapp ein Drittel aller Güter und Dienstleistungen der Welt, es war zur Weltwirtschaftsmacht Nummer eins geworden. Zusammen mit seiner weit fortgeschrittenen Nukleartechnologie besaß es einen außerordentlichen Vorsprung im militärischen Bereich - vor jedem denkbaren Rivalen, seien es einzelne Nationen oder ganze Gruppen von Nationen.

Gesegnet mit derartigen Vorzügen, vergaßen die US-amerikanischen Politiker allerdings über mehrere Jahrzehnte, wie vergleichsweise wenig repräsentativ das Verhalten eines verwüsteten, zeitweilig ohnmächtigen und somit leicht zu

---

[139] Kissinger, Henry: Die Vernunft der Nationen, S. 660-661

beeinflussenden Europas war, eines Kontinents, der immerhin mehr als zweihundert Jahre lang das Weltgeschehen bestimmt hatte. Vergessen war die europäische Dynamik, von der die industrielle Revolution ausgegangen war, vergessen war die politische Philosophie, die den Begriff der nationalen Souveränität hervorgebracht hatte, vergessen war auch der europäische Stil der Diplomatie, der drei Jahrhunderte lang ein kompliziertes System des Kräftegleichgewichts aufrechtzuerhalten wusste. Als Europa sich dank der unentbehrlichen Hilfe der USA erholt hatte, erschien es kaum ungewöhnlich, dass manche der traditionellen diplomatischen Handlungsmuster wiederkehrten, insbesondere in Frankreich, wo unter Richelieu die moderne Staatskunst schlechthin entstanden war.

Insbesondere Charles de Gaulle wollte die alten Wege aufs neue beschreiten. In den sechziger Jahren, auf dem Höhepunkt seiner Auseinandersetzungen mit den Vereinigten Staaten, sah sich der französische Staatspräsident regelmäßig dem Vorwurf ausgesetzt, er leide an Größenwahn. Tatsächlich hatte er das entgegengesetzte Problem: wie konnte man einem Land wieder zu seiner Identität verhelfen, das von einem Gefühl des Scheiterns und der Verletzlichkeit erfüllt war? Anders als die USA war Frankreich kein übermächtiges Land"[140].

Frankreich blickte auf den Zweiten Weltkrieg wie auf einen Alptraum zurück, der Wirklichkeit geworden war, zumal es den Zusammenbruch von 1940 gleichermaßen als psychologischen wie als militärischen Schlag empfunden hatte. Und obwohl Frankreich auf dem Papier als eine der Siegermächte aus dem Krieg hervorgegangen war, wussten seine politischen Führer sehr wohl, dass sie ihre Rettung weitgehend den Anstrengungen anderer zu verdanken hatten – militärisch den USA und politisch dem Verhältnis von de Gaulle zu Churchill, der dafür gesorgt hatte, dass Frankreich als vierte zu den tatsächlichen 3 Siegermächten aufsteigen konnte.

„Der Frieden brachte dem Selbstverständnis der Franzosen keine wirkliche Erleichterung. Die 1940 gedemütigte französische Armee, die nach dem Krieg erst wieder neu aufgestellt werden musste, sah sich gezwungen, fast zwanzig Jahre lang aufreibende Kolonialkriege zu führen, die ohne Ausnahme mit einer Niederlage endeten - zunächst in Indochina, dann in Algerien.

Gesegnet mit einer stabilen Regierung und einem Selbstbewusstsein, das durch den Sieg noch größer geworden war, konnten sich die Vereinigten Staaten hingegen zielstrebig jeder Aufgabe annehmen, die ihnen ihre Wertvorstellungen nahelegten. De Gaulle dagegen, verantwortlich für ein Land, das in anhaltende Konflikte verwickelt war und jahrzehntelange Demütigungen hinnehmen musste, beurteilte politische

140 *Kissinger, Henry: Die Vernunft der Nationen, S. 656*

Konzeptionen weniger nach pragmatischen Gesichtspunkten als danach, wieweit sie zur Wiederherstellung der französischen Selbstachtung beitragen konnten.

Der Konflikt, der sich daraus zwischen Frankreich und den Vereinigten Staaten ergab, verschärfte sich bald zusätzlich, weil beide Seiten, einander gründlich missverstehend, nur in den seltensten Fällen von derselben Sache zu reden schienen. Während die politischen Führer der Vereinigten Staaten persönlich im allgemeinen bescheiden auftraten, neigten sie zu einer gewissen Anmaßung, was die Richtigkeit ihrer praktischen Rezepte anging. De Gaulle wiederum, der es mit einer im ganzen skeptischen Bevölkerung zu tun hatte, deren Enthusiasmus enttäuscht und deren Träume gescheitert waren, hielt es mitunter für erforderlich, die tiefsitzende Unsicherheit der Franzosen durch zur Schau getragene Herablassung wettzumachen. Die Verbindung von persönlicher Bescheidenheit und politischer Anmaßung in der Führung der USA spiegelte sich so, mit vertauschten Positionen, im Verhalten de Gaulles, der persönliche Arroganz mit historischer Bescheidenheit vereinte. Das machte nicht zuletzt die psychologische Kluft zwischen den USA und Frankreich aus.

Da Washington wie selbstverständlich von einer Homogenität der Interessen unter den Mitgliedsstaaten des westlichen Bündnisses ausging, glaubte es in beratenden Gesprächen eine Art Allheilmittel für Meinungsverschiedenheiten zu besitzen.[141]

Der pazifische Raum

Der Pazifikkrieg und damit der 2. Weltkrieg im Pazifischen Raum, endete mit der Unterzeichnung der Kapitulation Japans am 2. September 1945 an Bord des US-Schlachtschiffes Missouri in der Sagami-Bucht. Japan wurde von US-Truppen besetzt. War auf dem europäischen Kriegsschauplatz nach Kriegsende unter US-amerikanischer Führung Waffenruhe und anhaltender Frieden eingekehrt, sollte sich die Lage im Pazifik deutlich anders entwickeln – für die Region wie für die USA.

Korea als ein von Japan erobertes Land wurde in zwei Besatzungszonen geteilt. Der 38. Breitengrad sollte die Grenze zwischen dem Besatzungsgebiet der USA im Süden einerseits und dem der Sowjets im Norden bilden. Hierdurch entwickelten sich unterschiedliche Ideologien in beiden Besatzungszonen. Die Sowjetunion proklamierte in Nordkorea die sozialistische Republik und die USA verbreiteten im Süden die Demokratie als Gegengewicht zum sowjetischen Einfluss. Als die Nordkoreanische Volksarmee 1950 die Grenzen zu Südkorea überschritt und US-amerikanische Luftwaffenstützpunkte attackierte, reagierte der UN-Sicherheitsrat mit einem militärischen Eingriff der Vereinten Nationen.

---

[141] Kissinger, Henry: Die Vernunft der Nationen, S. 657

Während die Südkoreaner durch Unterstützung der Vereinten Nationen ebenfalls die Grenzen zum Norden überschritten, griffen auch die Sowjets und die Chinesen als kommunistisches Bündnis mit Kampfflugzeugen und Soldaten in das Kriegsgeschehen ein. Im Frühjahr 1951 verstärkte Nordkorea unter Hilfe Chinas den Druck auf den Süden und zwang die UN- und US-Truppen schließlich zu einem Rückzug. Im Herbst 1951 erhöhten sich auf beiden Seiten die Bombeneinsätze, sodass es zu hohen Opferzahlen und zu Kriegsmüdigkeit kam. Die Entwicklung führte zu einem Stellungskrieg, der die Vereinten Nationen und Nordkorea veranlasste, den Krieg im Juli 1953 mit einem Waffenstillstandabkommen zu beenden. Keine Seite hatte sich durchsetzen können; es gab keine Sieger und keine Verlierer. Der 38. Breitengrad blieb die Grenze zwischen den beiden Landesteilen, wie es vorher zwischen den USA und der Sowjetunion beschlossen war. Dieser Zustand hält bis heute an.

Für die USA war der Korea-Krieg unmittelbar nachdem sie zur Weltmacht aufgestiegen war, eine erste Prüfung in dieser für sie neuen Rolle. Der pazifische Raum war noch wenige Monate zuvor als ein für US-amerikanische Sicherheitsinteressen unwesentlicher Schauplatz bezeichnet worden. Nun wurde er ein sicherheitspolitischer Bestandteil der *Containment-Politik:* die USA unterstützten Südkorea im Krieg gegen den kommunistischen Norden weil sie erkannten, dass es der Stellung der USA in Asien abträglich sein würde, wenn sich die Vereinigten Staaten der Besetzung Koreas durch die Kommunisten fügten.

Die Weltmacht USA bestand ihre erste Prüfung, wenn auch mit einigen Mühen. Doch die Unschuld der USA war nur die Kehrseite seiner außergewöhnlichen Entschlossenheit. Ihr ist es zuzuschreiben, dass die Bevölkerung einen Krieg hinnahm, der schließlich ohne ein überzeugendes Ergebnis beendet wurde und annähernd 150.000 Tote und Verwundete in den eigenen Reihen forderte. Die Krise in Korea führte zu einem Anwachsen der Stärke der USA in Europa.

Nach Ende des Korea-Krieges bemühten sich die USA um Bildung eines Pendants zur NATO in Südostasien. „Im September 1954 wurde der Südostasienpakt (SEATO) geschlossen, dem neben den USA noch Pakistan, Singapur, die Philippinnen, Thailand, Neuseeland, Großbritannien und Frankreich angehörten. Was der SEATO fehlte, war ein gemeinsames Ziel oder ein Mittel zur gegenseitigen Unterstützung. Tatsächlich waren die Länder, die sich weigerten, dem Bündnis beizutreten, von größerer Wichtigkeit als dessen Mitglieder. So bedeutende südostasiatische Nationen wie Indien, Indonesien, Malaya und Birma zogen es vor, ihre Sicherheit in der Neutralität zu suchen. Was die europäischen Verbündeten der Vereinigten Staaten anging, so zeigten Frankreich und Großbritannien wenig Neigung, Risiken wegen einer Region einzugehen, aus der sie erst vor kurzem vertrieben worden waren. Vermutlich traten Frankreich und - in geringerem Maße – England der SEATO hauptsächlich deshalb bei, weil sie sich ein Vetorecht gegen vorschnelle amerikanische Aktionen sichern wollten".[142]

Konnten die USA aus dem Korea-Krieg noch ohne großen Schaden herauskommen, sollte es bei dem Vietnam-Krieg anders verlaufen. In Vietnam wurde die junge Weltmacht erstmals gedemütigt. Vietnam besiegelte die erste Niederlage der Vereinigten Staaten in einem Krieg. Damals sah es so aus, als ob die Sowjetunion der Sieger des Kalten Krieges werden könnte.

Das Jahr 1975 war ein gutes Jahr für die Sowjetunion. Die Führung unter Leonid Breschnew war noch bei guter Gesundheit und handlungsfähig und die USA zeigten deutliche Schwächen. Das Jahr 1975 war ein Jahr der Katastrophen für den großen weltpolitischen Gegenspieler Moskaus. Ein Jahr zuvor war Präsident Richard Nixon über den Watergate-Skandal gestürzt. Und nun schickte sich ein Land an, der Weltmacht die erste Niederlage in einem Krieg beizubringen, ein Land, das Henry Kissinger einmal einen „drittklassigen kommunistischen Agrarstaat" genannt hatte: Vietnam.

Kissinger war es auch gewesen, der zuvor die These vertreten hatte, die Vereinigten Staaten müssten unter allen Umständen verhindern, dass Südvietnam vom kommunistischen Norden erobert würde. Andernfalls würden alle Nachbarstaaten wie Dominosteine der kommunistischen Expansion zum Opfer fallen. Dieser Glaube war weitverbreitet in Washington.

Schon unter Präsident John F. Kennedy (1961–1963) hatten sich die USA in zunehmendem Maße in Südostasien mit Militärberatern engagiert. Und unter Kennedys Nachfolger Lyndon B. Johnson intervenierte Washington in Indochina in großem Stil. Während dessen Amtszeit eskalierte aber auch der Protest gegen den Krieg sowohl in den USA als auch in anderen Ländern, nicht zuletzt in Europa.

Militärisch zeigte sich schon bald, dass die US-amerikanischen Truppen trotz weit überlegener Feuerkraft gegen die Guerilla-Taktik der Nordvietnamesen wenig auszurichten vermochten. Zur Delegitimierung des Einsatzes in weiten Teilen der Öffentlichkeit trugen Gräueltaten wie das Massaker in dem Dorf *My Lai* bei, die sich – wie in einer Demokratie üblich – nicht verheimlichen ließen.

Je schwieriger die Lage in Vietnam und je größer der Widerstand der US-amerikanischen Öffentlichkeit wurde, desto mehr Truppen entsandte die Regierung.

---

[142] *Kissinger, Henry: Die Vernunft der Nationen, S. 696/697*

Am Ende waren 1969 mehr als 540.000 US-amerikanische Soldaten in Vietnam stationiert, bevor die bittere Realität endlich zu einem Kurswechsel zwang.

Nach seinem Amtsantritt im Jahre 1969 forcierte Präsident Richard Nixon die „Vietnamisierung" des Konflikts. Er wollte zwar die prowestliche Regierung Südvietnams weiterhin unterstützen, die US-amerikanischen Kampftruppen aber allmählich aus dem Land abziehen. Parallel dazu liefen Gespräche zwischen Nixons Sicherheitsberater Kissinger und Vertretern Nordvietnams. Gesprächspartner Kissingers war das nordvietnamesische Politbüromitglied Le Duc Tho. Der sah sich zwar in einer Position der Stärke, willigte aber schließlich in ein Waffenstillstandsabkommen ein, das am 27. Januar 1973 in Paris unterzeichnet wurde. Dieser Vertrag brachte den Verhandlungsführern zwar den Friedensnobelpreis ein, führte in Vietnam aber noch nicht zum Frieden.

„Vielmehr gelang Anfang 1975 den Streitkräften Hanois der entscheidende Durchbruch, der in der Eroberung der südvietnamesischen Hauptstadt Saigon am 30. April 1975 seinen symbolträchtigen Höhepunkt und Abschluss fand. Am Ende mussten US-amerikanische Diplomaten im Hubschrauber vom Dach der US-Botschaft in Saigon evakuiert und damit gerettet werden. Die Bilder zeigten aller Welt eine gedemütigte Weltmacht, die sich trotz aller Anstrengungen dem „drittklassigen Agrarstaat" nicht gewachsen gezeigt hatte. Die Wahl Jimmy Carters ein Jahr nach dem Rückzug aus Südostasien symbolisierte auch innenpolitisch die Abkehr der USA von der alten Politik.

Das Ansehen der USA hatte in aller Welt durch diesen Kriegseinsatz sehr gelitten. Die Sowjetunion und ihre Verbündeten verstanden es, die Gunst dieser Stunde zu nutzen. Nur kurze Zeit nach Ende des Vietnamkrieges begann Moskaus Verbündeter Kuba seine „internationalistische" Unterstützung der Befreiungsbewegung MPLA in Angola. Auf dem afrikanischen Kontinent fielen mit Äthiopien und Mozambique weitere Dominosteine. In Südostasien blieb es nicht beim Verlust Vietnams. Schon während des langen Krieges waren die Nachbarn Kambodscha und Laos in die Kämpfe hineingezogen worden. In beiden vollzog sich ein Machtwechsel, der vor allem für Kambodscha katastrophale Folgen hatte. Die Roten Khmer massakrierten mehr als eine Million Kambodschaner. Auch das einstige Königreich Laos geriet unter Führung der Partei *Pathet Lao* ins Moskauer Fahrwasser.[143]

Im Vietnamkrieg starben 1,1 Millionen nordvietnamesische und 225.000 südvietnamesische Soldaten. Hinzu kommen 2,5 Millionen vietnamesische Zivilbevölkerung. Die Verluste der Verbündeten von Vietnam lagen bei 63.500

---

[143] *Sturm, Peter: „Die Demütigung einer Supermacht" in der FAZ vom 30.4.15*

Gefallenen, davon 58.220 US-Amerikaner!

Die Weltmacht USA hatte Indochina verloren.

Friedensbemühungen

Nach Stalins Tod im Jahre 1953 nahmen die beiden Weltmächte langsam die Kontakte wieder auf. Schon der unmittelbar nach der Kuba-Krise (1962) eingerichtete Heiße Draht verbesserte die Kontakte zwischen den USA und der Sowjetunion. Er ermöglichte es, Krisengespräche über eine weltweite Vernetzung führen zu können. In der beginnenden Entspannungsphase kam es zu ersten Abrüstungsverhandlungen.

„1957 schlug der polnische Außenminister Adam Rapacki eine atomwaffenfreie Zone vor. Sie sollte Deutschland, Polen und die Tschechoslowakei umfassen. Der Vorschlag wurde von George F. Kennan im US-Außenministerium zwar mitgetragne, Präsident Eisenhower lehnte einen solchen Plan jedoch ab und wurde darin von Bundeskanzler Adenauer nachdrücklich unterstützt. Der Plan krankte daran, dass man sich für einen amerikanischen Rückzug von über viereinhalbtausend Kilometern (über den Atlantik) einen sowjetischen Rückzug von lediglich ein paar hundert Kilometern (über Land) eingehandelt hätte. Hinzu kam, dass man die konventionellen und nuklearen Strategien voneinander trennen würde und dieses einen Vorteil für all jene Waffengattungen bedeuten würde, bei denen die Sowjets ohnehin einen Vorsprung besaßen. Gleichzeitig wurden Nuklearwaffen geächtet. Dadurch wurde eine Aggression jedoch - um das Mindeste zu sagen -- zu einem unkalkulierbaren Risiko".[144]

Am 27. November 1958 richtete Nikita Chruschtschow ein erstes Berlin-Ultimatum an die Westmächte, die sich binnen sechs Monaten an einem Friedensvertrag mit beiden deutschen Staaten beteiligen sollten. Demnach hatten die Westmächte West-Berlin aufzugeben, das zwar als "Freie Stadt" weiter das kapitalistische System behalten sollte, aber bezüglich der Verbindungen zur Außenwelt und aufgrund von Wohlverhaltensverpflichtungen völlig der DDR überantwortet werden würde. Falls die Westmächte diese Regelung ablehnten, wollte der Kreml den Friedensvertrag einseitig mit der DDR schließen, um dieser dann ohne westliche Einwilligung die Kontrolle über die Transitwege nach West-Berlin zu übergeben und so die westliche Position in der Stadt unhaltbar zu machen. Sollten die Westmächte versuchen, den Zugang durch bewaffnete Konvois oder andere militärische Aktionen zu öffnen, würde die Sowjetunion das als Aggression gegen ihren ostdeutschen Verbündeten ansehen und ihrer Verpflichtung zur

[144] Kissinger, Henry: Die Vernunft der Nationen, S. 554

Beistandsleistung nachkommen.[145]

Ein Nuklearkrieg, so hieß es, wäre die Folge. Mit dieser Aussicht wollte der sowjetische Staats- und Parteichef Nikita Chruschtschow die USA, von deren Haltung die westliche Reaktion abhing, zum Einlenken bewegen. Der wertlose Außenposten West-Berlin lohne das Kernwaffendesaster nicht, das Westeuropa völlig vernichten und Nordamerika schwer treffen würde.

Der sowjetische Führer hatte es nicht auf die Stadt als solche abgesehen und auch nicht nur auf die Anerkennung der DDR und der deutschen Zweistaatlichkeit. Er wollte der Sowjetunion das Übergewicht im Ost-West-Konflikt verschaffen, indem er die NATO torpedierte und diese sich dann auflöste. Er wusste, dass die Verteidigung West-Berlins seit der Blockade 1948/49 für die Westeuropäer das Unterpfand des US-amerikanischen Engagements auf dem Kontinent war. Wenn die USA Berlin räumten, würde ihnen kein Vertrauen mehr entgegengebracht werden. Die atlantische Allianz verlöre ihre politische Basis.

Chruschtschow drohte nur mit einem Krieg, wollte ihn aber nicht führen. Er war sich auch der globalstrategischen Überlegenheit der USA bewusst. Seine Argumente blieben ohne die erhoffte Wirkung: Das Genfer Gipfeltreffen 1959 endete ohne Ergebnis. Chruschtschow hielt aber an seinem Ziel fest und hoffte, Präsident Dwight D. Eisenhower, der ihn in die USA eingeladen hatte, werde zugänglicher sein als Außenminister John Foster Dulles. Das war eine Illusion, schon deswegen, weil die US-Amerikaner nicht ohne die Verbündeten verhandelten und daher nur einen Gedankenaustausch zuließen. Die Pariser Gipfelkonferenz Mitte Mai 1960 ließ Chruschtschow platzen, als Eisenhower die geforderte, demütigende Entschuldigung für einen Spionageflug über die Sowjetunion (U-2 mit Gary Powers am 1. 5. 1960) verweigerte. Mit einem solchen Mann könne er sich nicht mehr an einen Tisch setzen. Damit waren die Berlin-Verhandlungen bis zur Wahl des neuen US-Präsidenten Mitte November aufgeschoben.

Ende 1960 sah sich Chruschtschow zu einer Neueinschätzung der Lage bewogen. Er war zuversichtlich, dass der zum Präsidenten der USA gewählte John F. Kennedy ein politisches Leichtgewicht sei, mit dem er relativ leicht fertig werde. Er traf sich mit John F. Kennedy am 3./4. Juni 1961 in Wien und wiederholte sein Ultimatum. Der Bau der Berliner Mauer am 13. 8. 1961 und die Kubakrise im Oktober 1962 waren einer Entspannung nicht gerade förderlich. Die Kuba-Krise endete mit einem geheimen Briefwechsel zwischen Chruschtschow und Kennedy, aus der hervorging,

---

145 *Dokumente zur Deutschlandpolitik (DzD), hrsg. vom Bundesministerium für innerdeutsche Beziehungen, IV. Reihe, Bd. 1/1, Frankfurt/M. 1971, S. 151-177*

dass beide keine Eskalation wollten. Moskau kündigte den Abzug seiner Raketen an, während Kennedy den Verzicht auf eine Invasion Kubas erklärte. Zudem versprach Kennedy, die Atomraketen aus der Türkei abzuziehen, weil sie für Moskau eine Bedrohung darstellten. Eine Fortsetzung des Dialoges zwischen den beiden Weltmächten wurde wieder möglich.

Am 5. August 1963 unterzeichneten die USA, die Sowjetunion und Großbritannien mit dem Atomteststoppabkommen eine erste wichtige Vereinbarung. Mit diesem Abkommen wurden Tests von Kernwaffen in der Luft und unter Wasser verboten. Hiermit sollte die zunehmende radioaktive Verseuchung der Atmosphäre und der Meere eingedämmt werden. Anders als unterirdische Tests waren solche Versuche leicht nachzuweisen. Die meisten Staaten, auch die Bundesrepublik Deutschland, unterschrieben den Vertrag, nur die Atommächte Frankreich und China weigerten sich.

Ab 1963 herrschte eine zögernde Entspannungspolitik zwischen den verfeindeten Blöcken vor, die von sowjetischer Seite unter dem Leitbegriff „Friedliche Koexistenz" firmierte, während auf westlicher Seite – und insbesondere im Hinblick auf die deutsche Teilung – die Überwindung des Status quo auf der Basis eines „Wandels durch Annäherung" propagiert wurde. Die Attraktivität des westlichen Gesellschaftsmodells wurde hierbei als letztlich ausschlaggebend unterstellt.

Die Nichtverbreitung von Atomwaffen wurde zunehmend ein internationales Thema, über das 1964 eine 18-Mächte-Abrüstungskonferenz der Vereinten Nationen in Genf beriet. Innerhalb des Ostblocks hatte die Sowjetunion ein Monopol auf Atomwaffen; seit 1964 verfügte auch China über Atomwaffen. Im Rahmen dieser Genfer Abrüstungskonferenz konnte schließlich 1968 der Atomwaffensperrvertrag unterzeichnet werden, ein internationaler Vertrag, der das Verbot der Verbreitung und die Verpflichtung zur Abrüstung von Kernwaffen zum Gegenstand hatte (und immer noch hat).

Die Niederschlagung des sogenannten Prager Frühlings durch sowjetische Panzer im Jahre 1968 wurden vom Westen verurteilt, es folgten aber keine praktischen Schritte der USA oder der NATO.

1969 begannen bilaterale Gespräche zwischen der Sowjetunion und den USA zur Kontrolle und Begrenzung der Atomwaffen. Diese mündeten in die Unterzeichnung der SALT-Verträge und des ABM-Vertrages. Parallel dazu leitete die deutsche Bundesregierung mit ihrer Ostpolitik die Entspannung in Mittelosteuropa ein. Sie zielte auf menschliche Erleichterungen im geteilten Deutschland und insbesondere für Berlin, suchte dazu die Verständigung mit den östlichen Nachbarn wie mit der

Vormacht Sowjetunion. So wurde im Warschauer Vertrag vom 7. Dezember 1970 ein Abkommen unterzeichnet, mit dem im Rahmen der neuen Ostpolitik eine Entspannungspolitik betrieben wurde. Der Warschauer Vertrag heißt im Ganzen: „Vertrag zwischen der Bundesrepublik Deutschland und der Volksrepublik Polen über die Grundlagen der Normalisierung ihrer gegenseitigen Beziehungen". Darin sicherte die Bundesrepublik die auf der Potsdamer Konferenz zwischen den Siegermächten vereinbarte Oder-Neiße-Linie faktisch als Westgrenze Polens zu, indem beide Länder bekräftigten, dass ihre Grenzen unverletzlich sind. Sie verpflichten sich, keine Gebietsansprüche zu erheben, und bekennen sich zur Gewaltfreiheit im Sinne der Vereinten Nationen, deren Charta die Grundlage für diesen Vertrag war.

Die Sowjetunion konnte im Falle eines in Europa beginnenden Krieges nicht ausschließen, dass eine dort eingeleitete nukleare Eskalation auch die höchste Stufe erreichen würde; und dann wäre die US-amerikanische nuklear-strategische Überlegenheit in vollem Ausmaß zum Tragen gekommen. Mit anderen Worten: „Da die Sowjetunion den Ausgang eines Krieges nicht vorher bestimmen konnte, konnte sie den Beginn nicht wagen".[146]

Im Februar 1972 hatte US-Präsident Richard Nixon durch einen Staatsbesuch in der Volksrepublik China Entspannungsbereitschaft auch gegenüber der anderen kommunistischen Führungsmacht verdeutlicht und die Voraussetzungen für eine aus Sicht der US-Administration erträgliche Beendigung des Vietnamkrieges verbessert.

Ein weiterer Schritt der Entspannung war 1973 die erste Konferenz für Sicherheit und Zusammenarbeit in Europa (KSZE), die 1975 zur Schlussakte von Helsinki führte. Die KSZE wurde als Gesprächsforum ost- und westeuropäischer Staaten, Kanadas und der USA mit dem Ziel gegründet, gemeinsame Projekte in den Bereichen Kultur, Wissenschaft, Wirtschaft, Umweltschutz und Abrüstung durchzuführen und zur Sicherheit und Durchsetzung der Menschenrechte in Europa beizutragen. Die vielfältigen Kooperationen und Beziehungen, die auf der Grundlage der Schlussakte von Helsinki angeschoben wurden, trugen wesentlich zur Vertrauensbildung zwischen den politisch-ideologischen Blöcken bei und beendeten letztlich den Ost-West-Konflikt. Nach der politischen Wende in den Ost-West-Beziehungen erhielt die KSZE mit der Charta von Paris (1990) eigene Institutionen und in der Folge den Status einer internationalen Organisation, die OSZE mit Sitz in Wien.

---

[146] Weisser, Ulrich: NATO ohne Feindbild, S. 42

„Dieser gewaltige diplomatische Prozess, an dem sich fünfunddreißig Nationen beteiligten, erwuchs aus Moskaus tiefverwurzeltem Gefühl von Unsicherheit und seinem unstillbaren Bedürfnis nach Legitimität. Obwohl der Kreml einerseits einen gigantischen Militärapparat aufgebaut und sich zahlreiche Nationen unterworfen hatte, verhielt er sich andererseits, als müsse er fortwährend beruhigt werden. Ungeachtet seines riesigen und ständig weiter wachsenden Arsenals an atomaren Waffen verlangte Moskau ausgerechnet von jenen Ländern, die man seit Jahrzehnten bedroht hatte, eine Vertragsformel, mit deren Hilfe man sich seine Erwerbungen bestätigen lassen konnte. In diesem Sinne wurde die europäische Sicherheitskonferenz für Breschnew zum Ersatz für den deutschen Friedensvertrag, den Chruschtschow trotz des Berlin-Ultimatums nicht erreicht hatte - und zu einer eindeutigen Bestätigung des nach dem Krieg entstandenen Status quo.

Was die Sowjets sich von alldem eigentlich versprachen, war nicht sofort zu erkennen. Die Beharrlichkeit, mit der das Mutterland der ideologischen Revolution die Legitimität seiner Herrschaft bestätigt zu sehen wünschte, war ein Zeichen außerordentlicher Selbstzweifel. Wahrscheinlich hoffte man, dass aus der Konferenz einige Institutionen hervorgingen, die die NATO verwässern oder bedeutungslos machen könnten. In diesem Punkt täuschte man sich freilich. Kein NATO-Mitgliedsstaat wollte die juristischen oder bürokratischen Bestimmungen einer Europäischen Sicherheitskonferenz gegen die militärische Realität der NATO und die Präsenz von US-Streitkräften auf dem europäischen Kontinent eintauschen. So sollte sich zeigen, dass Moskau weit mehr als die Demokratien auf einer Konferenz zu verlieren hatte, die am Ende allen Teilnehmerstaaten ein Mitspracherecht bei der politischen Gestaltung Osteuropas einräumte".[147]

„Im Juni 1974 verstärkten sich die kritischen Stimmen zur Entspannungspolitik in den USA. Senatoren und Gewerkschaftsführer zogen gegen sie zu Felde. Auf diese Kritik reagierten Nixon und seine Mitarbeiter allerdings wirklich verärgert, hatten sie doch nie daran gezweifelt, dass die Entspannungspolitik auch für den Kreml ihre nützlichen Seiten hatte – sonst hätte er sich wohl auch kaum daran beteiligt. Die entscheidende Frage war freilich, ob die Entspannung auch den Zwecken der Vereinigten Staaten diente. Und in dieser Hinsicht waren Nixon und seine Berater überzeugt, dass die Zeit für die Demokratien arbeite, da eine Periode des Friedens ohne Expansion unweigerlich die zentrifugalen Kräfte innerhalb des Sowjetblocks stärken würde".[148] Kissinger stellte zur Entspannungspolitik im März 1976 fest: „Die Sowjets sind nicht auf allen Gebieten gleichmäßig stark; die Schwächen und Unzulänglichkeiten des Sowjetsystems springen ins Auge und sind eindeutig belegt.

[147] Kissinger, Henry: Die Vernunft der Nationen, S. 838/839
[148] Kissinger, Henry: Die Vernunft der Nationen, S. 825

Trotz ihres unvermeidlichen Machtzuwachses bleibt die Sowjetunion im Hinblick auf die militärische, wirtschaftliche und technische Entwicklung alles in allem weit hinter uns und unseren Verbündeten zurück; es wäre also ausgesprochen leichtsinnig, würde die Sowjetunion die demokratischen Industrienationen herausfordern. Und die sowjetische Gesellschaft ist nicht mehr isoliert von den Einflüssen und Reizen der Außenwelt oder unempfindlich für die Notwendigkeit von Außenkontakten."[149]

Am 12. Dezember 1979 verabschiedeten die Außen- und Verteidigungsminister der NATO in Brüssel den NATO-Doppelbeschluss. Er hatte zum Ziel, das qualitative und quantitative Übergewicht der Sowjetunion im Bereich der Mittelstreckenraketen auszugleichen. Er sah Verhandlungen mit der Sowjetunion über den Abbau der Mittelstreckenraketen vor. Bei einem Scheitern der Gespräche wollten die USA aber nach vier Jahren - also Ende 1983 - ebenfalls atomare Mittelstreckenraketen in Europa stationieren. Der NATO-Doppelbeschluss führte in vielen westeuropäischen Ländern zu einem Erstarken der „Friedensbewegung", die gegen die Nachrüstung Stellung bezog. Der Beschluss hatte aber Erfolg, denn am 30. November 1981 begannen in Genf die Abrüstungsverhandlungen zwischen den USA und der UdSSR. Da sie bis November 1983 ergebnislos blieben, stimmte der Deutsche Bundestag am 22. November 1983 der Stationierung neuer US-Mittelstreckenraketen in der Bundesrepublik Deutschland zu. Die Sowjetunion brach einen Tag nach dem Beschluss des Bundestages die Genfer Gespräche ab und ab Dezember 1983 wurden die neuen Atomraketen aufgestellt. Im Jahre 1985 begannen jedoch Verhandlungen zwischen den USA und der Sowjetunion über eine weitreichende atomare Abrüstung. 1987 vereinbarten die beiden Weltmächte im INF-Vertrag Rückzug, Vernichtung und Produktionsverbot all ihrer atomar bestückbaren Flugkörper mit Reichweiten von 500 bis 5.500 km und ihrer Trägersysteme. Bis Mai 1991 erfüllten sie diesen Vertrag. Die Welt war sicherer geworden.

Das Ende des Kalten Krieges
Der Kalte Krieg hat mehr als 40 Jahre das Weltgeschehen bestimmt. Das Ende des Kalten Krieges kam mit dem Präsidenten Ronald Reagan in den USA und dem Generalsekretär Michail Gorbatschow in der Sowjetunion. Das Ende kam recht überraschend und hatte die genannten zwei Präsidenten als Väter: den großen Vater mit dem größeren Anteil (Michail Gorbatschow) und den kleinen Vater mit dem kleineren Anteil (Ronald Reagan).

Ronald Reagan prägte als Symbolfigur der US-amerikanischen Konservativen auf der westlichen Seite die Schlussphase des Kalten Krieges. Zu den außenpolitischen Erfolgen von Reagans Amtszeit zählte der bereits genannte Abschluss des Vertrags

---

[149] *Kissinger, Henry: Die Vernunft der Nationen, S. 826*

mit der Sowjetunion über die Vernichtung der landgestützten atomaren Mittelstreckenraketen (INF). Damit gelang erstmals die Abschaffung einer ganzen Kategorie von Atomwaffen. Zugleich wurde der jahrelange Streit um neue Mittelstreckenraketen der NATO beendet. Das Abkommen wurde im Dezember 1987 in Washington von Reagan und Gorbatschow besiegelt. Es war Ausdruck einer dramatischen Verbesserung der Beziehungen zwischen den beiden Supermächten und - wie sich später erweisen sollte - ein erster Schritt zur Beendigung des Kalten Krieges.

Mit der Annäherung an die Sowjetunion hatte Reagan Anhänger und Kritiker gleichermaßen überrascht. Noch in den ersten Jahren seiner Amtszeit war für ihn die Sowjetunion das „Reich des Bösen" gewesen. Und am Ende seiner Amtszeit spazierte er gemeinsam mit Gorbatschow über den Roten Platz in Moskau. Vier Mal traf er mit dem Kremlchef zusammen, der 1985 an die Macht gekommen war und der innerhalb weniger Jahre die Welt veränderte. Reagan besuchte 1987 das damals noch geteilte Berlin. In einer Rede vor dem Brandenburger Tor rief er am 12. Juni 1987 in Westberlin aus: „Herr Gorbatschow, reißen Sie die Mauer nieder!" - Zweieinhalb Jahre später fiel die Mauer.

Reagan setzte von Anfang an auf die Wiedererstarkung der USA als Führungsmacht in der Welt. Sein erklärtes Ziel war es, von einer Position der militärischen Stärke aus mit Moskau zu verhandeln. Dazu leitete er die gewaltigste Aufrüstung der USA in Friedenszeiten ein. Es ging der Satz um, er wolle die Sowjetunion totrüsten. Nach Ansicht mancher Historiker ist das Auseinanderbrechen des sowjetischen Imperiums zumindest teilweise das Ergebnis von Reagans Politik.

Doch das alles wäre kaum in dem Masse möglich gewesen, wenn auf der anderen Seite – in Moskau – nicht ein Mann wie Michael Gorbatschow im März 1985 an die Macht gelangt wäre. Gorbatschow hatte die Notwendigkeit demokratischer Reformen in der Sowjetunion erkannt, als er feststellte „Wir brauchen die Demokratie wie die Luft zum Atmen. Wenn wir dies nicht erkennen, wird unsere Politik ersticken, wird die Umgestaltung ersticken, Genossen." Als Gorbatschow 1987 seine Vorstellungen vor dem ZK-Plenum bekräftigte, war er schon zwei Jahre ganz oben an der Spitze der Sowjetunion.

Sein Vorgehen wird mit den Begriffen *Perestroika* (Umbau) und *Glasnost* (Offenheit) charakterisiert. Dabei ging es Gorbatschow nicht um überstürzte und oberflächliche Maßnahmen, vielmehr wusste er, dass nur wirkliche, tiefgreifende Reformen die Sowjetunion aus der wirtschaftlichen, sozialen und auch ökologischen Talsohle führen konnten. Die Zeit schien überreif für Veränderungen. Gorbatschow war zum richtigen Zeitpunkt an der richtigen Stelle und er ließ sich nicht beirren. Er legte die Fesseln der Gesellschaft ab, die vor allem dazu bestimmt waren, den aufgeblasenen sowjetischen Apparat zu füttern. Und doch ließ auch er seine Macht spielen. Mit strategischen Winkelzügen wusste Michail Gorbatschow sich gezielt einiger seiner Widersacher zu entledigen. Seiner Säuberungsaktion fielen allein in den ersten Monaten seiner Amtszeit rund 35 Minister zum Opfer.

Der Generalsekretär kämpfte verbissen gegen Willkür, Amtsmissbrauch und Korruption, er ging gegen Missstände im Allerinnersten der Macht – in Staat, Partei und Armee – vor. Darüber hinaus galt sein Kampf vor allem der Misswirtschaft und dem ökonomischen Niedergang der Sowjetunion.

Gorbatschow bewirkte schließlich das Ende des Kalten Krieges, denn die von Gorbatschow entschlossen in Gang gesetzte Umgestaltung entwickelte eine Eigendynamik und die Veränderungen waren nicht mehr aufzuhalten. Am 9. November 1989 fiel die Berliner Mauer. Im März 1990 wurde Gorbatschow zum ersten sowjetischen Präsidenten gewählt, im Monat darauf bekannte sich die Sowjetunion zur marktwirtschaftlichen Ordnung. Im Oktober 1990 erhielt Gorbatschow den Friedensnobelpreis. Gorbatschow hatte den anderen Mitgliedstaaten des Warschauer Paktes die Freiheit gegeben, demokratische Reformen durchzuführen. Der Kalte Krieg war vorbei, Abrüstung statt Aufrüstung war angesagt, der Warschauer Pakt hatte sich überholt – im Februar 1991 verkündete Gorbatschow dessen Auflösung. Die Dynamik der Veränderungen ging schließlich so weit, dass die Sowjetunion von den auseinander strebenden Einzelstaaten infrage gestellt wurde und am 25. Dezember 1991 aufhörte, zu existieren. Gorbatschow trat als Staatspräsident zurück.

1991 hatten die Demokratien den Kalten Krieg schließlich gewonnen. Die Debatte in den Vereinigten Staaten kam nun voll in Schwung. Es war der alte Sirenengesang des US-amerikanischen Isolationismus: Nicht die USA hätten den Kalten Krieg gewonnen, sondern die Sowjetunion habe ihn verloren; die Anstrengungen der letzten vierzig Jahre seien deshalb unnötig gewesen, weil sich die Dinge auch ohne Zutun der USA ebenso gut – vielleicht sogar noch besser - entwickelt hätten. Das Gleichgewicht der Kräfte hatte sich zu Gunsten der USA verlagert.

„Zu dem Zeitpunkt, da die internationale Stellung der Vereinigten Staaten auf dem Nullpunkt angekommen zu sein schien, setzte der Zerfall der kommunistischen Welt ein. Anfang der achtziger Jahre hatte es noch so ausgesehen, als seien die kommunistischen Bewegungen überall auf dem Vormarsch; nur kurz darauf zerstörte der Kommunismus sich selbst. Innerhalb eines Jahrzehnts löste sich das osteuropäische Satellitensystem auf, und das sowjetische Weltreich fiel auseinander, wobei die Sowjetunion fast alle jene Gebiete einbüßte, die sich Russland seit der Zeit

Peters des Großen einverleibt hatte. Keine Weltmacht ist jemals so gründlich und so schnell zugrunde gegangen, ohne einen Krieg verloren zu haben".[150]

Résumé

Am Ende des 2. Weltkrieges hatte die Sowjetunion mit 25 Millionen Kriegstoten (Soldaten und Zivilbevölkerung) einen unvergleichbaren höheren Zoll bezahlen müssen als die USA mit 259.000 gefallenen Soldaten. Beide Mächte kamen gleichwohl als Weltmächte aus dem Krieg heraus und verdrängten Großbritannien als Weltmacht. Während die USA faktisch bereits durch den Einsatz der beiden Atombomben in Japan zur Weltmacht aufgestiegen war, folgte die Sowjetunion durch die Konferenzen in Jalta und Potsdam.

Beide, die USA und die Sowjetunion erfüllten alle Voraussetzungen für eine Weltmacht: sie übten aufgrund ihrer politischen und militärischen wie auch wirtschaftlichen Kraft global einen bestimmenden Einfluss aus. Dabei war die wirtschaftliche Kraft der USA deutlich höher einzuordnen als die der Sowjetunion. Ein Aspekt unterschied die beiden Weltmächte aber voneinander: die USA konnten ihrer Bevölkerung nachhaltig angemessene Lebensbedingungen bieten und dadurch eine Anziehungskraft für andere Menschen und Völker bilden. Dieses konnte die Sowjetunion während ihrer gesamten Existenz niemals bieten.

Für die USA sollte es der letzte Schritt zur Bestätigung des „US-amerikanischen Jahrhunderts" sein. Erstaunlich - und ein Novum in der Geschichte: obwohl sich auf beiden Seiten die Hochrüstung entwickelte, hatten sich niemals zuvor über einen so langen Zeitraum zwei so hoch gerüstete, feindliche Blöcke von Ländern so nah gegenübergestanden, ohne dass es zum Krieg kam. Erstaunlich ist aber auch, dass trotz der Gegnerschaft und der unglaublichen Waffenarsenale auf beiden Seiten die politischen Führer der NATO-Länder und der Warschauer Pakt-Mitglieder immer wieder zu Gesprächen zusammenfanden. Dieses mag einer der Gründe dafür gewesen sein, dass der Kalte Krieg nicht zu einem Heißen Krieg wurde. Es galt offensichtlich das Diktum „Wer miteinander spricht, schießt nicht aufeinander".

Ein entscheidende Rolle spielten dabei die Nuklearwaffen auf beiden Seiten, die ausgereicht hätten, um unseren Planeten vielfach zu zerstören. Die Gefahr, die von diesen Waffen ausging, hinderte sowohl Washington als auch Moskau, ernsthaft einen Einsatz in Erwägung zu ziehen. Die schrecklichen Bilder von Hiroshima und Nagasaki, die ja nur durch zwei „sehr kleine" Atombomben bewirkt worden waren, verhinderten offenbar viel größere Katastrophen durch den Einsatz „moderner". Atomwaffen.

---

[150] Kissinger, Henry: Die Vernunft der Nationen, S. 847

Nach über 40 Jahren Kalter Krieg führte eine friedliche Revolution in fast allen Ländern des kommunistischen Machtbereichs zum Zerfall zunächst des Warschauer Paktes und schließlich auch der Sowjetunion. Die Weltmacht Sowjetunion gab es nicht mehr. Der größte Nachfolgestaat, Russland blieb der Rang einer Großmacht – und nicht wie Präsident Obama im März 2014 in Den Haag provozierend, undiplomatisch sagte, Russland sei "eine Regionalmacht, die einige ihrer unmittelbaren Nachbarn bedroht".

In jedem Fall sind die USA aus dem Kalten Krieg als die einzige verbliebene Weltmacht hervorgegangen. Sie befanden sich im Jahre 1991 im Zenit ihrer Geschichte. Und sie wollen als Weltmacht respektiert werden. Gegenspieler wie Russland oder China sollen gar nicht erst auf das Feld gelassen werden. Diese Denkweise belegt die o.a. Aussage von Obama über Russland als Regionalmacht. Präsident Obama hat dabei offenbar übersehen, dass jede Macht, die über Raketen und Nuklearwaffen verfügt, in der Lage ist, den jeweils anderen, aber damit auch sich selbst zu zerstören.

Am Ende des Kalten Krieges waren die USA aber eindeutig die beherrschende Weltmacht, gefolgt von den beiden Großmächten China (aufsteigend) und Russland (absteigend).

Kapitel 11

Die 3 Golfkriege

Am 22. September 1980 griff der Irak seinen Nachbarstaat Iran mit rund 100.000 Soldaten an. Vordergründige Ursache des Krieges war ein Streit mit dem Iran um die Schifffahrtsrechte im Persischen Golf. Zu den tiefer liegenden Gründen des militärischen Konflikts gehörten unter anderem die Angst Saddam Husseins, der iranische Revolutionsführer Ajatollah Khomeini könnte versuchen, das Anfang 1979 im Iran etablierte islamistische Regime in den Irak zu exportieren.

Der damalige Präsident des Irak, Saddam Hussein, strebte den Aufstieg seines Landes zu einer starken regionalen Macht an. Ein erfolgreicher Einmarsch in den Iran würde den Irak zur dominierenden Macht am Persischen Golf und zum Kontrolleur über einen lukrativen Ölmarkt machen. Dieses ehrgeizige Ziel lag nicht außer Reichweite. Der Irak genoss im Gegensatz zum revolutionären Iran erhebliche diplomatische, militärische, wirtschaftliche und finanzielle Unterstützung aus dem Ausland. Die USA hatten Saddam Hussein (zu der Zeit ein *Good Guy*) beispielsweise 117 Hubschrauber geliefert:

31	Hubschrauber	Bell 214ST	1987–1988
30	Hubschrauber	Hughes-300/TH-55	1984
30	Hubschrauber	MD-500MD Defender	1983
26	Hubschrauber	MD-530F	1985–1986

Im gleichen Zeitraum hatten die USA, gemeinsam mit Israel 2.773 Raketen an den Iran geliefert:

2.515	Panzerabwehrlenkwaffen	BGM-71 TOW	1985–1986
258	Flugabwehrraketen	MIM-23 HAWK	1985–1986

Der Krieg verlief anders als von Saddam Hussein erwartet. Daher bot Saddam dem Iran bereits 1980 und nochmals 1982 einen Waffenstillstand an, doch der Iran lehnte ab. Nach anfänglichen Geländegewinnen wurde die irakische Armee 1982 wieder auf das eigene Territorium zurückgedrängt. Es entstand eine Art Stellungskrieg nach dem Muster des Ersten Weltkriegs. Obwohl der Irak von der gesamten westlichen Welt, der Sowjetunion und China sowie von zahlreichen arabischen Staaten bei der Kriegführung unterstützt wurde, zog sich der Krieg in die Länge und endete erst am 20. August 1988 mit Inkrafttreten eines Waffenstillstandsabkommens.

Saddam Hussein stellte das Waffenstillstandsabkommen von 1988 als Sieg dar. Doch der Preis für den "Sieg" war hoch: Auf irakischer Seite starben rund 200.000 Soldaten, auf iranischer Seite drei- bis viermal so viele Menschen. Für den vor dem Krieg an der Schwelle zum Industriestaat stehenden Irak war der Krieg zu einem wirtschaftlichen und finanziellen Desaster geworden: Verfügte der Irak 1980 noch über finanzielle Reserven von 35 Mrd. US-Dollar, beliefen sich die irakischen Auslandsschulden Ende 1988 auf über 80 Mrd. US-Dollar.

Die Armee und Saddam Hussein hingegen profitierten von diesem Krieg: Die Armee war bestens mit westlichen Waffen ausgerüstet und von 200.000 Ende der 1970er Jahre auf rund 1 Million Soldaten 1988 angewachsen - sie galt zu diesem Zeitpunkt als die viertgrößte Armee der Welt. Saddam Hussein hatte den permanenten Kriegszustand dazu nutzen können, jede Opposition im Inneren brutal und ohne Angst vor Protesten des Auslandes auszuschalten.

Der Militärkoloss Irak, den der Westen, vor allem die USA, später als Bedrohung empfinden sollten, war während der achtziger Jahre von ebendiesen Staaten selbst wie auch von der Sowjetunion geschaffen worden: Für seinen Krieg erhielt Saddam Hussein umfangreiche ausländische Hilfe. Die USA, Deutschland, Großbritannien, Frankreich, die Sowjetunion, Japan und China gewährten Rüstungshilfe. Der Irak erhielt vom Ausland fast die gesamte Palette damals verfügbarer konventioneller Waffensysteme. Außerdem lieferten ausländische Firmen dem Irak Bauteile, Grundsubstanzen und technisches Know-how, um chemische, biologische und auch atomare Waffen sowie ballistische Raketen herzustellen.

Bei der Kriegführung wurde der Irak u.a. von den USA durch die Lieferung von Zieldaten unterstützt. Auch der Einsatz von international geächteten Chemiewaffen ab 1983 gegen den Iran und später (1988) gegen die Kurden im eigenen Land änderte nichts an dieser Unterstützung. Die arabischen Staaten des Golfkooperationsrats (GCC) unterstützten den Irak ebenfalls mit Finanzmitteln in Milliardenhöhe. Sogar das spätere Opfer Kuwait unterstützte den Irak finanziell.

<u>Der zweite Golf-Krieg (1990-1991)</u>
Der Zweite Golfkrieg, oder Irak-Krieg I begann mit der gewaltsamen Eroberung Kuwaits durch den Irak am 2. August 1990. Am 28. August 1990 wurde Kuwait durch den Irak annektiert.

Zwölfmal hatte der UN-Sicherheitsrat den Irak zum Rückzug aus Kuwait aufgefordert, erstmals am 3. August 1990 in der Resolution 660. Washington stellte zum 15. Januar 1991 ein letztes Ultimatum. Saddam Hussein jedoch rief zur „Mutter aller Schlachten" auf. Ab dem 16. Januar 1991 begann eine Koalition, angeführt von den Vereinigten Staaten unter der Führung von Präsident George Bush I und legitimiert durch die Resolution 678 des UN-Sicherheitsrates, mit Kampfhandlungen (*Operation Desert Storm*)zur Befreiung Kuwaits. Sie bombardierte irakische Stellungen in Kuwait.

Der Krieg war schnell beendet, die weniger motivierte und überforderte irakische Armee trat den Rückzug an. Am 25. Februar 1991 war Kuwait befreit. Sieben Monate war Kuwait besetzt gewesen. Hunderte Kuwaiter waren getötet, das Land geplündert worden. Bis heute sind die Narben der Besetzung zu sehen.

Die *Operation Desert Storm* war eine der wenigen erfolgreichen westlichen Interventionen im Nahen Osten im 20. Jahrhundert. Sie schlug den Aggressor zurück und verteidigte das Völkerrecht. Präsident George Bush I stoppte Anfang März die US-amerikanischen Soldaten, die bereits auf dem Weg nach Bagdad waren. Saudi-Arabien hatte ihn gewarnt, dass ein Sturz des verhassten Saddam Hussein lediglich den Iran stärken würde, ein Land, das man noch mehr fürchtete. Saddam Hussein hatte nun freie Hand, die Aufstände der Schiiten im Süden und der Kurden im Norden blutig niederzuschlagen.

In Bezug auf die verwendeten Rüstungsgüter und den Mobilisierungsgrad der Kriegsparteien war der Zweite Golfkrieg der schwerste Krieg seit dem Ende des Zweiten Weltkrieges, selbst wenn man den Koreakrieg in den Vergleich einbringt. Darüber hinaus zeichnete sich der Krieg durch die ungewöhnlich asymmetrische Verteilung der Kriegsopfer, die einseitige Verfügung des Kriegsendes und den hohen Grad an mittelbaren Umweltschäden aus.

Besonderheiten wies der Zweite Golfkrieg auch für die Verhältnisse im Nahen Osten auf, da er der erste Konflikt war, bei dem arabische Staaten gegeneinander aktiv Krieg führten. Des Weiteren waren die drei nichtarabischen Staaten der Region – Israel, der Iran und die Türkei – unmittelbar von den Ereignissen innerarabischer Politik betroffen und an ihnen beteiligt. Drittens war der Zweite Golfkrieg der erste militärische Großeinsatz der Vereinigten Staaten im Nahen Osten, von zwei eingeschränkten Operationen im Libanon (Libanonkrise 1958 und 1982–1984) abgesehen.

Der 2. Golfkrieg hatte über die Kriegsschäden hinaus Auswirkungen auf zahlreiche Aspekte der internationalen und der irakischen Politik, vor allem auf die

Kriegführung und die politische Rolle der Medien in den beteiligten westlichen Staaten. Dieser Krieg forderte das Leben von mindestens 120.000 irakischen Soldaten und rund 25.000 Zivilisten. Auf Seiten der Alliierten kamen lediglich 148 US-amerikanische Soldaten ums Leben. Kuwait wurde befreit, Saddam Hussein blieb allerdings an der Macht. Er musste aber im Waffenstillstandsabkommen sowie in der von ihm anerkannten UN-Resolution 687 große Zugeständnisse machen.

Die Kriegsallianz zur Befreiung Kuwaits erfreute sich international großer Unterstützung, selbst arabische Staaten wie Ägypten und Syrien stellten ihre Soldaten zur Verfügung. Präsident George Bush I hatte von Beginn an nur einen sehr begrenzten Krieg führen wollen. Primäres Ziel war die Befreiung des besetzten Kuwait gewesen. Für den hierzu notwendigen begrenzten Krieg mit Bodentruppen hatte er sich ein Mandat vom Kongress in Washington geben lassen. Als dieses Ziel erreicht war, schloss er ein Waffenstillstandsabkommen.

Dennoch wurde kritisiert, dass die Kriegsallianz ihr Vorrücken auf Bagdad stoppte und ein Waffenstillstandsabkommen mit Saddam Hussein abschloss, das ihm erlaubte, an der Macht zu bleiben. Aufstände im Süden des Iraks gegen Saddam, zu denen die Alliierten zuvor aufgerufen hatten, wurden von ihnen dann nicht unterstützt. So konnte Saddam Hussein ungestört den Widerstand gegen sich mit militärischer Gewalt niederschlagen und seine Macht - zumindest im Kernland des Irak um Bagdad - wieder sichern.

Der dritte Golf-Krieg (2003-2011)
Der Dritte Golfkrieg oder Irak-Krieg II war eine völkerrechtswidrige Invasion im Irak durch die Streitkräfte der USA sowie des Vereinigten Königreiches, unterstützt von der sogenannten „Koalition der Willigen". Er begann mit der Bombardierung ausgewählter Ziele in Bagdad am 20. März 2003 und wurde nach der Eroberung Bagdads und dem Sturz des irakischen Diktators Saddam Hussein von US-Präsident George Bush II am 1. Mai 2003 formal für beendet erklärt.

Dem Irakkrieg ging ein langer Konflikt zwischen dem Regime Saddam Husseins und dem UN-Sicherheitsrat voraus. Die US-Regierung unter George W. Bush II begann die Planung des Irakkriegs bereits vor den Terroranschlägen vom 11. September 2001 und nutzte die Anschläge dann, um diese Planung in den USA durchzusetzen. Sie begründete ihn als Präventionskrieg, um einen angeblich akut bevorstehenden Angriff des Irak mit Massenvernichtungswaffen auf die USA zu verhindern. Dafür erhielten die USA kein UN-Mandat des UN-Sicherheitsrates und brach somit das Verbot eines Angriffskrieges in der UN-Charta. Mit ihrer UN-Vetomacht verhinderten die USA und Großbritannien, dass der UN-Sicherheitsrat den Irakkrieg verurteilte.

Die genannten Begründungen des Irakkrieges sind historisch widerlegt und werden oft als absichtliche Irreführung der Weltöffentlichkeit bewertet, da im Irak weder Massenvernichtungsmittel noch Beweise akuter Angriffsabsichten gefunden wurden. Stattdessen wurden und werden oft geopolitische und wirtschaftliche Interessen der USA als tatsächliche Kriegsgründe angenommen.

Nach dem erklärten Kriegsende kam es zu bürgerkriegsähnlichen Zuständen, tausenden Terroranschlägen, Kriegshandlungen und Gewaltkriminalität, sowohl verschiedener irakischer Gruppen gegeneinander als auch gegen die westliche Besatzungstruppen, die vor allem unter irakischen Zivilisten eine unbekannte Anzahl Todesopfer und Verletzte forderten. Auch nach dem Abzug der ausländischen Truppen 2011 kam es zu keiner Befriedung des Landes. Im Gegenteil führten Gründung und Expansion des „Islamistischen Staates" zur Irakkrise 2014 mit Luftangriffen einer Koalition unter Führung der USA sowie verstärkten Waffenlieferungen insbesondere an die irakische Zentralregierung und Streitkräfte der Autonomen Region Kurdistan.

Im Einzelnen: am 5. Februar 2003 hatte Colin Powell, der erste farbige US-Außenminister vor der UNO den längst beschlossenen Krieg der Regierung Bush II gegen den Irak - mit falschen Beweisen begründet. Jahre später entschuldigte er sich und stellte fest, dass dieser Vortrag vor den Vereinten Nationen „der Schandfleck meiner Karriere ist".[151]

Colin Powell hatte bis dahin entscheidend dazu beigetragen, die Vereinigten Staaten durch die Erschütterungen nach dem Schrecken des 11. September 2001 zu steuern. Er hatte den Krieg in Afghanistan gegen Al-Qaida, Osama Bin Laden und die Taliban befürwortet. Doch die Rede, die er in New York vor dem Sicherheitsrat der Vereinten Nationen hielt, wurde ihm zum Schicksal, zur moralischen Bürde und, zuletzt und vor allem, zur Tragödie der USA. Denn sie rechtfertigte nach dem notwendigen Krieg in Afghanistan den un-notwendigen Krieg gegen den Irak des Saddam Hussein.

Im US-Außenministerium hatte man lange daran gearbeitet und Informationen von verschiedenen Geheimdiensten eingearbeitet. Die USA, und sie nicht allein, trauten damals dem starken Mann von Bagdad, Saddam Hussein, alles zu, auch den Einsatz von Massenvernichtungswaffen, ob biologisch, chemisch oder nuklear. Die internationalen Sanktionen wirkten kaum noch und die Durchsetzung der Flugverbotszone durch Briten und US-Amerikaner war nicht auf ewig durchzuhalten.

---

[151] Bähr, Henning: „Schandfleck meiner Karriere" in der FAZ vom 9.9.2005

Der Besitz von Massenvernichtungswaffen im Irak wurde von den USA (und von Großbritannien) als Bedrohungspotential angesehen und daher als Kriegsgrund Nummer eins angegeben. Aus dem Weißen Haus kam starker Druck, eine kraftvolle Begründung für den Krieg zu liefern, der vom neokonservativen Kern (Cheney, Perle, Wolfowitz, Rumsfeld) in der Bush-II-Regierung bereits so gut wie beschlossen war.

Als zweiter Kriegsgrund wurde von den USA und ihren Verbündeten angegeben, der Irak würde die Terrororganisation Al-Qaida unterstützen. Zwar gehörte Saddam Hussein zu den ganz wenigen Staatschefs auf der Welt, die den USA nach den Terroranschlägen vom 11. September 2001 nicht ihre tiefe Anteilnahme übermittelten; im Gegenteil brachte er unverhohlen seine Freude über die Anschläge zum Ausdruck. Aber eine aktive Unterstützung der Al-Qaida durch den Irak schien vielen Experten äußert zweifelhaft: Saddam Hussein hat den Islamismus im Irak acht Jahre lang extrem bekämpft, die Schiiten - potentielle Verbündete des radikalen Iran, litten sehr unter seinem Regime. Saddam musste eher damit rechnen, selbst ein Opfer von Al-Qaida zu werden, als die Terrororganisation für seine Zwecke instrumentalisieren zu können.

Nachdem bei einer Umfrage im September 2001 rund 70 Prozent der US-Amerikaner angaben, sie glaubten, Saddam Hussein persönlich sei in die Anschläge des 11. September 2001 involviert, stellte der US-amerikanische Präsident George Bush II klar, dass es diesbezügliche Beweise nicht gäbe. Er hielt aber weiterhin an der Behauptung fest, Saddam habe "Verbindungen zu Al-Qaida" gehabt.

Für seinen Vortrag vor den Vereinten Nationen hatte sich Colin Powell im Hauptquartier der CIA in Langley vorbereitet. Die CIA hatte ihn dabei mit gefälschten Unterlagen versorgt, um den Besitz von Massenvernichtungswaffen zu beweisen. Mit diesen angeblichen Beweisen, die Colin Powell der Welt vor den Vereinten Nationen vorlegte, sollte nicht nur der eigenen Bevölkerung eine Begründung für die Ultima Ratio geliefert, sondern auch die Verbündeten unter Druck gesetzt werden. Die Rede vor den Vereinten Nationen jedenfalls ebnete den Weg vom Flugverbot zum Krieg und vom Krieg zum Sturz des Saddam-Regimes.

Nach der Invasion hatten US-amerikanische Waffeninspekteure keinerlei Belege für die Existenz von atomaren, biologischen oder chemischen Waffen im Irak gefunden. Das Thema Massenvernichtungswaffen im Irak wird in Kapitel 24 näher betrachtet.

Die Rede von Colin Powell vor der UNO wurde zur Ouvertüre des 3. Golf-Krieges. Mit der Durchführung des Krieges starteten die USA und ihre Koalitionäre am 20. März 2003 und zwar mit einem gezielten Luftangriff auf Saddam Hussein und seine militärische Führung. Weitere Angriffe mit Cruise Missiles, Raketen und Bomben folgten umgehend. US-amerikanische und britische Truppen starteten von Kuwait aus kurz danach eine Bodenoffensive und rückten rasch in Richtung Bagdad vor. US-amerikanische Fallschirmjäger landeten im Norden des Irak und eröffneten zusammen mit kurdischen Kämpfern eine Nordfront, ein wichtiger Militärflughafen im Westen des Landes wurde gleichfalls besetzt. Drei Wochen nach Kriegsbeginn war Bagdad in den Händen der US-Truppen, die politische und militärische Führung des Landes war zerschlagen. Am 14. April 2003 eroberten US-amerikanische Soldaten die Hochburg Saddams, die Stadt Tikrit. In der Nacht zum 2. Mai 2003, sechs Wochen nach Kriegsbeginn, erklärte US-Präsident Bush II die Kämpfe im Irak für beendet.

Im Gegensatz zu den beiden ersten Golfkriegen war die Initiative zum Krieg diesmal nicht von Saddam Hussein ausgegangen. Die Weichen für den dritten Golfkrieg waren vielmehr in den USA gestellt worden. Im Rahmen des von US-Präsident George W. Bush II nach den Anschlägen vom 11. September 2001 ausgerufenen Krieges gegen den internationalen Terrorismus, insbesondere gegen die islamistische Terror-Organisation Al-Qaida, geriet auch der Irak ins Visier. Allerdings stand er nicht an erster Stelle des Kampfes gegen den Terror. Zunächst wendeten sich die USA dem Taliban-Regime in Afghanistan zu, das Al-Qaida offen unterstützte. Nach dem offiziellen Ende des Afghanistankrieges wurden ab Anfang 2002 die Töne gegen den Irak schärfer. Das Land wurde von den USA zu den "Schurkenstaaten" gezählt und in eine "Achse des Bösen" eingereiht. Im Laufe des Jahres 2002 forderte der US-amerikanische Präsident mehrfach, den Irak insbesondere hinsichtlich seiner Massenvernichtungswaffen zu entwaffnen, die aufgrund von Kontakten des Irak zu Al-Qaida ansonsten in die Hände rücksichtsloser Terroristen fallen könnten. Auf US-amerikanischen und britischen Druck hin wurde im UN-Sicherheitsrat am 8. November 2002 die Resolution 1441 verabschiedet. Sie sah die Entwaffnung des Irak vor und etablierte eine neue Mission von UN-Waffeninspekteuren im Irak UNMOVIC „United Nations Monitoring, Verification and Inspection Commission". Die UN-Kontrolleure von UNMOVIC und der Internationalen Atombehörde IAEO nahmen am 27. November 2002 ihre Arbeit auf. Am 8. Dezember 2002 überreichte Bagdad der UNO, wie in der Resolution 1441 gefordert, einen ausführlichen Rüstungsbericht. Obwohl die UN-Inspekteure die US-amerikanischen und britischen Angaben über Massenvernichtungswaffen im Irak nicht bestätigen konnten und nur spärliche Hinweise auf Massenvernichtungswaffen fanden, stellten die USA dem Irak ein Ultimatum. Weniger als zwei Stunden nach Ablauf des Ultimatums an den irakischen Machthaber Saddam Hussein hatten die USA im Morgengrauen des 20. März 2003 den Krieg gegen Irak mit Luftangriffen auf Bagdad eröffnet.

Der US-amerikanische Senat hatte sich nach dem Beginn des Irak-Kriegs geschlossen hinter US-Präsident George Bush II gestellt. Mit 99 zu null Stimmen unterstützten die Senatoren eine Resolution, in der der Einsatz der US-Soldaten unterstützt wird.

Der dritte Golfkrieg hatte zwar offiziell am 20. März 2003 begonnen, der Kriegsbeginn kann aber mit guten Gründen bereits früher festgesetzt werden: So wurden bereits Monate vor dem offiziellen Kriegsbeginn Ziele im Irak täglich von den USA und Großbritannien bombardiert, der Irak wurde also schon vor Kriegsbeginn militärisch geschwächt. Einige Analysten argumentieren, dass der zweite Golfkrieg 1991 gar nicht richtig beendet wurde, sondern über Sanktionen und Bombardements über Jahre hinweg weitergeführt wurde, bis er eben am 20. März 2003 wieder "heiß" ausbrach. Als Begründung wird vornehmlich die Festlegung von Flugverbotszonen genannt, die die USA und Großbritannien im April 1991 zum Schutz der Kurden bzw. Schiiten nördlich des 36. bzw. südlich des 33. Breitengrades proklamiert hatten. Die regelmäßigen Angriffe nahmen nach Abzug der UN-Kontrolleure 1998 noch zu. So wurde im Jahre 1998 die *Operation Desert Fox* durchgeführt. Bei dieser Operation wurden an vier Tagen schwere Bombenangriffe auf rund 100 Ziele im Irak geflogen. Allein für das Jahr 1999 wurden an 132 Tagen Luftangriffe auf den Irak registriert, teilte der ehemalige Leiter des UN-Hilfsprogramms in Bagdad, der deutsche UN-Diplomat Hans von Sponeck, in einem seiner Berichte an den UN-Generalsekretär und den UN-Sicherheitsrat mit.

Was sind die Gründe für den dritten Golfkrieg? Wenn die vermutete Existenz von Massenvernichtungswaffen und die angebliche Unterstützung des internationalen Terrorismus kaum den Ausschlag für einen politischen wie militärisch so riskanten Krieg gegen den Irak gegeben haben können - wo liegen dann die Gründe und Motive der US-Administration für den Dritten Golfkrieg? Die Vermutungen, die von Journalisten, Politikern und Wissenschaftlern, angeboten werden, sind vielfältig. Sie reichen von einem Krieg ums Öl über Neuordnungswünsche für den Nahen Osten, das Ausprobieren der neuen Hypermachtrolle der USA oder die Durchsetzung imperialer Machtgelüste bis zum Wunsch des Sohnes, Bush II, den Irakkrieg seines Vaters, Bush I, zu Ende zu führen. Herfried Münkler, Professor für Politikwissenschaft an der Berliner Humboldt-Universität sieht drei Hauptmotive der US-Politik für den Sturz Saddam Husseins:

- die Angst vor einer gefährlichen Überdehnung der Kräfte infolge eines dauerhaften militärischen Engagements in der Golfregion,
- die nicht mehr akzeptable strategische „Zwickmühle des asymmetrischen Friedens", aus deren Beendigung für Saddam Hussein kein Machtzuwachs und für die USA kein Gesichtsverlust resultieren darf,
- die Sorge um die politische und wirtschaftliche Stabilität der gesamten Golfregion, die eine mit möglichst geringem Kostenaufwand betriebene

Installierung eines Prosperitätsregimes im Irak erforderlich macht.[152]

Richard Perle, einer der wichtigsten Berater des Präsidenten George Bush II gilt als zentraler Architekt des 3. Golfkrieges Nach dem Terroranschlag auf das *World Trade Center* am 11. September 2001 soll er George Tenet, den Direktor des CIA angewiesen haben: „Der IRAK muss den Preis für 9/11 bezahlen und Sie liefern dafür die Beweise"[153]. Hier kam der CIA eine Information des deutschen Nachrichtendienstes BND zugute. Der BND berichtete von Rafid Ahmed Alwan, einem irakischen Staatsangehörigen, der 1999 Asyl in Deutschland beantragt hatte. Er behauptete, Mitarbeiter einer Anlage im Irak gewesen zu sein, in der Kampfstoffe hergestellt würden. Der deutsche Geheimdienst gab seine Aussagen an die US-Administration weiter, unter dem Vorbehalt, dass es Zweifel an der Glaubwürdigkeit gäbe. Die CIA und die Regierung Bush II verwendeten diese Aussagen später als Beweis für die unerlaubten Waffenprogramme von Bagdad. Damit war der Grund für den Einmarsch der „Koalition der Willingen" in den Irak gegeben. Später stellte sich heraus, dass Alwan, Codename "Curveball", die Inhalte seiner Aussagen frei erfunden hatte, um in Deutschland Asyl zu erhalten. Die Weltmacht USA war blamiert, doch der Irak war zu diesem Zeitpunkt längst erobert und Saddam Hussein gestürzt. Massenvernichtungswaffen wurden nie gefunden.[154]

Obwohl Präsident George Bush II der Weltöffentlichkeit voreilig *mission accomplished* gemeldet hatte, zog sich der Krieg im Irak für die USA und ihre Mitstreiter über mehr als acht Jahre hin. Nicht nur Kritiker sprachen schnell von einem "neuen Vietnam", einem Krieg, den die USA nur verlieren konnten. Fast 5.000 Soldaten der westlichen "Koalition der Willigen" starben im Laufe des Konflikts.

Wie viele Iraker in der Zeit der US-Besatzung starben, ist dagegen bis heute umstritten. Schätzungen reichen von 100.000 Toten bis hin zu mehr als einer Million Opfer zwischen 2003 und dem Abzug der US-Kampftruppen 2011. Eine neue Studie präzisiert das Bild. Forscher aus den USA legen sich in der Studie „Der Irak-Krieg 2003 und vermeidbare menschliche Opfer" auf etwa 500.000 Menschen fest, die an den Folgen des Krieges gestorben sind. "Wir schätzen, dass der Krieg etwa eine halbe Million Menschen das Leben gekostet hat. Und das ist eine niedrige Schätzung", sagte die Leiterin der Studie von der Washington University in Seattle.[155]

---

[152] *Münkler, Herfried: Der neue Golfkrieg*
[153] *Fernsehsender „Phönix" am 3. 11. 2013 um 23.15*
[154] *Tümena, Isabella und Ulferts, Frédéric in ZDF-info vom 19.3.2013*
[155] *Süddeutsche Zeitung vom 16. Oktober 2013*

Weltweite Kritik und Empörung ernteten die wiederholten Menschenrechtsverletzungen der US-Streitkräfte in diesem Krieg. Stellvertretend soll hier das Abu-Ghraib Gefängnis genannt werden, in dem irakische Insassen vom Wachpersonal misshandelt, vergewaltigt und gefoltert wurden, oft bis zum Tod. Die meisten der Insassen seien „Unschuldige, die zur falschen Zeit am falschen Ort waren" gewesen, sagte ein US-General später.[156] Aufgedeckt wurde der Skandal durch die Veröffentlichung von Beweisfotos und -videos durch die Medien. Ein Teil der Bilder wurde im Mai 2004 veröffentlicht, ein weiterer Teil im Februar und März 2006.

Résumé

Im 1. Golf-Krieg wurde Saddam Hussein von den USA noch als *Good Guy* gesehen und für seinen Kampf gegen den Iran unterstützt. Dieses kann als eine typische Handlung der Weltmacht USA gewertet werden, die um ihren Einfluss in einer für sie wichtigen Region mit der anderen Weltmacht aus Moskau konkurrierte, die Saddam zudem fast die gesamte Panzertechnik geliefert hatte. Der Krieg endete ohne einen Sieger durch einen Waffenstillstand und mit hohen menschlichen und wirtschaftlichen Verlusten auf beiden Seiten. Wie so oft in der Geschichte der USA wurde ein *Good Guy* (Saddam Hussein) danach schnell zum *Bad Guy*.

Im 2. Golf-Krieg führte Präsident George Bush I nur einen begrenzten Krieg. Als das Ziel, nämlich die Befreiung von Kuwait, erreicht war, befahl er den Rückzug der US-amerikanischen Truppen, die sich bereits auf dem Wege nach Bagdad befanden. George Bush I handelte als Präsident der zu diesem Zeitpunkt bereits einzigen Weltmacht: überlegt und verantwortungsvoll, im Interesse von Aggressionsopfern und mit einem Mandat der UNO. Im Handeln von George Bush I kann man eine Analogie zu dem Krieg von Preußen gegen Österreich im Jahre 1866 sehen, als Bismarck seinen Generalstabschef Helmuth von Moltke den Einmarsch in Wien untersagte, nachdem das Kriegsziel – Sieg gegen Österreich - erreicht worden war. Beide Politiker – Bismarck wie Bush I bewiesen damit eine souveräne und verantwortungsbewusste Führung.

Mit dem 3. Golfkrieg begann der Zerfall des Nahen Ostens. George Bush II begann einen Krieg gegen den Despoten Saddam Hussein offensichtlich als Reaktion auf den 11. September 2001, für den er ihn mit verantwortlich machte. Bush wollte zudem ein deutliches Zeichen setzen, dass die USA den internationalen Terrorismus erfolgreich bekämpfen können.

---

[156] *Cadenbch, Christoph: Spuren der Gewalt in Süddeutsche Zeitung, 4. April 2014*

Das Ergebnis war ein völlig anderes. Durch die eklatanten und nachhaltigen Menschenrechtsverletzungen von jener Weltmacht, die immer wieder eine besonders hohe moralische Vorbildfunktion für sich in Anspruch genommen hatte, haben die Vereinigten Staaten weltweit erheblich an Vertrauen verloren, bei Gegnern wie bei Freunden. Besonders schwerwiegend ist allerdings die Tatsache, dass die humanitären, politischen und wirtschaftlichen Folgen des Krieges verheerend sind. Die USA, die den Krieg nicht gewonnen, sondern klar verloren haben, haben eine instabile schiitische Regierung zurückgelassen. Das Land ist zerbrochen.[157] Die Folgen sind das Erstarken der Sunniten im „Islamistischen Staat", ein Konflikt zwischen Syrern, Schiiten, Sunniten, Kurden, Türken und nun auch wieder den USA.

George Bush II hatte diesen Krieg im vermeintlichen Interesse seines Landes, ohne UNO-Mandat und mit gefälschten Beweisen begonnen. Am Ende wurde es ein Schandfleck für den Präsidenten und für die USA und der Irak wurde in das Chaos getrieben. Den als Folgen des dritten Golf-Krieges erfolgten Zerfall der Region und der daraus resultierenden Völkerwanderung von Millionen Flüchtlingen haben die europäischen Staaten auszubaden und nicht die Verursacher, die USA.

Hätte die US-amerikanische Führung unter Präsident Geoirge Bush II nur über eine halbwegs gründliche Kenntnis der Geschichte und der gesellschaftlichen Strukturen des Namen Ostens verfügt, dann wäre ihr nicht der unheilvolle Irrtum unterlaufen, im Irak ließe sich die Demokratie so einfach einführen wie nach dem zweiten Weltkrieg in Deutschland[158].

---

[157] *Todenhöfer, Jürgen: Inside IS - 10 Tage im Islamischen Staat, S. 101*
[158] *Wickert, Ulrich: Gauner muß man Gauner nennen, S. 263*

Kapitel 12

Die neue Weltordnung

Der Begriff „Neue Weltordnung" ist ein politisches Schlagwort für Konzepte, international eine Friedens- und Rechtsordnung durch ein System der kollektiven Sicherheit zu etablieren. Der Begriff ist insbesondere in der Außenpolitik der Vereinigten Staaten des 20. Jahrhunderts eine wiederkehrende Redewendung.

Geprägt wurde der Begriff erstmals nach dem Ende des Ersten Weltkrieges als Bezeichnung für die letztlich misslungenen Versuche des US-amerikanischen Präsidenten Woodrow Wilson, den Völkerbund als internationale Organisation mit einem geschriebenen Völkerrecht zu etablieren.

Über viele Jahrzehnte wurde dieser Begriff weniger benutzt. „Neue Weltordnung" wurde erneut durch den damaligen US-Präsidenten George Bush I nach dem Ende der kommunistischen Diktaturen in Osteuropa in den 1990er Jahren und der damit kurzfristig einhergehenden Hoffnung auf den Anbruch eines neuen, friedlicheren Zeitalters für die Menschheit unter amerikanischer Führung bekannt.

Die vorangegangene „Alte Weltordnung" – das Gegenüber zweier antagonistischer gesellschaftlicher Systeme mit ihrer militärischen Blockbildung NATO/WP im Kalten Krieg nach dem Ende des Zweiten Weltkrieges – hatte sich aus dieser Perspektive mit dem Zusammenbruch der sozialistischen Gesellschaften in Osteuropa aufgelöst. Präsident George Bush I sprach am 11. September 1990 in einer Rede vor beiden Kammern des Kongress von einer „Neuen Weltordnung" (*New World Order*), die nach dem Ende des Kalten Krieges notwendig und wünschenswert sei. Unter anderem führte er aus:

> *„Wir erleben heute einen einzigartigen und außergewöhnlichen Moment. So ernst die Krise am Persischen Golf ist, so bietet sie zugleich die Gelegenheit, zu einer Periode der Zusammenarbeit zu gelangen. Aus diesen schwierigen Zeiten kann unser fünftes Ziel – eine neue Weltordnung – hervorgehen: eine neue Ära, freier von der Bedrohung durch Terror, stärker im Streben nach Gerechtigkeit und sicherer in der Suche nach Frieden. Eine Ära, in der die Völker der Welt, Ost und West, Nord und Süd, prosperieren und in Harmonie leben können. Hundert Generationen haben nach diesem schwer zu*

fassenden Weg zum Frieden gesucht, während Tausend Kriege in der Zeitspanne menschlichen Bemühens wüteten. Heute ringt diese neue Welt um ihre Geburt, eine Welt die anders ist, als die, die wir bisher kannten. Eine Welt, in der die Herrschaft des Rechts die Herrschaft des Dschungels ersetzt. Eine Welt, in der die Völker die gemeinsame Verantwortung für Freiheit und Gerechtigkeit erkennen. Eine Welt, in der der Starke die Rechte des Schwachen respektiert. Das ist die Vision, die ich mit Präsident Gorbatschow in Helsinki geteilt habe. Er und andere Führer Europas, am Golf und auf der ganzen Welt verstehen, dass die Art und Weise, wie wir heute diese Krise lösen, der Zukunft kommender Generationen ihre Gestalt geben könnte."

Die Weltordnung, die sich nach dem Ende des 2. Weltkrieges entwickelt hatte, war die der Bipolarität, einer Bipolarität zwischen den USA mit ihren Verbündeten auf der einen Seite und der Sowjetunion mit ihren Verbündeten auf der anderen. Die beiden Imperien, das eine durch Oktroierung, dass andere durch Umarmung entstanden, waren angesichts der Brutalität sowjetischer Machtausübung nicht wirklich vergleichbar. Gleichwohl bestimmte die strategische Abhängigkeit auf beiden Seiten des „Eisernen Vorhangs" das Verhältnis zwischen den Weltmächten und ihren Mündeln. Auch wenn Amerikas Verbündete im Prinzip nach eigenem Gutdünken handeln konnten, blieben sie doch Nutznießer kostenloser Sicherheit *made in USA*. Und das verengte heftig ihre Optionen - nicht zuletzt auch auf wirtschaftlichem Gebiet, wo Westeuropa und Japan bald zu gleichwertigen Partnern der USA heranwuchsen. Als Sicherheitskonsumenten mussten sie auch hier Rücksicht üben. Die Osteuropäer hatten noch nicht einmal die theoretische Wahl. Muckten sie dennoch auf, wurden sie rasch durch sowjetische Intervention „rezentralisiert". Fazit: ob Schützlinge wie in Westeuropa oder Vasallen wie im Osten, liefen die „Blockstaaten" an einer sehr kurzen Leine auf der in großen Lettern „Bipolarität" eingestanzt war.

„Da die Supermächte sich nur gegenseitig abschrecken, aber einander nicht besiegen konnten, waren sie dazu verdammt, wie zwei Skorpione in einer Flasche zu leben. Es gab kein Entrinnen, nur den gemeinsamen Tod". [159]

Im zwanzigsten Jahrhundert hatten die USA zweimal den Versuch unternommen, eine Weltordnung zu schaffen, die nahezu ausschließlich auf ihren eigenen Wertvorstellungen beruhte, nach dem 1. Weltkrieg mit Versailles und nach dem 2. Weltkrieg mit Potsdam. Beide Versuche waren nicht sehr erfolgreich: Versailles führte über Hitler in den 2. Weltkrieg und Potsdam führte fast unmittelbar in den Kalten

---

[159] *Joffe, Josef: Die Hypermacht, S. 19*

Krieg. 1990 setzten die Vereinigten Staaten zum dritten Mal im 20. Jahrhundert an, eine neue Weltordnung zu schaffen. Wie konnte es dazu kommen?

Die Ursachen liegen zunächst einmal in den vielfältigen und unterschiedlichen Aufständen im Einflussbereich der Sowjetunion begründet: 1953 in der DDR, 1956 in Ungarn und zum Teil auch 1970 in Polen, 1968 in der Tschechoslowakei sowie 1981 wieder in Polen. All diese Aufstände konnten zunächst zwar niedergeschlagen werden, die Freiheitsbestrebungen in Ländern des „Warschauer Paktes" konnten hierdurch aber auf Dauer nicht unterdrückt werden. In den Jahren 1989 / 1990 war der Dampf im Kessel der Freiheit so groß geworden, dass der Deckel in die Luft flog. Und hier kam die zweite wichtige Ursache zum Tragen: Der Wechsel an der Spitze der Sowjetunion. Mit Michael Gorbatschow hatte 1985 ein junger Politiker die Macht in Moskau übernommen, der mit seinem Programm *Glasnost & Perestroika* wesentliche Reformen einleitete – zunächst in der Sowjetunion. In Folge musste dieses jedoch auch in den Satellitenstaaten möglich sein, denn „von der Sowjetunion lernen heißt siegen lernen" war doch immer das Banner in den Staaten des Warschauer Paktes gewesen!

Glasnost bedeutet Offenheit. Gemeint war damit eine Offenheit der Staatsführung gegenüber der Bevölkerung. *Glasnost* sorgte für Pressefreiheit und ein Ende der Zensur. Die Zeitungen durften erstmals wieder unzensiert ihre Berichte veröffentlichen. Glasnost bedeutet auch Rede- und Meinungsfreiheit für das Volk, für alle. Erstmals erfuhr die Öffentlichkeit von der wahren, katastrophalen wirtschaftlichen Lage des Landes. Inhaftierte Regimekritiker wurden freigelassen. Die Unterdrückung der Kirchen wurde beendet, Demonstrationen wurden erlaubt.

Perestroika bedeutet übersetzt Umbau oder Umgestaltung. Das gesellschaftliche, politische und wirtschaftliche System wurde umgebaut. Die Sowjetunion sollte ein demokratischer Staat werden. Sie sollte aus ihren festgefahrenen Strukturen gelöst werden, um so schließlich auch die Wirtschaft des Landes wieder nach vorne zu bringen. Als erstes wurde die Planwirtschaft gelockert, indem Betrieben mehr Mitbestimmung eingeräumt wurde. Im Januar 1987 wurde ein umfassendes *Perestroika-Programm* verkündet.

Auch in der Außenpolitik kam es zur Entspannung und Abrüstung. 1988 wurde die *Breschnew-Doktrin* von 1968 aufgegeben. In ihr war die Vorherrschaft der Sowjetunion unter den Ostblockstaaten ebenso wie ihr Eingreifen festgelegt worden, falls der Sozialismus in einem dieser Staaten bedroht wäre. Die Aufhebung dieses Grundsatzes ermöglichte nun die freie Entscheidung jeden Staates, welche Ideologie er wählen wollte. Das führte zu friedlichen Revolutionen in Mittel- und Osteuropa.

Nach dem in Polen die seit fünf Jahrzehnten ersten freien Wahlen stattgefunden hatten und eine erste nichtkommunistische Regierung gebildet worden war, sollte ein spektakuläres Ereignis den Startschuss für eine große Zahl friedlicher Revolutionen in Mittel- und Osteuropa bilden, die letztlich zu der neuen Weltordnung führten: „Es war Donnerstag, der 9. November 1989, und die Wende kam wie auf Samtpfötchen angekrochen. Es war nur der kleine Versprecher eines DDR-Funktionärs, der aufbrach, was wortwörtlich in Beton gegossen war: die Berliner Mauer. Auf einer Pressekonferenz gegen 19:00 Uhr verkündete das Politbüromitglied Günter Schabowski ein wenig kryptisch, die Grenze sei für Privatreisen in den Westen geöffnet. Innerhalb einer Stunde versammelten sich Massen von Ostberlinern an der Mauer und drängten durch den Kontrollpunkt, wo die Grenzsoldaten des Arbeiter- und-Bauern-Staates in hilfloser Verwirrung zurückwichen und den Ereignissen ihren Lauf ließen.[160]

Auch die USA waren nun gefordert. „Als eine der beiden Weltmächte mussten sie ein Gleichgewicht zwischen jenen zwei Versuchungen finden, denen es aufgrund ihres traditionellen Exzeptionalismus immer wieder ausgesetzt war: der Vorstellung, die Vereinigten Staaten müssten jeden Missstand beheben und jeder kleinen Erschütterung entgegen wirken, und dem unterschwelligen Bedürfnis, sich auf sich selber zurückzuziehen. Wahllose Einmischungen in alle ethnischen Unruhen und Bürgerkriege der Welt nach dem Kalten Krieg würde die US-amerikanischen Kreuzritter schnell ihrer Kräfte berauben. Vereinigte Staaten hingegen, die sich nur auf die Pflege ihrer inneren Werte beschränken, würden ihre Sicherheit und ihr Wachstum letzten Endes den Entscheidungen überantworten, die andere Nationen an ganz anderen Orten treffen, und sie würden die Kontrolle über diese Entscheidungen in zunehmendem Maße verlieren".[161]

„Wie das Verhältnis zwischen Moral und Strategie in der US-amerikanischen Außenpolitik genau auszusehen hat, lässt sich abstrakt nicht beschreiben. Doch der erste Schritt zu einer Politik der Klugheit besteht in der Anerkennung der Tatsache, dass diese Elemente austariert werden müssen. Wie mächtig die USA jedoch auch sind: kein Land ist fähig, dem Rest der Menschheit seine Vorlieben aufzuzwingen; und so musste es darum gehen, Prioritäten zu setzen. Denn selbst wenn die Grundlagen dafür vorhanden wären, würde ein „Wilsonianismus" keine Unterstützung mehr finden, sobald die US-amerikanische Öffentlichkeit klar erkannt hat, wo ihre logischen Verpflichtungen liegen. In der US-amerikanischen Politik drohte somit ein Graben aufzureißen zwischen Absichten und tatsächlicher Handlungsbereitschaft, und die nahezu unvermeidliche Ernüchterung, die den US-

[160] Joffe, Josef: Die Hypermacht, S. 11
[161] Kissinger, Henry: Die Vernunft der Nationen, S. 927

Amerikanern bevorstand, hätte sich allzu leicht in eine Entschuldigung für den vollständigen Rückzug aus den internationalen Angelegenheiten verwandeln können".[162]

„Kein Staat auf dem Globus kann sich der sprunghaft wachsenden Dynamik der Weltwirtschaft entziehen - so wie sie sich in den letzten Jahrzehnten herausgebildet hat. Angesichts der weltweiten wirtschaftlichen Interdependenzen stehen handels- und verteilungspolitische Konflikte für die voraussehbare Zukunft im Vordergrund des Geschehens, während Krieg als Mittel der Politik immer mehr in den Hintergrund tritt. Daher gewinnen Wirtschaftsmächte selbst ohne signifikantes Militärpotential an Macht und Einfluss. Militärmächte hingegen, die ihrem Streitkräftepotential kein adäquates ökonomisches Potential an die Seite stellen können, müssen mit nachlassendem Gewicht im Konzert der Mächte rechnen".[163]

Das Ende des Kalten Krieges bot den USA eine große Versuchung, die internationale Landschaft nach US-amerikanischen Vorstellungen neu zu gestalten. Blickt man zurück, so muss man feststellen, dass Wilson durch den Isolationismus im eigenen Land die Hände gebunden gewesen waren; Truman hatte es mit dem stalinistischen Expansionismus aufnehmen müssen. Nach dem Kalten Krieg hingegen waren die Vereinigten Staaten imstande, in jedem Teil der Welt zu intervenieren. Doch die Macht war inzwischen breiter gestreut, die Zahl der Streitfälle, für die militärische Stärke von Bedeutung ist, hatte sich zunächst vermindert. Der Gewinn des Kalten Krieges hatte die USA in eine Welt versetzt, die in vielerlei Hinsicht dem europäischen Staatensystem des achtzehnten und neunzehnten Jahrhundert ähnelte: Es sah sich nun zu Handlungsweisen gezwungen, die US-amerikanische Staatsmänner und Denker bis dato immer wieder in Frage gestellt hatten. Ohne überragende ideologische oder strategische Bedrohungen nämlich können Nationen eine Außenpolitik betreiben, die in wachsendem Maße ihren unmittelbaren nationalen Interessen gehorcht. In einem internationalen System, das aus vielleicht fünf oder sechs Großmächten und einer Vielzahl kleinerer Staaten besteht, wird - ähnlich wie in vergangenen Jahrhunderten - Ordnung aus der Versöhnung und Abwägung widerstreitender nationaler Interessen erwachsen müssen.

Sowohl George Bush I als auch Bill Clinton sprachen von der neuen Weltordnung so, als ob diese bereits zum Greifen nah war. Tatsächlich aber musste sie erst noch reifen, und ihre endgültige Gestalt sollte sie erst im 21. Jahrhundert annehmen. Zusammengesetzt aus tradierten wie auch aus völlig neuen Elementen,

---

[162] *Kissinger, Henry: Die Vernunft der Nationen, S. 903*
[163] *Weisser, Ulrich: NATO ohne Feindbild, S. 12*

kann eine neue Weltordnung nicht anders als schon die alte, aus der Beantwortung dreier Fragen hervorgehen:

- Was sind die Grundeinheiten der internationalen Ordnung?
- Mit welchen Mitteln werden sie sich gegenseitig beeinflussen?
- Und um welcher Ziele willen?

„Internationale Systeme führen ein unsicheres Dasein. Jede Weltordnung drückt einen Anspruch auf Dauerhaftigkeit aus. Dabei sind die Komponenten, die diese Ordnung ausmachen, in ständigem Fluss, und tatsächlich hat die Beständigkeit internationaler Systeme von Jahrhundert zu Jahrhundert abgenommen. Die aus dem Westfälischen Frieden entstandene Ordnung währte einhundertfünfzig Jahre; das vom Wiener Kongress ins Leben gerufene internationale System konnte sich einhundert Jahre halten. Die Ordnung schließlich, die der Kalte Krieg geprägt hat, endete nach vierzig Jahren“.[164]

Résumé

Michail Gorbatschow mit seinen Reformen *Glasnost & Perestroika* sowie die friedlichen Revolutionen in Mittel- und Osteuropa haben zu einer neuen, friedlichen, kurzzeitigen Weltordnung geführt. Großer Optimismus hatte sich verbreitet – auf beiden Seiten des Atlantiks und darüber hinaus in anderen Teilen der Welt. Die Welt würde jetzt besser und sicherer werden. Kaum für möglich gehaltene Änderungen konnten erfolgen. West-Deutschland, der Musterknabe der US-amerikanischen Politik nach dem 2. Weltkrieg hatte mit der Wiedervereinigung seine Reifeprüfung bestanden: die USA fühlten sich bestätigt, dass ihr System das bessere sei, das am Ende siegen würde.

Doch diese neue Weltordnung mit den zwei friedlichen Weltmächten USA unter George Bush I und Rußland unter Michail Gorbatschow sollte nicht lange halten. Eine erneute Änderung der Weltordnung zeichnete sich bereits ab.

---

[164] *Kissinger, Henry: Die Vernunft der Nationen, S. 895*

Kapitel 13

Die allein verbliebene Weltmacht

„**T**he End of History - so überschrieb der US-amerikanische Politikwissenschaftler Francis Fukuyama sein Essay"[165], das im August 1989 in der Zeitschrift *The National Interest* veröffentlicht wurde. In diesem Essay wurde der Sieg der USA im Kalten Krieg verkündet, verbunden mit dem Triumph von Marktwirtschaft und Demokratie als Maßstab aller Zeitabschnitte der vergangenen und der künftigen Geschichte.

Fukuyama stellte in seinem Essay zudem dem US-amerikanischen Imperium den Rückzug aus der Überdehnung in Asien und in Europa in Aussicht. Die Welt würde auf Autopilot gestellt, die USA würden zum Maß aller Dinge. Kleinere Konflikte sollten sich bereinigen lassen durch die Gemeinschaft der Weltmächte und mit Hilfe von ein paar Millionen Dollar, notfalls durch eine kleine chirurgische Intervention von *Special Forces.* Als Präsident George Bush I nach dem ersten Irak-Krieg 1990/91 die „Neue Weltordnung" postulierte, die sich auf Freihandel, Demokratie und Völkerrecht stützen sollte, packte die Sehnsucht nach dem Ende der Geschichte auch den deutschen Außenminister Genscher. Er schwärmte von den *Interlocking Institutions,* von einem ineinander greifenden diplomatischen Verhandlungs- und Versicherungssystem, weltumspannend von Vancouver bis Wladiwostok. Was war geschehen?

Seit Ende des 2. Weltkrieges hatten sich die beiden mächtigsten Militärblöcke der Geschichte - die NATO und der Warschauer Pakt - hochgerüstet an dem „Eisernen Vorhang" gegenüber gestanden. 115 Divisionen des „Warschauer Paktes" standen nur 88 Divisionen des atlantischen Bündnisses gegenüber - was aber wegen der größeren Kopfstärke einer NATO-Division heißt, dass beide Blöcke mit jeweils anderthalb Millionen Soldaten exakt gleich stark waren. Auf der westlichen Seite waren die USA mit 240.000 Soldaten und auf östlicher Seite die Sowjetunion mit 380.000 Soldaten auf deutschem Territorium stationiert. Die deutschen Truppenstärken lagen bei 495.000 (West) und 160.000 (Ost). Das „Gleichgewicht des Schreckens" hatte über einen Zeitraum von 40 Jahren für Frieden in Europa gesorgt.

Am Ende der achtziger Jahre, am 9. November 1989, kam das bipolare Weltsystem buchstäblich über Nacht außer Geltung. Die großmächtige Sowjetunion verabschiedete sich mit einem Seufzer statt mit einem Knall und es blieb unversehens

---

[165] *Stürmer, Michael: Welt ohne Weltordnung, S. 19*

den Vereinigten Staaten von Amerika überlassen, als Weltmacht aller Klassen die Weltbühne zu besetzen. Wie konnte es geschehen?

„Das Ende der Sowjetunion hatte vielfältige Ursachen. Zu ihnen zählt an vorderster Stelle die vollständige Erschöpfung der wirtschaftlichen Ressourcen, die mangelnde Flexibilität der staatstragenden Ideologie, die Erschütterung des militärisch-strategischen Bewusstseins nach dem gescheiterten Afghanistan-Feldzug der achtziger Jahre, die schonungslose Überdehnung der imperialen Kräfte und ganz gewiss auch die Unterdrückung und Unterschätzung der nationalen Vielfalt und Eigenständigkeit. Nicht zufällig ging dem Zerfall der Sowjetunion und ihres Imperiums ein jahrelanger Erosionsprozess voraus".[166]

Direkter Auslöser für den Untergang der Sowjetunion war dar Fall der Berliner Mauer am 9. November 1989. Kurz danach, am 11. März 1990, erklärte zunächst Litauen, sodann Lettland am 4. Mai 1990 und Estland am 8. Mai 1990 ihre Unabhängigkeit von der UdSSR. Es folgten Georgien am 9. April 1991 sowie am 24., 25., 27. und 31. August 1991 Weißrussland, die Ukraine, Moldawien und Kirgistan. Am 1., 9. und 21. September 1991 wurden Usbekistan, Tadschikistan und Armenien sowie am 18. und 27. Oktober 1991 Aserbaidschan und Turkmenistan unabhängig. Schließlich erklärte als letzte Teilrepublik Kasachstan am 16. Dezember 1991 seine Unabhängigkeit. Die Russische SFSR die schon im Juni 1990 ihre Souveränität, nicht aber ihre Unabhängigkeit verkündet hatte, erklärte am 26. Dezember 1991 die formale Auflösung der Sowjetunion, was die Überleitung der Außenbeziehungen der alten Sowjetunion auf die neu entstandene Russische Föderation erleichterte.

An diesem Weihnachtsfeiertag des Jahres 1991, also gut zwei Jahre nach dem Fall der Berliner Mauer, war das größte Imperium, das die Welt jemals gekannt hat, zerbrochen. Die historische Bedeutung dieses Augenblicks wurde damals kaum verstanden, denn der Selbstmord der Sowjetunion zog weit mehr als eine weitere Leiche auf dem Friedhof der untergegangenen Imperien nach sich. Die Selbstauflösung der Sowjetunion markierte einen äußerst seltenen Augenblick in der Geschichte der Staatensysteme. Zusammengebrochen war nicht nur ein einzelner Staat, sondern die gesamte Bühne auf der sich die Weltpolitik 50 Jahre lang abgespielt hatte. Die Konsequenzen waren für die Außenpolitik vieler Staaten von größter Tragweite, und der Widerhall dieses weltpolitischen Großereignisses wird gewiss noch während des gesamten 21. Jahrhunderts zu spüren sein.

---

[166] *Schöllgen, Gregor: Der Auftritt, S. 67*

Nun ergab sich eine neue Lage: die Sowjetunion war untergegangen; damit wurde das Ende eines langjährigen internationalen Systems Realität unter gleichzeitiger Geburt eines neuen Systems, das man „Unipolarität"[167] nennen kann.

Wichtige Fragen für die künftige Weltpolitik mussten in Folge dieses Prozesses beantwortet werden:

- Welche Folgen hat der revolutionäre Wandel der Weltpolitik von der Bipolarität zur Unipolarität, von der *Dominance à deux* zur Vorherrschaft einer einzigen Weltmacht?
- Welche Rolle werden die USA auf der neu gestalteten Bühne übernehmen, nun, da mit der bipolaren Ordnung auch die simplen, aber starren Regeln des Kalten Krieges verschwunden waren?

„Diese Regeln, die ein halbes Jahrhundert lang die große Strategie der USA bestimmten oder diktierten, hatte niemand so entscheidend mitgeprägt wie der große Historiker und Diplomat George F. Kennan. Genannt sein sollen nur: Marshallplan, Truman-Doktrin, Containment, Osterweiterung der NATO".[168]

Noch zu Beginn der neunziger Jahre hatte eine Hypothese als die wahrscheinlichste gegolten, nämlich die, dass Russland ein strategisches Gewicht in einer Welt behalten würde, die ihre ideologische Polarisierung überwunden habe, obwohl es nach wie vor zwei Supermächte gebe. Möglich schien zunächst sogar der Traum einer auf Gleichberechtigung und Ausgleich beruhenden Welt der Nationen, in der alle schließlich dieselben Spielregeln beachteten. Vor diesem Hintergrund setzten die USA auf eine Rückkehr zum Gleichgewicht der Kräfte. Sie unternahmen spektakuläre Anstrengungen zur Abrüstung. Nichts deutete damals zunächst auf eine imperiale Option der USA hin. Dann aber wurde zwischen 1990 und 1995 die politische Auflösung der ehemaligen sowjetischen Einflusssphäre offenkundig, während zugleich die Wirtschaftsleistung in den verschiedenen früheren Republiken der UdSSR auf dramatische Weise schrumpfte. Die russische Produktion sank in diesem Zeitraum um 50 Prozent. Die Investitionsquote ging dramatisch zurück, und die Geldwirtschaft verlor an Bedeutung: In bestimmten Regionen des Sowjetreiches hielt wieder der Naturaltausch Einzug. Durch die Unabhängigkeit der Ukraine, von Weißrussland und von Kasachstan, das zur Hälfte mit Russen bevölkert ist, verlor das „slawische" Zentrum des Gefüges 75 Millionen Staatsangehörige. Russland büßte seine Stellung als Staat ein, der den USA in demographischer Hinsicht fast ebenbürtig war. Hatten 1981 die Sowjetunion 268 und die USA 230 Millionen Einwohner, so waren es 2001 in Russland nur noch 144 Millionen, während die Bevölkerung in den

---

[167] *US-Amerikaner nennen dies anmaßend „Full Spectrum Dominance"*
[168] *Joffe, Josef: Die Hypermacht, S. 7*

USA auf 285 Millionen angewachsen war.

Noch schlimmer wirkte sich aus, dass die nationalen oder ethnischen Forderungen nicht nur in den einstigen Sowjetrepubliken, sondern auch in den autonomen Regionen innerhalb der russischen Föderation vom Kaukasus bis nach Tatarstan laut wurden. Der Zentralverwaltung drohte die Kontrolle über die fernen Regionen Sibiriens zu entgleiten. Schon wurde über einen Bruch der Beziehungen zwischen den rein russischen Regionen, über eine Art feudale Zersplitterung des russischen Staates spekuliert. Eine totale Auflösung der russischen Föderation schien durchaus möglich. Um 1996 sah es so aus, als würde der alte strategische Gegner der USA schlicht und einfach verschwinden. Zu diesem Zeitpunkt wurde in den USA die imperiale Option sichtbar: Die Annahme einer aus dem Gleichgewicht geratenen Welt, die militärisch vollkommen unter der Vorherrschaft der USA stehen würde, wurde in gewisser Weise wahrscheinlich. Die USA müssten nur ein wenig nachhelfen, die Peripherie der Russischen Föderation, den Kaukasus und Mittelasien, die beiden Schwachstellen, zur Unabhängigkeit ermuntern und Provokationen starten, und schon wäre die Partie gewonnen. Das taten sie aber nicht. Unter ihrer Führung beschloss das Bündnis zunächst am 7./8. November 1991 in Rom ein neues „Strategisches Konzept der NATO" und gemeinsam mit Russland und seinen früheren Satellitenstaaten wie auch seinen nunmehr unabhängigen früheren Teilrepubliken am 1. Januar 1995 die Erweiterung der „Konferenz über Sicherheit und Zusammenarbeit in Europa" (KSZE) zu einer „Organisation für Sicherheit und Zusammenarbeit in Europa" (OSZE).

Die Welt wurde nunmehr von einer einzigen Übermacht beherrscht, den USA[169] - „bis die Welt lernen musste, dass neue Akteure nicht aus Moskau und auch nicht aus Washington die Stichworte erhielten, sondern aus Höhlen am Hindukusch, aus Moscheen in Zentralasien, aus Mittelschichtquartieren in Hamburg, Leeds oder Madrid".[170]

„Keine Macht der Welt hat alle anderen Mächte je soweit überragt wie die Vereinigten Staaten zu Beginn des 21. Jahrhunderts. Vergleicht man die Weltpolitik mit einem Kartenspiel und die verschiedenen Währungen der Macht mit Jetons, dann türmen sich vor dem US-amerikanischen Platz am Spieltisch die meisten und höchsten Stapel auf. Kein Rivale kann heute darauf hoffen, in absehbarer Zeit im militärischen mit den USA gleichzuziehen - sei es bei der Technik oder der Projektionsfähigkeit; das ist der erste Stapel. Der zweite symbolisiert Wirtschaftsmacht. Die amerikanische Wirtschaft übertrifft die japanische um das

---

[169] *Joffe, Josef: Die Hypermacht, S. 7*
[170] *Stürmer, Michael: Welt ohne Weltordnung, S. 26*

Zweieinhalbfache. Ein dritter Turm enthält die diplomatischen Jetons. Auch dieser überragt den der anderen großen Mächte; jedenfalls ist keine Partie, in der mit größeren Einsätzen gespielt wird, ohne Washington denkbar".[171]

Kurz gesagt, die Wirtschaftsleistung der USA ist noch stark und die militärische Macht ist unerreicht, unübertroffen. Keine andere Nation verfügt über die Kraft, über diplomatische Eignungen und über ausreichendes Durchsetzungsvermögen, um in Streitfragen zu vermitteln, gegnerische Parteien an den Verhandlungstisch zu zwingen oder Abkommen durchsetzen zu helfen.[172]

Politische und wirtschaftliche Aspekte

„Der Gedanke an eine imperiale Option durfte freilich nicht zu der Vorstellung verleiten, dass sich die US-amerikanischen Führungskreise mit besonderer Hellsicht und genialer Berechnung im richtigen Augenblick für eine Strategie entschieden und diese dann konsequent umgesetzt hätten. Ganz im Gegenteil griffen sie zu der imperialen Option, weil sie den Dingen dadurch freien Lauf lassen und konsequent den Weg des geringsten Widerstands gehen konnten. Die US-amerikanische Führungsklasse ließ Willenskraft und Planungsbereitschaft noch stärker vermissen als die der europäischen Partner, die wegen ihrer Schwäche so oft kritisiert wurden. Immerhin verlangte der Aufbau des europäischen Hauses Bemühungen um Verständigung und Entwicklung von Organisationen, zu denen die US-amerikanische Administration gleich welcher politischen Richtung keineswegs in der Lage gewesen wäre".[173]

Das bipolare, vom Ost-West-Gegensatz geprägte System war zerfallen, ebenso wie der einzige wirklich gefährliche Gegner der USA. Die Welt wurde nunmehr von einer einzigen Übermacht, der US-amerikanischen, beherrscht und der Weg zu einer multipolaren Welt, in der wohl Europa, Nordamerika, Japan, China und Indien zu den wesentlichen Bestimmungsfaktoren der Weltpolitik würden, war ausgesprochen steinig und würde sehr lange dauern.

„Noch verfügten nur die USA über alle Attribute einer Weltmacht, nämlich Weltnuklearmacht, Weltseemacht und Weltwirtschaftsmacht zu sein. Die Sowjetunion war zur Zeit des nuklear gesicherten Abschreckungsfriedens zwar gleichberechtigte nukleare Supermacht, aber die US-amerikanische Qualität einer Weltseemacht konnte sie nie erreichen und von dem Abstand zur Wirtschaftsweltmacht ist erst gar nicht zu reden. Europa ist schon seit vielen Jahren eine ökonomische Macht, die der

[171] Joffe, Josef: Die Hypermacht, S. 123
[172] Berger, Samuel: The Price of American Leadership, Washington 1998
[173] Todd, Emmanuel: Weltmacht USA - ein Nachruf, S. 162-163

Weltwirtschaft ihren Stempel aufdrückt und als Wirtschafts- und Währungsunion könnte diese Union zur führenden Weltwirtschaftsmacht aufsteigen, doch fehlen dieser Union die militärischen Attribute einer Weltmacht. Europa braucht die strategische Absicherung seiner Entwicklung durch global wirksame militärische Fähigkeiten - eine Absicherung, die vorerst nur der transatlantische Verbund und damit die USA leisten können".[174]

Um die Jahrtausendwende mutete erstaunlich an, dass die akademischen Debatten der achtziger Jahre die USA als Macht im Niedergang betrachten konnten (Paul Kennedy, Aufstieg und Fall der großen Mächte 1987). Anhand politökonomischer Indikatoren wurden die nachlassende Wettbewerbsfähigkeit, das überzogene Militärbudget sowie eine horrende Staatsverschuldung als schlechtes Omen für die Zukunft US-amerikanischer Vorherrschaft beschworen. Einigermaßen überraschend für die Anhänger dieser Theorie war dann der weltpolitische Umbruch nur wenige Jahre später, bei dem nicht der Welthegemon, sondern seine bereits seit einem Jahrzehnt zunehmend geschwächte Herausforderin, die Sowjetunion in Auflösung befindlich war.

Plötzlich hatten wieder diejenigen Deutungshoheiten zurück gewonnen, die einen *unipolar moment* gekommen sahen und die USA als einzig verbliebene, ja klar als *lonely superpower* bezeichneten. Freilich wurde der relative Machtgewinn zunächst in den neunziger Jahren nicht allzu demonstrativ ausgespielt: die unter liberalen Vorzeichen stehende US-Administration Bill Clintons nutzte zwar die Gelegenheit eines geschwächten Russland, um die NATO nach Osten hin zu erweitern. Auch war die US-Regierung während der Balkankriege bereit, eine an eigenen Interessen orientierte Stabilisierungspolitik unter Vernachlässigung russischer wie auch chinesischer Einwände, im Falle Kosovos sogar unter ihrer Missachtung, zu verfolgen.

Zugleich war das Jahrzehnt aber eher durch ein Schwanken zwischen multilateralen Ansätzen und dem Zurückfallen auf unilaterale Handlungsmuster geprägt, die insbesondere auch vom republikanisch dominierten US-Kongress eingefordert wurden. Begleitet wurde diese Phase durch eine wirtschaftliche Blütezeit in den USA und einen Abbau der Staatsverschuldung, wie er in den achtziger Jahren kaum für möglich gehalten worden war.

Mit der Regierungsübernahme durch die Administration von George Bush II im Jahre 2001 wandelte sich das US-amerikanische Verständnis von Weltordnung wieder grundlegend. Die unilaterale, mitunter gar durch eine missionarische Rhetorik unterlegte Gestaltung globaler Beziehungen rückte in den Vordergrund. Der Rekurs

---

[174] *Weisser, Ulrich: NATO ohne Feindbild, S. 193*

auf die harte Währung militärischer Macht wurde dabei angesichts der Schockwirkung nach den Terroranschlägen des 11. September 2001 zunächst keinem eingehenden Diskurs unterworfen. Weltökonomische Ordnungskonzepte blieben Mangelware angesichts der Konzentration auf das Militärische. Und auch die Regierung unter Barack Obama konnte den überschwänglichen Erwartungen nicht gerecht werden und nicht wieder verstärkt auf eine durch kulturelle und kommunikative Überzeugungskraft geprägte Gestaltung der globalen Ordnung setzen.[175]

Und Europa - brauchen die USA die europäischen Staaten? Ja, denn die USA ohne Europa würden sich in psychologischer und geographischer Hinsicht zu einer Insel weitab der Küsten Eurasiens entwickeln. Die internationale Ordnung nach dem Kalten Krieg stellt das Nordatlantische Verteidigungsbündnis und damit primär die USA vor drei Hauptprobleme:

- die internen Beziehungen innerhalb der traditionellen Bündnisstruktur,
- die Beziehungen der Nordatlantik-Staaten zu den früheren Satellitenstaaten der Sowjetunion in Osteuropa und schließlich
- die Beziehungen der Nachfolgestaaten der Sowjetunion, insbesondere der Russischen Föderation, zu den Nordatlantik-Staaten und den Staaten Osteuropas.

Gleichzeitig beschleunigte sich die Globalisierung der Finanzmärkte: Zwischen 1990 und 1997 kletterte der Finanzüberschuss bei den Kapitalzuflüssen zwischen den USA und der übrigen Welt von 60 auf 271 Milliarden US-Dollar. Die US-Amerikaner konnten sich eine Konsumsteigerung leisten, die durch die eigene Produktion nicht gedeckt war.

Militärische Aspekte
Der Zusammenbruch der Sowjetunion machte die USA zur einzigen militärischen Supermacht.

„Die Vereinigten Staaten sind die militaristischste Nation der Erde. Zeitungen, Fernsehen, Universitäten und sogar die Kirchen heißen den Krieg gut, und jede Stimme, die gegen ihn spricht, muß zum Schweigen gebracht werden. In den Zeitungen werden die Wortführer gegen den Krieg als *Peaceniks* bezeichnet. Karikaturisten stellen sie als Irre dar. Fernsehkommentatoren nennen sie Agitatoren und Abschaum, der von den Straßen gejagt werden sollte. Die Mehrheit der Nation meint, dass die *Peaceniks* vernichtet werden müssen, weil sie weiß, dass die USA den Krieg brauchen, um ihr Land funktionsfähig zu erhalten, und das nicht nur aus

---

[175] *Nuschelker, Franz und Messner, Dirk: Globale Trends 2010*

wirtschaftlichen, sondern auch aus weltanschaulichen Gründen".[176] So nimmt es kein Wunder, dass ein Präsident, der keinen Krieg führt, gilt als *Whimp* (Schlappschwanz).

In den acht Jahren seiner Regierung griff Clinton zwar nicht immer, aber immer öfter zum Mittel der Gewalt. Jedenfalls häufiger als sein Vorgänger Ronald Reagan in den achtziger Jahren. Clinton konnte sogar gegen Belgrad, einen historischen Verbündeten der Russen, der einst eng mit dem Warschauer Pakt kooperiert hatte, in den Krieg ziehen.

„Es spielte keine Rolle mehr, dass sich Russland den USA im UN-Sicherheitsrat widersetzte. Unter Führung der USA zog die NATO trotzdem in den Balkankrieg, ohne sich um eine UN-Resolution zu bemühen. In einer bipolaren Welt hingegen wäre Serbien ebenso Tabu gewesen wie der Irak. Die Regierung Clinton hätte nicht davon zu träumen gewagt, Polen, Ungarn und Tschechien in die NATO einzugliedern. Und doch wurden sie 1999, auf ihre Bitte hin, unter der Ägide von George Bush I in das Bündnis aufgenommen, wodurch sich der US-amerikanische Einflussbereich weiter ausdehnte und zwar auf das Gebiet des einst sowjetischen Besitzstandes. Doch nicht genug damit; Bei dem Projekt „Partnerschaft für den Frieden" traten sogar ehemalige Sowjetrepubliken - und schließlich auch Russland selber - in den US-amerikanischen Einflussbereich ein. Das war in etwa so, als hätte Frankreich sich nach Napoleons endgültiger Niederlage 1815 um Aufnahme in das britische Empire beworben".[177]

Als Beleg für die Aussage, dass das Land das militaristischste der Welt ist, muss man nur die Verteidigungsausgaben ansehen. Als der US-Kongress nach dem Terroranschlag auf das *World Trade Center* vom 11. September 2001 Zusatzausgaben zum Verteidigungshaushalt bewilligte, entsprach diese Erhöhung um 48 Milliarden US Dollar dem doppelten des jährlichen Verteidigungshaushaltes von Deutschland. Das entscheidende hierbei sind aber nicht die nackten Zahlen. Kein anderes Land kann sich bei der Einsetzbarkeit, also der Mobilität und dem technischen Stand seiner Streitkräfte, mit den USA messen. Kein anderes Land könnte seine Truppen um die halbe Welt schicken, nach Afghanistan oder Irak, und dies notfalls auch ohne eigene Militärstützpunkte in der Region. Kein anderes Land verfügt aber auch über so zahlreiche Stützpunkte weltweit, wie die USA. Eine derartige Machtfülle stützt sich auf eine Volkswirtschaft, die zweieinhalbmal größer ist als die japanische. Sie stützt sich auf die weltweit höchsten Investitionen in Forschung und Entwicklung und auf Universitäten und Forschungszentren, die immer noch die besten und klügsten Köpfe aus aller Welt anziehen. Amerikas *soft power* strahlt mit einer Intensität rund um den

---

[176] *Michener, James: Die Kinder von Torremolinos, S. 17/18*
[177] *Joffe, Josef: Die Hypermacht, S. 28/29*

Globus, wie sie das römische oder das britische Imperium nie aufbieten konnten.

„Der französische Außenminister Hubert Védrine gab einmal widerwillig zu: Die Vereinigten Staaten von Amerika dominieren auf allen Gebieten: wirtschaftlich, technologisch, militärisch, finanziell, sprachlich und kulturell. Dergleichen hat es noch nie gegeben. In anderen Worten die USA sind eine Hypermacht."[178]

Eine starke Militärmacht benötigt zum Erhalt ihrer Fähigkeiten Waffensysteme, die besten Waffensysteme, die verfügbar oder gar denkbar sind. Für solche Systeme benötigt man Geld, viel Geld. Und um dieses vom Staatshausalt zu bekommen, ist die Definition einer Bedrohung erforderlich. Nun kam das Dilemma mit dem Fortfall des ewigen Feindes, der Sowjetunion als Bedrohung. Eine neue Bedrohung musste her. Da war es eine glückliche Fügung, dass sich mit „9/11" eine neue Bedrohung auftat, die „terroristische Bedrohung". Oder wurde diese nur rasch geschaffen? Dieser Aspekt wird im Kapitel 14 behandelt.

„Als Bill Clinton 1993 in das Weiße Haus einzog, war die Macht der USA nicht mehr eingeengt durch eine Sowjetunion, die ein Jahr zuvor Selbstmord begangen hatte. Stattdessen hatte sie einen historischen Höhepunkt erklommen. Der damalige Vorsitzende der Vereinigten Stabschefs, John Shalikashvili war keineswegs der Ansicht, die USA seien lediglich *unum inter pares*, wenn er feststellte: Heute ist der Unterschied oder das Delta zwischen unseren militärischen Möglichkeiten und den Streitkräften derjenigen, die uns Böses wollen, größer als je zuvor in den 39 Jahren meiner Dienstzeit. Unsere Herausforderung für die Zukunft wird es sein, dieses Delta aufrechtzuerhalten, damit ein künftiger Vorsitzender vor sie treten und mit der gleichen Überzeugung sagen kann: Unsere Streitkräfte sind ohne wenn und aber die Besten auf dieser Welt".[179]

Mit dieser Einschätzung liegt der General zweifellos richtig. Die USA brauchen z.B. eine gestärkte europäische Identität innerhalb der NATO nicht zu fürchten, da ein militärisches Vorgehen Europas - gleich welcher Größenordnung und auf welchem Gebiet - ohne die politische und logistische Unterstützung durch die Vereinigten Staaten kaum vorstellbar bleibt.

US-amerikanische Hybris
Das übersteigerte Selbstbewusstsein entstammt den besonderen Erfahrungen der USA. Henry Kissinger bringt es gleich zu Beginn seines Buches „Die Vernunft der Nationen" auf den Punkt: „Natürlich hat es auch andere Republiken gegeben; doch

---

[178] *Joffe, Josef: Die Hypermacht, S. 22*
[179] *Joffe, Josef: Die Hypermacht, S. 29*

keine war je bewusst in der Absicht geschaffen worden, den Gedanken der Freiheit zu verteidigen. In keinem anderen Land hatte sich die Bevölkerung dazu entschlossen, auf einen neuen Kontinent zuzusteuern und dessen Wildheit um der Freiheit und des allgemeinen Wohlstandes willen zu bändigen. So erscheinen die beiden Ansätze, der isolationistische und der missionarische, oberflächlich betrachtet zwar widersprüchlich, spiegeln aber die gemeinsame und allem zugrunde liegende Überzeugung wider, dass die Vereinigten Staaten das beste Regierungssystem der Welt besitzen und der Rest der Welt in Frieden und Wohlstand leben könnte, wenn er nur seine traditionelle Diplomatie aufgeben und der Ehrfurcht der USA vor internationalem Recht und Demokratie nacheifern würde".[180]

Das Sendungsbewusstsein der USA, ihr Missionsgedanke, die Hybris, das Maß aller Dinge zu sein, all dies wird auch bei der Antrittsrede von Bill Clinton als Präsident im Januar 1993 deutlich: „Wir erleben heute den Augenblick der US-amerikanischen Erneuerung, eine Zeremonie, die mitten im Winter stattfindet; doch durch die Worte, die wir sprechen, und unsere Gesichter, die wir der Welt zuwenden, erzwingen wir das Erscheinen des Frühlings. Ein Frühling, wiedergeboren in der ältesten Demokratie der Welt, der die Vision und den Mut, die USA neu zu erfinden, sichtbar macht. Als unsere Gründerväter der Welt kühn die Unabhängigkeit erklärten und unsere Anliegen dem Allmächtigen empfahlen, wussten sie, dass die USA, sollte es von Dauer sein, sich auch einem Wandel würde unterziehen müssen. Nicht einem Wandel um des Wandels willen, sondern einem Wandel zur Bewahrung der US-amerikanischen Ideale: Leben, Freiheit und Streben nach Glück. Auch wenn wir dem Takt unserer Zeit folgen - unsere Mission ist zeitlos ... Jede Generation von US-Amerikanern muss neu definieren, was es heißt, Amerikaner zu sein. Heute übernimmt eine Generation die Verantwortung, die im Schatten des Kalten Krieges aufgewachsen ist. Sie tut dies in einer Welt, die von der Sonne der Freiheit gewärmt, zugleich aber auch durch alten Hass und neue Gefahren bedroht ist. Aufgewachsen in nie gekanntem Wohlstand, übernehmen wir heute eine Wirtschaft, die nach wie vor zu den stärksten der Welt gehört, aber doch deutlich geschwächt ist. Tief greifende, mächtige Kräfte rütteln an unserer Welt und gestalten sie neu, und die dringlichste Frage unserer Zeit lautet, ob wir Freunde des Wandels werden können, ohne ihn zu unserem Feind zu machen. Unsere Demokratie sollte nicht nur in der ganzen Welt neidvoll bewundert werden, sondern sie muss der Motor unserer eignen Erneuerung sein. Es gibt nichts Falsches an den USA, das nicht durch das, was an den USA richtig ist, behoben werden kann".[181]

---

[180] *Kissinger, Henry: Die Vernunft der Nationen, S. 13*
[181] *Clinton, Bill: Mein Leben, S. 718/719*

Die wegweisende „Erklärung zu den Beziehungen zwischen der Europäischen Gemeinschaft und den USA", die am 23. November 1990 in unmittelbarem Zusammenhang mit dem Pariser Gipfeltreffen der OSZE verabschiedet wurde, ist als erster Versuch zu werten, das Verhältnis zwischen den USA und dem damaligen Europa der EG im Sinne gleichberechtigter Partnerschaft zu bestimmen. Die Erklärung definiert den gemeinsamen Willen, den engen historischen, politischen, wirtschaftlichen und kulturellen Banden zwischen beiden Seiten des Atlantik eine neue Qualität zu geben, die den veränderten Gegebenheiten gerecht wird. Beide Seiten verpflichten sich zu denselben Werten und Zielen, nämlich

- Demokratie, Freiheit und Recht ebenso zu unterstützen wie Wohlstand und weltweiten sozialen Fortschritt,
- Frieden zu sichern und internationale Sicherheit zu fördern,
- eine Politik für eine gesunde Weltwirtschaft zu verfolgen und dabei marktwirtschaftliche Grundsätze zu fördern, zugleich dem Protektionismus eine Absage zu erteilen,
- den Entwicklungsländern zu helfen und
- die Staaten Ost- und Mitteleuropas bei ihren Reformen zu unterstützen.

In diesem Verständnis wurden erstmals enge partnerschaftliche Konsultationen auf den Feldern wirtschaftlicher, wissenschaftlicher, kultureller Zusammenarbeit und bei Annahme staatenübergreifender neuer Herausforderungen verabredet und die dafür notwendigen Mechanismen geschaffen – zumindest in der Theorie.

„Denn dieser politische und institutionelle Ansatz bewirkte zunächst nicht viel in Washington, schon gar nicht eine Änderung der US-amerikanischen Haltung, die in ihrer Widersprüchlichkeit zwar einerseits verbal die europäische Integration immer unterstützt und die Europäer zugleich ermuntert hatte, ihre Verteidigung weitgehend selbst in die Hand zu nehmen; andererseits zeigte sich Washington jedoch stets beunruhigt und verärgert, wenn sich Erfolge oder auch nur konkrete Maßnahmen in Richtung europäischer Sicherheitspolitik zeigten. Argwöhnisch beobachtete die amerikanische Regierung die Bemühungen, der „Westeuropäischen Union" Leben einzuhauchen und eine Rolle in einem. europäischen Sicherheitskonzept zu geben. Mit dem britischen Ansatz, die WEU als europäische Ergänzung für die US-US-amerikanische Strategie außerhalb des NATO-Gebietes zu entwickeln, gab es noch eine gewisse Sympathie in den USA. Aber als Deutsche und Franzosen in einer Initiative der beiden Außenminister Genscher und Dumas im Februar 1991 die WEU aktivieren und zugleich an die Europäische Gemeinschaft koppeln wollten, wurde man in Washington nervös. Am 22. Februar 1991 sollte ein Ratstreffen der WEU unter französischer Präsidentschaft stattfinden, von dem die Briten annahmen, die französisch-deutsche Initiative sollte weiter vorangetrieben werden. Die Briten empfahlen ihren US-amerikanischen Vettern, nun lieber deutlich zu artikulieren, worin ihre Sorgen begründet seien; sonst würde die europäische Verteidigungspolitik zu viel Eigendynamik erhalten.

Die US-amerikanische Regierung reagierte prompt - und das in einer Schärfe, die selbst die Briten erstaunte. Die USA ließen in den Hauptstädten aller WEU-Mitglieder demarchieren und drückten ihr Befremden über die europäischen Versuche aus, die NATO von innen auszuhöhlen (*A European security identity would duplicate NATO's functions; developing a European security component solely within the EC could lead to NATO's marginalization*). Die europäische Reaktion auf die als ungeschickt, indiskret, ja mancherorts als unverschämte Einmischung in europäische Angelegenheiten empfundene Demarche, die am Vorabend des WEU-Ministerrates einging, zeigte der US-Regierung: der Versuch, die europäische Integration von Washington aus zu behindern, war aussichtslos. Im Übrigen wollte es hinterher niemand gewesen sein, der für die Demarche verantwortlich war. Das Papier erhielt den Namen „Phantom-Demarche", weil die an der Entstehung beteiligten Beamten plötzlich sagten, man habe die endgültige Version nie gesehen, man habe immer Bedenken gehabt und im Grunde auch eine andere, eine moderne US-amerikanische Europa-Politik gewollt.

Es ist ein Verdienst gerade auch der deutschen Außenpolitik, dass im Dialog mit Präsident George Bush I und Außenminister Jim Baker schließlich in Washington die Einsicht wuchs: die USA mussten ihren Frieden mit wachsender europäischer Eigenständigkeit machen, mussten die NATO in ihrer Komplementärfunktion begreifen. In einer gemeinsamen Erklärung umrissen die Außenminister Jim Baker und Hans-Dietrich Genscher am 10. Mai 1991 die Wechselbeziehungen zwischen NATO, Europäischer Integration und KSZE-Prozess. Damit war klar: die George Bush I-Administration hatte eine neue Kursbestimmung zugunsten der europäischen Prozesse vorgenommen. Als die Außenminister der Nordatlantischen Allianz sich zu ihrem routinemäßigen Frühjahrstreffen am 6./7. Juni 1991 in Kopenhagen trafen, wurde die neue Europa-Orientierung der US-Außenpolitik Grundlage für einen neuen Konsens, der das höchste Ziel der NATO dahingehend definierte, eine gerechte und dauerhafte Friedensordnung in ganz Europa zu schaffen, wobei das Bündnis, die EG, die WEU, die KSZE und der Europarat als die wesentlichen Institutionen für das Bemühen genannt wurden, eben dieses Ziel zu erreichen. Erstmals grenzten die Außenminister einerseits die Aufgaben der NATO in ihrer Komplementärfunktion zu den europäischen Institutionen ab und definierten die notwendigen Verbindungs- und Konsultationsmechanismen. Seither war es gemeinsame Auffassung von Nordamerikanern und Europäern, dass zwar

- die Allianz das wesentliche Forum für Konsultationen unter den Verbündeten und die Vereinbarung von politischen Maßnahmen ist, die sich auf die Sicherheits- und Verteidigungsverpflichtungen ihrer Mitgliedstaaten nach dem Nordatlantikvertrag auswirken ..., es zugleich aber

- Sache der betreffenden europäischen Verbündeten ist, darüber zu entscheiden, welche Maßnahmen zur Formulierung einer gemeinsamen europäischen Außen- und Sicherheitspolitik sowie zu der Rolle in der Verteidigung erforderlich sind".[182]

Präsident Bill Clinton verkündete nach seinem Amtsantritt 1993 vor der Vollversammlung der UNO, die Zielsetzungen der USA in dieser neuen Weltordnung: „Es geht nun um die Verbreitung der Demokratie in einer neuen Ära der Risiken und Chancen. So muss es unser vordringliches Ziel sein, die Weltgemeinschaft der marktwirtschaftlich orientierten Demokratien auszuweiten und zu stärken. Während des Kalten Krieges haben wir uns bemüht, eine Gefahr für das Überleben der freiheitlichen Institutionen einzudämmen. Nun wollen wir den Kreis der unter diesen freien Institutionen lebenden Nationen vergrößern, denn wir träumen von dem Tag, an dem sich die Meinungen und Kräfte aller Menschen voll entfalten können in einer Welt blühender Demokratien, die zusammenarbeiten und in Frieden leben"[183]

John F. Kennedy hat einmal gesagt dass die USA die größte Nation der Geschichte seien, weil das US-amerikanische Volk immer an zwei große Ideen geglaubt habe: dass das Morgen besser sein kann als das Heute und dass jeder US-Amerikaner eine persönliche moralische Verantwortung hat, dafür zu sorgen, dass das auch eintrifft. Hiermit beschreibt der 35. Präsident der USA kurz und knapp das Selbstverständnis in seinem Lande, von dem die Politik in gleichem Maße geprägt ist wie das Auftreten des einzelnen US-Amerikaners. Henry Kissinger führte das aus seiner US-Sicht weiter aus:

„Kein Land hat die internationalen Beziehungen des zwanzigsten Jahrhunderts so entscheidend und gleichzeitig so ambivalent beeinflusst wie die Vereinigten Staaten. Kein Land hat so sehr wie die USA darauf gepocht, dass Eingriffe in die innenpolitischen Angelegenheiten anderer Staaten unzulässig seien, und keines hat sich leidenschaftlicher für die Allgemeingültigkeit seiner eigenen Wertvorstellungen eingesetzt. Kein Land ist in seiner alltäglichen diplomatischen Praxis pragmatischer vorgegangen oder hat seine historisch bedingten moralischen Überzeugungen mit solch ideologischer Konsequenz verfolgt. Kein Land hat sich stärker gegen ein Engagement im Ausland gesträubt und ist dabei gleichzeitig so weit reichende und revolutionär neue Bündnisse und Verpflichtungen eingegangen.

[182] *Weisser, Ulrich: NATO ohne Feindbild, S. 72-74*
[183] *Kissinger, Henry: Die Vernunft der Nationen, S. 894*

Die Einzigartigkeit, die die Vereinigten Staaten im Laufe ihrer Geschichte für sich in Anspruch genommen haben, führt zu zwei widersprüchlichen außenpolitischen Maximen: Erstens können die USA ihren Werten am besten Rechnung tragen, indem es die Demokratie im eigenen Land vervollkommnet und dadurch dem Rest der Menschheit als Leitstern dient; zweitens kommt ihr aufgrund dieser Wertvorstellungen die Verpflichtung zu, diese im Kreuzzug um die Welt zu tragen. Hin- und hergerissen zwischen der Sehnsucht nach einer intakten Vergangenheit und dem Streben nach einer perfekten Zukunft, schwankt das Denken der USA zwischen Isolationismus und Pflichtgefühl. Zumindest für die Zeit nach dem Zweiten Weltkrieg gilt, dass die Realität der gegenseitigen Abhängigkeit die Oberhand gewonnen hat".[184]

Kissinger analysierte, „dass US-amerikanischen Regierungen die eigenen Wertvorstellungen so selbstverständlich erschienen, dass es ihnen überhaupt nicht in den Sinn kam, anderen könnten sie revolutionär oder verwirrend vorkommen. Kein anderes Volk hat je behauptet, ethische Verhaltensregeln seien auf internationales Verhalten ebenso anzuwenden wie auf individuelles, ein Gedanke, der Richelieus *„Raison d'état"* absolut zuwider läuft. In den Vereinigten Staaten war man der Meinung, die Verhinderung eines Krieges sei ebenso eine rechtliche wie eine diplomatische Herausforderung; man wollte sich nicht dem Wandel als solchem widersetzen, sondern der Methode des Wandels, insbesondere der Anwendung von Gewalt. Ein Bismarck oder Disraeli hätte die Hypothese, Außenpolitik habe eher mit Methode als mit Inhalten zu tun, verspottet - vorausgesetzt, sie hätten sie überhaupt verstanden. Kein Staat hat sich jemals die moralischen Anforderungen auferlegt, die die USA auf sich nahmen. Und keine Gesellschaft hat sich so gemartert angesichts der enormen Kluft, die zwischen ihren - per definitionem absoluten - moralischen Werten und den Unzulänglichkeiten im jeweiligen Anwendungsfall lag. Während des Kalten Krieges erwies sich der außenpolitische Ansatz Washingtons angesichts der bestehenden Herausforderung als bemerkenswert geeignet. Es gab einen tiefen ideologischen Konflikt; und nur ein Land, die Vereinigten Staaten, besaß die volle Bandbreite von politischen, wirtschaftlichen und militärischen Mitteln, um zur Verteidigung der nichtkommunistischen Welt zu schreiten. Ein Staat, der in einer solchen Position ist, kann vielleicht auf seinen Ansichten bestehen und häufig Probleme vermeiden, mit denen die Staatsmänner weniger gut ausgestatteter Länder konfrontiert sind: Diese nämlich werden durch die Begrenzung ihrer Mittel dazu gezwungen, weniger ehrgeizige Ziele zu verfolgen, als sie eigentlich möchten, und diese Ziele aufgrund der äußeren Umstände auch nur schrittweise anzusteuern.[185]

[184] *Kissinger, Henry: Die Vernunft der Nationen, S. 12*
[185] *Kissinger, Henry: Die Vernunft der Nationen, S. 18*

Zbigniew Brzezinski (gebürtig in Warschau), hat die zentrale These aufgestellt, dass die Vereinigten Staaten die erste wahre globale Supermacht seien, die sich aufgrund ihres Pluralismus noch dazu von allen vorherigen Großreichen unterscheidet. Im Gegensatz zu früheren Weltmächten, die autoritär und absolutistisch Einfluss ausgeübt hätten, stütze sich die US-amerikanische Dominanz auf Einbindung, Einflussnahme auf unabhängige ausländische Eliten und die kulturelle Attraktivität des Landes. Brzezinski macht sich Gedanken darüber, wie die USA seine hegemoniale Position erhalten können, befürchtet aber, dass dies nur noch eine Generation lang gelingen werde.

Zentral sind für ihn die Entwicklungen in Eurasien, was Europa, Russland, den Nahen Osten, Süd- und Ostasien umfasst. Da dieser „Megakontinent" selbst für die USA zu groß und vielfältig sei, um beherrscht zu werden, und überdies eine Demokratie nach außen nicht autokratisch auftreten könne, empfiehlt Brzezinski, Einfluss auf die wichtigsten Staaten in dem eurasischen Doppelkontinent zu nehmen. Im aktuellen Kontext gewinnen seine Ausführungen zu Russland und zur Ukraine an Gewicht. Als das Buch erschien, hatten sich EU und NATO noch nicht in Richtung Osten erweitert, die Entwicklung zeichnete sich aber ab. Brzezinski sah korrekt voraus, dass sich Russland mit einem Beitritt mitteleuropäischer Staaten wie Polen oder Ungarn abfinden würde, die Ukraine aber nicht in der NATO sehen wolle.

Aus seiner Sicht ist die Ukraine der Testfall für Russlands strategische Ausrichtung. Akzeptiere es die Bindung der Ukraine an EU und NATO, dann werde Russland selbst ein Teil eines transatlantisch ausgerichteten Europa. Geschehe das nicht, dann kehre es Europa zu Gunsten einer „eurasischen Identität und Existenz" den Rücken. Brzezinski hält das für eine Überlebensfrage, denn nur wenn Russland seine Großmachtphantasien aufgebe, sich modernisiere und demokratisiere, werde es sich aus dem „Schwarzen Loch" befreien können, das der Untergang der Sowjetunion hinterlassen habe.

Brzezinski schreibt von der „imperialen Macht" der USA, ihren „geopolitischen Interessen", von „Vasallen" und „tributpflichtigen Staaten", vom „eurasischen Schachbrett" und von Europa als „demokratischem Brückenkopf". Das klingt nach dunklen Machenschaften, doch ist das Buch tatsächlich eine konservative Abhandlung über die Grundfragen US-amerikanischer Außenpolitik nach dem Kalten Krieg.[186]

Im November 1989 fiel die Berliner Mauer, das Symbol des Kalten Krieges. Die Reaktion von Bill Clinton ist symptomatisch für die Stimmung zu dem Mauerfall in den USA: Der Musterschüler der USA (Deutschland-West) hat seine Meisterprüfung

---

[186] *Busse, Nikolaus in der FAZ vom 24. 2. 2015*

mit Erfolg bestanden. Clinton schreibt: „Wie alle US-Amerikaner reagierte ich mit Begeisterung auf den Anblick der jungen Deutschen, die die Mauer niederrissen und Stücke davon als Souvenir mit nach Hause nahmen. Unser langer Widerstand gegen die kommunistische Expansion in Europa endete dank der Einheit der NATO und der Beharrlichkeit der US-amerikanischen Präsidenten von Harry Truman bis George Bush I mit einem Sieg der Freiheit."[187]

Arroganz der Macht

Macht korrumpiert und nach dem Sieg von George Bush II bei den Präsidentschaftswahlen im Jahre 2000 wurde das besonders deutlich. Ohne den seit Jahren angestauten Unmut über die arrogant wirkende Haltung der USA gegenüber ihren Partnern, aber auch gegenüber internationalen Organisationen und Vereinbarungen, war die Heftigkeit der Proteste gegen einen dritten Irak-Krieg nicht zu verstehen. Auch wenn der Präsident oder der Senat im Einzelfall gute Argumente für ihre Entscheidungen gehabt haben mögen, so waren doch die Rigidität und Hemdsärmeligkeit ihres Vorgehens seit George Bushs Amtsantritt im Januar 2001 für die meisten Europäer schwer erträglich.

Das gilt für eine ganze Reihe von Verträgen oder Abkommen, wie für die Kündigung des bilateralen ABM-Vertrages über die Raketenabwehr von 1972 zwischen den USA und der UdSSR, für die Nichtratifizierung des umfassenden nuklearen Teststoppabkommens CTBT von 1996, für das Zurückziehen der US-amerikanischen Unterschrift unter das Statut des Internationalen Gerichtshofes von 1998 und natürlich für die permanente Missachtung der Vereinten Nationen.

1994 verloren die USA, zusammen mit Israel ihr Stimmrecht bei der UN-Kulturorganisation UNESCO, weil sie seit zwei Jahren wegen eines Streits um den Status der Palästinenser keine Beiträge mehr gezahlt haben. Ohne Stimmrechte können die beiden Staaten keinen Einfluss mehr auf UNESCO-Programme nehmen. Die offizielle Liste der Länder, die ohne Stimmrecht sind, wurde vor der Generalversammlung der UN laut verlesen. Wegen des Zahlungsboykotts fehlten im Haushalt für die nächsten beiden Jahre 146 Millionen US-Dollar.

„Eine Art der Arroganz der Macht zeigt sich in dem sog. Bushismus, dessen Wurzeln in die Zeit seines Vorgängers zurückreichen. So unterzeichnete die Regierung Clinton zwar 1997 das Klimaschutzprotokoll von Kyoto, versäumte es aber, dieses Abkommen dem Senat zur Ratifizierung vorzulegen. Clinton trat der Konvention zum Verbot von Landminen nicht bei, weil er ganz nüchtern davon ausging, die Landminen zu brauchen, um die eigenen über die ganze Welt verstreuten

---

[187] *Clinton, Bill: Mein Leben, S. 533*

Truppen zu schützen, vor allem entlang der entmilitarisierten Zone zwischen Nord- und Südkorea. Nach langem Zögern stimmte Clinton in den letzten Tagen seiner Regierung zwar dem internationalen Strafgerichtshof zu, doch leitete er den Vertrag nicht zur Ratifizierung an den unwilligen Senat weiter. Kühles Machtinteresse war auch hier die Kehrseite eines hochfliegenden Idealismus. Schließlich lief ein Land, das mehr als jedes andere mit dem Einsatz seiner Truppen rechnen musste, auch die größte Gefahr, im Nachhinein juristisch zur Rechenschaft gezogen zu werden". [188]

„Unmissverständlich ließen sich Vertreter der Washingtoner Administration seit Herbst 2002 dahingehend vernehmen, den Krieg gegen den Irak zur Not auch im Alleingang mit einigen engen Verbündeten, das heißt ohne ein hinreichendes Mandat der UN führen zu wollen. Inzwischen waren die militärischen Planungen, unabhängig von der Meinungsbildung im Sicherheitsrat der UNO oder in den Reihen der eigenen Verbündeten, auf Hochtouren gelaufen. Am 10. Oktober 2001 ermächtigten beide Häuser des Kongresses den Präsidenten unter bestimmten Voraussetzungen zum Einsatz der Streitkräfte gegen den Irak, und am 24. Dezember 2002 erging der Marschbefehl für die Gis in den nächsten, nunmehr dritten Golf-Krieg. Zu diesem Zeitpunkte hatten US-Amerikaner und Briten bereits damit begonnen, in den sog. Flugverbotszonen über dem Irak dessen Luftabwehr systematisch anzugreifen und auszuschalten.

Damit nicht genug, gaben Politiker, Wissenschaftler und Publizisten der USA zu verstehen, dass die Irak-Politik ihres Landes Teil einer Globalstrategie sei, die man im Grunde schon seit der zweiten Clinton-Administration verfolge. Tatsächlich hatten bereits am 26. Januar 1998 konservative Politiker wie die „Falken" Donald Rumsfeld und Paul Wolfowitz den Präsidenten dringend gebeten, die Aufmerksamkeit seiner Regierung auf die Entwicklung einer Strategie zu richten, die auf eine Ablösung des Regimes von Saddam zielt; „wir glauben, dass die USA unter den bereits bestehenden UN-Resolutionen das Recht haben, militärische Schritte zu unternehmen, um unsere vitalen Interessen am Golf zu sichern". Tatsächlich schritt Clinton bereits Mitte Dezember 1998 zur Tat, er versuchte – mit britischer Unterstützung – einen renitenten Saddam Hussein mit Marschflugkörpern und lasergestützten Bomben zur Einsicht in das US-Verständnis der UN-Resolutionen zu bekehren. Die Clinton-Administration stellte sich damit gegen die breite Mehrheit im Sicherheitsrat der Vereinten Nationen, die zuvor zweimal, im Februar und im November, die Anwendung von Gewalt abgelehnt hatte".[189]

---

[188] *Joffe, Josef: Die Hypermacht, S. 34*
[189] *Schöllgen, Gregor: Der Auftritt, S. 120-122*

Zusammenfassung

„Trotz ihrer unvergleichlichen Machtfülle, über die die USA verfügen, befindet sich das Land in einer vergleichbaren Situation wie Großbritannien oder - mit Abstrichen - Deutschland unter Bismarck. Sie sind unbestritten die Nummer eins, aber nicht Herr über alles Geschehen. Sie können zwar jede denkbare Koalition von Gegnern abschrecken, aber nicht alle unterwerfen. Ähnlich wie im Falle Großbritanniens und Kaiserdeutschlands lässt sich im Falle der USA heute allenfalls von Vorherrschaft, nicht aber von Oberherrschaft sprechen, weshalb der Begriff des Imperiums im strengen Sinne auf die USA nicht (mehr) zutrifft".[190]

„Das Ende des Kalten Krieges hat also eine unipolare Welt hervorgebracht. Gleichwohl befinden sich die Vereinigten Staaten zurzeit keineswegs in einem höheren Grade in der Lage, die internationale Tagesordnung zu bestimmen, als zu Beginn des Kalten Kriegs. Die USA mögen in den vergangenen Jahren an Überlegenheit gewonnen haben; doch ist die Macht heute auch breiter gestreut. Tatsächlich haben deshalb die Möglichkeiten der USA, ihre Macht einzusetzen, um den Rest der Welt nach ihren Wünschen zu formen, sogar abgenommen".[191]

Washingtons Einflussmöglichkeiten werden künftig von seinen bilateralen Beziehungen zu den wichtigsten Ländern abhängen. Und das ist auch ein Grund dafür, dass der Politik der USA gegenüber Japan und China ein hoher Stellenwert zukommt. Bei dem Bemühen, die Koexistenz von Japan und China trotz des beträchtlichen Misstrauens zwischen beiden Ländern zu fördern, ist die Rolle der USA von zentraler Bedeutung.

Paul Kennedy schreibt, dass die USA von einem *imperial overstretch*, von einer imperialen Überdehnung, bedroht seien. Die Bedrohung liege in einer diplomatischen und militärischen Überbelastung, die sich klassischerweise einstellt, wenn die relative ökonomische Stärke abnimmt. Und die Sicht von Samuel Huntington in seinem Buch „Der Kampf der Kulturen" ist 1996 eindeutig pessimistisch.

Der 1926 in Breslau geborene und 1938 in die USA emigrierte Historiker Fritz Stern sieht seine neue Heimat heute sehr kritisch, wenn er sagt: „Der erste von Präsident Wilsons vierzehn Punkten waren "offene Friedensverträge", die "offen ausgehandelt werden sollten. Das war natürlich naiv, zeigte aber welcher Idealismus in der US-amerikanischen Außenpolitik steckte. Davon ist inzwischen recht wenig zu sehen. Der Anspruch ist noch da. Die Erwartung von vielen US-Amerikanern ist, dass sie weiterhin ein Vorbild sind und keine geheimen Absichten im Stil der Staatskunst

---

[190] *Joffe, Josef: Die Hypermacht, S. 127*
[191] *Kissinger, Henry: Die Vernunft der Nationen, S. 899*

des alten Europas verfolgen. Wir wollen anders sein. Aber ich habe es schon oft gesagt und muss es leider wieder sagen: Das Land, das mich gerettet hat, macht mir große Sorgen".[192]

„Die Zeit der imperialen Herrschaft der USA ist offenkundig vorbei. Die Welt ist zu groß, zu vielgestaltig, zu dynamisch, sie nimmt die Vorherrschaft einer einzigen Macht nicht mehr hin. Und die USA haben nicht mehr das Ziel, die Demokratie zu verbreiten, obwohl Präsident George Bush II nicht müde wurde, ebendies zu behaupten. In Wirklichkeit geht es darum, die politische Kontrolle über die weltweiten Ressourcen zu sichern. Denn die USA sind mittlerweile vom "Rest der Welt" viel abhängiger als umgekehrt. Die USA versuchen ihren Niedergang durch einen theatralischen militärischen Aktionismus zu kaschieren, der sich gegen relativ unbedeutende Staaten richtet. Der Kampf gegen den Terrorismus, gegen den Irak und die "Achse des Bösen" ist nur ein Vorwand. Die wichtigsten strategischen Akteure sind heute Europa und Russland, Japan und China. Die USA haben nicht mehr die Kraft, sie zu kontrollieren, und werden noch den letzten verbliebenen Teil seiner Weltherrschaft verlieren".[193]

„Das westliche Sicherheitssystem und seine Institutionen sind unter Bedingungen und für Zwecke geschaffen, die mit den heutigen Gegebenheiten wenig gemein haben: der Zerfall des Warschauer Paktes und auch der Sowjetunion, die Wiedergeburt Russlands, die demokratische Heilung und ökonomische Rehabilitation des östlichen Mitteleuropa, die strategische Absicherung des islamischen Krisenbogens, die Annahme neuer globaler Herausforderungen wie der Explosion des Bevölkerungswachstums in den ärmsten Ländern der Welt und der Zerstörung unserer Umwelt- und Lebensbedingungen, aber auch die Entfesselung von Konflikten in Europa und im Nahen Osten, die bisher vom Kalten Krieg unterdrückt wurden - alles das sind Entwicklungen, für die das sicherheitspolitische Instrumentarium des Kalten Krieges keine adäquaten Antworten bereithält".[194]

Henry Kissinger hat einmal gesagt, dass Globalisierung nur ein anderes Wort für „US-Herrschaft" sei. Und das Handeln einer jeden Regierung in Washington seit Ende des Kalten Krieges dokumentiert, dass der Kern dieser Aussage Programm der US-amerikanischen Regierungen ist. Wie Zbigniew Brzezinski richtig erkannt hat, müssen die USA alles tun, um das Ende ihrer „Weltherrschaft" möglichst lange hinauszuschieben. Und für dieses Ziel ist jedes Mittel recht. Die USA sind eine Insel weitab der riesigen Landmasse Eurasiens, dessen Ressourcen und Bevölkerung die der

[192] Interview mit Fritz Stern in der FAZ vom 16.11.13
[193] Todd, Emmanuel: Weltmacht USA – ein Nachruf, auf dem Umschlag
[194] Weisser, Ulrich: NATO ohne Feindbild, S. 31

Vereinigten Staaten bei weitem übertreffen. Und nach wie vor ist die Beherrschung einer der beiden Hauptsphären Eurasiens – Europas also und Asiens – durch eine einzige Macht eine gute Definition für die strategische Gefahr, der sich die Vereinigten Staaten einmal gegenübersehen könnten, gleichviel, ob unter den Bedingungen eines Kalten Krieges oder nicht. Denn ein solcher Zusammenschluss wäre imstande, die USA wirtschaftlich und letztlich auch militärisch zu überflügeln, eine Gefahr, der es selbst dann entgegenzutreten gälte, wenn die dominante Macht offenkundig freundlich gesinnt wäre. Sollten sich deren Absichten nämlich jemals ändern, stieße sie auf eine US-amerikanische Nation, deren Fähigkeit zu wirkungsvollem Widerstand sich erheblich vermindert hätte und die folglich immer weniger in der Lage wäre, die Ereignisse zu beeinflussen. Ein solches Szenario gilt es – aus US-Sicht – zu verhindern.

„Einbinden ist besser als Austarieren" und dazu eine „Gesamtsituation, in welcher alle Mächte außer Frankreich unserer bedürfen" - das waren die beiden Hauptregeln der großen Strategie unter Bismarck. Ersetzt man nur ein Wort, nämlich „Frankreich" durch „Sowjetunion", erhält man eine ähnlich knappe Beschreibung der großen Strategie der USA nach dem zweiten Weltkrieg. Auch diese gehorchte während des Kalten Krieges der Paktomanie. Man denke nur an den Buchstabensalat der Abkürzungen, die für das Bündnisnetzwerk der USA steht:

- NATO für den nordatlantischen Raum,
- CENTO für den Mittleren Osten,
- SEATO für Süd-Ost-Asien,
- ANZUS Ozeanien,

sowie darüber hinaus eine ganze Reihe bilateraler Bündnisse, deren wichtigste bis heute das US-.amerikanisch-japanische Sicherheitsabkommen von 1960 ist.

In diese formellen Pakte eingebettet war ein System stillschweigender Allianzen, mit denen die USA die Sicherheit von Ländern wie Israel, Saudi Arabien, Jordanien, Pakistan oder Taiwan garantierten.

Hinzu kamen eine große Anzahl internationaler Institutionen, die nach dem zweiten Weltkrieg auf Initiative der Vereinigten Staaten entstanden sind:

- die Vereinten Nationen (VN) unter Führung der fünf Mächte,
- der Internationale Währungsfonds (IMF),
- die Organisation für wirtschaftliche Zusammenarbeit in Europa (OECD),
- die Welthandelsorganisation (WTO).

Nach den Änderungen in Europa kam eine weitere Organisation hinzu: PfP ist ein Programm der NATO, das auf Vertrauensbildung zwischen der NATO und anderen Staaten in Europa und in der früheren Sowjetunion zielt. Das Thema kam auf der Sitzung der NATO-Verteidigungsminister in Travemünde, am 20./21. Oktober 1993 auf. Es war ein Vorschlag des deutschen Verteidigungsministers Volker Rühe, der aber schon bald der Welt als eine US-Initiative verkauft wurde und die von Präsident Clinton auf dem NATO-Gipfel im Januar 1994 in Brüssel offiziell vorgestellt wurde. Die NATO lud alle Nachfolgestaaten der Sowjetunion und alle ehemaligen osteuropäischen Satellitenstaaten Moskaus dazu ein, in einem etwas verschwommenen System kollektiver Sicherheit mitzuwirken. PfP wendet die Grundsätze kollektiver Sicherheit an, und indem es Opfern und Tätern des sowjetischen und russischen Expansionismus die gleiche Behandlung zukommen lässt, räumt es den zentralasiatischen Republiken an den Grenzen zu Afghanistan denselben Status ein wie Polen, dem Opfer von vier Teilungen, an denen Russland mitgewirkt hat.

Die „Partnerschaft für den Frieden" war nicht, wie fälschlicherweise oftmals angenommen wird, als eine Zwischenstation auf dem Weg zur NATO geplant, sondern eine Alternative dazu, so wie der Locarno Pakt eine Alternative zu dem Bündnis mit Großbritannien war, um das Frankreich sich in den zwanziger Jahren bemühte. Gleichwohl wurde PfP von einigen Nationen – insbesondere von Polen, von der Tschechischen Republik und von Ungarn – als eine Brücke zu einem NATO-Beitritt gesehen – und das erfolgreich.

Inzwischen hat das Programm „Partnerschaft für den Frieden" seinen Zweck erfüllt, andere sicherheitspolitische Rahmenbedingungen haben es praktisch obsolet gemacht.

<u>Résumé</u>

Zu Beginn der neunziger Jahre waren die USA - ohne ihr eigenes Zutun - zur alleinigen Weltmacht geworden. Der große, einzige verbliebene Konkurrent der vorherigen 45 Jahre, die Sowjetunion war untergegangen. Der Einflussbereich der USA hatte sich auf weite Teile des früheren Einflussbereiches der Sowjetunion ausgedehnt.

Die USA waren auf dem Höhepunkt ihrer weltpolitischen Bedeutung angelangt. Kaum jemand konnte sich vorstellen, dass sich dieser Zustand schon bald wieder ändern sollte.

Kapitel 14

Der 11. September 2001

Die Analyse von Weltordnungen ist seit dem Ende des Kalten Krieges von einer erstaunlich geringen Halbwertzeit geprägt worden. Nachdem sich die Sowjetunion im Jahre 1991 aufgelöst hatte und der Warschauer Pakt zerfallen war, hatte die überwiegende Zahl der Politiker, Historiker, Journalisten, Militärs und Analysten erwartet, dass die im vorhergehenden Kapitel beschriebene allein verbliebene Weltmacht nun über eine lange Zeitspanne die Welt unangefochten führen – oder vielleicht auch beherrschen - würde.

Dann kam der 11. September 2001.

Niemand wird die apokalyptischen Bilder vergessen können, die weltweit von den Fernsehsendern am 11. September 2001 übertragen wurden. Fassungslos saß die Welt vor den Bildschirmen. Eine Boeing 767 hatte sich wie ein Projektil in den nördlichen 411 Meter hohen Turm des *World Trade Center* in New York gebohrt und war explodiert. Nur wenige Minuten später schlug eine weitere Boeing 767 in den südlichen Turm des *World Trade Center* ein. Fast 3.000 Menschen starben an diesem Tag. Damit war der Morgen des Schreckens noch nicht vorbei: Etwas später stürzte ein weiteres entführtes Flugzeug in das Zentrum der US-amerikanischen Nationalen Verteidigung, in das *Pentagon* in Washington. Weitere knapp 200 Menschen starben dort in den Trümmern. Ein viertes entführtes Flugzeug stürzte bei Pittsburgh ab, das vermutliche Ziel war das Weiße Haus. Hier lag die Zahl der Opfer bei 40.

Die Täter waren islamistische Terroristen. Sie wussten genau, was sie taten: sie konnten ihre Pläne absolut perfekt, professionell und mediengerecht umsetzen. Die Symbole, die sie zerstörten, waren präzise ausgewählt: Das Weiße Haus als Symbol der politischen Macht, das *Pentagon* als Symbol der militärischen Macht, *das World Trade Center* als Symbol des Kapitals und der Wirtschaft.

Die USA erwiesen sich am 11. September 2001 erstmals seit den Kämpfen um ihre Unabhängigkeit von England im späten 18. und frühen 19. Jahrhundert als im eigenen Land verwundbar, sie befanden sich im Schockzustand. Die Anschläge sollten weltweit gravierende politische und militärische Folgen haben.

Wer waren die Hintermänner dieser apokalyptischen Anschläge? Die Passagierlisten der entführten Flugzeuge machten rasch klar, dass es sich bei den Tätern um radikale Islamisten handeln musste. Sehr bald fiel der Verdacht auf den saudischen Radikalislamisten Osama bin Laden, der sich unter dem Schutz der Taliban in Afghanistan aufhielt. Nur ihm traute die Führung der USA zu, sowohl finanziell als auch logistisch in der Lage zu sein, die Drähte einer solchen komplexen Terroraktion zu ziehen. Die 19 Flugzeugentführer in den 4 Flugzeugen waren mit gültigen Papieren in die USA eingereist - zumeist einige Monate vor den Anschlägen. Einige hatten noch Flugstunden im Lande genommen, sie verhielten sich jedoch allesamt unauffällig.

Die USA fühlten sich gereizt, sie fühlten sich herausgefordert und der ein halbes Jahr vorher in das Amt gekommene Präsident George Bush II äußerte sich in einer ersten Fernsehansprache denn auch gleich sehr deutlich: "Täuschen Sie sich nicht. Wir werden diese Leute bis zum Ende jagen und bestrafen."

Und dieser Präsident ließ schon knapp vier Wochen später seiner Ankündigung Taten folgen: Die USA begannen am 7. Oktober 2001 gemeinsam mit Großbritannien einen Krieg gegen das Taliban-Regime in Afghanistan. Dieses sollte nur der Anfang sein. Präsident George Bush II führte vor dem US-Kongress aus: "Unser Krieg gegen den Terrorismus beginnt mit al-Quaida, aber er wird dort nicht enden. Er wird so lange nicht zu Ende sein, bis jede weltweit tätige terroristische Gruppe gefunden, am weiteren Vorgehen gehindert und besiegt worden ist."

George Bush II setzte auch diese Aussage bald um, denn am 20. März 2003 marschierten die USA und ihre "Koalition der Willigen" in den Irak ein, um Saddam Hussein und sein Regime zu stürzen. Der Krieg hinterließ ein Chaos, Tausende schlossen sich 2004 der Terrororganisation Islamischer Staat (IS) an, die 2016 noch weite Teile des Nahen Ostens beherrscht. Der Versuch, durch den Sturz von Diktatoren zu Demokratie und Freiheit für die Menschen zu kommen, ist gescheitert und hat Not und Elend gebracht. Millionen Menschen flohen vor dem Terror in ihren eigenen Städten und Ländern.

Der "Krieg gegen den Terror" dauert bis heute an. Sechzehn Jahre nach dem 11. September 2001 befinden sich noch immer internationale Truppen in Afghanistan. Der Einfluss der Islamisten wächst wieder, die Demokratisierung rückt in weite Ferne. Noch immer sterben Menschen an den Spätfolgen der Anschläge. Der Irak und noch mehr das angrenzende Syrien liegen im Chaos; unterschiedliche Interessengruppen – verschiedene Staaten wie verschiedene Terroristengruppen – halten den Krieg am Kochen. Die USA, Russland, die Türkei und andere Staaten mischen mit – darunter auch Deutschland.

Das Atlantische Bündnis, die NATO

„Nach dem Ende des Kalten Krieges hat auch die NATO ihr traditionelles Feindbild, die Sowjetunion bzw. das kommunistische Russland, (erstmals!) auf amorphe, sprich netzwerkartige Gegner umgestellt, um ihrer eigenen Auflösung zuvorzukommen. Die ursprünglich als Verteidigungsbündnis gegründete Organisation (gemeint war die Verteidigung gegen kriegerische Angriffe von feindlichen Staaten) rief nach den Anschlägen vom 11. September 2001 den Bündnisfall nach Artikel 5 des Nordatlantikvertrages aus, obwohl die Attentate offensichtlich nicht von einem Staat begangen worden waren. Im Strategiepapier der NATO von 2008 mit dem grandiosen Titel *Towards a Grand Strategy for an Uncertain World* begründen fünf ehemalige NATO-Generäle (darunter der deutsche General a. D. Klaus Naumann) die Existenzberechtigung der NATO mit asymmetrischen Bedrohungen".[195] Das Papier ist Teil einer Antwort zur Bekämpfung des Terrorismus nach dem 11. September 2001.

George Bush II und sein Team

George Bush II wurde am 6. Juli 1946 als Angehöriger einer wohlhabenden und einflussreichen Familie in New Haven (Connecticut) geboren. Bei der Wahl am 7. November 2000 bekam George Bush II zwar rund eine halbe Million Stimmen weniger als sein demokratischer Gegenkandidat Al Gore, aber nach wochenlangen gerichtlichen Auseinandersetzungen gewann er aufgrund von 537 Stimmen in Florida – wo sein Bruder Jeb Bush Gouverneur war – die Mehrheit der Wahlmänner für sich. Das gab den Ausschlag. Am 20. Januar 2001 wurde George Bush II als 43. Präsident der USA vereidigt.

Im Gegensatz zu seinem Vater, dem 41. Präsidenten der USA verfügte er bei seinem Amtsantritt über keinerlei außenpolitische Erfahrung. Er war bis dahin nur einmal im Ausland gewesen – in Mexiko.

Seine engsten Berater setzte er aus sog. Falken zusammen. Dick Cheney wurde sein Vizepräsident und Donald Rumsfeld sein Verteidigungsminister. Außenminister wurde der frühere Generalstabschef Colin Powell, George Tenet wurde Direktor des CIA; Karl Rove gehörte weiterhin zu den wichtigsten Beratern von George Bush II und Condoleezza Rice wurde Sicherheitsberaterin. Die einflussreiche Denkfabrik stand unter der Teamführung von Richard Perle, Richard Armitage und Paul Wolfowitz. Diese Männer sollten schon bald verantwortlich für die sicherheitspolitische Entwicklung in der Welt sein. George Bush II und diese Männer und Frauen, mit denen er sich umgab, vertraten natürlich und legitim die Interessen der USA, sie vertraten aber auch in besonderem Masse ihre Partikularinteressen, wie

---

[195] *Trojanow, Ilija / Zeh, Juli: Angriff auf die Freiheit, S.122*

man am Beispiel von Dick Cheney sehen kann, der aus der Rüstungsindustrie über den Verteidigungsminister in das Amt des Vizepräsidenten kam: der Krieg gegen den Terror gab der US-Rüstungsindustrie einen mächtigen Schub und Cheney's alte Unternehmen, an denen er beteiligt war, waren die großen „Gewinner" des Krieges gegen den Terrorismus.

Der Einmarsch der USA und ihrer „Koalition der Willigen" in den Irak 2003 wurde mit einer bewussten Lüge vorbereitet. Als Begründung hatten die USA und mit ihnen Großbritannien seit Oktober 2001 vor allem eine wachsende akute Bedrohung durch Massenvernichtungswaffen des Irak angegeben sowie eine Verbindung des Irak mit dem Terrornetzwerk al-Qaida, das die Terroranschläge am 11. September 2001 ausgeführt hatte. Eine Bevölkerungsmehrheit in den USA glaubte diesen Angaben seit 2002 und befürwortete deshalb die Invasion in den Irak. Tatsächlich hatte das CIA unter Tenet den eigenen Außenminister Colin Powell mit vorsätzlich gefälschten Dokumenten in die Vollversammlung der UNO geschickt: am 5. Februar 2003 begründete der erste farbige US-Außenminister den längst beschlossenen Krieg der Regierung Bush II gegen den Irak - mit falschen Beweisen. Jahre später entschuldigte er sich dafür: seine Rede, die er an jenem dunklen Februartag in New York vor dem Sicherheitsrat der Vereinten Nationen gehalten hatte, wurde ihm zum Schicksal, zur moralischen Bürde und, zuletzt und vor allem, zur Tragödie für die USA und später für die Welt. Denn sie rechtfertigte den völlig überflüssigen Krieg gegen den Irak des Saddam Hussein.

Die Absichten von George Bush II und seiner Berater verdeutlichen nicht nur deren Lügen vor den Vereinten Nationen. „Unmittelbar nach den Anschlägen vom 11. September 2001 hatte US-Vizepräsident Cheney bereits ganze Truppen von Rechtswissenschaftlern beauftragt, die in völliger Geheimhaltung juristische Rechtfertigungen für eine Ausweitung der eigenen Regierungsmacht auszuarbeiten hatten. Als Resultat durften zum ersten Mal in der Geschichte der USA Häftlinge psychisch und physisch gefoltert werden. Ebenso wurden „Terrorverdächtige" entführt und ohne Erhebung einer Anklage auf unbestimmte Zeit festgehalten (nicht nur in Guantánamo), ohne Kontakt zu ihren Familien, Rechtsanwälten oder internationalen Organisationen wie dem Roten Kreuz.

Bei Amtsantritt von Barack Obama als Nachfolger von George Bush II am 20. Januar 2009 hatte der neue Präsident der Weltöffentlichkeit versprochen, dass spätestens in einem Jahr das Gefangenenlager Guantánamo Geschichte sein wird. Ein Expertenteam sollte über den Umgang mit den Insassen entscheiden. Obama ist mit dieser Absicht, die illegalen Gefangenenlager zu schließen, gescheitert. Die Rechtsan-wälte von Barack Obama haben im März 2009 vor Gericht die Autorität des Präsidenten verteidigt, "Personen festzuhalten, die Taliban oder al-Qaida unterstützt haben". Die Haltung, schreibt die New York Times, unterscheide sich kaum von jener der Regierung George Bush II[196] Im August 2017 existierte das Gefangenenlager immer noch; am Ende seiner zweiten Amtszeit legte Obama dem Kongress einen Plan zur Schließung des Gefangenlagers Guantánamo Bay auf Kuba vor.

So ist nicht verwunderlich, wie die ohnehin schon damals sehr kritische deutsche Öffentlichkeit über den 11. September 2001 und seine Folgemaßnahmen der US-Regierung denkt: "Glauben Sie, dass die US-Regierung der Weltöffentlichkeit die ganze Wahrheit über die Anschläge sagt?" wollte eine Emnid-Umfrage Ende 2010 von den Bundesbürgern wissen. 89,5 Prozent antworteten mit "Nein".

Der Mythos vom weltweiten Terrorismus

Die al-Qaida, eine Bande kranker und zugleich genialer Terroristen, ist in einer bestimmten, abgegrenzten Region des Planeten entstanden, in Saudi-Arabien, auch wenn Bin Laden und seine Offiziere einige Flüchtlinge in Ägypten und eine Handvoll verirrter Seelen in westeuropäischen Vorstädten rekrutiert haben. Die USA bemühen sich trotzdem, die al-Qaida als eine ebenso stabile wie bösartige Organisation hinzustellen, als Verkörperung des allgegenwärtigen Terrorismus - von Bosnien bis zu den Philippinen, von Tschetschenien bis Pakistan, vom Libanon bis zum Jemen. Sie rechtfertigen mit dem Verweis auf die al-Quaida jede Strafaktion an jedem beliebigen Ort der Erde und zu jedem beliebigen Zeitpunkt. Die Erhebung des Terrorismus in den Status einer universellen Kraft institutionalisiert einen permanenten Kriegszustand auf dem gesamten Planeten: Mit einem vierten Weltkrieg hätten wir es zu tun, haben einige US-amerikanische Kommentatoren geschrieben, die keine Angst haben, sich dadurch lächerlich zu machen, daß sie den Kalten Krieg als den Dritten Weltkrieg bewerten. Es sieht ganz danach aus, als wäre den Vereinigten Staaten daran gelegen, ein bestimmtes Niveau internationaler Spannungen zu erhalten, einen begrenzten, aber dauerhaften Kriegszustand.

Tatsächlich erfolgten die Anschläge vom 11. September 2001 zu einem Zeitpunkt, als das Feuer des Islamismus schwächer loderte. Die Fortschritte bei Alphabetisierung und Geburtenkontrolle gaben den Schlüssel zur Beschreibung und Erklärung dieser ideologischen Entwicklung an die Hand. Eine derartige Analyse ermöglicht es zu sagen, dass die Vereinigten Staaten und diejenigen ihrer Verbündeten, die ihnen folgen werden, erst ganz am Anfang ihrer Konflikte mit Saudi-Arabien und Pakistan stehen, weil diese beiden Länder gerade erst zum Sprung in die Moderne ansetzen und die unvermeidlich damit verbundenen Erschütterungen noch vor sich haben. Die Rede vom weltweiten Terrorismus erlaubt den Vereinigten Staaten, sich als führende Nation in einem universellen „Kreuzzug" neu zu definieren, nach Belieben überall

---

[196] *Trojanow, Ilija / Zeh, Juli: Angriff auf die Freiheit, S.107/108*

punktuell und oberflächlich einzugreifen, wie auf den Philippinen und im Jemen geschehen, oder Stützpunkte in Usbekistan und Afghanistan zu errichten und Vorstöße nach Georgien und an die Grenze von Tschetschenien zu unternehmen. Doch wenn man sich den tatsächlichen Zustand der Welt anschaut, gibt es keinerlei soziologische und historische Rechtfertigung für die Rede vom weltweiten Terrorismus. Aus der Sicht der islamischen Welt ist diese Vorstellung absurd. Sie wird ihre Übergangskrise ohne Eingriff von außen überwinden und automatisch wieder zur Ruhe kommen. Die Rede vom weltweiten Terrorismus nützt nur den Vereinigten Staaten, weil sie eine durch den permanenten Kriegszustand in Atem gehaltene Alte Welt brauchen.

„Der besondere Schrecken des Terrorismus besteht darin, dass er sich im weitesten Sinn politisch motivierter Gewalt bedient. Das heißt: einem terroristischen Verbrechen wohnt Bedeutung inne. Ein Attentat pocht auf seinen symbolischen Gehalt. Der Anschlag auf das *World Trade Center* war nicht nur ein Massenmord an rund 3.000 Menschen, sondern eine Metapher auf den gewünschten Untergang der USA oder gleich der gesamten „westlichen Welt". An diesem Punkt nistet ein fatales Missverständnis. Die Botschaft solcher Anschläge lautet nicht: „Wir werden euch zerstören". Sie lautet: „Wir fordern euch zur Selbstzerstörung auf." Warum das so ist? Weil uns der Terrorismus allein keinen nachhaltigen Schaden zufügen kann. Kein Land der Welt ist jemals durch Attentate wie jene des „Islamistischen Terrors" ins Verderben gestürzt worden; keine Regierung wurde auf diese Weise abgesetzt. Terroristen besitzen nicht die Macht, unseren Rechtsstaat zu zerschlagen, unsere Werte abzuschaffen und unsere Gesellschafts- und Lebensformen zu ändern. Sie können uns nur dazu provozieren, es selbst zu tun. Sie benötigen unsere Mitwirkung. Sie bedrohen uns mit Folgen, die wir nur selbst herbeiführen können".[197]

„Aus pragmatischer Sicht sind Terroristen keine Krieger eines *Clash of Civilisations*. Sie sind Verbrecher, die es einzufangen und zu bestrafen gilt. Die Jagd auf sie und ihre Hintermänner heißt Strafverfolgung oder Internationale Fahndung und nicht Selbstverteidigung. Die Anschläge sind schwere Delikte und für die Betroffenen tragische Katastrophen; sie mögen auch eine politische Botschaft transportieren - sie sind jedoch keineswegs Kriegserklärungen, die Anlass für militärische Auseinandersetzungen zwischen Staaten bieten. Der Terrorismus ist eine staatenübergreifende, nicht erst am 11. September 2001 erkannte Erscheinung. Die Attentäter als Kreuzritter des Islam zu betrachten, gesteht ihnen eine religiöse Würde zu, die sie nicht verdienen. Von einer solchen Einstufung muss sich die ganz überwiegende Zahl der Moslems beleidigt fühlen. Die geltenden Gesetze auf allen Seiten des Kulturkampfes behandeln Terroristen als Verbrecher. Auf das Erreichen

---

[197] *Trojanow, Ilija / Zeh, Juli: Angriff auf die Freiheit, S. 37*

einer global einheitlichen Betrachtungsweise unter diesen Vorzeichen hätten sich von Anfang an sämtliche politischen Anstrengungen richten müssen. Dann wäre klargeworden, dass uns der Terrorismus auf die gleiche Weise bedroht wie andere schwere Verbrechen. Bedroht sind konkrete Rechtsgüter, im schlimmsten Falle Leib und Leben der Betroffenen. Nicht bedroht sind unsere Werte, unsere Identität".[198]

Der Begriff der „terroristischen Bedrohung" geht der ganzen Welt inzwischen völlig selbstverständlich über die Lippen. Wer ihn öffentlich hinterfragen will, gerät in Gefahr, für völlig naiv gehalten zu werden oder gar selbst als verdächtig zu gelten. Nimmt man die „terroristische Bedrohung" unter die Lupe, so sieht man, dass Juristen unter einer „Drohung" das „In Aussicht stellen" eines künftigen Übels sehen. Das Übel, welches der Terrorismus direkt in Aussicht stellt, sind die Opfer möglicher Anschläge. So grauenhaft diese Folgen im Einzelfall für die betroffenen Personen sind - vergleicht man die Opferzahlen mit anderen statistischen Zahlen aus den USA, sieht das etwas anders aus:

- Verkehrstote   35.612 Tote (2013),
- Tod durch Schusswaffen   33.636 Tote (2013),
- Tod durch Hitzeschlag   9.000 Tote (2013),
- an Grippe Verstorbenen   36.000 Tote (jährlich)

Wenn man diese Zahlen mit den 3.000 Toten von „9/11" vergleicht, kommt man nicht auf die Idee, dass Terrorismus die größte Bedrohung der Sicherheit in den USA ist.

Unipolarität

Gleichwohl rechnete man allgemein damit, dass die Verwundung durch den 11. September 2001 - relativiert wird, wenn man daran denkt, welche Wunden allein die Kriege des 20. Jahrhunderts in Europa, Russland, Japan, China oder auch Palästina geschlagen haben. Die Welt hatte eine Vision: alle oder fast alle Länder würden die Legitimität der US-amerikanischen Herrschaft anerkennen, und daraus würde ein wahres Reich des Guten entstehen. Die Beherrschten dieser Erde würden eine zentrale Macht anerkennen, die US-amerikanischen Herrscher jedoch würden sich der Idee der Gerechtigkeit unterwerfen.

Doch das Verhalten der Vereinigten Staaten auf der internationalen Bühne erschütterte nach und nach diese Vision. Das ganze Jahr 2002 hindurch erlebten wir eine Renaissance des Unilateralismus, der sich bereits in der zweiten Hälfte der neunziger Jahre gezeigt hatte, als Amerika im Dezember 1997 den Vertrag von

---

[198] *Trojanow, Ilija / Zeh, Juli: Angriff auf die Freiheit, S.39/40*

Ottawa über das Verbot von Anti-Personenminen nicht unterzeichnet und im Juli 1998 die Vereinbarung über die Einrichtung eines internationalen Strafgerichtshofes nicht akzeptiert hatte. Allem Anschein nach ging die Geschichte in den alten Bahnen weiter; ganz im alten Geiste verweigerten die Vereinigten Staaten die Unterzeichnung des Kyoto-Protokolls über die Reduzierung der Treibhausgase.

Mit dem Argument „Krieg gegen den Terror" haben die USA nun ein Instrument gefunden, ihre vermeintlichen oder auch ehrlichen Interessen nachdrücklich durchzusetzen. So betreiben die USA in Deutschland immer noch fast 40 militärische Stützpunkte mit 43.000 US-Soldaten; US-amerikanische Atomwaffen werden auf dem Bundeswehr-Fliegerhorst Büchel in Rheinland-Pfalz gelagert. Drei Milliarden Dollar gab die US-Regierung allein im Haushaltsjahr 2012 in Deutschland aus. Mehr brauchten sie in jenem Jahr nur im Krieg in Afghanistan. Wo US-Armee und US-Geheimdienste während des Kalten Krieges vor allem den Westen geschützt haben, führen sie heute von Deutschland aus einen weltweiten geheimen Krieg, der massiv gegen internationales Recht verstößt. Von Deutschland aus – mit Schwerpunkt in Ramstein und Stuttgart - steuern amerikanische Soldaten den blutigen Drohnenkrieg in Afrika; die notwendigen Informationen über mögliche Ziele und mutmaßliche Terroristen liefern US-Geheimdienstmitarbeiter, die ebenfalls in Deutschland sitzen.

Wenn man diese moralische Frage einmal beiseite lässt, bleibt die Erkenntnis, dass der US-amerikanische Krieg gegen den Terror ohne den Stützpunkt Deutschland nicht so leicht zu führen wäre, jedenfalls nicht in seiner derzeitigen Form. Deutschland ist die Zentrale des geheimen Krieges in Afrika, das Drehkreuz für europäische CIA-Aktionen und das Trainingsgelände für Drohneneinsätze weltweit. Der Standort Deutschland, so scheint es jedenfalls, ist für die USA unverzichtbar.

Das geheimdienstliche Zentrum der US-Amerikaner ist das Rhein-Main-Gebiet. Von hier aus operieren US-Agenten im Auftrag von CIA, NSA, *Secret Service,* Heimatschutzministerium und anderen Behörden und Diensten. Aber es ist nicht mehr nur das alte, vertraute Bild mit den zweifelhaften Gestalten, die ihre schmutzigen Spiele auch in Deutschland spielen. Längst sind neue Akteure auf den Plan getreten, noch unheimlicher als die alten Kundschafter. Die Neuen sind Mathematiker, Spieltheoretiker, Statistiker, Experten für Datenverarbeitung aller Art. Sie müssen keine Wohnungen mehr verwanzen oder Mikrofone in Büros verstecken - sie hören einfach alles ab. Sie arbeiten für Konzerne, die von den Geheimdiensten Aufträge bekommen und die schmutzigen Arbeiten erledigen: spionieren und analysieren, aber auch entführen und sogar foltern. Jeder fünfte Mitarbeiter des monströsen US-Geheimdienstapparats ist inzwischen kein Staatsangestellter mehr, sondern arbeitet für *Private Contractors,* also private Unternehmen. Einer dieser Mitarbeiter war bis 2013 der *Whistleblower* Edward Snowden.

Diese unheimliche Schattenarmee wächst Jahr für Jahr, auch oder gerade in Deutschland. Insgesamt hat die Deutsche Regierung 207 US-amerikanischen Firmen Sondergenehmigungen erteilt, damit diese auf deutschem Boden sensible Aufgaben für die US-Regierung übernehmen können. Die meisten Verträge gehen an die der Öffentlichkeit weitgehend unbekannte SOS International. Diese US-amerikanische Firma, einst von einer armenischen Einwanderin als kleines Übersetzungsbüro gegründet, macht seit Jahren zweistellige Millionenumsätze mit den deutschen Einsätzen. Ihre Mitarbeiter werden, so steht es in der offiziellen Datenbank für US-Staatsaufträge, beispielsweise als *Intelligence Analyst*, als *Signal Intelligence Analyst* oder *Counter Intelligence Operations Planner* für ihre Auftraggeber eingesetzt. Sie arbeiten also für die unterschiedlichen Geheimdienste der USA - als Agenten auf Zeit.

Zwei Fragen drängen sich dabei auf: wer könnte in Deutschland die privaten Agenten kontrollieren? Und wer will sie kontrollieren, wenn man schon die staatlichen gemeldeten Spione nicht wirklich im Blick behält? Die Bundesregierung hat längst keinen Überblick mehr. Der Horchposten in der US-Botschaft mitten in Berlin, von dem aus mutmaßlich auch das Mobilfunktelefon der Bundeskanzlerin ausgespäht wurde, ist schon eine sehr starke Provokation.[199]

Am Frankfurter Flughafen arbeitet nicht nur der deutsche Zoll. Auch der *Secret Service* und das US-Heimatschutzministeriums sind an deutschen Flug- und Seehäfen aktiv. Die US-Beamten tauchen meist ohne Vorankündigung auf. Plötzlich stehen sie neben den Stewardessen und zeigen auf jemanden: Dieser Fluggast solle lieber nicht an Bord gehen. Offiziell geben die Männer vom US-amerikanischen Grenzschutz an deutschen Flughäfen nur Tipps, wer gefährlich ist. Faktisch entscheiden sie, wer in die USA fliegen darf und wer nicht. Sie sind Teil der Truppe von Agenten und Sicherheitsleuten, die in Deutschland dauerhaft stationiert sind. Neben CIA und NSA operieren hierzulande mehr als 50 Mitarbeiter des *Secret Service,* des US-Heimatschutzministeriums und der US-Einwanderungs- und Transportbehörden. Sie genießen diplomatische Immunität und haben Befugnisse, die denen deutscher Polizisten und Zöllner nahekommen. Sie entscheiden, wer ins Flugzeug steigen darf, welcher Container auf welches Schiff geladen wird - und im Zweifel nehmen sie offenbar sogar Menschen fest. Dass einem deutschen Beamten auch nur ähnliche Befugnisse in den USA erlaubt würden, ist völlig undenkbar.

US-Amerikanische Strafverfolgungsbehörden darf es auf deutschem Boden nicht geben. "Hoheitliches Handeln von US-Bediensteten in Deutschland ist nicht zulässig", teilte die Bundesregierung mit. Das Verhältnis zu den USA sei "in juristischer Hinsicht unausgewogen", sagen Staatsanwälte. "In Deutschland dürfen

---

[199] *Süddeutsche Zeitung vom 15.11.2013*

ausländische Behörden keine Festnahmen durchführen. Das weiß der *Secret Service*, aber er setzt sich darüber hinweg", sagt der New Yorker Anwalt des Hackers Jonny Hell. Die US-Amerikaner arbeiten in Deutschland oft in rechtlichem Graubereich. Begründet werden ihre Einsätze mit der Abwehr von Terroristen. Was genau die Agenten alles machen, weiß aber offenbar auch die Bundesregierung nicht so genau. "Eine detaillierte Aufgabenbeschreibung" liege nicht vor, antwortete die Bundesregierung auf die Anfrage eines Abgeordneten, allerdings sei der US-Heimatschutz in den Häfen von Hamburg und Bremerhaven tätig.[200]

War on Terror

Der *War on Terror* wurde von den USA auch 2017 unverändert weitergeführt. Nach dem formalen Ende der Kriege im Irak im Mai 2003 und in Afghanistan im März 2013 haben die USA diese Länder nicht nur nicht befrieden können, sie haben beide und mit ihnen den gesamten Mittleren Osten weiter destabilisiert.

So führen sie unverändert Krieg gegen Terroristen in Afghanistan, im Irak, in Syrien oder in Libyen. Insgesamt waren US-Soldaten im Jahre 2017 in 75 verschiedenen Nationen auf allen 5 Erdteilen in direkten Kämpfen oder in „Hilfsoperationen" im Einsatz. Die Militäreinsätze der USA lassen sich dabei nicht auf einzelne Kriegsschauplätze wie Afghanistan oder Irak reduzieren; viele weitere Einsätze finden unter Ausschluss der Öffentlichkeit statt. Die halbe Welt ist ein Schlachtfeld und fast überall sind die USA in irgendeiner Weise daran beteiligt. Der *War on Terror* macht es möglich, er ist der Blankoscheck.

Ein junges Beispiel ist Kamerun. Am 14. Oktober 2015 hatte Barack Obama angekündigt, den Krieg gegen den Terror um eine neue Front zu erweitern. Er hat in weiterer Folge 300 US-Soldaten nach Garoua in Kamerun beordert, um dort zum einen Kamerun bei der Bekämpfung der Terroristen zu unterstützen, zum anderen – nicht ganz uneigennützig – um eine Drohnenbasis in dem afrikanischen Staat in eigener Sache errichten zu können, wobei der Einsatz vorerst auf Aufklärungsdrohnen beschränkt sein soll. „Diese Einsatzkräfte werden in Kamerun bleiben bis sie nicht mehr gebraucht werden", erklärte Barack Obama zur Dauer des Einsatzes. Garoua im Norden Kameruns ist die drittgrößte Stadt des Landes und zu einer der bedeutendsten im "Krieg gegen den Terror" in Afrika geworden. Das Afrika-Kommando und die US-Seestreitkräfte für Afrika unterweisen dort auch Elitetruppen der Nachbarstaaten Nigeria, Tschad, Niger und Benin im Kampf gegen die Terrormiliz Boko Haram.

---

[200] *Süddeutsche Zeitung vom 18.11.2013*

Früher war Terror eine von Denkern wie Thomas Hobbes als legitim betrachtete Staatspraxis. Sie diente dazu, das Volk in Angst und Schrecken zu halten und auf diese Weise gefügig zu machen. Im Zusammenhang mit der Französischen Revolution wurde ab 1793 der „Terror des Konvents", also Hinrichtungen und Verhaftungen, gegen „Konterrevolutionäre" eingesetzt. Später wurde der Begriff vor allem kritisch gebraucht, zum Beispiel für den stalinistischen Terror oder den Terror der nationalsozialistischen SS. Stets handelte es sich dabei um ein Vorgehen des Staates gegen Einzelne.

Das hat sich umgedreht. Inzwischen wird „Terror/Terrorismus" als ein Phänomen betrachtet, das von Einzelnen ausgeht und den Staat bedroht, was einer Neubestimmung des Begriffs gleichkommt. Ein Staat, der den Terror bekämpft, kann sich also selbst nicht des Terrors schuldig machen. Er handelt gewissermaßen in Notwehr, selbst wenn er eine halbe Million Iraker auf dem Gewissen hat. Auf diese Weise dient der „Krieg gegen den Terror" als Rahmenerzählung für Konflikte weltweit und rechtfertigt fast jede Handlung. Ob nun Piraten in Somalia bekämpft oder Diktaturen in Zentralasien unterstützt werden - was immer politisch opportun erscheint, kann mit diesem Krieg begründet werden.

Ein Ende ist nicht in Sicht, im Gegenteil. Dieser Krieg ist für die Ewigkeit. Wer meint, dies sei eine Übertreibung, der möge lesen, was Donald Rumsfeld, ehemaliger US-amerikanischer Verteidigungsminister, schon am 20. September 2001 äußerte:

> *„Was wäre ein Sieg? Ich meine, es wäre ein Sieg, das US-amerikanische Volk davon zu überzeugen, dass dies keine schnelle Angelegenheit ist, die in einem Monat oder einem Jahr oder gar fünf Jahren vorbei sein wird. Es ist etwas, das wir in einer Welt mit mächtigen Waffen und Leuten, die bereit sind, diese mächtigen Waffen zu nutzen, fortwährend tun müssen".*

Bill Clinton schlägt im Nachwort bei seinen Erinnerungen einen deutlich ausgewogeneren Ton an:

> *„Am 11. September 2001 schien unsere Welt erneut auseinander zu fallen, als al-Qaida die Elemente der globalen Vernetzung - offene Grenzen, ungehinderte Einwanderung und Reisefreiheit, leichter Zugang zu Information und Technologie - dafür nutzte, in New York, Washington D.C. und Pennsylvania fast 3000 Menschen aus mehr als 70 Ländern zu ermorden. Die Welt schloss sich der Trauer des US-amerikanischen Volkes und seiner Entschlossenheit an, den Terror zu bekämpfen. Seit jenem Tag hat der Kampf an Intensität gewonnen, wobei sowohl innerhalb der Vereinigten Staaten als auch*

in aller Welt verständliche und legitime Meinungsverschiedenheiten über die geeignete Strategie im Krieg gegen den Terror bestehen.

Die globalisierte Welt, in der wir leben, ist inhärent instabil, das bedeutet, sie ist zugleich voller Chancen und destruktiver Kräfte. Und das wird so bleiben, bis es uns gelingt, die gegenseitige Abhängigkeit durch eine besser integrierte globale Gemeinschaft zu ersetzen, die die Verantwortung, die Erträge und eine Reihe grundlegender Wertvorstellungen teilt. Es ist unmöglich, eine solche Welt in kurzer Zeit zu errichten, und ebenso wenig dürfen wir auf einen raschen Sieg über den Terrorismus hoffen. Hier stehen wir vor der großen Herausforderung der ersten Hälfte des 21. Jahrhunderts. Meiner Meinung nach sollten die Vereinigten Staaten fünf Dinge tun, um die richtigen Zeichen zu setzen:

- *sie sollten den Terror und die Verbreitung von Massenvernichtungswaffen bekämpfen und die Verteidigungsmechanismen gegen beide Bedrohungen verbessern,*

- *sie sollten neue Freunde gewinnen und die Zahl der Terroristen reduzieren, indem sie jenen 50 Prozent der Weltbevölkerung, die bisher nicht in den Genuss der Vorteile der Globalisierung gekommen sind, dabei helfen, Armut, Unwissenheit, Krankheiten und staatliche Ineffizienz zu überwinden,*

- *sie sollten jene Institutionen, die sich für die globale Zusammenarbeit einsetzen, stärken und dazu nutzen, um Sicherheit und Wohlstand zu fördern und die gemeinsamen Probleme vom Terrorismus über AIDS bis zur globalen Klimaerwärmung zu lösen,*

- *sie sollten sich weiter bemühen, die USA zu einem Modell für die Funktionsweise der Welt zu machen und*

- *sie sollten die Völker davon überzeugen, dass die Unterschiede zwischen ihnen nicht bedeutsamer sind als ihre gemeinsame Humanität.*

Unsere Nation wird dem Terror nicht unterliegen. Wir werden ihn besiegen, aber wir müssen darauf achten, in diesem Kampf nicht den Charakter unserer Nation und die Zukunft unserer Kinder aufs Spiel zu setzen. Die Aufgabe, eine vollkommenere Union zu bilden, ist heute eine globale Aufgabe.[201]

---

[201] Clinton, Bill: Mein Leben, Nachwort

Résumé

Der 11. September 2001 hat den Nerv der USA zutiefst getroffen. Er hat die Politik des Landes verändert. Da kurz zuvor ein Präsident mit einer sehr konservativen, nationalistischen Einstellung in das Amt gekommen war, entstand aus den Terrorakten in New York und Washington eine Kettenreaktion aus Krisen, Anschlägen und Kriegen, die die Welt veränderten – und diese Änderungen sollten nachhaltig sein.

„George Bush II übersah alle Warnschilder, die üblicherweise am Weg des Idealismus stehen – den Respekt vor dem internationalen Recht, die Achtung gegenüber den Vereinten Nationen, die Kooperation mit den Alliierten und die Einhaltung der Prinzipien des gerechten Krieges".[202]

9/11 kann auch als Urknall für den Beginn des Abstiegs der USA als Weltmacht gewertet werden. George Bush II besitzt dafür das Copyright.

---

[202] *Albright, Madeleine: Amerika, Du kannst es besser, S. 51*

Die USA von heute

Kapitel 15

Der universelle Missionsgedanke der USA

"Wir Amerikaner sehen uns gerne als die Verkörperung von Großzügigkeit und Tugendhaftigkeit, aber viele Menschen in anderen Ländern empfinden uns als selbstsüchtig, rechthaberisch und gewalttätig".[203]

Die USA sind zutiefst davon überzeugt, dass ihr eigenes politisches System das beste System in der Welt ist und dass die Welt – wenn erst einmal alle Staaten dieses System übernommen haben - in Frieden, Freiheit und Wohlstand leben wird. Dieser demokratische Missionsgedanke beherrscht die Außenpolitik und auch die Innenpolitik des Landes seit vielen Jahrzehnten, er ist sein dominierendes Element. Dabei wird wenig beachtet, dass andere Kulturen und andere Religionen völlig andere Schwerpunkte setzen und sich völlig anders entwickelt haben und dieses bewusst auch zukünftig so fortführen wollen.

Dieser Missionsgedanke wird allen internationalen Marineoffizieren in einem 14-tägigen Exkurs am *US Naval War College* mit Nachdruck vermittelt, bevor sie mit 185 US-amerikanischen Offizieren ein gemeinsames Studium beginnen. Dieses erfolgt jedes Jahr in Newport RI ebenso wie an allen anderen vergleichbaren Einrichtungen des Landes (*National Defence University, Army War College, Air War College*). Dieser Missionsgedanke wird von dem Historiker Klaus Schwabe als imperialistisches Gehabe bewertet, das zu fünf konstitutiven Elementen der Außenpolitik der USA gehört, nämlich:

- dem imperial-expansionistischem Element,
- dem Isolationismus,
- der revolutionär-antikolonialistisch-emanzipatorischen Tradition,
- dem humanitären Impuls sowie
- der demokratisch-missionarischen Tradition.[204]

---

[203] *Albright, Madeleine: Amerika Du kannst es besser, S. 21*
[204] *Watzal, Ludwig: Universeller Missionsgedanke in „Das Parlament" vom 3.7.2006*

Alle US-amerikanischen Regierungen verfolgen als oberstes Ziel die Nationale Sicherheit des Landes. Daraus leitet sich ab, dass die USA wichtiger sind als der Rest der Welt. Diese Zielsetzung untermauert den uneingeschränkten Machtanspruch der USA.[205] Und die ganz überwiegende Mehrheit ihrer Einwohner steht in diesem Punkt hinter ihrer Regierung, gleich ob Republikaner oder Demokraten. Keine andere Gesellschaft weltweit ist so von dem Sendungsbewusstsein durchdrungen wie die US-amerikanische Gesellschaft.

In der Gestaltung ihrer internationalen Beziehungen spielten für die USA lange Jahre und immer wieder moralische Werte eine tragende Rolle. Woodrow Wilson war der erste US-Präsident, der die Macht der USA in den Dienst eines liberalen Weltfriedens gestellt hat. Sein Konzept einer liberalen Weltordnung, in der die USA die führende Rolle einnehmen, ist bis heute für jeden Präsidenten von zentraler Bedeutung geblieben. Seither unterlässt es keiner seiner Nachfolger, Wilsons Idealismus weiterhin als Legitimationsressource zu beschwören. Insbesondere seine Überzeugung, dass ein Krieg nur dann legitim sei, wenn man ihn als Kreuzzug für Menschenrechte und freiheitliche Werte führt, hat die Außenpolitik der USA im 20. Jahrhundert geprägt.

Kurz nach Ende des 2. Weltkrieges war der *United States National Security Council (NSC);* gegründet worden. Er ist das entscheidende, den Präsidenten in Fragen der Nationalen Sicherheit beratende Gremium. Bereits kurz nach seiner Gründung hatte eine der ersten Analysen der Weltlage eine durchschlagende Wirkung: Im Memorandum Nr. 68 (bekannt als NSC 68) hatte der Nationale Sicherheitsrat am 14. April 1950 dem Präsidenten empfohlen, die Ausgaben für das Militär massiv zu erhöhen, um den weltweiten Einfluss des Kommunismus einzudämmen (*Containment*). Nach längerem Zögern und dem Beginn des Korea-Krieges stimmte Truman schließlich den Empfehlungen zu. Die NSC 68 war eine der wenigen Handlungsempfehlungen des Nationalen Sicherheitsrates, die bisher öffentlich bekannt sind.

Nachdem erst einmal der Erhalt eines moralischen Prinzips zum bestimmenden Interesse der USA erklärt worden war, wurden auch in diesem strategischen Dokument die strategischen Ziele der USA eher nach moralischen, denn nach machtpolitischen Maßstäben formuliert: Es gehe darum, „Stärke zu entwickeln, sowohl im Hinblick auf die Art, in der wir bei der Gestaltung unseres nationalen Lebens an unseren Werten festhalten, als auch in politischer und wirtschaftlicher Hinsicht". Durchdrungen von den Ideen der US-amerikanischen Gründerväter, die US-amerikanische Nation müsse als Leuchtfeuer für die gesamte Menschheit dienen,

---

[205] *Alexander, Keith Brian, Direktor der NSA (2005 bis 2014) bei der Anhörung im Kongress am 29. 10.2013*

verwarfen die Verfasser von NSC-68 isolationistisch geprägte Warnungen.[206] Das Dokument NSC-68 begann mit einer Beschwörung der Demokratie und schloss mit der Annahme, dass die Geschichte letzten Endes zugunsten der Vereinigten Staaten entscheiden werde. Seine Einzigartigkeit liege in der Verbindung globaler Ansprüche mit der Ablehnung von Gewalt stellt Henry Kissinger fest.[207]

„Für John F. Kennedy waren die USA die größte Nation der Geschichte, weil die Nation angeblich immer an zwei große Ideen geglaubt hat, nämlich dass das Morgen besser sein kann als das Heute und dass jeder Bürger des Landes eine persönliche moralische Verantwortung hat, dafür zu sorgen, dass das auch eintritt".[208] „Schon bei seiner Antrittsrede im Jahre 1961 hatte Kennedy das Thema US-amerikanischer Selbstlosigkeit und weltumspannender Pflichterfüllung weiter ausgeführt. Indem er verkündete, seine Generation gehe in direkter Linie auf die Väter der ersten demokratischen Revolution der Welt zurück, verhieß er in hehren Worten, unter seiner Regierung werde die schleichende Aushöhlung der Menschenrechte, auf die sich diese Nation stets verpflichtet habe, keine Fortsetzung finden".[209]

Wie auch manch andere Nation – zum Beispiel die Polen – fühlen sich die US-Amerikaner als ein von Gott besonders auserwähltes Volk. Die sehr weit verbreitete aber oberflächliche Religiosität unterstreicht diesen Anspruch. Auch dieses ist in Polen ähnlich, dort nur nicht so oberflächlich. So verwundert es nicht, dass Bill Clinton in der Antrittsrede für seine erste Amtszeit von einer US-amerikanischen Erneuerung sprach, „von einem Frühling in der ältesten Demokratie der Welt, von dem Wunsche der US-Amerikaner, ihr Anliegen dem Allmächtigen zu empfehlen. Wandel sei nicht um des Wandels willen erforderlich, sondern Wandel diene der Bewahrung der US-amerikanischen Ideale: Leben, Freiheit und Streben nach Glück. Auch wenn man dem Takt der Zeit folge – die Mission der USA sei zeitlos".[210]

Bill Clinton definierte die fünf Prinzipien, denen die US-amerikanische Politik folgt:

- Allen Menschen wird eine Chance gegeben und niemandem werden Privilegien eingeräumt (nach Andrew Jackson);
- Die grundlegenden US-amerikanischen Werte mit Arbeit, Familie und Verantwortung, Glauben, Toleranz und Partizipation bleiben erhalten;

---

[206] US Department of State – Office of the Historian – Milestones 1845-952 – NSC 68, 1950
[207] Kissinger, Henry: Die Vernunft der Nationen, S. 498
[208] Clinton, Bill: Mein Leben, S. 635
[209] Kissinger, Henry: Die Vernunft der Nationen, S. 680
[210] Clinton, Bill: Mein Leben, 718-719

- Es gibt eine Ethik der wechselseitigen Verantwortung, die besagt, dass die Bürger ihrem Land auch etwas zurückgeben sollen (nach John F. Kennedy);

- Die demokratischen und humanitären Werte müssen in der ganzen Welt verbreitet werden und Wohlstand und Fortschritt muss im eigenen Land gewahrt bleiben;

- Die Menschen werden zur Innovation verpflichtet - wie sie Franklin D. Roosevelt einmal gefordert hat - und sie werden hierzu ermutigt, indem man ihnen jene Hilfsmittel an die Hand gibt, die sie brauchen, um das Beste aus ihrem Leben zu machen.[211]

Auch Barack Obama, der erste farbige Präsident der USA, schloss sich in die Reihe der Präsidenten ein, die sich auf die besondere Mission der USA beziehen, wenn er sagt: „Uns US-Amerikaner vereint der nationale Konsens, dass US-amerikanische Führung in der Welt unerlässlich ist. In einer Zeit, in der unsere einzigartigen Beiträge und Fähigkeiten mehr denn je benötigt werden, nehmen wir unsere außergewöhnliche Rolle und Verantwortung an."[212]

Trotz der sich immer wiederholenden Beschwörungen der Präsidenten, der Medien und anderer Führungspersönlichkeiten des US-amerikanischen öffentlichen Lebens erlagen die USA dennoch immer wieder ihren eigenen Illusionen. Dazu zählt die Vorstellung, dass die Unabhängigkeitsbewegungen in den Entwicklungsländern Parallelen zur Geschichte der Vereinigten Staaten aufweisen. Die neugeborenen Nationen, so meinte man, würden die US-amerikanische Außenpolitik mit Freuden unterstützen, sobald sie begriffen hätten, dass sich die Einstellung der Vereinigten Staaten zum Kolonialismus deutlich von derjenigen der alten europäischen Mächte unterscheidet. Doch die Führer der Unabhängigkeitsbewegungen waren von einem anderen Kaliber als die US-amerikanischen Gründungsväter. Sie bedienten sich zwar der demokratischen Rhetorik, es mangelte ihnen jedoch an jener Hingabe, wie sie die Schöpfer der US-amerikanischen Verfassung bewiesen hatten, indem sie fest an das System der *Checks and balances* glaubten.[213] Aus diesen Worten spricht schon wieder eindeutig die Hybris, die sich wie ein roter Faden durch die Geschichte der USA zieht: *America first* – und dieses in jeder Hinsicht, politisch, wirtschaftlich, militärisch ... und moralisch! Aber inwieweit entspricht dieses Anspruchdenken der Wirklichkeit?

Bei all diesen hehren Grundsätzen und Absichten muß man wissen oder zumindest erkennen, dass die westliche Demokratie für viele Kulturen und Länder nicht tauglich ist. „Es gibt auch nur sehr wenige Länder, die die westliche Demokratie

---

211 *Clinton, Bill: Mein Leben, S. 577*
212 *Frankfurter Allgemeine Zeitung vom 12. Februar 2015*
213 *Kissinger, Henry: Die Vernunft der Nationen, S. 568*

so praktizieren, wie es die USA gerne hätten. Es gibt nur wenige Länder außerhalb von Europa, die demokratisch regiert werden. Und schon innerhalb Europas ist das zuweilen immer wieder einmal fraglich. Viele Länder, die erfolgreich regiert werden, werden autokratisch oder von einer Partei regiert. Die großen wirtschaftlichen Erfolge sind oft nicht durch die Demokratie gekommen, sondern durch eine kluge autoritäre Führung im Lande".[214] Als Beispiele mögen nur Taiwan, Singapur und China genannt sein.

Bei allen Rückschlägen - wie in Bosnien-Herzegowina, Afghanistan, oder Irak - bleibt der Missionsgedanke dennoch tief verwurzelt in der Gesellschaft der USA. Dieser hatte neuen Schwung erhalten, eine Bestätigung erfahren, als es im Jahre 1990 zur Deutschen Wiedervereinigung kam. Die USA fühlten sich in ihrer Auffassung gestärkt: der „Musterknabe Deutschland" hatte seine Reifeprüfung bestanden, indem er den Kommunismus besiegt hatte. Die Werte der USA hatten sich erfolgreich durchgesetzt.

Warum sollte dieses nicht auch bei anderen Staaten möglich sein? Hierbei wird von den meisten US-Bürgern nicht gesehen, dass Deutschland dem gleichen Kulturkreis angehört wie die USA; Völker in Korea, in Vietnam, in Lateinamerika, im Irak oder in Afghanistan jedoch nicht. Mit der Wiedervereinigung, an der die Regierung George Bush I entscheidenden Anteil hat und dem Deutschland ebenso dankbar ist wie Michail Gorbatschow, haben die USA aber sogleich auch alles getan, um diesen „Virus", diesen „Frühling" im ehemals kommunistischen „Reich des Bösen" zu verstärken. Als ein Beispiel für das missionarische Element der US-Politik können Gründung und Aufgaben des *George C. Marshall European Center for Security Studies (GMC)* genannt werden. Das *Marshall Center* wurde 1993 als amerikanisch (85%) – deutsche (15%) Einrichtung in Garmisch eröffnet und ist eine renommierte Institution für Sicherheits- und Verteidigungspolitik. Mit Lehrgängen und Konferenzen fördert es offiziell den Dialog und das Verständnis der Staaten Nordamerikas, Europas, Eurasiens untereinander und darüber hinaus.[215]

Man kann das Wirken des GMC aber auch so definieren, dass diese Einrichtung die derzeitigen und künftigen Eliten aus dem Gebiet des früheren Warschauer Paktes und des COMECON im Sinne der genannten US-amerikanischen Werte indoktrinieren will, und zwar in allen Bereichen – in der Politik, in der Wirtschaft, beim Militär, bei den Journalisten und in der Verwaltung.

---

[214] *Scholl-Latour, Peter: Die Welt aus den Fugen, S. 190*
[215] *http://www.marshallcenter.org*

Résumé

Der Missionsgedanke ist in der US-Gesellschaft tief verankert und prägt das Auftreten der US-Bürger in der Welt. Ein solches Auftreten kommt bei Menschen aus anderen Ländern und anderen Kulturkreisen eher als Überheblichkeit und nur selten gut an, es verstärkt die weltweit verbreiteten anti-amerikanischen Auffassungen und Stimmungen.

Kapitel 16

Nationalismus und Patriotismus

„Nationalismus ist ein auf den Begriff der Nation und den souveränen Nationalstaat als zentrale Werte bezogene Ideologie. Er ist eine Weltanschauung, die eine bewusste Identifizierung und Solidarisierung aller Mitglieder mit der eigenen Nation anstrebt".[216]

„Patriotismus ist die Vaterlandsliebe, die Verehrung, Hingabe und gefühlsmäßige Bindung an Werk, Traditionen und die Gemeinschaft des eigenen Volkes bzw. der Nation. Der Patriotismus zeigt eine emotionale Verbundenheit mit der eigenen Nation"[217]. Patriotismus ist ganz einfach die Liebe zum eigenen Vaterland.

Nationalismus und Patriotismus sind Formen, in denen sich Menschen und Gesellschaften über ihr Zusammenleben verständigen. Sie zeigen zugleich ein Bedürfnis an, die faktisch bestehende Beziehung zwischen unterschiedlichen Menschen in Stadt, Land und Staat als Momente der Zugehörigkeit und Verbundenheit identifizierbar und damit auch von anderen Gruppen und Gesellschaften unterscheidbar zu machen. Wer sich national oder patriotisch definiert, gehört zu einer definierten Gruppe von Menschen, macht damit aber auch deutlich, dass er nur zu dieser und keiner anderen Gemeinschaft gehören will. Beide, Nationalismus und Patriotismus haben ein Innen und ein Außen. Nach innen können sie integrieren, Solidarität erzeugen und Verbundenheit symbolisieren. Nach außen hin grenzen sie ab, definieren den Anderen als nicht dazugehörig. Diese ein- und ausschließende Wirkung von Nationalismus und Patriotismus hat also auch Konsequenzen, die dort besonders ins Auge fallen, wo sich Nationalismus oder Patriotismus als äußerst aggressive Formen darstellen, um den Anderen als Feind zu stigmatisieren.

Beides, sowohl der Nationalismus als auch der Patriotismus sind in den USA besonders stark verbreitet – mehr als in anderen Ländern der Welt. Dabei sind die drei Staatssymbole, die es in den USA gibt, zunächst einmal nicht viel anders als in fast allen anderen Nationen. Es ist dies zum einen die Flagge, die als *Old Glory* in den

---

[216] *Brockhaus in 15 Bänden, Band 10, S. 11*
[217] *Brockhaus in 15 Bänden, Band 10, S. 414*

USA eine große Rolle bei der Förderung des Patriotismus spielt und die z.B. niemals den Erdboden berühren darf. Es ist zum zweiten die Nationalhymne. *The Star-spangled Banner*. Sie ist seit 1931 Nationalhymne, ihre Melodie wurde von einem englischen Trinklied übernommen. Schließlich ist das Staatswappen mit dem *American Eagle*, einem Weißkopfadler das dritte Staatssymbol. Das Wappen ziert auch Münzen, Siegel und Ehrenabzeichen. Auf ihnen erscheint auch häufig das lateinische Motto *E PLURIBUS UNUM*, zu deutsch: „aus vielen zu einem". Der Spruch bezieht sich auf die Vereinigung der ursprünglich 13 Kolonien, die sich zu einem Staat zusammenschlossen.

Neben diesen drei offiziellen Staatssymbolen gibt es aber noch eine Reihe anderer Symbole, die dem US-Amerikaner heilig sind. Dies gilt besonders für das patriotische Lied *America the Beautiful*, das Treuegelöbnis *Pledge of Allegiance* oder die Freiheitsstatue *Statue of Liberty*. Die Verfassung und auch der Präsident können ebenfalls zu diesen Symbolen gezählt werden.

Die Bevölkerung der USA besteht zwar aus vielen unterschiedlichen Rassen und Einwanderungsgruppen, die mit all den Problemen der Minderheiten zu verstehen sind. Gleichwohl fühlen sich alle in erster Linie als Mitglied einer Nation und zeigen bewusst ihren Stolz auf America. Eine Ausnahme bilden vielleicht nur die Indianer. Man erfährt dieses Gefühl täglich und im Alltag, sei es beim Wetterbericht (*Hi there, America*) oder bei den Nachrichtensendungen (*Good morning, America*), bei Reden von Politikern aller Parteien, die immer wieder vom *greatest country in the world* sprechen, beim Hissen der Flagge, beim Treuegelöbnis, bei öffentlichen Paraden oder bei den großen Feiern zum Nationalfeiertag am 4. Juli eines jeden Jahres.

Wie kommt das? Der Staatsbürger der Vereinigten Staaten von Amerika wird bereits vom Kindergarten an zu starkem Nationalbewusstsein erzogen. Dies beginnt mit dem allmorgendlichen *Pledge of Allegiance*, einem Treuegelöbnis auf die Fahne der Vereinigten Staaten mit dem die Kinder, die Schüler in der Schule oder die Vereinsmitglieder in ihrem Verein (auch Service Clubs wie Rotary oder Lions u.a) mit Blick zu dem Sternenbanner ihre Verpflichtung zu dem Land, in dem sie leben, dokumentieren. Dabei wird die rechte Hand an das Herz gelegt - zum Zeichen der Treue. Dieser Vorgang ist vielen von dem Abspielen der US-amerikanischen Nationalhymne im Fernsehen von Sportveranstaltungen oder von Staatsempfängen her bekannt. Selbstverständlich fehlt das Sternenbanner in keinem Klassenzimmer in den Schulen des Landes. Das Treuegelöbnis wurde im Jahre 1954 zum Gesctz erhoben. Es lautet:

"I pledge allegiance to the flag of the United States of America, and to the republic for which it stands, one Nation under God, indivisible, with liberty and justice for all"

Mit der Gewöhnung an die zu achtenden und zu respektierenden Symbole des Staates wird von Beginn an bereits jeder junge US-Amerikaner zu einem besonderen nationalen Stolz erzogen. Bis zu dem bekannten *we are the greatest* ist es dann nicht mehr sehr weit. Ist eine solche Erziehung an sich nicht schlecht, so führt sie jedoch bei vielen Menschen in diesem Land zu einem übersteigerten Nationalbewusstsein bis hin zum Chauvinismus. Dieser Chauvinismus kommt immer dann zum Tragen, wenn sich die U.S.A. auf der Weltbühne besonders exponieren. Dieses konnte man z.B. während der Zeit der beiden Golfkriege feststellen; manch ein anderer empfand das als unerträglich.

Das übersteigerte Nationalbewusstsein mag vielleicht auch daran liegen, dass in den USA alles sehr schnell und sehr stark verallgemeinert wird: es wird schwarz-weiß gesehen: es gibt nur die *bad guys* und die *good guys*. Die US-Amerikaner sind natürlich immer die Guten. Getragen von dem bereits beschriebenen unglaublichen Missionsgedanken, fühlt man sich den anderen Nationen gegenüber überlegen und will das US-amerikanische Wesen missionieren. Die USA fühlen sich denn auch als die Wiege der Demokratie; dabei wissen die wenigsten Amerikaner, dass die Demokratie bereits in Griechenland, fast 2000 Jahre vor der Gründung der USA begründet worden ist!

„Wenn man die Polit-Shows in Amerika sieht, die Parteitage in den gewaltigen Arenen kurz vor einer Wahl, wo die Präsidentschaftskandidaten gekürt werden, was alle vier Jahre über 100 Millionen Dollar an Steuergeldern kostet, die riesige Bühne, die gigantische Videoleinwand, die übertriebenen Gesten, die pathetischen Reden, dass Fahnenmeer, der Ballonhimmel, überall rot-weiß-blau, und dazu den ohrenbetäubenden, sinnlosen Jubel, dann ist es leicht zu verstehen, warum diese Bilder in der übrigen Welt nicht selten Beklemmung und Befremden auslösen. Das Ganze läuft unter der Überschrift „Patriotismus", der einem fast religiösen Fanatismus gleicht. Solche Veranstaltungen sind so emotionsgeladen wie Gottesdienste. Der Vergleich ist gar nicht schlecht, denn Amerikaner glauben ebenso sehr an die Verfassung wie an die Bibel, und die Amtseinführung ihres Präsidenten steht der des Papstes in nichts nach. Es gibt auch eine Bezeichnung dafür: „Zivilreligion". Damit ist gemeint, dass die US-Amerikaner ihre tief verwurzelte Religiosität auf ihr Land übertragen haben. Sie glauben an ihre Nation und das in einer Art und Weise wie wohl kaum eine andere Nation weltweit.

Das US-amerikanische Volk hegt mehr als andere die Überzeugung, dass das Land ihnen gehört und nicht etwa irgendeinem gottgegeben Fürsten. Die US-amerikanische Verfassung beginnt mit den Worten: *We the people.* Damit meinte man das genaue Gegenteil von der damaligen europäischen Vorstellung von Staat. Dort im Europa jener Epoche flossen die Entscheidungen von oben nach unten und die Obrigkeit trug für das Volk Sorge. In den USA sollte und wollte das Volk die Verantwortung für den Staat tragen.

Nicht nur die US-amerikanischen Gründerväter hatten das Gefühl, das Land gehöre Ihnen (egal, was die Indianer dazu sagten), auch den Millionen von Einwanderern, die ihnen folgten, erging es so. Die USA waren für sie nicht bloß eine adelsfreie Zone, das Land war auch ein junger, noch ungefährdeter Staat, an dem jeder mit basteln durfte. Schwer vorstellbar dagegen, dass ein deutscher Liedermacher ein Lied über sein Land schreiben würde, in dem es heißt: *This land is your land, this land is my land,* wie Woody Guthrie 1940 in seinem beliebten Protestsong sang".[218]

Wie viele andere Nationen auch, so halten die US-Amerikaner den Stolz aufs eigene Vaterland für ein gesundes, ein menschliches Bedürfnis. Ähnlich dem Bedürfnis nach religiösen Empfindungen. Der offen zur Schau gestellte Patriotismus hat in den USA eine wichtige Funktion: er fungiert als gesellschaftlicher Klebstoff. Die USA sind ein höchst diverses Land. 5.000 Kilometer liegen zwischen der Atlantik- und der Pazifikküste. 2.500 Kilometer sind es von der Grenze mit Kanada im Norden bis zur Südspitze von Texas. Die hier lebenden 323 Millionen Bürger (2016) haben verschiedene Hautfarben, sie selbst oder ihre Vorfahren sind aus verschiedenen Kontinenten eingewandert und stammen aus unterschiedlichen Ethnien. In den Neuenglandstaaten denken die Bürger zumeist ganz anders als in Texas oder in Alaska.

Am 4. Juli eines jeden Jahres feiern die USA bekanntlich höchst patriotisch ihre Unabhängigkeit, aus deutscher Sicht etwas übertrieben. Nach dem verlorenen Krieg und der Umerziehung nach 1945, nach dem demokratischen Urknall im Jahre 1949 sind die Deutschen hinsichtlich Patriotismus und Nationalismus verschreckt. Etwas weniger von beidem in den USA und ein etwas mehr von beidem in Deutschland könnte beiden Nationen gut tun.

Bei der Frage Patriotismus und Nationalismus geht Europa – bei allen nationalen Eigenheiten – einen anderen Weg: das europäische Haus wird seit der Gründung der EG im April 1951 immer weiter gebaut; die Nationen geben immer mehr nationale

---

[218] *Hansen, Eric T.: Die ängstliche Weltmacht, S. 86-87*

Aufgaben an „Brüssel" ab, sie verzichten auf immer mehr nationale Kompetenzen und ordnen diese dem Ganzen unter.

Anders in den USA. Gut ist was den USA nützt. Diese nationale oder oft nationalistische Haltung ist weit verbreitet. Sie ist in der gesamten Administration in Washington verbreitet, gleich ob die Republikaner oder die Demokraten den Präsidenten stellen oder über die Mehrheit im Repräsentantenhaus oder Senat verfügen. Sie ist gerade auch in der US-Justiz stark verbreitet. Gerichte in den USA interessieren sich keineswegs nur für Dinge, die sich im eigenen Lande abgespielt haben. Werden die Aktien eines Unternehmens an der New Yorker Börse gehandelt oder betreibt ein Konzern ein großes US-Geschäft, dann reicht das US-Richtern oft aus, um sich für zuständig zu erklären.

Den langen Arm der US-Justiz bekommen vor allem die Banken zu spüren, in der Schweiz die UBS und Credit Suisse, in Frankreich die BNP-Paribas oder in Deutschland Commerzbank und Deutsche Bank: alle sind im Visier der US-Justiz: Gerät eine europäische Firma erst einmal in die Mühlen der US-Justiz, reiht sich meist eine böse Überraschung an die andere. Ein auf Schadenersatz verklagtes Unternehmen muss der Gegenseite praktisch alle internen Informationen liefern, die von Interesse sein könnten. Ein Verweis auf deutsches Datenschutzrecht hilft dabei nichts. Bei der Zeugenbefragung geht es weiter: Formal kann die US-Justiz nur im eigenen Land ermitteln, für alles andere bräuchte sie ein Rechtshilfeersuchen. Aber darum schert man sich in der Praxis wenig. US-Gerichte zwingen deutsche Konzerne regelmäßig, Mitarbeiter einzufliegen oder in Europa durch US-Juristen befragen zu lassen. Weigert sich ein Unternehmen, hat es schlechte Karten im Prozess. Es werden Schadenersatzsummen oder Bußgelder aufgerufen, die in Europa undenkbar sind. Die Credit Suisse musste sich in der Steuer-Causa selbst für schuldig erklären und 2,6 Milliarden Dollar Strafe zahlen. Die Schweizer Privatbank Wegelin brach unter den Attacken aus Washington gar zusammen. Auch das juristische Nachspiel der Finanzkrise wurde für europäische Banken in den USA viel teurer als in Europa. Die Deutsche Bank zahlte 1,4 Milliarden Dollar, um die heikelsten Punkte beim Handel mit Ramschhypotheken per Vergleich zu entschärfen. Was ausländischen Unternehmen schadet, nützt der eigenen US-Wirtschaft.

Eine Neun-Milliarden-Dollar-Strafe musste BNP-Paribas für Verstöße gegen US-amerikanische Wirtschaftssanktionen, vor allem im Handel mit dem Sudan zahlen. Aber muss sich eine französische Bank daheim in Frankreich an US-Gesetze halten? Ja, sagten die US-Juristen und führten eine verblüffende Logik ins Feld: die *Deals* seien in Dollar abgewickelt worden, damit unterlägen sie US-Recht. BNP-Paris fügte sich.[219]

Ein anderes, aktuelles Beispiel ist der VW-Abgasskandal. Dem Konzern werden der Einsatz von Betrugssoftware und Verstöße gegen das Klimaschutzgesetz vorgeworfen. VW hat den Sachverhalt inzwischen zugegeben und erwartet nun Strafen in Milliardenhöhe. Genannt sein können hier auch die Ermittlungen des US-Justizministeriums gegen die FIFA in der Schweiz.

Résumé

Nationalismus und Patriotismus haben dazu beigetragen, den US-Amerikanern Sicherheit und Wohlstand zu bescheren. Nationalismus und Patriotismus werden den Bürgern aber auch gezielt von der Wiege bis zur Bahre vermittelt und somit als völlig natürlich empfunden. Diese Einstellung stärkt zwangsläufig Selbstwertgefühl und Überlegenheitsdenken.

Patriotismus und Nationalismus in der US-amerikanischen Version soll Freunden, Verbündeten und Gegnern verdeutlichen, wie überlegen man gegenüber ihnen ist: sie verdeutlichen den anderen Nationen die führende Rolle der USA als Weltmacht. Der zur Schau gestellte Nationalismus und der ausgeprägte Patriotismus machen die USA und ihre Menschen in der Weltöffentlichkeit aber nicht unbedingt sympathischer und tragen somit zu dem weit verbreiteten Anti-Amerikanismus bei.

---

[219] *Welt am Sonntag vom 13.7.2014*

Kapitel 17

Die Demokratie in den USA

Die wörtliche Übersetzung der beiden griechischen Worte *demos* und *kratia*, also von Demokratie ist "Staatsherrschaft des Volkes". Demokratie ist ein politisches Prinzip, nach dem das Volk durch freie Wahlen an der Machtausübung im Staat teilhat, es ist ein Regierungssystem, in dem die vom Volk gewählten Vertreter die Herrschaft ausüben.

Als frühestes Beispiel einer Demokratie in der Geschichte wird die antike attische Demokratie angesehen, die nach heftigem Ringen des Adels und der Reichen mit dem einfachen Volk errichtet wurde.

Das älteste handgeschriebene Gesetzbuch, die älteste Verfassung der Welt stammt aus dem Jahr 1295 und wurde in San Marino geschrieben.[220]

Die Vereinigten Staaten von Amerika reklamieren für sich zu Recht die älteste Verfassung der Moderne, die am 17. September 1787 verabschiedet wurde und die die politische und rechtliche Grundordnung in den USA festlegt.

Die Bevölkerungsentwicklung dieser ersten Demokratie der Neuzeit ist sehr eindrucksvoll. Die Zahlen sind in Millionen Einwohnern zu lesen.

1800	1850	1900	1950	2000	2010	2012	2014	2016	2017
5	23	74	150	281	309	314	319	323	325

Die älteste Verfassung der Moderne in Europa ist die polnische Verfassung, die am 3. Mai 1791 von Sejm und Senat in Warschau als Regierungsgesetz verabschiedet wurde.

Die Verfassung

Die Verfassung der Vereinigten Staaten von Amerika gilt vielen Ländern der Welt besonders mit ihren Grundrechten (*Bill of rights*) heute noch als Basis. Sie ist oberstes Gesetz des Landes, das vom Obersten Gerichtshof (*Supreme Court*) interpretiert wird. Dieser kann Gesetze des Parlamentes (*Congress*) als nicht mit der Verfassung

---

[220] *https://de.wikipedia.org/wiki/San_Marino*

übereinstimmend verwerfen. Den Kern der Verfassung bilden ursprünglich nur 7 Artikel:

- Artikel 1   Gesetzgebende Gewalt (Legislative)
- Artikel 2   Ausführende Gewalt (Executive)
- Artikel 3   Rechtsprechende Gewalt (Judikative)
- Artikel 4   Föderale Struktur
- Artikel 5   Verfassungsänderungen
- Artikel 6   Rechtsstruktur
- Artikel 7   Ratifizierung

Diese Verfassung hat seit ihrer Ratifikation in 1787 lediglich 18 Veränderungen erfahren. Sie wurde mit diesen Veränderungen jedoch um 27 neue Artikel erweitert und durch Grundsatzurteile des Obersten Gerichtshofs in ihrer Bedeutung und Auslegung an die sich verändernden historischen Umstände angepasst (Anhang B).

Die Bestimmungen über die Rechte der Einzelstaaten waren lange umstritten; eine ursprüngliche Verfassung wurde zugunsten einer stärkeren Zentralgewalt abgeändert. So kam es über das Recht der Einzelstaaten, sich von der Union zu trennen, 1860 zum Bürgerkrieg; Parteien wurden nicht erwähnt, Indianer wurden bewusst ausgeschlossen. Das Problem der Sklaverei wurde ausgeklammert. Schwarze wurden aber indirekt bei Wahlen mitgezählt.

Die Grundrechte kamen erst im Jahre 1791 als Zusatz (*Amendments*) hinzu. Ihre Auslegung steht besonders seit den 60er Jahren des 20. Jahrhunderts in der öffentlichen Diskussion; seitdem geht es immer wieder um die Persönlichkeitsrechte des Einzelnen: Rechte des Angeklagten auf ein faires Verfahren, Abgrenzung der Intimsphäre, Bürgerrechte von Minoritäten und Benachteiligten. Es geht um Presse- und Redefreiheit, Trennung von Staat und Religion. Aktuelle heiße Diskussionen in den letzten Jahren, wie die um Abtreibung, Sterbehilfe, Kauf und Besitz von Feuerwaffen oder Ehe von Homosexuellen fallen unter diese Überschriften.

Insgesamt ist die US-amerikanische Verfassung jedoch flexibel an die neuen Zeiten durch weitere Zusätze wie Wahlrecht für Schwarze, Frauen oder 18-jährige angepasst worden. Die Verfassung ist im Lande selbst sehr lebendig und jeder kennt seine Rechte und zitiert die Verfassung vielfach mit offener Verehrung.

Interessant ist die Tatsache, dass die Verfassung der Hauptstadt Washington (*District of Columbia*) keinen Status als Bundesstaat zubilligt. Das führt zu der merkwürdigen Konstellation, dass ein jeder Bürger der USA durch seinen Senator im Senat vertreten ist, nicht jedoch der Bewohner der Hauptstadt.

Capitol Hill

Der Hügel in Washington, auf dem sich das Capitol befindet, also *Capitol Hill*, steht oft übertragen für die Legislative, das Parlament. In diesem Gebäude tagen die beiden Häuser des US-amerikanischen Parlamentes: das Repräsentantenhaus (*house of representatives*, oft kurz nur *house* genannt) und der Senat (*senat*).

Das *house* ist die 1. Kammer des Kongresses und besteht aus 435 Volksvertretern, die jeweils auf 2 Jahre gewählt werden. Sie heißen *congressman/congresswoman* und gehören entweder der Demokratischen oder der Republikanischen Partei an. Hier im *house* nehmen die meisten Gesetzesvorlagen ihren Anfang. Steuergesetze müssen im *house* eingebracht werden. Es gelten die „englischen" Höflichkeitsregeln, die persönliche Anrede eines Abgeordneten verbieten. Den Vorsitz führt der *Speaker* des Repräsentantenhauses.

Der Senat ist die 2. Gesetzgebungskammer des US-amerikanischen parlamentarischen Systems. Er besteht aus je 2 gewählten Vertretern der 50 Bundessaaten. Die Senatoren werden für jeweils 6 Jahre in ihrem Bundesstaat nach dem Mehrheitswahlrecht gewählt, alle 2 Jahre wird ein Drittel des Senats durch Wahlen erneuert. Die Mitglieder sind nicht an die Weisungen ihres Bundesstaates gebunden. Gesetze müssen sowohl vom Senat als auch vom Repräsentantenhaus gebilligt werden, eventuell durch Kompromisse zwischen beiden, bevor sie offiziell vom Kongress zum Präsidenten weitergegeben werden. Der Senat hat vor allem in der Außenpolitik eine wichtige Rolle, denn nur mit Zustimmung des Senates kann der Präsident internationale Verträge schließen.

Die Parteien

In der amerikanischen Verfassung sind Parteien nicht erwähnt; sie kamen erst in der 2. Amtszeit von George Washington auf. Heute gibt es zwei große politische Parteien: Die Demokratische Partei (Symbol: ein Esel) und die Republikanische Partei (GOP = *The Grand Old Party*. Symbol: ein Elefant). Andere Parteien haben wegen des reinen Mehrheitswahlrechtes kaum eine Chance bei Wahlen, obwohl es immer wieder Versuche von unabhängigen Kandidaten gegeben hat. Da bei den Wahlen Personen und aktuelle Themen im Vordergrund stehen, müssen unabhängige Kandidaten über kein verbindliches Parteiprogramm verfügen. Der einzelne Kandidat stützt sich dabei mehr auf lokale Interessengruppen und ihre finanzielle Unterstützung als auf Parteigelder. So hat der unabhängige Kandidat Ross Perot am 3. November 1992 mit dem Einsatz seines eigenen Geldes und mit plakativen Fernseh-Werbesendungen einen Stimmenanteil von rund 19 % erhalten - aus dem Stand heraus! Diese 19% waren insbesondere zu Lasten von George Bush I gegangen und haben den Sieg von Bill Clinton erst möglich gemacht.

Im Parlament hält die Fraktion seltener zusammen, weil unterschiedliche Wiederwahltermine und lokale Interessen wichtiger sind als die Übereinstimmung mit der eigenen Partei. Es ist Tradition, dass Gesetze durch Zugeständnisse und Kompromisse zustande kommen und nicht durch Fraktionszwang. Parteien dienen hauptsächlich zur Aufstellung von Kandidaten für Wahlen.

Diese Tatsachen begründen vielleicht auch das unterschiedliche Demokratieverständnis der US-Parlamentarier zu denen in Deutschland. Zwei Beispiele mögen dies veranschaulichen.

Erstes Beispiel: Als Präsident George Bush I zu Beginn des Jahres 1991 den Einsatz von starken Heeresverbänden gegen Saddam Hussein befehlen wollte, debattierten beide Kammern des Parlamentes vom 10. - 12. Januar 1991 über die Frage, ob der Präsident hierzu autorisiert werden sollte. In einer auf hohem Niveau stehenden 3-tägigen Debatte stimmten *senat* (52 zu 47) und *house* (250 zu 183) dem Einsatz zu. Die Diskussion wurde ausgesprochen kontrovers, sehr emotionell und mit viel Sachverstand geführt. Dies gilt für beide Seiten, Gegner wie Befürworter. Als das Ergebnis feststand, schlossen sich alle Parlamentarier hinter ihrem Präsidenten zusammen und unterstützten ihn bei der Durchsetzung des vom Parlament mit Mehrheit beschlossenen Einsatzes US-amerikanischer Soldaten im Bodenkrieg gegen den Irak. Demokratieverständnis!

Zweites Beispiel: Am 20. Juni 1991 stimmte der Deutsche Bundestag nach einer emotionalen langen Debatte für die Verlegung des Regierungssitzes von Bonn nach Berlin (338 zu 320). Das Ergebnis wurde von all denen, die für Bonn argumentiert und gestimmt hatten jedoch zunächst einmal nicht angenommen: der Kampf begann jetzt erst recht. Die "Verlierer" mobilisierten alle denkbaren Kräfte, um den demokratisch herbeigeführten Parlamentsbeschluss nachträglich zu hintergehen. Ein Ergebnis ist das „Bonn-Berlin-Gesetz", nachdem auch heute noch die Hälfte der Bundesministerien ihren Erstsitz in Bonn und nur einen Zweitsitz in Berlin hat. Für die andere Hälfte der Ministerien ist es umgekehrt. Demokratieverständnis?

Die Regierung

Die Regierung besteht auf Bundesebene wie auch beim Einzelstaat aus jeweils einer Person, dem Präsidenten bzw. dem Gouverneur. Die Verfassung sieht kein Kabinett vor. Die Minister, die in den USA *Secretary* heißen, sind Mitarbeiter des Präsidenten, sie bilden den Kern der *Administration*. Man spricht daher von der *Reagan-Administration* oder der *Obama-Administration*. Die Minister sind dem Präsidenten persönlich verantwortlich und ergeben. Für die Ernennung der Minister benötigt der Präsident zwar in jedem Falle die Bestätigung des Senats, er kann sie jedoch jederzeit als Leiter eines Ministeriums absetzen.

Der Senat hört einen jeden Ministerkandidaten - wie auch jeden Kandidaten für das Oberste Gericht - in einer öffentlichen Anhörung (*Hearing*) an, bevor er einem Kandidaten zustimmt. Bei diesen Anhörungen dringen die Senatoren zum Teil sehr tief in die persönliche Sphäre eines Jeden ein. Da diese Anhörungen öffentlich sind, spielen die Massenmedien eine nicht unbedeutende Rolle bei der Auswahl eines Ministers oder obersten Richters in den USA. So fiel in der Clinton-Administration zum Beispiel der erste Kandidat für das Amt des Verteidigungsministers, der demokratische Politiker Les Aspin, bei der Anhörung durch. In 1992 beschäftigten sich die Massenmedien über Monate hin mit dem *Hearing* für den neuen Obersten Richter Clarence Thomas, den einzigen Schwarzen in dem Obersten Gerichtshof. Er musste über Monate einen „persönlichen und geistigen Striptease" durchführen, bei dem ihm eine frühere Sekretärin angeblich wegen sexueller Belästigung belastete. Die öffentliche Behandlung dieses Mannes war überaus entwürdigend und hatte nur negative Auswirkungen auf die Autorität dieses schließlich doch zum obersten Richter gewählten Staatsrechtlers.

Ein anderes Problem ist die Auswechslung der Administration bei dem Präsidentenwechsel. Wenn der Präsidentenwechsel zudem mit dem Machtwechsel von einer Partei zu der anderen verbunden ist, dann haben in Washington Tausende von bisherigen Mitgliedern in der Regierung ihre Arbeit verloren. Neue Männer und Frauen treffen ein. Sie sind fast ausnahmslos aus dem Bundesstaat oder zumindest aus dem Umfeld des neuen mächtigsten Mannes der Welt. Dieses Auswechseln geht hinunter bis in die Ebenen der Sachbearbeiter und Sekretärinnen. Es wird von daher verständlich, dass eine neue Administration zunächst einmal eine längere Anfangsphase benötigt, als eine solche, die sich im Unterbau der Ministerien auf die Expertise von Berufsbeamten abstützen kann.

Die Auswechslung der neuen „Herrscher" schließt oft auch den Wechsel von Botschaftern mit ein. Dabei muss der neue Botschafter nicht unbedingt Diplomat sein, er kann ebenso ein Businessmann oder ein Freund oder Geldgeber des neuen Präsidenten sein. Nach dem Wechsel im *Oval Office* werden immer wieder Botschafter abberufen, ihre Nachbesetzung unterbleibt dann oft für mehrere Monate. So waren im Juni 2017 insgesamt 73 Botschafterposten der USA weltweit unbesetzt, der in Berlin von Januar bis September 2017.

Wichtig für einen jeden Präsidenten sind seine Berater. Wählt er sich richtige, gute Berater aus, so ist er ein vermeintlich starker Präsident. Ronald Reagan wird dieses nachgesagt. Er hat offensichtlich gute Leute um sich geschart. Jimmy Carter hingegen hat sich - so z.B. nach Auffassung des früheren Deutschen Bundeskanzlers Helmut Schmidt in seinem Buch „Menschen und Mächte" - insbesondere mit seinem

Sicherheitsberater Zbigniew Brzeziński mit einem völlig ungeeigneten Mann umgeben.

Der Präsident

Im Regierungssystem der USA ist der Präsident die einzige von der ganzen Nation gewählte Persönlichkeit; er ist zugleich die einzige Instanz, die gesamtstaatliche Ziele festlegt. Andere Institutionen können zwar Erklärungen zur Außenpolitik abgeben, doch nur der Präsident kann sie über einen längeren Zeitraum hinweg in die Tat umsetzen. Der Kongress als gesetzgebende Körperschaft neigt dazu, komplexe Probleme in eine Reihe von Einzelfragen zu zerlegen, die er dann durch Kompromisse zu lösen sucht. Die Medien können zwar eine politische Linie empfehlen, gleichwohl sind sie nicht in der Lage, die Feinheiten der von Tag zu Tag neu zu treffenden Entscheidungen zu berücksichtigen; und doch besteht das Wesen der Außenpolitik gerade darin, derartige Feinheiten aufzunehmen und in langfristige Vorhaben eingehen zu lassen.

Der Präsident der Vereinigten Staaten von Amerika hat eine völlig andere Position als z.B. der Deutsche Bundespräsident. Er ist Staatsoberhaupt und Regierungschef in einem. Er ist zudem Oberbefehlshaber der Streitkräfte, *Commander-in-Chief,* wie es die US-Amerikaner nennen. Als solchem steht ihm auch die alleinige Führung der Streitkräfte zu. Das wurde in dem ersten Golfkrieg (Irak-Krieg 2) 1991 bei dem direkten unmittelbaren Befehlsstrang zwischen dem Präsidenten George Bush I und dem Befehlshaber vor Ort, in diesem Falle General Norman Schwarzkopf, deutlich. Der Präsident allein verfügt über den Einsatz von Atomwaffen. In all diesem steckt eine ungemeine Machtfülle und wohl zu Recht wird der amerikanische Präsident häufig als der mächtigste Mann der Welt bezeichnet.

Der Präsident kann zweimal auf jeweils 4 Jahre gewählt werden. Eine dritte Amtsperiode ist nicht zulässig. Er ist die einzige Person der Exekutive, die gewählt wird - in einer Art indirekter Wahl über das Wahlmänner-Gremium (*electoral college*), eine Wahl, die von den US-Amerikanern jedoch als eine Volkswahl verstanden wird. Voraussetzung für einen Präsidentschaftskandidaten ist, dass er in den USA gebürtig, mindestens 35 Jahre alt und bereits 14 Jahre in den USA ansässig ist. Der Präsident ist dem Kongress gegenüber nicht verantwortlich, kann also nicht durch eine Abstimmung im Parlament abgelöst werden. Dieses ist nur per Anklage wegen Amtsmissbrauches (*impeachment*) möglich. Der Präsident ernennt mit Zustimmung des Senats die Minister, die Bundesrichter und die Vorsitzenden der Bundesbehörden. Er kann im nationalen Interesse Streiks aussetzen, leitet die auswärtige Politik und vertritt das Land nach außen.

Der Präsident der USA kann zwar keinen Krieg beginnen. Er kann aber per *executive order* überall in der Welt Truppen in „Militäraktionen" einsetzen. Tatsächlich waren fast alle wesentlichen Kriege, die die USA nach Ende des 2. Weltkrieges geführt haben, offiziell nur Militäraktionen: Korea (1950), Vietnam (1964), Libanon (1958 und 1983), Dominikanische Republik (1965), Grenada (1983), Irak (1990/1991), Libyen (2011) oder Syrien (2015, 2017).

Auf die Gesetzgebung kann der Präsident durch die Erstellung des Haushaltes sowie als Parteivorsitzender über die Abgeordneten Einfluss nehmen. Das Vetorecht gibt ihm zusätzliche Einflussmöglichkeiten.

Durch viele Affären und Skandale hat das Präsidentenamt in den 70er und 80er Jahren gelitten (Nixon, Carter, Reagan) und damit dem Wunschbild der US-amerikanischen Bürger nach einem sauberen und mächtigen Präsidenten etliche Schrammen versetzt. Clinton mit Monica Lewinski, Bush II mit den Lügen vor der UNO und Trump mit seinem Auftreten entsprechen diesem Wunschbild ebenso wenig.

Betrachtet man die Geschichte nach dem Kriege, so kann man den Eindruck gewinnen, dass jeder Präsident, um nicht als Schwächling oder als Feigling in die Geschichte einzugehen, schon bald nach Amtsantritt einer militärischen Aktion zustimmte. Als Beispiel mögen genannt sein: Johnson und Vietnam, Reagan und Grenada; Bush I und Irak, Clinton und Jugoslawien, Bush II und Afghanistan oder Obama und Libyen wie auch Syrien.

Das Wahlrecht

Amerikaner gehen oft zur Wahl. Sie wählen lokale Beamte, Richter, Staatsanwälte, Schulbehörde und Abgeordnete, stimmen ferner inhaltlich in Volksentscheiden über lokale Steuern, Schulbuchinhalte usw. ab. Die Wahlbeteiligung ist - vielleicht wegen der Häufigkeit der Wahlen, die zudem an Werktagen stattfinden - sehr gering. Sie liegt kaum über 50 %.

Afro-Amerikaner durften bis 1965 an Wahlen nur teilnehmen, wenn sie vorher einen Lese- und Rechtschreibtest abgelegt hatten. Zwar gab es schon Gesetze, die es Afro-Amerikanern gestatten sollten, an Wahlen teilzunehmen. Aber die Teilnahme an der Wahl war, anders als bei Weißen, eben an Bedingungen geknüpft. Erst durch einen von Martin Luther King organisierten Marsch wurde der Druck auf die Politik so groß, dass die Verfassung der USA erweitert wurde und auch Afro-Amerikaner bedingungslos wählen durften.

Das Wahlalter wurde im Jahre 1972 auf 18 Jahre herabgesetzt. Es gilt allgemein das reine Mehrheitswahlrecht, was die beiden großen Parteien begünstigt und was auch in Deckung ist mit dem in der tiefsten Seele verinnerlichten US-amerikanischen Glauben, dass sich immer nur der Stärkste durchsetzt.

Mit dem Wahlrechtsgesetz von 1965 soll eine gleiche Beteiligung von Minderheiten, besonders Afro-Amerikanern, bei US-Wahlen gewährleistet werden. Mit dem am 6. August 1965 von den damaligen Präsidenten Lyndon B. Johnson unterzeichneten Gesetz wurden die genannten diskriminierenden Alphabetisierungstests für potenzielle Wähler abgeschafft. Das Gesetz verbietet Manipulation durch Verschiebung der Wahlkreisgrenzen, wenn es Minderheiten benachteiligte, es zentralisiert die Wählerregistrierung auf Bundesebene in Gegenden, in denen weniger als 50 % der Einwohner registrierte Wähler leben und gibt dem US-Justizministerium diverse Kontrollrechte über das Wahlgesetz in Gegenden, in denen Afro-Amerikaner mehr als fünf Prozent der Bevölkerung stellen.

Das Wahlrecht für Straftäter

Einer großen Zahl von US-Bürgern ist die Stimmabgabe bei Wahlen grundsätzlich untersagt. Bei den letzten Präsidentschaftswahlen handelte es sich um knapp 6 Millionen Häftlinge und Freigelassene. In allen Staaten, außer Maine und Vermont, dürfen Häftlinge nicht wählen.

In Virginia, wie auch in Florida und Iowa, können Ex-Häftlinge nach einer bestimmten Anzahl von Jahren beim Gouverneur einen Antrag für die Wiederherstellung ihrer Rechte stellen. Dennoch dürfen einige auch nach 30 Jahren seit ihrer Verurteilung nicht abstimmen. Im Bundesstaat Florida gab es bei der Präsidentenwahl im Jahre 2010 ungefähr 1,5 Millionen und in Virginia 451.000 Häftlinge und ehemalige Häftlinge.

Bill Clinton schreibt über seine Zeit als Governor in Arkansas: „Besonders wichtig war mir, dass es mir gelungen war, die erforderlichen drei Viertel beider gesetzgebenden Kammern zur Änderung des Wahlgesetzes zu bewegen, um verurteilten Straftätern nach Verbüßung ihrer Strafe wieder das Wahlrecht zuzugestehen. Meiner Meinung nach mussten einem Straftäter, der seine Schuld gesühnt hatte, alle Bürgerrechte zurückgegeben werden. Bedauerlicherweise sind die Bundesregierung und die meisten Einzelstaaten mehr als 25 Jahre später immer noch nicht dem Beispiel von Arkansas gefolgt".[221]

---

[221] *Clinton, Bill: Mein Leben, S. 385-386*

Dies alles sind Stimmen, die laut Experten die Wahlen wesentlich beeinflussen können.

Die Präsidentschaftswahlen

„Die Präsidentschaftswahl erfolgt indirekt über ein Wahlmännergremium, beteiligt aber die Bevölkerung über ein Jahr lang bereits vor der eigentlichen Wahl am Wahltag durch Auswahl der Kandidaten in den Versammlungen (*caucus*) und in den Vorwahlen (*primary*). Die Wahlbenachrichtigung erfolgt nicht automatisch; wählen darf nur, wer sich vor einer Wahl als Demokrat, Republikaner oder als Unabhängiger eingeschrieben hat. Die Wahl selbst ist geheim.

Dieses Wahlverfahren mit der notwendigen vorherigen Eintragung in das Wahlregister und der geringen Wahlbeteiligung führt bei vielen Demokraten anderer Länder zu Erstaunen. Als Beispiel für die Fragwürdigkeit dieses Wahlsystems soll die Präsidentschaftswahl im Jahre 1992 betrachtet werden.

Bei dieser Wahl lag die Wahlbeteiligung bei 56 %. Bill Clinton erhielt 43 %, George Bush I 38 % und der unabhängige Kandidat Ross Perot 19 % der abgegeben Stimmen von den Bürgern, die sich vorher in das Wählerverzeichnis eingetragen hatten. Macht man nun eine Rechnung auf, so ergibt sich das folgende Bild:

Bevölkerung der USA in 1992	253.000.000	100%
Wahlberechtigt	209.000.000	83%
in Wählerverzeichnis eingetragen	158.000.000	75% der Wahlberechtigten
Wahlbeteiligung	88.000.000	56% der Eingetragenen
Bill Clinton	38.000.000	43% der, die an der Wahl teilgenommen haben
George Bush	33.500.000	38% der, die an der Wahl teilgenommen haben
Ross Perot	16.750.000	19% der, die an der Wahl teilgenommen haben
Wähler für Bill Clinton	38.000.000	15,01% der US-Bevölkerung 18,18% der Wahlberechtigten

Diese Zahlen geben ein erstaunliches Bild über die Anzahl von Amerikanern, die ihren 42. Präsidenten in sein Amt gewählt haben. Wenn man dann noch die Vorgeschichte zur Wahl im Jahre 1991 betrachtet, wird das Ergebnis noch abenteuerlicher. Schauen wir zurück. Im Jahre 1991 lag Präsident George Bush I in der Popularität der Amerikaner bei über 85 %. Er befand sich im Zenit seiner Amtsperiode und hatte eine niemals vorher erzielte Popularität erreicht. Der Grund war der IRAK-Krieg 2. Bush hatte den US-Amerikanern gezeigt, dass die USA als die allein verbliebene Weltmacht den *good guys* in ihrer Not helfen und den *bad guys* zeigen, was die USA vermögen. Das Vietnam - Syndrom konnte durch den Sieg gegen die vermeintlich viertstärkste Armee der Welt (Der CIA über Saddam Hussein`s Armee) deutlich abgebaut werden.

In dieser Phase begannen nun Vorwahlen und Auswahl der Kandidaten. Bei den politischen Gegnern, also den Demokraten, sah man das Rennen 1992 bereits gelaufen. Das deckte sich mit den Erwartungen der Republikaner. Die erste Garnitur der demokratischen Politiker wollte sich nicht als „Zählkandidat" gegen den übermächtigen Präsidenten verschleißen und wartete lieber eine Legislaturperiode ab, um dann aussichtsreicher in den Wahlkampf zu ziehen. Zwei Namen können für die damaligen Spitzenpolitiker der Demokraten genannt sein: Gouverneur Andrew Cuomo aus New York und Dick Gebhardt, der Fraktionsvorsitzende im Parlament. So zogen nur zweit- und drittklassige Kandidaten gegen George Bush I ins Feld: Paul Tsongas, ein sehr blasser, unscheinbarer Politiker, Bill Wilder, der schwarze Gouverneur von Virginia oder eben jener Bill Clinton, seit 12 Jahren Gouverneur des Bundesstaates Arkansas, eines Staates, der in allen Statistiken unter den letzten, schwächsten drei Bundesstaaten rangierte.

Das Ergebnis ist bekannt: Durch die von Rezession und Arbeitslosigkeit gebeutelten Amerikaner standen plötzlich nicht mehr die sonst dominierenden außenpolitischen Themen im Vordergrund, sondern die innenpolitischen Themen. Diese hatte George Bush I total vernachlässigt und er verlor.

38 Millionen von damals 253 Millionen US-Amerikanern gaben dem Präsidenten ihr ja; sein Mandat hat Bill Clinton damit nur von 15 % der amerikanischen Gesamtbevölkerung erhalten. Die Stimmen von lediglich 38 Millionen US-Amerikanern reichten bei dem US-Wahlsystem aus, um einen schwachen „zweite - Klasse Politiker" in das höchste Amt der einzig verbliebenen Weltmacht zu heben.

Das Wahlergebnis 1992 zeigt aber auch, wie beeinflussbar der US-amerikanische Wähler ist. Sehr gute PR-Manager, die einen Riecher für ein Thema haben, das *Joe - Sixpack* in seinem Umfeld bewegen könnte, entscheiden die Wahl. Das geht häufig sehr schnell und muss auch nicht unbedingt mit einem objektiv wichtigen Problem für das Land in Zusammenhang liegen. Wichtig ist lediglich, dass der oberflächliche, vom Fernsehen manipulierbare Durchschnittsbürger in den USA anspringt. Der beste Beweis ist der Sturz für George Bush I: von 85 % Popularität zu dem Verlust der

Macht in weniger als einem Jahr! Der US-amerikanische Bürger kann sehr wetterwendisch sein, wenn er wählen soll".[222]

Die Präsidentenwahl 2016 bestätigte dieses wieder einmal: Donald Trump wurde mit 62,8 Millionen Stimmen gewählt. Die unterlegene Hillary Clinton erhielt 65,4 Millionen Stimmen. Die Wahl von Donald Trump war wegen des reinen Mehrheitswahlrechts möglich, obwohl er weniger Stimmen auf sich vereinigen konnte. Letztendlich haben nur 19,4 % der 323 Millionen US-Amerikaner diesen Präsidenten gewählt.

Wahlmanipulation in anderen Ländern wird von jeder US-Regierung immer wieder sehr deutlich und lautstark angeklagt. Doch sind auch die USA nicht frei davon. Ein Beispiel zeigt die Präsidentschaftswahl 2000.

George Bush II erhielt im Bundesstaat Florida offiziell 537 Stimmen mehr als der Kandidat der Demokraten, Al Gore. Aller Wahrscheinlichkeit nach hätten Tausende schwarzer und hispanischer Wähler, denen der Gang zur Urne verwehrt wurde, anders entschieden. Hätten sie George Bush II die Wahl gekostet, wenn sie wählen dürfen? Zweifellos. Die Welt sähe heute anders aus.

„Am Wahlabend herrschte nach Schließung der Wahllokale in Florida große Verwirrung, wie man mit dem Auszählen der Wahlzettel verfahren sollte. Wer hatte nun eigentlich gewonnen? Schließlich wurde vom Verantwortlichen für die Wahlberichterstattung beim *Fox News Channel* „eine Entscheidung getroffen". John Ellis ließ in den Nachrichten verkünden, George Bush II habe Florida und damit die Wahl gewonnen. Und so geschah es. *Fox News Channel* erklärte Bush II offiziell zum Sieger. Aber in Tallahassee, der Hauptstadt von Florida, war die Auszählung noch nicht abgeschlossen; Associated Press (AP) beharrte darauf, dass das Ergebnis noch nicht eindeutig sei, und weigerte sich, die Nachricht von *Fox News Channel* zu übernehmen. Die anderen Sender hatten weniger Skrupel. Kaum hatte Fox den Präsidenten gekürt, folgten Sie dem Sender wie Lemminge, weil sie fürchteten, sonst als langsam oder schlecht informiert zu gelten, und das, obwohl ihre eigenen Reporter vor Ort darauf bestanden, das definitive Ergebniss stehe noch nicht fest.

John Ellis von Fox News Channel ist ein Cousin ersten Grades von George Bush II und dessen Bruder Jeb Bush, Gouverneur von Florida zu dem Zeitpunkt".[223]

---

[222] *Spieker, Hartmut und Ursula Spieker: 4 Jahre USA, eine persönliche Bewertung, S. 48-50*
[223] *Moore, Michael: Stupid White Men, S. 26-27*

Die Justiz

Die Gerichtsbarkeit verläuft in doppelten Instanzen. Bund und Bundesstaaten haben jeweils eine erste Instanz mit ordentlichen Gerichtsverfahren. Die Berufungsinstanzen (im Bund wie im Bundesstaat) sowie die höchsten Instanzen (*Supreme Court* im Bund, *State Supreme Court* in den Staaten) behandeln nur noch Verfahrens- und Grundsatzfragen, die sich aus dem Einzelfall ergeben, nicht aber eine Wiederholung der Verhandlung. Soweit die Bundesverfassung betroffen ist, kann die Revision eines Einzelfalles in einem *State Trial Court* auch direkt vom *U.S. Supreme Court* behandelt werden, muss also nicht durch die Instanzen des Einzelstaates gehen. Bundesgerichte behandeln Bundesangelegenheiten. Auf lokaler Ebene gibt es unterhalb der *Trial Courts* noch eine freiwillige Gerichtsbarkeit, z.B. die Friedensrichter. Sie sind zuständig für kleinere Delikte wie z. B. für falsches Parken.

Etwa 2/3 aller 50 Bundesstaaten haben die Todesstrafe eingeführt, allerdings mit unterschiedlichen Regelungen. An die Stelle des elektrischem Stuhles oder der Gaskammer tritt zunehmend die Giftinjektion. Manche Staaten lassen den Todeskandidaten in der sog. *death row,* dem Todestrakt im Gefängnis, die Wahl. International wird die Praxis der Todesstrafe in den USA, besonders auch die hohe Zahl von Schwarzen im Todestrakt, kritisiert. Die hohe Anzahl Schwarzer und damit eine mutmaßliche Ungleichbehandlung vor dem Gesetz wurde 1987 als Argument gegen die Todesstrafe von dem Obersten Gericht der USA jedoch abgelehnt. Der Gerichtshof hatte im Jahre 1972 die Todesstrafe zwar für verfassungswidrig erklärt, sie jedoch im Jahre 1976 als nicht „grausam und ungewöhnlich" wieder zugelassen. Dabei hatte man die Einschränkung gemacht, dass sie nicht automatisch für bestimmte Verbrechen angesetzt werden darf.

Wie beeinflussbar oder manipulierbar die Gerichtsbarkeit in den USA ist, hat die Weltöffentlichkeit an dem *Rodney King-Prozess* in Los Angeles im Jahre 1991 verfolgen können. Das Geschworenengericht wurde in einen weißen Stadtteil der Stadt verlegt, um bei einer querschnittlichen Auswahl eine mehrheitliche weiße Richterzahl zu erreichen. Er ist symptomatisch für viele andere Fälle. Wenn ein Schwarzer ein weißes Kind vergewaltigt, ist seine Todesstrafe in den meisten Staaten unumgänglich. Ist die Sache umgekehrt, also ein Weißer schändet ein schwarzes Mädchen, so kann der Straftäter davon ausgehen, dass die Auswahl des Geschworenengerichtes schon so ist, dass er mit einer geringeren Freiheitsstrafe davonkommt. John Grisham beschreibt diese Problematik in seinen Romanen „Die Jury" und „Das Geständnis" vorzüglich und ohne Übertreibung.

Die *Pressure Groups*

In den Parlamenten vieler Demokratien - verfügen die *pressure groups* über einen beachtlichen Einfluss. Wie sieht das in den USA aus? In den USA können sich diese

Gruppen aus landsmannschaftlichen, religiösen oder aber aus geschäftlichen Gründen bilden. Nach der Wahl des Präsidenten versteht sich der US-amerikanische Abgeordnete nicht so sehr als der Parteisoldat einer der beiden großen Parteien, sondern er fühlt sich vielmehr den eigenen Leuten im Hintergrund und den eigenen Interessen verbunden. Das führt dazu, dass es seltener Fraktionszwang gibt, dass hingegen aber die Vertretung der Interessen der eigenen Heimatstadt oder des Heimatstaates oder aber der Religionszugehörigkeit schwerer wiegt. So wurde, wie bereits erwähnt, bei der sehr eindrucksvollen Debatte zum Kriegsbeginn gegen den Irak in beiden Kammern quer durch die Fraktionen argumentiert und abgestimmt. Auf der anderen Seite sind die Abgeordneten vornehmlich auch Interessenvertreter. Als Beispiel mag hier das im Parlament beschlossenen *Brown-Simon-Amendment* gesehen werden. Hier haben zwei Abgeordnete, die sich der polnischen Wählerschaft in ihren Wahlkreisen besonders verpflichtet fühlten, eine Verbesserung der Bedingungen Polens für den Zugang zu Markt und Technologie in den USA.

Eine besonders aktive und *erfolgreiche Pressure Group,* wenn auch nicht so im Parlament vertreten, sind die Juden, von denen ein sehr großer Anteil zu der Oberschicht vornehmlich der Ostküste gehört. Sie sind über die Finanzwelt der Wallstreet, über die Medien, aber auch über die jüdische Weltorganisation ausgesprochen einflussreich.

Einfluss haben schließlich all die wesentlichen Clubs, die sich gebildet haben; oft auch als „Alte Herren" Clubs von Elite-Universitäten wie MIT, Harvard, Yale, Stanford etc. Die Clubhäuser in New York an oder nahe der 5th Avenue legen ein Zeugnis davon ab.

Die USA und die Internationale Gerichtsbarkeit

Im Jahre 1946 wurde aufgrund der Satzung der Vereinten Nationen der Internationale Gerichtshof ins Leben gerufen. Auf der Basis des UN-Statutes hat er sich eine Verfahrensordnung gegeben. Als Sitz wurde Den Haag in den Niederlanden gewählt. Das Gericht besteht aus fünfzehn von der UNO-Vollversammlung und dem UN-Sicherheitsrat für fünf Jahre gewählten Richtern. Das Gericht entscheidet in durch Klage anhängig gemachten Streitverfahren zwischen souveränen Staaten und in Gutachterverfahren auf Antrag der verschiedenen Organe der Vereinten Nationen oder ihrer Sonderorganisationen.

Durch den Beitritt in die UNO nimmt ein Staat automatisch auch das Statut des Internationalen Gerichtshofes an. Daraus ergibt sich, dass dem entsprechenden Staat der Zugang zum Gericht offen steht. Jedoch setzt die Unterwerfung unter dessen Gerichtsbarkeit eine besondere Vereinbarung oder gegenseitige Unterwerfungserklärung voraus, die allgemein oder für einzelne Streitsachen erfolgen und auch durch einen Vorbehalt eingeschränkt werden kann. Die Entscheidungen des internationalen Gerichtshofes sind zwischen den jeweils streitenden Parteien bindend.

Die USA haben die Unterwerfungserklärung nicht unterzeichnet.

Die Gesellschaft in den USA ist gespalten hinsichtlich der Achtung des internationalen Rechts. Die frühere Außenministerin Madeleine Albright vertritt auf der einen Seite die Auffassung, dass kein Land mehr von einem starken System des internationalen Rechts profitieren würde als die USA, denn keines habe dermaßen viele Interessen zu verteidigen wie die USA. Auf der anderen Seite sagt die gleiche Politikerin „wir dürfen nicht zulassen, dass andere über uns richten. Eine Großmacht zeigt ihre Größe, indem sie das tut, was in ihrem Interesse ist, also warum sollten wir uns binden oder beschränken lassen?"[224]

Résumé

Die Vereinigten Staaten von Amerika reklamieren für sich immer noch sehr wirkungsvoll die demokratischen Begriffe von Freiheit und Gleichheit. Und natürlich ist auch die Demokratisierung aller Staaten dieser Welt noch lange nicht vollendet. Sie wird wohl ohnehin ein nicht zu vollendendes Ziel bleiben. Wir beobachten aber eine Schwächung der Demokratie gerade dort, wo sie in der Neuzeit entstanden ist.

Anspruchdenken und Wirklichkeit klaffen bei der Demokratie in den USA zunehmend weiter auseinander. Und diese Diskrepanz schwächen die USA in ihrer Rolle als Weltmacht erheblich, ihre Glaubwürdigkeit leidet darunter – nicht nur bei politischen Gegnern der USA, sondern immer mehr auch unter befreundeten Nationen. Diese Widersprüchlichkeit ist auch für den zunehmenden Anti-Amerikanismus in der Welt mit verantwortlich.

---

[224] *Albright, Madeleine: Amerika Du kannst es besser, S. 96*

Kapitel 18

Die Gesellschaft

Nach der Entdeckung Amerikas im Jahre 1492 war die Besiedlung des nordamerikanischen Kontinents zunächst durch Europäer aus drei Hauptrichtungen erfolgt, aus Spanien, Frankreich und England.

Die Einwanderung in die Vereinigten Staaten beeinflusste maßgeblich die Demographie und Kultur und damit die Gesellschaft des Landes. Seit der Staatsgründung ließen sich in hoher Zahl Migranten aus religiösen, politischen oder wirtschaftlichen Motiven nieder oder wurden zwangsweise als Sklaven angesiedelt.

In diesem Schmelztiegel entstand über die Jahrhunderte die Gesellschaft der USA. Heute leben hier mehr legale Einwanderer als in jedem anderen Land der Welt. Der Einfluss der indigenen Urbevölkerung auf die Entwicklung der Gesellschaft ist vernachlässigbar.

Der ständige Zustrom von Einwanderern in die USA hatte große Auswirkungen auf den US-amerikanischen Charakter und somit auf die Entwicklung der Gesellschaft. Man braucht Mut und Flexibilität um sein Heimatland zu verlassen und in einem anderen Land ein neues Leben anzufangen. Die US-Amerikaner sind bekannt für ihre Bereitschaft, Risiken einzugehen und neue Dinge auszuprobieren, sie sind bekannt für ihre Unabhängigkeit und ihren Optimismus. Wenn US-Amerikaner, deren Familien schon länger im Land sind, Gefahr laufen, wirtschaftlichen Komfort und politische Freiheit für selbstverständlich zu halten, dann sind immer wieder die neuen Einwanderer da, um sie daran zu erinnern, wie wichtig diese Privilegien sind.

Einwanderer bereichern weiterhin und unverändert die US-amerikanische Gesellschaft indem sie Aspekte ihrer eigenen Kultur mitbringen. Viele schwarze US-Amerikaner feiern Weihnachten ebenso wie Kwanzaa, ein Fest das auf Afrikanischen Ritualen beruht. Hispano-Amerikaner feiern ihre Traditionen mit Straßenfesten und anderen Veranstaltungen am *Cinco de Mayo* (5. Mai). Und in den meisten Städten der USA gibt es eine Fülle von ethnischen Restaurants. Präsident John F. Kennedy, selbst ein Enkel irischer Einwanderer, fasste diese Mischung aus alt und neu zusammen und nannte die USA "eine Gesellschaft von Einwanderern, wo jeder sein Leben neu begonnen hat, unter den gleichen Voraussetzungen. Das ist das Geheimnis der USA: eine Nation von Menschen mit der frischen Erinnerung an alte Traditionen, die sich trauen neue Grenzen zu erforschen."

1924 wurden die ersten Gesetze zur Begrenzung der zulässigen Einwandererzahl aus den einzelnen Ländern verabschiedet. Die Obergrenze bezog sich auf die Anzahl der Bürger dieses Landes, die bereits in den Vereinigten Staaten lebten. Seit 1965 richtet sich die Immigrationsquote danach, wer zuerst einen Antrag stellte, und die Länderquoten wurden durch Hemisphärenquoten ersetzt. Verwandte von US-Bürgern und Einwanderer mit bestimmter Berufsausbildung wurden bevorzugt ins Land gelassen. 1978 schaffte der Kongress die Hemisphärenquoten wieder ab und setzte eine weltweite Immigrationsobergrenze fest.

Die Vereinigten Staaten lassen mehr Einwanderer zu als jedes andere Land in der Welt. Im Jahr 2007 betrug die Zahl aller im Ausland geborenen US-Amerikaner 38,1 Millionen, das waren ca. 12,6 % der Gesamtbevölkerung. Das 1990 überarbeitete Einwanderungsgesetz sieht eine flexible Obergrenze von 675.000 Immigranten pro Jahr vor, wobei bestimmte Gruppen von dieser Obergrenze ausgenommen sind. Dieses Gesetz versucht, gut ausgebildete Arbeiter und Fachleute in die USA zu holen sowie Einwanderer aus jenen Ländern, die in den letzten Jahren weniger Einwanderer gestellt haben.

Die USA sind unverändert ein sehr beliebtes Einwanderungsland und das betrifft legale wie illegale Einwanderung. Der *U.S. Citizenship and Immigration Services (USCIS)* schätzt, dass etwa 5 Millionen illegale Einwanderer in den USA leben, und diese Zahl steigt um ca. 275.000 pro Jahr. In den USA geborene US-Amerikaner und legale Einwanderer befürchten, dass illegale Einwanderer anderen Bürgern, vor allem jüngeren und Angehörigen von Minderheiten, Arbeitsplätze wegnehmen. Außerdem belasten illegale Einwanderer das durch Steuern finanzierte Sozialleistungssystem. 1986 hat der U.S. Kongress die Einwanderungsgesetze überarbeitet, um das Problem der illegalen Zuwanderung in den Griff zu bekommen. Viele Illegale, die schon seit 1982 im Land waren, konnten ihren Status legalisieren lassen und somit auf unbegrenzte Zeit in den USA bleiben. Im Jahr 1990 haben fast 900.000 Menschen von dieser Gesetzesänderung Gebrauch gemacht und sind nun legale Einwanderer. Das neue Gesetz beinhaltet aber auch strenge Maßnahmen, um die weitere illegale Einwanderung zu bekämpfen und sieht Strafen für Unternehmer vor, die wissentlich illegale Einwanderer beschäftigen.

In der Geschichte der Vereinigten Staaten gab es immer wieder Einwanderungen aus verschiedenen Regionen. Lange Zeit kamen die meisten Einwanderer aus Europa. Seit dem 20. Jahrhundert kommen zunehmend Einwanderer aus Latein-Amerika, seit der zweiten Hälfte des Jahrhunderts zudem aus Asien in die USA. So machten von 2000 bis 2009 Einwanderer aus Europa nur noch rund 13 Prozent aller US-Migranten aus. Die größte Auswanderungswelle aus Deutschland in die USA fand gegen Ende des 19. Jahrhunderts statt: In den 1880er Jahren wanderten rund 1,4 Millionen Deutsche in die Vereinigten Staaten aus.

Da es kein Einwohnermeldesystem in den USA gibt, wird alle 10 Jahre eine Volkszählung (Census) durchgeführt. Deshalb liegen regelmäßig zuverlässige Ergebnisse vor, die auch veröffentlicht werden. Bei der letzten Volkszählung im Jahre 2010 lebten 308,7 Millionen Menschen in den USA, das war eine Zunahme von 27,3 Millionen oder 9,7% gegenüber der vorherigen Volkszählung in 2000.

Interessant sind die Ergebnisse der Veränderungen gegenüber 2000: die schwarze Bevölkerung nahm um 43% und die asiatische Bevölkerung um 43,3% zu, während die Zunahme bei dem weißen Bevölkerungsanteil lediglich bei 1,2% lag. Die Prognosen besagen, dass der weiße Bevölkerungsanteil von 80% im Jahre 1980 über aktuell 63,8% auf 43,6% im Jahre 2050 sinken wird.

Bis zum Jahre 2050 wird die US-Bevölkerung um knapp 135 Millionen Menschen zunehmen. Das stärkste Wachstum gibt es laut einer neuen Prognose in der Gruppe der Lateinamerikaner. Bereits im Jahr 2042, und damit acht Jahre früher als bislang angenommen, wird der Anteil der europäisch stämmigen US-Bürger auf unter 50 Prozent sinken. "Die weiße Bevölkerung ist älter und besteht im Wesentlichen aus Baby Boomern, welche die Phase der höchsten Fruchtbarkeit längst hinter sich hat", sagte William Frey, Demograph am Washingtoner *Think Tank Brookings Institute*, "Die Zukunft der USA wird von den heute jungen Menschen bestimmt." Die Verschiebungen führen die Forscher auf unterschiedliche Geburtenraten in den verschiedenen Bevölkerungsgruppen zurück. So wird es 2050 knapp 133 Millionen Lateinamerikaner in den USA geben, aktuell sind es nicht einmal 50 Millionen.

Auch die Zahl der farbigen US-Bürger wird bis 2050 stark steigen. Bei den Lateinamerikanern erhöht sich die Quote von aktuell 16,3 Prozent auf 31 Prozent im Jahr 2050. Asiaten kommen bis Mitte des Jahrhunderts auf 9 Prozent, derzeit sind es knapp 5 Prozent.

Nach den Projektionen des *US Census Bureau* von 2008 wird die Bevölkerung der Vereinigten Staaten von Amerika auf 439 Millionen im Jahre 2050 anwachsen. Das wäre ein Zuwachs von über 135 Millionen Menschen. Die hispanische Bevölkerung könnte auf 133 Millionen wachsen und würde damit mehr als ein Viertel der Gesamtbevölkerung stellen. Laut Zensus könnte ihr Anteil gar auf mehr als ein Drittel zur Mitte des Jahrhunderts anschwellen. Mit der Pensionierung der geburtenstarken Babyboomer-Jahrgänge werden ungefähr 20 Prozent der Bevölkerung über 64 Jahre alt sein. Die Statistiker des Zensus erwarten im gleichen Zeitraum einen Rückgang der

Bevölkerung im erwerbsfähigen Alter von sechs Prozent. Ein Großteil dieser Entwicklung wird sich bereits in den nächsten zwei Jahrzehnten vollziehen. Im Vergleich zu Deutschland sind diese Zahlen dennoch niedrig. Denn hierzulande dürfte im Jahr 2050 ein Drittel der Bevölkerung älter als 64 Jahre sein, und die Bevölkerung im erwerbsfähigen Alter wird vermutlich um etwa 28 Prozent schrumpfen.

Entwickung der Einwohner nach Rassen bis 2050[225]

	2014		2050	
Rasse	Millionen	%	Millionen	%
Weiß	198,103	62,2	181,930	43,6
Latinos	48,837	15,3	103,384	25,0
Schwarz	42,039	13,2	59693	14,3
Indianer	3,957	1,2	5,607	1,3
Asiaten	17,083	5,4	38,965	9,3
Hawaii	0,734	0,2	1,194	0,3
Multi	7,995	2,5	26,022	6,2
Summe	318,748	100,0	416,795	100,0

Eine weitere Statistik zeigt die 16 bevölkerungsreichsten Länder der Welt im Jahre 2014, unter denen die USA nach China und Indien den dritten Platz einnehmen.[226]

#	Land	Einwohner in Millionen
1.	China	1.372
2.	Indien	1.290
3.	USA	321
4.	Indonesien	252
5.	Brasilien	203
6.	Pakistan	194
7.	Nigeria	178
8.	Bangladesch	159
9.	Russland	144
10.	Japan	127
11.	Mexiko	120

---

[225] *New Census Bureau Report Analyzes: U.S. Population Projections as of March 03, 2015*
[226] *DSW-Datenreport 2014 der Deutschen Stiftung Weltbevölkerung vom September 2014*

12.	Philippinen	100
13.	Äthiopien	96
14.	Vietnam	91
15.	Ägypten	88
16.	Deutschland	81

Eigenschaften

„Paul Tillich, der herausragende deutsche protestantische Theologe, war einer der vielen Intellektuellen, die vor Hitler flohen und in die USA auswanderten. Mitte des 20. Jahrhunderts schrieb er sehr anerkennend über seine neue Heimat: Für einen Beobachter aus Europa hat der US-amerikanische Mut etwas Erstaunliches. Obwohl als seine Symbole vor allem die frühen Pioniere gelten, findet er sich noch immer in der großen Mehrheit des US-amerikanischen Volkes. Ein US-Amerikaner kann eine Katastrophe erlebt haben – trotzdem hält er sein Leben weder für zerstört noch für sinnlos, er hält sich nicht für verdammt und verliert die Hoffnung nicht. Wenn der typische US-Amerikaner die Grundlage seiner Existenz verloren hat, baut er sich eine neue Grundlage auf. Das gilt von dem Individuum und von der Nation als Ganzes.“[227]

Madeleine Albright, die aus der Tschechoslowakei stammende frühere Außenministerin stellt zu den Eigenschaften ihrer neuen Landsleute fest: "Die besten Eigenschaften der USA spiegeln sich in diesen Zeitzeugnissen: Optimismus, Widerstandsfähigkeit, Glaube an die Freiheit und – so könnte man hinzufügen – das Vertrauen in die weltweite Bedeutung unseres nationalen Experiments. Revolution und Widerstand prägen mächtige Mythen. Die USA von heute identifiziert man mit seinen Privilegien und der Orientierung am Status Quo. Tillich lobte die US-Amerikaner für Ihre Unerschrockenheit, aber wie soll man in einer privilegierten Situation Unerschrockenheit zeigen? Wir verbrauchen ein Viertel der Ressourcen der Welt mit einem Zwanzigstel der Bevölkerung und können es uns leisten, für unsere Verteidigung mehr auszugeben als der Rest der Welt zusammengenommen. Zwar bewundert man uns immer noch für unsere wissenschaftlichen und materiellen Leistungen, aber selbst unsere Freunde zögern, wenn es darum geht, uns zu folgen".[228]

Einer der Gründe, der die USA in Widerspruch zur eigenen Rhetorik gebracht hat, ist die Vieldeutigkeit des Begriffs Freiheit. US-Amerikaner neigen dazu, Freiheit mit Demokratie gleichzusetzen. Araber hingegen verbinden Freiheit mit der Vorstellung von eigener persönlicher und kultureller Identität. Als Präsident George

---

[227] *Albright, Madeleine: Amerika Du kannst es besser, S. 157/158*
[228] *Albright, Madeleine: Amerika Du kannst es besser, S. 158/159*

Bush II über eine demokratische Transformation im Nahen Osten sprach und gleichzeitig im Irak einmarschierte, sahen viele Araber in dieser Kombination weniger einen Plan zur Verbreitung politischer Freiheiten als einen Angriff auf ihre Unabhängigkeit. Die USA unterstützen immer wieder demokraische Entwickungen in anderen Ländern in einer Art und Weise, die den Eindruck erweckt, sie würden das Recht dieser Länder, über Ihre eigene Zukunft zu entscheiden, in Frage stellen. Die USA müssen lernen, zu akzeptieren, dass der politische Wandel in der Welt, insbesondere in der arabischen Welt nicht ihre Aufgabe ist.

Das Verhalten der USA in und nach den Kriegen in Afghanistan oder im Irak macht deutlich, dass sie predigen, was sie selbst nicht praktizieren. Das ist der Kern des heutigen Dilemmas dieser Weltmacht.

Freundlichkeit

Die große Mehrzahl der Amerikaner zeigt eine ausgesprochene Freundlichkeit. Diese gilt immer und fast jedem gegenüber. In Geschäften, an U-Bahnstationen, an Flugschaltern etc. gibt es niemals Gedränge. Man wartet geduldig die Zeit ab, bis man an der Reihe ist. Ein Drängeln, Vordrängen oder gar ein Beschimpfen ist verpönt und völlig unbekannt. Man hat die Zeit oder man nimmt sie sich. Man achtet den anderen.

Hilfsbereitschaft

Ein Fremder in New York, der sich auf der Straße in seinen Stadtplan oder sein I-Phone vertieft hat, um nach dem richtigen Weg zu suchen, muss nicht lange warten, bis ihm mit den Worten *May I help* you Hilfe angeboten wird. Gleiches erlebt man in den Geschäften. *May I help* you ist eine Frage, mit der man immer wieder in den USA konfrontiert wird. Allerdings muss man oft feststellen, dass das Ärgste für einen Verkäufer in den USA ist, wenn der Kunde dieses Angebot dann auch annehmen will. Dann reicht das Wissen des Verkäufers oft nicht für die selbst angebotene Hilfe aus.

Höflichkeit

Ein US-Amerikaner wird, wenn er etwa gleichzeitig mit einem anderen Menschen an einer Tür ankommt, durch die beide gehen möchten, in der Regel zurück steht und sagt: „bitte nach Ihnen". Dieses Verhalten ist fast ausnahmslos zu beobachten und zwar bei Jung und Alt, bei Schwarz und Weiß, bei Reich und Arm. Dieses Verhalten fällt besonders einem Deutschen positiv auf, steht es doch in deutlichem Gegensatz zu dem Verhalten in unserem Lande, wo jeder schnell noch vor dem anderen durch die Tür schlüpfen möchte.

Ein weiterer Aspekt unterstreicht die Art der Höflichkeit der US-Bevölkerung: die meisten Amerikaner pflegen einen defensiven Stil beim Autofahren. Dicht auffahrende, wie wild blinkende Autos sind ebenso unbekannt wie Überholer, die einem einen "Vogel zeigen" oder andere eindeutige Zeichen geben. Die generelle obere Geschwindigkeitsgrenze auf Autobahnen von 55 bzw. 65 Meilen pro Stunde (das sind 90 bzw. 105 km/h) unterstützt das solide und zurückhaltende Verhalten am Steuer.

Die häufig vorgeschriebene *4-way-rule*, bei der das erste Kraftfahrzeug, das sich einer Kreuzung nähert, auch als erstes passieren darf, würde auf deutschen Straßen wohl zu einer drastischen Zunahme von Verkehrsunfällen führen. In den USA zeugt sie von dem höflichen und disziplinierten Verhalten der Autofahrer.

Bad guy & good guy

Stark ausgeprägt ist in der Politik wie im Privatleben die Unterscheidung zwischen *bad guy & good guy*. Der US-amerikanische Anspruch, die „Guten" zu belohnen, die „Bösen" zu bestrafen und auf die Einhaltung von Menschenrechten und Demokratie zu pochen, ist weit verbreitet. Bei näherem Zusehen erweisen sich nämlich die tugendhaften Forderungen der USA als Instrument hegemonialer Bestrebung. Was „gut" und „böse" ist, wird nicht von den selbstgefälligen Zirkeln humanitärer „Gutmenschen" der sehr unterschiedlichen NGOs entschieden, sondern durch die nüchterne strategische Lagebeurteilung des Pentagons oder durch die Profitorientierung global operierender Konzerne. Francis Fukuyama, der seiner Utopie vom „Ende der Geschichte" längst abgeschworen hat, steigert sich unter Bezug auf den Vorgänger Obamas zu einer sehr krassen Formulierung: „Die Bush-II-Administration hat viele Menschen davon überzeugt, dass der Ausdruck Demokratie nur ein Codewort geworden ist für militärische Intervention und gewaltsamen Regime-Umsturz".[229]

Bildung und Ausbildung

Seit Jahrzehnten kommt regelmäßig etwa die Hälfte aller Nobelpreisträger aus den Vereinigten Staaten. Diese Tatsache müsste eigentlich ein Beweis für das gute und erfolgreiche Bildungssystem in diesem Land sein.

Ist es das wirklich? Die hohe Anzahl von Nobelpreisträgern ist lediglich ein Beweis für die ausgezeichnete Spitzenförderung in diesem Land. Die Zulassung nur der besten *high–school-Absolventen* zieht an einigen Hochschulen reiche Geldgeber und vor allem die besten Professoren nach sich. Dies hat zu Elite-Hochschulen geführt. Dazu zählen vor allem die 8 *Ivy League-Hochschulen*. Dieses sind

- Harvard in Cambridge, Massachusetts,
- Yale in New Haven, Connecticut,

---

[229] *Scholl-Latour, Peter: Die Welt aus den Fugen, S. 30*

- Princeton in New Jersey,
- Columbia in New York,
- University of Pennsylvania in Philadelphia,
- Brown University in Rhode Island
- Dartmouth College in New Hampshire und
- Cornell University in Ithaca, New York.

Hinzu kommen neuere Hochschulen wie
- Stanford in Kalifornien,
- MIT in Cambridge, Massachusetts,
- CALTECH in Pasadena, Kalifornien,
- die University of Chicago, Illinois,
- Berkeley, Kalifornien oder die
- University of Michigan in Ann Arbor, Michigan.

Diese Hochschulen bilden die Söhne und Töchter aus gut betuchten Elternhäusern aber auch eine große Zahl von höchst intelligenten jungen Leuten aus anderen Schichten mit einem Stipendium aus. Hier wird die künftige Elite gezielt erzogen, während die Masse eine denkbar schlechte Bildung und Ausbildung erfährt.

Schulpflicht besteht in allen 50 Bundesstaaten. Trotzdem liegt die Analphabetenrate mit knapp 5% im Vergleich zu anderen westliche Ländern erschreckend hoch. Nach einer Studie des *US-Department of Education* aus dem April 2014 können 32 Millionen Erwachsene in den USA nicht lesen. Das sind 10,4 % der Bevölkerung.

Die staatlichen Schulen werden von denjenigen, die sich eine Privatschule leisten können, gemieden. Der Kausalzusammenhang hierfür ist eindeutig: ein relativ niedriges Ausbildungsniveau der Lehrer führt zu schlechter Bezahlung, schlechte Bezahlung führt zu weniger Engagement bei vielen Lehrern und somit zu leistungsschwachen Schulen; diese Schulen bilden dann schwache Schüler aus.

Die Schule in den USA ist eine Ganztagsschule und es werden in großem Maße allgemeine Dinge unterrichtet, die eigentlich aus dem Elternhaus automatisch mitgebracht werden müssten. So ist es vielleicht nicht verwunderlich, wenn ausländische Kinder und Jugendliche nach einem Jahr in einer US-amerikanischen Schule gerade auch in dem Unterrichtsfach „Englisch" als Klassenbeste abschneiden.

In der Sommerzeit gibt es an allen Schulen eine dreimonatige Pause, die mit dem *Labour Day* am ersten Septemberwochenende endet. Die Lehrer erhalten während dieser Sommerferien kein Gehalt. Dieses, und die geringen Urlaubstage für die Eltern haben zu der Einführung und Nutzung von „Sommerschulen" geführt. Hier wird der Schulbetrieb in etwa fortgesetzt, die Kinder sind versorgt, die Eltern zahlen extra und die Lehrer verdienen sich ihren Lebensunterhalt: nur im Unterricht kommt offensichtlich nicht so sehr viel heraus.

Noch krasser ist es dann bei der Weiterbildung. Berufsschulen, eine Lehre oder Handelsschulen sind unbekannt. Der Arbeiter wird lediglich angelernt. Nach einer 4-wöchigen Einweisung am Arbeitsplatz ist ein junges Mädchen bereits Friseuse. Ein junger Mann, der an einem alten Mercedes einen Ölwechsel erfolgreich durchgeführt hat, nennt sich dann stolz: *Spezialist for foreign cars*. Mit diesem Ausbildungssystem fehlt den USA der gesunde Mittelstand, der insbesondere in Deutschland verantwortlich ist für die langjährige gute wirtschaftliche Lage und den Aufschwung nach dem Kriege.

Die Hochschulen, gleich ob nun College oder Universität, bilden ihre Studenten in fest vorgeschriebenen Jahresfristen aus. Ein Durchfallen ist praktisch undenkbar. Der College-Besuch schließt zunächst mit dem akademischen Grad eines „Bachelor" ab. Nach Abschluss der *High-School* (nach 12 Schuljahren) benötigt der Student 6 Semester bis zu diesem Grad. Zum Vergleich: Die Kultusministerkonferenz der deutschen Länder erkennt als Abitur-Äquivalent den *High-School-Abschluss* zuzüglich 4 Semester College an. „70% der Examenskandidaten an US-amerikanischen Colleges müssen keine Fremdsprache lernen"![230]

Aufbauend auf dem *Bachelors Degree* kann man in etwa 4 weiteren Semestern an einer Universität das *Masters Degree* erwerben.

In dem mangelhaften Bildungssystem der USA liegt ein großes Handikap für die Entwicklung dieses Landes. Es ist zudem auch eine wesentliche Erklärung dafür, dass die Vereinigten Staaten im internationalen Wettlauf um Märkte mit den Ländern des Pazifischen Raumes und mit den europäischen Ländern nicht mithalten können. Diese Art der Bildung und Ausbildung kann als einer der Hintergründe für den Verlust der souveränen Weltführerschaft in der Wirtschaft, die die USA nach dem 2. Weltkrieg innehatten, gesehen werden. Lagen die USA in den 40er und 50er Jahren mit ihrem Anteil am weltweiten Bruttosozialprodukt noch bei über 80%, so sind sie in den Jahren 1987 bis 1990 auf 26,07% gefallen. Zum Vergleich: Japan folgt mit 14,61% vor Deutschland (West) mit 6,23%. Die EG insgesamt hatte im gleichen Zeitraum die USA in dieser Statistik bereits übertroffen.

---

[230] Moore, Michael: *Stupid White Man*, S. 127

„Nur 11 % der Amerikaner machen sich die Mühe, eine Tageszeitung zu lesen, abgesehen von den Witz-Seiten und den Gebrauchtwagenanzeigen. Die USA sind ein Land, in dem neben den 32 Millionen, die nicht lesen können etwa 200 Millionen zwar lesen können, es aber in der Regel nicht tun. Eine Nation, die nicht nur am laufenden Band ungebildete Studenten hervorbringt, sondern sich alle Mühe gibt, unwissend und dumm zu bleiben, sollte nicht gerade den Anspruch erheben, Weltpolizei zu spielen - zumindest nicht, solange die Mehrheit ihrer Bürger das Kosovo (oder ein anderes Gebiet, in dem US-Truppen stehen) nicht auf der Karte findet".[231]

Bill Clinton berichtet in seinen Memoiren: „Im April 1983 veröffentlichte die von US-Bildungsminister Terrel Bell eingesetzte *National Commisson on Excellence in Education* einen erschreckenden Bericht mit dem Titel *A Nation at Risk*. Daraus geht hervor, dass die US-amerikanischen Schüler in keinem einzigen von 19 internationalen Tests den ersten oder zumindest den zweiten Rang erreicht hatten, in sieben sogar auf dem letzten Platz lagen. 23 Millionen Erwachsene, 13 Prozent aller 17-Jährigen und bis zu 40 Prozent der Schüler, die Minderheiten angehörten, waren funktionelle Analphabeten. Und die durchschnittlichen Ergebnisse der Oberschüler in standardisierten Tests fielen schlechter aus als 26 Jahre früher, einer Zeit also, in der der Sputnik ins All geschossen worden war. Die Resultate bei der wichtigsten Hochschulaufnahmeprüfung, dem *Scholastic Aptitude Test*, hatten sich seit 1962 stetig verschlechtert. Ein Viertel aller Mathematikkurse an den Universitäten hatte Lehrstoff zum Inhalt, der eigentlich in der High-School - wenn nicht früher - hätte vermittelt werden sollen. Und Führungskräfte aus Wirtschaft und Armee erklärten, dass sie immer mehr Geld für die Korrektur von Bildungsdefiziten aufwenden müssten. Dieser Rückgang des Bildungsniveaus fiel ausgerechnet in eine Zeit, in der die Nachfrage nach sehr gut ausgebildeten Arbeitskräften rasant stieg".[232]

Informationsstand der US-Bürger

Das Fernsehen steht im Zentrum des Tagesablaufes fast jeder Familie in diesem Lande. Der Fernseher ist der Familienmittelpunkt, wobei in den meisten Familien mehrere Fernseher in verschiedenen Räumen stehen und eingeschaltet sind, den ganzen Tag über: ganz gleich, ob jemand etwas sehen will oder nicht, das Fernsehgerät ist immer in Betrieb. So kommt es, dass bereits Kleinkinder „rechtzeitig" an den Fernsehkonsum gewöhnt werden. Fernsehen ist eine noch härtere Droge in den USA als sie es ohnehin schon in Deutschland ist.

[231] *Moore, Michael Stupid White Man, S. 120/121*
[232] *Clinton, Bill: Mein Leben, 462*

Die permanente Beschallung trägt nicht unbedingt zum guten und fundierten Informationsstand bei. Wenn Nachrichten gesehen werden, so werden jene von CNN bevorzugt. CNN bringt rund um die Uhr im 30 Minutentakt Nachrichten im „Bild-Zeitung-Stil“. Anspruchsvolle Magazine, wie die *Lehrer-Mc Neill Show*, aber auch die Abendnachrichten von Sendern wie ABC, CBS und NBC bieten eine bessere Grundlage für eine umfassendere Information des US-Bürgers, allerdings oft nur über das, was im eigenen Lande geschieht.

World News in den USA sind Nachrichten, die vornehmlich die Welt von Boston bis Los Angeles abdecken. Der Rest der Welt ist nur bei solchen Ereignissen von Interesse, die einen direkten und unmittelbaren Einfluss auf die USA haben oder die von überragender Bedeutung sind. Als Beispiele mögen genannt sein: der US-Sowjetische Gipfel in Reykjavik 1986, der Fall der Berliner Mauer 1989, der Krieg im ehemaligen Jugoslawien 1999 oder der Krieg im Irak 2003. Solche Geschehnisse werden dann allerdings auch in großer Breite und bis in das letzte Detail dargestellt. Dann werden keine Mühen und Kosten gescheut. So wurden die Nachrichtensendungen aller großen US-amerikanischen Fernsehanstalten in der Zeit vom 9. bis 12. November 1989 fast ausnahmslos direkt aus Berlin moderiert und übertragen; nationale Berichte wurden zugeschaltet.

Die Tageszeitungen bieten ein ähnliches Bild. Ausnehmen muss man die *New York Times,* die *Washington Post* oder den *Christian Science Monitor* aus Boston. Fast alle anderen Zeitungen decken 99 % ihres nicht geringen Umfanges mit nationalen Nachrichten ab. Für ein Land, das die einzige Weltmacht sein möchte, erscheint dies ein wenig mäßig. So kann man in der Regionalzeitung des Großraumes Norfolk/Virginia Beach mit seinen 1,2 Millionen Einwohnern regelmäßig eine halbe bis dreiviertel Seite *International News* lesen, der Rest der sehr umfangreichen Tageszeitung (60 Seiten wochentags und über 100 Seiten am Sonnabend und am Sonntag; die Zeitung erscheint täglich) besteht aus lokalen, regionalen und nationalen Nachrichten sowie aus unglaublich viel Werbung.

Es wird erklärlich, dass ein durchschnittlicher US-Amerikaner bei derartigen Informationsquellen nicht ganz so gut im Bilde ist. Er ist zumeist aber auch nicht so sehr interessiert daran, was in der Welt geschieht. Wenn er es doch sein sollte, dann allerdings zumeist nur oberflächlich. Politische Magazine, die in Deutschland vielleicht zu häufig auf den Fernsehkanälen laufen, werden in den USA weniger gesendet und weniger gesehen.

Zusammengefasst kann man sagen, dass der größte Teil der US-Amerikaner durch die Massenmedien ein Weltbild vorgezeichnet bekommt, das dem eines „leicht verdünnten Bild-Zeitung Informationsstandes“ entspricht.

Das Gesundheitssystem

Das Gesundheitssystem in den USA ist schon immer marode gewesen und einer Weltmacht unwürdig. Das Bemühen der Clinton-Administration sofort nach ihrem Amtsantritt im Jahre 1993 die Sozialgesetzgebung zu reformieren, war gescheitert. Die Präsidentengattin Hillary Clinton war die treibende Kraft gewesen, Bismarck und das deutsche System galten ihr als Vorbild. Der Versuch scheiterte, es blieb alles beim Alten. Dieses beschreibt Bill Clinton in seinen Erinnerungen und gibt einen erschreckenden Einblick in das Gesundheitssystem seines Landes und seinen gescheiterten Versuch, eine Gesundheitsreform durchzuführen. In seiner Rede zur Nation 1994 führte er u.a. aus:

„Im Jahre 1994 forderte ich den Kongress auf, sowohl die Wohlfahrts- als auch die Gesundheitsreform zu verabschieden. Es war eine gewaltige Aufgabe, aber sie war die Anstrengung wert. Eine Million US-Amerikaner hatten sich in Abhängigkeit von der Sozialhilfe begeben, weil dies ihre einzige Möglichkeit war, eine Krankenversicherung für ihre Kinder zu erhalten. Wenn die Leute aus dem Wohlfahrtssystem ausschieden, um Niedriglohn-Jobs ohne Zusatzleistungen anzunehmen, gerieten sie in die absurde Lage, Steuern zur Finanzierung des Medicaid-Programms bezahlen zu müssen, das Familien, die weiterhin von der Sozialhilfe abhingen, eine medizinische Versorgung garantierte. Jedes Jahr verloren fast 60 Millionen US-Amerikaner zu irgend einem Zeitpunkt ihren Versicherungsschutz. Mehr als 80 Millionen Bürger waren bereits „bestehende Gesundheitsprobleme", weshalb sie für die Krankenversicherung zahlen mussten (sofern sie überhaupt von der Versicherungsgesellschaft angenommen wurden) und den Arbeitsplatz nicht wechseln konnten, ohne ihren Versicherungsschutz zu verlieren. Drei von vier US-Amerikanern hatten Versicherungspolicen, in denen eine Ausgabengrenze festgelegt war, was bedeutete, dass sie ihren Versicherungsschutz möglicherweise genau in dem Augenblick verloren, in dem sie ihn am meist brauchten. Zudem benachteiligte das System die kleinen Unternehmen, die 35 Prozent mehr bezahlen mussten als Großunternehmen und staatliche Verwaltungen.

Um die Kosten einzudämmen, waren mehr und mehr US-Amerikaner gezwungen, sich so genannten Health Maintenance Organizations anzuschließen, die den Versicherungsnehmer keine freie Arztwahl zugestanden, die Ärzte in der Wahl der Behandlungsmethode einschränkten und das medizinische Personal zwangen, den Verwaltungsaufgaben immer mehr Zeit zu widmen, die dann für die Betreuung der Patienten fehlte. All diese Probleme wurzelten in einem fundamentalen Mangel: In unserem verqueren System waren es die Versicherungsgesellschaften, die den Ton angaben.

Ich räumte ein, dass es schwierig sein würde, das System zu ändern. Roosevelt, Truman, Nixon und Carter hatten es versucht und waren gescheitert. Der Grund dafür war, dass die meisten US-Amerikaner damals trotz aller Probleme einen gewissen Versicherungsschutz genossen, ihre Ärzte und Krankenhäuser mochten und wussten, dass das Gesundheitswesen im Grunde genommen gut funktionierte. Und all das galt immer noch. Doch diejenigen, die von der Art und Weise, wie das Gesundheitswesen finanziert wurde, am meisten profitierten, gaben gewaltige Summen aus, um den Kongress und die Bevölkerung davon zu überzeugen, dass die Behebung der Mängel des Gesundheitswesens seine ganzen Vorzüge zerstören würde.

Am Ende meiner Ausführungen hielt ich einen Kugelschreiber hoch und sagte, ich würde ihn verwenden, um mein Veto gegen jede Gesetzesvorlage einzulegen, die nicht allen US-Amerikanern eine Krankenversicherung garantierte. Einige meiner Berater hatten mir zu diesem Signal geraten, da die Leute an der Stärke meiner Überzeugung zweifeln könnten, wenn ich nicht deutlich zeigte, dass ich nicht zu Kompromissen bereit war. Letztendlich wurde diese Geste aber nur als eine unnötige Provokation meiner Gegner im Kongress aufgefasst. In der Politik muss man nun mal Kompromisse schließen, und die Menschen erwarten von ihrem Präsidenten keine großen Gesten sondern gute Ergebnisse. Die Gesundheitsreform war der höchste aller Gipfel - und gerade ihn konnte ich nicht erreichen ohne Kompromisse zu schließen. Wie sich herausstellen sollte, hatte mein Fehler allerdings keinen Einfluss auf die Entwicklung - Bob Dole hatte ohnehin beschlossen, jede Reform des Gesundheitswesens zu Fall zu bringen.

Die Rede zur Lage der Nation sicherte mir für kurze Zeit eine beträchtliche öffentliche Unterstützung für meine politischen Vorhaben. Newt Gingrich erzählte mir später, er habe den republikanischen Repräsentanten nach meiner Rede gesagt, dass die Demokraten lange Zeit die Mehrheit halten würden, wenn es mir gelänge, die demokratischen Abgeordneten im Kongress für meine Vorhaben zu gewinnen. Das wollte Newt natürlich verhindern, weshalb er genau wie Bob Dole versuchte, bis zu den Halbzeitwahlen möglichst viele meiner Vorhaben zu blockieren."[233]

George Bush II hat sich mit diesem Thema in seinemn 8 Jahren als US-Präsident nicht befasst. Über 20 Jahre später versuchte es Präsident Barack Obama erneut. Und er schaffte es - zum Teil zumindest. Im März 2011 konnte Barack Obama seine Gesundheitsreform *Obamacare* durch das Parlament bringen. 220 Abgeordnete im Repräsentantenhaus hatten für den Änderungsentwurf zu dem Gesetz gestimmt, 207 dagegen. Im Senat war der Änderungsentwurf mit 56 zu 43 Stimmen verabschiedet worden. Der Präsident konnte somit seine Unterschrift unter den *Patient Protection and Affordable Care Act* setzen. Das Kernstück: Die verpflichtende Krankenversicherung für fast alle US-Amerikaner. Ein Jahrhundert-Gesetz.

Die Regelungen behandelten den Krankenversicherungsschutz der Einwohner bis zum Jahr 2014 grundsätzlich als private Angelegenheit; eine allgemeine Krankenversicherungspflicht war nicht vorgesehen. Eine staatliche Gesundheitsfürsorge gab es für Einwohner, die jünger als 65 Jahre sind, nur in Ausnahmefällen. 45,7 Millionen oder 14,8% der Einwohner waren weder privat krankenversichert, noch konnten sie staatliche Hilfe beanspruchen

Die Reform gilt als Umsetzung eines der wichtigsten innenpolitischen Ziele von Präsident Barack Obama. Sie soll 32 Millionen bislang ungesicherten US-Amerikanern einen Schutz im Krankheitsfall verschaffen und das 2,5 Billionen Dollar teure Gesundheitswesen tiefgreifend umbauen.

Doch noch war nicht alles in trockenen Tüchern. Die Demokraten, gestützt auf eine neue Mehrheit und den Einfluss der rechts-konservativen Gruppe der *Tea-Party* zogen vor das Verfassungsgericht, das erst am 25. Juni 2015 die Gesundheitsreform von US-Präsident Barack Obama für rechtens erklärt. Die Richter entschieden mit sechs zu drei Stimmen, dass bestimmte staatliche Beihilfen von *Obamacare* nicht abgeschafft werden müssen.

Es war am Ende ein Triumph. Tatsächlich, der Präsident hatte es geschafft. Alle seine Vorgänger waren mit diesem Plan gescheitert. Harry Truman in den vierziger Jahren, Richard Nixon in den Siebzigern und Bill Clinton in den Neunzigern. Versuche von Donald Trump, Obamacare wieder rückgängig zu machen, scheiterten im Juli 2017.

---

[233] *Clinton, Bill: Mein Leben, 878/879*

Altersversorgung

Nicht viel anders als bei der Krankenversicherung ist es mit der Altersversorgung. Da nur wenige für ihre Versorgung im Alter rechtzeitig vorsorgen, müssen sehr viele Menschen sehr lange arbeiten. Dies gilt auch für große Teile der gehobenen Mittelklasse, wie Rechtsanwälte oder Ärzte.

Das Einkommen der großen Masse ist niedrig und viele müssen zwei oder drei Arbeitsstellen annehmen, um in ausreichendem Maße ihre Familie ernähren zu können. So liegt der gesetzlich geregelte Mindestlohn in dem Land (Mai 2016) bei 7,25 $, das entspricht 6,00 € in der Stunde.

Die Notlage vieler Haushalte wird dadurch gemindert, dass die Sozialbehörden Lebensmittelbezugsscheine ausgeben. Haushalte, die wegen ihres niedrigen Einkommens unter der Armutsgrenze liegen, bekommen entsprechend ihrem Einkommen und der Personenzahl so genannte *food stamps* für den Kauf von Lebensmitteln im Supermarkt. Die Lebensmittelbezugsscheine sind Teil eines Programms des Kampfes gegen die Armut (*War on Poverty*). 15% der Bevölkerung gelten nach dem letzten Census als arm. Das sind 45 Millionen US-Amerikaner, denen die Bezugsscheine zugute kommen.

Das Sozialsystem

Von ausländischen Fachleuten wird immer wieder festgestellt, dass das gesamte deutsche Staatswesen so gut organisiert ist wie das öffentliche Verkehrsleitsystem. Das mag erklären, warum das deutsche Sozialsystem runder läuft als jenes in den USA. Der in Berlin lebende US-amerikanische Autor und Journalist Eric T. Hansen (Jg. 1960) bewertet den Sozialstaat USA sehr drastisch: „Der US-amerikanische Sozialstaat ist der größte der Welt: Man investiert rund 60% aller öffentlichen Haushalte (vom Staat bis zur Gemeinde) in soziale Leistungen. Es versickert bloß unterwegs zum Empfänger, es verplappert und verläuft sich, und keiner weiß, wieso und wohin. Deutschland investiert knapp 50% in sein Sozialsystem, und dennoch funktioniert es effektiver. Wieso? Es ist gründlicher organisiert. Der US-amerikanische Sozialstaat besteht aus einem Chaos aus konkurrierenden Behörden und politischen Ebenen. In den USA schätzen wir unsere Freiheit dermaßen, dass so etwas wie ein Einwohnermeldeamt bei uns undenkbar wäre: woher nimmt der Staat das Recht, zu erfahren, wo ich wohne? Das deutsche System dagegen stammt zwar aus feudalen Zeiten, hat aber einen entscheidenden Vorteil: steht eine Wahl an, schickt der Staat jedem Bürger automatisch seine Wahlkarte per Post. Er kann das, denn er hat ja alle Adressen. Der Bürger nimmt am Wahlsonntag die Wahlkarte einfach mit und spaziert zum Wahllokal um die Ecke. Wie praktisch! Wollen die US-Amerikaner wählen gehen, müssen sie vorher beweisen, dass sie wahlberechtigt und nicht zweimal angemeldet sind, dann erst können sie an einem anderen Tag zum Wählen gehen. An einem Arbeitstag, wohl gemerkt.“[234]

Glückliches Deutschland!

Seit Bismarck in den 80er Jahren des 19. Jahrhunderts die im Grundsatz heute immer noch gültige Sozialgesetzgebung in Deutschland einführte, haben wir eine Pflichtversorgung eines jeden Deutschen Bürgers mit einer Renten-, einer Kranken- und mit einer Arbeitslosenversicherung. Nicht so in Amerika. Nur wenige Firmen sorgen rechtzeitig für eine Altersversorgung ihrer Mitarbeiter. Wer sich nicht freiwillig versichert, hat in der Regel nicht vorgesorgt. Dieses führt zu viel Elend in dem vermeintlich reichsten Land der Welt. Im Jahre 1991 lag das Einkommen von 15% der US-amerikanischen Bevölkerung unterhalb der Armutsgrenze. Bezeichnenderweise liegt der anteilige Prozentsatz bei der schwarzen Bevölkerung bei 32,7% und jener bei den Hispaniern mit 28,7% deutlich über dem Landesdurchschnitt. Wie zeigt sich das in der Praxis? Einige Beispiele:

- Wer nicht bezahlen kann, hat in der Regel keinen Anspruch auf ärztliche Versorgung,
- Mutterschaftsurlaub ist fast unbekannt. Die schwangere Frau arbeitet bis unmittelbar vor ihrer Niederkunft; nach nur 14 Tagen hat sie ihre Arbeit wieder aufzunehmen,
- Die großzügige Urlaubsregelung, die bei uns gilt, ist den Bewohnern der USA völlig fremd: 14 Tage pro Jahr ist der normale Anspruch und diese wenigen Tage werden dann auch oft noch zerstückelt.

Der Erfolgreiche

> *„Als ich aufgewachsen bin, habe ich oft beim Sport und anderswo gehört, es sei nicht so wichtig, ob man gewinnt oder verliert, sondern wie man spielt. Aber ich habe gemerkt, dass das eine Lüge ist. Gewinnen bedeutet in Amerika alles.“*[235]

Diese Aussage des berühmten und beliebten Filmschauspielers trifft eine zentrale Eigenschaft der US-Amerikaner genau. Erfolg wird geschätzt, bewundert und als Vorbild, als Ziel eigener Möglichkeiten angesehen. Neid ist praktisch unbekannt. Jeder hat seine Chance und der, der sie erfolgreich nutzen kann, hat es damit besser gemacht als andere und somit auch verdient. Glückliche USA – wie anders ist das doch in Deutschland mit einer ununterbrochenen Neid-Debatte.

---

[234] Hanson, Eric T.: Die ängstliche Supermacht, S. 137-138
[235] Redford, Robert in Frankfurter Allgemeine Sonntagszeitung vom 22.3.16

Spenden und Mäzenatentum

Eine Eigenschaft der US-Amerikaner ist bemerkenswert. Sie hat sich in diesem Ausmaße wohl erst über die vielen Jahre wachsenden Reichtums ausgeprägt: Es ist die Art, sich mit Spenden am Allgemeinwohl zu beteiligen. So ist es selbstverständlich, dass an allen Universitäten eine Vereinigung ehemaliger Studenten existiert. Diese alten Herren ermöglichen es ihrer alten *alma mater,* mit beträchtlichen Spenden Stipendien großzügig zu vergeben. In gleichem Maße leben alle Orchester in den USA von Privatpersonen, von Firmen oder von Clubs, die mit ihren Spenden das Budget komplettieren. Der Haushalt der *Virginia Symphony* lag z.B. im Jahre 1993 bei 3,5 Mio. US $. Vierzig Prozent davon wurden durch Kartenverkauf erwirtschaftet. Die weiteren 60% kamen durch Spenden zusammen. Der öffentliche Haushalt wurde nicht belastet. Die Spender werden - mit Betrag - in den monatlich erscheinenden Programmheften ausgedruckt. Die Spenden können natürlich steuerlich abgesetzt werden.

Für besonders Reiche ist es selbstverständlich, der Allgemeinheit etwas Dauerhaftes zu hinterlassen, sei es nun ein Museum, eine Sozialeinrichtung oder auch eine Stiftung. Stiftungen sind wesentliche Elemente bei der Finanzierung von gesellschaftlichen Aufgaben wie Hochschulen, Forschung, Kultur und Wohltätigkeit. Sie gehen auf puritanische Gedanken zur Notwendigkeit der geistig-moralischen Bildung zurück, die schon früh zur Gründung von Hochschulen wie Harvard führten, direkter jedoch auf die Ideen von Andrew Carnegie, der es als moralische Verpflichtung ansah, seinen Reichtum der „Besserung der Menschheit" zur Verfügung zu stellen. Ihm sind viele reiche Leute mit der Gründung von Stiftungen später gefolgt. So ist es leicht zu verstehen, dass alle Museen auf der *Mall* in Washington, die in dem *Smithsonian Institution* zusammengefasst sind, jedermann freien Eintritt gewähren können.

Die Beweggründe für solch soziales Verhalten sind eine Mischung aus dem Willen, den eigenen Wohlstand mit anderen zu teilen und einer Eitelkeit, anderen zu zeigen, dass man es geschafft hat und was man sich daher leisten kann. Auch den Einsatz des unabhängigen Kandidaten Ross Perot bei der Präsidentschaftswahl im Jahre 1992 könnte man so einordnen.

Drogen

Der Gebrauch von Drogen ist in den USA bundesstaatlich illegal. Aber er ist allgegenwärtig und die Illegalität ändert sich. Ob es um vergleichsweise harmlose Cannabis-Produkte geht oder um Kokain: für 22 Millionen US-Amerikaner gehört der Drogenkonsum zum Alltag. (Stand 2013). Irgendwann kommt bei fast jeder Party in New York der Moment, an dem irgendjemand einen Joint auspackt und das nicht nur unter Studenten oder Szenegängern. Auch unter Financiers oder Anwälten wird das

Kraut weder verhohlen noch heimlich geraucht sondern offen, meist begleitet von der Frage ob jemand mit auf die Feuerleiter oder Dachterrasse kommen möchte, um einen Zug zu nehmen.

Der Gebrauch von Cannabis sowie den verschiedensten Kokainprodukten ist, wiewohl illegal, in US-Städten wie New York alltäglich. Offizielle Schätzungen, dass in New York ein Prozent der Bevölkerung, also etwa 80.000 Menschen, 200 Dollar pro Woche für Drogen ausgeben, dürften als eher konservativ gelten. Dennoch ergibt diese Zahl ein atemberaubendes Konsumvolumen: Alleine in New York werden wöchentlich 16 Millionen Dollar für Drogen ausgegeben oder 832 Millionen pro Jahr.

New York ist zwar der größte Drogenmarkt des Landes aber beileibe nicht der einzige. Die USA sind mit Abstand weltweit der größte Drogenkonsument. Laut einer Regierungsstudie benutzen 22 Millionen US-Amerikaner im Alter von über 12 Jahren illegale Drogen. Das sind rund 7 Prozent der Bevölkerung, Zusammen geben sie geschätzte 60 Milliarden Dollar im Jahr für die Berauschung aus.[236]

Die Illegalität wird seit Jahren zunehmend aufgehoben. War Colorado im Jahre 2014 noch der erste Bundesstaat, der den Gebrauch von Marihuana legalisierte, waren im Jahre 2016 bereits über 20 Bundesstaaten diesem Beispiel gefolgt. Wie war das noch in den 20er Jahren des 20. Jahrhunderts? Wie damals die Alkoholprohibition wird auch die gesetzliche Verteufelung von Cannabis zu einem Relikt US-amerikanischer Sittengeschichte. Und die Bevölkerung zieht mit: 55 Prozent aller Amerikaner, so eine CNN-Umfrage aus dem Jahre 2014, begrüßen die Legalisierung von Cannabis. 1996 waren es nur 26 Prozent gewesen.

Es war nur eine Frage der Zeit, dass die Landesparlamente begannen, das staatliche Marihuana-Verbot - das der Oberste Gerichtshof zuletzt 2005 bestätigt hatte - auszuhebeln. Obwohl sich die Obama-Administration noch in 2013 Jahr gegen die Legalisierungswelle sperrte: Cannabis berge "schwere Gesundheits- und Sicherheitsrisiken".

Wie regelt Colorado als erster Bundesstaat diese neue Freiheit? Seit dem 1. Januar 2014 dürfen Bürger über 21 Jahre also legal Marihuana kaufen und konsumieren. Durch Drogengeschäfte mit Konsumenten hat der Staat allein im Januar 2014 rund zwei Millionen US-Dollar an Steuergeldern eingenommen. Wie die Steuerbehörde mitteilte, wurde in dem Zeitraum Cannabis für mehr als 14 Millionen Dollar (11,6 Mio. Euro) an die Kunden gebracht. Inzwischen gibt es in Colorado rund 160 lizenzierte Geschäfte, in denen Marihuana verkauft werden darf. Der Bundesstaat

---

[236] *Frankfurter Rundschau vom 13. 8. 2013*

kassiert dabei 12,9 Prozent Umsatzsteuer und 15 Prozent Gewerbesteuer.

Die ersten 40 Millionen Dollar aus der Gewerbesteuer sollen nun für den Bau und die Instandhaltung von Schulgebäuden verwendet werden. Das hatten die Bürger Colorados bestimmt. Colorados Wähler hatten 2012 für die Legalisierung der Marihuana-Industrie gestimmt. Cannabis-Aktivisten hatten zuvor jahrelang für die Freigabe gekämpft. Auf Bundesebene bleibt Cannabis in den USA jedoch illegal.[237]

Im Jahre 2015 gab es 52.000 Drogentote in den USA[238], in Deutschland waren es im gleichen Zeitraum 1.226[239]. Ein Vergleich verdeutlicht das Ausmaß der Drogenprobleme in den USA. Die USA haben eine etwa 4x so große Bevölkerungszahl wie Deutschland, jedoch 42 mal so viele Drogentote jährlich als Deutschland.

Religion

In God We Trust: Auf jeder Dollarnote ist der Glaube der US-Amerikanerinnen und US-Amerikaner an Gott nachzulesen. Jeder Zweite besucht zudem mindestens einmal die Woche ein Gotteshaus – davon können die Kirchen in Deutschland nur träumen. Religion ist in den USA ein wichtiger Bestandteil des öffentlichen Lebens: Sie prägte die Identität der Gesellschaft und hielt die wachsende Nation mit ihren Einwanderern aus aller Welt zusammen. Der Satz ist jedoch keine hohle Phrase: Die Menschen in den USA vertrauen in der Tat mehrheitlich auf Gott. 2008 glaubten laut einer Gallup-Umfrage 78 Prozent der US-Amerikaner an Gott, weitere 15 Prozent an einen "universalen Geist". Die Religion ist ein fester Bestandteil der US-Identität.

Wie ist das möglich, offenbar unverändert im 21. Jahrhundert? Ein fester Glaube prägt das Leben der US-Amerikaner seit der Gründung der Vereinigten Staaten im 18. Jahrhundert. Viele der ersten Siedler waren aus ihren europäischen Heimatländern geflohen, weil sie dort wegen ihrer Religion verfolgt worden waren. Das sollte sich nicht wiederholen. Die eigene Religion, so wurde es in der *Bill Of Rights* 1789 festgelegt, muss in den USA unter jeden Umständen ohne Einmischung des Staates ausgeübt werden können. Der Staat hat sich aus der Religion herauszuhalten; staatlich gesteuerte Kirchen darf es nicht geben. Doch der Glaube blieb keine reine Privatsache: Er prägte die Identität der US-amerikanischen Gesellschaft und hielt die dynamisch wachsende Nation mit ihren Einwanderern aus der ganzen Welt zusammen. Hauptsache man glaubt, egal zu welcher Kirche man gehört: Auch wegen dieses Credos konnte sich in den USA keine einzelne Glaubensrichtung durchsetzen.

---

[237] *Zeit-online vom 11.3.14*
[238] *Spiegel-online vom 9.12.2016*
[239] *Tagesschau vom 8.5.2017*

Nie hat es eine US-Regierung gewagt, sich über die Verfassung hinwegzusetzen und eine Staatskirche zu gründen. Einen religiösen Dachverband gibt es auch nicht; die religiöse Szene ist stark zersplittert. Zwar sind über die Hälfte der US-Amerikaner Protestanten. Sie verteilen sich aber auf viele unterschiedliche Kirchengemeinschaften: So gibt es Baptisten, Methodisten, Lutheraner und viele andere. Selbst die Scientology-Sekte genießt nach jahrelangem Rechtsstreit den Status einer steuerbefreiten Religionsgemeinschaft in den USA.[240] Keine der Kirchen vereint mehr als zehn Prozent der Protestanten.

Fast wie in der Marktwirtschaft wetteifern die Kirchen um Gläubige, da keine Kirchensteuern erhoben werden und sie von Spenden leben müssen. Ständig entstehen neue Kirchen. Die erfolgreichsten Gemeinden bauen sich große Prachtbauten, in denen mehrere tausend Gläubige auf einmal Platz finden. Die Kirche zu wechseln, ist in den USA völlig normal: George Bush II hat es getan, Barack Obama gleich mehrfach. Eine Kirche, die eine Art moralische Führung beanspruchen könnte, gibt es in den USA nicht. Die römisch katholische Kirche ist zwar die größte Einzelkirche, vereint aber mit 77 Millionen nur ein knappes Viertel der US-Amerikaner auf sich.

Die Religionsfreiheit wird ernst genommen. Neben Katholiken und Protestanten üben je sechs Millionen Juden und Muslime in Amerika ihre Religion aus – weitgehend ungestört. Die so genannten *Amish-People* können in Gemeinden nach eigenen, strengen Gesetzen leben. Die Quäker haben mit Richard Nixon bereits einen Präsidenten gestellt. Der Mormone Mitt Romney, Ex-Gouverneur von Massachusetts, bewarb sich 2008 um das Amt des Präsidenten. Der "Krieg gegen den Terror" der George Bush-II-Regierung hat die Religionsfreiheit der Muslime bisher ebenfalls nicht beeinflusst. Ohne Probleme dürfen sie Moscheen mit Minaretten in US-amerikanischen Gemeinden bauen.

National mögen die religiösen Gruppen eine Lobbygruppe unter vielen sein, lokal können sie die Politik jedoch nachhaltig beeinflussen. Vor allem bei der Schulbildung machen christliche Verbände immer wieder Druck auf die Kommunen und ihre Schulen.[241]

Waffenbesitz, Kriminalität und Gefängnis

Waffenbesitz, Kriminalität und Gefängnis gehören in den USA untrennbar zusammen. Jeder nichtvorbestrafte US-Amerikaner darf und kann Waffen kaufen und sie auch tragen. Dies ist im Zusatzartikel II der US-amerikanischen Verfassung

---

[240] https://de.wikipedia.org/wiki/Scientology
[241] Bundeszentrale für politische Bildung vom 10.10.2008

festgelegt und über deren Beibehaltung wacht seit 1871 die Lobby der *National Rifle Association (NRA)* mit ihren 1,5 Millionen Mitgliedern. Die *NRA* verhindert einschränkende Waffengesetze mit der Begründung, Waffen dienten der Jagd, dem Sport und der persönlichen Sicherheit. Dabei wird die Sicherheit des einzelnen durch den verbreiteten Waffenbesitz eher gefährdet, wie die Kriminalstatistik zeigt. Viele Menschen sterben z.B. infolge sog. *Sunday Night Specials* (Revolver für nur einen Dollar!). Der Einfluss der Zeit, in der die staatliche Verwaltung noch nicht etabliert war, und der krasse Individualismus der US-Amerikaner werden meist als zusätzliche Begründung für die Beibehaltung des Waffentragens angeführt. Einzelstaatlich wird die Waffenlizenz unterschiedlich gehandhabt. Verstecktes Waffentragen ist verboten. Verboten sind auch der Versand oder die Überbringung von Waffen über zwischenstaatliche Grenzen.

Die *National Rifle Association* hat eine ausgesprochen starke Lobby und setzt sich unverändert auch heute noch in ihrer Zielsetzung des Waffengebrauchs immer noch durch. Bill Clinton führt u.a. zu diesem Thema aus: „Seit mehr als einem Jahrhundert war kein Sprecher des Repräsentantenhauses mehr abgewählt worden. Jack Brooks, der die NRA seit Jahren unterstützte, hatte als Vorsitzender des Rechtsausschusses für das Gesetz zur Verbrechensbekämpfung gestimmt, und damit für das Verbot automatischer Waffen. Die NRA kannte kein Pardon: Ein einziger Fehltritt, und man war weg vom Fenster. Die Waffenlobby brüstete sich damit, 19 der 24 Kongressmitglieder auf ihrer Abschussliste „erledigt" zu haben. Tatsächlich konnte sie mit Recht für sich in Anspruch nehmen, Newt Gingrich zum neuen Sprecher des Parlaments gemacht zu haben. Die Waffenlobby verfügt über viel Geld, ist sehr gut organisiert und vor allem demagogischer als alle anderen Lobby-Gruppen". [242]

Untersuchungen belegen eine allgemeine Erkenntnis: Je größer die Zahl der Schusswaffen in privatem Besitz ist, desto mehr Morde werden damit begangen. Für die gesamten USA kommen Forscher auf eine Schusswaffenbesitzrate von 57,7 Prozent. In Louisiana ist das Risiko, erschossen zu werden, am höchsten: Dort starben im Jahre 2013 statistisch 10,8 Menschen je 100.000 Bewohner durch Feuerwaffen. In New Hampshire lag die Opferrate bei 0,9 je 100.000 Einwohner - dort sind auch deutlich weniger Schusswaffen im Umlauf als in Louisiana. In der Stadt Norfolk im Staate Virginia mit 245.000 Einwohnern wurden im Jahre 2014 insgesamt 31 Personen erschossen, die Kriminalrate lag bei 45,4 je 1.000 Einwohner.

Der Kriminalrate klebt das ewige Stigma des Verbrechens in den USA an: Schwarze Bürger begehen unverhältnismäßig mehr Verbrechen als weiße Einwohner, sie werden ebenso unverhältnismäßig härter bestraft als Weiße.

---

[242] *Clinton, Bill: Mein Leben, 957*

Polizeigewalt gehört in den USA zum Alltag – so sehr, dass Afro-Amerikanische Eltern ihren Kindern früh beibringen, wie sie ihr Leben gegen die *Cops* schützen, ganz egal, ob sie sich jemals etwas zuschulden kommen lassen oder nicht. Denn eine Konfrontation kann tödlich ausgehen. Im ersten Halbjahr 2015 wurde 663 Menschen von US-Polizisten getötet. Schuld daran ist z.T. auch die Ausbildung der Polizei: Die *Cops* werden auf Konfrontation trainiert. Sie reagieren grundsätzlich härter als die Polizisten in den meisten anderen Ländern.

US-Amerikaner mit Vorstrafen haben es schwer bei der Arbeitssuche. Selbst mit kleinen Ordnungswidrigkeiten lief man in der Hauptstadt Washington DC bis 2011 Gefahr, ins Gefängnis zu kommen. So auch, wenn man mit einem abgelaufenen Autokennzeichen erwischt wurde. Unter anderem traf das eine Mutter, die ihr Kind von der Schule abholen wollte. Diese Praxis wurde nach harschen Protesten des US-amerikanischen Automobilclubs AAA aufgegeben. Sie zeigt aber, dass man in diesem Land immer mit der Härte der Strafverfolger rechnen muss. Deren Engagement hat aber auch Folgen, die die eigene Wirtschaft treffen: es gibt eine riesige Zahl an arbeitsfähigen Männern und Frauen, die nur schwer Arbeit finden, weil sie mit dem Gesetz im Konflikt standen.

Am schwersten haben es ehemalige Häftlinge. Darin unterscheiden sich die USA nicht von anderen entwickelten Staaten. Allerdings gibt es in diesem Land eine überdurchschnittlich große Leidenschaft, Menschen einzusperren, vor allem nach Drogendelikten. Sie ist gepaart mit einem großen Desinteresse daran, was aus den Leuten wird, wenn sie in die Freiheit entlassen werden. Im Jahre 2011 waren 2,23 Millionen Menschen in den USA im Gefängnis. Das entsprach 22% sämtlicher Häftlinge in den Gefängnissen der Welt. Es ist auch im Verhältnis zur Gesamtbevölkerung eine extrem hohe Quote. 710 von 100.000 Amerikanern sind hinter Gittern, in Deutschland sind es 76 je 100.000. Zu den 2,23 Millionen Sträflingen gesellen sich diejenigen, deren Haft ausgesetzt wurde oder die eine Bewährungsstrafe erhalten haben. Das ist nach dem Bericht des staatlichen Justizbüros aus dem Dezember 2014 eine Zahl von 4,6 Millionen Menschen. Hinzu kommen noch jene, die für kleinere Delikte in die Datenbank der Polizei gerieten. Mehr als 30 Millionen Amerikaner sind nach Schätzungen in irgendeiner Weise mindestens einmal mit der Justiz aneinandergeraten.

Diese Leute haben ein Riesenproblem, Arbeit zu finden - selbst in Zeiten, in denen sich die Vereinigten Staaten mit 5,5 Prozent Arbeitslosenquote der Vollbeschäftigung nähern. Vieles deutet darauf hin, dass die Personen zu den sogenannten entmutigten Arbeitslosen gehören, die in die offizielle Statistik nicht einmünden, weil sie keine Arbeit suchen.

Eine Studie im Auftrag der *New York Times*, der *CBS News* und einer Stiftung ermittelte jüngst, dass ein Drittel der nicht beschäftigten Männer im Alter zwischen 25 und 54 Jahren eine kriminelle Vergangenheit hat, die allerdings durchaus auf kleinere Vergehen zurückzuführen sein kann. Das kann schnell gehen: Der Schauspieler George Clooney wurde einmal nach einer Demonstration in Haft gesetzt, der Microsoftgründer Bill Gates wurde wegen Straßenverkehrsdelikten kurz inhaftiert.

Als die Präsidentin der US-amerikanischen Notenbank, Janet Yellen, vor einem Jahr ihrer Sorge über die Entwicklung am Arbeitsmarkt öffentliche Aufmerksamkeit geben wollte, schilderte sie persönliche Schicksale dreier Amerikaner, die trotz ihrer Anstrengungen keine Arbeit finden konnten. Yellen verschwieg in der Rede allerdings, dass zwei der drei Personen eine kriminelle Vergangenheit hatten. Das fanden Reporter heraus. Sie interpretierten, dass Yellen die falschen Schicksale gewählt habe, um die damals lahmende Dynamik des Arbeitsmarktes zu beschreiben. Eine gegenteilige Interpretation ist allerdings, dass sie typische Beispiele genommen hat.

Als wichtiges Problem haben Bürgerinitiativen, die die Rehabilitierung von Ex-Kriminellen unterstützen, den klassischen Bewerbungsbogen ausgemacht. Darin werden die Kandidaten gefragt, ob sie eine kriminelle Vergangenheit haben. Wer diese hat und entsprechend ankreuzt im Kästchen, wird regelmäßig aus dem Bewerberpool aussortiert.[243]

Strafe steht bei der Verurteilung und in den Gefängnissen im Vordergrund. Rehabilitation, Eingewöhnung in das spätere Leben sind unwichtig. Das im Jahre 1989 modernste Gefängnis im Bundesstaat Arizona verfügte über große Rundbauten, in denen in der Mitte erhöht eine große Glaskuppel als Büroraum und Aufenthaltsort der Wärter dient. Um diesen Raum waren im Kreise Käfige angeordnet, mit Eisenstangen zur Mitte hin offen. In einem jeden dieser Käfige lebten etwa 50 Häftlinge – davon mehr als 90% Schwarze.

Ernährung

Wohl in keinem anderen Land der Welt leben derart viel unförmige und unappetitliche, dicke Menschen wie in den USA. Woran liegt das? Es ist vor allen Dingen eine Frage der falschen und einseitigen Ernährung. Cola, Popcorn und Süßigkeiten bilden einen Grundstock für die Ernährung vieler Amerikaner. Die Lokale - vornehmlich die *Fast-Food-Restaurants* - sind den ganzen Tag überfüllt. Die Hausfrau in den USA kocht nicht. Selbst wenn man nicht selbst in das *Fast–Food-Restaurant* fährt, lässt man sich nach telefonischer Bestellung die Pizza von *Pizza Hut*, das Chinesische Essen vom *Peking Inn* bringen oder holt sich den Big Mac vom *Drive*

---

[243] *von Petersdorff, Winand in der FAZ vom 17.3.2015*

Through bei *Mc Donald*. Die einseitige Ernährung ist natürlich ungesund und es verwundert nicht, wenn der Gesundheitszustand, z.B. der Zähne von US-amerikanischen Schülern, als desolat bewertet wird.

Interessant ist, dass die wirklich unästhetisch aussehenden überdicken US-Amerikaner in hohem Maße weiß und weiblich sind. Als Gegenstück hierzu kann man die sehr stark verbreitete Leidenschaft zum Joggen sehen. Nirgendwo auf der Welt begegnet man immer wieder so vielen Menschen aller Altersgruppen, aller sozialen Schichten und aller Rassen, die sich beim Laufen körperlich fit halten. So findet man natürlich auch sehr viel gut aussehende und schlanke Menschen. Hier fällt auf, dass sich besonders schwarze Menschen bemühen, gut und gepflegt auszusehen - und das sehr erfolgreich.

Sport

Der US-Amerikaner ist ein großer Sportanhänger. Der Besuch der Sportveranstaltungen dient aber nicht nur der eigenen sportlichen Neigung, sondern ist in gleichem Maße ein breites Freizeitvergnügen: man trifft sich im Stadion. So dauert ein Sportnachmittag oder Sportabend auch deutlich länger, als ein solcher in Deutschland. Es sind jene Sportarten besonders populär, die nicht eine kontinuierliche Aufmerksamkeit erfordern. Die Sportarten, die die größte Anzahl von Anhängern haben, sind American *Football, Baseball*, Eishockey und Basketball. Aber auch Tennis und Golf, als Massensport von den US-Amerikanern überall und immer gespielt, sind höchst populär. Fußball ist ebenfalls ausgesprochen beliebt, doch vornehmlich nur in den Schulen. Der Grund ist einfach: bereits an den Colleges werden die Sportler von den Sportarten angezogen, bei denen man viel Geld verdienen kann. Talentsucher der Clubs mit solchen Sportarten sind dann auch immer unterwegs. So wechseln viele gute Jugendfußballspieler schon sehr frühzeitig, am Ende ihrer Schulzeit, zu Football oder Baseball.

Ein Fußballschiedsrichter erklärte einmal einen wichtigen Hintergrund für die Tatsache, dass das Fußballspiel in den USA niemals den Beliebtheitsgrad erreichen wird, den es in Europa und Südamerika erreicht hat. Er stellte fest, dass keine Fernsehanstalt ernsthaft an der Übertragung dieser Sportart interessiert ist, da hier - anders als bei Tennis, Golf, Eishockey, Basketball etc. - originär keine Pausen auftreten, in denen man Werbespots einblenden kann. Das leuchtet ein; Geschäft ist eben alles .... besonders in den USA.

Wohnen

Die US-Amerikaner zeichnet eine starke Mobilität aus. Diese Mobilität steht in krassem Gegensatz zu dem Kleben an der eigenen Scholle, wie es in Deutschland besonders stark ausgeprägt ist. Familien bauen sich ein Haus, wohl wissend, dass sie bereits nach einem Jahr wieder ausziehen werden. Die in Deutschland weit verbreitete Grundhaltung, dass man nur einmal im Leben baut, ist den US-Amerikanern völlig fremd. Weit mehr Familien in Amerika wohnen in einem Einfamilienhaus als bei uns, weit mehr besitzen auch ein Einfamilienhaus. Nun sind Häuser in den USA auch deutlich preisgünstiger und zudem sind die Grundstücke auf der anderen Seite des Atlantiks zumeist preiswerter als im übervölkerten Mitteleuropa. Bei der Größe und dem zur Verfügung stehenden Raum ist dies auch nicht weiter verwunderlich.

Häuser in den USA sind Holzhäuser. Selbst solche Häuser, die verklinkert sind, haben lediglich "Riemchen" vor den Holzwänden. Der Bau eines Einfamilienhauses dauert dann auch nicht länger als 3 Monate. Keller baut man selten, sie sind so gut wie unbekannt. Bauunternehmer, die Häuser bauen, wollen ihre Häuser verkaufen und nicht vermieten. Die Qualität der Häuser entspricht nicht der uns bekannten Bauweise „Stein auf Stein". Da vornehmlich Spanplatten und Dachlatten als Baumaterial dienen, erscheint die Lebensdauer auch nicht so hoch. Zudem kann man die Häuser auch schneller wieder abreißen - was auch häufig genug geschieht. Bei einer derartig leichten Bauweise wird verständlich, dass bei den gerade an der amerikanischen Ostküste zuweilen tobenden Wirbelstürmen (*Hurricanes*) oder bei den Erdbeben in Kalifornien diese „Streichholzschachtel-Häuser" den Naturgewalten nicht standhalten können und leicht zerstört werden.

Die Architektur der Häuser ist unglaublich vielfältig, einfallsreich und schön. Es ist üblich, dass jedes Schlafzimmer über einen eingebauten, begehbaren Kleiderschrank verfügt. Badezimmer und Küche sind voll eingerichtet, Lampen, Auslegeware und Klimaanlage gehören zur Standardausrüstung. Die Terrassen sind aus Holz. Die meisten Grundstücke verfügen über eine eigene Sprinkleranlage im Garten; das Wasser kommt aus dem eigenen Brunnen. Die Wohnqualität ist ausgesprochen hoch - bei denen, die es sich leisten können.

Die Nachbarschaft entwickelt sich in den *USA* ähnlich wie in Deutschland. Es gibt gute aber auch keinerlei Kontakte zu Nachbarn. In jedem Fall ist man freundlich im Umgang miteinander.

Ein kleiner, angenehmer Unterschied zu Deutschland ist der Service der *US-Mail,* also der US-amerikanischen staatseigenen Bundespost. Sie liefert die Post nicht nur frei Haus, sondern holt sie auch am Haus ab. Der Briefkasten ist immer an der Straße angebracht, so dass der Briefträger mit seinem Auto (Lenkrad an der „falschen Seite") direkt an den Briefkasten heranfahren kann. Man legt die ausgehenden Briefe in den eigenen Briefkasten und stellt eine kleine rote Blechfahne am Briefkasten senkrecht. Der Briefträger nimmt die ausgehende Post mit.

Résumé

Die erhebliche Reihe positiver Eigenschaften der US-amerikanischen Gesellschaft haben den Staat geformt und ihn dorthin gebracht, wo er heute steht: als Weltmacht. Die jahrhundertelange, weiterhin anhaltende Einwanderung aus vielen Ländern und Kulturen, die hohe und unverändert wachsende Zahl der Bevölkerung, die Förderung der Eliten, der ungebrochene Mut, die positive Wahrnehmung des wirtschaftlichen Erfolges von Menschen und Unternehmen und auch die Religion haben hierzu wesentlich beigetragen.

Dem stehen der schlechte Bildungsstand der Masse, die immensen Drogenprobleme, das sehr liberale Waffenrecht und die unglaublich hohe Kriminalitätsrate gegenüber. Diese Aspekte wie auch die schlechte Ernährung der großen Mehrheit und die daraus resultierende weit verbreitete mangelnde Gesundheit tragen dazu bei, dass der erreichte Stand als Weltmacht langsam bröckelt und von der übrigen Welt zunehmend in Frage gestellt wird.

Kapitel 19

Die Menschenrechte

Magna Charta Libertatum Artikel 39 vom 15. Juni 1215

„Kein freier Mann soll verhaftet werden, gefangen gesetzt, seiner Güter beraubt, geächtet, verbannt oder sonst angegriffen werden; noch werden wir ihm etwas zufügen oder ihn ins Gefängnis werfen lassen, es sei denn durch das gesetzliche Urteil von seinesgleichen oder durch das Landesgesetz".[244]

Diese Magna Charta wird weithin als eines der wichtigsten rechtlichen Dokumente bei der Entwicklung der modernen Demokratien und der Menschenrechte angesehen. Sie war ein entscheidender Wendepunkt in der Bemühung, Freiheit zu etablieren und ist eine der Quellen der US-amerikanischen Verfassung.

Die ungerechtfertigte Verhaftung demonstriert seit jeher am eindrücklichsten die Ohnmacht Einzelner gegenüber dem Staat. Noch rund vierhundert Jahre später missbrauchte der englische König Karl I. seine sogenannten *Habeas-corpus-Befugnisse* - das Recht zur Ausstellung von Haftbefehlen - um von wohlhabenden Bürgern Geldzahlungen zu erpressen. Im Jahr 1679 erzielte der Kampf um die allmähliche Betreiung des Individuums in Großbritannien jedoch einen historischen Erfolg, nämlich durch den Erlass des *Habeas Corpus Amendment Act*. Inhaftierte mussten nun binnen drei Tagen einem Richter vorgeführt und durften keinesfalls außer Landes gebracht werden.

Kein freier Mann sollte jemals wieder jenes Schicksal erleiden, das später literarisch Kafkas Josef K. widerfuhr, der eines Morgens verhaftet wurde, „ohne dass er etwas Böses getan hätte". Man braucht nicht viel Phantasie, um sich den Alptraum auszumalen, willkürlich aus seinem normalen Leben herausgerissen und ins Gefängnis geworfen zu werden. Dementsprechend hat der Schutz vor willkürlicher Verhaftung Eingang in die wichtigsten Menschenrechtsdokumente gefunden:

---

[244] *https://de.wikipedia.org/wiki/Magna_Carta*

- Die „Erklärung der Menschen- und Bürgerrechte", welche 1789 im Zuge der Französischen Revolution verkündet wurde, enthält den Schutz vor willkürlicher Verhaftung in Artikel 7,
- einen Monat später machte die amerikanische *Bill of Rights* ihn zu einem einklagbaren Recht,
- weitere zwei Jahrhunderte später sind moderne Rechtssysteme ohne den Schutz vor willkürlicher Verhaftung nicht mehr vorstellbar,
- die Europäische Menschenrechtskonvention verankert dieses Recht in Artikel 7,
- das deutsche Grundgesetz in Artikel 104,
- die Allgemeine Erklärung der Menschenrechte der UNO in Artikel 9.

Und dann? Am 18. Dezember 2007 wurde in New York eine originale Abschrift der „Magna Charta" für 21 Millionen US-Dollar versteigert - während das in ihrem Artikel 39 formulierte Recht im modernen Amerika bereits nicht mehr für alle galt. Ein Jahr zuvor hatte George Bush II den *Habeas-corpus-Schutz* für sogenannte „feindliche Kombattanten" außer Kraft gesetzt. Wer ein feindlicher Kombattant ist und wer nicht, entscheidet die Exekutive und nicht etwa ein Richter; wirksame Rechtsmittel gegen diese Entscheidung gibt es nicht. Wenn einige Jahre später die US-amerikanische Regierung unter Barack Obama ankündigte, den Begriff des „feindlichen Kombattanten" nicht mehr verwenden zu wollen, heißt das nicht, dass sich an der einschlägigen Praxis der Verhaftung und Festsetzung von Unterstützern des Terrorismus etwas ändert. Wie sein Vorgänger wollte Obama bei der Terrorismusbekämpfung das Kriegsrecht anwenden, wogegen die Gerichte weitgehend machtlos sind. Fast 800 Jahre nach Erlass der Magna herrscht Willkür in Teilen der US-Rechtsprechung.

Der US-amerikanische Filmregisseur und Oscar-Preisträger Michael Moore stellt zur Entwicklung der Menschenrechte in den USA abschließend fest: „Unsere Schulkinder beten jeden Morgen die *Pledge of Allegiance* herunter, ihre Loyalitätserklärung an Amerika. Dabei verkünden sie, wir wären eine Nation mit Freiheit und Gerechtigkeit für alle. Bevor es bei uns soweit ist, sollten wir diese Worte nur voller Scham aussprechen".[245]

„Korb III" der KSZE

Die Einhaltung der Menschenrechte, deren erneute Festschreibung in einem neuen internationalen Dokument, das für alle Nationen im Kalten Krieg auf beiden Seiten des Eisernen Vorhangs gelten sollte, konnte am Ende der „Konferenz für

---

[245] *Moore, Michael: Stupid White Man, S. 250*

Sicherheit und Zusammenarbeit in Europa", KSZE erreicht werden. Der sogenannte „Korb III" über die Menschenrechte ist wohl die folgenreichste Bestimmung des Abkommens von Helsinki vom 1.8.1975. (Die „Körbe" I und II behandeln politische und wirtschaftliche Fragen). „Korb III" sollte dann auch eine große Rolle beim Zerfall des sowjetischen Satellitensystems spielen und wurde zu einem Manifest für alle Menschenrechtsaktivisten in den NATO-Mitgliedstaaten. Die Vereinigten Staaten waren aktiv an den Bestimmungen der Schlussakte von Helsinki beteiligt, und doch gebührt die eigentliche Hochachtung den Menschenrechtsaktivisten, denn ohne den Druck, den diese auf die einzelnen Delegationen ausübten, hätten sich die Verhandlungen mit Sicherheit länger hingezogen und wären mit großer Wahrscheinlichkeit nicht so erfolgreich abgeschlossen worden.

„Korb III" der Schlussakte von Helsinki verpflichtete alle Unterzeichnerstaaten, bestimmte, im Einzelnen aufgeführte Menschenrechte einzuhalten und für sie einzutreten. Der Westen hoffte, sein Verständnis von Menschenrechten international durchsetzen und dergestalt die Unterdrückung von Dissidenten und Revolutionären durch die sowjetischen Machthaber einschränken zu können. Wie sich zeigen sollte, machten heroische Reformer in Osteuropa den „Korb III" später zum Ausgangspunkt ihres Kampfs um die Befreiung ihrer Länder von der sowjetischen Herrschaft, und Vaclav Havel in der Tschechoslowakei und Lech Wałęsa in Polen erwarben sich einen Platz im Pantheon der Freiheitskämpfer, als sie die KSZE-Bestimmungen dazu benutzten, nicht nur die Fremdherrschaft der Sowjets, sondern auch die kommunistischen Regime im eigenen Land ins Wanken zu bringen.[246]

Genfer Konventionen

Die Genfer Konventionen vom 8. April 1949 waren und sind unverändert zwischenstaatliche Abkommen und eine wesentliche Komponente des humanitären Völkerrechts. „Folgerichtig forderte der US-amerikanische Außenminister Colin Powell zu Beginn des Krieges in Afghanistan von den eigenen Streitkräften, die feindlichen Kämpfer nach den Regeln der Genfer Konventionen zu behandeln, da diesen Regeln leicht nachzukommen ist und man anderen Nationen keinen Vorwand für die Misshandlung US-amerikanischer Gefangener liefern sollte. Colin Powell konnte sich mit seinen Überlegungen nicht durchsetzen - mit fatalen Folgen für das Ansehen der USA in der gesamten Welt. Die Art und Weise des Umganges mit Gefangenen und der Einsatz von Folter durch die Regierung George Bush II, die Abneigung gegen vertragliche Bindungen im Allgemeinen und die Ernennung eines Botschafters bei den Vereinten Nationen im Besonderen, eines Diplomaten (John Bolton), der offen seine Missachtung des internationalen Rechts zum Ausdruck brachte, haben die USA in eine missliche Situation gebracht, wenn es um die

---

[246] Kissinger, Henry: Die Vernunft der Nationen, S. 840-841

Forderung nach Einhaltung der Menschenrechte wie auch der Gesetze in anderen Zusammenhängen geht".[247]

Allgemeine Menschenrechtslage

„Es scheint, als hätten wir am 11. September 2001 weltweit den Zenit des Bürgerrechtsschutzes überschritten. Grundrechte werden abgebaut, als sei das Fest der Freiheit vorüber. Ironischerweise bewegen sich gerade die USA und Großbritannien, Vorreiter in der Entwicklung des Grundrechtsschutzes, auch bei seiner Demontage an vorderster Front."[248]

Ein erstes Beispiel: Zwei nicht identifizierte Beamte des Drogendezernats der Polizei in Nashville, Tennessee packten Mrs. Adams am 29. April 2013 und legten ihr sofort Handschellen an. Dann stürmten sieben weitere Beamte in das Haus. Zwei von ihnen rannten mit gezogenen Waffen um die Ecke ins Hinterzimmer und pumpten John Adams mit etlichen Kugeln voll. 3 Stunden später wurde er im medizinischen Zentrum der Vanderbilt Universität für tot erklärt. „Die Razzia auf das Haus der Adams war angeordnet worden, nachdem ein verdeckter Ermittler im Haus mit der Adresse *Joseph Street 1120* Drogen gekauft hatte. Die Rauschgiftabteilung der Polizei, die im Rahmen des „Krieges gegen die Drogen" der Clinton-Regierung, zusammen mit tausenden anderen im ganzen Land, beträchtliche Gelder bekommen hatte, erwirkte vom örtlichen Richter Haftbefehle für die Bewohner des fraglichen Hauses. Das einzige Problem: die Familie Adams wohnte in der *Joseph Street 70*. In ihrem Drogenkrieg hatte sich die Polizei eben in der Hausnummer geirrt."[249]

Ein zweites Beispiel: Wenn die schockierende Schilderung der Staatsanwältin zutrifft, dann haben sechs Polizisten aus Baltimore im April 2015 ihren Mitbürger Freddie Gray kaltherzig getötet. Kein US-Amerikaner hätte den Beleg gebraucht, um zu wissen, wie erbärmlich die Lage in den Schwarzen-Ghettos vieler Städte ist. Nicht, weil es eine plötzliche Welle von rassistisch motivierter Polizeigewalt gegen Afro-Amerikaner gäbe - auf einen solchen Trend deuten die Zahlen nicht hin. Sondern weil sich nicht nur bei Polizisten der Eindruck verfestigt hat, dass ein junger Schwarzer wie Freddie Gray, der vor seiner Sozialbausiedlung herumhängt, gewiss nichts Gutes im Schilde führt. Nach den Krawallen versuchten Politiker von Baltimores Bürgermeisterin bis zum amerikanischen Präsidenten, Schwarze von Schwarzen zu unterscheiden. Den nach Gerechtigkeit rufenden Demonstranten stärkten sie den Rücken, dem „kriminellen Schlägerpack" drohten sie. Anders als der schwarze Präsident hat sich die schwarze Bürgermeisterin aber bald von ihrer Wortwahl

---

[247] *Albright, Madeleine: Amerika Du kannst es besser, S. 96/97*
[248] *Trojanow, Ilija und Zeh, Juli: Angriff auf die Freiheit, S. 27*
[249] *Moore, Michael: Stupid White Man, S. 236*

distanziert. Sie will in ihrer Stadt doch nicht zwischen den rechtschaffen Wütenden und den Zerstörungswütigen unterscheiden. Wie die meisten Anwohner ist sie zwar verbittert, dass die Randalierer ausgerechnet Geschäfte zerstörten, die den Alltag ein bisschen erträglicher machten. Doch versteht die Bürgermeisterin die Wut angesichts des Teufelskreises aus Armut, Schulversagen, Arbeitslosigkeit und Drogensucht.

Eine Zahl offenbart den gesellschaftlichen Abgrund besonders deutlich: Auf den Straßen der USA und in den Wohnungen fehlen 1,5 Millionen schwarze Männer. Auf hundert schwarze Frauen zwischen 25 und 54 Jahren kommen nur 83 Männer gleichen Alters. Die meisten der anderen sind tot - ermordet, an Sucht- und anderen Krankheiten gestorben, verunglückt. Viele weitere, mehr als ein Drittel der „Verschwundenen", sitzen im Gefängnis. Kinder wachsen ohne Väter und männliche Vorbilder auf. Feste Strukturen, Anerkennung und Beschäftigung finden Jungs oft nur in Banden. Respekt vor dem Wert jedes menschlichen Lebens lernen sie dort nicht.

Und manche Polizisten verlieren diesen Respekt offenbar bei ihrer Arbeit. Der FBI-Direktor James Comey hat den Zynismus vieler Polizisten gegenüber jungen Farbigen beschrieben. Weil die in den Verbrechensstatistiken krass überrepräsentiert seien, nähmen Ordnungshüter eine „mentale Abkürzung": Für die meisten sei es wegen ihrer Erfahrungen „fast unwiderstehlich, vielleicht sogar rational", schwarze Jugendliche von vornherein zu verdächtigen. Der einzige Ausweg aus diesem Dilemma wäre, eine „gewalt- und drogenresistente" Generation von Farbigen heranzuziehen. Ein schöner Traum. Doch die Gewalt wird noch lange zu den USA gehören.

Die Regierung behält sich das Recht vor, verurteilte Schwerstverbrecher zu töten. In der Gesellschaft ist die Vorstellung verankert, der Besitz einer Maschinenpistole sei göttliches Recht oder doch zumindest eine demokratische Errungenschaft. Sheriffs, Staatsanwälte und Richter, die direkt gewählt werden, versprechen oft Härte. Der „Krieg gegen die Drogen" wird seit Jahrzehnten mit einer repressiven Strategie geführt, deren Scheitern längst offenkundig ist. In diesem Klima wird es immer wieder vorkommen, dass Polizisten unangemessene Gewalt anwenden - aus Angst um das eigene Leben, aus Frust oder aus Hass.[250]

Central Intelligence Agency (CIA)

Die *Central Intelligence Agency* der USA steht weltweit schon immer in einem schlechten Ruf, was die Einhaltung von Rechten generell bedeutet. Während des „Krieges gegen den Terror" der George Bush-II-Administration ist es dann aber besonders heftig gewesen. Die Zusammenfassung des Berichts eines Komitees des

---

[250] *Ross, Andreas in der FAZ vom 3.5.2015*

US-Senates über die CIA-Verhörmethoden unter der Bush-II-Administration im "Krieg gegen den Terror" enthält Handlungen dieser wesentlichen Agentur eines freien und demokratischen Staates, die den Menschenrechten diametral entgegen stehen. Die Methoden der CIA lesen sich wie ein Auszug aus den Praktiken im berüchtigten Folter-Gefängnis der Roten Khmer in Kambodscha in den Jahren 1975 bis 1977. Einige Stichworte: Schlafentzug bis zu Hallizunationen, Schläge, Schlagen der Gefangenen gegen Wände, Auspeitschung, Aufbewahrung in winzigen sargähnlichen Boxen Ankettungen, komplette Isolation, Windelung bei Verweigerung der Gewähr von Toilettengängen, Flüssigkeits- und Nahrungszufuhr über den Anus, Baden in eiskaltem Wasser, Exekutionsdrohungen, simulierte Erstickung, Hungern, Drohungen mit sexuellem Missbrauch, sexuellem Missbrauch der Mutter, Gewalt gegen die Kinder, Haltung in kompletter Dunkelheit. Ein Mann wurde nach einer Eisdusche an die Wand gekettet und gezwungen, nur in einem T-Shirt auf dem kalten Fußboden zu schlafen. Am nächsten Tag war er tot, gestorben an Unterkühlung, wie eine Autopsie zeigte.[251]

National Security Agency (NSA)

„Den Fluchtpunkt flexibler Handhabung von Rechtsschutz im Anti-Terror-Kampf zeigt allerdings wieder einmal der Blick in die USA - auch außerhalb des Prinzips Guantánamo. Nachdem die New York Times offenlegte, dass Präsident George Bush II die NSA mit dem Anzapfen von Telefonen US-amerikanischer Bürger ohne richterliche Verfügung beauftragt hatte, verfügte die US-amerikanische Regierung im Handumdrehen, das Programm sei Staatsgeheimnis und alle Klagen dagegen müssten abgewiesen werden wegen des Rechts der Exekutive auf Vertraulichkeit. Ähnlich verfuhren die US-amerikanischen Gerichte mit der Klage des deutschen Staatsbürgers Khaled al-Masri, der auf einer Geschäftsreise nach Mazedonien von US-amerikanischen Agenten entführt, nach Afghanistan verschleppt und dort gefoltert wurde, bis man ihn irgendwo in Albanien aussetzte, nachdem die Agenten feststellt hatten, dass sie den Falschen erwischt hatten. Wiederum argumentierte die Regierung, ein Gerichtsverfahren sei wegen des Schutzes von Geheiminformationen nicht möglich. Der Oberste Gerichtshof hielt es nicht einmal für nötig, zu prüfen, ob staatliche Geheimhaltung über den Grund- und Menschenrechten stehe - womit er diese Frage natürlich indirekt beantwortete".[252]

Nach Auffassung der NSA und damit des Weißen Hauses ist das massenhafte Sammeln von Kommunikationsdaten unverzichtbar im „Krieg gegen den Terror" und gegen die organisierte Kriminalität. Die durch die Enthüllungen von Edward Snowden bekannt gewordenen Abhörpraktiken von ausländischen Regierungschefs

---

[251] Bericht über CIA Verhörmethoden: in Menschenrechte.eu vom 9.12.2014
[252] Trojanow, Ilija und Zeh, Juli: Angriff auf die Freiheit, S. 103-104

und Spitzenpolitiker in aller Welt, von Beamten der EU-Behörden und der Vereinten Nationen entlarven diese Begründung jedoch als allzu einseitig. Vertrauensverlust und Entfremdung überschatten die Partnerschaft zwischen der Weltmacht USA und ihren Verbündeten.

Menschenrechte und Justiz

Die Zahl der Häftlinge in US-amerikanischen Gefängnissen hat eine unglaubliche Höhe erreicht und viele Bundesstaaten halten immer noch an der Todesstrafe fest. „Zu Beginn der Neunzigerjahre des letzten Jahrhunderts saßen in den USA etwa 1 Million Menschen im Gefängnis. Im Jahre 2000, am Ende der Regierung von Bill Clinton war diese Zahl auf 2 Millionen angewachsen. Der Großteil dieses Anstiegs war das Ergebnis neuer Gesetze, die sich gegen die Konsumenten von Drogen und nicht gegen die Händler richteten. 80% von denen, die wegen Drogen im Gefängnis sitzen, tun dies wegen des Besitzes und nicht wegen des Handels mit Rauschgift".[253]

Im Zeitraum 1976-2003 fanden in den USA knapp 800 Hinrichtungen statt. Die „hinrichtungsfreundlichsten" Staaten sind Texas mit 274, Virginia mit 86 und Missouri mit 57 Hinrichtungen in diesem Zeitraum. Auch Oklahoma und Florida liegen mit mehr als 50 „gut im Rennen". Interessant ist dabei, dass die ersten 10 Plätze ausschließlich von Südstaaten belegt werden, also von jenen Bundesstaaten, die über einen besonders starken schwarzen Bevölkerungsanteil verfügen.

Eine Studie ergab, dass von 4.578 Todesurteilen aus dem Zeitraum von 1973 bis 1995 bei Revisionsverfahren in 70% der Fälle, die in dieser Zeit wieder aufgehoben wurden, gravierende Verfahrensfehler festgestellt wurden. In zwei von drei Wiederaufnahmeverfahren wurde das Todesurteil sogar aufgehoben. Die aufgedeckte gesamte Fehlerrate betrug am Ende 68%. „Seit 1973 wurden immerhin 59 Todeskandidaten von einem Gericht völlig rehabilitiert. Es wurde amtlich festgestellt, dass sie das Verbrechen, für das sie zum Tode verurteilt worden waren, nicht begangen hatten".[254]

Selbst gegen Behinderte und Jugendliche wird die Todesstrafe verhängt: „Wir sind eines der wenigen Länder der Welt, die auch geistig Behinderte, wenn sie Straftäter sind, hinrichten lassen. Wir gehören zu den sechs Staaten, die auch Jugendliche zum Tode verurteilen. Nur noch der Iran, Nigeria, Pakistan, Saudi-Arabien und der Jemen exekutieren Jugendliche. Die USA sind auch das einzige Land neben Somalia das die Kinderrechtserklärung der Vereinten Nationen nicht unterschrieben hat. Warum? Weil sie eine Bestimmung enthält, die die Hinrichtung von Jugendlichen unter 18

---

[253] Moore, Michael: *Stupid White Man*, S. 237
[254] Moore, Michael: *Stupid White Man*, S. 246

Jahren verbietet. Und wir möchten natürlich die Freiheit behalten, unsere Kinder umbringen zu dürfen, wenn wir das wollen. Keine andere Industrienation richtet ihre Kinder hin" sagt Michael Moore.[255]

Wie ist der Stand im Februar 2018? 31 der 50 Bundesstaaten haben die Todesstrafe noch in ihrer Gesetzgebung. 3000 Verurteilte warten im Todestrakt der Gefängnisse. Die Tötung erfolgte in den letzten Jahrzehnten vornehmlich mit Giftspritzen. Die internationalen und die US-amerikanischen Chemiekonzerne, die diese Giftspritzen lieferten haben sich inzwischen sämtlichst aus der Produktion und der Lieferung zurückgezogen. Als letztes von 20 Chemieunternehmen hat im Jahre 2016 auch Pfizer den Verkauf von Giftspritzen eingestellt.

In der zivilisierten Welt herrscht weitgehend Einigkeit darüber, dass von Hinrichtungen keine abschreckende Wirkung ausgeht. Der konservative Richter Alex Kozinski erinnerte neulich daran, dass in Staaten wie Kalifornien das mit Abstand größte Lebensrisiko für zum Tode verurteilte Straftäter nicht Exekution, sondern Altersschwäche sei. Viele Beobachter glauben, dass am ehesten solche Erwägungen die USA langsam von der Todesstrafe entfremden könnten, zusammen mit der akuten Giftknappheit. Manche Bundesstaaten liebäugeln wieder mit Erschießungskommandos. Mancherorts stehen auch noch elektrische Stühle bereit. Oder es gibt Gaskammern, in die Blausäure geleitet wird, während vor der abgedichteten Tür jemand über ein Stethoskop mit extralanger Schnur dem Herzschlag des Todeskandidaten beim Verebben zuhört.

Nach Auffassung der Ärztekammern verletzen Mediziner ihren Eid, wenn sie sich an Hinrichtungen beteiligen. Deshalb fehlt in den Exekutionskammern geschultes Personal. Immer wieder wurden Hinrichtungen nach unzähligen Nadelstichen abgesagt, weil es den Vollzugsbeamten einfach nicht gelang, eine geeignete Vene für die Kanüle zu finden. Gerade bei früheren Junkies ist das schwierig. Die Frage in 31 Bundesstaaten ist nun, wie man die mehr als 3.000 Todeskandidaten in ihren Gefängnissen töten soll. Es gibt keine humane Art, jemanden hinzurichten.[256]

Guantánamo

Eine spezielle Frage ist das Gefangenenlager in Guantánamo und die Beachtung oder besser Nicht-Beachtung der Menschenrechte für die hier einsitzenden Menschen aus aller Welt. In Guantánamo wurden sämtliche Prinzipen, auf denen die USA basieren, gebrochen und sie werden immer noch gebrochen.

[255] Moore, Michael: Stupid White Man, S. 248
[256] Ross, Andreas in der Frankfurter Allgemeinen Sonntagszeitung vom 20.3.15

Der Sprecher Präsident Barack Obamas hatte zum Jahresende 2014 bestätigt, was schon offenkundig war: dass der US-amerikanische Präsident sein Versprechen zur Schließung von Guantánamo auch mit einem Jahr Verspätung nicht würde einlösen können. Das Gefangenenlager werde „gewiss nicht im nächsten Monat geschlossen", teilte Robert Gibbs mit. Bei seinem Amtsantritt hatte Obama versprochen, spätestens im Januar 2010 werde das Militärgefängnis geräumt. Der Präsident wollte an seinen Plänen zur Schließung festhalten. Aber der Kongress verweigerte ihm die Unterstützung. So wurde im Dezember 2014 zusammen mit dem Nachtragshaushalt zu Militäreinsätzen ein Verbot zur Finanzierung eines Gefängnisses für Guantánamo-Gefangene in den Vereinigten Staaten beschlossen. Auch für den Transfer von Guantánamo-Häftlingen, die vor amerikanischen Strafgerichten zur Rechenschaft gezogen werden sollen, durfte seit 2011 kein Geld bereitgestellt werden. Damit waren die Pläne der Regierung, manche der noch 174 Gefangenen, darunter auch den bekennenden Architekten von „9/11", Khalid Scheich Mohammed, für Strafprozesse in die Vereinigten Staaten zu bringen, gescheitert.

Der Widerstand gegen dieses von Anfang an kontroverse Vorhaben war weiter gewachsen, nachdem ein New Yorker Geschworenengericht den ehemaligen Guantánamo-Häftling Ahmed Khalfan Ghiailani im November 2014 nur in einem von 285 Anklagepunkten für schuldig befunden hatte. Insgesamt hat die Regierung Obama die Zahl der Gefangenen, die vor Gericht gestellt werden könnten, mit 36 angegeben. Für neunzig Insassen des Militärlagers werden weiterhin Aufnahmeländer gesucht. Insgesamt 48 als besonders gefährlich eingestufte Gefangene sollen weiterhin auf unbestimmte Zeit festgehalten werden, ohne dass ein Strafgericht die Frage ihrer Schuld klärt. „Regelungen für diese Gruppe würden erarbeitet", bestätigte das Weiße Haus nach Medienberichten Anfang 2015. Danach sollte eine Kommission aus Mitgliedern der verschiedenen Ministerien und Behörden die Fälle der Gefangen regelmäßig daraufhin überprüfen, ob eine Fortsetzung ihrer Haft geboten ist oder nicht.

Wie zu erwarten, haben Bürgerrechtler empört auf die geplante Formalisierung zeitlich unbegrenzter Verwahrung mutmaßlicher Terroristen ohne vorherige Klärung der Schuldfrage reagiert. Mit rechtsstaatlichen Grundsätzen sei das nicht zu vereinbaren, kritisiert das *Centre for Constitutional Rights*. Diese New Yorker Bürgerrechtsorganisation war maßgeblich an dem Guantánamo-Verfahren beteiligt, in dem der oberste Gerichtshof 2008 ein Verfassungsrecht der Häftlinge auf Haftprüfung vor amerikanischen Gerichten (*Habeas Corpus*) anerkannte. Das damals als bahnbrechend gelobte Urteil hat jedoch nicht die Wirkung entfaltet, die sich Bürgerrechtler erhofft hatten. Vielmehr entwickelte sich ein zäher Streit über die vom Gerichtshof offen gelassene Frage, welche Kontrollbefugnis die Richter in den *Habeas-Corpus-Verfahren* haben.

Anfangs lief es noch ganz gut für die Gefangenen. In erster Instanz wurden die meisten Haftprüfungsfälle zu ihren Gunsten entschieden. So stellten Richter im Bundesgericht in Washington, bei dem die rund 200 *Habeas-Corpus-Verfahren* gebündelt sind, in 38 der bisher entschiedenen Guantánamo-Fälle fest, dass eine fortgesetzte Inhaftierung nicht gerechtfertigt sei. 24 Gefangene konnten so ihre Freilassung erreichen. In anderen Fällen legte die Obama-Administration jedoch Rechtsmittel ein. Das Urteil zur Haftprüfung des Obersten Gerichtshofes müsse restriktiv ausgelegt werden, argumentierte die Regierung – mit großem Erfolg. Nach der Rechtsprechung des Berufungsgerichts hat die Exekutive weiten Spielraum bei Entscheidungen zum Umgang mit den Gefangenen. Unter anderem haben die Berufungsrichter die Beweisanforderungen für die fortgesetzte Inhaftierung von Guantánamo-Häftlingen deutlich gelockert. Außerdem hat sich die US-amerikanische Regierung in der Berufungsinstanz erfolgreich dagegen gewehrt, dass die Haftprüfungsgerichte selbst Entscheidungen zum Transfer von Häftlingen treffen. Die Gerichte dürften nur prüfen, ob noch eine rechtliche Grundlage für die Inhaftierung bestehe; was weiter mit den Häftlingen geschehe, bestimme die Exekutive, bestätigten die Berufungsrichter die Rechtsansicht der Obama-Administration. Gestützt wird diese regierungsfreundliche Rechtsprechung durch ein Urteil des Obersten Gerichtshofes, das vom gleichen Tag datiert wie die Entscheidung zum Haftprüfungsrecht für Guantánamo-Gefangene. Einstimmig befand der Oberste Gerichtshof, die USA hätten zwar ein Recht auf Haftprüfung durch US-amerikanische Bundesgerichte. Die Richter könnten dem US-amerikanischen Militär aber nicht die Überstellung der mutmaßlichen Straftäter an die irakischen Behörden verbieten. Aus dieser Entscheidung, folgerte das Berufungsgericht in den Guantánamo-Verfahren, Richter hätten in Haftprüfungsfällen, die im Zusammenhang mit dem „Kampf gegen den Terrorismus" stehen, generell nur eingeschränkte Kontroll- und Handlungsbefugnisse. Bürgerrechtler widersprechen energisch. Die restriktive Linie des Berufungsgerichts vertrage sich nicht mit der Wächterrolle, die der Oberste Gerichtshof den Gerichten in seiner Entscheidung zugedacht habe. Das *Habeas-Corpus-Urteil* werde zur Hülse, wenn letztlich doch die Regierung entscheiden dürfe, unter welchen Bedingungen die Guantánamo-Gefangenen freikämen. Hilfesuchend haben sich Anwälte dieser Gefangenen abermals an den Obersten Gerichtshof gewandt.

In den drei Grundsatzentscheidungen, die der Oberste Gerichtshof bislang zum Umgang der US-amerikanischen Regierung mit mutmaßlichen Terroristen traf, konnten Bürgerrechtler jeweils Siege verbuchen. Allerdings votierte der Gerichtshof schon damals nur jeweils mit knapper Mehrheit dafür, die Machtbefugnisse der Exekutiven zu beschränken; heftige Kritik daran übten Richter vom rechten Flügel. Seitdem hat es am Obersten Gerichtshof Personalwechsel gegeben. Guantánamo-Anwälten dürfte es nun noch schwerer fallen, eine Mehrheit der Obersten Richter dafür zu gewinnen, die Rechte der Gefangenen zu stärken. Dies hat vor allem mit der Ablösung des linksliberalen Urgesteins Justice John Paul Stevens durch die Richterin Elena Kagan zu tun. Stevens, der im Sommer 2010 mit 90 Jahren in den Ruhestand trat, hat die bisherige, relativ regierungskritische Guantánamo-Rechtsprechung entscheidend geprägt. Kagan hingegen, war vor ihrem Wechsel an den Gerichtshof oberste Prozessbevollmächtigte der Regierung Obama. Als *Solicitor General,* war sie unter anderem in die Haftprüfungsfälle involviert, auf deren höchstrichterliche Überprüfung die Anwälte nun dringen. Es gilt als sicher, dass sich Kagan wegen ihrer früheren Rolle für befangen erklären wird, sollte der Oberste Gerichtshof sich abermals mit dem Schicksal der Guantánamo-Gefangenen befassen. [257]

Die USA - ein Häftlingsstaat?

Sozialisation für Täter zählt ebenso wenig zu den politischen Primärtugenden in dem Bundesstaat Texas wie auch Mitleid für Täter. Doch dass fast eine Viertel Millionen Menschen der 27 Millionen Einwohner in Gefängnissen lebt und Hunderttausende nur auf Bewährung frei sind, passt weder den Demokraten noch den Republikanern. Häftlinge kosten viel Geld und belasten den Haushalt.

Nach Präsident Barack Obamas Worten stellen die Vereinigten Staaten fünf Prozent der Weltbevölkerung, aber 25 Prozent der Weltgefängnisbevölkerung. Die Inhaftierungsrate ist viermal so hoch wie in China klagte der Präsident. Die USA halten mehr Menschen hinter Gittern als Europas 35 größten Staaten zusammen. Binnen einer Generation habe sich die Zahl von Häftlingen in den USA vervierfacht. Dabei laufen schwarze Männer sechsmal so große Gefahr inhaftiert zu werden als weiße Männer. Die 108 Staatsgefängnisse in Texas sind weiterhin voll besetzt.

Das Leben in diesen Gefängnissen ist deutlich härter als das in deutschen Gefängnissen. Als Beispiel für ein US-amerikanisches Gefängnis soll das *Dawson State Jail* vorgestellt werden. Auf den meisten Stockwerken befinden sich neben einem Trakt mit winzigen, finsteren Isolationszellen mehrere Schlafsäle. Schon kurz nach seiner Eröffnung war auch dieses Gefängnis wieder zu klein geworden. Also wurden zwischen die ursprünglich 24 schmalen Stockbetten pro Saal weitere gezwängt, damit in jedem Raum 54 Straftäter hausen konnten. Einige Insassen blickten von ihren Liegeplätzen in die offene Dusche und auf die drei Toilettenschüsseln aus Stahl, die ohne Brille, Tür und Sichtschutz nebeneinander stehen, sowie auf die eingelassenen Waschbecken zum Zähneputzen. Auch ihre Mahlzeiten nehmen die Häftlinge in ihrem Schlafraum ein - schichtweise, denn die festmontierten Metalltische und -sitze reichen nicht für alle. Die Wärter behalten alles von einem Glasverschlag aus im Auge. „Leider war es nicht immer möglich, auf den Frauenetagen nur weibliche Wärter

---

[257] *Frankfurter Allgemeine Zeitung vom 4. Januar 2011*

einzusetzen" stellte die Gefängnisverwaltung fest.

In diesem Gefängnis bewachten manchmal nur 31 Wärter die mehr als 2.000 Insassen. Als eine US-amerikanische Delegation Deutsche Gefängnisse besuchte. staunten die Gäste über Einzelzellen mit Tageslicht und Bad, Familienfotos, Klotüren und Teeküchen sowie über die geringe Zahl gewaltsamer Zwischenfälle. Wie nach einer Expedition in eine unerforschte Kultur berichteten zwei Mitreisende später in der New York Times verblüfft, „dass Respekt für die Menschenwürde sogar Gefängnisdirektoren als Leitlinie dienen kann".[258]

Ein Blick auf die Menschenrechtslage in der Welt

Wie hat sich die Situation der Menschenrechte seit der Verabschiedung der „Allgemeinen Erklärung der Menschenrechte der Vereinten Nationen" vor 66 Jahren in anderen Teilen der Welt verändert?

Die Entwicklung der Menschenrechte verläuft nicht geradlinig und ist nicht vor Rückschlägen gefeit. Vor dem Hintergrund anhaltenden, wiederkehrenden und neuen Unrechts müssen die Menschenrechte ständig aufs Neue verteidigt, eingefordert und erstritten werden. Dementsprechend stellt sich die Lage der Menschenrechte im Länder- und Zeitvergleich sehr unterschiedlich dar. Positiv zu vermerken ist, dass sich, ausgehend von der „Allgemeinen Erklärung der Menschenrechte", der internationale Menschenrechtsschutz erheblich ausdifferenzierte. Er brachte eine Reihe wichtiger internationaler Menschenrechtsabkommen hervor. Dadurch wurden besonders "verletzliche" Gruppen wie Frauen, Kinder, Menschen mit Behinderung oder Arbeitsmigranten geschützt. Zugleich erstarkten und vernetzten sich weltweit nicht-staatliche Organisationen, um Verfolgung, Unterdrückung, Diskriminierung, Ausbeutung und Not anzuprangern und sich für die bürgerlichen, politischen, wirtschaftlichen, sozialen und kulturellen Menschenrechte einzusetzen.

Freedom House, eine internationale Nichtregierungsorganisation (NGO) mit Hauptsitz in Washington, D.C. hat sich zum Ziel gesetzt, liberale Demokratien weltweit zu fördern. Im Jahre 2013 hat *Freedom House* die 195 Staaten der Welt in „freie", „eingeschränkt freie" und „unfreie" Staaten klassifiziert. Bei dieser Verteilung bestehen große Unterschiede zwischen den Regionen. Nirgendwo ist der Anteil unfreier Staaten höher als im Nahen Osten und in Nordafrika. Danach werden 90 Staaten (46%) als freie Staaten, 58 (30%) als eingeschränkt freie und 47 (24%) als unfreie Staaten bewertet. Unschwer zu erraten ist, dass diese NGO mit Sitz in Washington, DC die USA in der Spitzengruppe jener Staaten sieht, die die Menschenrechte einhalten.

---

[258] *Ross, Andreas in der Frankfurter Allgemeinen Sonntagszeitung vom 20.3.15*

Ein kleiner Vergleich mit Deutschland mag diese Wertung relativieren. Deutschland, das in der Zeit der Herrschaft der Nationalsozialisten bei dem Menschenrechten am Ende der Liste rangierte, hat sich nach dem „demokratischen Urknall" 1949 gerade auch durch die „Umerziehung" mit Hilfe und Einfluss der USA zu einer vorbildlichen Demokratie entwickelt, in der die Menschenrechte so hoch geachtet werden, wie in nur wenigen anderen Staaten. Natürlich werden hier die Genfer Konventionen eingehalten, ohne wenn und aber. Einige Ereignisse aus dem Krieg in Afghanistan belegen dieses. Die allgemeinen Menschenrechte werden nicht nur beachtet, sondern ihre Durchsetzung wird durch die Gesetzgebung, durch Polizei und Justiz gewährleistet, Verstöße werden nach öffentlichen Gerichtsverhandlungen geahndet. Methoden von CIA, NSA und anderen US-Sicherheitsorganen sind in Deutschland unbekannt.

In der Justiz steht die Resozialisierung auf gleicher Ebene wie Strafe: man will mit den Verurteilten nach Verbüßung der Strafe ja wieder friedlich zusammen leben, sie in die Gesellschaft integrieren. Die Rechte der Polizei sind deutlich eingeschränkter als in den USA, der Schusswaffenbesitz ist klar geregelt und arg begrenzt, die Lage in den Gefängnissen ist nicht vergleichbar mit der in vielen anderen Staaten, vor allem aber nicht mit jener in den USA.

Und wie beurteilt *Human Rights Watch (HRW),* die international tätige, nichtstaatliche Organisation, die durch unabhängige Untersuchungen und Öffentlichkeitsarbeit für die Wahrung der Menschenrechte eintritt, die Menschenrechtslage in den USA? In ihrem Bericht 2016 hat sie zu den USA festgestellt: "Viele der schweren Menschenrechtsverletzungen die in den Vereinigten Staaten auftreten, liegen im Bereich der Strafjustiz. Das Strafrechtssystem - von der Polizei über die Strafverfolgung bis hin zur Verurteilung – wird von Ungerechtigkeiten wie rassischen Unterschieden beherrscht, sowie von übermäßig harten Verurteilungen und einer Drogen- und Einwanderungspolitik, die eine Kriminalisierung über Gebühr betonen. Im Ergebnis besitzen die Vereinigten Staaten die größte gemeldete Gefängnispopulation in der Welt. Spezifische Maßnahmen haben oft besonders harte Auswirkungen auf die Jugend, auf ethnische Minderheiten oder auf Menschen mit niedrigem Einkommen, die beschuldigt werden oder aber Verbrechen zum Opfer fallen. Gefängnisse und Haftbedingungen sind in vielerlei Hinsicht unsicher und unmenschlich."[259]

---

[259] *www.hrw.org*

Résumé

Die älteste Demokratie der Neuzeit mit ihrer ersten Verfassung der Neuzeit mahnt in vielen Staaten der Erde die Einhaltung der Menschenrechte an. Das tut sie in Entwicklungsländern, in Diktaturen und in aufstrebenden jungen Demokratien – immer wieder und zu Recht. Doch spätestens seit 2001 und der Administration von George Bush II mangelt es den USA an Glaubwürdigkeit. Die USA halten sich in vielen Bereichen selbst nicht an die Menschenrechte – Stichworte: Guantánamo, Folter, Todesstrafe, Härte der Polizei – und können daher nicht erwarten, dass andere Länder auf die Ermahnungen aus Washington DC hören.

Die USA sind kein Vorbild mehr für die Einhaltung der Menschenrechte, sie motivieren oder fördern durch ihren Umgang mit den Menschenrechten zudem undemokratische Kräfte in jungen oder anfälligen Demokratien.

Die USA zeigen einen Mangel an Wahrhaftigkeit.

Kapitel 20

Der Rassismus

Aller Hass ist nichts weiter als Sicherung des Besitzes.[260]

Obwohl es wissenschaftlich bewiesen ist, dass alle Menschen denselben Ursprung haben, ist die Meinung weit verbreitet, dass es verschiedene Rassen von unterschiedlichem Wert gibt. Wie haben sich solche rassistischen Einstellungen entwickeln können?

Der Ursprung des Rassismus geht auf die Kolonialisierung Afrikas und Südamerikas zurück. Die Versklavung von Millionen Afrikanern zur Ausbeutung der Rohstoffe der eroberten Gebiete verfestigte bei den europäischen Mächten das Gefühl einer moralischen und zivilisatorischen Überlegenheit der "weißen Rasse".

Im Zuge der Eroberung Amerikas kamen weitere rassistische Aspekte zum Ausdruck: als Eroberung mit ausgrenzenden Folgen für die Indianer, als transatlantische Sklaverei und der Machtkampf um die Teilhabe an einer postulierten weißen Vorherrschaft.

Die transatlantische Sklaverei war ökonomisch ein Dreiecksverhältnis, in dem Billigwaren, Schnaps und Waffen aus Europa zumeist unter Einbezug afrikanischer und arabischer Sklavenhändler gegen Sklaven aus Afrika und diese gegen amerikanische Kolonialwaren eingetauscht wurden. Die Kolonisierung Amerikas vom 16. bis 19. Jahrhundert ging mit einer Massenversklavung von Afrikanern einher, die in allen Teilen des dünn besiedelten Doppelkontinents als billige Arbeitskräfte eingesetzt wurden: in britischen, niederländischen, französischen und spanischen Kolonien (später in USA, Brasilien und den europäischen Kolonien in der Karibik). Auf dem nordamerikanischen Festland erlangte die Sklaverei besonders drastische Ausprägungsformen, eine Ausprägungsform, die auf dem Doppelkontinent einzigartig war. Es ist ein zentrales Paradoxum der US-amerikanischen Geschichte, dass Freiheit und Gleichheit, eine Betonung der Klassenlosigkeit als zentrale US-amerikanische Werte, ganz wesentlich auf der Sklaverei und dem zugehörigen Rassismus beruhen.

---

[260] *Powers, Richard in „Der Klang der Zeit"*

Der Bruch der USA mit der knapp 250 Jahre alten Tradition der Sklaverei wurde vor 155 Jahren, am 1. Januar 1863 verkündet, als Abraham Lincoln die sogenannte Emanzipationserklärung in Kraft setzte, nach der "alle als Sklaven gehaltenen Personen in einem Einzelstaat oder einem genau bezeichneten Teil eines Einzelstaats, deren Bevölkerungen sich zu diesem Zeitpunkt im Zustand der Rebellion gegen die Vereinigten Staaten befinden, dann fortan und für immer frei sein sollen".

Wenngleich die Emanzipationserklärung im Kern ein taktisches Manöver inmitten des US-amerikanischen Bürgerkriegs war und weder die Sklaverei vollständig beendete noch alle Sklaven befreite, so verfehlte sie nicht die gewünschte Wirkung. Sie vermittelte Millionen von Sklaven die Hoffnung auf baldige Freiheit, sie verlieh den Kriegszielen der Nordstaaten eine moralische Legitimation und schürte in den Südstaaten die Angst vor dem Verlust ihrer versklavten Arbeitskräfte. Auf diese Weise markiert der 1. Januar 1863 den Anfang vom Ende der Sklaverei in den USA, die im Dezember 1865 mit der Ratifizierung des 13. Zusatzartikels zur US-amerikanischen Verfassung endgültig aufgehoben wurde.

Michael Moore bestätigt diese Bewertung, wenn er schreibt: „Als Weiße haben wir die Vorstellung, wir wären in der Gesellschaft anderer Weißer sicherer. Seit unserer Geburt hat man uns gelehrt, dass es die Leute mit der anderen Hautfarbe sind, vor denen wir uns in acht nehmen müssen. Die sind es, die uns die Kehle durchschneiden wollen! Schaue ich aber auf mein Leben zurück, zeigt sich da ein seltsames, aber unverkennbares Muster. Definitiv jede Person, die mir in meinem Leben jemals weh getan hat, das waren ausschließlich Weiße! Und das soll ein Zufall sein? Das glaube ich einfach nicht. Noch nie hat ein Schwarzer mich angegriffen, noch nie hat ein Schwarzer mich aus meiner Wohnung geworfen, noch nie habe ich einen Schwarzen sagen hören: Wir werden hier 10.000 Arbeitsplätze abbauen - einen schönen Tag noch!".[261]

Die Entwicklung über die Jahre

Einige wichtige Entscheidungen und einige aufsehenerregende Ereignisse sollen die Entwicklung über die Jahre verdeutlichen.

Das Jahr 1865 ist ein wichtiges Jahr für die Abschaffung der Sklaverei: am 31. Januar wurde der 13. Zusatzartikel zur Verfassung der USA vom Kongress verabschiedet, am 14. April 1865 wurde Abraham Lincoln ermordet und am 23. Juni 1865 endete der Bürgerkrieg. Mit dem am 18. Dezember 1865 ratifizierten 13. Zusatzartikel wurde die Sklaverei auf dem gesamten Gebiet der USA formal

---

[261] *Moore, Michael: Stupid White Man*

abgeschafft. Der 19. Juni wurde als Gedenktag zur Erinnerung an das Ende der Sklaverei in den USA festgelegt.

Doch hatten diese politischen Entscheidungen nur einen begrenzten Wert auf das künftige Zusammenleben zwischen den Rassen in diesem Land und sofort regte sich Protest, handgreiflicher, militanter Protest. Bereits unmittelbar nach Ende des Sezessionskriegs im Jahre 1865 bildeten sich Gruppen, die mit der Abschaffung der Sklaverei generell und einer etwaigen Gleichstellung der Schwarzen mit den Weißen im Einzelnen nicht einverstanden waren. Die bekannteste – und gewalttätigste – Gruppe war die der Ku Klux Klan. Diese Gruppe bildete sich als ein rassistischer Geheimbund in den Südsaaten der USA. Ziel des Klans war nach deren Gründung am 24. Dezember 1865 vor allem die Unterdrückung der Schwarzen. Seine Gewalttaten richteten sich zunächst gegen Schwarze und deren Beschützer sowie gegen die zahlreichen ehemaligen Nordstaatler, die vom Wiederaufbau des Südens nach dem Sezessionskrieg profitieren wollten. Es handelte sich um eine paramilitärische Gruppierung, die versuchte, ihre politischen Ziele mit Terror und Gewalt zu erreichen. Sie wurde um 1870 zunächst aufgelöst, im Jahre 1915 als eine nativistische Massenorganisation jedoch wieder neu gegründet. Mit bis zu vier Millionen Mitgliedern (1924) verfolgte dieser Klan eine Politik weißer Vorherrschaft insbesondere gegenüber Afro-Amerikanern, aber auch einen militanten Anti-Katholizismus und Anti-Semitismus. Nach dem 2. Weltkrieg formierten sich verschiedene, voneinander unabhängige Gruppen als Ku-Klux-Klan, die verschiedene Gewaltakte von verbalen Einschüchterungsmaßnahmen über diverse körperliche Angriffe bis hin zu Morden gegenüber tatsächlichen oder vermeintlichen Vertretern der US-amerikanischen Bürgerrechtsbewegung verübten.

Nun muß an dieser Stelle eines festgehalten werden: die Abschaffung der Sklaverei ist nicht identisch mit der Abschaffung der Rassentrennung, denn diese bestand weiter. *Separate but equal* galt in den Vereinigten Staaten als sozialer und juristischer Grundsatz, der bis 1964 in den Südstaaten den als Rassentrennung bezeichneten Umgang mit der Afro-Amerikanischen Minderheit und das Verhältnis zwischen den beiden wichtigsten Bevölkerungsgruppen definierte. Diesem Grundsatz zufolge wurden für weiße und schwarze US-Amerikaner in vielen Bereichen des Lebens vergleichbare Einrichtungen oder Dienstleistungen zur Verfügung gestellt, die jedoch hinsichtlich ihrer Nutzung strikt nach der Hautfarbe getrennt waren, was als Ausprägung einer Politik der Segregation, der Trennung gilt. Hotels, Busse, Sanitäranlagen: hier und in anderen Bereichen wurden die Rassen getrennt.

Diese Trennung führte verständlicherweise zu permanenten Differenzen zwischen Schwarzen und der Staatsmacht. Besonders bekannt wurde hierbei Rosa Parks. Sie hatte im Dezember 1943 bei der *National Association for the Advancement of*

Colored People (NAACP) in Montgomery begonnen und arbeitete dort als Sekretärin. Die Rassentrennung war damals in Montgomery stark ausgeprägt; so gab es z. B. Schulen, Parkbänke oder Aufzüge *whites only* und *coloreds only*. Die Busse waren ebenfalls getrennt, allerdings nicht vollständig. Es waren vorne vier Reihen für Weiße reserviert, die oft leer blieben, aber von den Afro-Amerikanischen Passagieren nicht benutzt werden durften. Der hintere Teil, der für sie reserviert war, war meist überfüllt. Außerdem gab es einen mittleren Abschnitt, den schwarze Personen benutzen durften, allerdings war eine komplette Reihe zu räumen, sobald auch nur ein einziger weißer Passagier in dieser Reihe sitzen wollte.

Am 1. Dezember 1955 trat genau dieser Fall ein. Ein weißer Fahrgast verlangte die Räumung der reservierten Sitzreihe, in der sich Rosa Parks befand. Die übrigen Personen machten den Platz frei, doch die damals 42-jährige weigerte sich, da sie nicht die übrige Fahrt hindurch stehen wollte. Der Busfahrer rief daraufhin die Polizei und bestand auf ihrer Verhaftung. So wurde Parks wegen Störung der öffentlichen Ruhe verhaftet, angeklagt und zu einer Strafe von 10 Dollar und 4 Dollar Gerichtskosten verurteilt.

Teilweise als Antwort auf diese Verhaftung organisierte Martin Luther King, zu diesem Zeitpunkt ein relativ unbekannter Baptistenprediger, mit seiner *Montgomery Improvement Association* den *Montgomery Bus Boycott*, der später die Behörden dazu zwang, die Rassentrennung innerhalb von Bussen und Zügen aufzuheben, und der als Auslöser vieler anderer Proteste der Bürgerrechtsbewegung in Amerika gilt.

„Im Jahre 1957 kam es zu einer Krise in der *Central High School* von Little Rock. Im September wurden mit Unterstützung durch die Herausgeberin der *Arkansas State Press,* der schwarzen Zeitung Little Rocks, neun schwarze Kinder in diese Schule aufgenommen. Gouverneur Faubus, der entgegen der Tradition noch eine dritte Amtszeit regieren wollte, schickte die Nationalgarde von Arkansas, um die Integration der schwarzen Kinder zu verhindern. Präsident Dwight D. Eisenhower reagierte prompt: Nationalgardisten des Bundes und Fallschirmjäger schützten die schwarzen Kinder, deren Schulweg zu einem Spießrutenlauf durch einen wütenden Pöbel wurde, der rassistische Parolen skandierte". [262]

Am 28. August 1963 stand Martin Luther King vor dem Lincoln Memorial und sprach von seinem amerikanischen Traum. Mit starker und doch zitternder Stimme erzählte er der riesigen Menschenmenge vor dem Memorial und den Millionen faszinierten Fernsehzuschauern in einer ganz eigenen Rhythmik, die an die spirituellen Gesänge der Schwarzen erinnerte, von seiner Vision:

---

[262] *Clinton, Bill: Mein Leben, S. 56*

„Die Söhne der ehemaligen Sklaven und die Söhne der ehemaligen Sklavenhalter werden eines Tages auf den roten Hügeln von Georgia miteinander an der Tafel der Brüderlichkeit sitzen. Meine 4 Kinder werden eines Tages in einem Land leben, in dem sie nicht aufgrund der Farbe ihrer Haut, sondern aufgrund ihres Charakters beurteilt werden".

„Es ist schwierig zu erklären, was diese Rede für eine Nation ohne *Civil Rights Act,* ohne *Voting Rights Act,* ohne *Open Housing Law* bedeutete. Es ist schwierig zu erklären, was diese Rede im US-amerikanischen Süden bedeutete, wo in den meisten Schulen immer noch die Rassentrennung herrschte, wo die Kopfsteuer dazu benutzt wurde, die Schwarzen von den Urnen fernzuhalten oder sie dazu zu zwingen, en bloc für die Verfechter des Status Quo zu stimmen, und wo Personen, die es besser wissen mussten, immer noch ganz offen das Wort *Nigger* verwendeten".[263]

1966 entstand aus dem radikaleren Teil der Schwarzen in den Vereinigten Staaten eine Bürgerrechtsbewegung, die sich *Black Power* als Slogan wählte, die eine Integration in die von den Weißen dominierte Gesellschaft ablehnte und statt dessen für die politische und kulturelle Emanzipation der Afro-Amerikaner eintrat.

Das Motto der *Black-Power-Bewegung* wurde im Jahre 1966 von Stokeley Carmichael, dem Führer des *Student Nonviolent Coordinating Committee (SNCC),* als Antithese zum Wahlspruch der Bewegung von Martin Luther King eingeführt, um den Anspruch der Schwarzen auf gleichberechtigte Beteiligung an der Macht unter Wahrung ihrer kulturellen Identität zu unterstreichen. Stokeley Carmichael lehnte das Integrationskonzept Martin Luther Kings als freiwillige Unterwerfung unter das Supremat der Weißen ab und hielt das Paktieren mit liberalen Exponenten der ökonomisch gut abgesicherten weißen Mittelschicht als Irrweg, solange die überwiegende Mehrheit der schwarzen US-Amerikaner in Armut lebe.

Black Power bedeutete für Stokeley Carmichael zweierlei: das Ende von Scham und Erniedrigung sowie die Selbstkontrolle über die schwarzen Gemeinden. Parallel zu einer gleichberechtigten Partizipation in einem reformierten demokratischen System forderte der unangefochtene Führer der *Black-Power-Bewegung* den Aufbau politisch und wirtschaftlich autonomer Kooperativen mit eigener Polizei sowie das Recht der Schwarzen auf Selbstverteidigung. Von der *Black-Power-Ideologie* inspiriert, entstanden in der zweiten Hälfte der sechziger Jahre eine Reihe militanter Gruppierungen die dem rechtsradikalen Ku Klux Klan den bewaffneten Kampf ansagten.

---

[263] *Clinton, Bill: Mein Leben, S. 93/94*

„Die wachsende Unzufriedenheit über die Armut, die anhaltende Diskriminierung, die Gewalt gegen Bürgerrechtler und der unverhältnismäßig hohe Anteil der Schwarzen unter den Soldaten und vor allem den Opfern des Vietnamkriegs hatten eine neue Militanz hervorgebracht. Insbesondere in den Städten konkurrierte Martin Luther Kings Friedensbotschaft mit dem sehr viel aggressiveren Konzept der *Black Power*. Mitte der 60er Jahre erschütterten Rassenunruhen die Ghettos in den Städten des Nordens. Im Sommer 1967 waren mehr als 160 Gewaltausbrüche in US-amerikanischen Städten gezählt worden. Präsident Lyndon B. Johnson setzte die *National Advisory Commission on Civil Disorders* ein; diese Kommission gelangte zu dem Schluss, dass die Ursachen der Unruhen im Rassismus und in der Brutalität der Polizei sowie im Mangel an wirtschaftlichen Chancen und Ausbildungsplätzen für Schwarze zu suchen seien. Das beunruhigende Ergebnis ihrer Analyse fasste die Kommission in einem Satz zusammen, der berühmt werden sollte: *„Unsere Nation steuert auf die Spaltung in zwei getrennte und ungleiche Gesellschaften zu - in eine schwarze und eine weiße."* [264]

Am 4. April 1968 wurde Martin Luther King auf dem Balkon eines Motels von dem mehrfach vorbestraften Rassisten James Earl Ray erschossen. In über 110 Städten der USA kam es nach der Ermordung Kings zu Krawallen, bei denen insgesamt 39 Menschen ums Leben kamen, 2.000 verletzt und 10.000 Personen verhaftet wurden. Besonders Washington D.C. wurde von sehr schweren Unruhen erschüttert. Die „Schlacht auf der 14. Straße" konnte nur mit Hilfe von 13.000 Bundessoldaten eingedämmt werden. Die Stadt verhängte eine Ausgangssperre und erklärte den Ausnahmezustand. Der Bürgermeister von Chicago forderte seine Polizisten auf, rücksichtslos auf die Randalierer zu schießen. Der Gouverneur von Maryland rief den permanenten Ausnahmezustand aus, als ein Viertel von Baltimore in Flammen aufging. In Kansas schleuderte die Polizei Benzinkanister in eine wütende Menge, die protestierte, weil die Schulen zur Beerdigung von King nicht geschlossen blieben.

Schwarze in den Streitkräften

Zur Zeit des 2. Weltkrieges waren 11% der US-Bürger Farbige, aber nur 6% Farbige dienten zu der Zeit in der Armee. Nur fünf Farbige trugen die Offiziersuniform, drei von ihnen als Seelsorger. Später wuchsen die US-Streitkräfte auf 4,5 Millionen Mann an -- doch nur 92 000 schwarze Soldaten standen an der vordersten Front. Etwa 800 Farbige waren Offiziere. Noch 1945 empfahl eine Untersuchungskommission der Streitkräfte, „Negersoldaten" nur beim Nachschub einzusetzen. Zwar ordnete Präsident Truman drei Jahre später in der *Executive Order 9981* die Integration der Streitkräfte an. Aber noch im Korea-Krieg marschierten die

---

[264] *Clinton, Bill: Mein Leben, S. 154/155*

Farbigen zumeist in geschlossenen farbigen Einheiten.

Nach dem Korea-Krieg wurden die „Neger-Einheiten" aufgelöst, die Integration setzte sich durch - gegen den Widerstand vieler konservativer Militärs. Immer mehr Farbige meldeten sich nun freiwillig zu den Waffen. Im Marinekorps wuchs der Anteil der Schwarzen von weniger als zwei Prozent (1949) auf neun Prozent im Jahre 1965, in der Luftwaffe verdoppelte er sich: Jeder zehnte Luftwaffensoldat war 1965 nicht mehr weiß. Beim Heer stellten die Farbigen 1949 lediglich 1,8 Prozent der Offiziere, 1965 waren es bereits 3,6 Prozent.

Jetzt konnten die Farbigen in den Streitkräften tun, was sie im Zivilleben nur erträumen durften: Weißen Befehle erteilen. Farbige Offiziere oder Unteroffiziere führen weiße Einheiten, auch wenn deren Stamm aus dem „negerfeindlichen Süden" kommt.

Das Militär bot den Diskriminierten auch sonst Möglichkeiten, die ihnen im Zivilleben oft verwehrt werden. In den Streitkräften sind sie sozial gesichert und - wenigstens während des Dienstbetriebs - gleichberechtigt. Sie haben Aufstiegsmöglichkeiten, können einen Beruf erlernen, zur Schule gehen und an allen gesellschaftlichen Veranstaltungen teilnehmen.

Ein gutes Beispiel hierfür ist Colin Powell. Er wurde am 5. April 1937 als das jüngere von zwei Kindern von Maud Ariel McKoy und Luther Powell, einem Immigrantenpaar aus Jamaika geboren. Sein Vater war Lagerarbeiter, seine Mutter war Näherin in einer Textilfabrik. Er wuchs in New York im Afro-Amerikanisch dominierten Stadtviertel, der Bronx, auf. Powell besuchte öffentliche Schulen und studierte an der *City University* in New York Geologie. Danach meldete er sich zum *Reserve Officer Training Corps* und absolvierte als Soldat den Masterstudiengang in Betriebswirtschaftslehre an der *George Washington University*. In seinen Erinnerungen schreibt er u.a., dass man als Farbiger im Jahre 1962 „über eine große Blase verfügen musste", wenn man mit dem PKW auf der Interstate 95 von New York nach Washington fuhr: Auf dieser Autobahn habe es keine Toiletten für Schwarze gegeben, sondern nur für Weiße. Seine Karriere ist beispiellos: 1987 wurde er Nationaler Sicherheitsberater unter Ronald Reagan und im August 1989 Chairman Joint Chiefs of Staff, also der Generalstabschef der US-Streitkräfte. Im Jahre 2000 wurde er Außenminister der USA: all diese Ämter übernahm er als erster Schwarzer überhaupt.

Inzwischen hat sich die Situation in den Streitkräften weiter normalisiert. Im Jahre 2011 belegen die statistischen Zahlen, dass das Militär den ethnischen Mix der Gesellschaft widerspiegelt, aber auch die ethnischen Unterschiede in der militärischen Hierarchie. Die *Elite-Militärakademie Westpoint* absolvieren weiterhin 80 Prozent Weiße.

Trotzdem: Nur in den Streitkräften wird heute ohne größere Probleme akzeptiert, wenn die tradierte ethnische Schichtung umgekehrt wird und Schwarze, Asiaten oder Hispanos kommandieren. So wurde am 1. Juli 2014 mit Michelle Janine Howard eine schwarze Frau erstmals zum Admiral (****) befördert. Howard wurde 1960 als Tochter eines Stabsfeldwebels der Luftwaffe in Kalifornien geboren trat 1978 als Kadett in die Marine ein und schloss 1982 das Studium an der *US Naval Academy* in Annapolis ab. Sie war die erste farbige Frau, die als Kommandant ein Schiff der US-Navy kommandierte: das Docklandungsschiff USS Rushmore.

Eigene Erfahrungen

Einige persönliche Erlebnisse sollen die Entwicklung des Rassismus in den USA unterstreichen. Im Juni 1963 war ich als Seekadett mit den beiden Schulschiffen der Deutschen Marine in Annapolis bei der US-amerikanischen Marineakademie zu Besuch. Mit uns lagen auch die beiden Schulschiffe der britischen Marine im Hafen. An einem Abend gab es für die Kadetten aus den USA, Deutschland und Großbritannien einen *Ringball*, zu dem neben vielen Kadetten eine ähnlich große Anzahl von Mädchen verschiedener Schulen eingeladen war. Am Eingang traf man sich und setzte sich paarweise an die Tische. Ich hatte mich mit einem Crewkameraden zurückgehalten und ohne Mädchen an einen Tisch gesetzt, als ein Kapitän zur See der Gastgeber zu mir kam und mich um einen Gefallen bat. Er führte mich zu einem Mädchen und bat mich nun, mich um dieses Mädchen zu kümmern. Beim ersten Tanz kam ein anderer Kadett und forderte sie auf, sie lehnte ab. Das Gleiche geschah ein zweites Mal. Der britische Kadett war schwarz und sie durfte nicht mit ihm tanzen. Die beiden hatten sich am Eingang getroffen, doch die Lehrerin des Mädchens hatte sie wieder getrennt und an einen „Weißen" vermitteln lassen – und dieser Weiße war ich.

In meiner Zeit in Norfolk war mir ein deutscher Korvettenkapitän, der als Austauschoffizier bei der US-Navy in Charleston, SC eingesetzt war, unterstellt. Im Sommer 1992 wollte sein 5-jähriger Sohn Geburtstag feiern und man hatte andere Kinder eingeladen. Die Eltern einiger weißer Kinder riefen die deutsche Familie an und forderten diese auf, die schwarzen Kinder wieder auszuladen, sonst würden ihre weißen Kinder nicht kommen.

1992/1993 war ich Präsident der Offiziermesse des „NATO-Hauptquartiers Atlantik" in Norfolk. Mein wichtigster Mitarbeiter war der hauptamtliche Mess-Manager. Sie war ein weiblicher, schwarzer Oberleutnant zur See der US-Navy und machte eine ausgezeichnete Arbeit, war von allen Mitarbeitern anerkannt und von allen Offizieren in der Offiziermesse hoch geschätzt, natürlich auch von mir.

Im Herbst 1992 zog ein schwarzes Ehepaar in unsere Straße, *Pond Cypress Drive* in Virginia Beach ein, in der sonst nur Weiße wohnten. Eine gute Nachbarschaft wurde gepflegt, gegenseitige Einladungen waren üblich, doch die neuen beiden Schwarzen wurden von den anderen Nachbarn gemieden und nicht eingeladen. Wir taten dieses hingegen demonstrativ mehrfach. Nach wenigen Monaten zogen sie wieder fort.

Die Justiz

Der Weltöffentlichkeit wurde der Rassismus in den U.S.A. deutlich vor Augen geführt, als im Jahre 1991 in Los Angeles der so genannte *Rodney-King-Prozess* abgehalten wurde. Rodney King war bei einer Razzia von 4 Polizisten auf der Straße brutal verprügelt und misshandelt worden; selbst dann noch, als er schon völlig hilflos am Boden lag. Das Geschehen wurde von einer Videokamera gefilmt. Der Film sollte später dem Gericht als Beweis für die kriminellen Handlungen der 4 weißen Polizisten dienen. Die Polizisten wurden in erster Instanz freigesprochen. Hintergrund: Rodney King war schwarz, die Polizisten waren weiß und der Prozess war bewusst in einen anderen, weißen Distrikt verlegt worden, damit man das Geschworenengericht überwiegend aus weißen Geschworenen zusammensetzen konnte. Das Urteil führte dann auch zu den schlimmsten Ausschreitungen von Schwarzen in Los Angeles seit langem.

Das US-amerikanische Justizsystem hat ein Rassismusproblem. Das größte ist die Diskriminierung der Afro-Amerikaner. Im Mai 2016 veröffentlichte die New Yorker Stiftung für investigativen Journalismus *Pro Publica* eine Recherche über die Objektivität der Algorithmen, die die Rückfallgefahr von Straftätern prognostizieren. Das Ergebnis war verheerend. In 61 Prozent aller Fälle vermochten sie, zukünftige Straftäter zwar akkurat zu identifizieren, bei Gewaltverbrechen waren es lediglich 20 Prozent, der Algorithmus lag völlig falsch.

Im Ergebnis wurde Schwarzen öfter fälschlicherweise ein hohes Risiko zugeordnet, Weißen dagegen öfter fälschlich ein niedriges: Afro-amerikanischen Straftätern wurde zu 77 Prozent mehr zugetraut, eine zukünftige Gewalttat zu begehen, als weißen Straftätern. Ihr Risiko, eine Straftat anderer Kategorien zu begehen, lag bei 45 Prozent. Auf der anderen Seite wurden 23 Prozent der weißen Straftäter, die als riskant eingestuft wurden, nicht rückfällig, unter Afro-Amerikanern waren es 44,9 Prozent. Weiße Straftäter, die für unbedenklich gehalten wurden, wurden zu 47,7 Prozent rückfällig, schwarze zu 28 Prozent.

Wie ein roter Faden zieht sich der Einsatz extremer Gewalt durch Polizisten gegen Schwarze und als Reaktion dann wieder Gewalt von Schwarzen gegen die Polizei in den letzten Jahrzehnten durch die USA. Und es scheint, dass diese Spirale zunimmt, die Reihe von Übergriffen weißer Polizisten an schwarzen Bürgern reißt nicht ab. In gleicher Weise werden nach derartigen Übergriffen die weißen Polizisten in der Regel freigesprochen – oder es kommt zu keinem Prozess. Die unbändige Wut der Schwarzen gipfelt dann immer wieder in Polizistenmorden. Einige Beispiele aus den letzten Jahren mögen diese Eskalation verdeutlichen.

Am 9. August 2014 ereignete sich ein Todesfall in der Stadt Ferguson (Missouri). Dabei wurde der 18-jährige Afro-Amerikanische Schüler Michael Brown nach Tätlichkeiten gegenüber dem Polizisten Darren Wilson von diesem erschossen. In der Folge kam es zu andauernden Unruhen und Demonstrationen gegen rassistische Polizeigewalt, zur Entsendung der Nationalgarde und zur Verhängung nächtlicher Ausgangssperren. Nachdem eine Grand Jury am 24. November entschieden hatte, kein Verfahren gegen Darren Wilson zu eröffnen, kam es am 25. November zum Teil zu gewaltsamen Protesten in mehr als 170 Städten der USA.

Am 8. August 2015 wurde ein unbewaffneter Schwarzer von einem Polizisten erschossen. Der Fall in einem Vorort von Dallas (Texas) trat genau ein Jahr nach den tödlichen Schüssen auf Michael Brown in Ferguson auf. Die Polizei in Arlington bestätigte, dass der 19-jährige Student Christian Taylor unbewaffnet war.

Am 5. Juli 2016 war der 37-jährige schwarze Alton Sterling in Baton Rouge (Louisiana) von Polizisten erschossen worden, während er am Boden lag. Dieser und ein weiterer Fall tödlicher Polizeischüsse auf einen Schwarzen hatten in vielen Städten der USA Proteste gegen Polizeigewalt ausgelöst. Gewalttätige Reaktionen blieben nicht aus: Am 7. Juli 2016 kam es schließlich zu einer Eskalation: Am Rande einer Demonstration in Dallas (Texas) wurden fünf Polizisten gezielt getötet. Am Sonntag, dem 17. Juli 2016 sind bei einer Schießerei in Baton Rouge (Louisiana) drei Polizisten von einem unbekannten Schützen mit einer schwarzen Maske tödlich getroffen worden, ehe Beamte ihn erschossen.

Ferguson wurde zu einem Fanal: Wie brisant die Entscheidung einer *Grand Jury* war, einen weißen Polizisten nicht anzuklagen, der im August einen unbewaffneten schwarzen jungen Mann erschossen hatte, war sogleich auf den Straßen Fergusons zu sehen: brennende Häuser, Plünderungen, Schüsse, Tränengas. Weil die Wut über die Entscheidung der Geschworenen in Gewalt umschlug, sah sich Präsident Obama veranlasst, an Demonstranten und Polizisten zu appellieren, Ruhe zu bewahren und die Entscheidung anzuerkennen. Die Mahnung hat einen traurigen Grund: viele schwarze US-Amerikaner trauen dem Rechtswesen nicht; sie fühlen sich systematisch benachteiligt, werden von (weißen) Polizisten oft besonders rücksichtslos behandelt. Dem Präsidenten war die Verbitterung anzumerken, als er seine Landsleute daran erinnerte, dass die Nation auf Rechtsstaatlichkeit gründe. Es ist verheerend, wenn viele US-Amerikaner das eigene Rechtsfindungssystem ablehnen, weil sie es für organisierten Rassismus halten und so auch erleben.

Die Wütenden von Ferguson - und nicht nur sie - sahen sich in ihrem Argwohn bestätigt, dass sie von diesem Rechtssystem wenig zu erwarten haben. Sie hatten nur Hohn für die Versicherung der Staatsanwaltschaft übrig, nach sorgfältiger Prüfung der Beweise und Anhörung der Zeugen sei die *Grand Jury* zu dem Schluss gelangt, dass der Polizist nicht angeklagt werden solle und dass sie somit dessen Version von Notwehr für plausibel halten. Selbst wenn das zuträfe, so sagt es viel über den zerrissenen Zustand des Landes aus, dass so viele schwarze Bürger davon überzeugt sind, dass dies eine krasse Fehlentscheidung war. [265]

Die Auffassung der Schwarzen in dem Lande ist einheitlich: für sie wurde der schwarze Teenager Michael Brown aus Ferguson noch einmal getötet, durch die überwiegend weißen Geschworenen der *Grand Jury*. Und die Seele seiner Eltern dazu. Ein weißer US-Polizist, der zwölf Kugeln auf einen unbewaffneten 18-jährigen Afro-Amerikaner abfeuert, muss in den Vereinigten Staaten nicht befürchten, strafrechtlich zur Verantwortung gezogen zu werden - das ist ein anderer Aspekt der Rassendiskriminierung. Das ist das Signal von Ferguson. Es ist ein ehrliches Signal. Und ein wenig überraschendes. Denn alle 28 Stunden wird in den USA ein Afro-Amerikaner erschossen, zumeist von weißen Polizisten, Sicherheitsdiensten oder selbsternannten Bürgerwehren. Notwehr lautet die Standardbegründung. Nur in Ausnahmefällen müssen sich die weißen Sicherheitskräfte überhaupt einem Strafverfahren stellen. Viele Polizisten und selbsternannte Hilfssheriffs, vor allem in Amerikas Südstaaten, interpretieren diese rassistische Rechtspraxis als Lizenz zur sofortigen tödlichen Notwehr.

In den ehemaligen US-Sklavenhalter-Staaten herrschte lange Zeit gegenüber den Afro-Amerikanern Lynchjustiz. Heute geht die Gefahr nicht mehr primär von weißen Killer-Organisationen aus, sondern von der überwiegend weißen Polizei und der überwiegend weißen Justiz.

Denn nicht die Schuldfrage, sondern die Hautfarbe spielt vor US-Gerichten die entscheidende Rolle. Handelt es sich um ein weißes Opfer, riskiert der Täter drakonische Strafen, vor allem wenn er selber schwarzer Hautfarbe ist. Die Gefahr einer Todesstrafe ist in einem solchen Fall in Amerikas Südstaaten zweiundzwanzig Mal höher, als wenn das Opfer schwarz und der Täter weiß ist.

---

[265] *Frankenberger, Klaus-Dieter in der FAZ vom 26.11.2014*

Schwarze Amerikaner stellen nur rund 13 Prozent der Bevölkerung - aber rund 45 Prozent der über zwei Millionen Strafgefangenen in den USA. Über die Hälfte der schwarzen jungen Männer von L.A., Philadelphia, Baltimore und Washington sind deshalb entweder inhaftiert oder nur zur Bewährung auf freiem Fuß und ein Drittel der schwarzen männlichen Bevölkerung von Alabama darf nicht mehr wählen, weil sie vorbestraft ist.

Weiße Polizisten und Hilfssheriffs können hingegen ungestraft unbewaffnete schwarze Teenager erschießen. Ob dieser schwarze Teenager nun Trayvon Martin heißt, und aus Florida kommt, oder Michael Brown aus Ferguson. Der Todesschütze von Ferguson muss sich keiner *Grand Jury* stellen. Während US-Gerichte gleichzeitig minderjährige Schwarze zu lebenslänglicher Haft verurteilen - und zwar ohne die Chance einer vorzeitigen Entlassung auf Bewährung, ohne die Chance, auch nur noch einen Tag in Freiheit zu erleben. Amerikas sogenannte Rechtsprechung bleibt auch in der Ära des schwarzen Juristen Obama eine Rassen-Justiz.[266]

Wie reagiert die Politik? In Washington war zuletzt viel von Brunnenvergiftung die Rede. Republikaner gaben dem demokratischen Präsidenten mit derlei Vorwürfen vorsorglich die Schuld daran, dass die politische Blockade in die nächste Phase eintritt. Das Dekret, mit dem Barack Obama bis zu fünf Millionen illegale Einwanderer aus Mexiko vor Abschiebung schützt, wird zur Provokation erklärt, die jede Zusammenarbeit vom Kongress und seiner republikanischen Mehrheit mit der demokratischen Regierung vereitle. Doch die Polit-Krawallmacher sollten durchatmen und in ihr eigenes Land schauen: in Ferguson haben echte Brandstifter vorgeführt, welche Wut in ihnen steckt.

Nicht nur diese Gewalttäter misstrauen den Geschworenen, die nach monatelanger Beweisaufnahme keinen Grund für den Verdacht erkannten, der weiße Polizist Darren Wilson habe eine Straftat begangen, als er den unbewaffneten Schwarzen Michael Brown erschoss. Viele Amerikaner hatten sich da ihre Meinung längst gebildet. Den einen ist Brown Opfer eines tief verwurzelten Rassismus; den anderen ist Wilson ein Held, der auf dem Altar politischer Korrektheit geopfert zu werden drohte. Obama stellte fest, dass Rassendiskriminierung seitens Polizei und Strafjustiz ein „echtes Problem" in den USA sei. Der Republikaner Peter King antwortete, Obama solle den Polizisten Wilson ins Weiße Haus einladen.[267]

Die Lage der Schwarzen heute
Seit 50 Jahren ist die Rassentrennung in den USA offiziell abgeschafft, doch

---

[266] *Sina, Ralph: WDR 5 Echo des Tages, 25.11.2014*
[267] *Ross, Andreas in der FAZ vom 27.11.2014*

Schwarze bleiben benachteiligt. Statistiken aus den USA zeigen immer wieder, wie stark Schwarze benachteiligt werden. Der Unterschied zwischen beiden Bevölkerungsgruppen ist in den vergangenen Jahrzehnten sogar noch gewachsen. Ein Grund dafür ist offenbar, dass die Polizei Schwarze viel häufiger und strenger kontrolliert ("stop-and-frisk").

Möglicherweise glauben die Polizisten sogar, dafür einen realen Grund zu haben – zumindest, wenn sie der Ansicht sind, dass Arme und Benachteiligte häufiger kriminell werden als andere. Denn auch das zeigen die nationalen US-Statistiken: 50 Jahre nachdem der Kongress unter Präsident Lyndon B. Jonson den *Civil Rights Act* beschloss und so die Diskriminierung der Schwarzen zumindest auf dem Papier beendete, geht es den Afro-Amerikanern wirtschaftlich und sozial im Großen und Ganzen immer noch deutlich schlechter als den Weißen.

Das *Pew Research Center* hat unterschiedliche Aspekte im Vergleich der schwarzen und der weißen Bevölkerungsgruppen untersucht und grafisch dargestellt. Den Grafiken liegen Daten des Zensusbüros der USA zugrunde. In ihnen wurden der Übersichtlichkeit halber nur die Werte für Schwarze und Weiße verglichen. Die amerikanischen Statistiker erfassten außerdem Latinos und andere Bevölkerungsgruppen, doch ihre Kategorien sind nicht ganz trennscharf. Weiße mit lateinamerikanischen Wurzeln werden von diesen Grafiken deshalb nicht abgebildet. Entscheidend für die Zuordnung ist üblicherweise, wie die im Zensus Befragten sich selbst definieren: als schwarz oder weiß.[268]

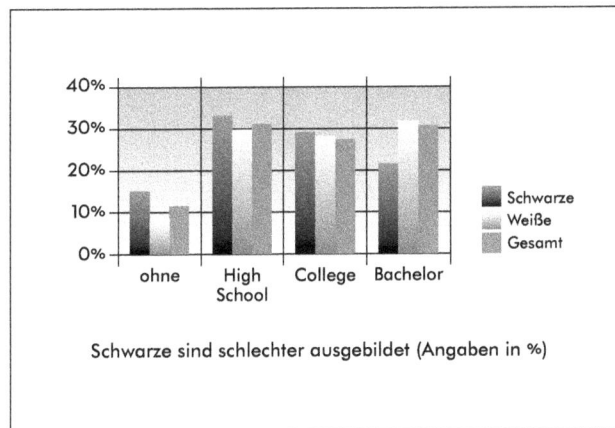

Schwarze sind schlechter ausgebildet (Angaben in %)

Das fängt bereits bei der Bildung an. Schwarze sind schlechter ausgebildet. Im Vergleich zu den Weißen schaffen Schwarze besonders häufig keinen Schulabschluss. Und selbst die, die einen Abschluss erreichen, verlassen das Bildungssystem eher nach der High-School oder dem College. Einen Bachelor oder höheren akademischen

---

268 *Endres, Alexandra in „Die Zeit" vom 25.8.2014; Statistiken: US Census Bureau 2013*

Abschluss erhalten Schwarze deutlich seltener als Weiße oder als der Durchschnitt der US-Bevölkerung. Allerdings ist der Unterschied in der Schulabbrecherquote zwischen Schwarzen und Weißen seit den 1960er-Jahren gesunken. [269]

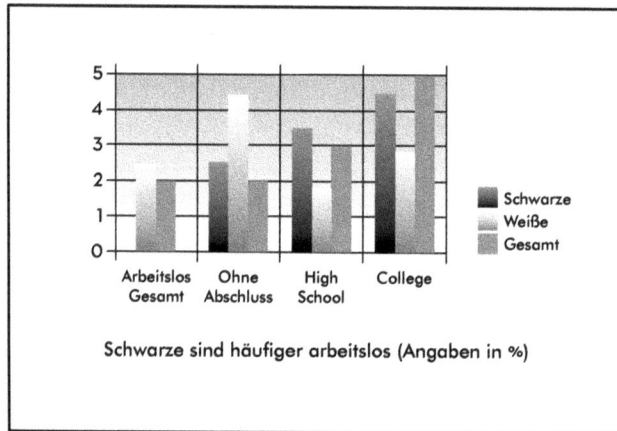

Schwarze sind häufiger arbeitslos (Angaben in %)

Selbst wenn Schwarze einen guten Abschluss schaffen, sind sie häufiger arbeitslos als Weiße. Unter den schwarzen Universitätsabsolventen, die mindestens einen Bachelor-Titel tragen, haben 7,9 Prozent keine Arbeit. Unter den Weißen sind es nur 4,3 Prozent. Und je schlechter die Ausbildung, desto gravierender wird der Unterschied. Auch über alle Bildungsklassen hinweg ist die Arbeitslosigkeit unter Schwarzen deutlich höher. [270]

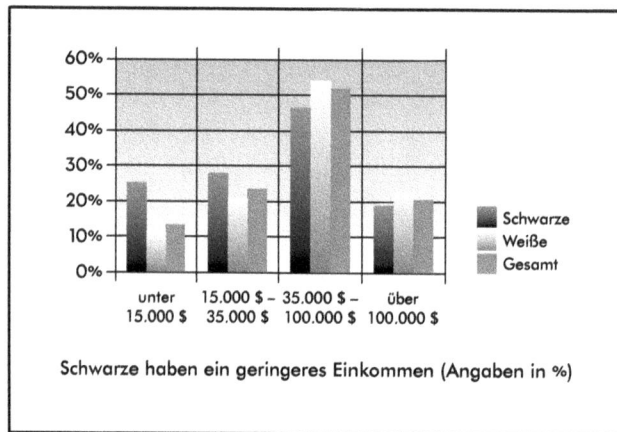

Schwarze haben ein geringeres Einkommen (Angaben in %)

So ist es kein Wunder, dass Schwarze ein viel geringeres Einkommen erzielen als Weiße. Mehr als die Hälfte aller schwarzen Haushalte haben pro Jahr weniger als 35.000 Dollar zur Verfügung, bei nur etwa einem Zehntel sind es 100.000 Dollar oder

---

[269] Endres, Alexandra in „Die Zeit" vom 25.8.2014; Statistiken: US Census Bureau 2013
[270] Endres, Alexandra in „Die Zeit" vom 25.8.2014; Statistiken: US Census Bureau 2013

mehr. Für die Grafik wurden Löhne und Gehälter sowie die Netto-Erträge aus Selbständigkeit zusammengezählt. Unternehmensgewinne gingen nicht in die Rechnung mit ein. Zum Vergleich: Unter den weißen Haushalten müssen nur knapp ein Drittel mit weniger als 35.000 Dollar jährlich zurecht kommen, aber fast ein Viertel verfügt über 100.000 Dollar und mehr.[271]

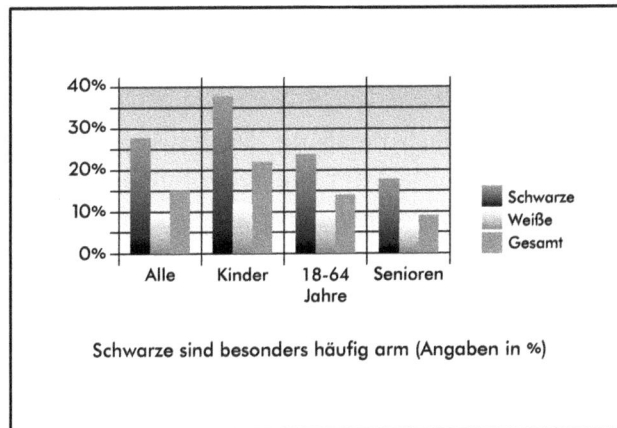

Schwarze sind besonders häufig arm (Angaben in %)

Da scheint es nur logisch, dass Schwarze auch häufiger arm sind als Weiße. Das US-Statistikbüro berechnet seine Armutsgrenze abhängig vom gesamten Einkommen eines Haushalts und der Anzahl seiner Mitglieder. Auch das Alter der Familienangehörigen spielt eine Rolle, und die jährliche Inflation. Das Ergebnis: Mehr als ein Viertel der Schwarzen in den USA leben in Armut. Unter den Weißen beträgt die Rate nicht einmal ein Zehntel, und im Durchschnitt der Bevölkerung sind es 15 Prozent. Der Unterschied ist über alle Altersklassen hinweg sehr groß, am größten ist er jedoch unter Kindern und Jugendlichen.[272]

Eindrücke am Ende der Amtszeit von Barack Obama

„Wir sind immer noch selbstgerechte und intolerante Rassisten – und die Schwarzen wissen es" schreibt Michael Moore.[273] Die Wunde Rassismus ist niemals wirklich verheilt.

Die Vereinigten Staaten von Amerika sind ein rassistisches Land! Nun steht es uns als Deutschen sicherlich am wenigsten zu, diesen Sachverhalt zu kritisieren, haben wir mit unserer jüngeren Geschichte gerade in dieser Hinsicht selbst eine schwere Hypothek zu tragen. Doch kann die Art, mit der in den USA die weiße Mehrheit mit

---

[271] *Endres, Alexandra in „Die Zeit" vom 25.8.2014; Statistiken: US Census Bureau 2013*
[272] *FAZ vom 28.8.2013*
[273] *Moore, Michael: Stupid White Man, S. 110*

Schwarzen, Hispaniern und auch mit US-amerikanischen Indianern umgeht, nicht unerwähnt bleiben.

Es gibt heute noch Bundesstaaten in den USA, die in die sogenannte ID-Card entweder ein W (*White*), ein B (*Black*) oder ein H (*Hispanic*) eintragen. Die ID- Card ist der US-amerikanische Führerschein, der gleichzeitig als Personalausweis gilt. Ein beachtlicher Teil der Bevölkerung hält eine solche Spezifizierung der Rasse im Personalausweis unverändert für richtig und notwendig.

Schwarze wohnen grundsätzlich nicht mit Weißen in einem Wohngebiet. Ziehen Schwarze in eine Straße, in der bisher nur Weiße wohnten, so ziehen die Weißen aus und die Straße wird innerhalb weniger Jahre zu einem reinen Wohngebiet für Schwarze; gleichzeitig fällt der Verkehrswert der Grundstücke und Häuser! Dabei spielt es keine Rolle, welcher Schicht die Weißen oder die Schwarzen angehören. Es gibt daher selbstverständlich Wohnviertel für Schwarze der gehobenen Schicht so wie es Wohnviertel für Weiße der Unterschicht gibt.

Weiße schicken ihre Kinder u. a. auch wegen der Schwarzen wann immer möglich auf Privatschulen - soweit sie es bezahlen können. Dort sind sie dann unter sich und können die Aufnahmeregeln für die Schule mitbestimmen.

Das Land wird diese schwierigen und tief verwurzelten Ressentiments nicht deutlich abbauen oder gar beseitigen können. Die weiße "Herrenrasse" setzte sich schon in den Anfangsjahren der ersten Siedler aus England gegenüber den Indianern brutal durch, indem sie diese systematisch ausrotteten. Heute wird den Farbigen in den meisten Lebensbereichen keine Chancengleichheit gewährt; ihre Perspektive ist oft dunkel. So tickt die größte Zeitbombe der USA, zumal nicht einmal Ansätze für eine Lösung in Sicht sind. Die Rassenfrage wird über Dauer und Ende der US-amerikanischen Weltmachtstellung mit entscheiden.

Hat Obama als erster schwarzer Präsident etwas ändern können? Obama wurde von Schwarzen und wohl allen Stammwählern der Demokraten gewählt, weil er schwarz war. Von vielen unabhängigen Wählern und auch von Republikanern wurde er gewählt, weil er ausreichend hellhäutig und ein exemplarischer Aufsteiger in die *Ivy-League-Elite* war und Hoffnung stiftete auf eine "postrassistische Gesellschaft". Der Kandidat hatte den US-amerikanischen Traum gelebt, der Präsident steht beinahe machtlos vor der Zerstörung dieses Traums für immer mehr US-Amerikaner, dabei weit überproportional Schwarze.

Machtlosigkeit hat weite Strecken seiner Amtszeit ausgezeichnet: Der durch ideologischen Starrsinn gelähmte Kongress und eine zunehmend polarisierte

Wählerschaft erlaubten innenpolitisches Handeln kaum noch. Für Obamas Verächter, die ihn als muslimischen Agenten, Kommunisten oder Landesverräter hassen, ist es einerlei, was er zu Ferguson sagte. Er hatte keine Chance. Was immer Obama zu Ferguson sagte, er konnte nicht gewinnen. Die ökonomische Ungerechtigkeit der Schwarzen in den USA kann kein Präsident auslöschen. Obama glaubte an die moderierende, helfende Rolle des Staates. Für jeden Republikaner aber, der etwas auf sich hält, ist solche Hilfe die Anstiftung zur Schnorrerei, Kriminalität, zu zerbrechenden Familien.

Die USA feierten Martin Luther King. Im August 2013 jährte sich zum fünfzigsten Mal die Großdemonstration von mehr als 200.000 Menschen in Washington, auf der King Bürgerrechte für die schwarzen Amerikaner forderte. Mit der kunstvollen Sprachfigur des „Ich habe einen Traum" ist Kings Rede gegen die Diskriminierung in die Geschichtsbücher eingegangen.

Hat sich Martin Luther Kings Traum erfüllt? Werden die Schwarzen, die vor fünfzig Jahren Kinder waren, heute nach dem Wesen ihres Charakters beurteilt -- oder noch immer nach der Farbe ihrer Haut?

Obamas Wahl zum ersten schwarzen Präsidenten der USA wurde als kolossaler Sieg über den Rassismus gefeiert. Doch seitdem streiten die US-Amerikaner sogar noch heftiger über die Rassenfrage. Dabei kennen sie kaum noch Tabus.

Wer ein Visum für die Vereinigten Staaten beantragt, muss seine Rasse angeben. Wer in den USA ein Darlehen beantragt, muss seine Rasse offenbaren: White, Black, Hispanic, Asian, Other (eine wilde Mischung von geografischen, linguistischen und Pigmentkategorien).

So auch Henry M. aus Atlanta, Sohn einer Koreanerin und eines Afro-Amerikaners, Software-Ingenieur für die Stadtverwaltung. Es gebe ein Problem bei seinem Darlehensantrag, teilte ihm der Sachbearbeiter mit, nachdem er die eingereichten Papiere überprüft hatte, er habe seine Rasse falsch angegeben, er habe "asiatisch" statt "schwarz" angekreuzt. Kein Problem, er werde es ausbessern. Da sei ihm, so Henry M., eingefallen, wer in den Südstaaten "gemischtrassig" ist, gilt als *negro,* als Schwarzer.

Als Elly A. vor Jahren in die USA einreiste, wurde sie kurze Zeit darauf im Café von einer am Nebentisch sitzenden Gruppe schwarzer Frauen gefragt, wo sie denn herkomme. "Meine Mutter stammt aus Ghana, mein Vater aus England, doch aufgewachsen bin ich -", da fiel ihr schon eine der Frauen ins Wort: *You are either black or you're not, honey.* Wer glaubt, all dies gehöre der Vergangenheit an, sieht sich in den

Vereinigten Staaten von heute eines Besseren belehrt. Die Einstellung der Frau am Nebentisch herrscht auch heute noch. Sie erklärt, wieso Tiger Woods, lange Jahre der berühmteste Golfer der Welt, der zur Hälfte Thailänder ist und auch indianische Wurzeln hat, stets nur als schwarzer Sportler bezeichnet wird. Weswegen Barack Obama, der von seiner weißen Mutter sowie seiner weißen Großmutter großgezogen wurde, nie als weißer Junge wahrgenommen worden ist. Und weil dem so ist, haben seit je Menschen, die ein Viertel, ein Achtel oder ein Sechzehntel Afro-Amerikanisch sind, diesen Anteil oft verheimlicht.

Diskriminierungen und Vorurteile prägen den Alltag. Die Zuschreibung von Rasse mit den einhergehenden Vorurteilen durchdringt den Alltag. Kein Tag vergeht, ohne dass man nicht von - teilweise brutalen - Diskriminierungen hört.

Alton Sterling aus Baton Rouge war der 122. Schwarze, der im Jahre 2016 von Polizisten erschossen wurde. Auf einer Gedenkfeier für ihn hat eine schwarze Frau erzählt, sie habe ihren Söhnen beigebracht, sofort stehenzubleiben, sich nicht mehr zu bewegen, wenn sie einen Polizisten sehen – um bloß nicht zu provozieren.

Das ist die Realität. Überproportional viele Schwarze sterben bei Begegnungen mit der Polizei – aus den nichtigsten Gründen. Einen Tag nach Alton Sterling wurde Philandro Castillo erschossen. Bei einer Verkehrskontrolle, das Rücklicht seines PKW war beschädigt.

In einem Land in dem es mehr Waffen gibt als Einwohner, greift auch die Polizei schneller zur Waffe. Auch über die Ausbildung der Polizei wird viel diskutiert jetzt. Das alles aber erklärt nicht, warum es überproportional viele Schwarze trifft. Warum fast alle Polizisten, die Schwarze töten, freigesprochen werden. Warum sie in vielen Fällen nicht mal angeklagt werden.

Die Erklärung ist eine andere, und sie ist hart. Sie heißt: Rassismus. Die Erbsünde der Vereinigten Staaten. Es gibt ihn nicht nur bei der Polizei, das geht viel tiefer. Und ja, es gibt auch schwarzen Rassismus, das haben wir in Dallas gesehen. Aber tödlicher ist der weiße.

Résumé

Das Land hat die Rassentrennung noch immer nicht überwunden. Auch acht Jahre Obama ändern daran nichts und Trump wird das auch nicht können, vielleicht auch nicht wollen. Wer geglaubt hatte, mit einem Schwarzen im Weißen Haus sei das Thema beendet, der hatte sich getäuscht. Im Gegenteil, und das ist ja die Tragik Obamas: unter ihm hatten sich die Fronten noch verschärft. Für viele ist er bis heute eine Provokation. Obama hat nur das ans Tageslicht gebracht, was verborgen immer da war. Aber - das ist auch eine Chance, das alles endlich offen anzusprechen. Sich einzugestehen, dass Rassentrennung noch immer existiert. Nur, wer sich dessen bewusst ist, kann den Rassismus auch überwinden.[274]

Der Rassismus und seine Folgen, d.h. innere und wohl immer stärkere Spannungen zwischen den Bevölkerungsteilen unterschiedlicher Hautfarben tragen zur Schwächung der Weltmachtposition der USA bei.

---

[274] *Ruck, Ina in den Tagesthemen der ARD am 12.7.2016*

Kapitel 21

Die Sicherheitspolitik und die Streitkräfte

„In vielen Ländern gelten wir inzwischen als die weltweit größte Bedrohung des Friedens".[275]

Die Weltmacht USA stützt sich auf drei Pfeiler. Der erste Pfeiler besteht aus der Größe des Landes, der Bevölkerungszahl und den Rohstoffen, über die Amerika verfügt. Der zweite Pfeiler ist die Wirtschaftsmacht der USA. Sie resultiert aus dem ersten Pfeiler und aus der Tatsache, dass die USA seit dem amerikanischen Bürgerkrieg (1861- 1865) keinen Krieg auf eigenem Boden führten. Der dritte Pfeiler schließlich sind die Streitkräfte.

So wie die britische *Royal Navy* Garant für die Weltmachtstellung des Kolonialreiches Großbritannien gewesen ist, haben die US-Streitkräfte über die gesamte US-amerikanische Geschichte entscheidend zum Wohlstand und zu der Entwicklung hin zur Weltmacht beigetragen. Im 20. Jahrhundert wurde dieses besonders deutlich. Der 1. und der 2. Weltkrieg wurden erst durch das Eingreifen des US-amerikanischen Militärs zu Gunsten der Alliierten entschieden. Die beiden Kriege etablierten die USA als Weltmacht.

Die USA sind nach Ende des 2. Weltkrieges immer wieder in einen Krieg gegangen, den sie eigentlich nicht führen wollten oder den sie nur als begrenzten Krieg angesehen hatten. Als Beispiele sollen Korea und Vietnam genannt sein. In Korea begriff die US-amerikanische politische Führung Diplomatie und Strategie als zwei voneinander getrennte Formen des politischen Handelns. Sie hatte offensichtlich Clausewitz nicht gelesen. In Vietnam hatte man nur mit einigen Militärberatern begonnen und sich dann langsam immer tiefer in den Krieg ziehen lassen und fand immer weniger eine Möglichkeit des Ausstiegs.

Seit dem Ende des Zweiten Weltkrieges stürzten sich die USA auf der Suche nach ihrer Vision für eine Weltordnung in fünf große Kriege, mit denen sie weit gesteckte Ziele verfolgten, ursprünglich mit fast universaler öffentlicher Unterstützung. Diese schlug später dann oft in öffentliche Missbilligung der eigenen Bevölkerung um, was vielfach bis an die Grenze gewaltsamer Auseinandersetzungen führte. In dreien dieser

---

[275] *Albright, Madeleine: Amerika Du kannst es besser, S. 112*

Kriege verlagerte sich der im politisch-gesellschaftlichen Establishment vorherrschende Konsens abrupt in Richtung eines bedingungslosen, einseitigen Rückzugs. Und dreimal innerhalb von zwei Generationen stiegen die Vereinigten Staaten aus einem Krieg aus, weil sie nicht mehr darauf hoffen konnten, dass der Krieg hinreichende Veränderungen bewirken würde, oder weil er von Anfang an falsch eingeschätzt worden war: dies geschah im Vietnam-Krieg aufgrund von Entscheidungen des Kongresses und im Irak und in Afghanistan durch Entscheidungen des Präsidenten.[276]

Im Zeitraum von 1946 bis 2016 haben US-amerikanische Soldaten überall auf der Welt in 50 Kriegen oder - wie es in Washington lieber genannt wird - an militärischen Operationen teilgenommen und dabei für den Ausbau und den Erhalt der Weltmacht gekämpft; und das mit beachtlichem Erfolg. Ohne den Pfeiler „Streitkräfte" gäbe es heute keine Weltmacht USA.

Die Streitkräfte der Vereinigten Staaten (offizielle englische Bezeichnung: *United States Armed Forces*) sind ein zentrales Instrument der US-amerikanischen Außenpolitik und für die Hegemonialstellung des Landes von entscheidender Bedeutung. Sie bestehen aus vier Teilstreitkräften:

- Marine   *(US-Navy)*,
- Heer   *(US-Army)*
- Luftwaffe   *(US-Air Force)*
- Marineinfanterie   *(US-Marine Corps)*.

Hinzu kommt die Küstenwache *(US-Coast Guard)*, die in Friedenszeiten nicht dem Verteidigungsministerium sondern dem Ministerium für Innere Sicherheit untersteht. Die Streitkräfte stellen seit Jahrzehnten die am besten ausgestattete und personell nach der Volksbefreiungsarmee der Volksrepublik China auch die zweitgrößte Militärmacht der Welt dar. Die vier Teilstreitkräfte (ohne die US-Coast Guard) bestehen aus über 1,4 Millionen aktiven Soldaten und knapp 1,1 Millionen Reservisten, die im Kriegsfall um die paramilitärisch ausgerichtete Küstenwache ergänzt werden können. In solch einem Falle erfolgt ein Unterstellungswechsel der Küstenwache unter das Verteidigungsministerium.

Zusätzlich verfügen die US-Streitkräfte über etwa 745.000 zivile Mitarbeiter. Oberbefehlshaber ist der Präsident der Vereinigten Staaten, während die zwei Kammern im Kongress die demokratische Kontrolle ausüben. Die älteste Teilstreitkraft ist das Heer, welches 1775 gegründet wurde, die jüngste sind die 1947 gegründeten Luftstreitkräfte.

---

[276] *Kissinger, Henry: Weltordnung, S. 316/317*

Der Militärhaushalt

Nach weitläufiger Fremdeinschätzung, US-amerikanischer Eigendarstellung und politikwissenschaftlichem Konsens sind die Streitkräfte der USA die schlagkräftigsten Streitkräfte der Welt. Diese Schlagkraft fußt auf dem mit Abstand und anhaltend größten Militärbudget der Welt, aus dem die umfangreichsten Anteile in Aufklärung, Informationsfluss, Vernetzung, Ausrüstung und Forschung fließen. Der Etat lag im Haushaltsjahr 2016 bei 611 Milliarden US-Dollar nur für die Kernaufgaben. Das entsprach 3,3% des Bruttosozialprodukts. Hinzu kamen weitere 262 Milliarden US-Dollar für die Wartung der Kernwaffen, für die Betreuung von Veteranen und für andere Sonderaufgaben. Das sind zusammen 873 Milliarden US-Dollar oder 730 Milliarden Euro. Zum Vergleich sind die Verteidigungshaushalte der NATO-Staaten im Jahre 2016 in Anhang J beigefügt.[277]

Die Verteidigungshaushalte der übrigen 28 NATO-Mitgliedstaaten im Jahre 2016 betrugen zusammen lediglich 44,1% des Verteidigungshaushaltes der USA im gleichen Jahr. Nun muß man allerdings berücksichtigen, dass die USA ihre Haushaltsmittel für den Einsatz ihrer Streitkräfte weltweit einplanen. Dieses gilt für die meisten NATO-Partner nicht.

Technische Innovationen, strategische Entwicklungen und operative Szenarien in den Streitkräften der Vereinigten Staaten sind für die Partner in der NATO, und andere wegweisend.

Innere Strukturen der US-amerikanischen Streitkräfte

Der Präsident ist *Commander-in-Chief*, der Oberbefehlshaber im Frieden wie im Krieg. Auch hieraus erwächst ihm natürlich zusätzliche Machtbefugnis, die nicht zu unterschätzen ist. Unter dem Präsidenten und dem Verteidigungsminister *(Secretary of Defence)* werden die Streitkräfte von dem *Chairman of the Joint Chiefs-of-Staff* geführt. Er ist Vorsitzender des Rates der Teilstreitkräfte. Die Mitglieder dieses Rates sind die Oberbefehlshaber der vier Teilstreitkräfte.

Die US-Streitkräfte sind eine Freiwilligenarmee. Die Wehrpflicht wurde im Jahre 1973 - nach Vietnam - wieder abgeschafft. Die Militärakademien haben als Bildungs- und Ausbildungsstätten einen ausgezeichneten Ruf im Lande. Dies gilt insbesondere für die Heeresakademie West Point und die Marineakademie Annapolis. Mit Abstrichen auch für die relativ neue Luftwaffenakademie in Colorado Springs. Die Infrastruktur, die technischen Möglichkeiten und die Intensität der Ausbildung sind sehr beeindruckend. Allein die Art der Menschenführung, die an allen dreien, besonders aber in Colorado Springs praktiziert wird, erscheint ungeeignet, junge

---

[277] *www.sipri.org/databases/milex - 2017*

Staatsbürger im 21. Jahrhunderts zu erziehen. So kann man junge Staatsbürger, die einmal Verantwortung für ihr Land und für Menschen übernehmen sollen, die ihnen ihr Land einmal anvertrauen wird, nicht vorbereiten - jedenfalls nach unserem Verständnis in Deutschland nicht. In allen drei Akademien ist es zunächst einmal erstes Ziel im ersten von vier Studienjahren, dem jungen Offizieranwärter, dem "Frischling" das mentale Rückgrat zu brechen. Der "Frischling" darf sich auf dem Akademiegelände nicht frei bewegen. Er muss auf roten Strichen, die auf dem Asphalt gemalt sind, gehen. Beim Essen muss er seinen mit ihm am Tisch sitzenden älteren Kameraden über die aktuellen Tagesereignisse vortragen. Dabei hat er häufig kaum Zeit, manches Mal überhaupt keine Zeit, selbst zu essen.

Der junge Mann im Alter von 18 oder 19 wird also zunächst erniedrigt. Im zweiten Jahr beginnt man dann, ihn aufzubauen. Er ist zweifellos gehärtet und beißt sich durch. Es erscheint zweifelhaft, dass er hierdurch zu der Übernahme von Verantwortung vorbereitet wird, vorbereitet wird zur Achtung Untergebener, zur Menschlichkeit in den eigenen Reihen, zur Kameradschaft. Diese so wichtigen Aspekte im Offizierberuf kommen entscheidend zu kurz.

Diese Art von Erziehung zeigt sich dann auch später, wenn der junge Mann in der Verantwortung steht. Von der Auftragstaktik, von der Verantwortungsbereitschaft, die in der Bundeswehr eindeutig und klar das Herzstück bei der Ausführung von Einsätzen ist, hat der US-amerikanische Offizier keine praktischen Vorstellungen. Er richtet sich streng nach den Befehlen seiner Vorgesetzten. Vor Ausführung bemüht er sich zudem häufig um eine Rückversicherung, ob denn das, was er tun will, auch richtig ist. Diese Ausprägung hört nicht etwa beim Korvettenkapitän auf, sondern geht durch alle Dienstgrade durch - bis hin zum Admiral.

Seit vielen Jahren bereits dienen Frauen in den US-amerikanischen Streitkräften. Nach langer, heißer Diskussion dürfen Frauen nun auch im Kampf eingesetzt werden. *Women in Combat* war für lange Jahre ein Spitzenreiter auf der Tagesordnung in der US-Gesellschaft. Nun ist der Wunsch nach Gleichberechtigung erfüllt: Frauen dürfen an Bord von Kriegsschiffen (nicht nur von Hilfsschiffen) fahren, sie dürfen Kampfflugzeugführer oder Kommandant eines Flugzeugträgers werden, sie dürfen sich im Krieg ebenso für ihr Vaterland einsetzen wie die Männer. Der Zuspruch ist enorm und entspricht gewiss auch dem Freiheitsdrang der US-Amerikaner: niemand soll und darf ihnen den Weg zum eigenen Glück beschneiden oder verstellen. Inzwischen gibt es eine (schwarze) Frau im Dienstgrad Admiral (****), wie im Kapitel 20 bereits erwähnt.

Weltweite Truppen-Dislozierung

US-amerikanische Weltmacht heißt weltweite militärische Präsenz. Acht Jahre nach dem Zerfall des Sowjetsystems, im Jahre 1998, kurz bevor der „Kampf gegen den Terrorismus" ausgerufen wurde, war die Stationierung der US-amerikanischen Truppen weltweit noch ganz von den großen Auseinandersetzungen der Vergangenheit, vom Kalten Krieg, bestimmt. Außerhalb der Vereinigten Staaten standen im Jahre 1998

- 60.053 Soldaten in Deutschland,
- 41.257 in Japan,
- 35.663 in Südkorea,
- 11.677 in Italien,
- 11.379 im Vereinigten Königreich,
- 3.575 in Spanien,
- 2.864 in der Türkei,
- 1.679 in Belgien,
- 1.066 in Portugal,
- 703 in den Niederlanden und
- 498 in Griechenland.

Das waren zusammen etwa 170.000 Soldaten, die das Interesse der USA weltweit unterstreichen sollten. Die Verteilung der US-amerikanischen Streitkräfte und ihrer Stützpunkte vermittelt einen einigermaßen objektiven Eindruck, wie das US-amerikanische „Weltreich" aussieht, soweit man von einem Weltreich sprechen kann. Die beiden wichtigsten Besitzstände der Vereinigten Staaten, ihre Bastionen in der alten Welt, sind - wie es Brzezinski deutlich ausgesprochen hat - das „Protektorat Europa" und das „Protektorat im Fernen Osten", ohne die es keine US-amerikanische Weltmacht gäbe. Die beiden Protektorate beherbergen und ernähren - das gilt vor allem für Japan und Deutschland - 58 Prozent des im Ausland stationierten US-amerikanischen Militärpersonals.

Gegenüber diesen beiden Bastionen waren an den neuen Polen in Südosteuropa, in Ungarn, Kroatien, Bosnien und Mazedonien 1998 zusammen nur 13.774 Soldaten stationiert. In Ägypten, Saudi-Arabien, Kuwait und Bahrain standen 9.956 Mann bzw. 12.820, wenn man die Türkei noch dazuzählt, die eine Drehscheibe zwischen Russland und dem Nahen Osten ist. Die meisten US-amerikanischen Soldaten wachten nach wie vor an den Grenzen des ehemaligen kommunistischen Herrschaftsbereiches, sie umzingelten regelrecht Russland und China. Die Stationierung von 12.000 Mann in Afghanistan und von 1.500 Mann in Usbekistan hat die grundlegende geographische Verteilung damals komplettiert.

Seemacht / Landmacht

Im Verlaufe der Geschichte gab es Staaten, die sich als Seemacht zu einer Großmacht oder Weltmacht entwickelt haben und andere, die dieses als Landmacht taten. Beispiele für eine Seemacht sind u.a. Athen, Karthago, das Römische Reich, die Hanse, Venedig, Portugal, Spanien, England oder die USA. Als Landmächte können genannt werden: Sparta, Österreich-Ungarn, Preußen oder Russland.

Die Bedeutung von Landstreitkräften und Seestreitkräften hat sich über den Zeitraum der letzten 500 Jahre verändert. Konnten Portugal, Spanien oder England nur mit Hilfe ihrer Seestreitkräfte zu einer Großmacht aufsteigen, so gewannen das napoleonische Frankreich, Preußen oder Russland ihre zeitweise Bedeutung durch die Erfolge ihrer Landstreitkräfte.

Mit den Erfahrungen des 20. Jahrhunderts kann man für die Welt des 21. Jahrhunderts feststellen, dass die Seestreitkräfte durch ihre flexible, rasche Einsatzfähigkeit, durch ihre Präsenz vor den Küsten eines gegnerischen Landes, durch *power-projection* Krisen bereits in deren Entstehung beenden können. Kommt es aber zum Krieg, so können nur Landstreitkräfte eine Entscheidung herbeiführen. Doch ist der Einsatz von Bodentruppen auf feindlichem Gebiet eine politisch deutlich schwerwiegendere Entscheidung als der Einsatz von Schiffen mit ihren Waffen *from the Sea.*

Die US-Streitkräfte verfügen über beide dieser Fähigkeiten und gewährleisten damit in letzter Konsequenz die militärische Absicherung der eingangs definierten Weltmachtstellung. Haben für Russland mit seiner riesigen Landmasse die Landstreitkräfte eine entscheidende geostrategische Bedeutung, so ist das bei den USA anders. Deren Seestreitkräfte werden nachhaltig von der geografischen Lage des Staates, seiner Geopolitik sowie seinen globalen Interessen bestimmt, ausgedrückt in der nationalstaatlichen Geo-Strategie. Und hier liegen Wert und Bedeutung der Seestreitkräfte der USA begründet.

Seit Ende des 2. Weltkrieges haben sich die Vereinigten Staaten als dominierende Weltmacht mit weitreichenden maritimen Interessen und entsprechendem Potenzial generiert. Der geografischen Lage nach, mit nur zwei Landnachbarn (zum Vergleich: China mit 14, Russland mit 15 Nachbarstaaten) und einer hervorragenden Hafenstruktur an den beiden Ozeanen Atlantik und Pazifik sowie mit einer Seegrenze von 19.924 km und einer Landgrenze von 12.043 km, sind die Vereinigten Staaten mit ihren Flotten die unangefochtene maritime Großmacht in der Welt. Maritimes Denken nimmt in den fünf Kernpunkten der US-Grand Strategy nach Norman Friedman dann auch eine Schlüsselrolle ein:

- Volle Dominanz Nordamerikas durch die *US-Army*.

- Ausschließen jeder möglichen Gefährdung der Vereinigten Staaten durch jedwede Macht der westlichen Hemisphäre.

- Absolute Kontrolle der maritimen Zugänge zu den Vereinigten Staaten durch die *US-Navy*.

- Völlige Dominanz der Ozeane, um die physische Sicherheit der Vereinigten Staaten und die Kontrolle des internationalen Handels zu garantieren.

- Alle anderen Nationen von der Herausforderung der maritimen Stärke der *US-Navy* abhalten.

Eine hohe strategische Bedeutung für die US-Sicherheitspolitik und ihren Anspruch, weltweit, auf allen sieben Weltmeeren kurzfristig einsatzbereit zu sein, hat der Bau des Panama-Kanals im Jahre 1914. Damit schufen sich die Vereinigten Staaten die sog. *Swing-Fähigkeit* ihrer Flotten: die Schiffe der *US-Navy* können seither relativ schnell vom Atlantik in den Pazifik oder umgekehrt verlegen und damit - lageabhängig - die seestrategische Lage der USA zu ihren Gunsten verändern: ein wichtiger militärischer Vorteil, der sich in den 100 Jahren immer wieder ausgezahlt hat.

Landstreitkräfte / US-Army

Das Heer der Vereinigten Staaten verfügt über eine Umfangstärke von rund 522.000 Soldaten. Charakteristisch für das Heer sind die rein rechnerisch vollständige Durchmotorisierung, die Betonung von Kommandomissionen und Spezialeinheiten sowie das Gefecht der verbundenen Waffen bereits innerhalb der Teilstreitkraft. Die Heeresflieger verfügen ausschließlich über Hubschrauber. Dies allerdings in sehr großer Zahl. Durch ihre Wurzeln in der US-amerikanischen Revolution 1775-1783 ist die *US-Army* die älteste der nationalen Teilstreitkräfte.

Die Umfangstärke der *US-Army* lag am Ende des Zweiten Weltkriegs bei sechs Millionen Mann, während des Vietnamkriegs immerhin noch bei 1,6 Millionen. Nach dem Ende des Kalten Krieges sank die Zahl der Soldaten, bis sie zu Beginn des "Krieges gegen den Terror" wieder stieg und 2011 den letzten Höchststand mit knapp 570 000 Männern und Frauen erreichte.

Im Zeitalter hoch technisierter Kampfeinsätze mit Drohnen, Präzisionsraketen, Elite-Einheiten und Cyberangriffen definiert das Pentagon nun den Begriff der Truppenstärke neu. Insgesamt werden weniger Männer und Frauen in den Landstreitkräften dienen, dafür sollen sie noch besser ausgerüstet und ausgebildet werden.

Im Pentagon heißt es, mit einer Zahl von 440.000 Heeres-Soldaten seien die USA nach wie vor in der Lage, jeden Feind deutlich zu besiegen. Allerdings wäre es in Zukunft nur noch schwer möglich, über längere Zeit ganze Länder zu besetzen oder sogar, wie zuletzt im Irak und in Afghanistan, zwei Länder gleichzeitig.

Derzeit verfügt das Heer über vier Korps, die aufgabenbezogene, geläufige Spitznamen führen. Die *US-Army* ist in Divisionen unterteilt, zehn aktive und acht Reservedivisionen mit jeweils 13.000 bis 18.000 Soldaten. Diese Anzahl ist nach Bedarf erweiterbar. Eine Division in der *US-Army* umfasst alle Einheiten, die ihre Operationsfähigkeit sicherstellen; eine Division ist somit von anderen Divisionen oder Einheiten prinzipiell unabhängig.

Seestreitkräfte / *US-Navy*

Die Marine der Vereinigten Staaten verfügt über 320.000 Mann und ist damit zahlenmäßig die größte Kriegsmarine der Welt. Im Dezember 2016 gab die *US-Navy* ihre neue Zielgröße bekannt. Künftig soll die Flotte auf 355 Schiffe anwachsen. Die aktuelle Kriegsflotte umfasste bisher 282 Schiffe. Im Vergleich zu heute beabsichtigt die *US-Navy* folglich einen Ausbau um 30%. Die angestrebte Kriegsflotte soll 12 Flugzeugträger, 38 amphibische Schiffe, 104 Kreuzer/Zerstörer, 52 Fregatten, 66 Jagd-U-Boote, 12 strategische U-Boote sowie 71 andere Schiffe umfassen.[278]

Die aktuell 282 Schiffe fahren in fünf Flotten zur See und es fliegen 3.700 Fluggeräte in diesen fünf Flotten. Aufgrund der geographischen Lage der Vereinigten Staaten ergibt sich für die zweitälteste Teilstreitkraft eine besondere strategische Bedeutung.

Dementsprechend ist die *US-Navy* im Sinne der aus der Grand Strategy resultierenden operativen Erfordernisse aufgestellt. Um die 10 atomgetriebene Flugzeugträger der *Nimitz-Klasse* und den neuen Träger der *Gerald R. Ford-Klasse* werden Flugzeugträgerkampfgruppen, mit den entsprechenden Begleitschiffen vom modernsten Raketenkreuzer, von den *Aegis-Zerstörern* (*Aegis* ist ein elektronisches, radargesteuertes Kampfsystem für Ziele auf See und in der Luft; es führt den verbundenen Kampf der Kampfgruppen), von Logistikschiffen und von strategischen wie auch taktisch-operativen U-Booten bis hin zum *US-Marinekorps* gebildet.

Das operative Ziel ist eine weltweite und permanente Projektionsfähigkeit. Darunter versteht man die Fähigkeit eines Staates, alle oder einige Elemente seiner nationalen Macht (politische, wirtschaftliche, informationstechnische oder militärische) über schnelle und effektive Kräfte an weit entfernten Einsatzorten

---

[278] *Dean, Sidney E.: Wer soll das bezahlen? die US-Navy zwischen Anspruch und Realität in Marineforum 9-2017*

einsetzen zu können, um auf Krisen zu reagieren, um abzuschrecken und regionale Stabilität durchzusetzen.

Die Überlegenheit der Seestreitkräfte der USA wird deutlich, wenn man Seestreitkräfte anderer Nationen betrachtet:

- Chinas derzeitige operative Kräfte sind in jeder Hinsicht (noch) bescheiden.
- Russland hat in der Zeit des Kalten Krieges enorme Anstrengungen hinsichtlich einer *Blue Water Navy* unternommen, die jedoch nie zu einer maritimen Kraft, vergleichbar der der Vereinigten Staaten, geführt haben.
- Japan hat seine Marine bislang auf die Allianz mit den Vereinigten Staaten abgestellt; seine Seestreitkräfte sind eine fast ideale Ergänzung der Kampfgruppen des *US-Navy*.
- Europa verfügt über keine eigene Flotte, sondern nur über nationale Seestreitkräfte. Diese reichen aber keinesfalls aus, um auch nur ansatzweise Großmacht-Politik betreiben und maritim absichern zu können. [279]

Luftstreitkräfte / US-Air Force

Die Luftwaffe ist mit rund 331.000 Soldaten und ca. 14.100 Fluggeräten die stärkste Luftstreitkraft der Welt und strategisches Kernstück der US-Streitkräfte. Sowohl offensive als auch defensive Großoperationen gehen meist von der Luftwaffe oder von den Flugzeugen der Marine oder der Marineinfanterie aus.

Der Anteil der Luftwaffe am gesamten Verteidigungsbudget ist mit etwa 30 % der größte. Auch die Weltall-Strategie wurde ihr übertragen. Erst 1947 wurde die *US-Air Force* eine eigenständige, den anderen gleichgestellte Teilstreitkraft und entwickelte im Laufe des Kalten Krieges ihre herausragende Rolle.

Die *US-Air Force* verfügt über 17 Luftflotten. Eine Luftflotte kann mehrere Geschwader oder selbstständige Gruppen umfassen. Als größter taktischer Verband der Luftstreitkräfte ist die Luftflotte das Äquivalent zur Division des Heeres und wird in der Regel von einem Generalmajor geführt.

Marineinfanterie / US-Marine Corps

Militärisches, mediales und populärkulturelles Aushängeschild der Vereinigten Staaten ist die Marineinfanterie, das *US-Marine Corps*. Ihre 186.000 Soldaten sind in Expeditionsstreitkräfte, sogenannte *Marine Expeditionary Forces*, aufgeteilt und kommen in der Offensive oft als erste zum Einsatz. Die *Marines* sind von der *US-Navy* abhängig, verfügen aber im Gegensatz zu den anderen Teilstreitkräften über fast alle

---

[279] *Scholik, Nikolaus in Marineforum Januar/Februar 2015*

Waffengattungen. Bereits ihre Gründung war ungewöhnlich und wurde Teil ihres Ethos; ihre Bedeutung wuchs vor allem durch die Kriege im Pazifik und in Korea.

Der offizielle Auftrag des *US-Marine Corps* liegt in dem Dienst im Verbund mit der Flotte, um dort Einheiten für die Eroberung oder Verteidigung von vorgelagerten Marinestützpunkten bereitstellen zu können, die für die Bodenkriegführung entscheidend sind. Zudem sollen sie zusammen mit Heer und Luftwaffe amphibische Landungsoperationen durchführen, die die Taktiken, Vorgehensweisen und Ausrüstung einer Landstreitmacht betreffen.

Operativ wird das *US-Marine Corps* vom Hauptquartier in Washington, D.C. geführt, das das *Marine Forces Command* in Norfolk, VA und die *Marine Corps Forces Pacific* auf Hawaii führt.

Nuklear-Streitkräfte

Die Nuklear-Streitkräfte der Vereinigten Staaten sind diejenigen Institutionen der US-Streitkräfte, die für den Bau, den allgemeinen Betrieb, die Sicherheit, die Wartung und die Abrüstung des nuklearen Potenzials der USA zuständig sind.

Die unverändert gültige *Nuclear Weapons Employment Policy* aus dem Jahre 2004 umschreibt die Aufgabe des US-Arsenals wie folgt: „Die nuklearen Streitkräfte der USA müssen in der Lage sein, und dazu als fähig wahrgenommen werden, diejenigen wichtigen krieg-führenden und krieg-unterstützenden Einrichtungen und Ressourcen zu zerstören, welche ein potentieller Gegner am meisten wertschätzt und auf die er zum Erreichen seiner Ziele in einer Nachkriegsordnung angewiesen wäre."

In der im April 2010 veröffentlichten *Nuclear Posture Review (NPR)* der Obama-Regierung wurden die Kernpunkte der US-Kernwaffenpolitik festgelegt: „Die Vereinigten Staaten werden ihre Kernwaffen nicht gegen nicht-Kernwaffenstaaten einsetzen oder mit diesen drohen, wenn diese Staaten Mitglied des *Nuclear Non Proliferation Treaty, NPT* sind und dessen Bedingungen erfüllen." Ob ein atomarer Ersteinsatz als Antwort auf einen Angriff mit biologischen oder chemischen Waffen möglich sein soll, lässt der Text der *NPR* jedoch offen.

Das Arsenal wird in strategische und taktische Kernwaffen unterteilt. Strategische Waffen sind für den Einsatz auf Trägern mit großer Reichweite gedacht und zur Zerstörung der militärischen und industriellen Infrastruktur eines potentiellen Gegners in dessen Hinterland vorgesehen. Das strategische Arsenal ist Bestandteil der limitierenden *START-1-* und *SORT-Verträge* mit der Russischen Föderation. Für den *START-1-Vertrag* zählen im Wesentlichen die Trägersysteme für die Kernwaffen, für den *SORT-Vertrag* die Anzahl der einsatzbereiten Kernwaffen selbst.

Taktische Waffen sind Gefechtsfeldwaffen für Träger mit geringer bis mittlerer Reichweite. Taktische Kernwaffen der USA sind mit Ausnahme des *INF-Vertrages* zum Verbot von Mittelstreckenraketen und landgestützten Marschflugkörpern nicht limitiert und kein Bestandteil des *NEW-START-Vertrages* zwischen den USA und Russland.

Die USA verfügen über 500 ICBM (*Intercontinental Ballistic Missiles*) mit 500 Sprengköpfen und über 288 SLBM (*Submarine Launched Ballistic Missiles*) mit zusammen 1.152 Sprengköpfen. Für den Einsatz der ICBM stehen 113 Bomber zur Verfügung.

Küstenwache / US-Coast Guard

Die Küstenwache untersteht in Friedenszeiten dem Ministerium für Innere Sicherheit. Ihre 38.000 Mann sind mit den Aufgaben Küstenschutz, Katstrophenschutz, Kriminalitätsbekämpfung zur See sowie Umweltschutz betraut. Sie arbeitet eng mit den Teilstreitkräften zusammen und verfügt über begrenzte militärische Kapazitäten. Die *US-Coast Guard* entstand 1915 aus verschiedenen küstenschützenden Behörden. Durch die Furcht vor Terroranschlägen und die Nähe der Vereinigten Staaten zu südamerikanischen Drogenanbaugebieten sind Bedeutung und damit Belastung der Küstenwache in den letzten Jahren stetig gestiegen.

Auf Weisung des Präsidenten oder im Rahmen einer Kriegserklärung des Kongresses kann die Küstenwache als Teilstreitkraft dem Marineministerium unterstellt werden. Zu diesem Zweck ist die Behörde in personal- und beschaffungstechnischen Angelegenheiten militärisch organisiert. Sitz der Küstenwache ist die Bundeshauptstadt Washington D.C.

Da die *US-Coast Guard* weder rein polizeiliche noch rein militärische Aufgaben ausführt, entspricht sie der Definition einer staatlichen paramilitärischen Organisation. Diese ist in zwei Gebiete, Atlantik und Pazifik, in neun Distrikte und in 35 Sektoren unterteilt. Die Anzahl der Stützpunkte unterscheiden sich von Sektor zu Sektor. Die Gebiete werden dabei von einem Vizeadmiral geführt, die Distrikte von einem Konteradmiral und die Sektoren von einem Kapitän zur See geleitet.

Die Küstenwache unterhält zudem einen eigenen Nachrichtendienst, den *United States Coast Guard Intelligence Service*.

Zum Ruhm der Nation

Die Tatsache, dass es eine Selbstverständlichkeit und eine Ehre ist, für das eigene Land zu kämpfen, ist weit verbreitet in den USA. Obwohl dieses Bewusstsein nach Vietnam eingeschlafen war, wurde es während des Golfkrieges wieder ganz aktuell. Dies erklärt vielleicht auch, warum Bill Clinton während des Präsidentenwahlkampfes im Jahre 1992 von vielen wegen seines England-Aufenthaltes in der Zeit des Vietnamkrieges kritisiert wurde: Clinton hatte sich während des Vietnamkrieges als Student nach England begeben, offensichtlich, um sich dem Wehrdienst und damit dem Einsatz in Vietnam zu entziehen. Die Anschuldigung wurde zunächst zu einem großen Handikap für den Gouverneur von Arkansas und insbesondere das Militär hat ihm sein damaliges Verhalten übel genommen.

Gleichwohl, das US-amerikanische Offizierskorps ist sehr zurückhaltend mit politischen Äußerungen oder Kommentaren. Man dient dem Präsidenten, gleich ob Republikaner oder Demokrat. Der Präsident wird nicht kritisiert.

Bei der beschriebenen Rolle der Streitkräfte verwundert es nicht, wenn im Weißen Haus deutlich mehr und weitaus ranghöhere Offiziere dienen, als dies z.B. im Bundeskanzleramt in Berlin der Fall ist. Das Militär nimmt dadurch naturgemäß deutlich mehr Einfluss auf die Politik der USA, als es in den meisten anderen westlichen Ländern der Fall ist. Hier soll nur der Name Oliver North genannt sein. Als Oberstleutnant diente er im Weißen Haus in der Reagan-Administration und hatte seit 1986 Waffen in den IRAN im Krieg gegen IRAK zum Freikauf US-amerikanischer Geiseln im Libanon verschoben. Dabei hatte er einen großen Teil des Erlöses - gegen den Beschluss vom Kongress - an die rechts gerichteten Rebellen in Nicaragua, weiter geschoben. In der US-amerikanischen Öffentlichkeit kam er als Held heraus, der uneigennützig und allein im US-amerikanischen Interesse gehandelt hatte. Im Jahre 1994 trat er - inzwischen aus der Armee entlassen, als Kandidat bei den Gouverneurs-Wahlen im Staate Virginia an und verlor denkbar knapp.

Die USA ehren und verehren ihre Veteranen und ihre Kriegstoten. Wer einmal an dem Vietnam-Ehrenmal in Washington entlang gegangen oder wer einmal durch den Heldenfriedhof Arlington gewandert ist, der ist beeindruckt von der Art, mit der die US-Amerikaner ihre Gefallenen aller Kriege ehren. Hier tritt das so starke Nationalbewusstsein wieder zu Tage. Die Veteranen werden geehrt, dürfen an Paraden, an militärischen Ereignissen teilnehmen; ihre Meinung ist in der Presse gefragt. Die Veteranenverbände wissen das auch zu nutzen. Man hat sein Blut für die Interessen des Vaterlandes eingesetzt oder gar verloren und das Land vergisst das nicht.

Privilegien des US-amerikanischen Militärs
Da der Dienst für das Vaterland hoch im Kurs steht und überall geschätzt wird, wird das Militär auch privilegiert behandelt. Das gilt für alle Dienstgrade, für Aktive, wie für Reservisten, für Soldaten wie ihre Familien, für Berufssoldaten wie für Pensionäre. Das engmaschige Betreuungsnetz steht allen offen. Ganz eindeutiges Ziel

ist es, die Familie mit in den Beruf des Mannes (oder heute auch der Frau) einzubinden.

Das beginnt mit dem eigenen Supermarktsystem des amerikanischen Militärs: dem *Commissary*. Hier können alle Soldaten, ihre Angehörigen und auch die Veteranen einkaufen. Die Preise sind in der Regel niedriger als in der Stadt, da auf den Waren keine Mehrwertsteuer liegt. Gleiches gilt für die *PX-* oder *Navy-Exchange-Läden*. Hier kann man von elektronischen Geräten über Möbel, von Sportausrüstung bis hin zu Pflanzen für den Garten alles kaufen, *on base* und ohne Mehrwertsteuer.

Military Lodging ist ein anderes Stichwort. In allen Stützpunkten oder Garnisonen der Marine, der Luftwaffe und des Heeres, wie der Küstenwache und der Marineinfanterie gibt es reichlich und ausgezeichnete Unterkünfte, die in der Regel - zumindest bei Offizieren einem *** oder einem **** Hotel entsprechen. Sie können von jedem Soldaten und jedem Pensionär überall und jederzeit weltweit genutzt werden. Es gibt ein Verzeichnis mit dem Titel: *Military Lodging* für die ganze Welt. Weltweit hat man sich zumeist besonders schöne Plätze gesichert. In Deutschland gab es über Jahrzehnte besonders schöne Unterkünfte/Hotels am Eibsee nahe Garmisch oder in Berlin. Die Preise sind sehr moderat und liegen in der Regel unter 20 $ für eine Suite, die man als Kapitän zur See/Oberst bezahlen muss!

Sportanlagen! Allen voran muss man hier die Golf-Anlagen sehen. Golf ist ein Volkssport in den USA und wohl noch mehr in den Streitkräften. Kostete das *Green Fee* für 18-Loch in den 90er Jahren etwa 15-30 $ bei privaten Golfanlagen, so zahlte man auf den militärischen Golfplätzen nicht mehr als 6-8 $ für 18 Loch. Es gibt auch Golfplätze überall im Land. In der *Hampton Roads Area* gibt es 10 militärische Golf Plätze! Die Pensionäre von Heer, Luftwaffe und Marine haben so eine vorzügliche und preiswerte Freizeitbeschäftigung - und sie nutzen es aus. Man bleibt zudem den Streitkräften eng verbunden. US-amerikanischen Veteranen, die schlecht über die Streitkräfte sprechen, gibt es nur sehr selten.

Da man seine *Military ID Card* behält, wenn man pensioniert wird, hat man auch nach der Pensionierung die Möglichkeit und Anrecht, all diese verschiedenen Einrichtungen zu nutzen.

Ein weiteres Gebiet der Privilegien ist das der Versicherungen. Die Angehörigen der Streitkräfte und ihre Veteranen können bei der Streitkräfte-Versicherungsgesellschaft *USAA* ihre Autos, ihren Hausstand, ihre Haftpflicht etc. versichern. Die Konditionen sind deutlich günstiger als bei anderen Anbietern, der Service ist exzellent und so verwundert es nicht, dass *USAA* zu einer der größten Versicherungen in den USA gewachsen ist.

Die Familien werden gern und oft eingebunden in den militärischen Alltag. Bei Beförderungen, Auszeichnungen, bei Pensionierungen, bei Vorträgen, am Nationalfeiertag, bei Schiffstaufen, selbst bei Aus- und Weiterbildung kann der Ehepartner teilnehmen. So ist es am *US Naval War College* in Newport möglich, dass die Ehepartner der Studenten an den Wahlfächern, die den Studenten nachmittags angeboten werden, teilnehmen können. Das Ergebnis liegt auf der Hand: die Familie, die durch häufige und lange Abwesenheit des Vaters/der Mutter oder des Mannes/der Frau ungleich härter betroffen ist als z.B. eine deutsche Soldatenfamilie, diese Familie identifiziert sich mit der Armee.

Grenzen und Schwächen der US-Streitkräfte

„Durch die politischen und wirtschaftlichen Entwicklungen in der Welt in den letzten Jahren sind die USA in eine Lage geraten, die die Clinton-Administration immer scheute und die George Bush II unbedingt vermeiden wollte, nämlich eine imperiale Überforderung (*imperial overstretch*). Das reicht von der Rekrutierung der Berufssoldaten bis zur Mobilisierung der Reserven und der *National Guard,* vom Haushaltsdefizit bis zur Überforderung der Allianzen. Schwer vorstellbar, dass solche Überanstrengungen aller Kräfte auf unbegrenzte Sicht durchzuhalten ist. Es bedarf nur einer mittelschweren Krise in Fernost – Taiwan, Nordkorea oder das Spratly-Archipel könnten Auslöser sein - und die Überlastung der USA wird zum Ernstfall, auch für die Mittel-Ost-Region".[280]

Wie konnten die USA in eine solch missliche Lage geraten? Der Schlüssel hierzu liegt in den verlustreichen und teuren Engagements im Irak und in Afghanistan.

Dieses Engagement zeigt, dass mit der Wandlung klassischer, konventioneller Kriege hin zu asymmetrischen Kriegs- oder Konfliktverläufen, wo an die Stelle eines Friedensschlusses ein langwieriger, stets vom Scheitern bedrohter und deshalb aufwendig abzusichernder Stabilisierungsprozess tritt, die Kräfte selbst der USA als Weltpolizist überfordert sind. Dieses gilt umsomehr, wenn sie sich auch noch gegen die fortwährende Aufrüstung von Schwellenländern und die nukleare Bewaffnung weiterer Staaten (wie Iran und Nordkorea) wappnen müssen.

Die Vereinigten Staaten haben sich nach der jüngsten geopolitischen Bestandsaufnahme endgültig von der Doktrin verabschiedet, nach der sie befähigt sein müssen, gleichzeitig zwei „große" konventionelle Kriege erfolgreich zu führen. Stattdessen wollen sie sich auf mehrere „kleine" Kriege vorbereitet sehen, worunter die erwähnten „neuen" oder „asymmetrischen" Kriege gegen Aufstände und Terror fallen. Zu einer Entlastung ihres Verteidigungsbudgets führt das allerdings nicht.

---

[280] *Stürmer, Michael: Welt ohne Weltordnung, S. 141*

Nachdem die Verteidigungsausgaben der USA seit den Anschlägen vom 11. September 2001 immer weiter gestiegen sind, haben sie im Jahre 2016 die Rekordhöhe von 837 Milliarden Euro (einschl. Kernwaffen und Veteranen) erreicht. Zum Vergleich: der gesamte Bundeshaushalt in Deutschland lag im Jahre 2016 bei 316,9 Milliarden Euro. Die militärische Überdehnung spiegelt sich damit in einer finanziellen Überdehnung. Das bedeutet umgekehrt: je tiefer die USA in eine Schuldenfalle hineinrutschen, desto geringer wird ihre Fähigkeit zur militärischen Intervention, desto schwächer wird der Arm ihrer Ordnungsmacht. Die alte UdSSR hatte den Wettlauf mit den USA auch deshalb verloren, weil sie das Wettrüsten nicht mehr bezahlen konnte.

Die schwindende militärische Ordnungskraft im nuklearen Zeitalter mit unübersichtlichen, kaum eingrenzbaren Konflikten und die Löcher im Staatshaushalt sind aber nicht das einzige Problem in diesem Zusammenhang. Auch in ihrer Position als moralische Führungsmacht sind die USA ins Zwielicht geraten. Nichts hat ihnen in dieser Hinsicht international mehr geschadet als der Irakkrieg mit Abu Ghraib und Guantánamo.

Der polnische Analytiker Mariusz Zawadzki zieht einen interessanten Vergleich an, mit dem er die Lage der USA beschreibt:

> *„Noch lange werden die USA ihre erdrückende militärische Überlegenheit behalten. Doch wird manchmal paradoxerweise die militärische Überlegenheit auch zur Quelle der Schwäche. Hast du einen Hammer, so scheinen Dir alle Probleme wie Nägel zu sein. Überraschend oft geraten die US-Amerikaner in eine solche Denkfalle, früher in Vietnam, letztens in Irak und Afghanistan. Die verlorenen Kriege sind jedoch kein Beweis für die Schwäche der Supermacht, sondern eine Bestätigung der zweifellosen Wahrheit, dass manche Probleme unserer Welt keine Nägel sind und auch der größte Hammer hin und wieder nutzlos sein kann. Ab und zu werden auch andere Werkzeuge gebraucht.'*[281]

Bereits im Jahre 2012 hatte das Pentagon deutlich gemacht, dass die USA die Fähigkeiten nicht mehr halten können, zwei nachhaltige Bodenkriege gleichzeitig führen und gewinnen zu können. Diese Fähigkeit war über Jahrzehnte eindeutige Strategie der USA gewesen. Sie ist jedoch zunehmend nur noch eine Fiktion geworden, da die Teilstreitkräfte über sehr unterschiedliche Stärken, aber auch über deutliche Schwächen verfügen.

---

[281] *Zawadzki, Mariusz in Gazeta Wyborcza vom 27.12.2014*

Während die Seestreitkräfte mit ihren Flugzeugträgern unstrittig effizient operieren können, sind ihre Landstreitkräfte nicht in der Lage, die geographischen Räume, aus denen die USA ihre Produkte und ihr Kapital ziehen, unmittelbar zu kontrollieren. Hinzu kommt vor allem, dass ihre Luftwaffe, die theoretisch nur über die Drohung mit Bombardements eine absolute Herrschaft ausüben könnte, nach wie vor vom guten Willen der einzigen Macht abhängt, die sie mit ihrer Luftabwehr-Technologie teilweise neutralisieren könnte: von Russland. Solange diese Macht existiert, verfügen die USA nicht über die unumschränkte Herrschaft, die ihr in ihrer jetzigen Situation der Abhängigkeit von der Welt auf lange Sicht wirtschaftliche Sicherheit garantieren könnte.

Trotz der entscheidenden Rolle der US-Streitkräfte im 2. Weltkrieg und im Kalten Krieg gibt es so etwas wie einen Urzweifel an der militärischen Berufung der Vereinigten Staaten. Das spektakuläre Aufgebot ökonomischer Ressourcen im Zweiten Weltkrieg kann über die mäßigen Leistungen der US-Armee auf den Schlachtfeldern nicht hinwegtäuschen. Der strategische Wert der massiven Bombardierungen der Zivilbevölkerung durch die US-Amerikaner und die Briten ist umstritten; sie führten letztlich nur zu dem Effekt, dass sie die deutsche Bevölkerung im Widerstand gegen die alliierte Offensive zusammenschweißten.

Die strategische Wahrheit zum Zweiten Weltkrieg ist jedoch einfach: der Krieg wurde an der Ostfront von Russland gewonnen. Die russischen Opfer an Menschenleben vor, während und nach Stalingrad machten es möglich, den Militärapparat des nationalsozialistischen Deutschlands zu zerschlagen. Die Landung in der Normandie im Juni 1944 kam spät, die deutsche Verteidigung der Ostfront stand zu dem Zeitpunkt bereits vor dem Zusammenbruch.

Der britische Militärhistoriker Liddell Hart hat in seiner „Geschichte des 2. Weltkrieges" überzeugend dargelegt, dass die US-amerikanischen Truppen in allen Phasen des Krieges langsam, bürokratisch und ineffektiv agierten, und zwar besonders gemessen an ihrer Übermacht bei materiellen und menschlichen Ressourcen. Nach seiner Einschätzung praktizierten die USA in Afghanistan wieder die gleiche „Methode", für jede Operation Stammesführer anzuheuern und zu bezahlen. Es ist das alte, in Abständen immer wieder praktizierte Verfahren. Mit dieser Methode ähneln die USA weder Rom noch Athen, sondern gleichen eher Karthago, das Söldner aus Gallien und von den Balearen anwarb. Die amerikanischen B-52-Bomber wären demnach das Äquivalent zu den karthagischen Elefanten, aber die Rolle des großen Feldherrn Hannibal ist nicht besetzt - soweit Liddell Hart.

Unbestreitbar ist hingegen die Überlegenheit der USA zur See. Sie wurde bereits im Pazifikkrieg offensichtlich, auch wenn manchmal die ungeheure Diskrepanz zwischen US-Amerikanern und Japanern beim Materialeinsatz vergessen wird. Nach einigen ersten heroischen Auseinandersetzungen wie der Schlacht von Midway, in der das Kräfteverhältnis fast ausgeglichen war, entwickelte sich der Pazifik-Krieg bald in eine ähnliche Richtung wie der „Indien-Krieg": die eklatante Ungleichheit bei der technischen Ausrüstung hatte eklatante Unterschiede bei den Verlusten zur Folge.

Nach dem Zweiten Weltkrieg enthüllte jeder Schritt, der die US-amerikanische Armee in die Nähe einer Konfrontation mit dem wahren Sieger zu Lande brachte, mit der Sowjetunion, wie schwach die USA als Militärmacht tatsächlich waren. In Korea überzeugte sie nur halb, in Vietnam überhaupt nicht, ein direktes Kräftemessen mit der Roten Armee fand zum Glück nicht statt. Der 3. Golfkrieg wurde gegen einen Mythos geführt: die irakische Armee, militärischer Arm eines unterentwickelten Landes mit 20 Millionen Einwohnern.

Ein wichtiger Faktor in der Entwicklung der Streitkräfte weltweit - nicht nur in den USA - ist die sog. „Friedensdividende" nach Ende des Kalten Krieges. Belief sich der US-amerikanische Militärhaushalt im Jahre 1990 noch auf 385 Milliarden Dollar, waren es 1998 nur noch 280 Milliarden, also 28 Prozent weniger. Zwischen 1990 und 2000 wurde die Zahl des aktiven US-amerikanischen Militärpersonals weltweit von 2 auf 1,4 Millionen reduziert, das ist ein Rückgang um 32 Prozent in zehn Jahren. Wie auch immer es insgesamt um das amerikanische BIP bestellt sein mag, der Teil, der auf Verteidigungsausgaben entfällt, ging von 5,2 Prozent in 1990 auf 3,0 Prozent in 1999 zurück. Eine Reduzierung in diesem Umfang kann man eigentlich nicht als Indiz für Weltmachtstreben werten. Der Rückgang der US-amerikanischen Militärausgaben kam erst in den Jahren 1996-1998 zum Stillstand und erst 1999 begann ein neuerlicher, allerdings gewaltiger Anstieg.

Man kann zwei Phasen unterscheiden, die eine Wende in der US-amerikanischen Militärstrategie kurz nach der Mitte der neunziger Jahre bezeichnen.

Phase 1: Von 1990 bis 1995 ist in militärischer Hinsicht ganz klar ein Rückzug aus der Weltmachtrolle zu beobachten. In der Zeit wurde verstärkt die Diskussion über den Protektionismus und über die nationale Konzentration in Wirtschaft und Gesellschaft geführt. Nach dem Zusammenbruch des Kommunismus hat man die Neudefinition der Vereinigten Staaten als große Nation, Anführerin der freien und demokratischen Welt, die jedoch den andcren gleichgestellt sein sollte, ernsthaft ins Auge gefasst. Die Entscheidung dafür hätte die Rückkehr zu „relativer" wirtschaftlicher Unabhängigkeit beinhaltet: nicht Autarkie und nicht einmal eine Verminderung des Außenhandels, sondern eine ausgeglichene Außenhandelsbilanz, das maßgebliche wirtschaftliche Zeichen für die Gleichheit der Staaten.

Phase 2: Dieser Kurs wurde schrittweise wieder verlassen. Zwischen 1997 und 1999 explodierte das Defizit im Außenhandel. Zwischen 1999 und 2001 leiteten die USA eine Remilitarisierung ein. Es besteht ein klarer Zusammenhang zwischen der Zunahme der wirtschaftlichen Abhängigkeit und der Ausweitung des Militärapparates. Die Verstärkung der Streitkräfte spiegelt wider, dass sich die USA ihrer wachsenden wirtschaftlichen Verwundbarkeit bewusst wurden. Die Entscheidung für die von Präsident George Bush II angekündigte Steigerung der Militärausgaben um 15 Prozent war schon vor dem 11. September 2001 gefallen. Um 1999 erkannte das politische Establishment der USA die Unzulänglichkeit seines militärischen Drohpotentials vor dem Hintergrund einer imperialen, das heißt abhängigen Wirtschaft. Eine Großmacht, die davon lebt, dass sie ohne Gegenleistung den Reichtum anderer Länder abschöpft, hat andere Sicherheitsprobleme, als sie Länder mit einer ausgeglichenen Handelsbilanz haben.

Résumé

In Ergänzung zu den aufgezeigten Grenzen und aufgezeigten Schwächen ist zusammenzufassen, dass die Vereinigten Staaten trotzdem immer noch und eindeutig das Rückgrat der westlichen Abschreckungsstrategie sind. Dies ist nicht nur Folge der unverändert enormen militärischen Macht der USA, sondern auch ihres bisherigen politischen Willens, eine globale Ordnungsrolle zu spielen. Würde dieser Wille nicht mehr glaubwürdig vermittelt, wäre es nur eine Frage der Zeit, bis andere in Versuchung gerieten, die von Washington gezogenen „roten Linien" zu testen. In Kenntnis dieses Dilemmas hatten die US-Amerikaner trotz aller Bekenntnisse zu dem Vorrang der Innenpolitik ihrer globalen Rolle lange nicht abgeschworen. Schon kurz nach Beginn der Ukraine-Krise verstärkten sie ihre militärische Präsenz in den mittel- und osteuropäischen Nato-Staaten. Damit brachte man zum Ausdruck, dass man geographisch exponierte Verbündete angesichts der neuen Sicherheitslage nicht allein mit verbalen Beistandsversprechen beruhigen kann.[282] Mit dem Amtsantritt von Donald Trump scheint sich dieses jedoch zu ändern.

Das Abrücken von der 2-Kriege-Theorie, die Ergebnisse der Kriege in Korea, Vietnam, Afghanistan und im Irak sowie die Veränderungen der sicherheitspolitischen Lage in der Welt - fort von einer bipolaren Welt hin zu einer multipolaren Welt mit einer nur schwer zu bekämpfenden asymmetrischen Bedrohung - zeigen, dass der anfangs definierte dritte Pfeiler, nämlich der militärische Pfeiler nicht mehr so stark ist, wie noch vor 25 Jahren. Weitere Erosionen können nicht ausgeschlossen werden und würden diesen Pfeiler und damit die Rolle der USA als Weltmacht weiter schwächen.

---

[282] *Rühle, Michael in der FAZ vom 30.3.2015*

Josef Joffe schreibt: „Den USA fehlt in einer Welt, in der sie überall präsent, ja verstrickt sind, die Option der Abkehr".[283]

---

[283] Joffe, Josef: Die Hypermacht, S. 144

Kapitel 22

Die Kriege mit US-amerikanischer Beteiligung

Die USA fühlen sich - sehr oft zu Recht - als Weltmeister, als Nummer eins in der Welt. Im Führen von Kriegern gehört dieser Titel ganz eindeutig den Vereinigten Staaten von Amerika. Aus der langen Liste von 86 Kriegen, die die USA seit 1801 geführt haben, sollen in diesem Kapitel nur sieben Kriege aus dem 20. und 21. Jahrhundert kurz betrachtet werden. Es sind dies:

1917 – 1918	1. Weltkrieg
1941 – 1945	2. Weltkrieg
1950 – 1953	Korea-Krieg
1964 – 1975	Vietnam-Krieg
1990 – 1991	Irak-Krieg I = 2. Golfkrieg
2001 – 2014	Afghanistan-Krieg
2003 – 2011	Irak-Krieg II = 3. Golfkrieg

Allgemeines

Wenn man die Frage nach Kriegen mit US-amerikanischer Beteiligung stellt, dann sieht man zunächst zwei sich diametral entgegengesetzte historische Tatsachen. Zum einen haben die USA seit ihrem Bürgerkrieg 1861 - 1865 keinen Krieg auf ihrem eigenen Territorium mehr geführt. Auf der anderen Seite sind sie alleiniger Weltrekordhalter im Führen von Kriegen weltweit.

Seit der Staatsgründung der USA vor 240 Jahren verging kein Jahrzehnt ohne eine kriegerische Auseinandersetzung mit einem anderen Land. Insgesamt 223 Jahre befanden sich die Vereinigten Staaten im Krieg mit anderen Ländern.[284] Der längste friedliche Zeitraum seit der Unabhängigkeitserklärung der USA waren die fünf Jahre von 1935 bis 1940.

Mit anderen Worten: es gab im gesamten Zeitraum zusammengerechnet nur 17 Kalenderjahre, in denen die USA keinen Krieg führten. Um dies in Perspektive zu setzen: Alle US-Präsidenten führten während ihrer Amtszeit mindestens einen Krieg. Das wundert nicht, denn ein Präsident, der keinen Krieg führen will, wird in der US-Öffentlichkeit schnell als *Whimp* („Weichei") bezeichnet.

---

[284] *siehe Anlage E: Liste der Militäroperationen der Vereinigten Staaten*

Nach einem halbjährlich erscheinenden Bericht des Weißen Hauses befanden sich die USA im Januar 2015 in vierzehn Ländern in kriegerischen Auseinandersetzungen: in Afghanistan, im Irak, in Syrien, in Somalia, im Jemen, in Kuba-Guantanamo, in Niger, im Tschad, in Uganda, in Ägypten, in Jordanien, im Kosovo, in Tunesien und in der Zentralafrikanischen Republik.

So nimmt es nicht Wunder, dass die USA von vielen Ländern inzwischen als die weltweit größte Bedrohung des Friedens gelten[285].

Nach der US-amerikanischen Verfassung kann der Präsident selbständig militärische Aktionen anordnen, die nicht als Krieg deklariert werden. Für die Deklaration eines Krieges ist der Kongress zuständig. Diese Regelung der Verfassung erleichtert den Einsatz von US-amerikanischen Truppen in erheblichem Maße. Von den vielen Kriegen, die US-amerikanische Soldaten zum „Ruhm und zur Ehre ihres Vaterlandes" seit 1945 auf dem Globus geführt haben, waren praktisch alle zunächst als militärische Aktion deklariert. Sie wurden ggf. später vom Kongress als Kriege gebilligt. Das gilt auch für Korea. Selbst der so sehr bittere Vietnam-Krieg hat mit dem Einsatz von sog. Militärberatern unter Kennedy begonnen. Einige weitere Beispiele: Libanon (1958, 1993), Dominikanische Republik (1965), Grenada (1983), Kuwait (1991). Dieses alles waren Entscheidungen des US-amerikanischen Präsidenten und nicht des Parlamentes!

Eine solche Entscheidungsmöglichkeit stärkt nicht nur die Machtfülle des Präsidenten, sie erleichtert zudem einen Kriegsausbruch oder die Beteiligung an kriegerischen Auseinandersetzungen. Die Frage, ob ein Mensch allein (vielleicht mit einigen Beratern) oder aber ein frei gewähltes Parlament in zwei Kammern über den Einsatz von Truppen entscheidet, ist ein deutlicher Qualitätsunterschied. Der US-Kongress kann nur noch durch Verweigerung der Haushaltsmittel solche Aktionen behindern oder schließlich auch beenden - und das oft erst zu spät.

Ein Präsident und sein Beraterteam sollten sich vor ihrer Entscheidung für den Einsatz der Streitkräfte über die eigenen Ziele im Klaren sein. Dazu gehört auch die Frage, wie man aus dem Krieg wieder herauskommen kann oder will. Beides kann man bereits bei Clausewitz nachlesen. „Viele militärische Operationen scheitern, weil nicht klar ist, was sie eigentlich erreichen sollen. Vietnam und der zweite Golfkrieg sind offensichtliche Beispiele dafür, aber die Zielvorgaben für die US-Streitkräfte änderten sich auch in Somalia, im Libanon und in Korea – sie waren ein sicherer Weg

---

[285] *Albright, Madeleine: Amerika Du kannst es besser, S. 112*

ins Versagen".[286]

„In gleicher Weise sollten sich Präsidenten vor einer schrittweisen Intervention hüten, besonders wenn es um einen Bürgerkrieg geht. Wenn sich die USA einmal festgelegt haben und eine der beiden Seiten bevorzugen, dann wird sich ihr Engagement wahrscheinlich steigern, weil es um die Frage der Glaubwürdigkeit geht und weil ein US-Präsident nur ungern verliert. Was als moralische Unterstützung beginnt, dehnt sich dann aus in finanzielle Zuwendung und Hilfe im nicht-militärischen Bereich; dann kommen die Militärberater und Waffenlieferungen und möglicherweise sogar Truppen. Die USA sind dann in der Rolle des Spielers, der seinen Einsatz immer weiter verdoppelt und am Ende viel mehr auf den Tisch legt, als er eigentlich vorhatte. Im Allgemeinen lautet die erste Regel für die Intervention in Bürgerkriegen: Finger weg. Die zweite, wenn man es trotzdem tut: Verpflichtungen vermeiden. Die dritte Regel, wenn man die ersten beiden Regeln nicht befolgt hat: immer auf der Seite der Sieger stehen".[287]

Wie sieht das in anderen westlichen Demokratien aus? Demokratien sind nicht für schnelle Entscheidungen bekannt. Doch sie müssen getroffen werden. Manchmal sind es einsame, harte Beschlüsse, manchmal widersprechen sie auch der Mehrheitsmeinung. So nahm Deutschland für viele Jahre am Afghanistan-Krieg teil; doch nach den Meinungsumfragen stand die Mehrheit der Deutschen dem Kampfeinsatz am Hindukusch konstant ablehnend gegenüber – sie ging freilich auch nicht dagegen in Massen auf die Straße. Immerhin: Kein Nato-Flugzeug durfte mit deutschen Besatzungsmitgliedern einen Auslandseinsatz fliegen, und sei es nur zur Aufklärung, ohne dass der Bundestag zugestimmt hätte.

Ganz anders sieht das bei einigen westlichen Verbündeten aus: Von Großbritannien, dem Mutterland des Parlamentarismus, bis zu den präsidialen Republiken Frankreich und USA - überall dort darf der Regierungschef in der Praxis eigenmächtig Krieg führen, zumindest darf er als Oberbefehlshaber Militäreinsätze anordnen. Doch nach Entwicklungen wie in Syrien ist man versucht zu sagen: Das war einmal. In London ersuchte Premierminister Cameron das Unterhaus um Zustimmung – und unterlag. Der US-amerikanische Präsident Obama wollte vor einem Angriff, zu dem er sich schon entschlossen hatte, überraschenderweise doch noch den Kongress befragen. Nur der französische Präsident Hollande zeigte sich davon nicht beeindruckt, er entschied allein.

---

286 *Albright, Madeleine: Amerika Du kannst es besser, S. 110*
287 *Albright, Madeleine: Amerika Du kannst es besser, S. 111/112*

In Deutschland bestimmte schon die Reichsverfassung von 1871, dass eine Kriegserklärung Sache des Kaisers war. Aber er benötigte - außer im Verteidigungsfall - die Zustimmung des Bundesrates. Auch die Weimarer Verfassung band Kriegserklärungen grundsätzlich an ein Reichsgesetz. Bei Lichte besehen, sieht es in den anderen westlichen Demokratien nicht viel anders aus: Der Begriff Parlamentsarmee (*Parliament's forces*) stammt aus dem England Oliver Cromwells: die Truppen, vom Parlament ausgerüstet und befehligt, sollten sich so von denen des Königs unterscheiden. Im US-amerikanischen *War Powers Act* von 1973 ist vorgesehen, dass der Präsident den Kongress über jedes militärische Eingreifen genau zu informieren hat und es gegebenenfalls abbrechen muss. Das haben die Präsidenten natürlich oft anders gesehen. Zudem werden Kriege heute in aller Regel nicht mehr erklärt, sondern gleich geführt.

Doch Angriffe auf ferne Länder, das Eingreifen in Bürgerkriege oder militärische Aktionen, die auf völkerrechtlich wackeliger Grundlage stehen, erfordern eine besondere Begründung und Legitimation. Der Bürger will (und muss) wissen, wofür er, wofür sein Land bluten soll – selbst wenn keine Gefahr besteht, persönlich eingezogen zu werden. Damit verträgt sich die Entscheidung einer einzelnen Person oder eines einzigen Organs nicht - und seien sie noch so gut demokratisch legitimiert.

Natürlich darf das Parlament in Einzelheiten der Kriegführung nicht hineinregieren. Das könnte das Ende jedes Regierens in der Krise bedeuten. US-amerikanische Präsidenten fürchten ein Mikro-Management von Kriegen durch den Kongress. Doch ohne das Parlament - das scheint das neue Dogma des Westens zu sein – geht es nicht mehr. Die Parlamentarisierung des Krieges ist richtig. Das Volk muss ihn schließlich ausbaden. Die Volksvertreter müssen deshalb Rechenschaft ablegen. In Führer-Staaten geht vieles schneller. Sie sind aber auch schneller am Ende.[288]

Es war immer ein wichtiger und ehrenwerter Bestandteil der US-amerikanischen Tradition, den Aspekt der Freiheit in der eigenen Werteordnung durch beispielhafte Hilfsprogramme wie dem Marshallplan oder die Entwicklungshilfe zu verbreiten. Etwas ganz anderes ist es jedoch, wenn versucht wird, sie durch militärische Okkupation in einen Teil der Welt zu tragen, in dem solche Werte keinerlei historische Wurzeln haben - und dann auch noch zu erwarten, dass sie innerhalb einer politisch relevanten Zeitspanne einen fundamentalen Wandel herbeiführen würden. Eine solche Politik geht inzwischen weit über das hinaus, was die US-amerikanische Öffentlichkeit zu unterstützen bereit ist - und was z.B. die irakische Gesellschaft aufzunehmen fähig war.

---

[288] *Müller, Reinhard in der FAZ vom 7.9.2013*

„Präsident Obama lehnte die Rolle des allein vorpreschenden Weltpolizisten ab und versprach, die Finger von weiteren militärischen Abenteuern zu lassen. Das Desaster eines George Bush II würde ihm nicht passieren. Immer wieder betonte Obama, künftig nur im äußersten Notfall militärisch eingreifen und soweit wie möglich diplomatischen Lösungen Vorrang einräumen zu wollen: „US-Militäraktionen können nicht der einzige oder vorrangige Baustein unserer Führungsrolle für jede Situation sein. Das wir den besten Hammer haben, heißt nicht, dass jedes Problem ein Nagel ist."[289]

Heute kann man objektiv feststellen, dass die Gesamtsumme des globalen Interesses der USA und ihrer Verpflichtungen größer ist als die Kraft, sie alle gleichzeitig zu erfüllen. Die USA sind im Nahen Osten mit Konflikten und Problemen konfrontiert, deren bloße Aufzählung einem die Sprache verschlägt. Als Stichworte sollen genannt werden: Ölreserven, Israel, Islam, arabischer Frühling, Palästina.

Der Erste Weltkrieg

Der Erste Weltkrieg war am 28. Juli 1914 als Reaktion auf die Ermordung des österreichischen Thronfolgers Ferdinand und dessen Ehefrau in Sarajewo ausgebrochen. Die Mittelmächte Österreich-Ungarn und Deutschland kämpften anfangs gegen die Allianz aus Frankreich, Großbritannien und Russland. Der Krieg kostete 17 Millionen Menschen das Leben und sollte die politische Landkarte Europas deutlich verändern.

Welche Rolle spielten die USA in diesem Ersten Weltkrieg?

Die Vereinigten Staaten wurden von dem Ausbruch des Krieges überrascht und Präsident Woodrow Wilson setzte zunächst alles daran, sein Land aus dem Kriegsgeschehen herauszuhalten. Er beantwortete den uneingeschränkten U-Bootkrieg des Kaiserreiches lediglich mit dem Abbruch der diplomatischen Beziehungen zu Berlin, erklärte Deutschland aber den Krieg, als deutsche U-Boote drei US-amerikanische Handelsschiffe versenkt hatten.

Der Eintritt in den Krieg bedeutete für die USA eine entscheidende Wende in ihrer internationalen Politik, die sich bis dahin durch Isolationismus ausgezeichnet hatte. Nun schickte Präsident Wilson im Jahre 1917 US-Truppen mit den Worten „Recht ist kostbarer als Frieden" auf das große europäische Schlachtfeld. Diese Entscheidung brachte der Allianz den Sieg, den Mittelmächten das Ende ihrer Kaiserreiche und den USA den Beginn des Aufstiegs zu einer Weltmacht, den

---

[289] Zamperoni, Ingo: Fremdes Land Amerika, S. 151/152

Ausgangspunkt für das Jahrhundert, das man als das „amerikanische Jahrhundert" bezeichnet.

Der Krieg und sein Ausgang hatte für die USA auch eine große wirtschaftliche Bedeutung: Das Land wurde vom Hauptschuldner zum Hauptgläubiger der Weltwirtschaft.

Bei Kriegsende hatte Präsident Wilson seine Ziele für eine neue Weltordnung in einem 14-Punkte-Plan umrissen. Nach seinen Vorstellungen galt es, die „Welt für den Frieden zu sichern, durch einen Frieden ohne Sieg". Frieden sollte durch drei Maßnahmen erreicht werden :

- durch den Rückzug der Kriegsparteien aus den besetzten Gebieten,
- durch das nationale Selbstbestimmungsrecht und
- durch Beendigung der Kolonialregime.

Die Freiheit der Meere, eine Abrüstung, das Verbot von Geheimabkommen und eine Organisation für kollektive Sicherheit sollten diese neuen Errungenschaften sichern. Damit hatte die Geburtsstunde des „Völkerbundes" geschlagen. Der „Völkerbund" sollte mit US-amerikanischer Hilfe für eine Weltordnung sorgen, in der freiheitlicher Wettbewerb unter friedlichen Bedingungen garantiert werden sollte. Diese noblen Ziele kollidierten jedoch mit denen der europäischen Siegermächte. Insbesondere Frankreich, Großbritannien und Italien konnten in Versailles ihre eigenen Ziele im Wesentlichen durchsetzen:

- Frankreich erhielt Elsass-Lothringen,
- Frankreich besetzte die Saar,
- Frankreich besetzte die linksrheinischen Gebiete,
- Deutsche Reparationen wurden auf astronomische Summen festgelegt,
- Polen erhielt Landstriche mit mehrheitlich deutscher Bevölkerung,
- Die Tschechoslowakei erhielt Landstriche mit mehrheitlich deutscher Bevölkerung,
- Deutschland wurde als Alleinschuldiger stigmatisiert,
- Deutsche Kolonialgebiete wurden den Siegermächten zugeschlagen und
- die Kolonialgebiete blieben den Siegermächten erhalten.

Diese Ergebnisse standen zwar im Widerspruch zu Wilsons Zielen, doch waren Großbritannien und Frankreich immer noch diplomatisch stark genug, um Wilsons Streben nach einer europäischen Friedensordnung und nach Auflösung der

Kolonialreiche schlechterdings zu ignorieren. Nicht ein fairer Ausgleich der Interessen, sondern die Machtinteressen der einzelnen Sieger hatten in Versailles obsiegt. Damit war Wilsons Kreuzzug für Frieden, Freiheit und Gerechtigkeit am aggressiven Realismus der europäischen Siegermächte gescheitert. Nur eine Entscheidung war eindeutig und im Sinne des Völkerrechts: nach 123 Jahren entstand Polen wieder als souveräner Staat.

Wie sah nun die Nachkriegsordnung aus? Wilsons Diplomatie hatte in Versailles einen unheilvollen Zwitter-Frieden hervorgebracht: zu hart aus Sicht der Besiegten und zu nachgiebig aus Sicht der Sieger. Lang anhaltender Revisionismus und Revanchismus zwischen den ehemaligen Kriegsparteien sollten schon bald die Nachkriegsordnung auf das Äußerste belasten. Angesichts dieser Misere obsiegten in den USA die Gegner von Präsident Wilson: 1920 lehnte der Kongress den Versailler Vertrag ab. Damit hatte Wilson seinen Kampf um eine neue Weltordnung nicht nur bei seinen europäischen Verbündeten, sondern auch an der Heimatfront verloren.

Trotz dieses realpolitischen, tagespolitischen Misserfolges kann festgestellt werden, dass Wilsons Konzept einer liberalen Weltordnung, in der die USA die führende Rolle einnehmen, bis heute von zentraler Bedeutung geblieben ist. Wilson war der erste US-Präsident, der US-amerikanische Macht in den Dienst eines liberalen Weltfriedens gestellt hat. Viele seiner Nachfolger im Weißen Haus haben diesen Idealismus immer wieder beschworen. Insbesondere die Überzeugung Wilsons, dass ein Krieg nur dann legitim sei, wenn man ihn als Kreuzzug für Menschenrechte und freiheitliche Werte führt, hat die Außenpolitik und die Kriegsentscheidungen der USA im 20. Jahrhundert dauerhaft revolutioniert.[290]

Der Zweite Weltkrieg
Vor allem für radikale Gruppen in Deutschland wurde der Vertrag von Versailles als Schmach, sogar als Verrat ausgelegt. Die 1933 an die Macht gekommenen Nationalsozialisten nutzten die umstrittenen Reparationszahlungen, die Gebietsabtretungen und die Alleinschuld, um sie gegen die Weimarer Republik und das Ausland zu verwenden und gegen sie Stimmung zu machen. Dieses war der Nährboden für den Erfolg der Nationalsozialisten und damit wurde der 2. Weltkrieg vorbereitet.

Nach nur 21 Jahren Frieden in Europa begann am 1. September 1939 der zweite global geführte Krieg sämtlicher Großmächte im 20. Jahrhundert. Er stellt den bislang größten militärischen Konflikt in der Geschichte der Menschheit dar. Im Kriegsverlauf bildeten sich zwei militärische Allianzen, die als Achsenmächte

---

290 Deutschlandfunk - Die USA und der Aufstieg zur Weltmacht vom 1.1.2014

(Deutschland, Japan, Italien etc.) und als Alliierte (Großbritannien, Frankreich, UdSSR, USA etc.) bezeichnet werden. Direkt oder indirekt waren über 60 Staaten am Krieg beteiligt. Die größten Potentiale waren wie folgt verteilt:

USA	14,8 Millionen Soldaten
UdSSR	11,2 Millionen Soldaten
Deutschland	9,4 Millionen Soldaten
Japan	5,3 Millionen Soldaten
Großbritannien	5,0 Millionen Soldaten

Die Zahl der Kriegstoten liegt zwischen 60 und 70 Millionen.

Wie im ersten Weltkrieg, so waren die USA auch im 2. Weltkrieg zunächst nicht in den Konflikt eingetreten. Dieses änderte sich, als die Kaiserlich Japanische Marine am 7. Dezember 1941 die Pazifik-Flotte der US-Navy, die im Hafen von Pearl Harbour auf Hawaii lag, mit trägergestützten Flugzeugen angriff und fast vollständig versenkte. Die Regierung in Washington erklärte Japan einen Tag später, am 8. Dezember 1941 den Krieg.

Drei Tage später ließen Hitler und Mussolini Kriegserklärungen an die USA folgen, um deren Streitkräfte in einen Kampf auf beiden großen Ozeanen zu verwickeln, bevor diese voll mobilisiert waren. Die US-amerikanische Regierung hatte bis zuletzt gezögert, den zwei europäischen Aggressoren mit eigenen Truppen entgegenzutreten. Jetzt war man wieder voll eingebunden in einen Krieg, der aber dieses Mal nicht auf Europa begrenzt war, sondern auch Afrika und Asien umfasste.

Die USA sahen sich gewaltigen Herausforderungen gegenüber: Japan kontrollierte den Westpazifik und überrannte Ost- und Südostasien. Deutschland beherrschte Kontinentaleuropa. Seine Truppen standen vor Moskau und seine U-Boote fügten den alliierten Verbänden schwere Schäden zu. Die wichtigsten Verbündeten, Großbritannien und die Sowjetunion, kämpften mit dem Rücken zur Wand. Die eigene Wirtschaft hatte sich noch nicht völlig von der Großen Depression erholt.

Das Militär war nicht auf einen Konflikt dieses Ausmaßes vorbereitet. 45 Monate später hatten die USA jedoch Italien, Deutschland und Japan besiegt und waren zur dominierenden Militär- und Wirtschaftsmacht der Welt aufgestiegen. Ihre politischen Interessen und ihr Einfluss reichten nun bis in den letzten Winkel der Erde. Mit

Ausnahme der Sowjetunion waren die Großmächte der Vorkriegszeit nur mehr ein Schatten ihrer selbst.

Zu verdanken hatten die USA ihre einzigartige Stellung einer wirtschaftlichen, politischen und militärischen Gewaltanstrengung. Ihre leistungsfähige Wirtschaft produzierte bald mehr Rüstungsgüter als jede andere Volkswirtschaft, wie die Grafik über die Rüstungsproduktion im 2. Weltkrieg zeigt.

	GB	USSR	USA	DEU	JAP
Panzer	28.500	110.000	91.270	61.250	7.200
Flugzeuge	135.000	162.000	329.000	126.000	92.000
Schiffe	1.340	260	8.950	1.540	925

Unter dem Eindruck eines Berichts Albert Einsteins über deutsche Atombombenpläne initiierte Präsident Roosevelt nach dem Überfall auf Pearl Harbour zudem ein eigenes geheimes Nuklearprogramm, das so genannte Manhattan-Projekt. Wie bei der Bekämpfung der Wirtschaftskrise im Inneren erwies er sich im Krieg als willensstarker und inspirierender Führer. In der Tradition seines Vorgängers Woodrow Wilson verstand er es auch, der US-amerikanischen Beteiligung am Krieg eine besondere moralische Dimension zu verleihen. Immer wieder erklärte er öffentlich, die USA seien vier unveräußerlichen menschlichen Freiheiten überall auf der Welt verpflichtet:

- der Freiheit der Rede,
- der Freiheit der Religion,
- der Freiheit von Not und
- der Freiheit von Furcht.

Auch die von Washington initiierte "Erklärung der Vereinten Nationen", das Gründungsdokument der Kriegsallianz gegen die Achsenmächte Deutschland, Italien und Japan, atmete diesen Geist.

Eine grundsätzliche Entscheidung über die Nachkriegsordnung in Europa traf Roosevelt auf der Konferenz in Casablanca mit Churchill im Januar 1943, als er die "bedingungslose Kapitulation" Deutschlands zum Kriegsziel erhob. Wie aber Deutschland als Ganzes zu behandeln war, blieb zwischen den Allianzpartnern umstritten. Auch die erste Gipfelkonferenz der Großen Drei – Roosevelt, Churchill, Stalin – Ende 1943 in Teheran brachte kein Ergebnis in dieser Frage. Im Frühjahr

1944 begannen die USA mit ihren Nachkriegsplanungen für Deutschland. Der von dem damaligen US-Schatzminister Henry Morgenthau vorgelegte Plan einer harten Bestrafung Deutschlands erhielt von Roosevelt nur eine "taktische, zeitweise Unterstützung", wie der Historiker Michael R. Beschloss darlegt.[291]

Die geheime Direktive JCS 1067 für die künftige Verwaltung Deutschlands, deren Endversion im April 1945 vorlag, gab zwar vor, dass Deutschland "nicht für den Zweck der Befreiung, sondern als ein besiegter Feindstaat" besetzt, die Schwerindustrie abgebaut, Kartelle entflochten, das Militär abgeschafft und umfangreiche Entnazifizierungsmaßnahmen durchgeführt werden sollten. Aber JCS 1067 verfügte auch über zahlreiche Schlupflöcher, die ein US-Militärgouverneur später nutzen konnte, um eine weniger harte Besatzungspolitik durchzusetzen. Man hatte in Washington offensichtlich aus den Fehlern des Vertrages von Versailles Lehren gezogen.

Militärisch war die Niederlage des Deutschen Reichs nach der geglückten Invasion alliierter Truppen am 6. Juni 1944, dem sogenannten *D-Day,* in der Normandie absehbar, auch wenn die Wehrmacht verbissen weiter kämpfte. Allein in den acht Wochen nach der Landung fielen 16.000 US-amerikanische Soldaten; 78.000 wurden verwundet. Als Roosevelt Anfang Februar 1945 in Jalta auf der Krim mit Churchill und Stalin zur zweiten Kriegskonferenz zusammenkam, war der militärische Ring um den Feind aber bereits eng geschlossen. Den Sieg vor Augen einigten sich die Großen Drei darauf, Deutschland nach der Kapitulation in vier Besatzungszonen aufzuteilen, wobei auch Frankreich - auf nachdrückliche Forderung von de Gaulle, unterstützt durch Churchill - eine Zone bekommen sollte. Die Alliierten kamen ebenfalls überein, dass die nach dem Ersten Weltkrieg festgelegte Curzon-Linie die neue Ostgrenze Polens zur Sowjetunion bilden würde. Am 25. April 1945 begegneten US-amerikanische Truppen bei Torgau an der Elbe erstmals sowjetischen Streitkräften. Am 30. April 1945 beging Hitler Selbstmord. Am 7. und 9. Mai 1945 kapitulierte die deutsche Wehrmacht bedingungslos. Die USA feierten damals den *VE-Day,* den *Victory in Europe-Tag.* Diesen Triumph sollte Roosevelt allerdings nicht mehr erleben. Wenige Wochen zuvor, am 12. April 1945, war der US-Präsident einem Schlaganfall erlegen.

Während sich bei Roosevelts Tod die Kämpfe in Europa ihrem Abschluss näherten, lag es an seinem Vizepräsidenten und Nachfolger Harry S. Truman, den Krieg im Pazifik zu Ende zu bringen. Zwar waren die US-amerikanischen Verbände seit dem Sommer 1942 in der Offensive und begannen im Oktober 1944 mit der Invasion der besetzten Philippinen. Aber bei ihrem Vordringen stießen sie immer

---

[291] *Jentzsch, Barbara im Deutschlandfunk vom 2.9.2004*

wieder auf japanische Truppen, die bis zum Letzten kämpften. Bei der Einnahme der beiden strategisch wichtigen japanischen Inseln Iwo Jima und Okinawa im ersten Halbjahr 1945 verloren die USA mehr als 30.000 Soldaten. Eine Eroberung der Hauptinsel hätte wahrscheinlich ein Vielfaches an US-amerikanischen Opfern gefordert, zumal Tausende von japanischen Kamikazekämpfern für Selbstmordaktionen in Flugzeugen und Booten bereit standen. Der US-Generalstab ging damals perspektivisch von bis zu 500.000 gefallenen und verwundeten GIs aus. Das wollte Truman unter allen Umständen verhindern. Während der Potsdamer Konferenz forderte er in der "Potsdamer Erklärung" die japanischen Streitkräfte zur bedingungslosen Kapitulation auf. Die Alternative sei "die sofortige und völlige Zerstörung". Als das japanische Kaiserreich trotzdem nicht einlenkte, ordnete der US-Präsident den Einsatz der Atombombe an. Aber auch nach der Vernichtung Hiroshimas am 6. August 1945 mit 130.000 Toten gab Japan nicht auf. Erst nach der Kriegserklärung der Sowjetunion am 8. August 1945 und einem zweiten Atomschlag auf Nagasaki einen Tag später, bei dem 73.000 Einwohner ums Leben kamen, kapitulierte Japan unter der Bedingung, dass Kaiser Hirohito seinen Thron behalten dürfe. Die USA akzeptierten.

Der Einsatz von Atombomben mit ihrer gewaltigen Zerstörungskraft ist wiederholt als überflüssig kritisiert worden. Dabei wird übersehen, dass durch die hartnäckige Weigerung der japanischen Militärführung, den verlorenen Krieg zu beenden, eine Eroberung des Landes durch alliierte Truppen erforderlich gewesen wäre. Dies hätte den Krieg um viele Monate, wenn nicht Jahre verlängert und zu großen weiteren Verlusten auf US-amerikanischer Seite geführt. Erst die Zerstörung Nagasakis bewog den Tenno, "das Unerträgbare zu ertragen" und die Kapitulation anzuordnen. Damit endete der Zweite Weltkrieg. Er war der folgenschwerste Krieg in der US-amerikanischen Geschichte, sowohl was den Verlust an Menschenleben als auch die finanziellen Belastungen anlangte: Mehr als 400.000 US-Soldaten starben, 670.000 wurden verwundet. Die direkten Kriegskosten summierten sich auf das 1,3-fache des BIP.[292]

Die Entscheidung zugunsten der Allianz war in Europa durch den Zweifrontenkrieg an Land und hier insbesondere durch die dominierende sowjetische Armee begründet. Auf dem pazifischen Kriegsschauplatz spielte die *US-Navy* mit ihren Flotten die wichtigste Rolle, bevor die beiden umstrittenen Abwürfe der Atombomben auf Hiroshima und Nagasaki die finale Entscheidung brachten.

Aus dem gewonnenen Krieg gingen die Vereinigten Staaten und die Sowjet Union

---

[292] *bpb - Der Zweite Weltkrieg: Von Pearl Harbor bis Hiroshima vom 11.10.208*

als Weltmächte hervor.

Der Koreakrieg

Bereits fünf Jahre nach Ende des Zweiten Weltkrieges kam es 1950 zum Ausbruch des ersten Stellvertreterkrieges in der Ära der bipolaren Welt. Die beiden Weltmächte USA und Sowjetunion schalteten sich militärisch in den Koreakrieg ein, um den Einfluss der Gegenpartei so weit wie möglich zurückzudrängen.

Hintergrund für diesen Konflikt war eines der Ergebnisse des zweiten Weltkrieges: Korea war als ein erobertes Land in zwei Besatzungszonen geteilt worden. Nachdem die Truppen Nordkoreas – nach gegenseitigen Provokationen – 1950 in den Süden des Landes eingefallen waren und die Nordkoreanische Volksarmee US-amerikanische Luftwaffenstützpunkte angegriffen hatte, reagierte der UN-Sicherheitsrat mit der UN-Resolution 85. Diese wurde auf der 479. Versammlung des Gremiums am 31. Juli 1950 beschlossen und autorisierte das militärische Eingreifen einer UNO-Streitmacht in Korea. Die Abstimmung erfolgte in Abwesenheit des sowjetischen Vertreters Jakow Malik, da die UdSSR von Januar bis August 1950 ihren Vertreter im Rat aus Protest gegen die Nichtberücksichtigung der Volksrepublik China abgezogen hatte. Die einzige Enthaltung kam von Jugoslawien.

Wie war die Haltung der US-amerikanischen Regierung? Der US-amerikanische Diplomat George F. Kennan hatte die strategische Linie vorgezeichnet, indem er bereits im Juli 1947 seine *Containment-policy* zur Eindämmung des sowjetischen Imperiums einem breiten Publikum vorgestellt hatte. Er vertrat dabei die Ansicht, wenn die USA sich auf ihre Stärken besinnen und ihre Führungsrolle akzeptieren würden, sie in der Lage seien, der sowjetischen Expansionspolitik (Polen 1944, Albanien 1944, Bulgarien 1944, Ungarn 1945, Rumänien 1948) mit hinreichendem Gegendruck zu begegnen. Als Stichworte sollen an dieser Stelle genannt werden:

* Schaffung des Marshallplans (1947),
* Gründung der NATO (1949, *Keep the US in, the Russians out and the Germans down*),
* Gründung der SEATO (1954) für Süd-Ost-Asien und der
* *CENTO* (1955) für den Nahen Osten.

Mit der Errichtung von Militärbündnissen sollte die Eindämmung an der gesamten sowjetischen Peripherie über zwei Kontinente hinweg durchgeführt werden. Fortan sollte die Weltordnung aus der Konfrontation zweier unverträglicher gegensätzlicher Weltmächte bestehen - die beide innerhalb ihrer Einflusssphären ihre eigenen internationalen Ordnungen etablierten.

„Die Außenminister Dean Acheson und John Foster Dulles betrachteten Macht und Diplomatie als aufeinanderfolgende Stadien: zuerst sollten die USA ihre Macht konsolidieren und demonstrieren, dann werde die Sowjetunion gezwungen sein, mit ihren Provokationen aufzuhören und sich auf eine vernünftige diplomatische Vereinbarung mit der nichtkommunistischen Welt einlassen".[293]

Für Korea hatten die USA auf der Basis dieser Eindämmung ein klar definiertes Ziel vor Augen: der Schützling Südkorea konnte und durfte nicht dem kommunistischen Imperium einheim fallen, das Land sollte unter Führung der USA vereint werden. General Douglas MacArthur (USA) erhielt den Oberbefehl über den Einsatz der internationalen Truppen aus 19 UNO-Mitgliedstaaten, die er in der Landung bei Incheon zu ihrem ersten Erfolg führte. Im Verlauf des Krieges und angesichts des Einsatzes chinesischer Freiwilliger setzte sich MacArthur vehement für die Ausweitung des Konfliktes auf die Volksrepublik China ein. „Einige der Empfehlungen MacArthurs überschritten den Zuständigkeitsbereich eines am Kriegsschauplatz befehligenden Offiziers bei weitem. Der Einsatz nationalchinesischer Streitkräfte in Korea etwa wäre auf die Erklärung eines umfassenden Krieges gegen die Volksrepublik China hinausgelaufen. Sobald der chinesische Bürgerkrieg auch in dieses Gebiet getragen worden wäre, hätte ja keine der beiden Parteien den Krieg beenden können, ohne einen totalen Sieg errungen zu haben. Die Vereinigten Staaten hätten sich in einen zeitlich unbegrenzten Konflikt gestürzt".[294]

US-Präsident Harry S. Truman lehnte diese speziellen Forderungen mehrfach ab und berief MacArthur wegen dessen fortgesetzten und teilweise öffentlichen Drängens schließlich am 11. April 1951 von seinem Posten ab. Diese Entscheidung führte zu heftigen Protesten im Kongress und zu öffentlichen Demonstrationen für MacArthur. An einer Parade für den General in New York nahmen angeblich sieben Millionen Menschen teil. Die öffentliche Meinung sah in MacArthur einen großen Kriegshelden, während Präsident Truman weitgehend unpopulär war. Einige Wochen lang schien es sogar möglich, dass MacArthur die Regierungsgewalt übernehmen könne. Die Haltung der Öffentlichkeit kippte jedoch, als der *Chairman of the Joint Chiefs of Staff*, General Omar N. Bradley, vor dem Senat auf die verheerenden Auswirkungen von MacArthurs Forderungen für die strategische Position der USA in Westeuropa hingewiesen hatte.

Die UNO beendete den heißen Krieg in Korea im Juli 1953 mit einem Waffenstillstandsabkommen.

---

[293] *Kissinger, Henry: Weltordnung S. 324*
[294] *Kissinger, Henry: Die Vernunft der Nationen S. 522*

In den USA hatte der Koreakrieg eine schnelle und gewaltige Aufrüstung ausgelöst, die einen großen Schritt zu jener Situation der Stärke herbeiführte, die der US-amerikanischen Eindämmungsdoktrin zugrunde lag.[295]

Die Vereinigung Koreas jedoch, die die Vereinigten Staaten mit Waffengewalt hatten durchsetzen wollen, wurde auf die Zukunft vertagt: bis heute besteht dieser Konflikt zwischen Nordkorea und Südkorea um die Grenze des sog. 38. Breitengrades. Seit 1953 kam es immer wieder zu Konflikten zwischen den beiden Bruderstaaten und darüber hinaus zwischen den USA und China, da China als Gegengewicht zum Westen seine militärische Unterstützung Moskaus und Nordkoreas zugesagt hatte.

Der Vietnam-Krieg

Im Jahr 1954 führten ideologische Spannungen innerhalb des Landes dazu, dass sich Vietnam in einen nördlichen und einen südlichen Staat aufspaltete. Die kommunistische Bewegung *Vieth Minh* wurde zum *Vietcong,* der in der Folgezeit versuchte, das abtrünnige Südvietnam wieder unter die Kontrolle des Nordens zu bringen. Der vietnamesische Revolutionär und kommunistische Politiker Ho Chi Minh führte die *Vietcong,* sein Gegenspieler in Süd-Vietnam war Ngo Dinh Diem, ab 1955 Präsident der Republik Vietnam.

Außenminister John F. Dulles trat dafür ein, Diem rückhaltlos zu unterstützen. Er sei „das einzige Pferd", auf das man setzen könne. Im Oktober 1954 machte Eisenhower aus der Not eine Tugend und versprach Diem schriftlich US-Hilfe, die er allerdings von Zusicherungen abhängig machte, und zwar „hinsichtlich der Maßstäbe bei der Durchführung erforderlicher Reformen".

Einige Jahre lang schien alles gut zu gehen. Bis zum Ablauf der Amtszeit Eisenhowers hatten die Vereinigten Staaten an Südvietnam Hilfe im Wert von einer Milliarde Dollar geleistet. Im Land befanden sich 1.500 Kräfte aus den Vereinigten Staaten; die US-amerikanische Botschaft in Saigon wurde zu einer der größten US-Botschaften der Welt, die Gruppe der US-Militärberater war 692 Personen stark. Damit hatten die USA die Bestimmungen der Genfer Schlusserklärung der Indochina-Konferenz 1954, die ihre Zahl begrenzte, schlicht ignoriert.

Entgegen allen Erwartungen und mit massiver Unterstützung durch den US-Geheimdienst gelang es Diem, die Geheimgesellschaften zu unterdrücken. Er stabilisierte die Wirtschaft und führte eine Zentralverwaltung ein - erstaunliche Leistungen, die in den Vereinigten Staaten gut aufgenommen wurden. Nach einem

---

[295] *Kissinger, Henry: Weltordnung S. 334*

Besuch in Südvietnam im Jahr 1956 berichtete Senator Mike Mansfield, Diem vertrete einen „echten Nationalismus" und habe sich einer Aufgabe angenommen „die eine verlorene Sache der Freiheit war, und ihr neues Leben eingehaucht".

Auch Senator John F. Kennedy machte sich das Bild von den beiden Pfeilern der Sicherheit und Demokratie zu eigen, auf denen die US-amerikanische Vietnampolitik ruhe. Vietnam, so sagte er, sei nicht nur der „Schlussstein im Gewölbe" der Sicherheit in Südostasien, sondern auch das „Versuchsfeld für eine Demokratie in Asien".

Die Ereignisse sollten bald zeigen, dass es sich bei dem, was die US-Außenpolitiker in den höchsten Tönen priesen, um ein trügerisches Bild handelte. Der Entwicklung war keine Dauer beschieden. Denn die Annahme der USA, ihre eigene, einzigartige Form der Demokratie lasse sich mühelos auf andere Länder übertragen, erwies sich als Irrtum. Im Westen war der politische Pluralismus in kohärenten Gesellschaften zur Blüte gelangt, in denen ein hinreichender gesellschaftlicher Konsens eine tolerante Haltung gegenüber der politischen Opposition ermöglichte, ohne dass der Staat selber dadurch in Gefahr geriet. In Ländern dagegen, wo eine Nation erst noch zu schaffen ist, erscheint eine Opposition leicht als Bedrohung der nationalen Existenz, namentlich wenn sich noch keine Zivilgesellschaft als eine Art Sicherheitsnetz herausgebildet hat. Unter diesen Umständen besteht eine starke oder gar übermächtige Versuchung, Opposition mit Verrat gleichzusetzen.[296]

1961 wurde John F. Kennedy Präsident der USA. Zum Zeitpunkt dieses Regierungswechsels hatten der Umfang und die Form des US-amerikanischen Engagements in Indochina eine Dimension angenommen, die die Glaubwürdigkeit der US-Regierung noch nicht in irreparablem Maß aufs Spiel setzte. Bis dahin stand die Unterstützung Südvietnams durch die Vereinigten Staaten noch in einem angemessenen Verhältnis zu deren Sicherheitszielen in der Region; noch hatte das Engagement keine Größenordnung erreicht, die seine Rechtfertigung zu einer Frage von vorrangigen nationalem Interesse gemacht hätte.

„Von jenem Tag an, als die US-amerikanischen Militärberater erstmals vietnamesischen Boden betraten, brachten sie den Vietnamesen die ihnen vertrauten Methoden der Kriegführung bei: Zermürbung des Feindes in einem Stellungskrieg durch überlegene Feuerkraft und Motorisierung sowie eine Beweglichkeit, wie sie in Ländern erreicht werden kann, die über gut ausgebaute Verkehrswege verfügen. Auf die in Südvietnam herrschenden Verhältnisse war eine solche Taktik überhaupt nicht anwendbar. Die von US-Offizieren ausgebildete südvietnamesische Armee sah sich

---

[296] *Kissinger, Henry: Die Vernunft der Nationen S. 699*

daher sehr bald in derselben Falle wie das französische Expeditionsheer ein Jahrzehnt zuvor".[297]

Kennedy vertraute seinen Ratgebern, die ihm versicherten, der Kampf gegen die kommunistischen Guerillas könne von der südvietnamesischen Armee mit Unterstützung US-amerikanischer Truppen gewonnen werden. In jenen unschuldigen Tagen hegte kein führender US-Politiker der beiden großen Parteien auch nur den leisesten Argwohn, die USA könnten sich in einem Sumpf verirren.

Jede neue US-Regierung, die sich mit dem Indochinaproblem auseinandersetzen musste, schien tiefer in den Morast gezogen zu werden: Truman und Eisenhower hatten ein militärisches Hilfsprogramm aufgeboten; Kennedys Eintreten für Reformen führte zu einer immer tieferen Verstrickung der USA in die Innenpolitik Südvietnams; Johnson verstärkte sogar noch die Präsenz der USA in Südasien und Nixon versuchte zunächst den Gegner mit zahlreichen Bombardements zu zermürben.

„Im Europa der späten vierziger und der fünfziger Jahre hatten die USA Nationen mit tiefverwurzelten politischen Traditionen unterstützt, indem sie die Hilfsgelder des Marshallplanes aufstockten und die NATO ins Leben riefen. Vietnam hingegen war ein völlig fremdes Land, das nicht über Institutionen verfügte, auf denen sich etwas aufbauen ließ. Daraus ergab sich die Hauptschwierigkeit: Washington hatte es sich zum Ziel gesetzt, in Südvietnam eine stabile Demokratie zu errichten; dies aber ließ sich nicht so schnell erreichen, dass ein Sieg der Guerilla dadurch hätte verhindert werden können, und eben darin bestand wiederum das strategische Ziel der USA. Mit einem Wort: Die Vereinigten Staaten würden entweder ihre politischen oder ihre militärischen Ziele revidieren müssen".[298]

„Der Weg der Vereinigten Staaten in den vietnamesischen Sumpf begann im Mai 1961 mit einer Mission von Vizepräsident Lyndon B. Johnson nach Saigon. Er sollte die Lage „einschätzen". Solche Missionen sind in der Regel ein Zeichen dafür, dass eine Entscheidung bereits getroffen worden ist: kein Vizepräsident ist imstande, sich während eines Besuchs von zwei bis drei Tagen ein unabhängiges Urteil über einen zehn Jahre andauernden Guerillakrieg zu bilden. Am 11. Mai 1961 kam es zu einer Direktive des Nationalen Sicherheitsrats, in der mit Blick auf Vietnam erklärt wurde, dass die Verhinderung eines Sieges der Kommunisten ein Ziel von nationalem Interesse darstelle. In dem Dokument ging es um „die Schaffung einer lebensfähigen und zunehmend demokratischen Gesellschaft in diesem Land". Sie sollten durch

---

[297] *Kissinger, Henry: Die Vernunft der Nationen S. 701*
[298] *Kissinger, Henry: Die Vernunft der Nationen S. 712*

militärische, politische, wirtschaftliche, psychologische und verdeckte Maßnahmen eingeleitet werden".[299]

Als der südliche Staat jedoch zunehmend in Bedrängnis geriet und sich abzuzeichnen begann, dass die südvietnamesische Armee den Krieg verlieren würde, setzten die USA verdeckte Luftschläge gegen die Dörfer der *Vietcong* ein. Die dichte Vegetation Vietnams machte gezielte Bombardements allerdings schwierig, weshalb die *US-Air Force* bereits in diesem frühen Stadium des Krieges auf die gefürchteten Napalmbomben setzte.

In den Folgejahren gelangen den USA nur wenig militärische Erfolge gegen die meist verdeckt agierenden *Vietcong*. John F. Kennedy plante sogar den Rückzug aller US-Soldaten aus Vietnam, doch nach dem tödlichen Attentat rückte sein Nachfolger Lyndon B. Johnson wieder von diesem Plan ab.

Als eine Reaktion auf nordvietnamesische Angriffe auf den US-Stützpunkt *Camp Holloway* setzten die US-Amerikaner nun zunehmend auch auf chemische Waffen, wie das Entlaubungsmittel *Agent Orange*. Dieses giftige Pflanzenvernichtungsmittel zerstörte die Reisfelder, vergiftete Wasserreservoirs, und nahm den *Vietcong* ihren größten Vorteil, versteckt aus dem Hinterhalt agieren zu können. Chemische Massenvernichtungswaffen trafen jedoch nicht nur die *Vietcong*, sondern hauptsächlich die Zivilbevölkerung.

Zwar waren die nordvietnamesischen Truppen den US-amerikanischen Streitkräften militärisch hoffnungslos unterlegen, dennoch gelang es den USA zu keinem Zeitpunkt einen tendenziellen Vorteil zu erlangen. Der *Vietcong* vermied ab 1966 die direkten Landschlachten, griff die US-amerikanischen Soldaten vermehrt aus dem Hinterhalt an. Der Krieg hatte sich zu einem Guerillakrieg entwickelt.

Nach der für die *US-Army* verheerenden Tet-Offensive der nordvietnamesischen Streitkräfte im Jahr 1968, begannen die USA schrittweise ihren Austritt aus dem Vietnamkrieg vorzubereiten. Sie verringerten ihre Militärpräsenz zunehmend, bis 1972 hatten sie einseitig 500.000 Soldaten abgezogen.

Die vierte US-Regierung im Vietnam-Krieg (nach Eisenhower, Kennedy, und Johnson nun Nixon) hatte 1972 Bedingungen für ein Abkommen mit Hanoi dargelegt:

- Einstellung aller Kampfhandlungen unter internationaler Aufsicht,

---

[299] *Kissinger, Henry: Die Vernunft der Nationen S. 713*

- Freilassung aller Gefangenen und Aufklärung des Schicksals aller vermissten Soldaten,
- Fortsetzung der wirtschaftlichen und militärischen US-Hilfe an Saigon und
- Regelung der politischen Zukunft Südvietnams auf der Basis freier Wahlen und durch die vietnamesischen Parteien selbst.

Am 8. Oktober 1972 akzeptierte der Nordvietnamese Le Duc Tho Nixons Vorschläge, und Hanoi ließ schließlich von seiner Forderung ab, die Vereinigten Staaten sollten mit Nordvietnam gemeinsame Sache machen und in Saigon eine kommunistische Regierung einsetzen. Hanoi stimmte einer Waffenruhe, der Rückkehr aller US-amerikanischen Gefangenen sowie einer Auflistung der Vermissten zu. Die südvietnamesische Regierung Thieu blieb unangetastet, und den Vereinigten Staaten wurde gestattet, ihr auch weiterhin wirtschaftliche und militärische Hilfe zu gewähren.

In Paris liefen als Folge der Genfer Indochina-Konferenz die Verhandlungen über die Beendigung des Krieges und die Wiederherstellung des Friedens in Vietnam. Am 27. Januar 1973 wurde der „Pariser Vertrag" von beiden Teilen Vietnams und den USA unterzeichnet. Er sah die Beendigung des US-amerikanischen Militäreinsatzes in Vietnam vor. Damit wurden jegliche Kriegshandlungen in Vietnam eingestellt; man erhoffte sich ohne weiteres Eingreifen der Vereinigten Staaten und anderer Länder den Weg zum Frieden, in den Südvietnam fortan im Sinne der nationalen Eintracht einlenken sollte. Am 29. März 1973 verließ schließlich der letzte US-Soldat Südvietnam, kurz zuvor waren 591 US-amerikanische Kriegsgefangene entlassen worden.

Ohne die Hilfe der US-Streitkräfte, gelang es Südvietnam in den folgenden zwei Jahren nicht mehr, die nordvietnamesische Armee aufzuhalten. Am 1. Mai 1975 eroberten *Vietcong-Kämpfer* die südvietnamesische Hauptstadt Saigon. Damit endete der Vietnamkrieg mit einem Sieg des kommunistischen Nordens.

Vietnam ist zu einem Syndrom für die USA und hier insbesondere für die Streitkräfte geworden. Das US-amerikanische Engagement in Indochina endete 1975 zweifellos in einem Debakel, das sich auch zu jedem früheren Zeitpunkt hätte ereignen können, wenn die Regierung der USA eine Kapitulation angestrebt hätte. Doch weder die Administration noch die US-amerikanische Bevölkerung waren jemals an einem solchen Ergebnis interessiert; im Wahlkampf von 1968 hatten sich alle Präsidentschaftskandidaten noch für einen Kompromiss und nicht für eine Kapitulation ausgesprochen.

An den militärischen Hochschulen der USA *(Naval War College, Army War College,*

Air War College, National Defense University) wird das Thema Vietnam unverändert heftig und kontrovers diskutiert. Hier werden, nach dem Versagen der Vereinigten Staaten in Vietnam immer noch und immer wieder wichtige Fragen gestellt und diskutiert

- Sollten die Vereinigten Staaten den Krieg überhaupt geführt haben?
- Haben die Vereinigten Staaten in dem Krieg den falschen Weg beschritten?
- War die strategische Bedeutung von Vietnam nicht weit übertrieben?
- Ist es überhaupt möglich, den Nationalismus, der die Geschichte und Politik Vietnams antreibt, durch die US-Militärmacht verändern zu können?

Eine alternative Ansicht ist, dass selbst wenn die Chancen für den Erfolg der USA schlecht waren, die Vereinigten Staaten die Anstrengungen unternehmen mussten, um ihre moralische und strategische Glaubwürdigkeit in der Welt beizubehalten. Bei der Frage, wie der Krieg ausgefochten wurde, konzentriert sich die Debatte darauf, ob die USA ihre militärische Macht adäquat und effektiv genutzt haben. Unter der Annahme, dass mehr besser ist, argumentieren einige Kritiker, dass ein noch größerer Einsatz eigener Streitkräfte, entweder gegen Nordvietnam oder zur Isolierung des Schlachtfeldes in Südvietnam, den Sieg gebracht hätte.

Während des Konflikts erwies sich das Saigon-Regime zudem als unfähig, militärischen Erfolg in politischen Erfolg umzusetzen. Auch eine massive Unterstützung durch die USA schien Nordvietnams und Vietcongs Behauptungen zu beweisen, dass Südvietnam keine vietnamesische, sondern eine US-amerikanische Schöpfung sei. Schließlich hätte ein größerer Krieg einen gefährlichen militärischen Konflikt mit China und der Sowjetunion riskiert.

In jedem Fall hat die Vietnam-Ära die Vereinigten Staaten gezwungen, sich ihrer Grenzen bewusst zu werden. Während des größten Teils ihrer Geschichte hatte die Nation aufgrund ihres Glaubens an die besondere Mission der USA eine moralische Überlegenheit für sich in Anspruch genommen, die durch den materiellen Überfluss untermauert wurde. In Vietnam hingegen fanden sich die USA plötzlich in einen Krieg verwickelt, der moralisch immer fragwürdiger zu werden schien und in dem die materielle Überlegenheit der USA fast keine Rolle spielte.

„Die Zerrissenheit der US-Amerikaner über der Frage Vietnams ist ein außerordentliches Zeugnis für seine moralischen Skrupel. Nach einem vergleichsweise kurzen Zeitraum erholten sich die USA in den achtziger Jahren von ihrem inneren Leiden. In den neunziger Jahren haben die freien Völker der Erde erneut auf die Vereinigten Staaten geblickt, die beim Aufbau einer anderen neuen Weltordnung wieder die Führung übernehmen sollten. Und ihre größte Furcht galt nicht etwa einem anmaßenden Engagement der USA in der Welt, sondern, wie schon zuvor, ihrem Rückzug aus dieser".[300]

Der Afghanistan-Krieg

In den Jahren zwischen 1839 und 1919 hatte Großbritannien in drei anglo-afghanischen Kriegen versucht, die britische Vormachtstellung in diesem Raum zu sichern und den Expansionsbestrebungen des russischen Reiches Einhalt zu gebieten. Das britische Vorhaben scheiterte: 1842, 1881 und 1919 mussten sich die britischen Truppen zurückziehen.

Im Jahre 1978 putschte die kommunistische Demokratische Volkspartei Afghanistan (DVPA) gegen Präsident Mohammad Daud. Die DVPA baute eine Schreckensherrschaft auf, die durch radikal umgesetzte Land- und Bildungsreformen sowie Repressionen gegen potentielle Gegner gekennzeichnet war. Diese Politik provozierte Rebellionen im ganzen Land. Machtkämpfe innerhalb der DVPA brachen aus. Die Sowjetunion als wichtigster Bündnispartner der DVPA betrachtete mit Sorge den sich anbahnenden Zusammenbruch des kommunistischen Regimes in Kabul. Um den eigenen Einfluss in Afghanistan zu sichern, besetzte die Sowjetunion in den Weihnachtstagen 1979 das Land. Die sowjetischen Truppen trafen auf hartnäckigen Widerstand der Bevölkerung. Moskau etablierte ein Marionettenregime und der Islam avancierte zum ideologischen Gegenpol des Kommunismus, was sich in der Ausrufung des *Jihad* gegen die gottlosen Kommunisten und in der Bezeichnung der Widerstandskämpfer als *Mujaheddin* äußerte. Vornehmlich lieferten die USA und Saudi-Arabien dem Widerstand Waffen und Geld (sic!). Dem pakistanischen militärischen Geheimdienst *Inter Services Intelligence (ISI)* fiel die Aufgabe zu, den Widerstand zu organisieren. Die Widerstandsparteien gruppierten sich um religiöse Führer und Islamisten. Das sowjetische Vorhaben scheiterte: 1988 beschloss die Sowjetunion den sofortigen Abzug ihrer Truppen.

2001 begannen schließlich auch die USA mit einer militärischen Auseinandersetzung in Afghanistan. Die fundamentalistischen Taliban hatten seit Mitte der 1990er Jahre die Kontrolle über den größten Teil Afghanistans übernommen und einen islamischen „Gottesstaat" proklamiert. Der mutmaßliche Aufenthalt des islamischen Extremisten Osama-bin-Laden im Herrschaftsbereich der Taliban führte zum Konflikt mit den USA. Dieser eskalierte nach den Terroranschlägen vom 11. September, da die USA Osama-Bin-Laden und dessen Terrornetzwerk *al-Qaida* für die Anschläge verantwortlich machten. Nachdem das Taliban-Regime die Auslieferung Osama-Bin-Ladens abgelehnt hatte, begannen die USA am 7. Oktober 2001 mit Luftangriffen auf Afghanistan.

---

[300] *Kissinger, Henry: Die Vernunft der Nationen S. 773/774*

In den Wochen vor Beginn ihrer Militäroperation hatten sich die USA außenpolitische Unterstützung für ihr Vorgehen geholt und eine umfassende außenpolitische Allianz gegen den Terror gebildet. Afghanistan beteiligte sich mit seiner „Nationalen Islamischen Vereinten Front zur Rettung Afghanistans" (Nordallianz). Die NATO erklärte den Bündnisfall. Von Beginn an beteiligten sich britische Soldaten an den Kampfhandlungen. Auch Russland konnte als politischer Bündnispartner gewonnen werden. Der russische Präsident Wladimir Putin versprach die Lieferung von Geheimdiensterkenntnissen. Pakistan gestattete die Nutzung seines Luftraumes und lieferte ebenfalls Geheimdiensterkenntnisse. Die Bundeswehr beteiligte sich mit bis zu 5.350 Soldaten. Insgesamt stellten 50 Nationen, darunter alle NATO-Staaten Truppen ab.

Im November 2001 wurden die strategisch wichtige Stadt Mazar-i-Sharif und die Hauptstadt Kabul erobert. Die Taliban, von ihrer Führung zum Durchhalten aufgefordert, kämpften zunächst weiter; die USA versuchten vergeblich, Osama Bin Laden zu stellen. Im Dezember 2001 fiel die letzte Taliban-Hochburg Kandahar. Die Taliban und versprengte *al-Qaida-Kämpfer* zogen sich in das pakistanisch-afghanische Grenzgebiet zurück.

Zu dieser Zeit fanden auf dem Petersberg bei Bonn unter Leitung der Vereinten Nationen Gespräche über die politische Zukunft Afghanistans statt. Daran beteiligten sich neben der militärisch siegreichen afghanischen Nordallianz auch drei afghanische Exilgruppen. Auf der Konferenz wurde u. a. die Einsetzung einer Interimsregierung beschlossen. Der Sicherheitsrat der UNO beschloss am 20. Dezember 2001 die Einsetzung der *International Security Assistance Force (ISAF)*. Die Operation schien gelungen - vordergründig jedenfalls.

Als zentrales Ziel hatten die USA und ihre Verbündeten nun den Wiederaufbau Afghanistans deklariert, der mithilfe einer demokratischen, pluralistischen, transparenten afghanischen Regierung erfolgen sollte, deren Machtbereich das ganze Land umfasste, sowie einer afghanischen nationalen Armee, die die Verantwortung für die Sicherheit auf nationaler Basis übernehmen sollte. Mit einem geradezu verblüffenden Idealismus verglich man diese Zielsetzungen mit dem Wiederaufbau der Demokratie in Deutschland und Japan nach dem Zweiten Weltkrieg. In Afghanistan oder auch nur in einer Region des Landes hatte es aber in der gesamten Geschichte niemals Institutionen gegeben, die als Präzedenzfall für einen so breit angelegten demokratischen Ansatz hätten dienen können.[301]

---

[301] *Kissinger, Henry: Weltordnung S. 362/363*

Ende 2014 erklärte US-Präsident Barack Obama den US-amerikanischen Kampfeinsatz in Afghanistan offiziell für beendet. Das Ziel des Krieges konnte nicht erreicht werden, die Taliban waren wieder erstarkt. Die USA schickten nun wieder Spezialeinheiten nach Afghanistan, die die afghanischen Truppen im Kampf gegen die Taliban unterstützen sollen. Der Krieg ging faktisch weiter - auch im Jahre 2018.

Nach dem offiziellen Ende des Krieges Ende 2014 ergibt sich ein erschütterndes Bild:

- in 14 Jahren hat es mehr als 70.000 Tote gegeben, darunter mehr als 2.300 US-Soldaten und 55 Soldaten der Bundeswehr,
- die Kosten für den Kampfeinsatz summieren sich allein in den Vereinigten Staaten auf mehr als eine Billion Dollar,
- der militärische Einsatz der Bundeswehr hat den deutschen Steuerzahler bisher rund 8,8 Milliarden Euro gekostet.

Nach den afghanischen Erfahrungen der Briten im 19. Jahrhundert, der Sowjets im 20. Jahrhundert und der US-Amerikaner im 21. Jahrhundert ist man geneigt, der Analyse von Winston Churchill zuzustimmen, der nach Ende des 2. anglo-afghanischen Krieges im Jahre 1897 feststellte:

> *„Ausgenommen zur Erntezeit, wenn das Gebot der Selbsterhaltung zwingt, leben die Paschtunen ständig im Krieg von Mann zu Mann oder Gemeinschaft zu Gemeinschaft. Jeder einzelne ist Krieger, Politiker und Theologe. Jedes größere Haus ist eine Festung für sich, hergestellt zwar nur aus getrocknetem Lehm, aber vollständig ausgebaut mit Zinnen, Türmchen, Schießscharten, Flankierungswehren, Zugbrücken usw. Jedes Dorf hat seine Verschanzung. Jede Familie unterhält ihre Vendetta, jeder Clan seine Fehde. All die zahlreichen Stämme und Gruppen von Stämmen haben Rechnungen miteinander zu begleichen. Nichts wird vergessen, und höchst selten bleibt einmal eine Schuld unbezahlt.“*

Die beiden Irak-Kriege

Präsident George Bush I hatte am 16. Januar 1991 den ersten Irak-Krieg begonnen. Ziel war die Befreiung Kuwaits von der Besetzung durch Saddam Hussein. In einem begrenzten Krieg unter der Bezeichnung *Desert Storm* mit einem klaren und begrenzten Ziel befreite die Koalition unter der Führung der USA das Emirat Kuwait und schloss nach 3 Monaten, am 12. April 1991 einen Waffenstillstand mit Saddam Hussein. Bis Ende April hatten die Soldaten die Region am Persischen Golf wieder verlassen.

Präsident George Bush II begann Anfang 2003 mit einer „Koalition der Willigen" den zweiten Irak-Krieg. Als Begründung für diesen Krieg nannten die kriegführenden Regierungen der USA und Großbritanniens eine wachsende akute Bedrohung durch Massenvernichtungswaffen des Irak und eine Verbindung des Irak mit dem Terrornetzwerk *al-Qaida,* das die Terroranschläge am 11. September 2001 ausgeführt hatte. Eine große Bevölkerungsmehrheit in den USA glaubte diesen Angaben vor und auch noch Jahre nach der Invasion in den Irak.

Zum Ablauf des zweiten Irak-Krieges: der Irak-Konflikt hatte sich zu Beginn des Jahres 2003 dramatisch zugespitzt. Ohne Ergebnis hatten UN-Waffeninspekteure den Irak monatelang aufgrund der UN-Resolution 1441 nach Massenvernichtungswaffen durchsucht. Die Vereinigten Staaten versuchten vergeblich nachzuweisen, dass der Irak über verbotene B- und C-Waffen verfügte und Verbindung zur Terrororganisation *al-Qaida* hatte. Den Irak-Konflikt friedlich zu lösen war nach Auffassung der Kriegsbefürworter nicht mehr möglich. Die Diplomatie war am Ende, der Krieg gegen den Irak begann am 20. März 2003 - ohne UN-Mandat. Rund eineinhalb Stunden nach Ablauf eines Ultimatums der USA an den irakischen Machthaber Saddam Hussein, sein Land binnen 48 Stunden zu verlassen, hatten die USA den Krieg mit Luftangriffen auf Bagdad eröffnet.

Immerhin unterstützten 53 Staaten aus allen 5 Erdteilen die USA in dieser „Koalition der Willigen". Die beteiligten Staaten reichten von Großbritannien bis Tonga, ihre Beiträge waren sehr unterschiedlich. Deutschland und Frankreich hatten sich dieser Koalition nicht angeschlossen. Mit der Einnahme der Stadt Tikrit vier Wochen nach Beginn des Krieges, war die heiße Phase der Kampfeinsätze vorbei, erste Schritte zur Bildung einer Übergangsregierung wurden unternommen.

Für George Bush II war der Irak-Krieg am 1. Mai 2003 beendet. "Mission erfüllt" verkündete er bei seinem Auftritt auf dem Flugzeugträger „Abraham Lincoln". Doch das Leiden der Menschen im Irak dauerte an. Erst 2011 zogen sich die letzten US-Truppen aus dem Irak zurück, ohne dass das Land befriedet gewesen wäre. Mehr als 100.000 Menschen kamen seit 2003 ums Leben, im Irak herrschen immer noch bürgerkriegsähnliche Zustände.[302]

US-Präsident George Bush II und seine Regierung waren davon ausgegangen, dass Staatschef Saddam Hussein rasch entmachtet und eine demokratische Führung im Irak installiert werden könnte. Diese Hoffnung wurde enttäuscht. Zwar wurde Saddam am 30. Dezember 2006 gefasst und hingerichtet, aber die Kämpfe gingen

---

[302] *Landeszentrale für politische Bildung Baden-Württemberg: Der Irak-Krieg 2003*

unverändert weiter. Von Demokratie ist der Irak auch nach mehr als 14 Jahren weit entfernt. Bombenanschläge und Gewalt sind Alltag im Irak - auch heute noch. Flüchtlingsströme nach Europa erreichten in den Jahren 2015/2016 ihren Höhepunkt.

In diesem Krieg hat die Regierung der USA alles falsch gemacht, was man falsch machen kann:

- Sie hat bei der Begründung für einen Krieg gegen Saddam Hussein vor den Vereinten Nationen gelogen;
- Präsident und CIA hatten ihren angesehenen Außenminister Colin Powell gezielt und bewusst mit gefälschten Dokumenten vor der Hauptversammlung der UN vortragen lassen. (Colin Powell sollte an dieser Aufgabe zerbrechen);
- Sie hat sich durch permanente Menschenrechtsverletzungen im Krieg und nach dem Krieg unglaubwürdig gemacht und weltweit Vertrauen verloren;
- Sie hat dem Weg zu einer Demokratisierung nicht geebnet, sondern behindert;
- Sie hat Geheimdienstberichte manipuliert;
- Sie hat das Völkerrecht gebrochen;
- Sie hat die eigenen nationalen Interessen (Erdöl) über alles andere gestellt;
- Sie hat privatwirtschaftliche Interessen (z.B. ihres Vizepräsidenten Cheney) in die Entscheidungsfindung eingebunden.

Die Geburt der Terrorgruppe „Islamischer Staat" ist auf den Zerfall der Ordnung im Irak zurückzuführen. Auch das Erstarken des Iran wurde durch den Regimewechsel in Bagdad unterstützt, der einen iranischen Erzfeind in einen iranischen Klienten verwandelte.

„Dass sich die westliche Vorstellung von Demokratie und aufgeklärter Gesellschaft nicht umstandslos exportieren lässt, haben der Irakkrieg und der anschließende Versuch des *nation building* wieder einmal auf tragische Weise demonstriert: die Zahl der autoritären Regierungen ist gestiegen".[303] „Der Irakkrieg von 2003 hat alle Balancen der Region verändert. Er wird als das Ereignis in die Geschichte eingehen, dass langfristig entscheidet, wer die Macht über den weiteren mittleren Osten erbt".[304]

[303] *Zamperoni, Ingo: Fremdes Land Amerika, S. 292*
[304] *Stürmer, Michael: Welt ohne Weltordnung, S. 125*

Résumé

Die Kriege haben sich verändert und die Erfolge der USA im Krieg ebenso. Waren die Kriege bis zum Ende des 2. Weltkrieges für die USA mit ihren großen Reserven noch gut zu gewinnen, wendete sich das Blatt mit dem Korea-Krieg. Seither haben die USA keine militärische Auseinandersetzung eindeutig gewinnen können, sie haben erhebliche Verluste erlitten und unglaubliche Summen von Dollar ausgegeben. Und am Ende haben sie mit diesen Aktionen den Anti-Amerikanismus weltweit verstärkt.

Getrieben wurden die Kriegseintritte der USA immer von dem so stark verbreiteten „Missionsgedanken" der USA, nämlich dem Bewusstsein, dass die Welt viel besser und friedlicher wäre, wenn alle Staaten und Völker das US-amerikanische Prinzip übernehmen würden. Der US-amerikanische Journalist Eric T. Hansen sieht das sehr kritisch. Er schreibt: „Ich weiß, was es bedeutet, Fehler zu machen, denn ich bin US-Amerikaner. Es war ein Riesenfehler, im Irak und in Afghanistan einzumarschieren, ebenso in Vietnam 1963. Was hatten wir da bitte schön zu suchen? Das war Imperialismus pur. Die US-amerikanische Einmischung im Zweiten Weltkrieg war schon in Ordnung, in Vietnam aber nicht. Dabei gingen beide Kriege auf die gleiche Logik zurück: im Zweiten Weltkrieg wollten die USA die Welt vor dem um sich greifenden Faschismus retten, in Vietnam wollten sie die Welt vor dem um sich greifenden Kommunismus bewahren. In beiden Fällen handelt es sich um Imperialismus: wir sind in ein fremdes Land eingefallen. Der einzige Unterschied ist: im Zweiten Weltkrieg haben wir unser Ziel erreicht, in Vietnam nicht. Dabei war die Motivation bei beiden dieselbe. Den Begriff „Imperialismus" muss man eigentlich so definieren: „Das Eingreifen in die Politik anderer Länder". Dazu gehört jede Art von Intervention. Die US-amerikanische Unterstützung der Militärjunta in Südamerika war Imperialismus, weil wir damit zu unserem Vorteil die Ausbreitung des Kommunismus verhindern wollten. Der Luftwaffeneinsatz der USA und der NATO in Libyen 2011 war Imperialismus, weil die westlichen Nationen damit halfen, das Regime von Muammar al-Gaddafi zu stürzen".[305]

Die schlechten Erfahrungen in den Kriegen in Vietnam, Afghanistan und im Irak haben zu einer Änderung in der Bereitschaft zum Einsatz von Heerestruppen geführt: *No boots on the ground* ist seither das Credo des Pentagon. Man schickt Bodentruppen erst dann in ein Land, wenn durch Luftschläge die Lage gut vorbereitet worden ist - und das auch nur sehr zurückhaltend. Syrien ist ein Beleg dafür.

Die Kriege, die die USA in den letzten Jahrzehnten geführt haben, haben offengelegt, dass die vermeintlichen US-amerikanischen Werte bei Kriegseinsätzen oft

---

[305] Hansen, Eric T.: *Die ängstliche Supermacht*, S. 228-229

nur vorgeschoben sind. Sie haben der Glaubwürdigkeit und damit ihrer Stellung als Weltmacht geschadet. Sie haben dazu beigetragen, dass die dominante Rolle der USA ins Wanken geraten ist.

Kapitel 23

Der Militärisch-Industrielle Komplex

Ein Land, das viele Kriege führt, benötigt viel Geld und viele Rüstungsgüter. So ist es verständlich, dass sich in einem solchen Land die Rüstungsindustrie besonders stark entwickelt. Die Entwicklung von Rüstungsgütern ist ausgesprochen aufwendig, aufwendig hinsichtlich Zeit, Personal und Geld. In den USA wird dieses seit vielen Jahrzehnten in hohem Maße bereitgestellt: Viele *think tanks* sind mit hoch qualifiziertem Personal - oft ranghohe pensionierte Offiziere - ausgestattet und haben sich im Dunstkreis von Washington DC angesiedelt. Für Forschung und Entwicklung stehen in jedem US-Haushalt hohe Summen zur Verfügung; im Haushalt 2017 sind dies 77 Milliarden $ allein für den Verteidigungssektor und weitere 69 Milliarden $ für den zivilen Sektor. Die Rüstungsindustrie ist ein bedeutender Faktor für die wirtschaftliche Entwicklung im ganzen Land. Rüstungsunternehmen sind große Arbeitgeber und Steuerzahler in allen Bundesstaaten der USA. Die direkte und indirekte Beschäftigung im Zusammenhang mit der Rüstungsindustrie in den USA beläuft sich auf mindestens 3,5 Millionen Arbeitsplätze.[306] Der Umsatz dieser Unternehmen lag im Jahre 2010 bei 324 Milliarden $ mit 15,6 Milliarden $ Gewinn.

Bundesstaaten und Kommunen unterstützen die Streitkräfte und die Unternehmen des Rüstungssektors, denn dieses fördert weiteres Wirtschaftswachstum und bessere Chancen in einer Region. Oft ist das Militär der einzige oder aber der größte Arbeitgeber in einer Gemeinde und hat wesentlichen Einfluss auf die wirtschaftliche Lage dieser Kommunen. So nimmt es nicht wunder, dass sich vor diesem Hintergrund über Jahrzehnte eine enge und vertrauliche Zusammenarbeit von kommunalen, regionalen und Bundespolitikern mit Wirtschaftsführern und hohe Militärs entwickelt hat, die zum Vorteil aller Beteiligten ist. Wie hat sich dieses entwickelt?

Nach einem Bonmot des 30. US-Präsidenten (1923-1929) Calvin Coolidge dreht sich in den USA alles ums Geschäft: *Chief business of the US-American people is business.* Wirtschaftliche Interessen in den USA haben eine große Bedeutung für die US-amerikanische Außenpolitik. So diente der Krieg im Irak nicht zuletzt dem Interesse an einer gesicherten Erdölversorgung zu stabilen Preisen. Und das Muskelspiel der Weltmacht dient auch dem Militärisch-Industriellen Komplex in den USA. In seiner

Abschiedsrede hatte Präsident und General a.D. Dwight D. Eisenhower 1961 vor einem "Militärisch-Industriellen Komplex" gewarnt, der mit dem Kalten Krieg herangewachsen sei. Eine Interessenverbindung aus Berufsoffizieren und Rüstungsindustrie erstreckt ihren Einfluss auf alle Städte, Parlamente und Bundesbehörden in den USA. "Während der Jahre meiner Präsidentschaft und insbesondere in den späteren Jahren verspürte ich immer mehr Unbehagen über die Wirkung der gewaltigen Militärausgaben in Friedenszeiten auf die Nation", schrieb Eisenhower später in seinen Memoiren.[307]

Wäre die nationale Sicherheit der USA der einzige Grund für die Militarisierung der US-amerikanischen Gesellschaft, dann hätte das Ende des Kalten Kriegs zu einer nachhaltigen Abrüstung führen müssen. Nach der Zeitenwende von 1989/90 war keine Macht der Erde den Vereinigten Staaten auch nur entfernt ebenbürtig. Eine "Friedensdividende" wäre das Gebot der Stunde gewesen. Tatsächlich senkte Präsident Bill Clinton nach seinem Amtsantritt 1993 den Verteidigungshaushalt und leitete in den Folgejahren viele Milliarden in die Schuldenreduzierung um. In der US-amerikanischen Rüstungsindustrie vollzog sich angesichts der sinkenden Aufträge aus dem Pentagon eine Welle von Fusionen. Dann stand der Militärisch-Industrielle Komplex plötzlich wie Phönix aus der Asche wieder auf. Im Oktober 1999 beschloss der US-Kongress erstmals wieder eine Erhöhung der Verteidigungsausgaben. Der Vorstandsvorsitzende des Rüstungskonzerns General Dynamics warf der Clinton-Administration vor, durch Einsparungen bei der Rüstungsbeschaffung die Streitkräfte demoralisiert und die nationale Sicherheit gefährdet zu haben. Die erstmalige Erhöhung der Verteidigungsausgaben wollte er zu einer Trendwende umdeuten. Eine deutliche Änderung im Umfang des Verteidigungshaushaltes der USA kam dann mit dem Anschlag auf das *World Trade Center* im Jahre 2001 und mit der Präsidentschaft von George Bush II und dessen wichtigsten Beratern.

Wirtschaftliche Aspekte

Der Einsatz des Militärs ist nicht selbstlos und nur mit humanitären, edlen Absichten zu erklären. Für den Weltrekordhalter im Führen von Kriegen in der Geschichte, für die Vereinigten Staaten von Amerika, sind Kriege immer auch eine hervorragende Möglichkeit gewesen, die eigene Rüstungsindustrie anzukurbeln. Waffenentwicklung und Waffenverkauf sind immer wieder besonders durch die Kriege, die die USA geführt haben, initiiert worden. Im Kriege bereits häufig, aber spätestens nach dem Krieg gibt es dann einen weiteren Boom im Rüstungsgeschäft, immer dann, wenn diese kriegführenden Parteien wieder neu ausgerüstet werden müssen. Dann besinnt man sich des großen, selbstlosen Bruders und kauft für gute US-Dollar modernes oder auch etwas (für die US-Streitkräfte) veraltetes Gerät in

---

[307] Eisenhower, Dwight D.: *The White House Years, Bd. 2: 1956 - 1961, New York 1965, S. 614*

Washington. Der Rüstungsexport floriert dann wieder, die Wirtschaft wird wieder angekurbelt. In der Geschichte der USA sind Kriege immer ein wesentlicher Grund für einen wirtschaftlichen Aufschwung gewesen.

Im Golfkrieg 2 trat dieser geschäftliche Aspekt besonders deutlich zu Tage. Japan und Deutschland, die früheren Kriegsgegner der USA und Verlierer des 2. Weltkrieges hatten Probleme mit ihren Verfassungen und konnten/wollten/durften daher keine Truppen an den Golf schicken. Die beiden Länder wurden moralisch an den Pranger gestellt (ist das Blut eines jungen Mannes aus Karlsruhe oder aus Kobe mehr wert als das seines Altersgenossen aus Boston oder aus Birmingham oder aus Bordeaux?). Also zahlten die beiden Regierungen aus Tokio und aus Bonn und trugen zusammen mehr als 80 % der Kosten für den Einsatz der Alliierten im Golf.

Im Anschluss konnten die USA dann ihre guten Rüstungsgeschäfte mit den Saudis, mit den Kuwaitis und mit anderen Golf-Anrainern tätigen. Die Rüstungsindustrie konnte mit den Erfolgen ihrer Hochpräzisions- und Hochleistungswaffen argumentieren und hatte wenig Schwierigkeiten, Waffen und Gerät zu verkaufen. Natürlich mussten auch die Fehlbestände der eigenen Streitkräfte aufgefüllt werden.

Die US-amerikanische Rüstungsindustrie lebt also von der US-amerikanischen Beteiligung an Kriegen in der ganzen Welt. In gleichem Maße sind solche "Militärischen Aktionen" für die US-Streitkräfte aber auch in doppeltem Sinne ein Erprobungsfeld. Zum einen können neue Waffen und neue Geräte im Ernstfall getestet werden. Es ist eben etwas anderes, ob man Waffen und Gerät unter künstlichen Bedingungen oder unter Einsatzbedingungen erproben und bewerten kann. Zum anderen können natürlich neue eigene Doktrinen, Taktiken und Verfahren erprobt und dann weiterentwickelt werden. Aus den Erfahrungen ergeben sich dann auch wieder neue Anstöße für die Rüstungsindustrie. Eine Weltmacht, wie die USA, braucht einfach von Zeit zu Zeit einen kleineren Krieg, um eigenes neues Potential erproben zu können! Dieses wurde in besonders eklatanter Weise unter der Regierung von George Bush II deutlich.

Politische Aspekte
Donald H. Rumsfeld und Richard B. Cheney gehörten 1997 zu den Gründern des *Project for the New American Century*, eines exklusiven Kreises von Neokonservativen in der Republikanischen Partei. Dieser Politikerkreis forderte die Regierung Clinton in öffentlichen Briefen zu einer entschlosseneren Führung in der Weltpolitik und zur Erhöhung der Militärausgaben auf. Dabei stand die Weltmacht vor keinen neuen Herausforderungen wie noch in den Jahren des Kalten Krieges. Die eigentlichen Adressaten der Erklärungen saßen denn auch im Militärisch-Industriellen Komplex.

Dort wurden die Zeichen der Zeit verstanden. In seiner Wahlkampagne 2000 übernahm George Bush II die Forderung nach einer neuen Aufrüstungswelle und ernannte "Dick" Cheney zu seinem *running mate*, also zu seinem designierten Vizepräsidenten. Der Präsidentschaftskandidat George Bush II versprach gleichzeitig die Steuern zu senken und die Militärausgaben zu erhöhen. Die Wirtschaft belohnte sein Programm mit üppigen Spenden. Über 100 Millionen US-Dollar füllten die Wahlkampfkasse von George Bush II, mehr als bei irgendeinem Kandidaten zuvor in der Geschichte US-amerikanischer Präsidentschaftswahlen. Mit dem Geld aus der Wirtschaft gewann er die Wahl und trieb den Militärhaushalt umgehend auf neue Rekordhöhen.

Richard Cheney und Donald Rumsfeld waren seit über drei Jahrzehnten ein Team in der Politik und bewegten sich zwischen den Führungsetagen der Politik, des Militärs und der Industrie hin und her. Rumsfeld wechselte als ehemaliger NATO-Botschafter, Stabschef im Weißen Haus und Verteidigungsminister 1977 in die Wirtschaft. Als Vorstandsvorsitzender des angeschlagenen Pharmakonzerns G.D. Searle & Co sanierte er das Unternehmen und häufte bis Ende der achtziger Jahre ein Vermögen von über 200 Millionen US-Dollar an. Fortan bereitete er sein politisches Comeback vor und leistete Wahlkampfspenden für George Bush II in Texas. Bereits 1974 hatte Rumsfeld dafür gesorgt, dass sein Juniorpartner „Dick" Cheney aus dem Kongress in den Stab des Weißen Hauses geholt wurde.

„Dick" Cheney wechselte 1989 aus dem Repräsentantenhaus in das Amt des Verteidigungsministers, in dem er u.a. auch dem Autor im Juni 1990 dessen Diplom zum Abschluss des Studiums am *US Naval War College* überreichte. 1993 wechselte Cheney von der Spitze des Pentagon wieder in die Führungsetagen der Wirtschaft. Fünf Jahre lang leitete er als Vorstandsvorsitzender den texanischen Erdöldienstleister *Haliburten*, der von der George-Bush-II-Administration zum Hauptauftragnehmer für den Wiederaufbau im Irak gemacht wurde (Auftragsvolumen: über zwei Milliarden $). Als Vizepräsident bezog Cheney von Haliburton immer noch über 150 000 $ pro Jahr aus Abschiedsgeldern und Aktienoptionen.[308]

Verflechtungen
Als Chef des Pentagon zeichnete Donald Rumsfeld seit seinem Amtsantritt im Februar 2001 die Milliardenaufträge an die Rüstungsindustrie ab und schleuste sie durch den Kongress, in dem die Republikaner in den vier maßgeblichen Ausschüssen die Mehrheit der Abgeordneten stellten. Die interne Planung und Budgetierung der Programme vollzog sich weitgehend im Verborgenen, denn die Details militärischer Projekte stehen grundsätzlich bis zur endgültigen Einführung der Waffensysteme

---

[308] *Hennes, Michael: Der neue Militärisch-Industrielle Komplex in den USA, pbp vom 5.11.2003*

unter Geheimhaltung. Minister Rumsfeld lenkte sein Amt von der ersten Stunde an als ein Modernisierer, der die Digitalisierung der US-Streitkräfte auf allen Ebenen vorantreiben wollte. Das Rumsfeld-Programm führte zu einer Flut von neuen Aufträgen an die Rüstungsindustrie.

Gleich nach seinem Amtsantritt hatte Rumsfeld hierfür einen neuen Staatssekretär an die Spitze der *US-Air-Force* berufen, den Kapitän zur See James G. Roche. Die Personalie Roche ist auf oberster Ebene beispielhaft für zahlreiche Verflechtungen, die zwischen dem Pentagon und der Rüstungsindustrie auf unteren Ebenen bestehen. Roche wechselte 1985 aus dem Dienst der Streitkräfte in die Rüstungsindustrie und arbeitete sich als Spezialist für Verteidigungselektronik in das Topmanagement des Rüstungsproduzenten *Northrop-Grumman* empor. Rumsfeld holte den Rüstungsmanager als Staatssekretär der *US-Air-Force* in die Streitkräfte zurück, wo Roche die Digitalisierung der Waffen- und Kommunikationssysteme der Luftwaffe koordinierte. Im Mai 2003 machte Rumsfeld seinen Experten für Verteidigungselektronik zum neuen Staatssekretär des Heeres, wo Roche ebenfalls die Digitalisierung der Streitkräfte vorantreiben sollte. Der Interessenkonflikt ist eindeutig: *Northrop-Grumman,* der frühere Arbeitgeber des Staatssekretärs, war mit einem Jahresumsatz von 17 Milliarden US-Dollar im Jahr 2002 zum größten Produzenten von Verteidigungselektronik in den USA aufgestiegen. Im ersten Halbjahr 2003 explodierte der Umsatz von *Northrop-Grumman* geradezu und stieg gegenüber dem Vorjahreszeitraum um 53,1 Prozent an. Hauptauftraggeber des Unternehmens waren die *US-Air-Force* und die *US-Army.*

Eine weitere Verflechtung zwischen Regierung und Rüstungsindustrie dokumentiert eine Verwandtschaft ersten Grades. Die Ehefrau des Vizepräsidenten, Lynne Cheney, wurde 1993 in den Aufsichtsrat von *Lockheed-Martin* berufen, des größten Rüstungskonzerns der Welt mit einem Umsatz im Jahre 2015 in Höhe von 40,59 Milliarden $. Als Cheney im Januar 2001 in seinem Regierungsamt vereidigt wurde, legte seine Ehefrau ihr Mandat bei *Lockheed-Martin* aber nieder.

Der Militärisch-Industrielle Komplex war der eigentliche Nutznießer der politischen Wende im Jahre 2001. Die Rüstungsmilliarden aus dem Pentagon flossen zu weit über 50 Prozent an nur fünf Unternehmen, die den Weltmarkt für Großwaffensysteme dominieren:

- Lockheed-Martin   DoD-Aufträge 2015: 36,3 Mrd. $,
- Boeing   DoD-Aufträge 2015: 16,6 Mrd. $,
- General Dynamics   DoD-Aufträge 2015: 13,6 Mrd. $,
- Raytheon   DoD-Aufträge 2015: 13,1 Mrd. $
- Northrop-Grumman   DOD Aufträge 2015: 10,6 Mrd. $.

Europäische Rüstungsmanager prophezeien seit Längerem, dass der gesamte Weltmarkt für Großwaffensysteme in einigen Jahren von nur noch drei bis fünf Industriegruppen beherrscht sein wird. Die US-amerikanischen Konzerne haben dank der Milliardenaufträge aus dem Pentagon große Chancen, alle diese Gruppen anzuführen. In den wirtschaftlichen Interessen der USA rundet sich der hegemoniale Charakter der US-amerikanischen Außen- und Sicherheitspolitik ab.

Ein Schlüsselsektor

Die o.a. fünf Rüstungsriesen der USA beschäftigen zusammen über 540.000 Mitarbeiter. Der Krieg im Irak diente nicht nur dem Sturz des Saddam-Regimes und einer geopolitischen Neuordnung des Nahen Ostens, sondern de facto auch den Geschäften der US-amerikanischen Rüstungsindustrie. Die US-Streitkräfte konnten ihre verschossenen Bestände an Raketen und Marschflugkörpern mit Milliardenbeträgen wieder auffüllen.

Die Konzerne sichern ihre Interessen über einen aufwändigen Lobbyismus in Washington. Sie verteilen ihre Standorte über das ganze Land und können dadurch auf die Unterstützung einer großen Zahl von Kongressabgeordneten und Senatoren setzen, die nicht nur an die Arbeitsplätze in ihren Wahlkreisen denken, sondern auch auf Wahlkampfspenden in ihren Heimatstaaten hoffen. Zusammen mit der gewaltigen Verteidigungsbürokratie hat die Rüstungsindustrie seit dem Ende des Kalten Kriegs erfolgreich den Kampf gegen die „Friedensdividende" geführt. Selten geht die verschwiegene Branche hierfür an die Öffentlichkeit. Sie setzt auf vertrauliche Hintergrundgespräche, den Einfluss ehemaliger Offiziere und auf Wahlkampfspenden.

Die Aufblähung des Pentagon-Haushaltes ist das zentrale Instrument eines *deficit spending* zugunsten des gesamten Hochtechnologiesektors: die fünf großen Rüstungskonzerne der USA sind Elektronikunternehmen, deren Produkte zunehmend Anwendungen auch auf zivilen Märkten finden. Ob GPS, Wetterradar, Laser in CD- und DVD-Abspielgeräten oder in der Medizin, ob kohlefaserverstärkte High-Tech-Verbundstoffe, Mobilfunk oder das Internet - alle diese Produkte sind zuerst für das Militär entwickelt worden. Das Silicon Valley entstand in großen Teilen als Dienstleister der Rüstungsindustrie. Das kalifornische Tal verdankt seinen sagenumwobenen Aufstieg zur Heimstatt der US-Computerindustrie dem Rüstungshersteller Lockheed-Martin. Der war im Wettrüsten der achtziger Jahre mit 25 000 Mitarbeitern der größte Arbeitgeber und versorgte gestandene Unternehmen wie Intel und Hewlett-Packard, aber auch viele Startups mit Aufträgen. Rund vier Milliarden US-Dollar an Pentagon-Geldern fliessen jährlich an rund 900 Firmen im

Silicon Valley und in San Francisco.[309]

Die *big five* versorgen zahlreiche Zulieferer mit Unteraufträgen und sind dadurch in einzelnen Bundesstaaten wie zum Beispiel Kalifornien zu einem Instrument der Strukturpolitik geworden. Bei einem US-Kampfflugzeug war der Anteil der Zulieferer an der Wertschöpfung zwischen den Jahren 1990 und 2000 von 50 auf 70 Prozent gestiegen. Die Subventionen an die Rüstungsindustrie dienen also dem gesamten Hochtechnologiesektor der USA, sie sind Subventionen im weltweiten Wettbewerb.

„Unregelmäßigkeiten"

„Auf dem Gebiet militärischer Beschaffung sind Vorwürfe von Vergeudung, Subventionen, Betrug, Korruption und Missbrauch alltäglich. Die verschiedenen Skandale über teure und zugleich leistungsschwache Waffen, welche im Mittelpunkt öffentlichen Interesses standen, haben durchaus plausible Erklärungen: den Mangel an wirklich offenen Ausschreibungen, die Aufhebung der Marktmechanismen im Militärisch-Industriellen Komplex, die Tendenz, immer kompliziertere und damit teurere Waffensysteme zu entwickeln und schließlich das Streben nach größtmöglichem Profit. Indessen ist es schwierig, solche Schwächen im Beschaffungsprozeß von deutlich fundamentaleren Vorgängen zu trennen, nämlich der wachsenden Auswirkung neuer Technologien auf die Waffensysteme zu Land, zur See und in der Luft. Wenn man zugesteht, daß der Gegner auf dem Gebiet der *High Technology* am verwundbarsten erscheint - und daß daher US-amerikanische Qualität benutzt werden kann, um einer solchen Bedrohung zu begegnen, haben kompetitive Strategien (wie es der frühere US-Verteidigungsminister Caspar Weinberger genannt hat) bei der Beschaffung neuer Systeme eine große Anziehungskraft. Nichtsdestoweniger verweist die Tatsache, daß Reagans Regierung in ihrer ersten Amtszeit 75 Prozent mehr für die Luftwaffe ausgab, aber nur neun Prozent mehr Flugzeuge anschaffte, auf das Beschaffungsproblem des späten zwanzigsten Jahrhunderts: Würden die USA und ihre Alliierten angesichts der vom technologischen Fortschritt angetriebenen Tendenz zu immer teureren Waffen in immer geringerer Stückzahl wirklich über ausreichende Mengen an teuren und hochkomplizierten Flugzeugen und Panzern verfügen, um einen längeren konventionellen Konflikt durchzustehen? Hat die *US-Navy* genug U-Boote oder auch Fregatten, wenn sie schwere Verluste erlitte? Wenn nicht, wären die Folgen verheerend, denn es ist klar, daß die heutigen komplexen Waffensysteme nicht in der kurzen Zeit ersetzt werden könnten wie im Zweiten Weltkrieg".[310]

---

[309] *Hohensee, Mathias / Rees, Jürgen: Grenze des Möglichen, Wirtschaftswoche Nr. 15 vom 3. 4. 2003, S. 98.*
[310] *Kennedy, Paul: Aufstieg und Fall der großen Mächte, S. 769-770*

Der Luftfahrtriese Boeing steht immer wieder im Zentrum des Milliardenregens aus den Kassen des Pentagon. Boeing kann damit Verluste ausgleichen, die das Unternehmen im zivilen Flugzeugbau schreibt. Der zivile Flugzeugbereich trägt zwei Drittel zum Umsatz bei, ein Drittel erwirtschaften die Sektoren Verteidigung, Raumfahrt und Sicherheit; profitabler ist der Verteidigungssektor.

Seit 2005 hatten die USA und die EU gegeneinander im damals weltweit größten Handelsstreit um Beihilfen an Airbus und Boeing geklagt. Eine Entscheidung der WTO brachte 2012 nur kurz Ruhe. Nach Auffassung der Welthandelsorganisation WTO hat die US-Regierung den Flugzeugbauer Boeing illegal mit Milliardenhilfen unterstützt. Insgesamt stufte die WTO Subventionen in Höhe von drei bis vier Milliarden Dollar als unrechtmäßig ein. Die Revisionskammer der WTO bestätigte zudem die Auffassung der EU, dass die Regierungszuwendungen für Boeing in den Jahren 1989 bis 2006 Airbus erheblich geschadet hätten. Der Berufungsbericht kam zu dem Schluss, dass alle 23 Programme des US-Verteidigungsministeriums und die acht Programme der Raumfahrtbehörde NASA zur Forschungsfinanzierung auf rechtswidrigen Subventionen beruhten. Auch die Übertragung geistiger Eigentumsrechte der US-Regierung an Boeing für Technologie, die auf Kosten der US-Steuerzahler entwickelt wurde, sei rechtswidrig gewesen.

Durch gezielte Indiskretionen einzelner Abgeordneter im Kongress und des Wettbewerbers *Lockheed-Martin* wurden immer wieder aufschlussreiche Details über den Lobbyismus des Boeing-Konzerns in Washington bekannt. So beauftragte die *US-Luftwaffe Boeing* im Jahre 2003 damit, 100 B-767 zu Tankflugzeugen umzubauen, die von der Luftwaffe über sechs Jahre geleast und anschließend gekauft werden sollten. Das Auftragsvolumen umfasste 26 Milliarden US-Dollar. Für das Lobbying im Weißen Haus hatte Boeing bereits im Dezember 2001 den republikanischen Sprecher des Repräsentantenhauses, J. Dennis Hastert, gewonnen. Hastert saß für den *Boeing-Heimatstaat* Illinois im Kongress. Bei einem Gespräch mit dem einflussreichen Abgeordneten gab Präsident George Bush II im Oktober 2002 grünes Licht für das Geschäft. Hastert sagte als Gegenleistung seine Unterstützung für die zweite Runde der Steuersenkungen im Repräsentantenhaus zu. *Boeing* hatte für den Präsidentschaftswahlkampf im Jahr 2000 übrigens Spenden in Höhe von insgesamt zwei Millionen US-Dollar an das Bush-Lager geleistet.

Nach Berechnungen des US-Bundesrechnungshofes war der Leasingpreis für die 100 Tankflugzeuge mit 26 Milliarden US-Dollar völlig überhöht. In den vier verantwortlichen Ausschüssen des Kongresses regte sich angesichts des Preiswuchers ernster Widerstand. *Boeing* reduzierte den Gesamtpreis auf 21 Milliarden US-Dollar und die Gewinnspanne auf etwa 15 Prozent. Minister Rumsfeld schaffte es zunächst mit diesem Zugeständnis, das Projekt durch drei der vier Ausschüsse zu manövrieren.

Die unabhängige Haushaltsbehörde des Kongresses machte publik, dass ein kompletter Neukauf von 100 Tankflugzeugen immer noch um 5,6 Milliarden US-Dollar unter dem abgesenkten Preis des Leasing-Vertrages liegen würde. Ergebnis: am 4. September 2003 verweigerte der Streitkräfteausschuss des Senats die Zustimmung und beauftragte das Pentagon stattdessen mit einer neuen Kostenanalyse: Die Luftwaffe sollte nur 25 Maschinen leasen und später die restlichen 75 Tankflugzeuge kaufen. Die Projektbewilligung drohte sich jetzt um bis zu einem Jahr zu verzögern. Mittlerweile bewarb sich *Airbus* mit einem neuen Konkurrenzangebot.

Die stellvertretende Abteilungsleiterin für Rüstungsbeschaffung bei der Luftwaffe, Darleen Druyun, übermittelte *Boeing* vertrauliche Details über die Konkurrenzangebote von *Airbus*. Das Angebot des europäischen Wettbewerbers lag zunächst weit unter dem Boeing-Preis. Der US-Konzern besserte auf Drängen aus dem Pentagon sein Angebot nach und konnte nur dadurch den Zuschlag der *US-Air-Force* erhalten. Im Januar 2003 wechselte Darleen Druyun aus den Diensten des Pentagon in das Topmanagement von Boeing.

Gesellschaftspolitische Aspekte

Die US-amerikanische Außen- und Sicherheitspolitik verfolgt neben geostrategischen auch wirtschaftliche Interessen. Das ist legitim und gilt für fast alle Staaten. Nach der traditionellen Ideologie der Republikaner soll sich der Staat zwar aus den Märkten heraushalten und die Steuerbelastung der privaten Einkommen senken, um die wirtschaftliche Dynamik zu stärken. Doch für Wirtschaftszweige, die sich in einem starken internationalen Wettbewerb befinden, betreibt die jeweilige Administration - mit unterschiedlicher Intensität - immer wieder ein massives *deficit spending:* Alimentiert wurden und werden vor allem die Rüstungsindustrie und die Landwirtschaft. Die Rüstungswirtschaft kann damit ihr in vielen Betrieben defizitäres Geschäft mit der zivilen Luftfahrt auffangen.

Die Kombination aus Steuersenkungen und Milliarden-Subventionen hat immer wieder bedeutende wirtschaftliche Auswirkungen. So stieg die Staatsverschuldung unter der Präsidentschaft von George Bush II von 2001 bis 2009 um 67 % auf 10,71 Billionen US-Dollar, was etwa 84,2 % der Wirtschaftsleistung ausmachte. Wo kann das hinführen? Näheres dazu wird in Kapitel 26 ausgeführt.

Wer sind die Gewinner und die Verlierer einer solchen Politik, einer solchen Verflechtung zwischen Politik, Militär und Industrie, einer solchen überzogenen Ausgabenpolitik? Zu den Gewinnern zählen zunächst einmal die Spitzenpolitiker die im Wahlkampf antreten und deren Wahlkampfteams, gleich ob George Bush II, Barack Obama, Hillary Clinton oder Donald Trump: Sie sind mit immer neuen Spendenrekorden für die Wahlkämpfe in die Geschichte der Vereinigten Staaten eingegangen:

- 1992 (George Bush I - Bill Clinton) 0,3 Milliarden $
- 2008 (Barack Obama - John McCain) 1,0 Milliarden $
- 2012 (Barack Obama - Mitt Romney) 2,0 Milliarden $
- 2016 (Donald Trump - Hillary Clinton) 3,0 Milliarden $.

Die Verlierer der Verteilungspolitik stellten jedoch immer wieder die Mehrheit der Wahlbevölkerung. Alle Präsidenten versprachen und versprechen eine Belebung des Wirtschaftswachstums und eine Verbesserung des Arbeitsmarktes. Dieses erfolgte und erfolgt nicht zuletzt durch die Rüstungsausgaben. Präsident Ronald Reagan erhöhte die Rüstungsausgaben drastisch und „rüstete die Sowjetunion zu Tode". Bei George Bush II stieg das Wirtschaftswachstum vor allem wegen des Anstiegs der Militärausgaben durch die Kriege in Afghanistan und im Irak.[311]

Krieg gegen den Terror

Mit der Wende der Jahre 1989/90 hatte sich vieles geändert. Der Kalte Krieg war zu Ende gegangen und weltweit war ein Rückgang der Militärausgaben zu verzeichnen. Dieser Trend sollte aber schon bald enden, denn es begann eine Remilitarisierung - zumindest in den USA. Ein Antrieb für die Remilitarisierung wurde der von George Bush II erfundene „Krieg gegen den Terror" (*War on Terror*). Dieser Krieg wird bezeichnenderweise nicht gegen einen konkreten Feind, sondern gegen ein Phänomen geführt. Somit handelt es sich um einen metaphysischen Krieg, denn ein reeller Krieg kann gegen Menschen und Staaten, gegen Häuser und Fabriken, aber nicht gegen das Böse an sich gerichtet werden. Die rhetorische Überhöhung der politischen und polizeilichen Auseinandersetzung mit terroristischen Attentaten zu einem „Krieg gegen den Terror" sollte und soll auch heute noch die Öffentlichkeit auf einen dauerhaften Ausnahmezustand vorbereiten. Konsequenterweise stiegen die weltweiten Militärausgaben wieder. Im Jahre 2016 erreichten sie den Wert von 1,686 Billionen US-Dollar, 36,2 % davon entfielen auf die USA.

Streitkräfteplanung der NATO

Vor der zentralen Rolle, die die Rüstungsindustrie in den USA spielt, versteht es sich, dass die Streitkräfteplanung der anderen 28 NATO-Mitglieder für die US-Wirtschaft von besonderem Interesse ist. So wurden schon vor vielen Jahrzehnten die *CNAD (Conference of National Armaments Directors)* geschaffen, die u.a. ein Planungsverfahren geschaffen hat, nachdem in einem alle zwei Jahre wiederholten Melde- und Analysezyklus erreicht wird, dass zumindest die langfristigen nationalen

---

[311] *Hennes, Michael: Der neue Militärisch-Industrielle Komplex in den USA, pbp vom 5.11.2003*

Rüstungsvorhaben übersichtlich zusammengeschrieben und durch den Internationalen Stab (IS) der NATO so zu Empfehlungen verdichtet werden, dass sich die Mitgliedstaaten einem zusätzlichen Argumentationsdruck ausgesetzt sehen. Damit wurde zudem aus Sicht der US-Amerikaner ein Ziel erreicht: Das Pentagon und damit die US-Rüstungsindustrie weiß durch den Plan recht genau, bei welchen Nationen welcher Ausrüstungsbedarf besteht. Hier können sie mit ihren Exportbemühungen ansetzen.

Kostensteigerungen

Norman A. Augustine hat als CEO der Rüstungsschmiede *Martin Marietta* 1984 eine Reihe von Gesetzen definiert, die *Augustine's laws*. Gesetz Nummer 16 lautet:

> „In the year 2054, the entire defence budget will purchase just one aircraft. This aircraft will have to be shared by the Air Force and Navy 3½ days each per week except for leap year, when it will be made available to the Marines for the extra day.“[312]

Was will Augustine damit sagen? Die Technologien für moderne Waffensysteme werden immer komplizierter und teurer.

- So kostet die Beschaffung des Typschiffs der neuen Flugzeugträgerklasse, des *Flugzeugträgers Gerald R. Ford,* der in 2017 in Dienst gestellt worden ist 12,6 Milliarden US-Dollar.
- Die 3 im Bau befindlichen Träger dieser Klasse kosten nach Preisstand 1998 insgesamt 43 Milliarden US-Dollar.
- Ein Träger der Nimitz-Klasse hat über die geplante Indiensthaltungszeit von 50 Jahren ein Kostenvolumen von 440 Milliarden US-Dollar.
- Umgerechnet kostet das Schiff 24,1 Millionen US-Dollar an jedem Tag.

Fazit: Die großen Rüstungsprojekte übersteigen zunehmend die finanziellen Ressourcen der Staatshaushalte - und das ist es, worauf Augustine mit seinem Gesetz Nummer 16 hinweisen wollte.

Das Verhältnis zwischen langsamem ökonomischen Wachstum und hohen Verteidigungsausgaben wird immer schwieriger. So verwundert es nicht, dass die Debatte um „die Ökonomie der Verteidigungskosten" hoch kontrovers ist und von unterschiedlichen Präsidenten unterschiedlich bewertet und geführt wird. Als Beispiel sollen hier nur Barack Obama und Donald Trump genannt werden.

Wenn man sich die Breite der US-amerikanischen Wirtschaft vor Augen hält, die

---

[312] *Augustine's Laws, United Press Intertnational - May 24, 1986.*

stimulierende Wirkung, die von großen Regierungsaufträgen ausgehen kann, und die technischen Nebenprodukte, die *spin-offs,* welche die militärische Forschung abwerfen kann - so ist es nicht einfach, eine klare Antwort zu geben. Selbst wenn die Verteidigungsausgaben unter Eisenhower 10 Prozent des BIP ausmachten und neun Prozent unter Kennedy, so war der Anteil der Vereinigten Staaten an der Weltproduktion damals doppelt so hoch wie heute, und die US-amerikanische Wirtschaft stand überdies sowohl in der traditionellen als auch der *High-Tech-Produktion* unangefochten da. Wenn die Vereinigten Staaten weiterhin 3,3 % in 2015 oder mehr ihres Bruttoinlandproduktes in die Verteidigung stecken, während ihre großen ökonomischen Rivalen, besonders Deutschland (1,2% in 2015) und Japan 1,0 % in 2015)[313], einen weit kleineren Anteil für das Militär ausgeben, dann werden letztere viel mehr verfügbares Kapital für Investitionen haben. Wenn die Vereinigten Staaten einen massiven Teil ihrer Forschungs- und Entwicklungskapazitäten militärischen Zwecken unterordnen, während die Japaner und die Deutschen sich auf die kommerzielle Seite von Forschung und Entwicklung konzentrieren, und wenn das Pentagon weiterhin eine Mehrheit der Wissenschaftler und Ingenieure von der zivilen Produktion abzieht, während solche Leute in anderen Ländern vor allem für den privaten Konsumenten arbeiten, dann erscheint ein weiteres Abschmelzen des US-amerikanischen Anteils an der Weltproduktion unvermeidlich. Und es ist auch wahrscheinlich, daß seine ökonomischen Zuwachsraten niedriger sein werden, als die jener Länder, die für den Markt arbeiten und sehr viel weniger Ressourcen in die Verteidigung lenken.

„Es ist fast überflüssig zu sagen, dass diese Tendenzen die Vereinigten Staaten langfristig vor ein fast unlösbares Dilemma stellen. Einfach weil das Land die Supermacht ist, mit viel umfassenderen militärischen Verpflichtungen als eine regionale Macht wie Japan oder Deutschland - deshlb braucht es weit größere Streitkräfte. Da überdies Russland immer noch als die entscheidende Bedrohung US-amerikanischer Interessen überall auf der Welt angesehen wird und die Russen ihrer Verteidigung einen weit größeren Anteil des Bruttoinlandproduktes zubilligen, (2016: 5,3%) hätten US-amerikanische Politiker bei einem Zurücknehmen ihrer Ausgaben sicher die Angst, den Rüstungswettlauf zu verlieren. Die USA werden irgendwann vor der Frage stehen, welche Ökonomie schneller verfällt, die russische oder die US-amerikanische, gemessen an einem expandierenden Staat wie China".[314]

Verlust von Fähigkeiten
Die lukrativen und nachhaltigen Aufträge aus dem Pentagon haben dazu geführt,

---

[313] *Data for all countries from 1988 - 2015 in constant USD - SIPRI vom 16.2.2017*
[314] *Kennedy, Paul: Aufstieg und Fall der großen Mächte, S. 783/784*

dass die USA in vielen Bereichen ehemals vorhandene Fähigkeiten verloren haben. Ein Beispiel ist die Werftindustrie. Die US-Werften sind ohne Zweifel in der Entwicklung und im Bau moderner Kriegsschiffe tonangebend - weltweit. Das hat aber dazu geführt, dass der zivile Schiffbau fast zum Erliegen gekommen ist. Containerschiffe werden - aus Kostengründen - in Korea und China gebaut, Kreuzfahrtschiffe wegen des Know-how in Deutschland und Italien. MEGA-Yachten aus gleichen Gründen in Deutschland und einigen anderen europäischen Ländern.

Im Bereich der Elektronik sieht es noch nicht ganz so schlecht aus. Apple führt bei den Tablets zwar noch den Markt an, aber Huawei, Lenovo, Samsung etc. aus den asiatischen Staaten haben den Marktanteil von Apple von 61,55% in 2001 auf 24,1% in 2016 gedrückt.

Dieses alles ist besorgniserregend für die US-Wirtschaft, denn einmal verlorene Fähigkeiten, können kaum zurückgewonnen werden.

Résumé

Die immens hohen Ausgaben für die Rüstung, die über Jahrzehnte den Haushalt der USA belastet haben und unverändert belasten, bewirken natürlich eine Lastigkeit der US-amerikanischen Industrie hin zur Rüstungsindustrie. Dabei wurden und werden andere Wirtschaftszweige vernachlässigt. Das führt zu einer Schwächung der Wettbewerbsfähigkeiten der USA auf dem Weltmarkt. In einer Studie des *World Economic Forums* aus dem Jahre 2012 belegten die USA in der Rangliste der Staaten mit der höchsten Wettbewerbsfähigkeit nur noch Platz sieben. Dieses ist einer der Gründe für die andauernde negative Handelsbilanz der USA. Die Welt will US-Produkte nicht kaufen während die US-Amerikaner vermehrt Produkte aus dem Ausland kaufen. Das schadet der US-Wirtschaft in hohem Maße und nimmt eher zu als ab. Der Militärisch-Industrielle Komplex nützt der Militärmacht USA deutlich, er schwächt aber gleichzeitig die Wirtschaftsmacht USA.

Kapitel 24

Die Nachrichtendienste

Die USA verfügen über eine erstaunlich große Zahl und eine Vielfalt von Geheimdiensten, was historische Gründe hat und dem allgemeinen Prinzip folgt, dass die Ministerien und Behörden sehr stark spezialisiert sind. Seit Dezember 1984 sind die Dienste in dem losen Verband der *United States Intelligence Community (IC)* zusammengefasst. Dieser Zusammenschluss der 17 Nachrichtendienste der Vereinigten Staaten wurde von dem damaligen Präsidenten Ronald Reagan am 4. Dezember 1981 durch die *Executive Order 12333* verfügt. Die IC wird von dem *Director of National Intelligence (DNI)* geführt, Sitz der Behörde ist Washington, D.C.

Diese 17 Nachrichtendienste mit ihren insgesamt 110.000 Mitarbeitern sind eigenständige Behörden oder nachrichtendienstliche Abteilungen von Ministerien und Behörden:

- die *Central Intelligence Agency (CIA),*
- die *Defence Intelligence Agency (DIA)* des Verteidigungsministeriums,
- die *Air Force Intelligence, Surveillance and Reconnaissance Agency (ISR),*
- das *United States Army Intelligence Corps (G2),*
- die *Marine Corps Intelligence Activity (MCIA),*
- das *Office of Naval Intelligence (ONI),*
- die *National Geospatial-Intelligence Agency (NGA,)*
- das *National Reconnaissance Office (NOR),* das die Spionagesatellitenprogramme betreibt,
- die *National Security Agency* (NSA),
- das *Office of Intelligence and Counterintelligence* des Energieministeriums der USA,
- das *Bureau of Intelligence and Research (INR)* des Außenministeriums,
- das *Office of Intelligence and Analysis (OIA)* des Finanzministeriums,
- das *Department of Homeland Security (DHS),*
- die *United States Coast Guard Intelligence (CGI),*
- das *Office of Intelligence and Analysis (I&A),*
- das *Federal Bureau of Investigation (FBI),*
- die *Drug Enforcement Administration (DEA)*

Im Haushaltsjahr 2017 standen den 17 Nachrichtendiensten insgesamt 73,5 Milliarden $ zur Verfügung. Davon entfielen auf das *National Intelligence Program (NIP)* 54,9 Milliarden $ sowie auf das *Military Intelligence Program (MIP)* 18,5 Milliarden $.

Im Weiteren sollen die drei Nachrichtendienste CIA, NSA und FBI näher betrachtet werden.

Central Intelligence Agency (CIA)

Es ist unbestritten, dass ein jedes Land, das in gewisser Weise Verantwortung in der Welt übernommen hat, über einen Nachrichtendienst verfügen muß, der weltweit im Einsatz ist. Ein solcher Nachrichtendienst dient der Gewinnung von Erkenntnissen über die außen-, innen- und sicherheitspolitische Lage, er sammelt Informationen mit nachrichtendienstlichen Mitteln ein und wertet diese für die eigene Regierung aus.

Die Nachrichtendienste sind in den verschiedenen Ländern, sowohl bei ihrer Organisation, wie auch in ihren Befugnissen sehr unterschiedlich ausgestaltet. Die CIA ist eine auslandsnachrichtendienstliche Organisation zur zivilen und militärischen Informationsgewinnung, sie sammelt auch wirtschaftsbezogene Informationen.

In der Regel nutzt der Nachrichtendienst für seine Informationsgewinnung und Informationsauswertung freiwillige, gegebenenfalls täuschungsbedingte Angaben von Auskunftspersonen ebenso wie die technische Überwachung des Post- und Fernmeldeverkehrs. Einige Nachrichtendienste wenden zur Erforschung eines Sachverhalts gegenüber Personen verdeckte Operationen und Zwangsmaßnahmen im Sinne einer Geheimpolizei an. Für die CIA treffen alle diese genannten Sachverhalte zu. Sie verfügt zudem über paramilitärische Abteilungen zur Durchführung von Kommandounternehmen.

Die CIA wurde am 18. September 1947 gegründet und verfügt über 21.575 Mitarbeiter. Das Haushaltsvolumen lag im Jahre 2013 bei 14,8 Milliarden US Dollar. Das entspricht dem Etat des Bundesgesundheitsministeriums in Deutschland im Haushaltsjahr 2017.

Einige CIA-Operationen seit dem Ende des 2. Weltkrieges sollen die vielfältigen Aufgaben der CIA verdeutlichen:

- Sturz des iranischen Premierministers Mossadegh im Jahr 1953 und daraufhin Einsetzung des Schahs Mohammad Reza Pahlavi.
- Invasionsversuch von Exilkubanern auf Kuba 1961, um die Revolutionsregierung Castros zu stürzen.

- Bespitzelung von rund 7.000 Personen und 1.000 Organisationen in den USA, die den Vietnamkrieg kritisierten.

- Bergung eines 1968 vor Hawaii gesunkenen sowjetischen U-Bootes aus 5.000 Metern Tiefe.

- Unterstützung der Contras in Nicaragua durch Waffenverkäufe an den Iran und Duldung des Schmuggels von Kokain in die USA.

- Nach der deutschen Wiedervereinigung gelangte die CIA unter bislang nicht vollständig aufgeklärten Umständen an 381 Datenträger des DDR-Auslandsgeheimdienstes, auf denen die Klarnamen von in Westdeutschland tätigen Agenten erfasst waren.

- Nachdem die CIA bereits in den sechziger Jahren im Irak aktiv gewesen war und den Sturz der demokratisch gewählten Regierung 1968 unterstützt hatte (in dessen Folge dann Saddam Hussein die Macht ergriff), gibt es Berichte, nach denen die Behörde zwischen 1992 und 1995 in verschiedene Sabotage- und Terrorakte verwickelt war, die dazu dienen sollten, die Hussein-Regierung zu destabilisieren.

- Die CIA spielte eine Rolle in dem gescheiterten Putsch gegen Saddam Hussein im Jahre 1996.

- In einem Untersuchungsausschuss des Senats wurde 2004 festgestellt, dass der Geheimdienst die vom Irak ausgehende Gefahr durch Massenvernichtungswaffen übertrieben dargestellt hatte, was letztlich zum Krieg der USA gegen den Irak geführt hat.

- Tötung von Osama Bin Laden in Zusammenarbeit mit den *Navy Seals* am 02. Mai 2011.

Die Arbeit der CIA wurde von vielen Menschenrechtsorganisationen schon seit Jahrzehnten kritisiert, doch hatten sich Regierung und Parlament immer wieder vor ihren Geheimdienst gestellt. Die Kriege in Afghanistan und im Irak führten hier zu einer Änderung. Der Geheimdienstausschuss des US-Senats führte unter der Leitung der Senatorin Dianne Feinstein zwischen 2009 und 2012 eine intensive Untersuchung der Praktiken der CIA durch. Der mehr als 6.000 Seiten lange vertrauliche Bericht über die von George Bush II nach den Terroranschlägen vom 11. September 2001 als „erweiterte Verhörtechniken" genehmigten Foltermethoden der CIA und deren Überschreitungen zeichnen ein düsteres Bild der CIA. Eine auf 500 Seiten gekürzte öffentliche Version des Berichts wurde 2014 veröffentlicht. Er belegt, dass nach den Anschlägen vom 11. September 2001 Mitarbeiter die CIA mit Wissen ihrer Regierung jahrelang gefoltert haben. Die sieben wichtigsten Erkenntnisse dieses Berichts ergeben ein erschreckendes Bild:

- Erstens: Die Verhörmethoden der CIA sind als Folter anzusehen.
  In aller Deutlichkeit wird benannt, wie brutal Gefangene des US-Geheimdiensts behandelt wurden. Der *Torture Report* beschreibt *Excessive Waterboarding*: Das simulierte Ertrinken habe mitunter einem "Ertränken" geglichen. Zudem seien - anders als von der CIA behauptet - nicht nur drei Gefangene dem Waterboarding ausgesetzt worden. Andere Gefangene wurden mit dem Tod bedroht, sie durften eine Woche lang nicht schlafen oder wurden "rektal zwangsernährt", obwohl dies medizinisch nicht notwendig gewesen sei. Es sei vielmehr um die Demütigung gegangen. Mitunter sei das Vorgehen so brutal gewesen, dass CIA-Mitarbeiter selbst in Tränen ausgebrochen seien. Vorgesetzte hätten deren Wunsch, die "extremen Verhörmethoden" auszusetzen, jedoch abgelehnt. Die Folgen dieser Behandlungen für die Gefangenen waren noch dramatischer: Halluzinationen, Paranoia, Schlaflosigkeit sowie Versuche, sich selbst zu verletzen.

- Zweitens: Die CIA-Methoden erbrachten keine wertvollen Erkenntnisse.
  Unabhängig von der Frage, ob die womöglich zu erzielenden Informationen Folter jemals rechtfertigen könnten: Die Mehrheit der Demokraten im Senatsausschuss, der für den Bericht verantwortlich ist, argumentiert, dass sich die Sicherheitslage der USA nicht erhöht habe. Es gebe keine Hinweise, dass dadurch Anschläge in den USA oder auf US-Einrichtungen verhindert worden wären, heißt es in dem Bericht. Auch hätten die Verhöre kein Material zutage gefördert, das geholfen hätte, *al-Qaida-Chef* Osama Bin Laden festzusetzen beziehungsweise das nötig gewesen sei, um dessen Tötung im Mai 2011 zu planen.

- Drittens: Die CIA informierte die George-Bush-II-Regierung jahrelang unzureichend.
  Erst im April 2006 informierte die CIA das damalige Staatsoberhaupt George Bush II "in vollem Umfang" darüber, welche Methoden in Afghanistan und Osteuropa angewandt wurden. Der Bericht des Geheimdienstausschusses des Senats zitiert ein Memo aus dem Weißen Haus mit Anweisungen, das Vorgehen vor dem damaligen Außenminister Colin Powell geheim zu halten. Sie befürchteten, dass Powell „in die Luft gehen würde", wenn er davon erfahren würde. Offenbar waren sich die Unterstützer des geheimen CIA-Verhörprogramms genau bewusst, wen sie überhaupt informierten - und in welchem Ausmaß. Auch die Kongressabgeordneten seien belogen worden: Der Bericht vergleicht öffentliche Aussagen von CIA-Chef Michael Hayden mit den internen Memos. Gegenüber den Parlamentariern sprachen Hayden

und seine Kollegen stets von großen Erfolgen; intern jedoch wurde niedergeschrieben, wie wenig voranging.

- Viertens: Es gab keine effektive Kontrolle über das Handeln der CIA.
Die Tatsache, dass George Bush II bis 2006 nicht über das Ausmaß der Verhörmethoden informiert war, offenbart nicht nur den mangelhaften Führungsstil des 43. US-Präsidenten. Auch sonst habe es an effektiver Kontrolle gefehlt, klagte die Demokratin Feinstein in ihrer Rede im US-Senat. Mitunter seien nur *Contractors,* also Angestellte von Fremdfirmen, für das Verhörprogramm zuständig gewesen.

- Fünftens: Mehr als 100 Leute wurden festgehalten und verhört.
Nach dem Bericht des Senatsausschusses wurden insgesamt 119 Personen von der CIA festgehalten. Davon hätten mindestens 26 keinen Kontakt zu Terroristen gehabt, sondern seien wegen schlechter Informationen des Geheimdienstes oder wegen einer Verwechslung inhaftiert worden. Mitunter wurden in Pakistan und Afghanistan unschuldige Männer an den US-Geheimdienst verkauft, um Belohnungen zu kassieren.

- Sechstens: Die CIA unterhielt Geheimgefängnisse in mindestens fünf Ländern.
Der *Torture Report* hält fest, dass der US-Geheimdienst sowohl in Polen, Litauen, Rumänien als auch in Afghanistan und Thailand geheime Gefängnisse unterhielt. Diese Orte seien intern nur mit Farben (COBALT) bezeichnet worden - zudem habe die CIA über geheime Kanäle Millionenbeträge an die jeweiligen Regierungen gezahlt. Der Washington Post zufolge werten die Autoren des Berichts die Existenz dieser *black sites* als Beleg dafür, dass sich die CIA nach den Anschlägen vom 11. September 2001 immer mehr von einem Geheimdienst in eine "paramilitärische Organisation" verwandelte, die Gefangene festsetzen und mit eigenen Drohnen Verdächtige töten wollte. Die Zustände in den *black sites* seien so schlimm gewesen, dass mindestens ein Gefangener deswegen gestorben sei. 2006 wurden die verbliebenen Gefangenen in das Gefangenlager Guantánamo auf Kuba verlegt.

- Siebentens: Laut *New York Times* gaben Mitarbeiter des CIA wiederholt unvollständige oder aufgebauschte Informationen exklusiv an einzelne Journalisten weiter, um die Berichterstattung in ihrem Sinne zu beeinflussen. So wollten sie dafür sorgen, dass die US-amerikanische Bevölkerung die

Arbeit der CIA weiterhin unterstützt.[315]

Der Untersuchungsbericht war monatelang zurückgehalten worden. Gestritten wurde vor allem darüber, welche Teile geschwärzt werden müssen. Zahlreiche Republikaner hatten davor gewarnt, den Bericht publik zu machen. Namhafte Parteienvertreter, darunter der frühere Vizepräsident Dick Cheney, verteidigten die von ihnen als "harsche Verhörmethoden" bezeichneten Praktiken als notwendig für den Schutz des Landes. Der prominente republikanische Senator John McCain distanzierte sich dagegen von den Methoden und sprach von Folter.

National Security Agency (NSA)
Welche Aufgaben hat die NSA? General und CIA-Chef Michael Hayden brachte es auf den Punkt, wenn er klar feststellte: „wenn zwei Individuen am Telefon plötzlich über etwas reden, was uns verdächtig vorkommt, dann können Sie darauf wetten, dass uns das interessiert und wir mehr wissen wollen. Soll heißen: egal wer und wo - wenn ein Stichwort fällt, dass uns verdächtig vorkommt, packen wir das Mikrofon aus und schauen genauer hin".[316]

War die NSA schon immer ein deutlich weniger bekannter Teil des US-amerikanischen Nachrichtendienstes, so wurde nach den Anschlägen vom 11. September 2001 Vollgas gegeben. Präsident George Bush II ließ die NSA zu einem gigantischen Sicherheitsapparat ausbauen und befahl, dafür Sorge zu tragen, dass so etwas nie wieder passiert. „Hier wurden öffentliche und private Macht bei der Überwachung potentieller terroristischer und krimineller Aktivitäten mit furchterregender Wirkung kombiniert. Infolge der terroristischen Angriffe des Jahres 2001 bekamen die US-amerikanischen Geheimdienste die Macht, Privatfirmen zur Auslieferung riesiger Mengen von Daten und Metadaten zu zwingen. Zu den betroffenen Firmen gehörten Mobilfunkunternehmen, Suchmaschinen, Online-Händler wie Amazon, *Service Provider*, *Rating Agenturen*, Krankenversicherungen, Bibliotheken in den USA, soziale Netzwerke und Datenspeicherungsunternehmen. Einige Unternehmen wie der US-amerikanische Telekommunikationsgigant AT & T übermittelten heimlich viel mehr Daten ihrer Kunden an die *National Security Agency* als gesetzlich vorgeschrieben".[317]

„Welch gigantisches Ausmaß das *big data mining* bald annahm, haben erst die Enthüllungen von Edward Snowden offenbart. Dabei wurde deutlich, dass die Überreaktion nach 2001 mit den Jahren in eine allgemein akzeptierte Normalität

---

[315] *Kolb, Matthias in Süddeutsche Zeitung vom 9.12.2014*
[316] *Zamperoni, Ingo: Fremdes Land Amerika, S.174*
[317] *Ash, Timothy Garton: Redefreiheit, S. 84-85*

übergegangen war. Die US-Geheimdienste freuten sich über die neuen Möglichkeiten und Mittel, um effektiver ihrer Aufgabe nachzugehen, und zwar auch ohne konkreten Verdacht. Auch die Öffentlichkeit gab sich gerne damit zufrieden, dass es schließlich seit 9/11 keine weiteren Anschläge ähnlichen Ausmaßes in den USA gegeben hatte. Offenbar, so die Haltung, schienen die Geheimdienste ihren Job mit den Ihnen gegebenen Werkzeugen gut zu machen".[318]

Mit Edward Snowden rückte die Arbeit der NSA in die Öffentlichkeit. Hierdurch wurden die Praktiken der USA bekannt und stießen weltweit auf Empörung. Die NSA-Affäre hat vor allem aber auch ans Licht gebracht, dass die Vereinigten Staaten aus ihrem technologischen Vorsprung im IT-Sektor einen gewaltigen strategischen Vorteil ziehen. Auch wenn wir nie genau wissen werden, in welchem Umfang die USA Freund und Feind aushorchen, so steht doch fest, dass derzeit kein anderes Land auch nur annähernd über solch umfangreiche Möglichkeiten zur Spionage verfügt. Die US-amerikanischen Dienste können sich einer Technik bedienen, die nicht nur großteils im eigenen Land entwickelt wurde, sondern auch von dort aus in die ganze Welt vertrieben wird. Um es mit einem Bild aus der alten, vor-digitalen Zeit zu sagen: Das ist, als hätte es früher nur eine US-amerikanische Post weltweit gegeben und jeder Brief wäre über die Vereinigten Staaten zugestellt worden.

In internationalen Beziehungen, die von großer Unsicherheit über die Absichten und das Handeln anderer Akteure geprägt sind, ist das Gold wert. Jede Regierung will wissen, ob irgendwo ein Krieg oder Terroranschlag gegen sie vorbereitet wird, welche Schachzüge andere Länder ausbrüten und wo ihren Staatsbürgern im Ausland Gefahr droht. Deshalb gibt es Spionage, seit der Mensch in Gemeinschaften zusammenlebt. Neu ist allerdings, dass es ein einziger Staat geschafft hat, die wichtigsten Spionagemittel seiner Zeit fast monopolartig zu kontrollieren. Die USA sind nach dem Kalten Krieg oft abgeschrieben worden. Heute zeigt sich, dass der verbliebenen Weltmacht nicht nur militärisch keiner das Wasser reichen kann, sondern auch im Nachrichtenwesen. Das wird den Vereinigten Staaten noch auf viele Jahre eine globale Vormachtstellung sichern.

Die bedrückende Frage, die sich daraus ergibt, lautet: Wie will Europa sich in so einer Welt behaupten? Zum ersten Mal seit der industriellen Revolution ist der alte Kontinent bei der Entwicklung einer Schlüsseltechnologie abgehängt worden. Dampfmaschinen, Eisenbahnen, Autos, Flugzeuge, Fernseher - all das wurde noch in den USA wie in Europa hergestellt. In der IT-Branche dagegen haben die Europäer in den vergangenen zwei Jahrzehnten weitgehend kapituliert. Von wenigen Ausnahmen abgesehen, sind sie auf diesem Gebiet nur noch Käufer und Benutzer von Waren, die

---

[318] *Zamperoni, Ingo: Fremdes Land Amerika, S. 175*

aus den USA oder aus Asien stammen. Lange dachte man, das sei allenfalls ein Wachstumsproblem. Heute wissen wir, dass der Preis viel höher ist: Europa hat einen besonders sensiblen und manchmal entscheidenden Teil seiner Sicherheitspolitik aus der Hand gegeben.

Die Durchschlagskraft der USA auf dem Gebiet der "digitalen Wirtschaft", entstand nicht durch die richtige Rahmengesetzgebung, sondern durch massive öffentliche Ausgaben. Der gigantische US-amerikanische Militärhaushalt hat nicht nur das Internet hervorgebracht, er ist auch vielen zivilen Firmen im Silicon Valley zugute gekommen. Die Googles, Facebooks und Microsofts dieser Welt, die die NSA so schamlos für ihre Zwecke nutzt, mögen von privaten Unternehmern gegründet worden sein. Aber ohne die staatliche Förderung, die das Pentagon über viele Jahre hinweg in die Entwicklung der Informationstechnologie gepumpt hat, hätte es sie vielleicht nie gegeben.[319]

Die weltweiten Proteste nach den Veröffentlichungen von Edward Snowden haben offenbar im Kapitol Wirkung gezeigt, denn es mehrten sich die Stimmen von Abgeordneten, die der NSA Zügel anlegen wollen. So weit wie Jimmy Carter gehen die Abgeordneten und Senatoren in Washington nicht. Aber allmählich regt sich im Kongress doch Kritik an den umfassenden Spähprogrammen des militärischen Geheimdienstes NSA. Der frühere Präsident und Träger des Friedensnobelpreises von 2002 klagte im Sommer 2013 über die „beispiellose Verletzung unserer Privatsphäre durch unsere Regierung", die die demokratischen Grundlagen der Gesellschaft unterminiere. „Die USA haben keine funktionierende Demokratie mehr", klagte Carter bei einer Tagung in seinem Heimatstaat Georgia. Für den Geheimnisverräter Edward Snowden, den die Regierung des 44. Präsidenten Barack Obama vor Gericht stellen wollte, hielt der 39. Präsident dagegen dickes Lob bereit. Auf lange Sicht sei es nützlich, dass Snowden das Ausmaß der NSA-Schnüffelprogramme ans Licht gebracht habe, sagte Carter dem Nachrichtensender CNN. Denn das Eindringen in die Privatsphäre sei zu weit gegangen.

Carter ist in der Debatte über Sinn und Ausmaß der NSA-Spähprogramme mit seiner Meinung gewiss in der Minderheit. Doch im Kongress fordern inzwischen Abgeordnete und Senatoren beider Parteien, der NSA und auch den anderen Diensten beim Daten sammeln Zügel anzulegen. Selbst der Republikaner James Sensenbrenner aus Wisconsin, maßgeblicher Mitverfasser des Antiterror-Gesetzespakets *Patriot Act* vom Oktober 2001, stellte eine Revision des Gesetzes in Aussicht. Nach den Buchstaben des Gesetzes dürften die Dienste nur „relevante" Daten überprüfen, nicht aber in einer Art elektronischer Rasterfahndung umfassend

---

[319] *Busse, Nikolaus in der FAZ v. 13.11.13*

Verbindungsdaten sammeln. Sensenbrenner deutete an, der Kongress könnte die Verlängerung der bis Ende 2015 geltenden Bestimmungen verweigern. Dagegen verteidigte der damalige stellvertretende Justizminister James Cole bei der Anhörung das massenhafte Datensammeln mit den Worten: „Wenn Sie die Nadel im Heuhaufen finden wollen, dann brauchen Sie zuerst einen Heuhaufen."

Neben der US-amerikanischen Regierung zeigt sich auch die Führung der NSA uneinsichtig und wenig empfänglich, etwaigen Änderungen gegenüber, die der Kongress beschließen könnte. Wie läuft die Ausspähung in der Praxis? Der stellvertretende NSA-Direktor John Inglis äußerte sich bei einer Anhörung im Kongress zu Einzelheiten des Programms. Die NSA habe aufgrund der Gesetzeslage und nach Prüfung durch ein im Geheimen tagendes Gericht die Erlaubnis für bis zu drei „Ausspähschritte". Zunächst würden die Telefon- und Mailkontakte eines Verdächtigen ausgespäht; danach würden die Kontakte jener Person überwacht, die mit dem Verdächtigen kommuniziert habe; schließlich würden alle Verbindungen aller Kontaktpersonen des Verdächtigen ins Visier genommen. Die Zahl der überwachten Personen steigt von Schritt zu Schritt exponentiell an, sodass bei einer ursprünglichen Zahl von hundert Personen im zweiten Schritt 10.000 und im dritten Schritt eine Million Menschen überwacht würden, rechnete der Anwalt einer Menschenrechtsorganisation vor.[320]

Federal Bureau of Investigation (FBI)

Das *Federal Bureau of Investigation* ist die zentrale Sicherheitsbehörde der Vereinigen Staaten. In ihm sind sowohl Strafverfolgungsbehörde als auch der Inlandsgeheimdienst der Regierung zusammengefasst.

In Folge der Terroranschläge am 11. September 2001 wurde aufgrund einer Direktive des US-Präsidenten vom 28. Juni 2005 die *National Security Branch (NSB)* geschaffen. In ihr wurden die bisher getrennten Abteilungen des FBI für Terrorbekämpfung, Spionageabwehr und Bekämpfung von Massenvernichtungswaffen zusammengefasst und direkt einem stellvertretenden Direktor des FBI unterstellt. Hierdurch und durch eine enorme Steigerung der personellen und materiellen Ressourcen ist das FBI heute die größte zivile Behörde zur Terrorbekämpfung in den USA.

Das FBI untersteht dem US-Justizministerium und hat seinen Hauptsitz in Washington, D.C. Konkret ist das FBI für Verstöße gegen alle Bundesgesetze und für Verbrechen, in deren Zuge Staatsgrenzen innerhalb der USA überschritten werden, zuständig. Sein Einsatzschwerpunkt dient der Aufrechterhaltung von Recht und

---

[320] *Frankfurter Allgemeine Zeitung vom 16.11.2013*

Gesetz, Schutz vor terroristischen Aktivitäten sowie Unterstützung und Überwachung untergeordneter Behörden und Organisationen. Insgesamt umfasst der Tätigkeitsbereich mehr als 200 Verbrechenstypen. Die Bekämpfung und Verfolgung von Terrorismus, Drogenhandel, Gewalt- und Wirtschaftsverbrechen hat dabei inzwischen höchste Priorität.

Zu den traditionellen Hauptaufgaben des FBI gehört auch die Aufklärung und Verfolgung von Spionage gegen die USA, so dass das FBI nicht nur eine Polizei- und Strafverfolgungsbehörde ist, sondern auch zu den 17 Nachrichtendiensten des Landes gehört. Mit der Aufgabe Spionageabwehr entspricht das FBI den deutschen Verfassungsschutzämtern, denen aber eigene Polizeibefugnisse fehlen. Seit den Anschlägen vom 11. September 2001 kommt der Terrorismusbekämpfung größere Bedeutung im Aufgabenfeld des FBI zu.

Résumé
Der Schutz der Privatsphäre gehört zu den ersten und ältesten Forderungen des Bürgers gegenüber dem Staat. Demokratien garantieren es in ihrer Verfassung, auch Artikel 12 der UN-Menschenrechtscharta verspricht es. Aber all dies hat in den USA heute kaum noch eine Bedeutung. Ein Grundrecht des Menschen, das Grundrecht auf vertrauliche Kommunikation, existiert nicht mehr.

Die von Edward Snowden entwendeten Dokumente aus dem Intranet der *National Security Agency* liefern den Beweis für eine langgehegte Vermutung: im digitalen Zeitalter gibt es keine vertrauliche Kommunikation mehr, kein Fernmeldegeheimnis. Die USA können und wollen die Privatsphäre ihrer Bürger und die anderen Staaten nicht schützen.

Mit den Möglichkeiten ihrer Nachrichtendienste sind die USA jedoch in der Lage, ihre weltbeherrschende Stellung noch zu halten, auch wenn aus Sicht der kritischen Weltöffentlichkeit *God's own country* am moralischen Abgrund steht .... was zur weiteren Abschwächung ihrer Weltmachtstellung beiträgt

Kapitel 25

Die Wirtschaftliche Entwicklung

Die Vereinigten Staaten sind als einziges großes Land ohne nennenswerte Schäden aus dem 2. Weltkrieg hervorgegangen. Sie waren deshalb nach dem Kriege in der Lage, ihre Führungsrolle überwiegend selbst zu definieren: als praktische Übertragung des eigenen Erfahrungsmodells.[321] 1945 erzeugten sie ungefähr 60 % des Weltsozialprodukts (Summe aller Bruttosozialprodukte der Welt). Seither geht dieser Anteil stetig zurück. Im Jahre 2006 lag er bei 18,96 % und in 2016 nur noch bei 15,59% .

Die Wirtschaft der Vereinigten Staaten ist inzwischen auf den zweiten Platz der größten Volkswirtschaften der Welt zurückgefallen. Sie erzeugte in 2016 ein BIP in Höhe von 18,55 Billionen $. Der größte Teil der Inlandsproduktion wird von privaten Unternehmen erwirtschaftet; die Regierung beeinflusst das wirtschaftliche Geschehen in der Regel und bisher noch vergleichsweise gering.

Die Entwicklung des Bruttoinlandsprodukts (BIP) der USA in den Jahren 2003 bis 2016 in Billionen US Dollar war wie folgt:

2003	2005	2007	2009	2011	2013	2015	2017
11,14	12,62	14,47	14,41	15,51	16,66	17,94	19,36

Der Anteil der wichtigsten Industrie- und Schwellenländer am kaufraftbereinigten Bruttoinlandsprodukt (BIP) ergab für 2016 diese Reihenfolge:

China	17,86%
USA	15,59%
Indien	7,32%
Japan	4,14%
Deutschland	3,34%
Russland	3,15%
Brasilien	2,63%
Indonesien	2,54%

---

[321] *Kissinger, Hernry: Weltordnung, S. 315*

Großbritannien	2,34%
Frankreich	2,30%
Italien	1,87%
Mexiko	1,84%
Südkorea	1,62%
Saudi-Arabien	1,45%
Kanada	1,41%
Türkei	1,40%
Australien	1,00%
Argentinien	0,74%
Südafrika	0,62%

Die US-amerikanische Wirtschaft ist vielfältig in der Eigenproduktion und abgesehen von einem Zusatzbedarf an Erdöl und Metallen ist das Land autark; wobei zum Erdöl festzustellen ist, dass das Land Erdöl importiert unter gleichzeitiger Schonung der eigenen erheblichen Erdölquellen. Die USA beherrschen als Handelspartner und Weltmacht die Weltwirtschaft in hohem Maße. Dies gilt besonders aber auch wegen des Dollars als langjähriger Leitwährung. Die USA haben die Rezessionen der beiden Ölkrisen in den Jahren 1973 bzw. 1979/81 besser als andere Länder überstanden. Auch die letzte Rezession in der Weltwirtschaft scheint von den Vereinigten Staaten wieder einmal als erstem Land überwunden zu sein. Nun muss man allerdings auch feststellen, dass die Rezession zu Beginn der 90er Jahre in den USA zuerst eintrat. Andere Länder folgten später, Deutschland wegen des Nachholbedarfes in den neuen Bundesländern sogar erst mit fast zweijähriger Verspätung.

Über den größeren Teil des 20. Jahrhunderts überzeugten US-amerikanische Ökonomen, Ingenieure, Politiker, Politologen etc. dass das US-amerikanische Modell – d.h. der freie Markt, die Demokratie, die Bürgergesellschaft, die Meinungsfreiheit, Investitionen in die Wissenschaft und ihre praktische Anwendung in der Industrie sowie das Patentrecht – der beste, möglicherweise sogar der einzige Weg zum Wohlergehen der Völker sei. Manche dieser Wege sind in Europa geboren, dann aber von den USA aufgenommen und verbreitet worden. In den letzten 20 Jahren übernahmen andere Länder der Welt mehr oder weniger dieses amerikanische Modell und wurden – so ist der natürliche Lauf der Dinge – zu immer stärkeren Konkurrenz für die USA.[322]

---

[322] *Zawadzki, Mariusz in Gazeta Wyborcza vom 27.12.2014*

Durch den Aufstieg anderer Wirtschaftsmächte, vor allem China, Japan und Deutschland, und - zunehmend - Europa als Ganzes, fürchten die USA um ihre Wettbewerbsfähigkeit in dem begonnenen Jahrhundert. Die Großkonzerne sind schwerfällig und bürokratisch gegenüber den Einzelunternehmern, Betriebserweiterungen werden oft mehr durch Börsenspekulationen zur feindlichen Übernahme anderer Betriebe erreicht als durch eine Produktionserweiterung. Der Staat zieht durch sein übergroßes Budgetdefizit Gelder aus dem Markt ab. Die Qualität der US-amerikanischen Waren auf dem Weltmarkt ist häufig wesentlich schlechter als die anderer Anbieter.

Das alles führte im Kongress zu Rufen nach protektionistischen Maßnahmen, besonders bei Fertigprodukten und landwirtschaftlichen Erzeugnissen. Der in 2017 in das Amt gekommene Präsident Donald Trump ist ein exponierter Verfechter eines solchen Protektionismus.

Wo liegen die Stärken und die Schwächen der US-Wirtschaft?

Zu den Stärken:
- Eine eindeutige Stärke der USA im Welthandel ist der US Dollar als Leitwährung.
- Eine weitere Stärke ist die Spitzenförderung der Eliten die sich ausgesprochen positiv auf junge Wissenschaftler in der ganzen Welt auswirkt: sie kommen in die USA. So verwundert es nicht, dass die USA bei den Nobelpreisen mit 255 Preisträgern vor Großbritannien mit 93 und Deutschland mit 80 Preisträgern führen.
- Die meisten Nobelpreisträger der USA haben dort zwar geforscht, stammen aber aus allen Ländern der Welt.
- „In den USA zeigt sich, wie entscheidend heute die Software unsere künftige Arbeitswelt bestimmen wird. Das Land hat in diesem Bereich eine regelrechte Monopolstellung. Etwa 80% der allgemein genutzten Software weltweit werden in den USA geschrieben, ein enormer Standortvorteil. In den USA gehört Programmieren mehr und mehr zur Schulausbildung".[323]

Die Schwächen liegen in einer mangelhaften Berufsausbildung, die zu einer minderen Qualität der Verbrauchsgüter führt und dieses führt wiederum zu einer schwächeren Position auf dem Weltmarkt: US-amerikanische Waren sind auf dem Weltmarkt nicht mehr so sehr gefragt.

---

[323] *Zamperoni, Ingo: Fremdes Land Amerika, S. 272*

Die ehemals weltweit führende Auto-Industrie aus Detroit ist inzwischen auf dem Weltmarkt von der deutschen, japanischen und südkoreanischen Auto-Industrie verdrängt worden. VW wie auch Toyota produzieren jeder seit Jahren mehr PKW als General Motors.

	VW	Toyota	Renault-Nissan	Hyundai	GM
PKW in 2016	11,1 Mio.	9,9 Mio.	8,5 Mio.	8,1 Mio.	7,9 Mio

Im zivilen Flugzeugbau, wo die USA über Jahrzehnte mit Boeing, McDonald Douglas oder Lockheed den Weltmarkt beherrschten, ist auf der US-Seite nur noch Boeing geblieben, die auf einer Ebene gemeinsam mit Airbus aus Europa Weltmarktführer sind.

2007-2016	Airbus	Boeing
Aufträge	9.985	8.978
Auslieferungen	5.644	5.718

Mit großem Abstand folgen Embraer aus Brasilien und Bombardier aus Kanada. China und Russland stehen bereit. Die aus dem Silicon-Valley stammenden elektronischen Geräte und Systeme werden zunehmend in China, Taiwan und Südkorea produziert. Hinderlich ist zudem die marode Infrastruktur des Landes: Für die Erneuerung von Brücken, der Strom- und Gasversorgung sowie der Wasser- und Abwassersysteme fehlt das Geld, das im überdimensionierten Verteidigungshaushalt und den vielen Kriegen ausgegeben wurde und wird.

Belegt werden kann diese gesamte Entwicklung durch die Export- / Importzahlen von fünf Ländern und der EU aus dem Jahre 2016. Die Angaben sind in Milliarden US Dollar:

Land	Einwohner	Export	Import	Überschuss
China	1.373 Mio.	2.098	1.587	+ 511
Deutschland	81 Mio.	1.283	987	+ 296
Russland	142 Mio.	259	165	+ 94
EU (in 2014)	515 Mio.	2.259	2.224	+ 35
Japan	127 Mio.	641	629	+12
USA	324 Mio.	1.471	2.205	- 734

Ressourcen

Die wichtigste Grundlage der Wirtschaft eines Landes sind seine natürlichen Ressourcen. Die Vereinigten Staaten sind reich an Bodenschätzen und fruchtbaren

Böden. Sie haben ein gemäßigtes Klima. Eine weitere wichtige Grundlage ist das Arbeitskräftepotential, das aus den natürlichen Ressourcen Waren herstellen kann. In all diesen Bereichen sind die USA in üppigem Maße ausgestattet.

Mit 9,8 Millionen km² sind die USA das drittgrößte Land der Welt und liegen mit ihren 324 Millionen Einwohnern nach China und Indien auch in dieser Rubrik an dritter Stelle. An Bodenschätzen verfügt das Land über reiche Vorkommnisse, insbesondere über Kohle, Kupfer, Blei, Molybdän, Phosphate, Bauxit, Gold, Eisen, Kali, Silber, Wolfram und Erdgas.

Da einer jeden Regierung der Wert der Bodenschätze bewusst war und ist, haben die USA seit Jahrzehnten - soweit und so viel wie möglich - Bodenschätze aus anderen Ländern importiert, um ihre eigenen Bodenschätze zu schonen und diese für spätere Zeiten aufzuheben - eine aus US-Sicht sicherlich weise Politik.

Bei den Ländern mit Erdölreserven liegt das Land mit 26,4 Milliarden Barrel auf Platz 12. Die Internationale Energieagentur geht auf Grund des Fracking-Booms davon aus, dass die USA in den kommenden Jahren zum Nettoölexporteur werden.

Bei Erdgas liegen die USA nach dem Iran, Russland, Katar und Turkmenistan an fünfter Stelle der Länder mit Erdgasreserven.

Bezogen auf die einzelnen Staaten haben die USA den höchsten Anteil an den weltweiten Kohle-Reserven (Steinkohle & Braunkohle, nämlich 26,6 Prozent). Darauf folgen Russland (17,6 Prozent), China (12,8 Prozent), Australien (8,6 Prozent), Indien (6,8 Prozent) und Deutschland (4,5 Prozent).

Zu den Bodenschätzen generell. Diese Tabelle zeigt das Vorkommen der wichtigsten Bodenschätze in den USA und ihre Stelle im Vergleich mit anderen Ländern der Welt. Der Vergleich mit Deutschland verdeutlicht die Ausnahmestellung der USA in dem Bereich Bodenschätze.

Rohstoff	USA	Deutschland
Bauxit	15	Unbedeutend
Blei	1	Unbedeutend
Braunkohle	4	1
Eisenerz	7	Unbedeutend
Erdgas	5	23
Erdöl	12	29
Gold	3	Unbedeutend

Kalium	5	2
Kupfer	4	Unbedeutend
Molybdän	2	Unbedeutend
Nickel	Unbedeutend	Unbedeutend
Phosphate	2	Unbedeutend
Quecksilber	Unbedeutend	Unbedeutend
Silber	7	Unbedeutend
Steinkohle	1	14
Uran	14	Unbedeutend
Wolfram	3	Unbedeutend
Zink	Unbedeutend	Unbedeutend

Die Anzahl der zur Verfügung stehenden Arbeitskräfte sind eine weitere und zwar ganz wichtige Ressource und auch hier sind die USA sehr gut aufgestellt. Was zumindest aber ebenso wichtig wie die Zahl an Arbeitskräften ist, ist deren Ausbildung, und hier, bei dem Humankapital fallen die USA im Vergleich hinter andere Industrienationen zurück. Genannt werden sollen hier China, Deutschland, Japan und Süd-Korea.

Ausbildung
Die Spitzenförderung junger Studenten in den USA ist ohne Zweifel vorbildlich. In hohem Maße anerkannte Universitäten - insbesondere die der *Ivy-League* werden staatlich und privat gefördert und bringen immer wieder Spitzenkräfte hervor. Es findet sich auch immer eine ausreichende Zahl von Sponsoren, die begabten Studenten ein Stipendium vergeben und das Studium ermöglichen.

Bei der Berufsausbildung sieht das hingegen anders aus. Das US-amerikanische Berufsbildungssystem ist modular aufgebaut. Abgeschlossene Module können in der Regel für weitere Bildungswege angerechnet werden. Darüber hinaus ist das Bildungssystem föderal, teilweise auch regional ausgestaltet. Dadurch existiert eine Fülle an unterschiedlichen Regelungen und Angeboten von Lehrgängen.

In den Vereinigten Staaten gibt es unterhalb der College-Ebene weder verbindliche Ausbildungsstandards noch eine geregelte berufliche Erstausbildung. Bill Clinton schreibt rückblickend auf seine Jahre als Gouverneur im Bundesstaat Arkansas, dass die Vereinigten Staaten vor großen Veränderungen stehen, wenn sie ihre globale wirtschaftliche und politische Führungsrolle verteidigen wollten. „Die

US-Amerikaner waren einfach noch nicht gut genug ausgebildet - stellt er fest - und nicht produktiv genug".[324]

Eine Lehre in Form eines dualen Systems wird in den USA nicht angeboten, die meisten Arbeitnehmer haben ihren Beruf durch das *learning by doing* oder durch ein Studium erlernt. Die Berufsausbildung der USA findet hauptsächlich über die College-Ausbildung statt. In Vorbereitung dazu werden meist in den letzten Jahren der High-School berufsvorbereitende Kurse angeboten, die dann später auch bei der College-Ausbildung angerechnet werden können. Bei der schulischen Berufsausbildung in den USA unterscheidet man zwischen einer Ausbildung in einem *Community College* und einem College. Die *Community Colleges* laufen meist über 2 Jahre und vermitteln das Basiswissen für eine Berufsausbildung. Die Ausbildung hier erfolgt nicht nach Berufen, sondern nach generellen Fähigkeiten, die es ermöglichen, egal in welchem Beruf, die erlernten Fähigkeiten auszuüben.

Die jeweiligen Inhalte legt jeder Bundesstaat und zusätzlich die Wirtschaft individuell fest, sodass es keine einheitliche Ausbildungsordnung gibt. Zusätzlich bietet der Abschluss des *Community College* eine weiterführende Ausbildung auf einem College. Die Colleges entsprechen in etwa der deutschen Fachhochschule und bieten die Möglichkeit, einen gut bezahlten Beruf zu erlernen. Da diese Colleges zumeist mit immensen Kosten verbunden sind, hat sich in den USA ein starkes Stipendien-System entwickelt. Die Ausbildung an einem guten College ist sehr teuer, sodass mit entsprechenden Stipendien auch finanzschwächere oder sozial benachteiligte Schüler eine College-Ausbildung genießen können.

Die Berufsausbildung in den USA ist auf das Konzept des lebenslangen Lernens ausgerichtet, die Ausbildung in den Colleges wird als Basiswissen angesehen, das aufgrund der Veränderungen am Arbeitsmarkt und in der Technik ständig vom Arbeitnehmer eigenverantwortlich optimiert werden muss. Ein hochrangiges College-Diplom nützt also nur bedingt, wenn das Wissen nicht ständig aktualisiert wird. In den USA anerkannte Zeugnisse sind die Abschlüsse der Colleges, Zertifikate über bestimmte Fähigkeiten, Kenntnisse und Schulungen sowie Lizenzen, die erworben wurden; für manche Berufe (z. B. Makler) benötigt man in den USA eine spezielle Lizenz, für die gewisse Voraussetzungen gegeben sein müssen, um den Beruf auszuüben.

Neben den Bildungseinrichtungen existiert in den USA ein betriebliches Ausbildungswesen *(Registered Apprenticeship)*. Je nach Beruf dauert die betriebliche

---

[324] *Clinton, Bill: Mein Leben, S. 484*

Ausbildung, die überwiegend am Arbeitsplatz stattfindet, 1-6 Jahre. Der schulische Teil findet je nach Bundesstaat, Branche und Unternehmen in Einrichtungen wie *Community Colleges,* Schulen oder Kursräumen der Unternehmen statt und wird von Gewerkschaften oder Berufsverbänden organisiert. Das Ausbildungsprogramm endet meist mit einer Abschlussprüfung. Der Ausbildungsabschluss *Certificate of Completion of Apprenticeship* ermöglicht es – je nach Fachrichtung und Bundesstaat –, sich selbständig zu machen, und bildet die Grundlage für einige berufliche Weiterqualifizierungen. Einige Ausbildungsprogramme der *Registered Apprenticeship* sind an ein *Associate's Degree* gekoppelt. Sie bieten zusätzliche Möglichkeiten zur Weiterqualifizierung oder zu einem höheren Abschluss. Außerdem ist es bei einigen dieser Programme möglich, einen Hochschulabschluss oder *Certificates of Competency* zu erwerben. In einigen Berufsfeldern kann über Berufserfahrung und spezifische Weiterbildungen auch ein höherer berufsbildender Abschluss Master erlangt werden. Dieser ist nicht gleichzusetzen mit dem Master-Hochschulabschluss.

Freihandel

Freihandel ist der internationale Handel in einer Volkswirtschaft frei von Restriktionen wie beispielsweise Zöllen oder sonstigen Handelsbeschränkungen. Ist das politische Handeln auf das Erreichen von Freihandel ausgerichtet, dann bezeichnet man sie als Freihandelspolitik. Ist die Politik entgegen der Schaffung von Freihandel ausgerichtet, handelt es sich hierbei um Protektionismus.[325]

Viele Länder schließen Abkommen untereinander ab, um zwischen ihnen einen freien Handel zu gewährleisten. Gleiches tun auch Organisationen wie z.B. die Europäische Union für ihre Mitgliedsländer. Außerdem ist die im Jahre 1994 aus dem GATT und der „Uruguay-Runde" entstandene WTO (Welthandelsorganisation) neben dem Internationalen Währungsfond (IWF) und der Weltbank eine der zentralen internationalen Organisationen, die Handels- und Wirtschaftspolitik mit globaler Reichweite verhandelt.

Bei der WTO sind inzwischen fast 600 regionale Freihandelsabkommen notifiziert, davon sind mehr als 350 aktuell in Kraft. Neben den Abkommen gibt es verschiedene regionale Freihandelszonen, die politisch und wirtschaftlich weniger stark integriert sind.[326] Zu den bedeutendsten gehören:

- *NAFTA - North American Free Trade Agreement* – begründet die Freihandelszone zwischen Kanada, den USA und Mexiko. Mit Inkrafttreten wurden 1994 zahlreiche Zölle abgeschafft, zudem ein Abkommen für

---

[325] *rechnungswesen-verstehen.de*
[326] *Heinrich-Böll-Stiftung vom 22.2.2016*

Umweltbelange geschlossen, das *North American Agreement on Environmental Cooperation (NAAEC)* und das Arbeitsrecht zwischen den drei Staaten angeglichen – mit dem *North American Agreement on Labor Cooperation.*

- *ASEAN Free Trade Area* - die ASEAN-Freihandelszone, umfasst Thailand, Vietnam, Laos, Brunei, Kambodscha, Indonesien, Malaysia, Myanmar, Singapur und die Philippinen. Ziel ist, die Zölle für 98 Prozent aller Waren untereinander abzuschaffen oder stark zu senken.

- MERCOSUR - abgekürzt für "Gemeinsamer Markt Südamerikas" hat Brasilien, Paraguay, Venezuela, Argentinien, Uruguay und Bolivien als Mitglieder; Chile, Kolumbien, Peru, Ecuador, Guyana und Surinam sind assoziierte Mitglieder.

- Die Greater Arab Free Trade Area (GAFTA) wurde 1997 gegründet. Mit ihren fast 20 Mitgliedsstaaten in Nordafrika und auf der arabischen Halbinsel gehört die GAFTA zu den größten Freihandelszonen weltweit. Erklärtes Ziel ist, bis 2025 einen gemeinsamen Wirtschaftsraum zu schaffen, also einen Binnenmarkt etwa nach dem Vorbild der EU.

- *Japan Europe Free Trade Area (JAFTA).* Im Juli 2017 haben sich Japan und die EU auf den Abschluss eines der weltweit größten Handelsabkommen verständigt: Zehn Prozent der Weltbevölkerung, 30 Prozent des globalen Bruttoinlandsprodukts, 40 Prozent des globalen Handels sind betroffen. Vor dem Hintergrund dieser aktuellen Eckdaten sollen die europäisch-japanischen Beziehungen durch das Freihandelsabkommen weiter wachsen, das Japans Premierminister Shinzo Abe als "die Geburt der größten Wirtschaftszone der Welt" bezeichnete.

In den letzten Jahren gab es zwischen den USA und anderen Ländern weltweit Verhandlungen, die mehrere Freihandelsabkommen zum Ziele hatten, also völkerrechtliche Verträge zur Gewährleistung des Freihandels zwischen den USA und den anderen vertragschließenden Staaten. Die Vertragspartner verzichten untereinander auf Handelshemmnisse, betreiben jedoch gegenüber Drittländern eine autonome Außenhandelspolitik. Genannt werden sollen drei Abkommen:

- CETA - CETA steht für *Comprehensive Economic and Trade Agreement* (Umfassendes Wirtschafts- und Handelsabkommen). Es ist ein Abkommen zwischen der EU und Kanada. Das Abkommen soll die Zusammenarbeit zwischen den Vertragspartnern erleichtern und durch den Wegfall von Zöllen und Handelsbeschränkungen wie unterschiedlichen Standards die Wirtschaft ankurbeln. Laut EU-Kommission soll das Handelsvolumen mit Kanada um bis zu ein Viertel steigen. Im Februar 2017 hat das EU-Parlament dem Handelsabkommen CETA mit Kanada zugestimmt. 408 Abgeordnete votierten dafür, 254 dagegen. Ein Teil des Vertrags kann damit in Kraft treten. Die Ratifizierung kann jedoch noch Jahre dauern.

- TTIP - Das Transatlantische Freihandelsabkommen (*Transatlantic Trade and Investment Partnership*) verhandeln die EU-Kommission und die US-Regierung seit 2013. Das Abkommen soll Handelshemmnisse zwischen den Wirtschaftsregionen der EU und der USA abbauen und zu mehr Wachstum führen. Nach Amtsantritt der Regierung Trump will dieser das Abkommen nicht weiter verhandeln.

- TPP - Die Transpazifische Partnerschaft *(Tans-Pacific Partnership)* ist ein geplantes Handelsabkommen von 12 Pazifikanrainern: Australien, Brunei, Chile, Japan, Kanada, Malaysia, Mexiko, Neuseeland, Peru, Singapur, Vietnam und den USA. Die Vereinigten Staaten ziehen sich aus dem transpazifischen Handelsabkommen TPP zurück. Der neu in das Amt gewählte US-Präsident Donald Trump hat sofort nach Amtsantritt einen entsprechenden Erlass unterzeichnet. Die übrigen Länder wollen auf Initiative Chinas an dem Abkommen auch ohne die USA festhalten. China hat angeboten, den Platz der USA einzunehmen.

Import - Export

War *God`s own country* über lange Jahre immer wenig vom Import abhängig, so hat sich das in den letzten Dekaden deutlich geändert. Schon lange kaufen die US-Amerikaner mehr im Ausland als sie selbst in das Ausland verkaufen können. Schuld daran sind nach Präsident Trump angeblich die Länder, die mit Protektionismus die „guten und besseren US-amerikanischen Waren" nicht in deren Länder hineinlassen! Bei näherem Hinschauen muss man feststellen, dass viele Waren *Made in US* auf dem Weltmarkt nicht zu verkaufen sind - die Qualität anderer Anbieter ist einfach besser.

Im Zeitalter der Globalisierung ist kein Land mehr autark - jedes Land ist abhängig vom Export seiner Güter und vom Import anderer Güter. Selbst ein Land wie die Volksrepublik China mit ihren großen personellen und materiellen Ressourcen hat dieses rechtzeitig erkannt und sich der Welt geöffnet. Nordkorea kann sich nur zu einem Teil abschotten, weil es von dem großen Nachbarn China unterstützt wird. Mit dem Export beschafft sich ein Land die Devisen, um auf dem Weltmarkt jene Güter zu erstehen, über die es nicht oder nicht in ausreichendem Maße verfügt und die es importieren will/muß. Basis für den Export von Waren sind zunächst einmal gute und ausreichende personelle und materielle Ressourcen. Ebenso wichtig sind eine gute Bildung und Ausbildung sowie ein wirtschaftspolitisches System, das für gute Rahmenbedingungen sorgt.

Ein Land, das Waren exportieren kann, setzt sich in die Lage, Waren zu importieren. Und hier liegt das große Problem der USA. Der Export - früher das Paradekind und ein Schlüssel zur Entwicklung zur Weltmacht - ist seit Jahren rückläufig. Die Konkurrenz auf dem Weltmarkt, sei es zunächst aus Europa, aber seit Jahren nun bereits in weit stärkerem Maße aus dem *West Pacific Rim* hat den US-Amerikanern mächtig zugesetzt. „Japan und seine 5 kleinen Tiger" sind nicht nur ernst zu nehmende Konkurrenten, sie haben in großen Teilen die USA und Europa von der Spitze verdrängt. Der Prozess hat sich mit der Öffnung Chinas fortgesetzt und scheint unaufhaltsam. Der Grund für die abnehmenden Exporte? Ein Teufelskreis: schlecht bezahlte Lehrer - schlechte Schulbildung - keine Berufsausbildung - schlechte Qualität - keine Chancen auf dem Weltmarkt. Erkannt sind die Symptome, allein fehlt es den USA an der Kraft, die Probleme zu lösen.

Es ist beängstigend für viele US-Amerikaner, dass sie auf Gebieten, auf denen sie noch vor 20 Jahren dominierend auf der Welt waren, die Weltführerschaft an andere Länder abgegeben haben, insbesondere an die asiatischen Staaten. Früher waren *Silicon Valley* in Kalifornien oder der „Großraum Boston" in Massachusetts gleichbedeutend mit dem *Copyright* für den technologischen Fortschritt, mit Forschung und Entwicklung von revolutionären Technologien. Heute haben die Asiaten die Führung in so wichtigen Bereichen wie IT und Unterhaltungselektronik übernommen. Gemeinsam mit den Europäern haben sie im Bereich der Kraftfahrzeuge und des Schiffbaus die Führungsrolle gewonnen. Der Motor des US-amerikanischen Exportes läuft damit langsamer, deutlich langsamer als früher. So wird auch die Rezession in den 80er / 90er Jahren in den USA erklärlich. Allein der riesige eigene Markt bewahrt die USA vor noch Schlimmerem.

Die Rüstungsindustrie spielt da eine Ausnahmerolle. Eine starke Rüstungslobby und der fortwährende Einsatz US-amerikanischer Truppen überall in der ganzen Welt verbunden mit geringen Restriktionen im Rüstungsexport erlauben den Rüstungskonzernen nach wie vor einen guten Umsatz und sind Garant für die Aufrechterhaltung der Forschung und Entwicklung in diesem Bereich. Um die eigene Rüstungsindustrie zu stärken, sind dann auch keine Anstrengungen der jeweils regierenden Administration zu gering. Kuwait und die übrigen arabischen Länder wurden nach den beiden Irak-Kriegen vornehmlich mit US-amerikanischen Waffen und Gerät wieder aufgerüstet. Die US-Streitkräfte unterhalten seit vielen Jahrzehnten ein Programm, das sie FMS nennen. FMS steht für *Foreign Military Sale*. Gehässig gesagt ist das eine weltweite Handelskette für Rüstungsgüter, über die die USA zunächst ihre Ladenhüter aus eigenen Beständen für wenige Dollar abgeben. Damit wird dann Vertrauen aufgebaut und das Kaufinteresse geweckt. Die Abhängigkeit von US-Rüstungsprodukten wächst: Ausbildungshilfe, *Mid-Life Conversion*, Kampfwertsteigerungen, Ersatzteile, Mess- und Prüfgeräte etc. folgen zwangsläufig. Man bindet das Land, das zunächst über FMS Ausrüstungshilfe erhalten hat, an die eigene Industrie. In diesem Geschäft haben es die Amerikaner zu einer Perfektion entwickelt. Die *US-Armed Forces* haben automatisch einen Vorteil, der zum Exportvorteil wird, wenn mit dem Abschluss eines FMS-Abkommens die ersten „militärischen Berater" in das Verteidigungsministerium des Empfängerlandes einziehen. So z.B. in Polen, wo die USA als einziges Land einen 4-köpfigen Militärstab im Polnischen Ministerium für Nationale Verteidigung unterhalten. Das kommt nicht nur dem eigenen Rüstungsexport zu Gute: man weiß auch schneller und besser, was in dem Land, im Bereich der Streitkräfte gedacht und geplant wird und kann zügig reagieren.

Andere Geschäftsfelder wurden durch Monokultur langsam, aber sicher ausgedünnt. Es ist allgemein bekannt, dass man im Rüstungsbereich besonders gute Profite machen kann. Vor diesem Hintergrund haben große amerikanische Industrieunternehmen während der Zeit des Kalten Krieges ihre zivilen Wirtschaftszweige vernachlässigt, bis sie deutliche Einbrüche hinnehmen mussten, große Marktanteile verloren oder gar das *know how* verloren. Ein Beispiel von vielen ist der Schiffbau. Mit hoher Kompetenz im Kriegsschiffbau haben die USA seit mehr als 50 Jahren kein signifikantes High-Tech Handelsschiff mehr gebaut, wie Kreuzfahrtschiffe, Spezialschiffe oder Mega-Yachten.

Der Export der USA belief sich im Jahre 2016 auf insgesamt 1.471 Mrd.$ gegenüber einem Import in Höhe von 2.205 Mrd.$, die USA hatten also ein Handelsdefizit in Höhe von 734 Mrd.$.

Wichtigste Exportländer der USA waren im gleichen Jahr mit Kanada 18,6%, Mexiko 15,7%, China 7,7% und Japan 4,4%. Daraus ergibt sich, dass gut ein Drittel des US-amerikanischen Exportes in die unmittelbaren Nachbarländer Mexiko und Kanada gehen. Der US-Dollar ist somit naturgemäß von den Stärken und Schwächen der Wirtschaft in diesen beiden Ländern betroffen.

Das Handelsbilanzsaldo der USA bewegt sich seit 1975 (US-Präsident war damals Gerald Ford) im negativen Bereich. Im Zeitraum 2006 bis 2016 lag das Handelsdefizit konstant zwischen 750 und 850 Milliarden $. [327]

---

[327] *Handelsbilanz der USA bis 2016 in Statista 2017*

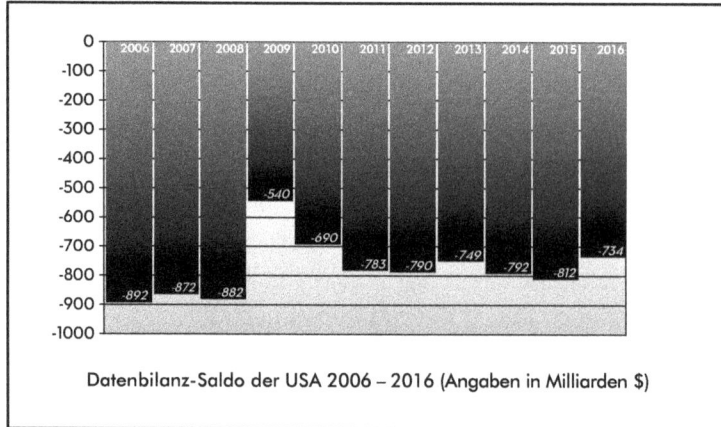

Datenbilanz-Saldo der USA 2006 – 2016 (Angaben in Milliarden $)

Die Exportschwäche des riesigen Landes mit seiner hohen Bevölkerungszahl zeigt ein Vergleich des Handlesüberschusses bzw. Defizits mit anderen Industrieländern aus dem Jahre 2016 (in Milliarden $):[328]

	Land	Import	Export	Überschuss/-Defizit
1	China	1.587	2.098	+ 511
2	Deutschland	987	1.283	+ 296
3	Großbritannien	412	581	+ 169
4	Südkorea	405	509	+ 104
5	Russland	165	259	+ 94
6	Italien	372	436	+ 64
7	Japan	629	641	+ 12
8	Belgien	251	251	0
9	Polen	189	188	- 1
10	Kanada	419	390	- 29
11	Niederlande	480	422	- 58
12	Frankreich	561	489	- 72
13	USA	2.205	1.471	- 734

Die Liste der Länder mit einem Handelsbilanzüberschuss gegenüber den Vereinigten Staaten ist eindrucksvoll, denn sie umfasst alle wichtigen Länder der Welt. Einige Zahlen für das Jahr 2016: 347 Milliarden Dollar US-amerikanisches Defizit im Handel mit China, 69 Milliarden gegenüber Japan, 93 Milliarden gegenüber der Europäischen Union, davon 65 Milliarden gegenüber Deutschland, 63 Milliarden

---

[328] *CIA-Factbook mit Zahlen aus 2016*

Defizit gegenüber Mexiko und 11 Milliarden gegenüber Kanada. Wie aus der Liste der Länder mit einem Handelsbilanzüberschuss zu ersehen, ist der Hauptgrund für das US-amerikanische Defizit nicht der Import von Rohstoffen, was für ein hochentwickeltes Land noch normal sein könnte. Andere Produkte, hauptsächlich verarbeitete Güter, sind für das permanente Handelsdefizit verantwortlich.

Großkonzerne
Der Markt in Nordamerika wird von vielen Großkonzernen beherrscht. Konzentration ist alles. So verfügen die „großen Drei" von Detroit (General Motors, Ford und Chrysler) trotz der starken japanischen und deutschen Marktanteile immer noch über eine große Dominanz innerhalb des Landes. Sie üben damit auch politischen Druck aus.

Die Handelsketten Wal-Mart, JC-Penny, Macy`s oder Sears beherrschen den Markt nach Belieben. Kommt einer in Schwierigkeiten, so fällt dann auch gleich ein Imperium zusammen, wie Bloomingdale in New York zu Beginn der neunziger Jahre.

Ähnlich ergeht es den Fluggesellschaften. Durch Dumpingpreise versuchen alle Fluggesellschaften ihren Marktanteil zu vergrößern, um nach dem Erfolg im Verdrängungseffekt die Preise im dann größeren Marktanteil beliebig erhöhen zu können. Die Rechnung geht oft nicht auf. Auf der Strecke blieben so bekannte Gesellschaften wie PAN-AM, EASTERN oder TWA.

Auf dem Computermarkt haben sich einige wenige Softwarehersteller an die Spitze gesetzt und beherrschen diesen Markt. Ebenso ist es bei der Rüstungsindustrie. BOEING, Martin-Marietta, General Electric und General Dynamic stehen als Beispiele. Wenn es dann im Verteidigungshaushalt zu Einsparungen kommen sollte und weniger Waffen und Gerät geordert werden, geht man sogar vor Gericht und klagt gegen die Vergaberichtlinien des Staates, wie am Beispiel eines neuen Atom-U-Bootes zu beobachten war. GE hatte die Ausschreibung mit seiner Werft in Grotton gegen *Newport News Shipbuilder* aus Newport News gewonnen. Der Verlierer ging vor das Gericht und verlor abermals.

Der Genussmittelmarkt wird von wenigen Großgesellschaften kontrolliert. Coca-Cola, Mc Donalds oder Pepsi (mit Kentucky Fried Chicken, Pizza Hut und Burger King) gehören zu den ganz Großen. Sie bauen ihren Marktanteil weiter aus und versorgen - nicht nur - das US-amerikanische Volk mit gesundheitsschädlichen Essgewohnheiten.

Trotzdem sind die Leistungen immer wieder erstaunlich, die in der Entwicklung moderner Technologien erbracht wurden und z.T. immer noch erbracht werden und die wohl nur mit dem Finanzrahmen von Großkonzernen möglich sind. Hier seien stellvertretend genannt: *Silicon Valley* und der Großraum Boston. In beiden Regionen schlägt das Herz des US-amerikanischen Fortschritts, obwohl sein Puls, wie früher gesagt, immer schwächer wird. Hier fand ein großer Teil der Zukunftssicherung am Weltmarkt seinen Ursprung.

Bankensystem

Ist *Wallstreet* zweifellos die Schlagader der internationalen Banken, so muss man objektiv feststellen, dass das US-amerikanische Bankensystem im Vergleich zu dem europäischen rückständig ist. Auf diesem Gebiet sind die U.S.A. tatsächlich noch ein Entwicklungsland. Drei Dinge sind dafür verantwortlich:

- das Gesetz, dass Banken nur innerhalb eines Bundesstaates tätig sein dürfen. Das Gesetz ist zwar in den 80er Jahren gelockert und seither hat es schon zahlreiche Bankenzusammenschlüsse gegeben; Großbanken sind aber dadurch in den USA nur spärlich und dann auch nur sehr spät entstanden. So verwundert es nicht, dass unter den 10 größten Banken der Welt keine US-amerikanische Bank platziert ist.

- Der US-Amerikaner lebt - wie seine Regierung und das ganze Land - „auf Pump". Diese Tatsache ist der Hintergrund für die Erfolgsstory der Kreditkarte. Einem seriösen, ehrbaren hanseatischen Kaufmann würde die Zornesröte aufsteigen, wenn er diese (legale) Zahlung auf Pump sehen würde. Mit Plastikkarten hat man Kredit und reicht eine Karte nicht mehr aus, so nimmt man die nächste. Der normale Bürger besitzt dann auch eine Mappe mit einem Register, gefüllt mit Kreditkarten. Es ist nicht ehrenrührig, im Gegenteil. Selbst kleine Beträge werden mit Kreditkarten bezahlt. Wer größere Summen bar bezahlt ist verdächtig. Aus zwei Gründen: zum einen ist man offenbar nicht kreditwürdig und hat keine Kreditkarte - zum anderen sind große Dollarnoten suspekt. Sie könnten gefälscht sein.

- In den USA ist die Form des Dauerauftrags nicht üblich, die Scheckzahlungen überwiegen[329]. Es gibt kaum Transaktionen zwischen den Banken. Das Geldsystem ist auf Kreditkarten und *personal cheque* aufgebaut. Girokonten gibt es natürlich, aber die Möglichkeit des Dauerauftrages oder der Abrufung von regelmäßig zu leistenden Zahlungen wie Miete, Wasser, Telefon, Versicherungen etc. ist nicht möglich. Am Monatsbeginn erhält jeder US-Amerikaner Dutzende von Rechnungen, die er zu bezahlen hat. Allgemeine Leistungen des täglichen Lebens. Nun setzt sich *Joe Sixpack* hin und schreibt Schecks aus: für Miete, für Gas, für Abwasser, für Kfz-Versicherung, für Telefon, für die Lebensversicherung, für die

---

[329] *https://de.wikipedia.org/wiki/Dauerauftrag vom 25.6.2017*

Hausratversicherung, für Müllabfuhr, für die Zeitungen etc.. All dieses geht dann mit der Post auf Reisen.

Niedergang der US-Wirtschaft

Die Betrachtung der Exporte und Importe der USA selbst und insbesondere ein Vergleich mit anderen Ländern und Märkten (z.B. China, EU) zeigt den Niedergang einer Wirtschaft. Nach dem Ende des 2. Weltkrieges produzierten die USA 60% aller Industriegüter der Welt, 2002 waren es nur noch 28% und in 2011 sank der Anteil auf 16,5%.[330]

Wie wurde dieser Rückgang möglich? „Der erste Grund liegt in dem relativen industriellen Niedergang des Landes, wenn man es an den Parametern der Weltproduktion misst. Dies gilt nicht nur für die traditionelleren Erzeugnisse wie Textilien, Eisen und Stahl, Schiffbau und chemische Produkte, sondern auch für die globalen Anteile bei Industrierobotern, der Luftfahrttechnik, bei Automobilen, im Maschinenbau und bei Computern. Im Bereich der traditionellen Industrie sind die Lohnkostenunterschiede zu den jungen Industriestaaten wahrscheinlich so groß, dass selbst die besten Effizienz-Maßnahmen die Lücke nicht schließen könnten.

Der zweite Grund und in vieler Hinsicht überraschendere Bereich des Niedergangs ist die Landwirtschaft. Noch vor wenigen Jahren sagten Experten ein erschreckendes globales Ungleichgewicht zwischen Nahrungsmittelbedarf und Ernteergebnissen voraus. Aber dieses Szenario von Hungersnöten und Katastrophen stimulierte zwei machtvolle Reaktionen. Die erste bestand in massiven Investitionen in die US-amerikanische Landwirtschaft von den 70er Jahren an, in der Hoffnung auf immer weiter anwachsende Nahrungsmittelausfuhren; die zweite war eine enorme (von der westlichen Welt finanzierte) wissenschaftliche Anstrengung, die Ernten in der Dritten Welt zu erhöhen. Dies erwies sich als so erfolgreich, daß eine wachsende Zahl dieser Länder sich in Getreideexporteure verwandelten - was sie zu Konkurrenten der Vereinigten Staaten machte. Diese Trends waren unabhängig von der Entwicklung der EG/EU, fielen aber zeitlich zusammen mit der Entwicklung der EG/EU zu einem Produzenten von Agrarüberschüssen". [331]

Wie die viktorianischen Briten waren die US-Amerikaner nach 1945 ganz für den Freihandel und für offene Konkurrenz - nicht nur weil sie überzeugt waren, dass auf diese Weise Handel und Prosperität auf der ganzen Welt gefördert würden, sondern auch weil sie wussten, dass sie am meisten vom Abbau des Protektionismus profitieren würden. Heute ist dieses Selbstvertrauen geschwunden, und nun wendet

---

[330] Wikipedia „Manufacturing in the United States - 17.6.2017
[331] Kennedy, Paul: Aufstieg und Fall der großen Mächte, S. 773-774

sich die öffentliche Meinung, wie nicht anders zu erwarten, wieder dem Schutz des heimischen Produzenten und des Binnenmarktes zu. Dies sind die Wähler von Donald Trump im November 2016 gewesen.

„Neben diesen Schwierigkeiten auf den Gebieten der US-amerikanischen Industrie und Landwirtschaft gibt es beispiellose Turbulenzen im Finanzgefüge der Nation. Die mangelnde Konkurrenzfähigkeit US-amerikanischer Industrieprodukte und das Nachlassen der Agrarexporte haben zusammengewirkt, um ein atemberaubendes Defizit im Außenhandel aufzubauen. Aber noch alarmierender ist die Tatsache, dass auch die unsichtbaren Einkünfte diese Lücke nicht mehr füllen können, was im Großbritannien vor 1914 noch der Fall war. Im Gegenteil, die Vereinigten Staaten können ihre Schulden nur noch bezahlen, indem sie wachsende Kapitalsummen importieren. Das hat das Land im Verlauf von wenigen Jahren vom größten Gläubiger der Welt in den größten Schuldner der Welt verwandelt".[332]

Die Welt steht damit vor einer doppelten Umkehrung der Verhältnisse: Die wirtschaftlichen Abhängigkeitsverhältnisse zwischen den Vereinigten Staaten und anderen Ländern kehren sich um, und die Dynamik der demokratischen Entwicklung kehrt sich um, in Eurasien erleben wir einen Zuwachs an Demokratie, in den USA einen Rückgang.

Die Weltwirtschaft hat kein Vertrauen in die USA mehr, Investoren aus Asien ziehen so viel Geld aus dem Markt für US-Staatsanleihen ab wie nie zuvor. Niemand außer der Federal Reserve selbst investiert noch in US-Staatsanleihen. Die Anleger befürchten den großen Crash. China und Japan zogen im Juni 2013 die Rekordsumme von 40,8 Milliarden Dollar aus langfristigen US-Bonds ab, belegen die Daten des US-Finanzministeriums. Von dem Rest der Welt wurden weitere 26,1 Milliarden Dollar abgezogen. Der Trend setzt sich fort.[333]

Die klassischen ökonomischen Theorien können den Rückgang der Wirtschaftstätigkeit im industriellen Sektor der USA nicht erklären, die Verwandlung der USA in eine Region, die sich auf den Konsum spezialisiert hat und für ihre Versorgung vom Rest der Welt abhängig ist. Ein Weltmachtkonzept nach dem Vorbild Roms erlaubt indes, diese Entwicklung als wirtschaftliche Folge einer bestimmten politischen und militärischen Organisation zu verstehen. Nach dem Zweiten Weltkrieg, als Europa und Japan in Trümmern lagen und der Ostblock sich als neuer Machtfaktor etablierte, organisierten die Vereinigten Staaten ihre Einflußsphäre als globales System, in dem sie das Zentrum bildeten. Schritt für Schritt

---

[332] *Kennedy, Paul: Aufstieg und Fall der großen Mächte, S 775*
[333] *Deutsche Wirtschaftsnachrichten vom 17.08.13*

setzten sie in dem System für Handel und Finanzen Spielregeln durch, die ihren ideologischen Präferenzen entsprachen mit dem einzigen Ziel, den geographischen Raum zusammenzuschweißen, den sie militärisch und politisch kontrollierten. Es steht außer Zweifel, dass die Vereinigten Staaten zu Anfang vollkommen zu Recht behaupteten, sie sorgten für Wohlstand auf dem größten Teil des Planeten. Es wäre absurd, die Entstehung dieser Weltordnung als zerstörischen Vorgang zu betrachten: Die Wachstumsraten der Jahre 1950-1975 belegen das Gegenteil. Der Marshallplan versorgte Europa mit den notwendigen Mitteln für den Wiederaufbau und bewahrte die Vereinigten Staaten vor einer neuerlichen Wirtschaftskriese wie 1929. Es war ein Akt politischer und wirtschaftlicher Intelligenz, wie es nur wenige andere in der Geschichte gibt. Man kann diese Zeit darum als positiven Imperialismus bezeichnen.

Die Vereinigten Staaten waren ganz auf den Kampf gegen den Kommunismus fixiert und sich der Beständigkeit ihrer wirtschaftlichen Vorherrschaft etwas zu sicher. Sie gaben der politischen Integration der Sphäre, über die sie militärisch herrschten, absolute Priorität. Im Interesse dieses Ziels öffneten sie ihren Markt für europäische und vor allem für japanische Produkte und opferten weite Bereiche ihrer industriellen Produktion, zunächst ohne sich dessen richtig bewusst zu sein, später mit einiger Sorge. Das Defizit im Außenhandel tauchte erstmals Anfang der siebziger Jahre auf. Seitdem hat es sich über die Sphäre der ursprünglichen politischen Dominanz hinaus auf den Handel mit der gesamten Welt ausgedehnt.

„Der Zusammenbruch des kommunistischen Herrschaftsbereichs hat es ermöglicht, dass neue wichtige Staaten in dieses System des asymmetrischen Austausches eindrangen: Heute weisen nicht mehr Japan oder Europa den größten Überschuss im Handel mit den Vereinigten Staaten aus, sondern China. Der übermäßige Konsum in den Vereinigten Staaten ist mittlerweile das Schlüsselelement einer weltwirtschaftlichen Struktur, die von manchen als imperial bezeichnet wird. Die USA sind jedoch nicht mehr als Produzent wichtig für die Welt, sondern als Konsument, zumal in einer Phase der weltweiten Nachfrageschwäche, die eine Folge des Freihandels ist".[334]

Wirtschaftspolitische Konflikte mit anderen Ländern

Die USA, vertreten durch ihre Justiz unter Führung des Justizministerium, nutzen seit Längerem die Leitwährung Dollar als Hebel zum Eingreifen in die Wirtschaft anderer Länder - sie definieren ihren Einflussbereich durch den Dollar besonders weit. So können Geschäfte zwischen zwei ausländischen Unternehmen schon dann zum Gegenstand von Ermittlungen in den USA werden, wenn dabei der Dollar als

---

[334] *Todd, Emmanuel: Weltmacht USA - ein Nachruf, S. 94*

Währung zur Abrechnung genutzt wird. Zu dem Privileg, über die Leitwährung zu verfügen, bekommen sie ein zusätzliches Werkzeug, um ihre Hegemonie weltweit durchzusetzen. Damit nicht genug, können sogar Transaktionen schon ins Visier der US-Ermittler geraten, wenn sie über das Internet abgewickelt werden und dabei auch Server zum Einsatz kommen, die in den USA stehen.[335]

Dieses führt natürlich zu Konflikten mit anderen Ländern und Organisationen, wie der EU. Offenbar werden zudem die US-Gesetze bei ausländischen Firmen strenger angewandt als bei US-Konzernen. Seit 1977 sind zwar nur 30% der Ermittlungen auf ausländische Firmen entfallen, allerdings haben diese bis 2014 insgesamt 67% der gesamten Strafen bezahlen müssen. Von den 16 höchsten Sanktionen gegen Banken weltweit verhängten die USA im Zeitraum 2011 bis 2015 allein 12, darunter 8 an europäische Banken.

Dazu kommen aber noch weitere Milliarden Euro, welche verschiedene europäische Firmen wegen Verletzung von Antikorruptionsgesetzen seit 2008 bezahlen mussten. Das sind "wahrhafte Abgaben, denen keine Gegenleistungen für die europäischen Wirtschaften entgegenstehen".[336]

Ein solches Verfahren kann man wohl als wirtschaftspolitischen Imperialismus bezeichnen. Ein Beispiel soll das verdeutlichen. Ende August 2016 verkündete die EU-Wettbewerbsbehörde, dass der amerikanische Apple-Konzern 13 Milliarden € plus Zinsen an den Irischen Staat zahlen muss. Die Kommission in Brüssel wertete Steuervergünstigungen, die Irland dem IPhone-Hersteller gewährt hatte, als unzulässige staatliche Beihilfe. Es dauerte danach nur wenige Wochen, da drang nach außen, dass das US-amerikanische Justizministerium der Deutschen Bank mit einer 14 Milliarden $ Strafe für Verfehlungen während der Finanzkrise droht. Man kann schon den Eindruck haben, dass Strafzahlungen für Fehlverhalten, etwa bei Banken, bei Siemens oder bei Bosch und VW, eher das Ziel haben, die eigene US-amerikanische Industrie in einem internationalen Konkurrenzkampf zu entschädigen.[337]

Um die Konflikte zu verstehen, muss man wissen, dass sich die US-Amerikaner berufen fühlen, ihr Recht auch jenseits der eigenen Grenze durchzusetzen. Den großen Kreditinstituten der Schweiz haben sie so das Ende ihres Bankgeheimnisses abgerungen. Die Angst, ins Visier der US-amerikanischen Justiz zu geraten, schwingt auch bei etwas kleineren Unternehmen immer mit, selbst wenn Mittelständler und Maschinenbauer nach dem Ende der Sanktionen Geschäfte im Iran machen wollen.

[335] *Streck, Ralf: Wirtschaftskrieg - wie die USA ihr Recht weltweit durchsetzen, Telepolis vom 15.11.2016*
[336] *Streck, Ralf: Wirtschaftskrieg - wie die USA ihr Recht weltweit durchsetzen, Telepolis vom 15.11.2016*
[337] *Schroeder, Gerhard in „Frankfurter Allgemeinen Zeitung" vom 15.10.2016*

Das Problem: Die US-Amerikaner haben ihre Sanktionen nur zum Teil aufgehoben. Wenn deutsche Unternehmen und Banken, die auch jenseits des Atlantiks tätig sind, den Schritt nach Iran wagen, könnte die US-amerikanische Justiz Ansatzpunkte für Klagen finden. Darum lassen die Banken oft die Finger von der Finanzierung solcher Geschäfte, was sie damit de facto verhindert.

Dass gerade Banken Angst haben, sich mit den Amerikanern anzulegen, hat gute Gründe. Sie haben das Beispiel der französischen Bank BNP vor Augen, die 9 Milliarden $ dafür zahlte, dass sie Geschäfte mit dem Iran gemacht hatte, die die US-Amerikaner als illegal ansahen. Alternativ hätte das Institut seine Banklizenz in den USA verloren.

Die wahren Konflikte liegen tiefer. Die Europäer und speziell die Deutschen stören sich an dem so empfundenen Anspruch der US-Amerikaner, die Rechtsverhältnisse für die ganze Weltwirtschaft nach ihren Vorstellungen festzuschreiben. So herrscht hinter den Kulissen ein Gezerre um die künftige Regulierung der Banken: die US-Amerikaner sehen sich als diejenigen an, die konsequenter als alle anderen die Lehren aus der Finanzkrise gezogen und ihre Banken aufgeräumt haben. Das bestätigt Ihnen der Internationale Währungsfonds, der ein besonders kritisches Auge auf den europäischen Bankensektor geworfen hat. Die US-Amerikaner leiten daraus das Selbstbild ab, die wahren Meister der Bankenaufsicht zu sein, das durften die Europäer bei der Jahrestagung von Währungsfond und G 7 erfahren. Das von Ihnen vorgeschlagene Reglement würde Europas Banken mit zusätzlichen Eigenkapitalanforderungen um bis zu 30% zusätzlich belasten, vor allem wegen der Hypothekenkredite und anderer riskanter Assets in ihren Büchern. Die US-amerikanische Konkurrenz dagegen hat ihre Hypothekendarlehen bei den US-amerikanischen halbstaatlichen Finanzinstituten *Fannie Mae* und *Freddie Mac* abgeladen und muss deshalb dafür kein Eigenkapital vorhalten. So hilft die US-amerikanische Regierung Ihren Banken dabei, die Bilanzen zu entlasten, dringt aber zugleich auf strenge Eigenkapitalvorschriften rund um den Globus. Die Europäer sehen in dieser Doppelstrategie einen Angriff auf die kontinentalen Institute und stellen sich quer.[338]

Résumé
Drei Merkmale zeichnen eine Weltmacht aus. Es sind die politische, die wirtschaftliche und die militärische Macht. Alle drei Faktoren haben die USA stark gemacht. Zunächst aber war es die Wirtschaft, die das Land zur Weltmacht geführt hat. Der absolute Höhepunkt der Machtfülle war mit dem Niedergang der Sowjetunion und dem Zerfall des Warschauer Paktes erreicht. Nun waren die

---

[338] *Frankfurter Allgemeinen Zeitung vom 15.10.2016*

Vereinigten Staaten als alleinige Weltmacht übriggeblieben. Doch schon kurze Zeit später begann der Abstieg von dieser alleinigen Weltmachtstellung, dabei spielt der Niedergang der Wirtschaft eine entscheidende Rolle. Und China hält sich bereit, die USA als Weltmacht abzulösen, wirtschaftlich, politisch und militärisch.

Kapitel 26

Der Staatshaushalt

Der Haushaltsplan der Vereinigten Staaten ist ein gesetzlicher Beschluss des Kongresses, der die veranschlagten Einnahmen und Ausgaben der Bundesregierung im Laufe eines Haushaltsjahres aufführt. Das Haushaltsjahr beginnt am 1. Oktober.

Die Verfahrensweise zur Erstellung des Haushaltsplans ist in einem Gesetz festgelegt, welches vorschreibt, dass der Präsident dem Kongress zum ersten Montag im Februar einen Haushaltsvorschlag übermittelt. Dieser Vorschlag enthält eine detaillierte Aufstellung aller vom Präsident und den ihm untergeordneten Ministerien und anderen Behörden geplanten Einnahmen und Ausgaben für das kommende Haushaltsjahr. Über die reinen Zahlen hinaus enthält der Vorschlag auch eine große Menge an zusätzlichen Informationen, die die Prognosen und Wünsche der Regierung unterstützen sollen.

Aus dem Vorschlag entwickeln die Haushaltsausschüsse von Senat und Repräsentantenhaus gleichzeitig, aber getrennt voneinander jeweils eine Vorlage, in der sich auch die politischen Prioritäten der jeweiligen Kammer widerspiegeln. Traditionsgemäß werden diese Vorlagen Anfang April den Senatoren beziehungsweise den Abgeordneten zur Diskussion und Verabschiedung vorgelegt.

Da es zu diesem Zeitpunkt zwei Gesetzesvorlagen gibt, die auch immer inhaltliche Unterschiede aufweisen, wird in einem Vermittlungsausschuss beider Kammern über Änderungen verhandelt. Das Ergebnis dieser Verhandlungen wird gewöhnlich ohne weitere Aussprache von beiden Kammern verabschiedet.

Auf der höchsten Ebene ist der Haushaltsplan entlang von 19 Haushaltsfunktionen strukturiert - diese entsprechen in etwa den 22 Einzelplänen im Haushalt der Bundesregierung in Deutschland.

Internationale Aspekte

Nach dem Zweiten Weltkrieg waren die Vereinigten Staaten ganz auf den Kampf gegen den Kommunismus fixiert und sich der Beständigkeit ihrer wirtschaftlichen Vorherrschaft etwas zu sicher. Sie gaben der politischen Integration der Sphäre, über die sie militärisch herrschten, absolute Priorität. Im Interesse dieses Zieles öffneten sie ihren Markt für europäische und japanische Produkte und opferten weite Bereiche ihrer industriellen Produktion, zunächst ohne sich dessen richtig bewusst zu sein, später mit einiger Sorge. Das Defizit im Außenhandel tauchte erstmals Anfang der siebziger Jahre auf. Seitdem hat es sich auf den Handel mit der gesamten Welt ausgedehnt.

Der Zusammenbruch des kommunistischen Herrschaftsbereichs hat es ermöglicht, dass neue wichtige Staaten in dieses System des asymmetrischen Austausches eindrangen: heute weist nicht mehr Japan oder Europa den größten Überschuss im Handel mit den USA aus, sondern China. Der übermäßige Konsum in den Vereinigten Staaten ist mittlerweile das Schlüsselelement einer weltwirtschaftlichen Struktur, die von manchen als imperial bezeichnet wird. Die USA sind jedoch nicht mehr als Produzent wichtig für die Welt, sondern als Konsument.[339]

Bill Clinton brachte die finanzpolitische Lage kurz nach seiner Wahl in seiner ersten Fernsehansprache aus dem Oval Office am Montag, dem 15. Februar 1993 auf den Punkt, als er ausführte „Obwohl sich die Wirtschaft aus statistischer Sicht erholte, entstanden keine neuen Arbeitsplätze. Der Grund war, dass die US-amerikanische Volkswirtschaft unter der Vervierfachung der Staatsschulden in den letzten zwölf Jahren litt. Da sämtliche Budgetdefizite auf die Steuersenkungen für die Reichen, die unablässig erhöhten Kosten im Gesundheitswesen und die steigenden Verteidigungsausgaben zurückzuführen waren, investierten wir weniger in die Dinge, die uns stärker und klüger, reicher und sicherer machen".[340]

Ein großes Problem der USA ist der Kapitalbedarf zur Deckung ihrer laufenden Defizite. Die Defizite der USA verschlingen drei Viertel der jährlichen globalen Ersparnisse. „Es gibt andere Länder mit ebenfalls hohen Schuldenständen und hohen jährlichen Defiziten. Aber sie finanzieren sich - wie zum Beispiel Japan mit einer Schuldenstandsquote von etwa 220 Prozent seines Bruttosozialprodukts - über die Sparleistung ihrer Bevölkerung und halten auf diese Weise die Auslandsverschuldung in Grenzen. Dagegen werden die Haushaltsdefizite der USA durch Schuldscheine gedeckt, die mehrheitlich ausländische Käufer, vor allem in China und Japan, erwerben. Weltweit betrachten die Anleger den Dollar nach wie vor als attraktive und sichere Anlage, was ja nicht zuletzt ein Vertrauen in die Stärke der USA ausdrückt. Also investieren sie in Staatsanleihen, Unternehmensanleihen und Beteiligungen an US-Firmen. Davon profitieren die US-Amerikaner bislang. Aber wehe, dieser vermeintlich ewig fließende Strom versiegt - sei es aus wirtschaftlichen oder aus politischen Gründen".[341]

---

[339] Todd, Emmanuel: Weltmacht USA - ein Nachruf Weltmacht USA - ein Nachruf, S. 94-95
[340] Clinton, Bill: Mein Leben, S.748/749
[341] Steinbrück, Per: Unterm Strich, S. 65

Permanenter Streit um den Haushalt

Der politische Alltag in Amerika war schon immer etwas rauher als anderswo. Der Streit zwischen Präsident und Kongress macht aber oft auch erfahrene Kämpfer sprachlos. Es ist schon ein besonderes Schauspiel, das die Vereinigten Staaten immer wieder bieten: Bundesbehörden geschlossen, Zahlungsunfähigkeit drohend, ein haushaltspolitischer Kampf, in dem keine Gefangenen inhaftiert und keine Kompromisse geschlossen werden. Hochglanzwerbung in eigener Sache ist das nicht. Auch viele US-Amerikaner haben mittlerweile die Nase voll von dem, was in Washington aufgeführt wird und was Fachleute schon von einem "dysfunktionalen politischen System" sprechen lässt. Selbst wenn das Schlimmste vermieden wird, so erreichte die politische Auseinandersetzung zwischen Präsident Obama, Demokraten und Republikanern immer wieder einen neuen Tiefpunkt. Viele hatten den Eindruck, dass die Polarisierung zwischen den politischen Lagern noch niemals so scharf, so fundamental gewesen war. War früher alles besser? Wurde früher etwa weniger verbissen um politische Vorteile gekämpft? Schließlich war es nicht das erste Mal, dass Bundesbehörden geschlossen werden mussten als Folge unversöhnlicher haushaltspolitischer Positionen; das war zuletzt vor siebzehn Jahren der Fall. Im Streit über die Erhöhung der Schuldenobergrenze sind auch früher die Messer gewetzt worden.

Gespräche mit ehemaligen Mitgliedern des Kongresses lassen allerdings den Schluss zu, dass die Polarisierung in der Politik in der jüngsten Vergangenheit tatsächlich eine neue Dimension erreicht hat. Und dass es von Präsident zu Präsident schlimmer geworden ist. Natürlich lassen ehemalige republikanische Kongressmitglieder kein gutes Haar an Präsident Obama; ihm werfen sie Führungsschwäche und eine hochmütige Verweigerungshaltung vor. Demokraten wiederum wähnen die Republikaner in der Hand von Radikalen, denen es nicht um die Sache, den Haushalt, sondern darum gehe, den Präsidenten - und den Staat - kleinzukriegen, koste es, was es wolle. Aber die Ehemaligen sind sich in einem wichtigen Punkt einig: Früher habe es auf beiden Seiten starke moderate Kräfte gegeben, die den Gegner nicht als Feind betrachtet hätten und die einen Kompromiss herbeizuführen in der Lage gewesen seien. Diese Schnittmenge politischer Gemeinsamkeiten ist heute nur noch ganz klein. Warum ist das so?

Der ehemalige Mehrheitsführer der Demokraten im Senat Tom Daschle, der 2004 einem unbekannten Republikaner unterlag, sieht wie viele andere in der Wahlkreisgeometrie das politische Grundübel. Die Grenzen der Wahlkreise wurden auf eine Weise gezogen, dass diese quasi zum Stammbesitz einer Partei werden. Das hat zur Folge, dass die Zahl der wirklich umkämpften Wahlkreise immer kleiner wird; die meisten Wahlkreise sind für die eine oder für die andere Partei "sicher". Die Wahlauseinandersetzung wird somit nicht mehr zwischen den Parteien geführt, sondern in ihnen: Die Vorwahl wird zum eigentlichen Kampfplatz zwischen moderaten und radikalen Kräften. In den letzten Jahren haben sich bei den Republikanern vor allem diese radikalen, ideologischen Kräfte durchgesetzt - Stichwort *Tea Party*. Leute wie die langjährigen Senatoren Richard Lugar und Robert Bennett waren die Opfer. Freilich ist das Phänomen auch bei den Demokraten bekannt. Die neuen Kräfte brächten ein anderes ideologisches und ein anderes taktisches Temperament mit nach Washington, sagt Daschle, der Senator aus South Dakota - keine Kompromisse machen, nicht nach Gemeinsamkeiten suchen! Ergebnis: Die Radikalen geben den Ton an, die Polarisierung nimmt zu.

Und dann gibt es keine "Kameradschaft" mehr. Das hat etwa Robert Livingston beobachtet, der dem Repräsentantenhaus von 1977 bis 1999 angehört hatte. Er war damals ein politischer Weggefährte Newt Gingrichs, der in der Mitte der neunziger Jahre als Sprecher des Repräsentantenhauses den damaligen Demokraten im Weißen Haus, Bill Clinton, in die Knie zu zwingen versuchte - mit mäßigem Erfolg. Livingston sagt, dass die beiden Parteien anders als früher nicht mehr miteinander sprächen. Die Politiker kennten sich nicht mehr; sie verbrächten keine Zeit miteinander, weil sie sich selbst während der Sitzungswochen des Kongresses nur sehr kurz in Washington aufhielten, nicht zuletzt aus Furcht, zu Hause eine offene Flanke zu bieten. Ergebnis: Die Entfremdung nehme zu, "und das ist eine gefährliche Situation für unser Land". Auch Livingston klagt darüber, dass die Zentristen in beiden Parteien unter die Räder gekommen seien und dafür die ideologischen Elemente an Stärke gewonnen hätten. "Der Antagonismus hat zugenommen".

Aber vielleicht sind die politischen Zustände in Washington nur ein Spiegelbild allgemeiner gesellschaftlicher Entwicklungen; insofern wären sie auch nicht so einfach zu korrigieren. Livingston, der früher einen Wahlkreis in Louisiana vertrat, der sowohl konservative als auch liberale Wähler einschloss, spricht nämlich von der „Balkanisierung der US-amerikanischen Gesellschaft". Das hieße nichts anderes, als dass die politischen, kulturellen, demographischen und sozialen Trennungslinien schärfer gezogen würden. Hierfür wird oft das Beispiel genannt, dass sich immer mehr Wähler in homogenen Milieus bewegten - und nicht auf die Idee kämen, einen Nachrichtensender einzuschalten, der nicht die eigene Linie vertritt. Folge: Das Freund-Feind-Denken verbreitet sich. Und die Kette endet dann in Washington, wo der politische Gegner dämonisiert wird.

Vielleicht sollte man die Sache dennoch nicht dramatisieren, selbst wenn jetzt oft von "tragischen Zeiten", von Geiselnahme und von dergleichen mehr gesprochen wird. Auch früher ging es hart zur Sache. So ist sich der Republikaner Robert Walker sicher, dass man sich am Ende auf einen Prozess einigen werde, in dem über Ausgabenkürzungen und Sozialstaatsreformen verhandelt werde. Aber auch Walker, der seinen Wahlkreis in Pennsylvania zwanzig Jahre lang im Repräsentantenhaus vertrat, ist sich der banalen Unrühmlichkeit des aktuellen Zustands bewusst: „Wenn Behörden dichtmachen müssen, dann ist das für niemanden in der Regierung und im Kongress gut." Bei der Bevölkerung hat der Kongress übrigens ein Ansehen, das von dem eines Zuhälters nicht weit entfernt ist - „ihren" Abgeordneten dagegen lieben die Wähler sehr. Die Frage bleibt: Werden die Vereinigten Staaten unregierbar? Oder ist auch diese Frage Teil der politischen Auseinandersetzung?[342]

Government Shutdown

Als *Government Shutdown* (Stilllegung der Regierung) wird in den Vereinigten Staaten die Lage bezeichnet, in der die Behörden der US-Regierung ihre Tätigkeit zu großen Teilen einstellen und nur noch die als unerlässlich angesehenen Aufgaben erledigen. Der Regierungsapparat wird bei einem solchen *Shutdown* heruntergefahren, wenn die bisherige rechtliche Grundlage für die Bewilligung von Haushaltsmitteln ausläuft und sich Senat, Repräsentantenhaus und Präsident nicht rechtzeitig über weitere Haushaltsmittel einigen, indem sie ein entsprechendes Gesetz beschließen.

Im Zeitraum 1976 bis 2018 gab es in Washington insgesamt 19 *Government Shutdowns*. Sie betrafen 6 der in diesen Jahren amtierenden 9 Präsidenten, gleich ob Republikaner oder Demokrat (Ford 1 x; Carter 5 x; Reagan, 8 x; Bush I 1x; Clinton 2x; Obama 1x; Trump 1x). Die Dauer lag zwischen einem Tag und 21 Tagen.

„Zum Höhepunkt der Konfrontation wurde der Haushaltsstreit 2013. Um Obamas Gesundheitsreform doch noch zu Fall zu bringen, weigerten sich die Republikaner, einen Haushalt zu verabschieden, wenn nicht wichtige Teile von Obamacare, dieser „sozialistischen Übernahme" ausgesetzt würden. Die demokratische Mehrheit im Senat hielt aber daran fest. Und so gipfelte der Konflikt in einem mehr als zweiwöchigen *Government Shutdown*, einer unfreiwilligen Betriebspause für Regierung und Behörden. Ohne bewilligte Haushaltsmittel mussten Hunderttausende Beamte unbezahlten Urlaub nehmen, Museen und Nationalparks schließen, Behörden, Ministerien und die Post nach Notfallplänen arbeiten. Gleichzeitig standen die USA kurz vor dem Staatsbankrott, weil die Republikaner auch eine Erhöhung des Schuldenlimits verweigerten und die gesetzlich festgeschriebene Obergrenze von damals 16,7 Billionen $ fast erreicht war. Das Land steuerte mit offenen Augen auf die so genannte „Fiskalklippe" zu. Ein Herunterstürzen hätte ungeahnte globale Auswirkungen mit sich gebracht. Schon so schadete der Shutdown den USA gewaltig, sowohl ihrem Ansehen als auch ökonomisch: Schätzungen gehen davon aus, dass die Einschränkungen im öffentlichen Dienst die Wirtschaft zwischen 300 und 550 Millionen $ täglich kosteten.

---

[342] *Frankenberger, Klaus-Dieter in Frankfurter Allgemeine Zeitung vom 14.10.2013*

Am Ende wendete der Kongress die totale Katastrophe ab, weil die Demokraten Zugeständnisse bezüglich einer späteren Haushaltssanierung machten, so dass die Republikaner noch gerade eben ihr Gesicht wahren konnten".[343]

Am *Shutdown 2013* für den Haushalt 2014 sollen die Auswirkungen verdeutlicht werden. Am 1. Oktober 2013 hatten viele US-Behörden ihre Arbeit zu großen Teilen eingestellt. Bestimmte Einrichtungen mussten aber per Gesetz den Betrieb aufrechterhalten. Ein kurzer Ausschnitt soll einen Eindruck vermitteln.

- Weißes Haus: Der Amtssitz von Präsident Barack Obama war besonders hart getroffen, rund 1.700 Mitarbeiter blieben zuhause.

- Sehenswürdigkeiten: Die New Yorker Freiheitsstatue war nicht für das Publikum zugänglich, die staatlichen Museen wie die *des Smithsonian Instituts* in Washington blieben ebenso geschlossen wie der Nationale Zoo unweit der Hauptstadt. Landesweit blieben die Nationalparks verschlossen - darunter Yosemite, Yellowstone und Everglades.

- NASA: Die meisten Aktivitäten der US-Raumfahrtbehörde fielen aus. Einige Mitarbeiter blieben im Dienst, um die Versorgung der Internationalen Raumstation ISS und der Satelliten im All zu garantieren.

- Börsenaufsicht: Die Börsenaufsicht blieb geschlossen.

- Sicherheitsbehörden: Sie waren am wenigsten betroffen. Das Militär, Gefängniswärter und Mitarbeiter der Grenzsicherheit konnten weiter ihrer Arbeit nachgehen.

- Ministerien: Die meisten Mitarbeiter der Ministerien für Arbeit, Bau, Gesundheitspflege, Soziale Dienste, Umweltschutz, Bildung und Handel blieben zuhause. Das Heimatschutzministerium, das als Reaktion auf die Anschläge vom 11. September 2001 ins Leben gerufen wurde, konnte den Betrieb dagegen größtenteils aufrecht halten.

- Soziales: *Social Security, Medicare* und *Medicaid,* also die Renten sowie staatliche Krankenversicherungen für Ältere und Bedürftige, wurden weiterhin ausgezahlt. Neuanträge wurden jedoch nicht entgegengenommen.

---

[343] *Zamperoni, Ingo: Fremdes Land Amerika, S. 68/69*

- Energie: Rund zwei Drittel der Mitarbeiter des Energie-Ministeriums blieben zuhause. Diejenigen, die für die Nuklearsicherheit und die Überwachung von Staudämmen und Überlandleitungen zuständig waren, blieben im Dienst.

- Schulen: Die öffentlichen Schulen blieben geöffnet.

- Post: Briefe und Pakete kamen weiterhin bei ihren Adressaten an, da es sich bei dem Monopolisten UPS um ein privatwirtschaftliches Unternehmen handelt.

- Verkehr: Der Betrieb an Flughäfen konnte aufrechterhalten werden, da die Flugsicherheit und die Angestellten der Gepäckkontrolle vom Stillstand ausgenommen sind.

- Auslandsvertretungen: Botschaften und Konsulate im Ausland blieben zunächst geöffnet.

Der Government Shutdown wirkte sich auch auf die Wirtschaft aus. Da die Zollstellen in den Häfen und Flughäfen nur noch mit reduziertem Personal arbeiteten, kam es bei dem Umschlag von Waren zu großen Verzögerungen. Genehmigungsverfahren, Gerichtsverhandlungen etc. wurden vertagt. Nach verschiedenen Schätzungen entstand der US-Wirtschaft - wie bereits genannt - ein Schaden von 300 bis 550 Millionen $ pro Tag. Der Zustand wurde am 17. Oktober 2013, also nach 17 Tagen beendet, als Präsident Obama den *Continuing Appropriations Act, 2014* zur Beendigung des *Shutdows* unterzeichnete sowie eine weitere Anhebung der Schuldenobergrenze genehmigte, sodass die USA zumindest bis zum 7. Februar 2014 liquide bleiben konnten.

Schulden

„Die Haushaltspolitik einer jeden US-Regierung der letzten 6 Dekaden hat die finanziellen Probleme der USA immer weiter verschärft. Schon in den 60er Jahren gab es in Washington die Tendenz, sich eher auf ein *deficit spending* als auf Steuererhöhungen zu stützen, um die wachsenden Verteidigungs- und Sozialkosten zu bestreiten. Insbesondere die Beschlüsse der beiden Reagan-Regierungen in den frühen 80er Jahren - hohe Zuwächse in den Verteidigungsausgaben plus Steuerabbau, aber ohne signifikante Reduktionen in anderen Ausgaben des Bundes - haben das Defizit in außerordentliche Höhen gedrückt und damit auch die Staatsschuld in schwindelnde Höhen getrieben".[344]

---

[344] Kennedy, Paul: *Aufstieg und Fall der großen Mächte*, S. 776

Das Haushaltssaldo der USA war im Zeitraum von 2007 bis 2017 permanent im negativen Bereich (Angaben in Milliarden US-Dollar) : [345]

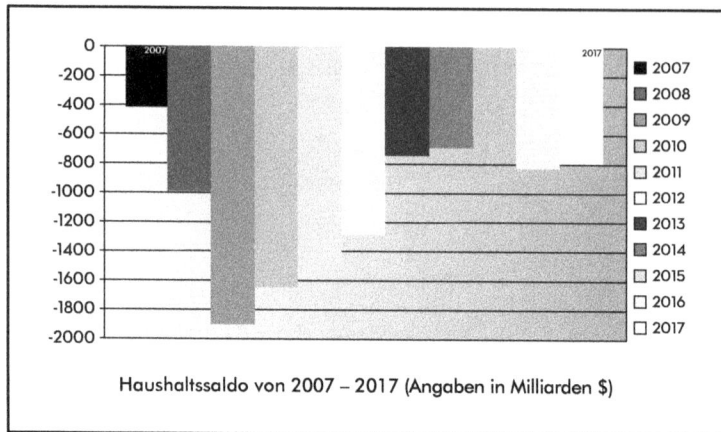

Haushaltssaldo von 2007 – 2017 (Angaben in Milliarden $)

Die Staatsverschuldung der Vereinigten Staaten bezeichnet die Gesamtmenge aller Schulden der USA auf Bundesebene, also die von der Bundesregierung geschuldeten Gesamtforderungen der kreditgebenden Gläubiger. Die 50 Bundesstaaten und die Kommunen sind in dieser Zahl nicht enthalten. Die Staatsverschuldung ist seit den 1980er Jahren bis auf eine kurze Phase in den späten 1990ern kontinuierlich gewachsen. Dies gilt besonders für die 2000er Jahre und zwar bedingt durch die Irak- und Afghanistankriege sowie die Folgen der nach der US-Immobilienmarkt-Blase weltweiten Finanzkrise 2007. Im Juni 2017 betrug die Staatsverschuldung 19,9 Billionen $ oder 102,5% des Bruttoinlandsprodukts.

Was passiert nun, wenn die US-Schulden weiter steigen? Verdüstern sich die Aussichten in den USA, trifft Präsident Trump schlechte Entscheidungen, schießt die Verschuldung weiter in die Höhe und droht der neue US-Präsident letztlich vielleicht sogar mit einem Schuldenschnitt oder ähnlichem, dann ist nicht auszuschließen, dass der Status des US-Dollar als sicherer Hafen in Gefahr ist. Dann könnten Gläubiger damit beginnen, über den Abbau von Beständen nachzudenken. Und das könnte dann den Dollar und US-Staatsanleihen auf Talfahrt schicken.

„China hat mit seinen gigantischen Devisenreserven in den letzten Jahren in großem Stil US-amerikanische Staatsanleihen aufgekauft und ist neben Japan zu dem größten Gläubiger der USA geworden. Damit lassen sich in den USA leicht Ängste vor einem möglichen Ausverkauf schüren. Die Befürchtung lautet, China greife die globale Ordnung an, welche die USA und ihre Partner im Laufe des 20. Jahrhunderts

---

[345] *Statista 2017*

aufgebaut haben. Es liefen schon Wahlwerbespots, die eine nicht allzu ferne Zukunft zeigen, in der die gesamte USA für die Chinesen arbeitet".[346]

„Die enormen Defizite im US-amerikanischen Staatshaushalt, in der Leistungsbilanz und auf den privaten Konten zeigen an, dass die USA ihren Wohlstand in einem Ausmaß auf Pump finanziert haben, das selbst ihre wirtschaftliche Kraft weit überdehnt hat und zukünftige Handlungsspielräume dramatisch einschränkt. Nach der Zehnjahresplanung 2010-2020 wird der Fehlbetrag im US-Staatshaushalt in keinem Jahr bis 2020 unterhalb von 700 Milliarden US-Dollar liegen. Selbst in guten Jahren wird also die Schuldenstandsquote weiter steigen. Bereits 2008 waren die Zinszahlungen mit 450 Milliarden US-Dollar der viertgrößte Posten im US-Budget. Der Zinsdienst absorbierte 2009 etwa 5,3 Prozent des Bruttosozialprodukts der USA. Für das Jahr 2020 werden fast 16 Prozent geschätzt. In einem Spiegel-Interview bestätigte Paul Volcker, der frühere Präsident der US-amerikanischen Notenbank, die Feststellung „Hohe Verschuldung und langsames Wachstum bringen Imperien zu Fall - und die USA könnten als Nächstes dran sein" als eine reale Bedrohung für die Vereinigten Staaten.

David Walker, ehemals Chef des US-Rechnungshofes, warnte bereits im Frühjahr 2009, dass die USA ihr *Triple-A-Rating* - also die Primusklasse der Kreditwürdigkeit - verlieren könnten, was neben der Gefahr steigender Zinsen ein weiterer Torpedo für ihren Staatshaushalt wäre".[347]

Die Ratingagentur Fitch hat die USA von einem Überschreiten der derzeit gültigen Schuldengrenze gewarnt und mit Folgen für die derzeit noch bestehende Bonitätsnote „AAA" gedroht. Sollte der Kongress die Schuldengrenze nicht rechtzeitig erhöhen, könne dies „potenziell negative Implikationen" zur Folge haben, erklärte die US-Agentur am 27. September 2017.[348] Die Ratingagentur *Standard & Poors* hat inzwischen die USA von AAA aus AA+ herabgestuft (Zum Vergleich: Deutschland und Luxemburg mit AAA, Finnland mit AA+ als Beste in der EU).

Bei hohem Niveau und Tempo der Verschuldung werden Gerüchte nur sehr schwer im Zaum zu halten sein, dass die Flucht in eine höhere Inflation ein probates Gegenmittel sein könnte. Das aber träfe nicht nur die Anlagen von US-amerikanischen Bürgern und Unternehmen, sondern vor allem auch die in den Händen ausländischer Gläubiger, die die US-Defizite überwiegend finanzieren. Sie würden sich bemühen, ihre Anlagen aus den USA abzuziehen, und ihre

---

[346] *Zamperoni, Ingo: Fremdes Kand Amerika, S. 216*
[347] *Steinbrück, Per: Unterm Strich, S. 63/64*
[348] *Deutsche Wirtschaftsnachrichten vom 29. 9. 2017*

Anlagestrategien zu Lasten der USA diversifizieren. Darin könnte noch mehr Sprengkraft liegen als in den ohnehin belastenden Unsicherheiten, die sich aus der zukünftigen Entwicklung des Zinsniveaus und der Konditionen für Anleiheplatzierungen ergeben.

„Die USA importieren im Jahre 2016 für 734 Milliarden US-Dollar deutlich mehr Waren und Dienstleistungen, als sie exportieren. Dieses Leistungsbilanzdefizit macht ungefähr 5 Prozent ihrer Wirtschaftsleistung aus. Auch die private Verschuldung bewegt sich in großen Dimensionen; sie addiert sich auf 13,5 Billionen US-Dollar oder 92 Prozent der US-Wirtschaftsleistung.

Die zentrale Frage richtet sich auf den politischen Willen in den USA, diesen Defizitentwicklungen Einhalt zu gebieten. Die dazu geeigneten Maßnahmen auf der Einnahme- und Ausgabenseite eines Staatshaushalts wie Steuererhöhungen und Leistungskürzungen sind schon für sich genommen - zumal in der Dimension, die den USA nun einmal eigen ist - reines politisches Dynamit. In letzter Konsequenz gerät damit der *American way of life* samt seiner Konsumlust und Energieintensität auf den Prüfstand. Das dürfte in den USA in einer Phase ohnehin hochgradiger Verunsicherung als ein „Anschlag" ähnlich 9/11 empfunden werden. Die damit verbundene titanische politische Aufgabe lässt jeden Beobachter in Respekt erstarren. Dass die *Federal Reserve Bank* die Bestie der Inflation nicht von der Kette lassen darf, um den staatlichen Schuldendienst zu erleichtern, ist vor diesem Hintergrund trivial.[349]

China als großer ausländischer Geldgeber der Vereinigten Staaten hat inzwischen Zweifel am Schuldner. Chinas Ratingagentur Dagong hat daher die Kreditwürdigkeit der USA gesenkt: die Bonitätsnote wurde von der dritthöchsten Bewertung "A" auf "A-" gesenkt. Der Ausblick bleibt negativ, sodass weitere Abstufungen drohen. Dagong gilt allerdings bisher wegen seiner intransparenten Verflechtung von Politik und Wirtschaft in China nicht als ernstzunehmender Konkurrent für die großen westlichen (US-) Ratingagenturen Standard & *Poor's, Moody's* und *Fitch*.

Die amtliche Nachrichtenagentur Xinhua zweifelte in einem Kommentar an der Sicherheit von US-Staatspapieren. "In- und ausländischen Investoren sei geraten, sich einen Plan B zurechtzulegen, da noch immer keine langfristige Lösung für die US-Schuldenkrise in Sicht ist", schrieb die chinesische Nachrichtenagentur.

Der Sprecher von Chinas Handelsministerium sagte, China hoffe und glaube, dass die USA ihre Schuldenprobleme auf absehbare Zeit lösen könnten. "Ein

---

[349] Steinbrück, Per: Unterm Strich, S. 64/65

Zahlungsausfall würde nicht nur das Ansehen der USA treffen, sondern auch die Erholung der Weltwirtschaft herunterziehen", sagte er bei einer Pressekonferenz in Peking.

Gläubiger

Seit der Finanzkrise haben sich die Staatsschulden der USA in etwa verdoppelt. Und unter dem Präsidenten Donald Trump dürfte es kaum weniger werden. Das könnte bald die Gläubiger der USA umtreiben. Die Gläubiger sind eine große Anzahl von Staaten sowie US-amerikanische oder internationale Fonds, Banken und anderen Einrichtungen. Die Staaten, die über den höchsten Bestand an US-Staatsanleihen verfügen, sind China und Japan.[350]

Als einer der beiden größten ausländischen Gläubiger ist China zunehmend besorgt, dass die politischen Dauerquerelen in den USA die eigenen Forderungen bedrohen könnten. Allein im dritten Quartal 2013 bezifferte die Zentralbank *People's Bank of China* die Währungsreserven Chinas auf 3,66 Billionen US-Dollar. Davon sollen 60 Prozent in US-Dollar angelegt sein. 1,3 Billionen Dollar hatte China zu diesem Zeitpunkt in US-Staatspapieren angelegt.[351]

China und Japan zogen im Juni 2013 die Rekordsumme von 40,8 Milliarden Dollar aus langfristigen US-Bonds ab, belegen die Daten des US-Finanzministeriums. Aus dem Rest der Welt wurden noch 26,1 Milliarden Dollar abgezogen. Der Trend setzt sich fort. Ein Massenverkauf könnte den Wert der Anleihe in den Keller treiben. Niemand außer der Fed selbst investiert noch in US-Staatsanleihen. Anleger befürchten den großen Crash.

Ben Bernanke hatte mit seiner Ankündigung schon im Mai 2013 für Wirbel auf dem Bond-Markt der USA gesorgt. In den Monaten, nachdem der Chef verkündet hatte, die Geldschwemme bis zum Ende des Jahres eindämmen und bis 2014 stoppen zu wollen, hatten sich ausländische Investoren von US-Staatsanleihen getrennt.

Japan und China könnten mit den zusätzlichen Milliarden die eigene Wirtschaft unterstützen. Im Falle Japans würde das Geld vermutlich dazu beitragen, den Yen zu schwächen und den Exportsektor durch einen vorteilhaften Wechselkurs zu stärken.

Die Schulden der USA sind nicht tragfähig. Die versteckte Schuldenlast ist bis zu sechs Mal höher, als offizielle Angaben glauben machen wollen. Die Großinvestoren reagieren immer zuerst. Aber auch Private ziehen sich immer mehr aus US-Anleihen

---

[350] *Statista 2017*
[351] N 24 vom 17.10.2013

zurück.

Hält der Kapitalabfluss an, könnten einige Fonds zu Notverkäufen gezwungen sein. Die Folge wäre ein Massenverkauf und die Beschleunigung des Preisverfalles in den USA. Die Anleger merken, dass US-Staatsanleihen kein sicheres Investment mehr sind. Zum Schluss haftet der Steuerzahler, wenn die Schuldenlast der USA zu groß wird.[352]

Die Zinsen für US-Staatsanleihen sind massiv angestiegen. Es wird erwartet, dass die US-Zentralbank ihre Anleihekäufe von monatlich 85 Milliarden Dollar zurückfährt. Die *Federal Reserve* hält circa ein Drittel der US-Anleihen. Doch ihr Anteil wächst seit Jahren stetig an. Bei den langfristigen US-Anleihen ergibt sich jedoch ein anderes Bild: Noch im Monat Juni 2013 hatten ausländische Institutionen die Rekordsumme von 40,8 Milliarden Dollar aus langfristigen US-Bonds abgezogen. Doch im Juli kauften sie 33,9 Milliarden Dollar hinzu - kurz bevor die Anleihen im August deutlich an Wert verloren und die Zinsen stiegen. Japan ist jedoch nur das einzige Land, das im Juli massiv langfristige US-Anleihen gekauft hat: es hat auf diese Weise massive Verluste gemacht und die Anleihen vor einem weiteren Einbruch bewahrt. Japan hat in nur einem Monat langfristige US-Anleihen im Umfang von unglaublichen 52 Milliarden Dollar gekauft.

Die anderen ausländischen Investoren haben im selben Zeitraum ihre Bestände an langfristigen US-Anleihen um 62,5 Milliarden Dollar zurückgefahren. Allein Russland hatte im Juli 2013 weitere 6 Milliarden Dollar abgestoßen.

Warum die japanische Zentralbank US-Anleihen in diesem Umfang gekauft hat, ist unklar. Eigentlich bräuchte sie jeden Dollar, um japanische Anleihen zu kaufen, damit die Zinsen für diese nicht steigen. Denn bei einer Schuldenquote von weit über 200 Prozent würde dies den japanischen Staatsbankrott bedeuten. Einer der Gründe könnte darin bestehen, dass in Asien die Angst vor einem Crash umgeht. Der ehemalige Lehman-Banker Lawrce McDonald prognostizierte, dass die Kreditklemme in China beginnen und sich dann über Indonesien und Japan auf die gesamte Region ausbreiten würde. In solch einer Lage sei es für Japan günstig, einer der Gläubiger der USA zu sein. Denn die japanischen Banken würden mit den US-Schrottpapieren und mit hochwertigen US-Papieren über Assets verfügen, die sie als Sicherheiten für neue Kredite verwenden können.[353]

Der polnische Journalist Mariusz Zawadzki bewertet diese Lage wie folgt: „Noch lange werden Menschen in der ganzen Welt Englisch lernen und sich US-

---

[352] *Deutsche Wirtschaftsnachrichten vom 17.8.2013*
[353] *Deutsche Wirtschaftsnachrichten vom 17.9.2013*

amerikanische Filme ansehen; noch lange bleibt der Dollar die vorherrschende Währung in internationalen Transaktionen; der Konkurs der USA, worüber oft zur Unterhaltung spekuliert wird, obwohl ihn kaum jemand für eine reale Bedrohung hält, ist noch weit entfernt. Zwar hat die öffentliche Schuld 19 Billionen Dollar überschritten, dennoch erfreut sich die US-Regierung des unverminderten Vertrauens der Investoren aus aller Welt. Im Jahre 2013 waren langfristige (fünf-, sieben- und zehnjährige) US-amerikanische Staatsanleihen de facto (nach Berücksichtigung der Inflation) negativ verzinst, trotzdem gingen sie wie frische Brötchen weg. Dies bedeutet, dass Investoren den bis über die Ohren in Schulden steckenden USA folgendes Angebot machten: Leihst du noch ein wenig von uns, wirst du nicht alles zurückzahlen müssen![354]

Schulden der USA in % vom BIP

Bezogen auf das Brutto-Inlands-Produkt haben 10 Staaten eine höhere Verschuldung als die USA. Dieses sind: Japan, Griechenland, St. Kitts & Nevis, Jamaica, Libanon, Italien, Eritrea, Portugal, Irland, Sudan. Die USA folgen an der elften Stelle. Die Entwicklung in den USA zeigt diese Statistik

Jahr	1990	1995	2000	2005	2010	2015	2017
% vom BIP	64 %	71 %	55 %	68 %	96 %	106%	108%

Ausländische Gläubiger im Dezember 2016[355]

Interessant ist, wem die US-Regierung das ganze Geld schuldet. Denn neben privaten und institutionellen Anlegern sind es auch ausländische Regierungen und die eigene Zentralbank, das *Federal Reserve System.*

Im Dezember 2016 betrugen die Staatsschulden (ohne Bundesstaaten und Gemeinden) 19.597,8 Milliarden $. Davon waren 14.202,1 Milliarden *debt held by the public* und 5.395,7 Milliarden $ *Intragovernmental debt.* Das entspricht 60.671$ pro Einwohner. Die Gläubigerstaaten waren:

---

354 *Zawadzki, Mariusz in Gazeta Wyborcza vom 27.12.2014*
355 *Marcus Maier in Contra Magazin vom 13.5.2017*

Land	Milliarden $
Japan	1.090,8
China	1.058,4
Irland	288,2
Cayman Islands	263,5
Brasilien	259,2
Schweiz	229,9
Luxemburg	223,4
Großbritannien	217,1
Hong Kong	191,4
Taiwan	189,3
Indien	118,2
Saudi-Arabien	102,8
Andere Staaten zusammen	1.771,7

Entwicklung der Staatsverschuldung in den USA

Im Zeitraum 2005 bis 2016 entwickelte sich die Staatverschuldung in den USA drastisch nach oben; sie hat sich in diesen 13 Jahren mehr als verdoppelt und stieg von 8,039 Billionen $ auf 19,980 Billionen $.

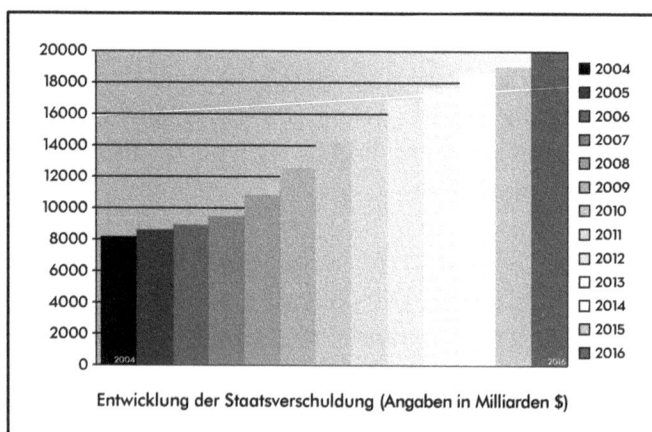

Entwicklung der Staatsverschuldung (Angaben in Milliarden $)

Staatsschulden weltweit 2012

Nach dem *CIA World Factbook 2013* waren die Staatsschulden in der Welt weit verbreitet. Die USA lagen im Jahr 2012 bereits weit an der Spitze und haben seither jedoch sowohl den absoluten Wert als auch den Prozentsatz am Brutto-Inlands-Produkt weiter zügig und deutlich erhöht.

Land	in Milliarden $	in % des BIP	per Capita in $	in % der Schulden der Welt
USA	17.607	73.60%*	55,630	31.27%
Japan	9.872	214.30%	77,577	17.53%
China	3.894	31.70%	2,885	6.91%
Deutschland	2.592	81.70%	31,945	4.60%
Italien	2.334	126.10%	37,956	4.14%
Frankreich	2.105	89.90%	31,915	3.74%
Großbritannien	2.064	88.70%	32,553	3.67%
Brasilien	1.324	54.90%	6,588	2.35%
Spanien	1.228	85.30%	25,931	2.18%
Kanada	1.206	84.10%	34,902	2.14%
Indien	995	51.90%	830	1.75%
Mexiko	629	35.40%	5,416	1.12%
Südkorea	535	33.70%	10,919	0.95%
Türkei	489	40.40%	6,060	0.87%
Niederlande	488	68.70%	29,060	0.87%
Ägypten	479	85,00%	5,610	0.85%
Griechenland	436	161.30%	40,486	0.77%
Polen	434	53.80%	11,298	0.77%
Belgien	396	99.60%	37,948	0.70%
Singapur	370	111.40%	67,843	0.66%
Taiwan	323	36,00%	13,860	0.57%
Argentinien	323	41.60%	7,571	0.57%
Indonesien	311	24.80%	1,240	0.55%
Russland	308	12.20%	2,159	0.55%
Portugal	297	119.70%	27,531	0.53%
Thailand	292	43.30%	4,330	0.52%
Pakistan	283	50.40%	1,462	0.50%
Die Welt	56.308	64,00%	7,936	100,00%

* Die Daten decken nur das ab, was das Finanzministerium der Vereinigten Staaten als "von der Öffentlichkeit gehaltene Schuld" bezeichnet, was alle vom Finanzministerium ausgegebenen Schuldtitel einschließt, die im Besitz von Nicht-US-Regierungseinheiten sind; Die Daten beinhalten Staatsschulden von ausländischen Unternehmen; die Daten schließen die von einzelnen US-Bundesstaaten ausgegebenen Schuldtitel sowie die innerstaatlichen Schulden aus;

Résumé

Was noch vor wenigen Jahren undenkbar war, tritt heute ein: die wirtschaftlichen Abhängigkeitsverhältnisse zwischen den Vereinigten Staaten und anderen Ländern kehren sich um. Die USA sind der größte Schuldner auf dem Globus, China und Japan ihre größten internationalen Gläubiger. In Eurasien erleben wir einen Zuwachs an Demokratie, in den USA einen Rückgang.

Das Schuldenmachen hat in den USA inzwischen einen epidemischen Charakter erreicht. Und es geht weiter. Längst ist die US-Notenbank der größte Gläubiger des eigenen Landes. Die „Krankheit" der USA ist auf jeden Fall chronisch. 76 mal in hundert Jahren gab es in den USA einen haushaltspolitischen Stillstand und jedes mal wurden mehr neue Schulden aufgehäuft.

Und jetzt? Die US-Politik ist nur noch begrenzt handlungsfähig. Die extremen Kräfte im Kongress schrecken selbst vor ultimativen Druckmitteln nicht mehr zurück. Eine Diskussion über das Sparen findet in den USA nicht einmal im Ansatz statt. Der Mythos der USA verblasst.

Die Überschuldung der privaten Haushalte hatte 2008 die Finanzmärkte weltweit in dramatische Turbulenzen gestürzt. Bei Fortsetzung der Staatsverschuldung der USA muß mit einer ähnlichen Weltwirtschaftskrise wie jener, die im Oktober 1929 mit dem New Yorker Börsenkrach begann, gerechnet werden.

Kapitel 27

Der US-Dollar als Mittel zur Macht

Seit dem Jahre 1775 ist der Dollar die Währung der USA. Das Wort leitet sich vom deutschen (Joachims-)thaler, dem Taler ab. Er galt als das englische Wort für die spanischen *Reales,* die während der Unabhängigkeitskriege in den Kolonien in größerem Maße vorhanden waren als das englische Pfund. Während des 19. Jahrhunderts war der Dollar eine Zweimetall-Währung (Silber/Gold), im Bürgerkrieg wurde dann das Papiergeld eingeführt

Im Jahre 1944 wurde der US-Dollar in Bretton Woods als internationaler Standard und damit zur Leitwährung gewählt. Der US-Dollar wurde gleichwertig dem Gold definiert. Seit der Loslösung vom Gold im Jahre 1971 ist der Dollar zwar formal keine Leitwährung mehr, sondern im *„freien floating"* mit anderen Währungen, spielt aber dennoch eine wichtige Rolle im internationalen Zahlungsverkehr, da viele Waren in Dollar angegeben werden, z.B. das *„Barrel Öl",* Flugzeuge oder Flugkarten, praktisch also immer noch eine Leitwährung.

Das Bretton-Woods-System
Im Juli 1944 fand im amerikanischen Ferienort *Bretton Woods* im US-Staat New Hampshire eine Konferenz statt, auf der ein multilaterales Währungsabkommen ausgehandelt wurde – das *Bretton-Woods-Abkommen.* Es bildete den Kern des institutionellen Netzwerks, mit dem die westlichen Industriestaaten nach dem Zweiten Weltkrieg versuchten, der Weltwirtschaft eine neue ordnungspolitische Grundlage zu geben. Man hat deshalb die Gesamtheit der damals geschaffenen Institutionen (auch das *General Agreement on Tariffs and Trade, GATT* gehört dazu) das *Bretton-Woods-System* genannt.

Die unmittelbare Aufgabe des währungspolitischen *Bretton-Woods-Abkommens* war es, den internationalen Güterverkehr durch die Bereitstellung allgemein anerkannter und wertbeständiger Zahlungsmittel wieder in Gang zu bringen. Die Weltwirtschaftskrise und der Zweite Weltkrieg hatten die internationalen Handelsbeziehungen weitgehend zum Erliegen gebracht. Die gegenseitige Austauschbarkeit der nationalen Währungen, d.h. die Konvertibilität war begrenzt und das britische Pfund hatte seine alte Funktion als „Welt-Zahlungsmittel" eingebüßt. Die in *Bretton-Woods* versammelten Vertreter von 44 Staaten standen also vor der Aufgabe, einen völkerrechtlichen Vertrag zustande zu bringen, der die Konvertibilität der nationalen Währungen und die Schaffung eines internationalen Zahlungsmittels zum Ziel hatte.

Ohne Zweifel hat dieses unter dem Dach der US-amerikanischen Hegemonie in der westlichen Hemisphäre entstandene System wesentlich zur Wiederbelebung der Weltwirtschaft in der Nachkriegszeit beigetragen. Die Vertragsstaaten des *Bretton-Woods-Abkommens* kamen ihrer Verpflichtung nach, den laufenden Zahlungsverkehr untereinander schrittweise von Devisenbeschränkungen zu befreien, also zu liberalisieren und die Konvertibilität ihrer Währungen sicherzustellen. Sie verpflichteten sich ferner, durch Interventionen in die Devisenmärkte einen festen Wechselkurs ihrer eigenen Währung zum US-Dollar oder zum Gold aufrecht zu erhalten, wobei der Wert des US-Dollar ebenfalls durch eine feste Relation zum Gold ausgedrückt wurde (1 Unze Gold = 35 $).

Die USA waren dazu verpflichtet, auf Verlangen anderer Länder deren Dollar-Guthaben in Gold einzutauschen. Aus diesen Verpflichtungen ergab sich erstens die dominierende Stellung der US-amerikanischen Währung als einem „Welt-Zahlungsmittel" und zweitens ein System fester Wechselkurse, von denen nur Abweichungen innerhalb eines Bandes von +/- 1% gegenüber dem US-Dollar zulässig waren. Nur bei „fundamentalen Zahlungsbilanzungleichgewichten" sollte eine Anpassung *(Realignment)* der Wechselkurse vorgenommen werden können.

Dieses System blieb bis zum Beginn der 1970er Jahre in Kraft. Eines seiner wichtigsten Elemente – das System fester, aber anpassungsfähiger Wechselkurse – verlor seine Gültigkeit, als die USA im Jahre 1971 ihre Verpflichtung formell aufkündigten, die weltweit verfügbaren Dollar-Guthaben bei entsprechender Anforderung anderer Länder in Gold einzulösen, und gleichzeitig ihre Währung abwerteten. Dieser Schritt war unvermeidlich geworden, nachdem die USA in den 1960er Jahren eine inflatorische Politik betrieben hatten und die Dollarbestände außerhalb des Landes so stark angewachsen waren, dass eine Einlösung in Gold faktisch nicht mehr möglich war.

Seit Beginn der 1970er Jahre gibt es kein einheitliches System fester Wechselkurse mehr. Die internationalen Währungsbeziehungen wurden infolge vieler Liberalisierungsschritte immer stärker durch Märkte und immer weniger durch Zentralbanken und Regierungen gesteuert. Einen international verbindlichen Ordnungsrahmen für dieses Marktgeschehen gibt es bisher nicht. Das *Bretton-Woods-Abkommen* war nicht zum Zweck einer Regulierung privater Kapitalmärkte geschaffen worden und es konnte dem Ordnungsbedarf eines marktgesteuerten Weltwährungssystems auch nicht in der erforderlichen Weise angepasst werden.[356]

Wallstreet

Wallstreet ist das finanzielle Zentrum der Welt. Das ist immer noch so und es wird wohl auch noch für längere Zeit bleiben. Der Börsenplatz Tokio oder der sinkende Stern London sowie der steigende Stern Frankfurt können Wallstreet den Rang nicht ablaufen.

In der Wallstreet befindet sich die Börse, die *New York Stock Exchange,* NYSE. Von der sicheren Empore kann man als Zuschauer dem Treiben der Börse zusehen und ermessen, wie dieses Geschäft läuft und was in Wallstreet los ist. Hier wird der bekannteste Börsenindex der Welt, der *Dow Jones* täglich ermittelt.

Wenn auch alle nur von der NYSE sprechen, so sollte man wissen, dass sich in der Wallstreet auch die *American Stock Exchange,* AMEX befindet. Sie ist die zweitgrößte Börse in den USA. Alle Großbanken der Welt haben an der Wallstreet ihre Niederlassungen. Geschäftiges Treiben von Damen und Herren in besserer Kleidung herrscht den gesamten Tag über in Wallstreet und anliegenden Straßen.

Hier wird zweifelsohne auch Politik gemacht, denn die Banker in Wallstreet üben eine große Macht aus. So verwunderte es, dass während der US-amerikanischen Rezession zu Beginn der 90er Jahre in Wallstreet immer eitel Sonnenschein herrschte, die Aktien und damit der *Dow Jones* stiegen und die Geschäfte an der Börse unverändert hoch blieben. Dies war nur möglich, weil die Banker und Brooker im eigenen Interesse die Käufe und Verkäufe so steuerten, dass Wallstreet selbst nicht zu kurz kommen konnte. Schlimm wird es jedoch immer dann, wenn plötzlich alles kollabiert. So folgte dem *Black Friday* am 29. Oktober 1929 die große Weltwirtschaftskrise und der *Black Monday* am 19. Oktober 1997 löste große Befürchtungen aus, dass es zu einer neuen Weltwirtschaftskrise kommen würde.

Dow Jones

Der *Dow Jones Industrial Average (DJIA)* – oder auch kurz *Dow-Jones-Index* genannt – ist einer von mehreren Aktienindizes, die von den Gründern des *Wall Street Journals* und des Unternehmens *Dow Jones,* Charles Dow (1851–1902) und Edward Jones (1856–1920), im Jahre 1884 geschaffen wurden. Charles Dow stellte den Index zusammen, um die Entwicklung des US-amerikanischen Aktienmarktes zu messen. Der *Dow-Jones-Index* an der *New York Stock Exchange* ist der zweitälteste noch

---

[356] *Sautter, Hermann in bpb vom 12.1.2012*

bestehende Aktienindex der USA und setzt sich heute aus 30 der größten US-Unternehmen zusammen.

Rating-Agenturen

Rating-Agenturen sind private Unternehmen, die gewerbsmäßig die Bonität von Unternehmen aller Wirtschaftszweige, Finanzprodukte und Forderungen sowie von Staaten und deren untergeordneten Gebietskörperschaften mit einem *Rating* bewerten. Weltweit gibt es etwa 150 Rating-Agenturen, doch bilden drei große *US-Rating-Agenturen* mit etwa 95 % Marktanteil ein Oligopol. Diese drei sind: *Standard & Poor's, Moody's* und *Fitch*.

Rating-Agenturen spielen auf den globalen Finanz-, Wertpapier- und Bankenmärkten eine wichtige Rolle, da Kreditinstitute, Anleger, Kreditnehmer, Emittenten und Regierungen unter anderem die *Ratings* dieser Agenturen nutzen, um fundierte Anlage- und Finanzentscheidungen zu treffen. Rating-Agenturen sind für die Funktionsfähigkeit der Finanzmärkte auch deshalb von großer Bedeutung, weil die europäischen Kreditinstitute im Standardansatz gesetzlich verpflichtet sind, die Ratings der Agenturen zu übernehmen. Von den Ratings hängen weltweit bedeutsame Entscheidungen ab, denn bei schlechten *Ratings* sind institutionelle Anleger oder Kreditinstitute verpflichtet, Finanzprodukte zu veräußern, bei Krediten die Kreditmargen zu erhöhen oder Kreditkündigungen auszusprechen. Umgekehrt dürfen derartige schlecht geartete Finanzprodukte nicht erworben werden oder Kreditwürdigkeitsprüfungen fallen negativ aus.

In den Jahren vor der Finanzkrise gaben *Standard & Poor's* und die beiden anderen grossen US-Agenturen, *Moody's* und *Fitch*, den dubiosen Hypothekenpapieren in den USA regelmäßig Bestnoten. Üblicherweise wurden die Bewertungen von den Banken bezahlt, welche die risikoreichen Wertpapierpakete zusammengeschnürt hatten. Im Zuge von *Subprimekrise* (Hypothekenkredite mit geringer Bonität) und Staatsschuldenkrisen sind diese drei Agenturen massiv in die Kritik geraten. So mussten sie in einem Vergleich mit der US-Justiz 1,4 Milliarden Dollar Strafe zahlen. Grund war die Vergabe von zweifelhaften Bonitätsnoten für Ramschpapiere aus der US-Immobilienkrise.[357]

Leitwährung

Durch die hohe Staatsverschuldung ist der US-Dollar als Leitwährung beschädigt, formal befindet sich der Leitwährungsstatus des US-Dollars bereits seit 15.8.1971 in Gefahr, seit Präsident Nixon das *Bretton-Woods-Abkommen* einseitig aufkündigte. Seitdem ist der Dollar durch nichts mehr gedeckt und gründet sich somit nur mehr

---

[357] *Handelszeitung vom 3.2.2015*

auf Vertrauen. Dieses Vertrauen wurde in den letzten 43 Jahren jedoch sukzessive abgebaut. Die Geschwindigkeit dieses Vertrauensverlustes wurde durch die häufigen Rettungspakete und anderen Maßnahmen der *Federal Reserve Bank* in den letzten Jahren noch weiter gesteigert. Kaum jemand verwendet den US-Dollar noch als Instrument zur mittel- bis langfristigen Wertaufbewahrung. Ein Vertrauensverlust kann den Wertverfall einer Währung immens beschleunigen und letztendlich bestimmt immer die Wirtschaft durch ihre Handlungen über den Erfolg oder auch Misserfolg einer Währung. Spätestens, wenn die ersten OPEC-Staaten sich weigern, ihre wertvollen Energierohstoffe gegen wertlose grüne Dollarscheine einzutauschen, wird der US-Dollar seinen Status als Weltreservewährung verlieren.[358]

Emmanuel Todd malt ein schwarzes Bild von der Zukunft des US-Dollar als Leitwährung: „Jeder Firmenzusammenbruch in den USA bedeutet für die europäischen und japanischen Banken Verluste bei den Aktiva. Und ein massives finanzielles Engagement in den Vereinigten Staaten ist gleichbedeutend mit der Ankündigung einer Katastrophe. Es ist nicht bekannt, wie und in welchem Rhythmus die europäischen, japanischen und anderen Investoren nach dem Regierungswechsel in Washington 2017 gerupft werden, aber sie werden gerupft werden. Das wahrscheinlichste Szenario ist eine Panik an den Börsen von unvorstellbarem Ausmaß, gefolgt von einem tiefen Sturz des Dollars. Damit wäre es mit der *Imperial Position* der Vereinigten Staaten in wirtschaftlicher Hinsicht vorbei".[359]

Résumé
Die Dominanz des US-Dollar als Leitwährung hat nach der Aufkündigung von *Bretton-Woods*, insbesondere aber durch die andauernde Zunahme der Staatsverschuldung und die permanent hohe negative Handelsbilanz der USA stark gelitten. Es ist nicht auszuschließen, dass sie mittelfristig diese Stellung verlieren wird und es künftig keine Leitwährung mehr geben wird. Die Rolle der Wallstreet wird davon sicherlich nicht unberührt bleiben.

---

[358] *Bachheimer, Thomas in Deutsche Wirtschaftsnachrichten vom 17.03.2015*
[359] *Todd, Emmanuel: Weltmacht USA - ein Nachruf, S. 129*

Kapitel 28

Deutschland und die USA

Sokrates wurde auf dem Marktplatz gefragt, wie er seine Frau Xantippe, die berüchtigte Megäre, fände? Seine lakonische Antwort: „Im Vergleich zu wem?" Alles ist also relativ, und so verhält es sich auch mit der „deutsch-amerikanischen Freundschaft". Grundsätzlich ist jedoch festzuhalten, dass auf der Zeitachse die Gemeinsamkeiten überwiegen.

Tatsächlich ist die Geschichte der „deutsch-amerikanischen Freundschaft" auch eine Geschichte ihrer Krisen. Nach dem 2. WK brach die erste schon vor Gründung der Bundesrepublik Deutschland aus, als der nachmalige Wirtschaftsminister Ludwig Erhard gegen den Willen der Besatzungsmacht die Preiskontrollen aufhob und so den ersten Schritt vom Schwarzmarkt hin zu der Marktwirtschaft tat. Adenauer lag im verbissenen Clinch mit der Eisenhower-Regierung, die er ständig bezichtigte, einen Deal mit der Sowjetunion auf Kosten der deutschen Wiedervereinigung anzustreben.

Kennedy war dem Kanzler ein Gräuel. Hatte der nicht die Berliner Mauer zugelassen? Wollte er gar den Außenposten West-Berlin aufgeben? Ludwig Erhard stürzte 1966, weil er unter dem Zwang der Johnson-Administration den deutschen Beitrag zu den Stationierungskosten der *US-Army* gewaltig aufstocken musste. Ost- und Entspannungspolitik unter Willy Brandt heizten jahrelang das gegenseitige Misstrauen an: Wer würde wen für einen Ausgleich mit Moskau verraten? Während des Vietnamkrieges tobte eine Welle des Anti-Amerikanismus durch das Land.

In den Achtzigern sorgte die Nachrüstung für eine zweite Welle: Millionen protestierten damals gegen die *Pershings* und Marschflugkörper. Die Neunziger blieben ruhig; die Deutschen waren nun endlich wiedervereinigt und die quälende strategische Abhängigkeit von der Schutzmacht begann zu weichen. Zu Beginn des neuen Jahrtausends war es dann mit der Gelassenheit vorbei. Berlin tat sich mit Paris und Moskau zusammen, um den Krieg von George Bush II gegen Saddam Hussein zu sabotieren. Derweil rollten Demonstrationen durch das Land, auf denen George Bush II mit Hitler verglichen wurde. Barack Obama und Angela Merkel sind nie miteinander warm geworden, erst recht nicht, nachdem der Präsident die Kanzlerin dazu zwingen wollte, im Gefolge des Großen Crashs die Staatsausgaben aufzublähen.

Mit Donald Trump fielen die Zustimmungswerte für eine US-amerikanische Regierung in Deutschland - und nicht nur hier - auf ein Allzeittief. Nach dem G7-Gipfel in Taormina im Mai 2017 stellte Bundeskanzlerin Angela Merkel mehrfach fest: „Die Zeiten, in denen wir uns auf andere völlig verlassen konnten, die sind ein Stück vorbei. Das habe ich in den letzten Tagen erlebt". Sie meinte damit Trump.

Die innige Freundschaft, die stets in den Sonntagsreden beschworen wurde, war immer ein freundliches Konstrukt, wiewohl mit solidem Kern. Die Deutschen waren den US-Amerikanern wirklich dankbar dafür, dass der Sieger sich rasch als Mäzen entpuppte, der Marshallplan-Gelder verteilte und der jungen Bundesrepublik den Weg zurück in die internationale Gemeinschaft bahnte und der den Weg in die Wiedervereinigung ebnete. Die US-Amerikaner erwiderten die Zuneigung, erwiesen sich die Deutschen doch als gelehrige Schüler, die in kürzester Zeit zu einer stabilen liberalen Demokratie fanden. Der getreueste Verbündete, sozusagen der „Festlandsdegen" der USA, war Bonn und später auch Berlin.

So viel zu den Höhen und Tiefen der Freundschaft, die vor allem durch gegenseitige Abhängigkeit genährt wurde. Die ist nun, seit die Sowjetunion verblichen und die Wiedervereinigung gewonnen ist, kräftig gesunken. Keiner braucht den anderen mehr in dem Maße wie früher. Die USA proben das *Rebalancing* nach Asien, die US-Truppen in Europa sind zur Restgröße geworden - 30.000 statt einst 300.000. Als strategischer Partner taugt Deutschland nicht viel; es will mit den Händeln der Weltpolitik nichts zu tun haben.

Es ist richtiger, von Gemeinsamkeiten als von Freundschaft zu reden, die zwischen Staaten ohnehin nicht bestehen kann. Die Gemeinsamkeiten beziehen sich auf Werte und Kultur, dazu auf Interessen, die manchmal harmonieren, manchmal kollidieren. Die Liste ist lang. Sie reicht vom Hehren (Rechtsstaat, Demokratie) über das Praktische (ein dichtes Netz von Handel, Investitionen und Wissenschaftsaustausch) zum Prosaischen (Pop-Kultur).

Zum Letzteren sei eine Beobachtung gewagt: Kein Land in Europa ist „US-amerikanischer" als Deutschland; wir essen, hören, tanzen, gucken und kleiden uns US-amerikanisch – von *Muffins* und *Bagels* über Hip-Hop und Nike bis zu *Homeland* einem Serien-Hit. Der „Ausverkauf" ist dem *Sale* gewichen, der „Gebrauchtwarenladen" dem *Second-Hand-Shop*. In der Hauptstadt nennt sich ein Café an der Spree *Capital Beach*. Wir verschlingen IPAD und XBOX, von *Games* wie *Grand Theft Auto* ganz zu schweigen. Die Kinder heißen *Kids*, und die der höheren Schichten, sollten wenigstens ein Jahr lang die Schule in den USA besuchen. Am liebsten würden sie auch in Harvard oder Stanford studieren, zumindest in Georgetown.

Die USA sind ein mächtiger Magnet, ja ein Verführer - immer noch. Doch den Verführer liebt man nicht, weil er Macht über uns hat und uns unsere eigenen Schwächen vor Augen führt.

Die Faszination *made in USA* bleibt so mächtig wie eh und je - NSA & CIA hin oder her. Sie mag im Laufe der Jahrzehnte sogar stärker geworden sein. Was in den USA erfunden wird - sei es *Rap*, *Fastfood*, *Gender Studies* oder *MeToo* - landet unweigerlich auch in Deutschland und anderen Ländern Europas. *Halloween* ist zum Nationalfeiertag deutscher Kids geworden; *Thanksgiving-Parties*, komplett mit Truthahn und Preiselbeeren ziehen ein in die großbürgerlichen Haushalte.

Hegen wir auch freundschaftliche Gefühle? Wohl eher nicht. „Amerika-Kritik" ist eine deutsche Spezialität - es gibt keine „Frankreich-Kritik" oder „Russland-Kritik". Die Kommentare werden eher von Abwehr und Verachtung geprägt sowie vom Gefühl der moralischen und sozialpolitischen Überlegenheit.

Zurück zur realen Politik. Natürlich wird Berlin die atlantische Freihandelszone ebenso wenig torpedieren wie die innige Zusammenarbeit der Geheimdienste. Apropos NSA: Die US-amerikanischen Dienste haben laut Reuters im Jahre 2012 knapp 30.000 Mal bei Google und Co. um Nutzerdaten angefragt. Die Deutschen haben es über 10.000 Mal getan - eine ähnliche Größenordnung wie in Frankreich und Großbritannien. Man tut, was man kann, darf man daraus schließen - die Großen mehr, die Kleineren weniger.

Trotz Abhörskandal, trotz Trump, trotz Scheitern von TTIP, trotz Handelsbarrieren wird Deutschland die Rückversicherung namens NATO solange wie nur möglich pflegen und mit den USA in der Iran- und Terrorfrage kooperieren. Aus Freundschaft? Nein, weil es die deutschen Interessen so gebieten.

Lord Palmerston, der britische Premier im 19. Jahrhundert, hatte Recht, als er dozierte: „Staaten haben weder permanente Freunde noch Feinde, sondern nur Interessen". Und John Kornblum brachte es auf den Punkt, als er am 27. Oktober 2013 in einer Talkshow im Deutschen Fernsehen zu dem Verhältnis zu Deutschland sagte: "wir sind keine Freunde, wir sind Partner".

Das deutsche Element in den USA

Die Geschichte der Deutschen in den Vereinigten Staaten beginnt im 17. Jahrhundert mit der Gründung der ersten europäischen Kolonie auf dem späteren Staatsgebiet der USA. An der europäischen Besiedelung des nordamerikanischen Festlandes waren Deutsche von Anfang an beteiligt, und bis ins 20. Jahrhundert hinein bildeten sie – noch vor den Briten, Iren, Italienern und Juden – sogar die stärkste Einwanderergruppe. Der größte Teil der deutschsprachigen Einwanderer kam in der Zeit zwischen der deutschen Revolution und dem Ende des Ersten Weltkrieges, also in den Jahren zwischen 1848 und 1918. Ihren Höhepunkt erreichte die Migration im Jahre 1882, als etwa 250.000 Deutsche einwanderten.

Die deutschen Einwanderer haben das gesellschaftliche, geistige und kulturelle Leben der USA, etwa in der Presse und der Religion, in starkem Maße mitgeprägt. Bis ins 20. Jahrhundert waren die Deutschen eine der am besten organisierten und am höchsten angesehenen Einwanderergruppen des Landes, ihre Mitglieder machten zum Teil große wirtschaftliche und gesellschaftliche Karrieren. Im Laufe des 20. Jahrhunderts zerfiel ihre kulturelle Eigenständigkeit jedoch fast vollständig. Hintergrund dieser jähen Assimilation waren die Beteiligungen der USA am Ersten und am Zweiten Weltkrieg. Abgesehen von einigen Minderheiten wie den Amischen, die Teile ihrer Kultur bis in die Gegenwart bewahrt haben, beschränkt sich die Pflege des kulturellen Erbes bei den meisten Deutschamerikanern heute auf folkloristische Elemente. Der Druck zur Assimilation hat die deutsch-amerikanische Migration jedoch niemals beeinträchtigt, und als Arbeitsmigration von Akademikern besteht sie bis in die Gegenwart fort.[360]

Das Deutsche Element ist in den USA stark vorhanden, aber nicht sichtbar. Bei der Volkszählung in den neunziger Jahren bekannten sich mehr als ein Drittel aller US-Amerikaner zu einer deutschen Abstammung. Die Deutschen stellten damit die größte ethnische Gruppe in dem Land der Superlative. Diese Stellung überrascht, liegt aber in besonderem Maße wohl darin begründet, dass sich die Deutschen mehr als alle anderen assimiliert haben und im Gegensatz besonders zu den Italienern, den Iren oder den Chinesen ihre nationale Identität aufgegeben haben. *Germantown* findet man nur sehr selten heute in einer US-amerikanischen Großstadt, während *Little Italy* oder *Chinatown* fast in jeder Stadt zu finden ist. Auch die Polen mit ihrer *Polonia* halten sehr stark zusammen und bilden eine beachtliche, einflussreiche Gruppe. Anders ist es mit den Deutschen.

Dieses war nicht immer so. Als die ersten 13 Bundesstaaten über die gemeinsame Sprache abstimmten, gewann die Englische Sprache nur sehr knapp gegen die Deutsche Sprache. Zur Zeit der Gründung der Vereinigten Staaten soll es eine Gesetzesvorlage gegeben haben, Deutsch als offizielle Landessprache in Pennsylvania einzuführen. Das Gesetz soll an einer einzigen Stimme gescheitert sein, nämlich am Widerspruch des Deutschamerikaners Mühlenberg. Die Mühlenbergs waren eine in der US-amerikanischen Politik sehr bekannte Familie deutscher Abstammung. Das Gerücht entstand um 1840 und enthielt die Aussage, dass bei einer Abstimmung, ob

---

[360] *Geschichte der Deutschen in den Vereinigten Staaten in Wikipedia*

Deutsch die Amtssprache in Pennsylvania werden solle, die Stimmen gleich gefallen seien. Der Sprecher des Landtags, ein Mühlenberg, habe durch seine Stimme den Ausschlag für das Englische gegeben. Er soll dazu erklärt haben: „Je schneller die Deutschen US-Amerikaner werden, desto besser".[361]

„Während des 2. Weltkrieges und unmittelbar nach dem 2. Weltkrieg, wurde es höchst unpopulär, sich seiner deutschen Herkunft zu offenbaren. Diese Tatsache hat gewiss dazu beigetragen, dass sich die Deutschen stärker als wohl alle anderen Volksstämme in das Land integriert haben. So erinnern heute nur wenige Dinge an den deutschen Beitrag in diesem Lande: eines ist die jährliche Steuben-Parade in New York, die in Deutschland vielleicht etwas überbewertet wird. Jede ethnische Gruppe hat ihre Parade in Manhattan, so auch die Deutsche. Sichtbar wird das Deutsche Element heute eher als ein bayerisches Element. Deutschland steht für Bayern: Oktoberfest, Lederhosen, Bier und Weißwurst. Das liegt nicht zuletzt daran, dass nach 1945 unzählige US-amerikanische Soldaten in Deutschland gedient haben. Und jene, die in Europa waren, haben dann zumeist im Süden Deutschlands gelebt, entsprechend der Aufteilung unseres Vaterlandes in die vier Besatzungszonen. Das hielt sich bis zur Wiedervereinigung und auch heute noch sind die restlichen US-amerikanischen Garnisonen fast ausschließlich im Süden Deutschlands zu finden.

Man kann sagen, dass das Deutsche Element in der US-amerikanischen Bevölkerung zwar sehr stark vorhanden, dass es aber kaum sichtbar ist"[362].

<u>Weltkrieg 2</u>
Am 11. Dezember 1941 reihte der „Führer" die größte Macht der Welt unter die offiziellen Feinde des Dritten Reiches ein, indem er den USA den Krieg erklärte.

Nach dem Dreimächtepakt Deutschland-Japan-Italien von 1940 war das Deutsche Reich nicht verpflichtet, seinerseits den USA den Krieg zu erklären: eine Pflicht zu militärischer Unterstützung hätte nur im Falle eines Angriffs der USA auf Japan bestanden. Immerhin hatte sich Japan seit Ende Juni 1941 geweigert, nach dem deutschen Angriff auf die Sowjetunion, seinerseits Moskau den Krieg zu erklären. Das Dritte Reich hätte Japan seinen Konflikt mit den Vereinigten Staaten auskämpfen lassen und sich selbst auf die kräftezehrende Ostfront konzentrieren können, an der die Wehrmacht gerade eine erste schwere Niederlage erlitt.

Hitler war am 11. Dezember 1941 vor die Abgeordneten des Reichstages getreten und hatte ein gerade abgeschlossenes, kurzes Abkommen verkündet: „Deutschland,

---

[361] *Mühlenberg-Legende in Wikipedia*
[362] *Spieker, Hartmut und Ursula: 4 Jahre USA, S. 81*

Italien und Japan werden den ihnen von den Vereinigten Staaten von Amerika und England aufgezwungenen Krieg mit allen ihnen zu Gebote stehenden Machtmitteln gemeinsam bis zum siegreichen Ende führen."

Am selben Tag überreichte Reichsaußenminister Joachim von Ribbentrop dem Geschäftsträger der USA in Berlin, Leland B. Morris, eine diplomatische Note. Darin hieß es: „Obwohl sich Deutschland seinerseits gegenüber den Vereinigten Staaten von Amerika während des ganzen gegenwärtigen Krieges streng an die Regeln des Völkerrechts gehalten hat, ist die Regierung der Vereinigten Staaten von Amerika von anfänglichen Neutralitätsbrüchen endlich zu offenen Kriegshandlungen gegen Deutschland übergegangen. Sie hat damit praktisch den Kriegszustand geschaffen." Daraus folgerte die Note: „Die Reichsregierung hebt deshalb die diplomatischen Beziehungen zu den Vereinigten Staaten von Amerika auf und erklärt, dass sich unter diesen durch den Präsidenten Roosevelt veranlassten Umständen auch Deutschland von heute ab als im Kriegszustand mit den Vereinigten Staaten von Amerika befindlich betrachtet."

Das war nicht einmal falsch. Tatsächlich unterstützten die USA Großbritannien schon seit mehr als einem Jahr massiv im Krieg. Ab September 1940 wurden 50 alte US-Zerstörer gegen die Gewährung von Stützpunktrechten in britischen Territorien wie Jamaika, Neufundland und den Bahamas geliefert. Im Februar 1941 folgte das US-amerikanische Gesetz über Leih und Pacht von Kriegsgerät. Im Juli lösten US-Truppen britische Einheiten ab, die das strategisch wichtige Island besetzt hielten. Am 14. August 1941 beschlossen US-Präsident Franklin D. Roosevelt und Großbritanniens Premier Winston Churchill gemeinsam die Atlantik-Charta als Grundlage einer neuen Weltordnung – erkennbar auf die Zeit nach Hitler ausgerichtet. Das alles zusammen war faktisch eine Kriegserklärung.

Mit Sicherheit wollte Roosevelt einen Eintritt der USA in den Krieg gegen Hitler. Er betrachtete zu Recht den deutschen Diktator als den gefährlichsten Faktor der Weltpolitik, seit beide fast gleichzeitig im Frühjahr 1933 auf ihre Positionen gelangt waren. Doch der Präsident wusste auch, dass ein Eingreifen der USA in den als europäisch wahrgenommenen Krieg in der US-amerikanischen Bevölkerung höchst unpopulär war.

Bis Anfang Dezember 1941 hatte Hitler die Provokationen der USA hingenommen; nun, nach Pearl Harbor, änderte sich das plötzlich. Hitler glaubte, die USA seien durch den Krieg mit Japan, der wegen des hinterhältigen Überfalls auf die Pazifikflotte in den USA als unumgänglich galt, so stark ausgelastet, dass für Deutschland der zusätzliche Feind kein weiteres Risiko darstellen würde. Angesichts der Wirtschaftsmacht der Vereinigten Staaten eine grobe Fehlkalkulation.

Paradox, so der Militärhistoriker Bernd Wegner, war die Entscheidung des 11. Dezember 1941 auf jeden Fall. Denn falls Hitler darauf verzichtet hätte, wäre Roosevelt von der öffentlichen Meinung in den USA gezwungen gewesen, alle Kräfte auf die Niederringung Japans zu konzentrieren. Für Deutschland hätte das eine Verbesserung seiner Aussichten im Kampf gegen Großbritannien und die Sowjetunion bedeutet. So aber konnten der US-Präsident und der britische Premier in Washington D.C. über den Jahreswechsel als gemeinsames Ziel festlegen: *Germany first*.[363]

Deutschland nach 1945

Die USA waren sich mit ihren wichtigsten Verbündeten Großbritannien, Sowjetunion und Frankreich einig, dass das Ende des Krieges gegen Deutschland nur mit einer bedingungslosen Kapitulation möglich wäre. Diese erfolgte dann auch am 8. Mai 1945. Im Vorgriff auf diesen Zeitpunkt wurden in den Hauptstädten der Alliierten, insbesondere in Washington bereits Pläne für „die Zeit danach" entwickelt.

Als wichtigster Plan ist hier zunächst der „Morgenthau-Plan" zu nennen. Dieses war ein vom damaligen US-amerikanischen Finanzminister Henry Morgenthau entwickelter Plan, der definierte, wie mit dem besiegten Deutschland nach dem Ende des 2. Weltkrieges verfahren werden sollte. Der Plan, den Morgenthau 1944 vorlegte, sah eine Zerstückelung Deutschlands in einen "Norddeutschen Staat", einen "Süddeutschen Staat" und eine „Zone" sowie eine komplette De-Industrialisierung und die Umwandlung in ein Agrarland vor.

Der Plan war zunächst geheim und sollte ein Gegengewicht zu den gemäßigteren Plänen des alliierten Oberkommandos unter General Eisenhower bilden. Durch eine gezielte Indiskretion wurde der Plan jedoch bereits am 21. September 1944 in die Öffentlichkeit gespielt. Die öffentliche Reaktion in den USA war so negativ, dass sich auch der bisherige Befürworter Roosevelt distanzierte. Einige Aspekte wurden jedoch beibehalten.

Der Morgenthau-Plan wurde vom Naziapparat sodann auch zur Verbreitung von Durchhalteparolen massiv im propagandistischen Rahmen eingesetzt: "jüdischer Mordplan zur Versklavung". Insofern war nach Ansicht mancher Fachleute der Morgenthau-Plan kriegsverlängernd, da er psychologische Reserven der deutschen Truppen hervorzulocken half.

Reparationsleistungen, die Deutschland nach Kriegsende leisten musste, waren

---

[363] *Kellerhoff, Sven Felix in „Die Welt" vom 10.12.2016*

zwar weder de facto noch de jure Folgen des Morgenthau-Plans. Dennoch wurden tatsächlich wesentliche Teile des Morgenthau-Plans von 1945 bis 1952 umgesetzt oder hatten Einfluss auf die Besatzungspolitik der Alliierten. Als Beispiele sollen die „Entnazifizierung", die Demontage, die Zerschlagung des Staatsgebiets, die Erschießungen von NS-/SS-/Gestapo-Angehörigen sowie tiefgreifende Maßnahmen gegen die deutsche Zivilbevölkerung (Rheinwiesenlager; Zwangsarbeit) genannt werden. Das Einzige, was letztlich die Umsetzung des Planes aufhielt, war der Beginn des Kalten Krieges der ab ca. 1950 seine Gestalt annahm und der ein am Boden zerstörtes Deutschland nicht zuließ.

Schon kurz nach Beendigung des Zweiten Weltkrieges prägten zwei sich feindlich gegenüberstehende Lager die neue Weltordnung – die Sowjetunion mit ihren Satellitenstaaten im Osten sowie der demokratische Westen unter der Führung der USA.

Ausgangspunkt war zum einen die Truman-Doktrin, nach der es zum außenpolitischen Grundsatz der USA werden sollte, „freien Völkern beizustehen, die sich der angestrebten Unterwerfung durch bewaffnete Minderheiten oder durch äußeren Druck widersetzen". Das widersprach den sowjetischen Absichten, ihren Herrschaftsbereich in Europa auszubauen. Die politische Großwetterlage in Europa hatte sich rapide gedreht. Und Deutschland profitierte davon. Lucius D. Clay, General der *US-Army* und von 1947 bis 1949 Militärgouverneur der US-amerikanischen Besatzungszone in Deutschland spielte dabei eine wichtige Rolle. „Er sprach über die bestmöglichen Formen für ein deutsches Staatswesen - doch so abstrakt die Theorien auch sein mochten, die er dabei zu entwickeln pflegte, konnte man dennoch zwischen den Zeilen die konkreten politischen Absichten der US-amerikanischen Politik erkennen: bei aller Achtung vor den Bestimmungen des Potsdamer Abkommens vom 2. August 1945, wollte er einen westdeutschen Staat errichten, den man den Deutschen als Vorläufer eines gesamtdeutschen Staates schmackhaft machen könnte. Clay ließ keinen Zweifel aufkommen, dass es den US-Amerikanern mit ihren „westdeutschen" Absichten ernst war, denn sie hatten begriffen, dass sie die Verantwortung für das von ihnen besetzte Deutschland nicht ohne die Mitwirkung der Deutschen weiter tragen konnten. Er ließ bereits 1947 durchblicken, dass der Westen auf Dauer auf die deutschen Potentiale nicht werde verzichten können".[364]

Also unterstützten die USA bereits sehr frühzeitig den Gedanken eines westdeutschen Staates, ganz anders als Frankreich. Der französische Außenminister Bidault forderte als Preis für die Zustimmung Frankreichs zur Gründung eines

---

[364] *Schmidt, Carlo: Erinnerungen, S. 314*

westdeutschen Staates die Verpflichtung der USA zu einem Militärbündnis mit den westeuropäischen Staaten, das nicht nur Schutz gegen eine mögliche sowjetische Aggression bot, sondern mindestens ebenso sehr eine Vorkehrung gegen eine neue Bedrohung durch die Deutschen. Diese Forderung ließ sich nicht durchsetzen, weil die USA es sich nicht erlauben konnten und wollten, ihr Stabilisierungsprogramm für das westliche Europa am Widerstand der französischen Öffentlichkeit scheitern zu lassen. Die USA waren einfach zu stark und Frankreich war zu schwach.

„Nachdem der US-amerikanische Kongress am 11. Juni 1948 mit der Verabschiedung der *Vandenberg-Resolution* den Weg zu einer Beteiligung der USA an einer atlantischen Allianz freigemacht hatte, stimmte die französische Nationalversammlung letztlich eine Woche später den Londoner Empfehlungen zur Einberufung einer verfassunggebenden Versammlung für Westdeutschland mit knapper Mehrheit zu. Damit hatte sich Frankreich, wenn auch unter vielen Vorbehalten und nach langem Zögern, für jene Form der Integration Deutschlands entschieden, die mit der Schaffung zweier deutscher Staaten und der dauernden Präsenz US-amerikanischer Truppen auf westdeutschem Boden einherging.[365]

Eineinhalb Jahre nach Kriegsende zeigte sich das Ausmaß der wirtschaftlichen Not in Europa in vollem Umfang: der strenge Winter wurde zur Katastrophe. Ernährung, Energieversorgung und Verkehr brachen zusammen, nur das Eingreifen der USA verhinderte Schlimmeres. Doch war die Frage, mit welchem praktischen Ansatz es in Deutschland und in Europa weitergehen sollte, noch nicht beantwortet. Dieses sollte am 5. Juni 1947 der damalige US-Außenminister, George C. Marshall, in einer Rede vor Studenten vorstellen, nämlich die Vorstellungen der USA zum Wiederaufbau in Europa: den Marshall-Plan. Als Vorbedingung für US-amerikanische Hilfsmittel verlangte er eine gemeinsame Initiative der europäischen Staaten. Im Herbst 1948 kamen dann die ersten Waren des *European Recovery Programs* in Europa an. Insgesamt lieferten die USA bis 1952 Waren im Wert von etwa 15 Milliarden US-Dollar an 18 Staaten in Europa.[366] Die Sowjetunion hatte, trotz der bei ihr und vor allem bei ihren Satelliten herrschenden Not, den Marshall-Plan abgelehnt. Die Erklärung lieferte Carlo Schmid: „Die Sowjetunion war der Hauptfeind eines demokratischen Deutschlands. Sie wollte Deutschland unter ihre Kontrolle bringen, um die alles beherrschende Macht in Europa zu werden. Damit verträgt sich nicht, dass die Staaten Europas enge Bindungen mit den USA eingehen".[367]

---

[365] *Loth, Wilfried: Geschichte Frankreichs im 20. Jahrhundert, S. 149*
[366] *Brode, Tatjana: Der Marshall Plan - Selling Democracy in pbp vom 28.10.2005*
[367] *Schmidt, Carlo: Erinnerungen, S. 302*

Einstellung zum Krieg

Mit dem Sieg über Deutschland begannen die Siegermächte mit einer Umerziehung des deutschen Volkes. Was ist der Hintergrund hierzu? In vielen Versuchen, das deutsche Verhängnis von 1933 bis 1945 geschichtlich herzuleiten, steht der „preußische Militarismus" an erster Stelle. Vor dem geistigen Auge entstand die Karikatur des Untertanen, wie Heinrich Mann sie entworfen hat: preußischer Militarismus, das ist die Symbiose zwischen Volk und Militär zum Zwecke der Einlösung des hegemonialen Anspruchs „Deutschland, Deutschland über alles". Dieser angebliche „preußische Militarismus" sollte und musste ausgemerzt werden. Mit dem „demokratischen Urknall von 1949" begann in Deutschland die große Wende von der Legitimität des Krieges zu einem allgemeinen Hang zum Pazifismus. „Nach dem Schrecken des Zweiten Weltkrieges, dem Schock des Holocaust und der späteren Bedrohung durch einen Atomkrieg war das nicht verwunderlich. Von nun an war der Krieg von den Deutschen grundsätzlich verpönt und nur im Extremfall zu rechtfertigen. Die Anzahl der Menschen, die heute glauben, Krieg sei grundsätzlich nie eine Option, ist rasant in die Höhe geschnellt, vor allem in Deutschland. In keinem anderen Land wurden die Moralvorstellungen so radikal verändert wie hier. Deutschland ist das Land des „Nie-wieder-Krieg"! Das Land der „Gewalt erzeugt nur Gegengewalt" und „Gewalt ist nie eine Lösung". Nirgendwo ist das Bewusstsein für die Schrecken des Krieges stärker ausgeprägt als in Deutschland".[368]

Das ist kein gewöhnlicher Reflex, andere Länder haben nicht so stark auf den Zweiten Weltkrieg reagiert. Die US-Amerikaner beispielsweise haben keine so kategorische Abscheu gegen Kriege. Die meisten US-Amerikaner können sich einen notwendigen oder gerechten Krieg vorstellen. Das liegt wohl daran, dass die USA seit dem Ende des Bürgerkrieges im Jahre 1865 auf eigenem Boden keinen Krieg mehr erlebt haben. Es liegt aber auch sicherlich daran, dass die USA in ihrer Geschichte eine unglaublich große Zahl an Kriegen geführt und oft auch gewonnen haben. Aber auch in den USA ändert sich diese Einstellung - nach den Kriegen Afghanistan und Irak II.

Gemeinsames Interesse

Stets waren die Besuche US-amerikanischer Präsidenten an der Berliner Mauer Symbol für die engen deutsch-amerikanischen Beziehungen der Nachkriegszeit, ja wurden schließlich fast zu einer Selbstverständlichkeit. Von Kennedy bis Clinton nutzten die meisten US-amerikanischen Präsidenten die Möglichkeit, hier ihre Verbundenheit mit dem NATO-Partner Bundesrepublik Deutschland und mit der Forderung nach einer deutschen Wiedervereinigung zu dokumentieren. Und tatsächlich wäre jeder Versuch, die Vereinigung Deutschlands zu verwirklichen, ohne

---

[368] Hansen, Eric T.: *Die ängstliche Supermacht, S. 131/132*

die Hilfe der Vereinigten Staaten undenkbar geblieben. Unterstützt von der US-amerikanischen Öffentlichkeit waren es an erster Stelle die USA, die bereit waren, die über vierzig Jahre vertretene Forderung nach einer deutschen Vereinigung wieder auf die Tagesordnung der internationalen Politik zu setzen und die Einheit Deutschlands Realität werden zu lassen. Die Garantiemacht der Nachkriegsordnung öffnete die Tür für eine neue europäische Ordnung. In Großbritannien und in Frankreich war die Unterstützung der Frage nach der Wiedervereinigung immer nur ein Lippenbekenntniss gewesen - wenn überhaupt, und dann in der sicheren Erwartung, das sie ohnehin illusorisch ist.

Es erwies sich damit ein weiteres Mal, was für die gesamte vierzigjährige Geschichte der Bundesrepublik Deutschland zutrifft: die herausragende Bedeutung der USA für die Bonner Politik seit der Gründung des westdeutschen Staates 1949.

Nur mit Hilfe der Vereinigten Staaten war der Wiederaufstieg nach 1945 möglich gewesen. Aus dem völlig zerstörten Deutschland entstand der Wirtschaftspartner Bundesrepublik Deutschland. Nach dem alliierten Sieg über das Dritte Reich entwickelte sich unter dem Schutz der US-amerikanischen Sicherheitsgarantie die zweite deutsche Demokratie. An der Seite der USA wurde die Bundesrepublik Deutschland zum NATO-Partner und Protagonisten der europäischen Integration.

Für die Vereinigten Staaten wurde umgekehrt Deutschland ein wichtiger Faktor ihrer Europapolitik. Als mit der Berliner Mauer am 9. November 1989 das Symbol der Teilung Deutschlands und Europas fiel, beendete die sich abzeichnende deutsche Vereinigung die europäische Nachkriegsordnung. Über vierzig Jahre hatte die US-amerikanische Sicherheitsgarantie für Westeuropa der Koexistenz des Kalten Krieges Stabilität verliehen. Die Teilung Deutschlands war zur Voraussetzung und zum Preis dieser Ordnung geworden. Nun stand die Konzeption der US-amerikanischen Außenpolitik vor seiner Revision: das Verhältnis zwischen den USA und der Sowjetunion, das in seiner globalen Orientierung die Rahmenbedingungen für die regionale Ordnung Europas vorgibt, und die Konzeption der US-amerikanischen Europapolitik, deren zentrales Element die Deutschlandpolitik ist.

Mauerfall und Wiedervereinigung
Die Wiedervereinigung Deutschlands wurde auch zu einer Feier der US-Amerikaner. Die Entwicklung in Europa im Jahre 1989, insbesondere die Situation in Deutschland hat die US-amerikanische Bevölkerung mit großer Begeisterung aufgenommen. Die Freude über den Mauerfall am 9. November 1989 war überschwänglich. Alle - vom Präsidenten bis zum Tankwart - haben ihre Sympathie und Freude deutlich gezeigt. Dieses war ganz ohne Zweifel echt und kam vom Herzen. Es spiegelt aber auch die bereits erwähnte Reifeprüfung des Musterschülers

wider: das gute System der USA hat sich am Beispiel Deutschland gegenüber dem schlechten System des Kommunismus Moskaus durchgesetzt. Die US-Massenmedien waren über Monate voll von der Behandlung des Deutschen Themas.

Die großen Zeitungen wie New York Times, Boston Globe oder Washington Post berichteten in dieser Zeit äußerst intensiv über Deutschland und die Entwicklung in Mitteleuropa. In diesen unzähligen Artikeln ist die Haltung von Beginn an völlig anders gewesen, als besonders in Großbritannien, wo „Mrs. T" es einfach nicht wahr haben wollte, dass Deutschland größer wird. Nicht so in den USA. Von dem Präsidenten George Bush I angefangen über den Außenminister Jim Baker und den Botschafter in Bonn, Vernon A. Walters bis hin zu dem einfachen Truck-Fahrer ging eine Woge an Freude, Zuneigung, Mitgefühl durch das Volk. Eine kleine selbst erlebte Episode soll dieses verdeutlichen.

„Wir flogen am 10. November 1989 nach Phönix/Arizona. Abends lernten wir einige US-Amerikaner kennen, die uns am nächsten Tage zum Abendessen einluden. Thema Nummer eins war der Fall der Mauer und was danach kommt. Am 14. November, also 5 Tage nach der Öffnung der Mauer fuhren wir mit zwei Bussen und etwa 65 Personen aus 35 Ländern (die internationalen Offiziere vom *US Naval War College*) zu einem Western-Dorf, um eine *Western Night* zu erleben. Auf dem Parkplatz stand eine Gruppe von 5 Personen und begrüßte uns mit einem zwei Meter langen Transparent, auf dem gedruckt war: *God bless the Fall of the Berlin Wall*. Es waren unsere vorherigen Gastgeber! Dies ging nicht nur unter die Haut, sondern war zudem auch sehr symptomatisch für die Empfindungen aller US-Amerikaner".[369]

Das Interesse an der Entwicklung in Deutschland war besonders groß. So verwundert es nicht, dass wir immer wieder gefragt wurden, wie es denn nun wirklich sei, wie es weiterginge, wie die Bevölkerung die neue Lage auffassen würde. Einladungen zu Vorträgen, zu Podiumsdiskussionen etc., häuften sich. Wir merkten dieses besonders auch am 3. Januar 1990, als wir zu einer „Politischen Matinee" eingeladen hatten. 15 Professoren und Offiziere kamen, um über Deutschland zu diskutieren. Dazu standen ihnen 5 Deutsche Staatsbürger aus drei Generationen zur Verfügung: Großmutter, 79; Mutter, 49; Vater, 49. Tochter, 23 und Sohn, 22. Zusätzlich die künftige Schwiegertochter, 23 als Deutsch-Amerikanerin. Das Interesse war ausgesprochen groß. Gefragt war aber primär die junge Generation; ihre Ansicht zu der denkbaren, möglichen, wünschenswerten Entwicklung in Deutschland.

Die Wiedervereinigung hatte mehrere Väter. Ausgangspunkt ist die Unzufriedenheit der Menschen im kommunistischen Machtbereich gewesen. Die

---

[369] Spieker, Hartmut und Ursula: *4 Jahre USA*, S. 85

Aufstände in der DDR (17. Juni 1953) und in Ungarn (1956), der „Prager Frühling" (1968) und die *Solidarność* in Polen (1980/81) hatten den Boden vorbereitet, als die Montagsdemonstrationen in der DDR begannen, als Michail Gorbatschow *Glasnost* und *Perestroika* ausrief und als dann die Mauer fiel. Die Umsetzung dieser friedlichen Revolution hin zu einem Vereinigten Deutschland griff Helmut Kohl auf und steuerte ein geeintes Deutschland zielsicher an. Dieses wurde aber nur möglich, weil Michail Gorbatschow überzeugt werden konnte und weil Helmut Kohl die volle Unterstützung der USA und hier insbesondere ihres Präsidenten George Bush I hatte.

Verhältnis von Politikern

Es gibt US-Präsidenten, die von den Deutschen nahezu vergöttert werden - egal was sie tun. Und es gibt US-Präsidenten, die von den Deutschen nahezu gehasst werden - egal was sie tun.

In die Kategorie der geliebten Präsidenten gehört ohne Zweifel John F. Kennedy. Seitdem er 1963 vor dem Schöneberger Rathaus seine „Ich-bin-ein-Berliner"-Rede hielt, gehören ihm die Herzen der meisten Deutschen - heute immer noch. Dass Kennedy zuvor zum Mauerbau nicht nur geschwiegen hatte, sondern den Russen signalisierte, dass er gegen eine Abriegelung der Zonengrenze nichts unternehmen würde, wenn die Präsenz der US-Truppen und die Freiheit West-Berlins unangetastet blieben, hat seiner Popularität nie geschadet. Auch dass Kennedy im April 1961 mit der CIA und einigen Exilkubanern versuchte, in der Schweinebucht zu landen, um das Castro-Regime zu stürzen; dass er während der Kuba-Krise im Oktober 1962 in einer Fernsehansprache mit einem Atomkrieg drohte, wenn die Russen nicht ihre Raketen von der Karibik-Insel abzögen; oder dass er maßgeblich zur Eskalation des Vietnam-Kriegs beitrug, indem er die Zahl der als Militärberater entsandten US-Soldaten in Südvietnam von gut 700 auf über 16.000 erhöhte und Ende 1961 gar dem Einsatz von Napalm und Entlaubungsgiften zustimmte - das alles haben ihm die sonst so pazifistischen Deutschen nie angelastet. Bis heute wird Kennedy in Deutschland beinahe kritiklos als Hoffnungsträger einer neuen Zeit gefeiert.

Zu den Präsidenten, die ein überwiegend schlechtes Image in Deutschland haben, gehört Ronald Reagan. Vor allem die Intellektuellen im Land der Dichter und Denker rümpfen immer noch gern die Nase über den „Schauspieler im Weißen Haus", den plumpen Antikommunisten, der die Sowjetunion für das „Reich des Bösen" hielt. Reagan galt hierzulande als Förderer des SDI-Programms; als Unterstützer zahlreicher anti-kommunistischer Regime und Banden in Mittel- und Südamerika oder auch der Mujaheddin in Afghanistan; und nicht zuletzt als derjenige, der - zusammen mit den Bundeskanzlern Helmut Schmidt und Helmut Kohl - die *Pershing-II-Raketen* in der Bundesrepublik stationierte und das Wettrüsten mit dem Ostblock einleitete. Dass sich dieser US-Präsident kontinuierlich um Deutschland bemühte, wird ihm hierzulande kaum angerechnet. Reagans Checkpoint-Charly-Visite im Juni 1982 mit Schmidt ist praktisch vergessen; seine historische Rede am Brandenburger Tor am 12. Juni 1987, in der er den sowjetischen Parteichef Michail Gorbatschow aufforderte, nach Berlin zu kommen und die Mauer einzureißen, wird kaum noch gewürdigt.

Dass die Deutschen das Engagement von US-Präsidenten für ihr Land nicht unbedingt danken, zeigt auch das Beispiel des George Bush I. Als dieser am 12. Mai 1989 – also deutlich vor dem Beginn der Flüchtlingswelle aus der DDR - bei seinem Antrittsbesuch als US-Präsident in Mainz dazu aufrief, die Teilung Europas und Deutschlands zu beenden, blieb das Echo mehr als verhalten. Zum Star der politischen Wende - und bis heute zu einem ihrer beliebtesten Politiker - wurde für die Deutschen hingegen Michail Gorbatschow. Natürlich wäre ohne die Zustimmung der Sowjetunion die Wiedervereinigung nicht möglich gewesen. Doch gehört es auch zu den Tatsachen, dass Gorbatschow sich sein Ja zur deutschen Einheit und zum Abzug der Roten Armee durch Milliardenzahlungen an die Sowjetunion abkaufen ließ - während die Amerikaner lediglich den Wunsch äußerten, dass auch das vereinte Deutschland Mitglied der NATO bleiben möge - was durchaus im deutschen Interesse lag und liegt.

Bis heute populär bei den Deutschen ist wiederum Bill Clinton. Dabei fielen auch in seine Amtszeit Kriege und militärische Programme. Eines davon war der *National Missile Defense Act of 1999* - der Nachfolger des *SDI-Programms*, wegen dessen Ronald Reagan zu seiner Zeit noch als „Sternenkrieger" bezeichnet worden war. Im gleichen Jahr war Clinton verantwortlich für den NATO-Einsatz im Kosovo-Krieg. Ohne jedes völkerrechtliche Mandat wurde gegen die damalige Bundesrepublik Jugoslawien ein Krieg begonnen. Dass dabei u.a. auch die chinesische Botschaft in Belgrad bombardiert und zivile Opfer als „Kollateralschaden" hingenommen wurden, wurde zwar im Einzelfall heftig kritisiert, jedoch nie dem Präsidenten persönlich angelastet. Auch dass Clinton während seiner gesamten Amtszeit wiederholt Luftwaffeneinsätze gegen den Irak fliegen ließ, sobald dieser gegen UN-Auflagen verstieß, brachte ihm nie den Ruf eines Kriegstreibers ein.

Ganz anders bei Clintons Nachfolger George Bush II. Ihm werden bis heute wirklich alle - tatsächlichen oder vermeintlichen - Verfehlungen angelastet: die Alleingänge im Irak-Krieg nach dem 11. September 2001 ebenso wie seine unklugen Drohungen mit einem „Kreuzzug" gegen den islamistischen Terrorismus. Bei keinem anderen Präsidenten ist es derart auffällig, wie bei der Bewertung seiner Politik mit zweierlei Maß gemessen wird. Während Bush II immer noch der Auftritt vor dem UN-Sicherheitsrat angelastet wird, als die USA falsches Beweismaterial über irakische Chemiewaffen präsentierten, wird seinem Vorgänger Bill Clinton die Tatsache, dass auch das militärische Eingreifen in Jugoslawien mit einer unwahren Begründung legitimiert worden war (dem angeblichen „Hufeisenplan" der Serben), nicht angekreidet.

Geradezu das Paradebeispiel für eine selektive Bewertung der US-Politik ist die Gegenüberstellung von George Bush II mit seinem Nachfolger Barack Obama. Während die in der George-Bush-II-Ära erfolgte Einrichtung eines Sondergefängnisses in Guantánamo als ein Verstoß gegen elementare Rechtsgrundsätze der USA und des Völkerrechts zu Recht scharf kritisiert wurde, blieb die Kritik an seinem Nachfolger, der die Schließung Guantánamos zu einem zentralen Wahlkampfversprechen gemacht hatte und das Gefängnis bis zu seinem Abschied aus dem Oval Office betrieb, jedoch weitgehend aus. Ebenso lau war die Kritik an der von Obama vollzogenen Änderung der Kriegführung hin zum Einsatz bewaffneter Drohnen. Dass der Träger des Friedensnobelpreises von 2009 inzwischen tausende Menschen durch anonyme Bombardements töten ließ – ohne Feststellung ihrer individuellen Schuld durch ein Gericht und ohne eine parlamentarische Debatte über den Sinn dieses unerklärten Krieges - tat seiner Popularität in Deutschland keinen Abbruch.

Woher kommt diese ambivalente Haltung gegenüber den führenden Repräsentanten der Vereinigten Staaten? Dass man dem einen für Militärschläge „entschlossenes Handeln" attestiert - und dem anderen bei gleichen Taten „Isolationismus" vorwirft? Wenn sich die US-Präsidenten in ihrer Außenpolitik wenig unterscheiden, die Deutschen aber höchst unterschiedlich auf sie reagieren, sagt dies vielleicht mehr über die Deutschen und die „veröffentlichten Meinung" aus als über die Staatsmänner auf der anderen Seite des Atlantiks.

Der deutschstämmige jüdische Historiker Fritz Stern hat - in einem etwas anderen Zusammenhang - einmal darauf hingewiesen, wie das im Zweiten Weltkrieg besiegte Deutschland nach 1945 in den Bann der USA geriet: „Die neue Freundschaft zwischen Siegern und Besiegten begann zu einer Zeit, als Deutschland in Ruinen lag, moralisch vernichtet war, wirtschaftlich am Boden, geistig bankrott - und die USA sich im Zenit ihrer Macht befand. "Vielleicht" - so Stern - „hatte Präsident Kennedys >Ich bin ein Berliner< deshalb so einen elektrisierenden Effekt, weil damit die stillschweigende Identifikation so vieler Deutscher mit den USA erwidert wurde".[370]

Sind also die zuweilen übertrieben euphorischen Jubelstürme für Kennedy und Obama einfach nur die Folge einer Über-Identifikation mit dem großen Partner jenseits des Atlantiks? Dafür spricht das fast schon hysterische Mitfiebern in

---

[370] *Interview mit Fritz Stern in der FAZ vom 16. 11.13*

Deutschland mit dem Kandidaten Barack Obama während seiner beiden Wahlkämpfe für das Weiße Haus – so als ob es unser Präsident war, der dort gewählt wurde.

US-Präsidenten haben aus deutscher Sicht den Vorteil, dass man ihnen - im Gegensatz zu den eigenen Kanzlern - nicht bei den Mühen des täglichen Regierens zuzusehen braucht. Es reicht offenbar, wenn hin und wieder ein begnadeter Rhetoriker über den „großen Teich" kommt und ein paar warme Worte spendet. Nur so erklärt sich das Erstaunen, mit dem die deutsche Öffentlichkeit während des Wahlkampfs 2012 zur Kenntnis nehmen musste, dass in den USA die Strahlkraft des Präsidenten Obama nach einer Amtszeit spürbar nachgelassen hatte.

Aber wie ist die Ablehnung, ja Verachtung für manch andere US-Präsidenten zu werten? Ist es einfach nur die Enttäuschung darüber, dass jene offenbar weniger rhetorisch brillierten, und manchmal einfach nur offener über Realpolitik sprachen? Oder steckt dahinter vielleicht auch die Emanzipation von dem irgendwann als übertrieben empfundenen Jubel zuvor? Tatsache ist, dass sich alle bisherigen US-Präsidenten in ihrer Außenpolitik nur marginal voneinander unterschieden: Sie haben „geerbte Kriege" ihrer Vorgänger ebenso fortgesetzt wie deren Friedensbemühungen. Dabei fällt die Bilanz naturgemäß für den einen besser und für den anderen schlechter aus. Doch eines hatten alle Präsidenten gemein: Sie betrieben Außenpolitik für die Vereinigten Staaten, nicht für Deutschland - und taten dabei das, was sie zusammen mit ihren Beratern als ihrem Lande dienlich ansahen.[371]

Die Deutschen aus US-Sicht
In Gesprächen mit US-Amerikanern, bei Auftritten von Politikern in deutschen Talk-Shows und in Artikeln in Zeitungen wird die Sicht der USA auf Deutschland immer wieder deutlich. Zusammengefasst kann man sagen, dass die Deutschen aus US-Sicht als bodenständig gelten, immer bereit sind, über Vorschläge nachzudenken, ehrlich sind - vielleicht zu ehrlich - sie ihre Heimat lieben, Gemütlichkeit schätzen, tüchtig sind, einem Sozialstaat anhängen, über viele extrem gute Ingenieure verfügen und in großen Teilen pazifistisch sind.

„Die Achtung ist es und nicht die Zuneigung, die Deutschland von den US-Amerikanern entgegengebracht wird: die Deutschen sind in den U.S.A. heute geachtet - es ist jedoch keine Liebe, die uns entgegen gebracht wird - wobei wir uns ja oft nach nichts anderem mehr sehnen als gerade nach der Liebe der US-Amerikaner. Doch diese ist im Grundsatz auf immer an die Engländer vergeben. Unsere Chancen hierzu haben wir mit den beiden Weltkriegen im letzten Jahrhundert vertan. Geachtet werden wir sehr in dem großen Land auf dem amerikanischen Kontinent. Die

---

[371] *Nehring, René im Rotary Magazin 01/2014*

Bundesrepublik (alt) war der Musterschüler der US-Amerikaner nach dem 2. Weltkrieg. Die sehr schnell erzielten Erfolge nämlich das Wirtschaftswunder, die Einführung demokratischer Spielregeln und die sichere Basis der Demokratie brachten und bringen uns Bewunderung und Sympathie entgegen. Die Tüchtigkeit ist unverändert ein Synonym für die Deutschen. Der Chef des Stabes im NATO Hauptquartier Atlantik (SACLANT), ein Admiral der US-Navy, hat US-amerikanischen Freunden von uns gegenüber auf einem Abschiedsessen, das er in seinem Haus für uns ausrichtete, festgestellt: *We will miss Hartmut and Ursula. You know, I made one experience in NATO: if you need somebody to talk ask a Brit but if you need somebody to work ask a German.* Dem ist nichts hinzuzufügen.

Die USA sind immer erfolgsorientiert gewesen. Wer Erfolg hat, wird bewundert. Und Erfolg wird in harter Währung bemessen. Insofern haben das Wirtschaftswunder, die starke Deutsche Mark und der Erfolg deutscher Waren auf dem Weltmarkt zu der Achtung, die uns die US-Amerikaner gegenüber entgegenbringen, entscheidend beigetragen. Diese Achtung schlägt nicht selten auch in Bewunderung um. Noch einmal: Worte wie *German Engineering* oder Mercedes oder BMW werden von vielen US-Amerikanern immer mit einer gewissen Verklärtheit ausgesprochen. Es sind Ausdrücke, die für Erfolg stehen.

Die Deutschen haben ihre Lektion von den US-Amerikanern gelernt, der Musterschüler ist flügge geworden und hat mit der Wiedervereinigung am 3. Oktober 1990 seine Reifeprüfung bestanden. Wir sind damit in die Nähe eines Partners aufgerückt. In die Nähe zwar nur, aber das ist mehr als man erwarten kann. Eigentlich gibt es keine Partner für die USA. Die USA sind die Nummer eins, *America the greatest country in the world.* Da hält man sich keine gleichwertigen Partner; aber gleich danach kommen wir schon. Und das verdanken wir der stabilen Entwicklung nach dem Kriege, der politischen wie der wirtschaftlichen"[372].

Résumé

In erfreulicher Schnelligkeit haben US-Amerikaner und Deutsche nach dem 2. Weltkrieg den Krieg hinter sich gelassen. Aus dem Sieger wurde die Schutzmacht. Die deutsch-amerikanischen Beziehungen sind seit 1945 durch die besonderen Gegebenheiten der Nachkriegszeit und der Ost-West-Konfrontation auf dem Territorium des geteilten Deutschland geprägt worden. Es war vor allem der großmütige Sieger USA, der dem westlichen Deutschland Freiheit, Frieden, Recht und Wohlstand gegeben und es auf dem Weg zu einer funktionierenden Demokratie begleitet hat.

---

[372] *Spieker, Hartmut und Ursula: 4 Jahre USA, S. 83/84*

Diese alte Geschäftsgrundlage für die bilateralen Beziehungen hat ihre Gültigkeit verloren. Die Generation von Politikern, Wissenschaftlern, Journalisten und Soldaten, die das deutsch-amerikanische Verhältnis in der Nachkriegszeit entwickelt und gepflegt hat, ist von der Bühne abgetreten. Nun muß die junge Generation, die nicht mehr die unerträgliche Spannung des Kalten Krieges kennen- und fürchten gelernt hat, eine neue Grundlage für die künftige Partnerschaft formen, die den völlig veränderten Bedingungen der neunziger Jahre ebenso Rechnung trägt wie den sich ändernden Interessenlagen und Erwartungshaltungen auf beiden Seiten des Atlantiks. Militärisch orientierte Themen europäischer Verteidigung werden dabei eher in den Hintergrund treten. Die Frage einer fairen wirtschaftlichen Partnerschaft, einer umfassenden Teilhabe am zusammenwachsenden Europa und einer neuen Solidarität in der Einhegung des weltweiten Krisen- und Konfliktpotentials wird die Gemeinsamkeit zwischen Deutschen und US-Amerikanern bestimmen oder auch belasten.

Kapitel 29

Anti-Amerikanismus und Philo-Amerikanismus

Schon in den fünfziger Jahren des 20. Jahrhunderts hat die deutsch-amerikanische Philosophin Hannah Arendt ihre Schrift *Dream and Nightmare* zum Thema USA und Anti-Amerikanismus veröffentlicht: Die USA sind Magnet und Monstrum zugleich schreibt sie, zugleich anziehend und abstoßend. Deshalb sei im Verhältnis zu den USA „Hassliebe" ein treffenderer Begriff als „Freundschaft".

Europäischer Anti-Amerikanismus ist eine Geisteshaltung, deren Profil vom politischen, kulturellen und wirtschaftlichen Kontext abhängt. Er ist ein kulturelles Phänomen und ist untrennbar mit dem Gegenteil, dem unkritischen Philo-Amerikanismus verbunden und beschäftigt seit langem sowohl die Wissenschaft als auch die breite Öffentlichkeit in Europa.

Gerade seit dem 11. September 2001 sind die Sympathien für die USA in Europa gesunken. Und seit dem Wechsel im Weißen Haus im Januar 2017 hat das Vertrauen in die Regierung der USA noch weiter abgenommen und ist auf einem historischen Tiefpunkt angelangt. Das größte und bekannteste demoskopische Institut in den USA, das *PEW Institut* ist in 37 Ländern der Welt der Frage nachgegangen: „Haben Sie Vertrauen in den US Präsidenten, das Richtige in Bezug auf das Weltgeschehen zu tun". Die Fragen wurden im Zeitraum 2014/16 für Barack Obama und im Frühjahr 2017 für Donald Trump gestellt, die Ergebnisse am 26. Juni 2017 veröffentlicht. In der Endzeit von Obama lag der Durchschnittswert der 37 Länder bei 63,2%, während er nach dem Start von Trump auf 26,7% abrutschte. Ausnahmen dieses Trends bilden nur Russland und Israel - auch eine Aussage![373]

Land	Ende Obama	Beginn Trump
Israel	49	56
Russland	11	53
Australien	84	29
Japan	78	24
Polen	58	23
Kanada	83	22
Großbritannien	79	22

---

[373] *Spiegel online vom 27.6.2017*

Niederlande	92	17
Südkorea	99	17
Frankreich	84	14
Deutschland	86	11
Schweden	93	10
Spanien	75	7
Mexiko	49	5

Das Bild der USA in der Weltöffentlichkeit ist immer zwiespältig gewesen und änderte sich - natürlich - auch bei einem jeden Präsidentenwechsel. Der Tenor hat sich jedoch im 21. Jahrhundert verstärkt: eine bewunderte Nation hat sich zur verhassten Weltmacht entwickelt. Das Bild ist dabei zwiespältig. Die einen kritisieren die Europäer für ihre mangelnde Kenntnis der Zustände in den Vereinigten Staaten und empfehlen den Menschen außerhalb der USA, dass sie ihren Hass und ihre Blindheit erkennen sollen. Die anderen monieren, wie wenig die Einwohner der USA vom Rest der Welt wissen und verstehen. Diese anti-amerikanischen Kritiker prophezeien oft einen stufenweisen Niedergang der USA.

Nach dem Duden ist Anti-Amerikanismus die ablehnende Haltung gegenüber dem Gesellschaftssystem, der Politik und dem Lebensstil der USA. Anti-Amerikanismus geschah und geschieht aus unterschiedlichen Anlässen und mit unterschiedlichen weltanschaulichen Hintergründen. Daher kann man nicht von einem einheitlichen anti-amerikanischen Weltbild sprechen, das von Gegnern der Vereinigten Staaten vertreten wird. Besonders ausgeprägte anti-amerikanische Bezüge werden jedoch im 21. Jahrhundert als auffällige Gemeinsamkeit des rechten und des linken Randes des politischen Spektrums besonders in Europa wahrgenommen. Aber eines gilt auch: der Anti-Amerikanismus kann nur Hand in Hand mit seinem Gegenpart, dem Philo-Amerikanismus - also der Faszination von den USA - bestehen. Anti- und Philo-Amerikanismus orientieren sich strukturell aneinander, indem sich anti-amerikanische Perspektiven oft direkt gegen philo-amerikanische Positionen wenden.

Philo-Amerikanismus blickt auf eine mindestens ebenso lange Geschichte zurück wie Anti-Amerikanismus. Ursprünglich ging er aus einer liberalen Vision der USA als einer Art Labor der Welt noch vor dem Aufstieg des industriellen Kapitalismus und der Moderne hervor. Doch schon bald befürchteten europäische Beobachter, dass sie die Vision der USA betrogen habe. Dies war die Geburtsstunde eines anti-amerikanischen Diskurses im Rahmen philo-amerikanischer Tendenzen.

In den Jahrzehnten nach der US-amerikanischen Revolution von 1776 zeigten viele Europäer große Sympathien für das neue Land und dessen politische Form. Gerade weil die Französische Revolution von 1789 keine langfristige Systemveränderung gebracht hatte, blieben die USA zu Beginn des 19. Jahrhunderts der einzige Staat, der sich an den Prinzipien der Aufklärung orientierte. Dementsprechend wurde er schnell zum Zielobjekt all jener, die sich von den Idealen einer modernen demokratischen Gesellschaft entweder angezogen oder abgestoßen fühlten.

Positive Beschreibungen der US-amerikanischen Gesellschaft blieben ein Thema bis zum Beginn des Ersten Weltkrieges. Johann Wolfgang von Goethe rief 1827 aus:

"Amerika, du hast es besser
als unser Kontinent, der alte,
hast keine verfallenen Schlösser
und keine Basalte.
Dich stört nicht im Innern
zu lebendiger Zeit
unnützes Erinnern
und vergeblicher Streit."

Ebenso jedoch entwickelten sich in den europäischen Gesellschaften nach 1776 latent anti-amerikanische Züge, die sich im 19. Jahrhundert zu einer Kritik an US-amerikanischer Kultur und Moderne verfestigten und bis 1914 intakt blieben. Der Kontrast zwischen europäischer Weisheit und US-amerikanischer Geschichtslosigkeit, zwischen europäischem Niedergang und US-amerikanischer Kraft wird bis heute immer wieder im öffentlichen Diskurs betont. Der Mythos des Tellerwäschers, der in den USA zum Millionär wurde, die zwanghafte Ausklammerung alles "Amerikanischen" von Werten und Worten und die Unfähigkeit, die USA als eigenes Land statt als schrille Abweichung von der europäischen Norm zu sehen, wurzeln im 19. Jahrhundert, als sich Europa von einer feudalen zu einer bürgerlichen Gesellschaft veränderte.

Bis zum Ersten Weltkrieg wurden diese Ängste von konservativen Eliten formuliert, die sich gegen die Moderne und deren Versinnbildlichung in US-amerikanischen Publikationen, Ideen und Kulturprodukten äußerten. Im 20. Jahrhundert begannen Generationen von Intellektuellen und Beobachtern, darunter Kritiker wie Ernst Jünger, Martin Heidegger, Herbert Marcuse und Emmanuel Todd, die USA als Ort einer gigantischen menschlichen Katastrophe darzustellen. Was war passiert? Nach dem Ersten Weltkrieg verbreitete sich in Europa die Debatte - und damit philo- und anti-amerikanische Perspektiven - mit Hilfe von Büchern,

Pamphleten, Comics, Musik, Werbung, Film und Mode über die USA. Die Fließbandfabrik des Automobilherstellers Henry Ford in Detroit und die Vision einer Transformation von einer landwirtschaftlich orientierten zu einer industriellen Massengesellschaft hatten profunden Einfluss auf die europäischen Gesellschaften nach 1918.

Unter allen europäischen Ländern stand das Deutsche Reich den US-amerikanischen Einflüssen zunächst wohl am offensten gegenüber. Während der Weimarer Republik kam es zu philo-amerikanischen Wellen, als sich Weimar sowohl kulturell als auch industriell an die USA annäherte. Viele Beobachter und Intellektuelle unterstützten eine Affinität mit den USA. Und wie viele Europäer bewunderten auch viele Deutsche die US-amerikanischen Athleten, so zum Beispiel bei den Olympischen Spielen von 1936, als der *African-American* Jesse Owens zum Lieblingsathleten der Zuschauer avancierte.

Gleichzeitig jedoch zeigte die Gesellschaft der Weimarer Jahre einen ausgeprägten Anti-Amerikanismus, ausgelöst durch den Versailler Friedensvertrag, Wilsons 14 Punkte und die Tatsache, dass die Passivität der USA den Friedensvertrag und die alliierten Reparationsforderungen erst möglich gemacht hatte. Intellektuelle und Schriftsteller wie Erwin Kisch und Bertolt Brecht benutzten das Beispiel der USA, um entweder das Übel des Kapitalismus oder das Gespenst einer seelenlosen, kindischen und oberflächlichen Gesellschaft zu porträtieren.

Im "Dritten Reich" setzten sich die Paradoxe fort. Adolf Hitler betrachtete die USA als schwaches und militärisch inkompetentes Land, das von minderwertigen "Rassen" und dem allmächtigen Dollar dominiert werde. Gleichzeitig interessierten sich die Nationalsozialisten für die technologischen Entwicklungen in den USA ebenso wie für Massenproduktion, Konsumgüter sowie Modernisierungs- und Rationalisierungsmaßnahmen in der US-amerikanischen Wirtschaft. Und obwohl die Reichsleitung US-amerikanische Filme, Jazz und Swing-Musik verbot, standen diese bis Kriegsende bei deutschen Konsumenten und Soldaten hoch im Kurs.

Auch die europäischen Demokratien hegten ein ambivalentes Bild der USA. Trotz aller Antipathien auf Seiten der französischen Eliten und Intellektuellen unternahm die französische Regierung zwischen 1900 und 1940 große Anstrengungen, um die Gunst der US-Amerikaner zu gewinnen. Privat mochte man sich an den Behauptungen nationaler Größe in den USA stören, doch es war französischen Entscheidungsträgern klar, dass Frankreich mehr Kontrolle über seine Identität als über seine Produktionsressourcen besaß, Ressourcen, die das Land brauchte, wenn es eine moderne Großmacht sein wollte. In vielen Kreisen galt es daher als chic, eine anti-amerikanische Haltung mit einem tiefen Gefühl für die USfranzösische Freundschaft zu verbinden. Trotz aller politischen Frustration blieb der französische Anti-Amerikanismus der Zwischenkriegszeit ein kulturelles Phänomen, das aus jener Gruppe französischer Intellektueller hervorging, die die USA am besten kannten. Manche kritisierten die Massengesellschaft, während andere sich über die internationale Macht der USA erregten. Ihnen gemeinsam blieb eine retrospektive Haltung, mit der sie den Niedergang Frankreichs und die Modernisierung der Gesellschaft beklagten.

Die Zwischenkriegszeit zeigt insgesamt ein heterogenes Bild der europäischen USA-Perzeption. Über die allgemeine Bewunderung für die US-amerikanische Industrie und Roosevelts Wirtschaftsprogramm hinaus herrschte große Faszination für das "US-amerikanische System" sozialer Organisation. Gleichzeitig jedoch blieb kultureller Anti-Amerikanismus ein Merkmal faschistischer und konservativer Kreise, die in den USA eine Bedrohung europäischer Traditionen, nationaler und regionaler Identitäten sowie Europas innerer Erneuerung in den 1930er Jahren sahen.

Weder die Katholiken der Vorkriegszeit noch die jungen Führer des Vichy-Regimes während der Zeit der deutschen Besatzung kamen an diesem Widerspruch vorbei: Sie waren davon überzeugt, dass man, wenn man der Amerikanisierung des Landes aus dem Wege gehen und Frankreich seine kulturelle Essenz wiedergeben wollte, mit Kollaborateuren zusammenarbeiten müsse, selbst wenn dies die Diskriminierung der Juden und die Unterminierung der französischen Widerstandsbewegung bedeutete. Daher wünschten sich die französischen Entscheidungsträger im Zweiten Weltkrieg ein großzügiges, aber weit entferntes Amerika, und statt eines bewaffneten Widerstandes gegen die Deutschen hofften sie auf eine Art Wiederbelebung des französischen Geistes von innen.

Die Debatte über die USA veränderte sich im Kalten Krieg drastisch, als sie sich politisierte. Schon immer hatte es politische Kritik an den USA gegeben, vor allem nach Ratifizierung des Versailler Friedensvertrages. Doch erst in den 1950er Jahren, als sich in den USA eine breite anti-kommunistische Bewegung erhob, begannen europäische Beobachter mit der Formulierung einer Kritik, die politische Ideologie akzentuierte. Philo- und Antiamerikanismus wurden alltäglich.

Trotz aller politischen Kooperation im westlichen Bündnis verbreitete sich Anti-Amerikanismus in Europa während des Kalten Krieges; überall verbanden sich kulturelle und politische Anliegen mit regionalen Befindlichkeiten. In Frankreich wurde Anti-Amerikanismus zur entscheidenden Haltung beim Bruch zwischen den Kommunisten und Sozialisten nach 1947. US-Amerikanischer Expansionismus, die NATO und der Einfluss US-amerikanischer Künstler erschienen den französischen Eliten als bedrohlich - nicht aber dem breiten Publikum. Junge Franzosen zeigten

Begeisterung für den *American Way of Life*, mit Konsumkultur, höherem Lebensstandard und wirtschaftlichem Aufschwung. Für viele Franzosen wurden die USA zu einer Art "Gegenmythos", ein Werkzeug im Kampf gegen die kulturlose Masse; ihre Haltung hatte wenig mit der Realität internationaler Beziehungen zu tun.

Während Sprache, Kunst und Konsum die französischen Kritiker US-amerikanischer Kultur beschäftigte, sorgten sich britische Anti-Amerikanisten um andere Dinge. Viele Briten fühlten nach dem Zweiten Weltkrieg, dass ihr Land seinen Status als Empire an die USA verloren habe - wohl zu Recht.

1957 gab der US-amerikanische Humorist Art Buchwald in der Londoner Times eine Anzeige auf, in der er "Menschen, die US-Amerikaner nicht mögen" aufforderte, ihm die Gründe für ihre Antipathie zu schreiben. Buchwald erhielt mehr als hundert Antworten, die er wie folgt zusammenfasste: "Wenn die US-Amerikaner aufhören würden, ihr Geld auszugeben, laut an öffentlichen Orten zu reden, den Briten zu sagen, wer den Krieg gewonnen hat, aufhören würden, Öl aus dem Mittleren Osten zu importieren, aufhören würden Kaugummi zu kauen, ihre Luftwaffenstützpunkte aus England abziehen würden, die Probleme der Rassentrennung im Süden lösen würden, die US-amerikanische Frau dahin setzten, wo sie hingehört und keinen Rock'n'Roll exportierten und korrektes Englisch sprächen, dann würden sich die Spannungen zwischen den beiden Ländern lösen und die Briten und die US-Amerikaner würden sich wieder leiden mögen."[374]

In den 1960er Jahren intensivierte sich die ideologische Kritik an den USA, angefacht durch die Frustration und Desillusionierung mit den USA in vielen Ländern. Die Behauptung, die USA seien der Leuchtturm einer demokratischen Gesellschaft, erschien vielen Menschen in Übersee als zunehmend unglaubwürdig angesichts der Rassentrennung in den USA und des Krieges in Vietnam. Beides stärkte den Anti-Amerikanismus in hohem Maße. "Meine ganze liberale Bildung nahm im Amerika-Haus ihren Anfang, wo ich die US-amerikanische Unabhängigkeitserklärung studierte," erinnerte sich ein junger Liberaler in Westdeutschland, "was nun geschieht, ist eine offene Vergewaltigung solcher Ideale."

Der westdeutsche Anti-Amerikanismus der 1960er und 1970er Jahre konzentrierte sich auf eine Interpretation westlicher Werte und Institutionen. Er hatte seinen Ursprung in der Stationierung US-amerikanischer Truppen in Westdeutschland und verbreitete sich vor allen Dingen unter Intellektuellen, Studenten, Linken,

---

[374] Marcus Cunliffe, The Anatomy of Anti-Americanism, in: Rob Kroes/Maarten van Rossem (eds.), Anti-Americanism in Europe, Amsterdam 1986, S. 23f.

„Friedensgruppen" und Umweltschützern. Die Aversion gegen das US-amerikanische Militär ging Hand in Hand mit einer Ablehnung des Konsumdenkens und eines Angriffs auf die *McDonaldisierung* Deutschlands.

Es lässt sich nicht übersehen, dass die anti-amerikanische Haltung der Deutschen selbst in ihren turbulentesten Zeiten - nämlich während der 1970er und Anfang der 1980er Jahre - einherging mit philo-amerikanischen Bekundungen. Diese Tendenz ist für US-Beobachter schwer nachvollziehbar: Wie können Menschen US-amerikanische Konsumprodukte zur Schau tragen - Jeans, Coca-Cola, *Hamburger,* Filme, Popmusik -, während sie gleichzeitig gegen die Kultur und Außenpolitik der USA protestieren? Selbst Anhänger der Frankfurter Schule, die den USA äußerst kritisch gegenüber standen - etwa Herbert Marcuse und Theodor W. Adorno - betonten in persönlichen Erinnerungen ihre positive Erfahrungen in den Vereinigten Staaten. Meinungsumfragen in Westdeutschland zwischen den 1960er und den 1980er Jahren zeigten, dass die Hälfte der Bundesbürger die USA als die besten Freunde Westdeutschlands empfanden, noch vor Frankreich; dass 80 Prozent aller Befragten Deutschlands Mitgliedschaft in der NATO für wichtig hielten; und dass nur 20 Prozent einen Abzug des US-Militärs aus Westeuropa unterstützten.

Westeuropäische Meinungsumfragen zwischen 1975 und 1983 unterstreichen dieses Bild. "In jedem Anti-Amerikaner lauert ein Philo-Amerikaner", schreibt der niederländische Historiker Rob Kroes.

Regionale Unterschiede und Konservativismus bleiben die häufigsten Nennwerte des europäischen Anti-Amerikanismus. US-außenpolitische Entwicklungen und Entscheidungen mögen häufig als Auslöser für anti-amerikanische Tendenzen dienen. Nie sind sie jedoch Ursache für die andauernde Existenz des Phänomens an sich.

Die mittelosteuropäischen Länder waren auch in der Zeit ihrer Abhängigkeit von Moskau in keiner Hinsicht homogen und somit auch nicht in ihrem Verhältnis zu den USA. Dieses Verhältnis war jedoch überall dort durch eines gekennzeichnet: die Menschen lebten hinter dem Eisernen Vorhang, ihnen allen erschien der Westen als das gelobte Land und die USA als das Schlaraffenland schlechthin. Alle hatten jedoch große, fast unüberwindliche Schwierigkeiten, um nach Westeuropa und in die USA zu kommen und die eigenen vorwiegend idealen Vorstellungen mit der Realität zu vergleichen. Auf diese Weise entstanden Mythen und einen solchen Mythos gab es auch in Bezug auf die USA. Der Begriff "die doppelte Moral" herrschte auch in Zusammenhang mit dem Westen und den USA: Offiziell waren die WP-Staaten und ihre Völker anti-westlich und anti-amerikanisch, inoffiziell schwärmte man von dem Westen und von den USA; je mehr sie unerreichbar erschienen, desto stärker war der Mythos. Dies betraf nicht nur den Mann auf der Straße, sondern in ähnlichem Maße auch Vertreter der Partei und der Behörden, die sich – heimlich oder unter vielerlei Vorwand – bemühten, westliche Länder so oft wie möglich zu besuchen, dort einzukaufen und ihre Kinder auszubilden. Dabei blieb ihre offizielle Rhetorik, die "für den Hausgebrauch", nach wie vor "anti-imperialistisch", also anti-westlich und anti-amerikanisch. Die kommunistische Propaganda vermochte kaum etwas daran zu ändern. Zusammengefasst kann man sagen, dass die Länder des Warschauer Paktes nach außen hin anti-amerikanisch waren, während in vielen Köpfen hingegen ein starker Philo-Amerikanismus herrschte.

Diese Tendenz hielt bis in die erste Hälfte der 90er Jahre an. Dann begann das ideale Bild der USA langsam zu bröckeln: Immer mehr Menschen auf immer mehr Gebieten konnten den philo-amerikanischen Mythos mit der US-amerikanischen Realität vergleichen und mit dem Vergleich kam auch die Enttäuschung. Es waren zuerst verschiedene außenpolitische Entwicklungen und Entscheidungen in Washington der letzten Jahrzehnte, die zu mehr Skepsis führten. Es waren solche Entwicklungen, die oft nicht so waren, wie man es sich in Polen und auch in anderen Ländern des ehemaligen "sozialistischen Lagers" vorgestellt hatte.

Inzwischen unterscheiden sich Polen und andere mitteleuropäische Staaten hinsichtlich des Verhältnisses zwischen dem Anti- und Philo-Amerikanismus nicht so sehr von den westeuropäischen Ländern. Gleichwohl scheint der Philo-Amerikanismus prozentual in diesen Ländern stärker verbreitet zu sein als der Anti-Amerikanismus.[375]

In der Sowjetunion zum Beispiel war es das erklärte Ziel des Kreml, die USA und den *American Way of Life* durch Propaganda zu denunzieren. Doch trotz aller Kritik hatte sich bereits unter Stalin ein ansteigendes Interesse an Konsumprodukten, Komfort und Prestige anhand von Waren wie modischer Kleidung, Autos und Elektronikprodukten entwickelt. Einige sowjetische Künstler imitierten sogar US-amerikanische Popkünstler, indem sie Videorecorder und Fernseher in ihre Kunst integrierten - und zwar genau zu dem Zeitpunkt, als die sowjetische Regierung derlei Trends in den USA auf das Schärfste denunzierte. Die USA waren nach Maßgabe der Russophilen ein materialistisches Land ohne Kultur und Geschichte, während Russland eine alte spirituelle Nation mit einer langen Tradition darstellte. Gleichzeitig galt unter den gebildeten Schichten häufig die Ansicht, dass die USA ein interessantes Land mit dynamischer Kultur, "progressiven" Autoren und talentierten Musikern seien. Diese Perspektiven finden sich auch heute in der russischen Politik und Gesellschaft wieder.

---

[375] *Seydak, Pawel, Warschau vom 12.8.2017*

Die 1990er Jahre mögen die politische Komponente des Anti-Amerikanismus kurzfristig entfernt haben. Dies änderte sich nach dem 11. September 2001, den von den USA geleiteten Militäraktionen in Afghanistan und im Irak und einer Lawine von kontroversen politischen Entscheidungen, etwa der Nichtunterzeichnung des Kyoto-Protokolls, der Beibehaltung der Todesstrafe und der Nichtachtung des Internationalen Gerichtshofes in Den Haag. Nun trat die politische Anklage wieder an die Seite des kulturellen Anti-Amerikanismus; manche Beobachter behaupten gar, die politische habe die kulturelle Kritik überlagert.

Doch diese Interpretation übersieht Ursprünge und Kontinuität der europäischen Kritik an den USA, die Wechselbeziehung zwischen Philo- und Antiamerikanismus und die fundamentale historische Dimension dieses Phänomens. Seit dem 19. Jahrhundert wird die Debatte über die USA in Europa dadurch überschattet, dass sich beide Kontinente de facto wirtschaftlich und gesellschaftlich immer ähnlicher werden. Mit dem Beginn der Moderne mutierte "Amerikanisierung" für die meisten Europäer von einer utopischen Vision zu einer sehr wahrscheinlichen Zukunftsperspektive. Gerade die kulturelle Annäherung hatte zur Folge, dass Europa die USA zunehmend als unmittelbare Vorstellung des Kommenden verstand. Allein diese Entwicklung führte dazu, dass sich in Europa nach dem US-amerikanischen Bürgerkrieg eine passionierte Debatte über die USA entwickelte, deren Grundtenor zwar vorher schon existiert hatte, aber nicht mit so viel Leidenschaft geführt worden war. Nach dem Ersten Weltkrieg und noch mehr nach dem Zweiten Weltkrieg wurde die kulturelle, wirtschaftliche und politische Vormachtstellung der USA zu einem wichtigen Bestandteil dessen, was Kritiker als "US-amerikanische Bedrohung" interpretierten.

Enttäuschte Illusionen - die die Europäer selbst auf die "Neue Welt" projiziert hatten und die die USA wohl nie hätte erfüllen können - ebenso wie das unausweichliche Herannahen der Amerikanisierung Europas vermischten sich mit einer zunehmend polarisierten Debatte, die vor allem die lokalen Konflikte um Wertesysteme, Ideale und Erwartungen freilegte. Letztlich spielte die historische Realität eine weniger wichtige Rolle als US-amerikanische Ideale, welche die US-Amerikaner jedoch ganz anders realisierten, als viele Europäer dies erwarteten oder wünschten. [376]

Ein stereotypes Sprechen über die USA muss keine Diskriminierung oder Verfolgung von US-Amerikanerinnen und US-Amerikanern zur Folge haben, um als Anti-Amerikanismus kritisiert werden zu können.[377]

---

[376] *Gienow-Hecht, Jessica in bpb vom 18.1.2008*
[377] *Knappertsbusch, Felix: Anti-Amerikanismus in Deutschland - über die Funktion von Amerikabildern in nationalistischer und ethnozentrischer Rhetorik*

Résumé

Dem Anti-Amerikanismus steht zweifellos ein Philo-Amerikanismus gegenüber. Beide sind in Europa und insbesondere auch in Deutschland stark ausgeprägt. Der Bewunderung für den Aufstieg zur alleinigen Weltmacht und für die Erfolge, die das Land und seine Bevölkerung erzielt haben, stehen Neid und die Missgunst gegenüber. Dieses wird dann noch erweitert durch die Gegensätze von Anspruch und Wirklichkeit. Wenn sich ein Land als Musterland präsentiert, sich als *the greatest in the world*, die Welt missionieren und als Vorbild für alle anderen Nationen gelten will, dann aber immer wieder mit Nachdruck selbst gegen Eigenschaften und Postulate verstößt, die es bei anderen Nationen anprangert, dann verliert es deutlich an Glaubwürdigkeit. Und diesem folgt sodann leicht eine Anti-Haltung. Der verbreitete Anti-Amerikanismus kann nur verdrängt oder reduziert werden, wenn die USA wieder glaubwürdig werden und verloren gegangenes Vertrauen zurückgewinnen. Dieses scheint unter einem Präsidenten Trump eher wenig wahrscheinlich zu sein.

Kapitel 30

Perspektiven

In den vorangehenden 29 Kapiteln wurde nach dem Einstieg über vergangene Weltmächte zunächst die Entstehung der USA und ihr Weg bis hin zur alleinigen Weltmacht dargestellt, um anschließend wichtige Aspekte dieser Weltmacht kritisch zu beleuchten.

Vor diesem Hintergrund sollen nun denkbare Perspektiven untersucht werden. Wie kann es weitergehen mit der Weltmacht USA oder anderen aufkommenden Weltmächten? Hierzu wird es erforderlich, einzelne Aussagen aus den bisherigen Kapiteln aufzugreifen, aber auch neue, aktuelle Entwicklungen zu betrachten und zu bewerten.

Seit jeher gehört es zum US-amerikanischen Selbstverständnis, sich selbst als Ausnahme unter den Nationen sowie als Leuchtturm der Demokratie und der Freiheit auf der Welt zu sehen. In den 1940er Jahren entwickelte der Publizist Henry Luce dazu den Begriff des „amerikanischen Jahrhunderts": Er sah die USA als Erbin des siechen britischen Weltreichs, das als globale Supermacht abdankte. Als neue Führungsmacht müssten die USA in den Zweiten Weltkrieg eingreifen, forderte Luce damals. Seine These blieb auch nach dem Sieg über Deutschland und Japan einflussreich. Der Kalte Krieg verankerte die Weltsicht einer „Macht des Guten", die gegen das von der Sowjetunion gebildete „Reich des Bösen" antrat - und gewann!

Nach dem Ende der bipolaren Weltordnung 1990 war die Rolle der USA als geopolitischer Platzhirsch zunächst unumstritten. Präsident Bill Clinton rechtfertigte 1996 das Eingreifen im Balkan-Konflikt noch mit dem Hinweis, es gebe Zeiten, in denen nur die USA zwischen „Freiheit und Unterdrückung" stünden.

Doch inzwischen ist dieses Selbstbewusstsein tiefer Ernüchterung gewichen. Der Feldzug von George Bush II im Irak kostete hunderttausende Menschenleben, verfehlte seine wichtigsten Ziele und ließ die Unterstützung der US-amerikanischen Wähler für militärische Abenteuer auch weit jenseits der eigenen Grenzen abstürzen. Der mit falschen Aussagen der CIA vor den Vereinten Nationen begründete Krieg führte zudem zu einem immensen Vertrauensverlust der USA in der ganzen Welt - bei Freunden wie bei Gegnern.

Barack Obama gewann 2008 den Kampf um das Weiße Haus unter anderem mit dem Versprechen, die Kriege im Irak und in Afghanistan zu beenden und die Soldaten nach Hause zu bringen.

Annahmen, wonach China die USA in wenigen Jahrzehnten als größte Volkswirtschaft der Erde ablösen wird, werden von einigen Beobachtern ebenfalls als Zeichen des zu Ende gehenden „amerikanischen Jahrhunderts" gewertet. Obamas Abzug aus Nahost zählt ebenfalls dazu. Die Partner der USA in aller Welt werden sich vielleicht auf eine zunehmende Nabelschau in Washington einstellen müssen. Dieser Eindruck verstärkt sich seit dem Amtsantritt von Donald Trump. Doch ist es wirklich schon soweit?

Totgesagte leben länger, auch in der Weltpolitik. Wichtige Faktoren, die die Rolle der USA als weltweit führende Supermacht verankern, dürften zumindest auf mittlere Sicht in Kraft bleiben. Ein Beispiel ist die militärische Machtprojektion: Die USA verfügen immer noch über mehr und deutlich kampfstärkere Flugzeugträger als alle anderen Länder der Erde zusammen und können damit jederzeit an jedem Ort der Welt ihre Macht demonstrieren und Einfluss nehmen. Ihre Volkswirtschaft ist immer noch riesig groß. Es gibt derzeit noch kein anderes Land, das die USA als Weltmacht kurzfristig ablösen könnte.

Die kulturell-technische Führungsrolle der USA – von der Popmusik bis zur Hochtechnologie – ist ebenfalls so stark wie eh und je. Nach wie vor strömen Kinobesucher in aller Welt in den neuesten Hollywood-Blockbuster, nicht in den neuesten russischen Reißer oder in den Film aus dem indischen Bollywood. Mit mehr als 300 Nobelpreisen (allerdings zumeist von Ausländern, die in den USA forschen) und mehr als 1.100 olympischen Goldmedaillen sind die USA zudem in Forschung, Wissenschaft und Sport einsame Spitze. Die Vorstellung eines neuen iPhone ist immer wieder ein Weltereignis.

Seit Ende des Zweiten Weltkriegs waren die Vereinigten Staaten Garant und Gestalter einer Weltordnung, die auf internationalen Institutionen, einer möglichst weitreichenden Geltung des Völkerrechts und einer liberalen und offenen Handelsordnung basieren sollte. Dafür wurden, teilweise auf Initiative der USA, Organisationen wie die Vereinten Nationen (UNO), die Weltbank, der Internationale Währungsfonds (IWF) und die Welthandelsorganisation (WTO) geschaffen. In dieser Ordnung und ihren Institutionen dominierten die USA und ihre westlichen Partner. Dank der politischen, wirtschaftlichen und militärischen Machtfülle konnte insbesondere Washington seither weltweit wirtschaftliche und politische Entwicklungen sowie militärische Allianzen prägen.

Die USA bleiben also immer noch auf vielen Gebieten übermächtig, doch aus der Rolle des Weltpolizisten ziehen sie sich zunehmend zurück. Washington dürfte in den kommenden Jahren die militärische Zurückhaltung der Obama-Zeit noch ausbauen, falls sich die USA nicht durch einen neuen Angriff wie im September 2001 zum Handeln gezwungen sehen. Bedrängte Verbündete der USA können nicht mehr immer und überall mit der Kavallerie rechnen, und Konkurrenten wie Russland oder China werden das für sich auszunutzen versuchen.

Durch die Kriege in Afghanistan und im Irak haben die USA die Vorbildfunktion und das Vertrauen der Welt - auch der bis dato engsten Verbündeten - verloren; Nur 5 Stichworte sollen hier genannt werden: angebliche Chemische Waffen von Saddam Hussein, Abu Ghraib, *Waterboarding,* Guantánamo und NSA.

War der Trend einer Reduzierung des Einflusses der USA in der Welt bereits unter George Bush II und Barack Obama erkennbar, so hat sich dieser seit dem Amtsantritt von Donald Trump zügig und deutlich verstärkt.

Bereits Donald Trumps Amtsvorgänger Barack Obama schraubte den US-amerikanischen Führungsanspruch zurück und passte sich so Machtveränderungen in der Welt und der innenpolitischen Situation in den USA an. Seit Jahren wird dort kontrovers diskutiert, wie stark sich die USA international engagieren sollen. Die Bereitschaft in der Bevölkerung, etwa in militärischer und finanzieller Hinsicht die Last des Garanten von Sicherheit und Ordnung in der Welt zu übernehmen, ist deutlich gesunken. Überdies hat sich auch in den USA Globalisierungskritik breitgemacht, Freihandelsabkommen werden seit einiger Zeit mit Skepsis betrachtet, nicht mehr abgeschlossen oder gar aufgekündigt. Unter Donald Trump scheinen die USA nun ihren hegemonialen Gestaltungswillen endgültig ad acta zu legen.

Ziehen sich die USA also wieder auf sich selbst zurück? Voraussagen einer Abwendung der USA vom Rest der Welt hat es schon häufiger gegeben. Es gibt Hinweise darauf, dass es diesmal wirklich wieder einmal so weit sein könnte. Dazu gehört der wachsende Wirtschaftsprotektionismus Washingtons, der sich unter anderem in der weitverbreiteten Skepsis gegenüber internationalen Handelsabkommen zeigt.[378] TPP im pazifischen Raum wurde von der Trump-Administration sofort bei Amtsantritt gekündigt, die Verhandlungen über TTIP im atlantischen Raum wurden zum gleichen Zeitpunkt abgebrochen und NAFTA in Nord- und Mittelamerika wird neuverhandelt.

---

[378] *Seibert, Thomas in Der Tagespiegel vom 8.11.2016*

Die globalen Ordnungsstrukturen waren dem neuen US-Präsidenten in seiner Antrittsrede keinen Kommentar wert. Zwar betonte er, dass er alte Allianzen stärken wolle, doch sagte er auch, dass er neue schmieden werde – mit einem übergeordneten Ziel: den „islamischen Terror von der Erdoberfläche verschwinden zu lassen". Der traditionelle Verweis auf universelle Werte wie Freiheit, Demokratie und Menschenrechte, die langjährige Maxime für das außenpolitische Handeln der USA, fehlte in Trumps Antrittsrede ebenso wie in der Liste der Prioritäten, die er im Januar 2017 auf der Internetseite des Weißen Hauses verkündete.

Nationalismus scheint zum Prinzip der US-amerikanischen Innen- und Außenpolitik zu werden. Dem neuen US-Präsidenten geht es vor allem darum, kurzfristige US-amerikanische Interessen zu maximieren, und den sog. „Krieg gegen den Terrorismus" militärisch zu gewinnen. Die Konsequenzen dieses Rückzugs der USA als internationalem Akteur, der seine eigenen Interessen gerade auch durch seine Rolle als globale Ordnungsmacht umgesetzt sieht, sind heute noch nicht absehbar. Entsprechend formulierte der damalige deutsche Außenminister Steinmeier in Reaktion auf die Rede von Trump: „Welche Ordnungsvorstellungen sich im 21. Jahrhundert durchsetzen werden, wie die Welt von morgen aussehen wird, ist völlig offen."

Europa trifft die Neuausrichtung der US-amerikanischen Außenpolitik in einer ohnehin fragilen Situation. Seit Jahren verschieben sich die Machtverhältnisse vom Westen hin zu aufstrebenden Mächten wie China und Indien, ob in ökonomischer oder demografischer Hinsicht, ob in Bezug auf Finanzkraft oder militärischen Fähigkeiten.

Politische Perspektiven

Infolge dieser Verschiebungen hat der Westen unter der Führung der USA bereits maßgeblich an Gestaltungskraft durch internationale Organisationen verloren. Statt den aufstrebenden Mächten in reformierten Strukturen mehr Einfluss zu geben, sind etwa mit der *Asian Infrastructure Investment Bank* alternative, regionale Arrangements entstanden, in denen diese Staaten ihre Interessen besser vertreten sehen. Die Macht und Gestaltungskraft westlicher Staaten ist auch dadurch erodiert, dass grenzüberschreitende Risiken etwa im Bereich der Sicherheit, des Klimaschutzes oder auch der Gesundheit zugenommen haben, während nicht-staatliche Akteure, wie Terrorgruppen oder die Verbreiter anti-westlicher Propaganda, ein nicht zu unterschätzendes Destabilisierungspotenzial haben. Sie richten sich direkt gegen die westlich-liberale Ordnung und versuchen diese zu diskreditieren oder gar zu zerstören. In dieser Situation globale Ordnungsstrukturen zu schwächen, geht genau in die falsche Richtung.

An die Stelle der globalen Ordnung, wie wir sie kennen, könnte eine von Einfluss-Sphären geprägte Welt treten. Durch Trumps Rückzug würde ein Machtvakuum entstehen, das andere Staaten und nicht-staatliche Akteure ausnutzen würden. Der Rückzug der USA aus dem Mittleren Osten hat, insbesondere nach vorangegangenen Fehlentscheidungen etwa in Bezug auf den Irak, zu einer weiteren Destabilisierung der Region durch die Ausbreitung des IS und anderer Terrorgruppen geführt; Russland nutzt die entstandene Lücke.

In Asien wird China seine Einfluss-Sphäre weiter ausbauen, was ein erhebliches Konfliktpotenzial in sich birgt. Derweil wird sich China Macht und Einfluss durch nicht-militärische Mittel bis nach Afrika und Europa sichern. Für Europa wird auch Trumps Haltung gegenüber Russland entscheidend werden. Bislang warten die Bündnispartner darauf, dass Trump die Annexion der Krim durch Russland als völkerrechtswidrige Verletzung der territorialen Souveränität der Ukraine verurteilt. Treffen Trump und Putin eine Absprache, die zum Rückzug der USA aus dem Sanktionsregime führt, wird Deutschland die Europäische Union in dieser Frage nicht zusammenhalten können. Die EU-Politik gegenüber den östlichen Nachbarländern, insbesondere die Unterstützung von Demokratisierung und eine engere Anbindung an die EU, stünde damit in Frage. Die Rechtsordnung in Europa würde zerfallen.

Auch in verteidigungspolitischer Hinsicht birgt Trumps Haltung ein großes Risiko. Die US-Regierung startet mit erheblichen Widersprüchen im Kabinett, etwa in der Haltung zur NATO und den Sicherheitsgarantien durch die USA. Zwar wurde die traditionelle, republikanische Linie von Verteidigungsminister James Mattis in den Senats-Anhörungen von den alliierten Partnern als Rückversicherung gesehen. Doch Trump erwähnte die NATO in seiner Antrittsrede nicht einmal. Dies lässt nicht nur seine Verbündeten am Engagement der USA zweifeln, sondern schwächt die Glaubwürdigkeit der Allianz auch in den Augen ihrer Herausforderer und stärkt andere Mächte. In den drei baltischen Staaten geht seit der Besetzung der Krim die Angst um – trotz Artikel 5 des NATO-Vertrages.

Spätestens seit Trumps Antrittsrede ist klar, dass bisherige Parameter der Weltordnung – wie freier Handel, offene Beziehungen, das Zusammenstehen westlich-liberaler Demokratien gegen Extremismus und Totalitarismus sowie eine enge und vertrauensvolle transatlantische Zusammenarbeit auf der Grundlage gemeinsamer Werte – nicht mehr als gegeben angesehen werden können.[379]

In seinem historischen Werk *The Rise and Fall of the Great Powers* stellt der britische Historiker Paul Kennedy 1987 fest, dass die USA von „imperialer Überdehnung"

---

[379] *Schwarzer, Daniela, Deutsche Gesellschaft für Auswärtige Politik am 23. 1. 2017*

(imperial overstretch) bedroht seien. Darunter versteht er eine militärische Überbelastung, die sich dann einzustellen pflegt, wenn die relative ökonomische Stärke abzunehmen beginnt. Der Ehrgeiz einer globalen militärischen Intervention überstrapaziere das Leistungsvermögen der USA und untergrabe die „Konkurrenzfähigkeit" ihrer Wirtschaft. Diese These von einer imperialen Überdehnung wiederholte Paul Kennedy sechs Jahre später in seinem anderen Buch *Preparing for the Twenty-First Century*. Sie scheint sich heute voll und ganz zu bestätigen.

Paul Kennedy bekräftigt den relativen Niedergang der US-amerikanischen Ökonomie aufgrund hoher wachsender Staatsverschuldung und der enormen „privaten Verschuldung" im Kreditbereich, aufgrund des Bundeshaushaltsdefizits und des Defizits in der Handelsbilanz mit Einschluss der langfristigen Erosion ihres produktiven industriellen Sektors. Darüber hinaus hänge auch der Abstieg des Imperiums mit den sinkenden Wachstumsraten des US-Bruttoinlandsprodukts zusammen; dann sei er der Vernachlässigung der in weiten Teilen maroden Infrastruktur in den USA geschuldet sowie den rückläufigen Investitionen in öffentliche Bildung und Forschung. Kennedy wird aber auch schließlich nicht müde, die Aufmerksamkeit zu richten auf Auflösungserscheinungen in der Sozialordnung der USA (Stichwort: Kriminalität, Drogenprobleme, sozialer Abstieg aus den Mittelklassen). Es sei schwierig, sie zu bekämpfen, denn „Reformen" lassen sich in einer "politisch dezentralisierten, libertären Gesellschaft" nur schwerlich durchsetzen.[380]

Wirtschafts- und finanzpolitische Perspektiven

Die Entwicklung der wirtschaftspolitischen und finanzpolitischen Parameter in den USA zeigen seit vielen Jahren nach unten, andere Länder holen auf oder überholen. So lag das Bruttoinlandsprodukt im Jahre 2017 in den USA bei 19,36 Billionen US-Dollar während die EU im gleichen Zeitraum ein BIP von 20,85 Billionen US-Dollar und China sogar 23,12 Billion US-Dollar erreichte.

Eine Statistik der 20 Länder mit dem größten Anteil am kaufkraftbereinigten globalen Bruttoinlandsprodukt (BIP) zeigt für das Jahr 2016 China mit 17,8% an erster Stelle, gefolgt von der (schwächelnden) EU mit 16,69% und den USA an dritter Stelle mit 15,49%.[381]

Aufgrund ihrer hohen jährlichen BIP-Zuwachsrate von durchschnittlich etwa 10% in den letzten 20 Jahren positioniert sich die Volksrepublik China eindeutig, um

---

[380] *Strüning, Horst-Dieter: Zur These vom Niedergang des USA-Imperiums und seiner Weltordnung. Eine kritische Analyse*

[381] *Statista 2017*

die US-Wirtschaft herauszufordern. Die eigenen ökonomischen Expertisen der CIA und der anderen Geheimdienste der USA prognostiziert denn auch, dass China die Ökonomie des US-amerikanischen Empires spätestens in ca. ein bis zwei Dekaden überholen wird.

Bei dem Bruttoinlandprodukt pro Kopf lagen im Jahre 2016 die USA mit ihren 57.300 $ pro Einwohner zwar eindeutig vor Deutschland (18. Stelle mit 48.200 $), Frankreich (25. Stelle mit 42.314 $), Japan (27. Stelle mit 41.275 $), Russland (48. Stelle mit 26.490 $) und China (78. Stelle mit 15.399 $). Allerdings weist dieses Ranking für die USA mitnichten eine globale Position der Hegemonie aus. Nach den Angaben des Internationalen Währungsfonds wird diese Rangfolge von Katar mit 127.660 $ vor Luxemburg mit 104.003 $ und Singapur mit 90.151 $ pro Einwohner als Erstplatzierten angeführt. Das Imperium Americanum reiht sich auf dieser Ranking-Liste mit Platz elf ein.

Der Status des US-Imperiums als angeblich stärkster globaler Wirtschaftsmacht, die knapp ein Fünftel des jährlichen Welteinkommens erwirtschaftet, lässt sich demnach auch nicht aus dem jährlichen Bruttoinlandsprodukt pro Kopf ableiten. Dieser hegemoniale Status ist auch deswegen nicht gegeben, weil das BIP der USA durch ein krasses Ungleichgewicht charakterisiert ist. Dem aufgeblähten prozentualen Anteil des Bruttoinlandsproduktes 2016 von ca. 78% der von dem USA-Dienstleistungssektor erwirtschaftet wurde, steht eine Schwundstufe von ca. 11% des BIP aus dem produzierenden Gewerbe gegenüber, ca. 10% aus dem Industriesektor und 1% aus der Landwirtschaft.[382]

Der überproportional geringe Anteil aus dem produzierenden Gewerbe reflektiert eine weitere Schwachstelle des USA-Imperiums, nämlich seine unausgeglichene Handelsbilanz, die die Binnenwirtschaft sowie die internationalen Beziehungen zu anderen Ländern stark belasten. Die USA sind der weltgrößte Absatzmarkt für Importgüter und rangieren hier vor China und Deutschland. Mit einem Handelsbilanzdefizit in Höhe von 734 Milliarden Dollar schließt das Jahr 2016 in etwa gleicher Höhe ab wie jedes der letzten 10 Jahre. Dazu gesellen sich wachsende Staatsschulden in Höhe von 108,3 % im laufenden Haushaltsjahr 2017. Das ist ein Anstieg um 47% in den letzten 10 Jahren; 2008 lag die Staatsverschuldung noch bei 73,62%.[383]

---

[382] *Statista 2017*

[383] *Strüning, Horst Dieter: Zur These vom Niedergang des USA-Imperiums und seiner Weltordnung. Eine kritische Analyse*

Militärpolitische Perspektiven

Was die militärische Stärke der USA angeht, so spielen die USA im Jahre 2017 immer noch eindeutig in einer eigenen Liga. Doch sind die Anstrengungen anderer Länder, insbesondere von China zu beachten.

Der US-Militärhaushalt ist in der Vergangenheit regelmäßig gewachsen und wird dieses wohl auch in Zukunft noch tun - zumindest so lange wie Donald Trump Präsident sein wird. So ist für das Geschäftsjahr 2018, das vom 1. Oktober 2017 bis zum 30. September 2018 läuft, der Gesamthaushalt wieder weiter gestiegen. Er beträgt 639 Milliarden US-Dollar.

Wie steht es aber mit den möglichen Herausforderern der militärischen Hegemonie der USA? Hier sollen die Daten für 2015 und 2016 herangezogen werden. China, Indien, Japan und Russland haben im Haushaltsjahr 2016 zusammen 387 Milliarden ausgegeben, gegenüber 611 Milliarden $ des Pentagon.

	2015	2016	Zunahme in %	Abnahme in %
Weltweit	1.682,0	1.686,0	0,2	
USA	597,5	611,2	2,2	
China	145,8	215,7	47,9	
Russland	65,6	69,2	5,6	
Saudi Arabien	81,9	63,7		22,2
Indien	48,0	55,9	16,5	
Frankreich	46,8	55,7	19,0	
Großbritannien	56,2	48,3		14,0
Japan	41,0	46,1	12,4	
Deutschland	36,7	41,1	12,0	

Interessant ist dabei die Entwicklung in ausgewählten Ländern. Während die USA von 2015 auf 2016 eine Steigerung von lediglich 2,2% verzeichnen, haben Indien und Frankreich deutlich zugelegt. Entscheidend ist aber die Veränderung in China: die Steigerung von fast 50% im chinesischen Verteidigungshaushalt verdeutlicht die Ambitionen des Reiches der Mitte auch im militärischen Bereich. Der Anspruch auf Teile des Südchinesischen Meeres und die Aufspülungen bei den Spratly-Inseln sind ein äußeres Zeichen für diese Entwicklung.

Noch können die USA ihre hegemoniale Stellung durch *hard power*, wie es Joseph S. Nye, der ehemalige Verteidigungsminister der Clinton-Administration, nennt, halten. Nye meint damit die ökonomischen und einzigartigen militärischen Stärken, die den Niedergang der USA verhindern können. Demnach dient die harte Macht dazu, andere Akteure zu veranlassen, ihren Standpunkt zu verändern. Die *hard power* funktioniert nach dem Zuckerbrot-Peitsche-Prinzip, beruht auf Lockungen und Drohungen.

Im Gegensatz hierzu steht die *soft power*. Hierbei kann eine Macht auf dem Schachbrett weltpolitischer Konkurrenz ihre Ziele erreichen, weil andere Akteure oder Länder ihm freiwillig folgen möchten, weil sie seine kulturellen und politischen Werte, wie Individualismus, Demokratie, Chancengleichheit, Menschenrechte etc. bewundern, weil sie ihrem Beispiel nacheifern möchten oder ihr Niveau an Freiheit und Wohlstand anstreben. Diesen Aspekt der Macht nennt Nye *soft power*. Die weiche Macht gewinnt die Menschen freiwillig, anstatt sie zu zwingen. Sie beruht auf dem Vermögen, die politische Tagesordnung so zu bestimmen, dass die Präferenzen auch anderer berücksichtigt werden.

Ein Duft von Zwanglosigkeit und Freiheit durchwehte über viele Jahre das *Imperium Americanum*. Wenn nun die USA Ziele und Werte repräsentieren würden, denen andere zwanglos zu folgen trachten, dann dürfte ihre hegemoniale Führung unangefochten bleiben, ein Niedergang wäre nicht absehbar. Nun lässt sich aber gegenwärtig die Hegemonie des USA-Imperiums auch nicht durch eine einzigartige kulturell-ideologisch Qualität legitimieren. Seine *hard power* hat einen verheerenden Schatten auf die freiheitliche und friedlich lockere Grundverfassung der USA geworfen. Die militärischen Angriffe in den vergangenen Jahren, wie sie in Afghanistan oder im Irakkrieg verübt wurden, die unverbrüchliche Unterstützung von Israel und dessen Missachtung der UN-Resolutionen sowie die Abhöraktionen der NSA haben die Hypermacht zunehmend delegitimiert. Guantánamo und Abu Ghraib sind Meilensteine für den relativen auch moralischen Niedergang des *imperium americanum,* ergo kann der Niedergang - wenn überhaupt - nur durch *hard power* aufgehalten werden.

Die USA und die Volksrepublik China

Der härter werdende Wettbewerb zwischen der angeschlagenen Weltmacht USA und der aufstrebenden Macht China wird auch Europa und insbesondere seine exportorientierte Führungsnation Deutschland beeinträchtigen. Während sich der chinesische Staatsführer Xi Jinping auf dem Weltwirtschaftsforum in Davos in internationalistischer Rhetorik übt, für offene Märkte wirbt und die Globalisierung verteidigt, redet der neue US-Präsident dem Protektionismus das Wort. In seiner Inaugurationsrede donnerte Donald Trump wie schon im Wahlkampf gegen den Freihandel und drohte mit Zöllen. Es ist schon eine verkehrte Welt im Jahre 2017: die Nabelschau der USA und China's weiter Ausblick auf die Welt.

Während die USA den Rückzug ins nationalistische Schneckenhaus antreten, scheut China mit seiner umfassenden Seidenstraßeninitiative - *One Belt, One Road* - keine diplomatischen Initiativen und wirtschaftlichen Investitionen, um den Welthandel in seinem Sinne neu zu ordnen.

Das ist aus Sicht der Geostrategen in Washington ein äußerst bedrohliches Szenario. Jene Köpfe, die nicht wie Trump nur den schnellen politischen Profit suchen, sondern umfassend und strategisch denken, sehen eine größere Gefahr: Wenn China öffentliche Güter wie Infrastruktur, Handels- und Informationswege in Asien, Europa und Afrika zur Verfügung stellt, baut es langsam aber sicher seine Vormachtstellung aus. Indem es als kluge Macht seine nationalen Interessen breiter definiert, anderen erlaubt, davon ebenso zu profitieren, kann es Führung beanspruchen und Gefolgschaft erwarten. Ein Beleg dafür ist Pekings Erfolg, trotz großem Gegendruck der USA, europäische Partner wie Großbritannien, Frankreich und Deutschland für seine *Asian Infrastructure Investment Bank* gewonnen zu haben. Da der US-amerikanische Kongress über fünf Jahre internationale Vereinbarungen blockierte, China mehr Mitsprache in den bestehenden, von den USA dominierten *Bretton-Woods-Institutionen* (Weltbank und Internationaler Währungsfonds) einzuräumen, konnte China nunmehr von ihm beeinflusste Alternativstrukturen selbst aufbauen.

Bereits heute stellt die von Peking weltweit orchestrierte Entwicklungshilfe die Bemühungen von Weltbank und IWF in den Schatten. Während dem US-amerikanischen Staat das Geld fehlt, um selbst im eigenen Land die maroden Straßen, Brücken und Flughäfen zu erneuern, finanziert China weltweit Infrastruktur, entwickelt damit neue Absatzmärkte und kann sich so vom Handelspartner USA emanzipieren – dem es bislang in großen Mengen das Geld geliehen hatte, damit dieser chinesische Produkte kaufen konnte.

Wenn China den USA nicht mehr seine billigen Güter und Währungsreserven zur Verfügung stellt, dann betrifft das nicht nur US-Bürger, die aus ihrer Wohlstandsillusion gerissen werden, sondern auch den US-amerikanischen Staat, der schon seit Langem über seine Verhältnisse lebt. China ist nicht mehr bereit, in dem Maße wie bisher mit seinen Devisenreserven den US-Staatshaushalt zu finanzieren, der zu einem Großteil dafür verwendet wird, die Weltmacht militärisch und sicherheitspolitisch gegen China aufzurüsten. Diese Veränderungen alarmieren die Rüstungsindustrie in den USA ebenso wie Wallstreet.

Die Vordenker in den US-amerikanischen *Think-Tanks,* etwa General Jim Mattis, der vor seinem Einsatz als Verteidigungsminister in der Trump-Regierung Ideen in der *Hoover Institution* schmiedete, mahnen zu einer neuen *Grand Strategy*. Auch sie nehmen China ins Visier. Anstelle des bisherigen Flickwerks einzelner Strategien gegenüber diversen Ländern und in bestimmten Politikfeldern (Sicherheits-, Handels- oder Energiepolitik) sollten die USA wieder eine globale, themenübergreifende Ausrichtung, eben eine *Grand Strategy,* verfolgen. Damit solle auf jeden Fall verhindert werden, dass ein möglicher Rivale den USA die See- oder Lufthoheit im eurasischen Raum, dem bevölkerungsreichsten und wirtschaftlich interessantesten Gebiet dieser Erde streitig macht und wirtschaftliche Aktivitäten der USA unterbindet oder ihnen den Zugang zu Ressourcen verwehrt. Die Analyse des *Congressional Research Service,* des überparteilichen wissenschaftlichen Dienstes des Kongresses, besagt, dass die Militäroperationen und diplomatischen Aktivitäten der USA in den früheren Dekaden genau dieses zentrale Ziel verfolgt hätten.

Anders als sein Amtsvorgänger Obama, der seine „Hinwendung nach Asien", die Eindämmung Chinas mit einer Transpazifischen Partnerschaftsinitiative (TPP) handelspolitisch im Verbund mit alliierten Ländern forcieren wollte, setzt Trump offensichtlich allein auf die vermeintliche Wirtschaftsstärke seiner Nation und nimmt dabei nicht nur einen Handelskrieg mit China, sondern auch Verwerfungen mit den eigenen Alliierten in Kauf. An seinem ersten Arbeitstag im Weißen Haus hat Trump den Austritt aus dem Transpazifischen Handelsabkommen (TPP: Australien, Brunei, Chile, Japan, Kanada, Malaysia, Mexiko, Neuseenland, Peru, Singapur und Vietnam) verkündet - eine Steilvorlage für China, die den von den USA so verprellten Staaten sogleich angeboten haben, an die Stelle der USA einzutreten.

Trumps bisherige Aussagen und die Benennungen seines handelspolitischen Personals geben keinen Grund zur Hoffnung, dass die bereits unter seinen Vorgängern angespannten Handelsbeziehungen zu China verbessert werden. Im Gegenteil: Laut Wilbur Ross, dem Handelsminister, dürfe die US-Regierung sich nicht mit „arglistigen Handelspraktiken" und staatlich subventionierter Produktion im Ausland abfinden. Er selbst habe umfangreiche Erfahrungen mit „unfairem Handel" gemacht, etwa mit der von China dominierten Stahl- und Textilindustrie, so der 79-jährige Geschäftsmann und Milliardär bei seiner Anhörung vor dem Kongress. Schon seit Längerem will der Ökonom Peter Navarro, der Direktor des Nationalen Handelsrats, China entgegentreten: *Death by China: Confronting the Dragon* lautet der Titel eines seiner Bücher, in denen er die wirtschaftliche und militärische Gefahr Chinas ausmalt. Mit allen, vor allem protektionistischen Mitteln will Navarro den „Aufstieg Chinas" stoppen, den er in seinem Nullsummendenken für den „Abstieg Amerikas" verantwortlich macht.[384]

---

[384] *Braml, Josef, Deutsche Gesellschaft für Auswärtige Politik am 23. 1. 2017*

Bereits in Barack Obamas Amtszeit hatte Washington China und auch Deutschland wegen ihrer Exportstärke kritisiert. Schon auf dem G20-Gipfel in Südkorea im November 2010 scheiterten die USA mit ihrem Vorstoß, exportlastige Volkswirtschaften wie China und Deutschland unter Druck zu setzen und Begrenzungen der Leistungsbilanzüberschüsse (auf 4 Prozent des Bruttoinlandsprodukts) festzulegen. Durch geschickte Diplomatie, insbesondere durch den Schulterschluss mit Peking, konnte Bundeskanzlerin Angela Merkel seinerzeit ausnutzen, dass die Welt der Belehrungen der USA überdrüssig war, und daran erinnern, dass es das Finanzgebaren der USA gewesen ist, welches die globale Wirtschafts- und Finanzkrise ausgelöst hatte.

Erschwerend kommt noch hinzu, dass die US-amerikanische Gesamtverschuldung schon lange aus dem Ruder läuft. Sie hat sich seit der Wirtschafts- und Finanzkrise 2007/08 auf derzeit 20 Billionen Dollar verdoppelt (die Verschuldung der Einzelstaaten und Kommunen noch nicht mitgerechnet). Die Schuldenlast wird künftig noch um Einiges vergrößert werden, wenn in absehbarer Zeit die demografische Entwicklung die Sozialkassen sprengt, wenn nämlich der Eintritt von immer mehr Baby-Boomern in das Rentenalter die *Social Security* (Rentenversicherung), *Medicaid* (Krankenfürsorge für sozial Schwächere) und *Medicare* (Krankenfürsorge für Ältere und Behinderte) überfordert. Präsident Trump wird sich – wie seine Vorgänger im Weißen Haus – davor hüten, diese für ältere Menschen (besonders aktive Wählergruppen) oft überlebenswichtigen Programme anzutasten. Aber ohne Einschnitte in die gesetzlichen Sozialansprüche einer immer größer werdenden Gruppe Älterer wird nach den Prognosen des *Congressional Budget Office* die Verschuldung von bereits heute (2016) unglaublichen 102,5% des BIP auf 141% im Jahre 2046 ansteigen. Das würde selbst die im Zweiten Weltkrieg erreichte historische Höchstmarke von 106 Prozent des BIP deutlich übertreffen. Die Behörde warnt, dass eine derartig große Schuldenlast „substanzielle Risiken" für das Land berge, ein Finanzkollaps drohe und nicht zuletzt auch die Handlungsfähigkeit des Staates lahmlegen könne.

Die Verschuldung der USA ist solange kein größeres Problem, als das Ausland bereit ist, den USA Kredite zu gewähren. Allen voran finanzieren China und Japan mit jeweils mehr als 1 Billion Dollar, und nicht zuletzt auch eine Reihe europäischer Länder bisher den US-amerikanischen Traum vom unbegrenzten Konsum auf Pump und erwerben US-amerikanische Staatsanleihen. Doch diese Fremdfinanzierung der Schuldenlast der Weltmacht würde ernsthaft eingeschränkt, sollte Trump seine handelspolitischen Ideen, insbesondere seine protektionistische Wahlkampfansage, in die Tat umsetzen.

Vielleicht gelingt es – in Zusammenarbeit mit Gleichgesinnten in den USA – doch noch, den Geschäftsmann im Weißen Haus zur wirtschaftlichen Vernunft zu bringen: Denn nur freier Handel, nicht zuletzt ein Außenhandelsüberschuss ermöglicht es Ländern wie China und Deutschland, Währungsreserven zu erwirtschaften, die sie wieder in den USA investieren können – auch um US-amerikanische Arbeitsplätze zu erhalten, die kreditfinanzierte Wirtschaft in den USA zu ermöglichen und die Handlungsfähigkeit des US-amerikanischen Staates zu gewährleisten.

Seit der Ping-Pong-Diplomatie unter Richard Nixon und Henry Kissinger in den 1970er Jahren hat sich China mit einer atemberaubenden Geschwindigkeit verändert und der Welt geöffnet. Peking bemüht sich mit aller Kraft, seinen Einfluss auch in der Region auszuweiten. Die Chinesen gehen dabei schrittweise vor. Erst annektierten sie Tibet. Später fiel Hongkong zurück an China. Nun weitet es seinen Einfluss in den zehn Ländern im Südosten aus. Schon ist der Atem Pekings auch am indischen Ozean zu spüren. Europa und die USA finden keine Antwort auf die Anforderungen, die sich in einem schnell entwickelnden Asien stellen. Dort wächst die Zahl der autoritär geführten Staaten. Thailand wird von einer Militärjunta bestimmt. Die Philippinen regiert ein gewählter Autokrat, der die Menschenrechte mit Füßen tritt. Kambodscha geht radikal gegen die Opposition vor. In Laos erhält die „Revolutionäre Partei" ihr Land in Schach. Alle vier Länder werden von China hofiert. Es scheint, als ob mehr und mehr Regierungen der Region sich an Peking ausrichten: Autoritarismus soll für Ruhe und Wirtschaftswachstum sorgen. China bietet den Nachbarn Konzepte, die der Westen nicht hat. Der Einfluss, den China in diesen Jahren in seinem Vorhof gewinnt, ist nicht mehr gutzumachen. Zu tief sind die Pflöcke eingerammt, um sie noch zu versetzen. Zumal sich Peking mehr und mehr Infrastruktur in Südostasien zu eigen macht: Häfen, Bahnen, Einkaufsmeilen und Hotels. Nie in den vergangenen 200 Jahren war der Einfluss der Chinesen auf Südostasien größer als heute. Das hat nicht nur mit der Stärke Chinas zu tun, sondern auch mit der Schwäche der USA und Europas.[385]

China greift auch nach Afrika und hat dort im Jahre 2016 mit 36,1 Milliarden $ deutlich mehr investiert als die EU (11,9 Milliarden $) und die USA (3,6 Milliarden $). Von den Investitionen, die seit 2006 von China in Afrika getätigt werden, gehen 41,5% in die Gewinnung von Metalle und 32,5% in die von Energie.[386] Das hohe Anspruchsdenken und die Zielsetzung der aufkommenden Weltmacht China wird durch den Konflikt im Südchinesischen Meer deutlich. Worum geht es hier?

---

[385] *Hein, Christoph: Chinas Vormarsch in Südostasien, in FAZ vom 9. September 2017*
[386] *Handelsblatt vom 8. September 2017 - Seite 36/37*

Seit dem Amtsantritt von Staatschef Xi Jinping 2013 bauen die Chinesen ihre Präsenz in dem strategisch bedeutenden, fisch- und rohstoffreichen Seegebiet zwischen China und Malaysia, den Philippinen und Vietnam aus. Baggerschiffe schütten Inseln und Riffe auf, die chinesischen Streitkräfte errichten Häfen und Flugpisten, stationieren sogar Raketen auf diesen neuen Inseln. Viele dieser Inseln und Riffe werden aber auch von anderen Staaten der Region beansprucht. Die meisten dieser Staaten sind Verbündete der USA.

Über Jahre haben chinesische Regierungen sich damit zurückgehalten, ihre Ansprüche militärisch geltend zu machen. Doch mit seinem wirtschaftlichen Gewicht hat Chinas Selbstbewusstsein zugenommen. Pekings Anspruch auf fast 80 Prozent des Südchinesischen Meeres, so verkündet das Außenministerium inzwischen fast wöchentlich, sei "unbestreitbar".

Für unbestreitbar halten auch Chinas Nachbarn ihre Rechte - und da sie für sich genommen alle deutlich kleiner sind als ihr großer Nachbar, fürchten sie, von der wachsenden Seemacht China dominiert zu werden. Was wollen die Chinesen? Offiziell begründet Peking seinen Anspruch historisch: Seit der Antike kreuzten chinesische Fischer in den Gewässern um die Paracel- und Spratly-Inseln. Es sei nur folgerichtig, dass Peking diese Inseln nun besiedle und verteidige. Zu Unrecht, sagt der Ständige Schiedshof in Den Haag. Er gibt damit der Klage der Philippinen statt. Peking will das Urteil jedoch nicht akzeptieren.

Der wahre Grund für Pekings Inselausbau ist ein strategischer. China, die größte Handels- und „noch" zweitgrößte Wirtschaftsmacht der Welt, sieht sich zur See von zwei "Inselketten" umgeben: die eine zieht sich von Japan über die Philippinen bis Indonesien, die andere von den Aleuten bis zur Marianeninsel Guam. Fast alle diese Territorien stehen entweder mit den USA im Bunde oder sind, wie Guam, selbst Teil der USA. Käme es je zu einem Konflikt mit Washington, so fürchtet Peking, seien sie eingekreist. Zumindest ihr maritimer Vorhof, das Südchinesische Meer, müsse deshalb unter chinesischer Kontrolle stehen.

Die USA hingegen sehen sich als "eine pazifische Nation". Seit dem Ende des Zweiten Weltkriegs kreuzen die Schiffe der *U.S. Navy* im westlichen Pazifik. In Yokosuka (Japan) unterhalten sie einen Marinestützpunkt, auf dem u.a. der Flugzeugträger *USS Ronald Reagan* stationiert ist. Die *US-Navy* hat, zumindest seit dem Vietnamkrieg, die Seefahrtsrouten der Region gesichert und die USA haben Ländern wie Südkorea, Taiwan und Japan den wirtschaftlichen Aufstieg ermöglicht.

Für Washington und seine Verbündeten stört Chinas Expansion im Südchinesischen Meer, die einen über Jahrzehnte bewährten Status quo in Frage stellt.

Peking errichte mit seinen künstlichen Inseln eine "Große Mauer der Selbst-Isolation", so warnte US-Verteidigungsminister Ashton Carter im Juni 2016 auf einer Sicherheitskonferenz in Singapur. Die meisten Militärs und Verteidigungspolitiker der Region stimmten ihm zu. Die wenigsten aber nannten China dabei beim Namen - zu groß ist mittlerweile ihre wirtschaftliche Abhängigkeit von ihrem großen Nachbarn.[387]

Der Berliner Historiker Heinrich August Winkler meint, dass wir uns mitten in einem Kulturkampf um die Zukunft zwischen den freiheitlichen Gesellschaften und autoritären politischen Regimen befinden; und welche Seite diesen Kulturkampf gewinnen werde, sei die zentrale Frage, die im 21. Jahrhundert beantwortet werden müsse. Friedrich Merz fasst die weltpolitische Lage im Herbst 2017 klar und deutlich zusammen indem er feststellt, dass ein Auslöser für die aktuelle Lage des Westens unter anderem Trumps Rückzug aus dem Freihandelsabkommen TPP sei. „Damit verzichtet die US-amerikanische Regierung letztendlich auf ihren politischen Einfluss in der gesamten pazifischen Region und es gibt in der Politik nie ein Vakuum. Dort, wo jemand zurück geht, gibt es sofort andere, die diese Räume füllen. Und die Schlüsselmacht im pazifischen Raum ist spätestens seit dieser Entscheidung der US-amerikanischen Regierung die Volksrepublik China. Diese hat es jetzt in der Hand, darüber zu entscheiden, wie der Konflikt um die koreanische Halbinsel weitergeht. China fühlt sich als neue globale Ordnungsmacht, die versucht, eine autoritäre politische Führung mit marktwirtschaftlicher Ordnung zu verbinden, während die US-Amerikaner und die Europäer mit sich selbst beschäftigt sind."[388]

Eine mögliche künftige Weltordnung
„Weltmacht USA - hat der Niedergang begonnen?" ist der Titel und diese Frage wartet am Schluss auf eine Antwort.

Ja, der Niedergang hat begonnen und dieser verstärkt und beschleunigt sich seit Amtsantritt von Donald Trump. Diese Prognose soll mit einer der Schlussfolgerungen von Paul Kennedy belegt werden. „Alle Anzeichen", betont er, „deuten darauf hin, dass die Vereinigten Staaten sich weiterhin durchwursteln werden, wobei die Debatte über den Niedergang weitergehen wird. Aber die langfristige Implikation des Durchwurstelns ist ein langsamer, stetiger, relativer Niedergang im Lebensstandard, im Bildungsniveau, in fachlichen Fähigkeiten, in der Sozialfürsorge, in der industriellen Führungsstellung und letztlich in nationaler Macht".[389]

[387] Zand, Bernhard in „Der Spiegel" vom 7. Juni 2016
[388] Merz, Friedrich im Handelsblatt vom 8. September 2017, S. 12
[389] Kennedy, Paul: In Vorbereitung auf das 21. Jahrhundert, S. 414

Wenn diese Prognose richtig ist, stellt sich die Frage nach einer möglichen künftigen Weltordnung. Wenn man die großen Key-Player der heutigen Welt betrachtet, wie Brasilien, China, Europa, Indien, Jaopan, Russland oder die USA, dann kann die Antwort nur lauten: China.

China könnte die Rolle der USA langfristig übernehmen und zwar in mehreren Schritten. Diese Schritte haben bereits mit der Übernahme der wirtschaftlichen Macht begonnen; es würde die der politischen Macht folgen und am Ende würde China auch die führende militärische Macht sein. Eine Isolationspolitik, wie sie die Trump-Administration 2017 in Ansätzen zeigt, würde diesen Prozess beschleunigen. Wirtschaftlich ist China bereits heute in vielen Bereichen stärker als die USA, politisch können sich die Gewichte zunehmend verlagern. Anzeichen für diesen Wandel sind

- die mit großer Zustimmung weltweit aufgenommen Forderungen zum Freihandel von Xi Jinping auf dem Weltwirtschaftsforum in Davos 2017,
- die zur gleichen Zeit von Donald Trump geforderten Protektionismus und Isolationismus.
- Der Ausstieg der USA aus dem Pariser Klimaabkommen von 195 Staaten, einen Ausstieg, den China sofort für sich nutzte.

Bei dem 19. Parteitag der Kommunistischen Partei Chinas im Oktober 2017 haben Chinas Kommunisten den Anspruch auf eine Weltmachtstellung deutlich gemacht und den Fahrplan dorthin definiert. Der chinesischen Führung geht es um die planmäßige Modernisierung Chinas: im Jahre 2025 soll der allgemeine Wohlstand verwirklicht sein; 2050 soll China zu einer modernen sozialistischen Weltmacht aufgestiegen sein; dann soll „ein schönes China" mit einer gesunden Umwelt und weniger Entwicklungsunterschieden seinen Platz an der Weltspitze einnehmen. Zwei Jahrhunderte nach dem Opiumkrieg will China wieder mächtig sein wie zuvor und zur Spitze der Welt aufsteigen. „Ökonomische Supermacht ist die Volksrepublik längst. Jetzt spielt das Land auch auf der politischen Weltbühne auf Augenhöhe mit den USA. Bis 2035 werde China die sozialistische Modernisierung grundsätzlich realisiert haben, eine Armee der Weltklasse besitzen und globaler Führer in der Innovation sein verkündete Staatschef Xi auf diesem Parteikongress. Bis 2050 werden man eine Weltmacht sein, basierend auf nationaler stärke und internationalen Einfluss".[390]

Ein wichtiger Schwerpunkt der im Oktober 2017 veröffentlichten „Xi-Jingping-Gedanken" ist dabei seine Theorie des Aufbaus eines starken Militärs: die Armee muss einen Krieg führen und gewinnen können. Xi hat dazu eine neue Organisation

---

[390] *Till Hoppe, Sha Hua, Moritz Koch, Dr. jens Münchrath, Torsten Rieke in Handelsblatt vom 22.2.2018*

der Kommandostrukturen durchgesetzt. Bis 2035 soll die Volksbefreiungsarmee eine Armee von Weltklasse werden.[391]

Der Ablösungsprozess wird also noch zwei bis drei Dekaden dauern. Dabei würden die USA natürlich eine Großmacht bleiben, ihre dominierende Rolle im 20. Jahrhundert, dem „amerikanischen Jahrhundert" jedoch verlieren. Der Sieg des Kapitalismus der "freien Welt" über den Kommunismus in den neunziger Jahren des vorigen Jahrhunderts ist dann keine endgültige oder langfristige Entscheidung gewesen. Der Kommunismus würde die Führungsrolle in der Welt übernehmen. Dieses ist zwar kein Kommunismus von der Art Stalins oder Maos, aber doch eine Ordnung, die mit der Demokratie nicht viel gemein hat.

Der Korrespondent des Berliner Tagesspiegels in Washington bewertet die Lage der USA als Weltmacht ein Jahr nach Amtsantritt von Donald Trump als der 45. Präsident wie folgt: "Im Innern hat Trump die Stellung des Staatsoberhauptes gegenüber anderen Verfassungsorganen geschwächt. In der Außenpolitik hat er den Rückzug aus dem traditionellen Rollenverständnis der USA eingeleitet und damit Möglichkeiten für China und Russland eröffnet. Ausstieg und Rückzug sind in Trumps Außenpolitik die entscheidenden Schlagworte. Sein Motto „Amerika zuerst" steht für einen neuen Isolationismus, einen wirtschaftlichen Protektionismus und ein „transaktionales" Verständnis von Außenbeziehungen, das sofortige und konkrete Gegenleistungen für US-Engagements verlangt. Hundert Jahre nach dem Aufruf von Präsident Woodrow Wilson, die USA sollten die Demokratie in der Welt verbreiten, erklärt Trump den moralischen Führungsanspruch der USA auf der Weltbühne für beendet."[392]

In der Vorrede wurde Zbigniew Brzezinski zitiert, der 1997 schrieb, dass mit dem Scheitern und dem Zusammenbruch der Sowjetunion ein Land der westlichen Hemisphäre, nämlich die Vereinigten Staaten von Amerika, zur einzigen und im Grunde ersten wirklichen Weltmacht aufstieg. „Folglich müsse - so Brzezinski - die US-amerikanische Außenpolitik den geographischen Aspekt der neu entstandenen Lage im Auge behalten und ihren Einfluss so einsetzen, dass ein stabiles Gleichgewicht mit den Vereinigten Staaten als politischem Schiedsrichter entsteht".[393]

Damit hat der Nationale Sicherheitsberater von Präsident Jimmy Carter wohl recht. Offensichtlich haben sich aber die Regierungen der USA und hier besonders die Präsidenten George Bush II und Donald Trump mit ihrer jeweiligen

---

[391] *Kolonko, Petra in FAZ vom 25.10.2017*
[392] *Thomas Seibert in „Berliner Tagesspiegel" vom 20.11.2017*
[393] *Brzezinski, Zbigniew: Die einzige Weltmacht, S. 16*

Administration nicht an diese treffliche Analyse eines ehemaligen Nationalen Sicherheitsberaters erinnert.

Nach den Entwicklungen im Jahre 2017 mit den beiden Präsidenten Donald Trump in den USA und Xi Jinping in China scheint sich das „amerikanische Jahrhundert" dem Ende entgegenzuneigen und das „chinesische Jahrhundert" Fahrt aufzunehmen.

Friedrich II (der Große) schreibt in seinem Werk „Der Anti-Machiavel": „Wie der einzelne Mensch geboren wird, eine Zeitlang lebt und an einer Krankheit oder vor Alter stirbt, ebenso bilden sich Freistaaten, blühen etliche Jahrhunderte und gehen endlich zugrunde durch den Wagemut eines Bürgers oder durch die Waffen ihrer Feinde."[394]

---

[394] *Friedrich II., „Der Anti-Machiavel", in Volz (Hg.), Werke Friedrichs des Großen, Bd. 7, S. 41.ff*

Anhänge

Anhang A

Wichtige Meilensteine bei der Entstehung der USA und ihres Aufstieges zur Weltmacht

Jahr	Handlung / Entscheidung
1783	Unabhängigkeit von 13 Kolonien
1803	*Louisiana Purchase* (Erwerb der Gebiete zwischen Mississippi und Rocky Mountains von Napoleon I. durch die USA für 15 Millionen $)
1810	Annexion von Teilen von Alabama und Missouri
1813	Ohio und Louisiana treten den USA bei
1819	Florida wird von Spanien „erworben"
1816-1821	Indiana, Mississippi, Illinois, Alabama, Maine und Missouri werden in den Bund aufgenommen
1836	Arkansas wird aufgenommen
1837	Michigan wird aufgenommen
1848	Nach dem mexikanisch - amerikanischen Krieg von 1846 – 1848 werden Texas, Nevada, Utah, New Mexiko, Arizona, Colorado, Wyoming „erworben"
1846-1859	Weitere Ausdehnung nach Westen: Iowa (1846), Wisconsin (1848), Kalifornien (1850), Minnesota (1858), Oregon (1859) kommen hinzu. Die USA sind nun eine pazifische Macht.
1867	Die USA kaufen Alaska vom Zarenreich
1867	Die Aleuten werden US-amerikanisch
1867	Die Begierde, Kanada zu übernehmen scheitert, als Kanada ein Dominium des Commonwealth wird
1890	Die Ära der Erschließung des Westens (auf dem Kontinent) findet ihren Abschluss mit dem Ende der Indianerkriege (1890), als die Grenzen für geschlossen erklärt werden
1898	Annexion von Hawaii
1898	Philippinen im „Frieden von Paris" von Spanien an USA abgetreten
1898	Guam von Spanien an die USA abgetreten
1900	Die USA sind territorial zunächst saturiert
1917	Die USA treten in die Allianz der Ententemächte des I. Weltkrieges ein. Ihre Teilnahme wird ein wesentlicher Grund für die Niederlage Deutschlands. Der Aufstieg der USA setzt sich fort, wird aber durch

	die Isolationspolitik nach Versailles zunächst noch gebremst. Dieser Isolationismus ermuntert Deutschland bei der Verfolgung seiner expansionistischen Ziele
1940	Übergang von der Neutralität im II. Weltkrieg zur Nichtkriegführung mit wachsender materieller Hilfeleistung zugunsten Großbritanniens. Die USA betrachten sich als „Arsenal der Demokratien"
1941	Nach dem japanischen Angriff auf Pearl Harbour (7. Dezember 1941) erklären die USA der Achsenmacht Japan am 8. Dezember 1941 den Krieg; am 11. Dezember 1941 erklären die Achsenmächten Deutschland und Italien den USA den Krieg
1945	Kriegsende: Nach dem zweiten Weltkrieg sind die USA der unzweifelhaft mächtigste Staat der Welt geworden. Um diese Position zu sichern, werden die Rüstungsausgaben auf einem hohen Niveau gehalten
1946	US-Außenminister Byrnes hält im September 1946 in Stuttgart eine Rede, die als Auftakt des Kalten Kriegs gilt
1947	Gründung der CIA
1947	Ausarbeitung des Marshall-Plan zur Unterstützung der Staaten in Europa
1991	Zusammenbruch des Warschauer Paktes. Die USA sind die einzig verbliebene Weltmacht
2009	Mit Barack Obama wird der erste Afro-Afrikaner Präsident der USA
2017	Donald Trump wird Präsident der USA

Die Verfassung der USA[395]
vom 17. September 1787

PRÄAMBEL

Wir, das Volk der Vereinigten Staaten, von der Absicht geleitet, unseren Bund zu vervollkommnen, die Gerechtigkeit zu verwirklichen, die Ruhe im Innern zu sichern, für die Landesverteidigung zu sorgen, das allgemeine Wohl zu fördern und das Glück der Freiheit uns selbst und unseren Nachkommen zu bewahren, setzen und begründen diese Verfassung für die Vereinigten Staaten von Amerika.

ARTIKEL 1

Abschnitt 1

Alle in dieser Verfassung verliehene gesetzgebende Gewalt ruht im Kongress der Vereinigten Staaten, der aus einem Senat und einem Repräsentantenhaus besteht.

Abschnitt 2

Das Repräsentantenhaus besteht aus Abgeordneten, die alle zwei Jahre in den Einzelstaaten vom Volke gewählt werden. Die Wähler in jedem Staate müssen den gleichen Bedingungen genügen, die für die Wähler der zahlenmäßig stärksten Kammer der gesetzgebenden Körperschaft des Einzelstaats vorgeschrieben sind.

Niemand kann Abgeordneter werden, der nicht das Alter von 25 Jahren erreicht hat, sieben Jahre Bürger der Vereinigten Staaten gewesen und zur Zeit seiner Wahl Einwohner desjenigen Staates ist, in dem er gewählt wird.

Die Abgeordnetenmandate und die direkten Steuern werden auf die einzelnen Staaten, die diesem Bund angeschlossen sind, im Verhältnis zu ihrer Einwohnerzahl verteilt; diese wird ermittelt, indem zur Gesamtzahl der freien Personen, einschließlich der in einem befristeten Dienstverhältnis stehenden, jedoch ausschließlich der nicht besteuerten Indianer, drei Fünftel der Gesamtzahl aller übrigen Personen hinzugezählt werden. Die Zahlung selbst erfolgt innerhalb von drei Jahren nach dem ersten Zusammentritt des Kongresses der Vereinigten Staaten und dann jeweils alle zehn Jahre nach Maßgabe eines hierfür zu erlassenden Gesetzes. Auf je dreißigtausend Einwohner darf nicht mehr als ein Abgeordneter kommen, doch soll jeder Staat durch

---

[395] *https://usa.usembassy.de/etexts/gov/gov-constitutiond.pdf*

wenigstens einen Abgeordneten vertreten sein; bis zur Durchführung dieser Zahlung hat der Staat New Hampshire das Recht, drei zu wählen, Massachusetts acht, Rhode Island und Providence Plantations einen, Connecticut fünf, New York sechs, New Jersey vier, Pennsylvania acht, Delaware einen, Maryland sechs, Virginia zehn, North Carolina fünf, South Carolina fünf und Georgia drei.

Wenn in der Vertretung eines Staates Abgeordnetensitze frei werden, dann schreibt dessen Regierung Ersatzwahlen aus, um die erledigten Mandate neu zu besetzen.

Das Repräsentantenhaus wählt aus seiner Mitte einen Präsidenten (Sprecher) und sonstige Parlamentsorgane. Es hat das alleinige Recht, Amtsanklage zu erheben.

Abschnitt 3
Der Senat der Vereinigten Staaten besteht aus je zwei Senatoren von jedem Einzelstaat, die von dessen gesetzgebender Körperschaft auf sechs Jahre gewählt werden. Jedem Senator steht eine Stimme zu.

Unmittelbar nach dem Zusammentritt nach der erstmaligen Wahl soll der Senat so gleichmäßig wie möglich in drei Gruppen aufgeteilt werden. Die Senatoren der ersten Gruppe haben nach Ablauf von zwei Jahren ihr Mandat niederzulegen, die der zweiten Gruppe nach Ablauf von vier Jahren und die der dritten Gruppe nach Ablauf von sechs Jahren, so dass jedes zweite Jahr ein Drittel neu zu wählen ist. Falls durch Rücktritt oder aus einem anderen Grunde außerhalb der Tagungsperiode der gesetzgebenden Körperschaft eines Einzelstaates Sitze frei werden, kann dessen Regierung vorläufige Ernennungen vornehmen, bis die gesetzgebende Körperschaft bei ihrem nächsten Zusammentritt die erledigten Mandate wieder besetzt.

Niemand kann Senator werden, der nicht das Alter von 30 Jahren erreicht hat, neun Jahre Bürger der Vereinigten Staaten gewesen und zur Zeit seiner Wahl Einwohner desjenigen Staates ist, für den er gewählt wird.

Der Vizepräsident der Vereinigten Staaten ist Präsident des Senats. Er hat jedoch kein Stimmrecht, ausgenommen im Falle der Stimmengleichheit.

Der Senat wählt seine sonstigen Parlamentsorgane und auch einen Interimspräsidenten für den Fall, dass der Vizepräsident abwesend ist oder das Amt des Präsidenten der Vereinigten Staaten wahrnimmt.

Der Senat hat das alleinige Recht, über alle Amtsanklagen zu befinden. Wenn er zu diesem Zwecke zusammentritt, stehen die Senatoren unter Eid oder eidesstattlicher

Verantwortlichkeit. Bei Verfahren gegen den Präsidenten der Vereinigten Staaten führt der Oberste Bundesrichter den Vorsitz. Niemand darf ohne Zustimmung von zwei Dritteln der anwesenden Mitglieder schuldig gesprochen werden.

In Fällen von Amtsanklagen lautet der Spruch höchstens auf Entfernung aus dem Amte und Aberkennung der Befähigung, ein Ehrenamt, eine Vertrauensstellung oder ein besoldetes Amt im Dienste der Vereinigten Staaten zu bekleiden oder auszuüben. Der für schuldig Befundene ist desungeachtet der Anklageerhebung, dem Strafverfahren, der Verurteilung und Strafverbüßung nach Maßgabe der Gesetze ausgesetzt und unterworfen

Abschnitt 4

Zeit, Ort und Art der Durchführung der Senatoren- und Abgeordnetenwahlen werden in jedem Staate durch dessen gesetzgebende Körperschaft bestimmt. Jedoch kann der Kongress jederzeit selbst durch Gesetz solche Bestimmungen erlassen oder ändern; nur die Orte der Durchführung der Senatorenwahlen sind davon ausgenommen.

Der Kongress tritt wenigstens einmal in jedem Jahr zusammen, und zwar am ersten Montag im Dezember, falls er nicht durch Gesetz einen anderen Tag bestimmt.

Abschnitt 5

Jedem Haus obliegt selbst die Überprüfung der Wahlen, der Abstimmungsergebnisse und der Wählbarkeitsvoraussetzungen seiner eigenen Mitglieder. In jedem Hause ist die Anwesenheit der Mehrheit der Mitglieder zur Beschlussfähigkeit erforderlich. Eine kleinere Zahl Anwesender darf jedoch die Sitzung von einem Tag auf den anderen vertagen und kann ermächtigt werden, das Erscheinen abwesender Mitglieder in der von jedem Haus vorgesehenen Form und mit dementsprechender Strafandrohung zu erzwingen.

Jedes Haus kann sich eine Geschäftsordnung geben, seine Mitglieder wegen ordnungswidrigen Verhaltens bestrafen und mit Zweidrittelmehrheit ein Mitglied ausschließen.

Jedes Haus führt ein fortlaufendes Verhandlungsprotokoll, das von Zeit zu Zeit zu veröffentlichen ist, ausgenommen solche Teile, die nach seinem Ermessen Geheimhaltung erfordern; die Ja- und die Nein-Stimmen der Mitglieder jedes Hauses zu jedweder Frage sind auf Antrag eines Fünftels der Anwesenden im Verhandlungsprotokoll zu vermerken.

Keines der beiden Häuser darf sich während der Sitzungsperiode des Kongresses ohne Zustimmung des anderen auf mehr als drei Tage vertagen noch an einem anderen als dem für beide Häuser bestimmten Sitzungsort zusammentreten.

Abschnitt 6

Die Senatoren und Abgeordneten erhalten für ihre Tätigkeit eine Entschädigung, die gesetzlich festgelegt und vom Schatzamt der Vereinigten Staaten ausbezahlt werden soll. Sie sind in allen Fällen, außer bei Verrat, Verbrechen und Friedensbruch, vor Verhaftung geschützt, solange sie an einer Sitzung ihres jeweiligen Hauses teilnehmen oder sich auf dem Wege dorthin oder auf dem Heimweg befinden; kein Mitglied darf wegen seiner Reden oder Äußerungen in einem der Häuser andernorts zur Rechenschaft gezogen werden.

Kein Senator oder Abgeordneter darf während der Zeit, für die er gewählt wurde, in irgendeine Beamtenstellung im Dienste der Vereinigten Staaten berufen werden, die während dieser Zeit geschaffen oder mit erhöhten Bezügen ausgestattet wurde; und niemand, der ein Amt im Dienste der Vereinigten Staaten bekleidet, darf während seiner Amtsdauer Mitglied eines der beiden Häuser sein.

Abschnitt 7

Alle Gesetzesvorlagen zur Aufbringung von Haushaltsmitteln gehen vom Repräsentantenhaus aus; der Senat kann jedoch wie bei anderen Gesetzesvorlagen Abänderungs- und Ergänzungsvorschläge einbringen.

Jede Gesetzesvorlage wird nach ihrer Verabschiedung durch das Repräsentantenhaus und den Senat, ehe sie Gesetzeskraft erlangt, dem Präsidenten der Vereinigten Staaten vorgelegt. Wenn er sie billigt, so soll er sie unterzeichnen, andernfalls jedoch mit seinen Einwendungen an jenes Haus zurückverweisen, von dem sie ausgegangen ist; dieses nimmt die Einwendungen ausführlich zu Protokoll und tritt erneut in die Beratung ein. Wenn nach dieser erneuten Lesung zwei Drittel des betreffenden Hauses für die Verabschiedung der Vorlage stimmen, so wird sie zusammen mit den Einwendungen dem anderen Hause zugesandt, um dort gleichfalls erneut beraten zu werden; wenn sie die Zustimmung von zwei Dritteln auch dieses Hauses findet, wird sie Gesetz. In allen solchen Fällen aber erfolgt die Abstimmung in beiden Häusern nach Ja- und Nein-Stimmen, und die Namen derer, die für und gegen die Gesetzesvorlage stimmen, werden im Protokoll des betreffenden Hauses vermerkt. Falls eine Gesetzesvorlage vom Präsidenten nicht innerhalb von zehn Tagen (Sonntage nicht eingerechnet) nach Übermittlung zurückgegeben wird, erlangt sie in gleicher Weise Gesetzeskraft, als ob er sie unterzeichnet hätte, es sei denn, dass der Kongress durch Vertagung die Rückgabe verhindert hat; in diesem Fall erlangt sie keine Gesetzeskraft.

Jede Anordnung, Entschließung oder Abstimmung, für die Übereinstimmung von Senat und Repräsentantenhaus erforderlich ist (ausgenommen zur Frage einer Vertagung), muß dem Präsidenten der Vereinigten Staaten vorgelegt und, ehe sie wirksam wird, von ihm gebilligt werden; falls er ihre Billigung ablehnt, muß sie von Senat und Repräsentantenhaus mit Zweidrittelmehrheit nach Maßgabe der für Gesetzesvorlagen vorgeschriebenen Regeln und Fristen neuerlich verabschiedet werden.

Abschnitt 8
Der Kongress hat das Recht,

- Steuern, Zölle, Abgaben und Akzisen aufzuerlegen und einzuziehen, um für die Erfüllung der Zahlungsverpflichtungen, für die Landesverteidigung und das allgemeine Wohl der Vereinigten Staaten zu sorgen; alle Zölle, Abgaben und Akzisen sind aber für das gesamte Gebiet der Vereinigten Staaten einheitlich festzusetzen;

- auf Rechnung der Vereinigten Staaten Kredit aufzunehmen; den Handel mit fremden Ländern, zwischen den Einzelstaaten und mit den Indianerstämmen zu regeln;

- für das gesamte Gebiet der Vereinigten Staaten eine einheitliche Einbürgerungsordnung und ein einheitliches Konkursrecht zu schaffen;

- Münzen zu prägen, ihren Wert und den fremder Währungen zu bestimmen und Maße und Gewichte zu normen;

- Strafbestimmungen für die Fälschung von Staatsobligationen und gültigen Zahlungsmitteln der Vereinigten Staaten zu erlassen;

- Postämter und Poststraßen einzurichten;

- den Fortschritt von Kunst und Wissenschaft dadurch zu fördern, dass Autoren und Erfindern für beschränkte Zeit das ausschließliche Recht an ihren Publikationen und Entdeckungen gesichert wird;

- dem Obersten Bundesgericht nachgeordnete Gerichte zu bilden;

- Seeräuberei und andere Kapitalverbrechen auf hoher See sowie Verletzungen des Völkerrechts begrifflich zu bestimmen und zu ahnden;

- Krieg zu erklären, Kaperbriefe auszustellen und Vorschriften über das Prisen- und Beuterecht zu Wasser und zu Lande zu erlassen;

- Armeen aufzustellen und zu unterhalten; die Bewilligung von Geldmitteln hierfür soll jedoch nicht für länger als auf zwei Jahre erteilt werden;

- eine Flotte zu bauen und zu unterhalten; Reglements für Führung und Dienst der Land- und Seestreitkräfte zu erlassen;

- Vorkehrungen für das Aufgebot der Miliz zu treffen, um den Bundesgesetzen Geltung zu verschaffen, Aufstände zu unterdrücken und Invasionen abzuwehren;

- Vorkehrungen zu treffen für Aufbau, Bewaffnung und Ausbildung der Miliz und die Führung derjenigen ihrer Teile, die im Dienst der Vereinigten Staaten Verwendung finden, wobei jedoch den Einzelstaaten die Ernennung der Offiziere und die Aufsicht über die Ausbildung der Miliz nach den Vorschriften des Kongresses vorbehalten bleiben;
- die ausschließliche und uneingeschränkte Gesetzgebung für jenes Gebiet (das nicht größer als zehn Quadratmeilen sein soll) auszuüben, das durch Abtretung seitens einzelner Staaten und Annahme seitens des Kongresses zum Sitz der Regierung der Vereinigten Staaten ausersehen wird, und gleiche Hoheitsrechte in allen Gebieten auszuüben, die zwecks Errichtung von Befestigungen, Magazinen, Arsenalen, Werften und anderen notwendigen Bauwerken mit Zustimmung der gesetzgebenden Körperschaft desjenigen Staates, in dem diese angelegt werden sollen, angekauft werden
- und alle zur Ausübung der vorstehenden Befugnisse und aller anderen Rechte, die der Regierung der Vereinigten Staaten, einem ihrer Zweige oder einem einzelnen Beamten auf Grund dieser Verfassung übertragen sind, notwendigen und zweckdienlichen Gesetze zu erlassen.

Abschnitt 9

Die Einwanderung oder Hereinholung solcher Personen, deren Zulassung einer der derzeit bestehenden Staaten für angebracht hält, darf vom Kongress vor dem Jahre 1808 nicht verboten werden, doch kann eine solche Hereinholung mit Steuer oder Zoll von nicht mehr als zehn Dollar für jede Person belegt werden.

Der Anspruch eines Verhafteten auf Ausstellung eines richterlichen Vorführungsbefehls darf nicht suspendiert werden, es sei denn, dass die öffentliche Sicherheit dies im Falle eines Aufstandes oder einer Invasion erforderlich macht.

Kein Ausnahmegesetz, das eine Verurteilung ohne Gerichtsverfahren zum Inhalt hat, oder Strafgesetz mit rückwirkender Kraft soll verabschiedet werden.

Kopfsteuern oder sonstige direkte Steuern dürfen nur nach Maßgabe der Ergebnisse der Schätzung oder Volkszählung, wie im Vorhergehenden angeordnet, auferlegt werden.

Waren, die aus einem Einzelstaat ausgeführt werden, dürfen nicht mit Steuern oder Zöllen belegt werden.

Eine Begünstigung der Häfen eines Einzelstaates gegenüber denen eines anderen durch handels- oder abgabenrechtliche Vorschriften darf nicht gewährt werden; die Schiffe mit Bestimmungs- oder Abgangshafen in einem der Staaten dürfen nicht gezwungen werden, in einem anderen anzulegen, zu klarieren oder Gebühren zu entrichten.

Geld darf der Staatskasse nur auf Grund gesetzlicher Bewilligungen entnommen werden; über alle Einkünfte und Ausgaben der öffentlichen Hand ist der Öffentlichkeit von Zeit zu Zeit ordnungsgemäß Rechnung zu legen.

Adelstitel dürfen durch die Vereinigten Staaten nicht verliehen werden. Niemand, der ein besoldetes oder Ehrenamt in ihrem Dienst bekleidet, darf ohne Zustimmung des Kongresses ein Geschenk, Entgelt, Amt oder einen Titel irgendeiner Art von einem König, Fürsten oder fremden Staat annehmen.

Abschnitt 10
Kein Einzelstaat darf einem Vertrag, Bündnis oder einer Konföderation beitreten, Kaperbriefe ausstellen. Münzen prägen, Banknoten ausgeben, etwas anderes als Gold- oder Silbermünzen zum gesetzlichen Zahlungsmittel erklären, ein Ausnahmegesetz, das eine Verurteilung ohne Gerichtsverfahren zum Inhalt hat, oder ein Strafgesetz mit rückwirkender Kraft oder ein Gesetz, das Vertragsverpflichtungen beeinträchtigt, verabschieden oder einen Adelstitel verleihen.

Kein Einzelstaat darf ohne Zustimmung des Kongresses Abgaben oder Zölle auf Ein- oder Ausfuhr legen, soweit dies nicht zur Durchführung der Überwachungsgesetze unbedingt nötig ist; über den Reinertrag, der einem Staat aus Zöllen und Abgaben auf Ein- und Ausfuhr zufließt, verfügt das Schatzamt der Vereinigten Staaten; alle derartigen Gesetze unterliegen der Revisions- und Aufsichtsbefugnis des Kongresses.

Kein Staat darf ohne Zustimmung des Kongresses Tonnengelder erheben, in Friedenszeiten Truppen oder Kriegsschiffe unterhalten, Vereinbarungen oder Verträge mit einem der anderen Staaten oder mit einer fremden Macht schließen oder sich in einen Krieg einlassen, es sei denn, er werde tatsächlich angegriffen oder die Gefahr drohe so unmittelbar, dass sie keinen Aufschub duldet.

ARTIKEL II
Abschnitt 1
Die vollziehende Gewalt liegt bei dem Präsidenten der Vereinigten Staaten von Amerika. Seine Amtszeit beträgt vier Jahre, und er wird zugleich mit dem für dieselbe Amtsperiode zu wählenden Vizepräsidenten auf folgende Weise gewählt:

Jeder Einzelstaat bestimmt in der von seiner gesetzgebenden Körperschaft vorgeschriebenen Weise eine Anzahl von Wahlmännern, die der Gesamtzahl der dem Staat im Kongress zustehenden Senatoren und Abgeordneten gleich ist; jedoch darf kein Senator oder Abgeordneter oder eine Person, die ein besoldetes oder Ehrenamt im Dienste der Vereinigten Staaten bekleidet, zum Wahlmann bestellt werden.

Die Wahlmänner treten in ihren Staaten zusammen und stimmen durch Stimmzettel für zwei Personen, von denen mindestens eine nicht Einwohner desselben Staates sein darf wie sie selbst. Sie führen in einer Liste alle Personen auf, für die Stimmen abgegeben worden sind, und die Anzahl der ihnen zugefallenen Stimmen; diese Liste unterzeichnen und beglaubigen sie und übersenden sie versiegelt an den Sitz der Regierung der Vereinigten Staaten, zu Händen des Senatspräsidenten. Der Präsident des Senats öffnet vor Senat und Repräsentantenhaus alle diese beglaubigten Listen; anschließend sind die Stimmen zu zählen. Derjenige, der die größte Stimmenzahl auf sich vereinigt, soll Präsident sein, wenn diese Zahl der Mehrheit der Gesamtzahl der bestellten Wahlmänner entspricht; wenn aber mehrere eine derartige Mehrheit erreichen und die gleiche Anzahl von Stimmen erhalten, dann soll das Repräsentantenhaus sogleich einen von ihnen durch Stimmzettel zum Präsidenten wählen; und wenn niemand eine derartige Mehrheit erreicht hat, soll das genannte Haus in gleicher Weise aus den fünf führenden Personen auf der Liste den Präsidenten wählen. Bei dieser Präsidentschaftsstichwahl wird jedoch nach Staaten abgestimmt, wobei die Vertretung jedes Staates eine Stimme hat; zur Beschlußfähigkeit ist für diesen Zweck die Anwesenheit von je einem oder mehreren Abgeordneten von zwei Dritteln der Staaten und zum Wahlentscheid eine Mehrheit aller Einzelstaaten erforderlich. In jedem Fall soll nach der Wahl des Präsidenten derjenige, der die größte Anzahl der Wahlmännerstimmen auf sich vereinigt, Vizepräsident sein. Wenn aber zwei oder mehrere die gleiche Stimmenzahl aufweisen, soll der Senat unter ihnen durch Stimmzettel den Vizepräsidenten auswählen.

Der Kongress kann den Zeitpunkt für die Wahl der Wahlmänner und den Tag ihrer Stimmenabgabe festsetzen; dieser Tag soll im ganzen Bereich der Vereinigten Staaten derselbe sein.

In das Amt des Präsidenten können nur in den Vereinigten Staaten geborene Bürger oder Personen, die zur Zeit der Annahme dieser Verfassung Bürger der Vereinigten Staaten waren, gewählt werden; es kann niemand in dieses Amt gewählt werden, der nicht das Alter von 35 Jahren erreicht und seinen Wohnsitz seit 14 Jahren im Gebiete der Vereinigten Staaten gehabt hat.

Im Falle der Amtsenthebung des Präsidenten oder seines Todes, Rücktritts oder der Unfähigkeit zur Wahrnehmung der Befugnisse und Obliegenheiten seines Amtes geht es auf den Vizepräsidenten über. Der Kongreß kann durch Gesetz für den Fall der Amtsenthebung, des Todes, des Rücktritts oder der Amtsunfähigkeit sowohl des Präsidenten als auch des Vizepräsidenten Vorsorge treffen und bestimmen, welcher Beamte dann die Geschäfte des Präsidenten wahrnehmen soll, und dieser Beamte versieht dann die Geschäfte so lange, bis die Amtsunfähigkeit behoben oder ein Präsident gewählt worden ist.

Der Präsident erhält zu festgesetzten Zeiten für seine Dienste eine Vergütung. Diese darf während der Zeit, für die er gewählt ist, weder vermehrt noch vermindert werden, und er darf während dieses Zeitraumes auch keine sonstigen Einkünfte von den Vereinigten Staaten oder einem der Einzelstaaten beziehen.

Ehe er sein Amt antritt, soll er diesen Eid oder dieses Gelöbnis leisten: „Ich schwöre (oder gelobe) feierlich, daß ich das Amt des Präsidenten der Vereinigten Staaten getreulich verwalten und die Verfassung der Vereinigten Staaten nach besten Kräften erhalten, schützen und verteidigen will."

Abschnitt 2
Der Präsident ist Oberbefehlshaber der Armee und der Flotte der Vereinigten Staaten und der Miliz der Einzelstaaten, wenn diese zur aktiven Dienstleistung für die Vereinigten Staaten aufgerufen wird; er kann von den Leitern der einzelnen Abteilungen der Bundesregierung die schriftliche Stellungnahme zu Angelegenheiten aus dem Dienstbereich der betreffenden Behörde verlangen, und er hat, außer in Amtsanklagefällen, das Recht, Strafaufschub und Begnadigung für Straftaten gegen die Vereinigten Staaten zu gewähren.

Er hat das Recht, auf Anraten und mit Zustimmung des Senats Verträge zu schließen, vorausgesetzt, daß zwei Drittel der anwesenden Senatoren zustimmen. Er nominiert auf Anraten und mit Zustimmung des Senats Botschafter, Gesandte und Konsuln, die Richter des Obersten Bundesgerichts und alle sonstigen Beamten der Vereinigten Staaten, deren Bestellung hierin nicht anderweitig geregelt ist und deren Ämter durch Gesetz geschaffen werden; doch kann der Kongreß nach seinem Ermessen die Ernennung von unteren Beamten durch Gesetz dem Präsidenten allein, den Gerichtshöfen oder den Leitern der Bundesbehörde übertragen.

Der Präsident hat die Befugnis, alle während der Senatsferien freiwerdenden Beamtenstellen im Wege des Amtsauftrags zu besetzen, der mit dem Ende der nächsten Sitzungsperiode erlischt.

Abschnitt 3
Er hat von Zeit zu Zeit dem Kongress über die Lage der Union Bericht zu

erstatten und Maßnahmen zur Beratung zu empfehlen, die er für notwendig und nützlich erachtet. Er kann bei außerordentlichen Anlässen beide oder eines der Häuser einberufen, und er kann sie, falls sie sich über die Zeit der Vertagung nicht einigen können, bis zu einem ihm geeignet erscheinenden Zeitpunkt vertagen. Er empfängt Botschafter und Gesandte. Er hat Sorge zu tragen, dass die Gesetze gewissenhaft vollzogen werden, und er erteilt allen Beamten der Vereinigten Staaten die Ernennungsurkunden.

Abschnitt 4
Der Präsident, der Vizepräsident und alle Zivilbeamten der Vereinigten Staaten werden ihres Amtes enthoben, wenn sie wegen Verrats, Bestechung oder anderer Verbrechen und Vergehen unter Amtsanklage gestellt und für schuldig befunden worden sind.

ARTIKEL III
Abschnitt 1
Die richterliche Gewalt der Vereinigten Staaten liegt bei einem Obersten Bundesgericht und bei solchen unteren Gerichten, deren Errichtung der Kongress von Fall zu Fall anordnen wird. Die Richter sowohl des Obersten Bundesgerichts als auch der unteren Gerichte sollen im Amte bleiben, solange ihre Amtsführung einwandfrei ist, und zu bestimmten Zeiten für ihre Dienste eine Vergütung erhalten, die während ihrer Amtsdauer nicht herabgesetzt werden darf.

Abschnitt 2
Die richterliche Gewalt erstreckt sich
- auf alle Fälle nach dem Gesetzes- und dem Billigkeitsrecht, die sich aus dieser Verfassung, den Gesetzen der Vereinigten Staaten und den Verträgen ergeben, die in ihrem Namen abgeschlossen wurden oder künftig geschlossen werden;
- auf alle Fälle, die Botschafter, Gesandte und Konsuln betreffen;
- auf alle Fälle der Admiralitäts- und Seegerichtsbarkeit;
- auf Streitigkeiten, in denen die Vereinigten Staaten Streitpartei sind;
- auf Streitigkeiten zwischen zwei oder mehreren Einzelstaaten;
- zwischen einem Einzelstaat und den Bürgern eines anderen Einzelstaates;
- zwischen Bürgern verschiedener Einzelstaaten;
- zwischen Bürgern desselben Einzelstaates, die auf Grund von Zuweisungen seitens verschiedener Einzelstaaten Ansprüche auf Land erheben;
- und zwischen einem Einzelstaat oder dessen Bürgern und fremden Staaten, Bürgern oder Untertanen.

In allen Fällen, die Botschafter, Gesandte und Konsuln betreffen, und in solchen, in denen ein Einzelstaat Partei ist, übt das Oberste Bundesgericht ursprüngliche Gerichtsbarkeit aus. In allen anderen zuvor erwähnten Fällen ist das Oberste Bundesgericht Appellationsinstanz sowohl hinsichtlich der rechtlichen als auch der Tatsachenbeurteilung gemäß den vom Kongress festzulegenden Ausnahme- und Verfahrensbestimmungen.

Alle Strafverfahren mit Ausnahme von Fällen der Amtsanklage sind von einem Geschworenengericht durchzuführen, und die Verhandlung findet in dem Einzelstaat statt, in dem die fragliche Straftat begangen worden ist. Wenn eine Straftat aber nicht im Gebiet eines der Einzelstaaten begangen worden ist, so findet die Verhandlung an dem Ort oder den Orten statt, die der Kongress durch Gesetz bestimmen wird.

Abschnitt 3
Als Verrat gegen die Vereinigten Staaten gilt nur die Kriegführung gegen sie oder die Unterstützung ihrer Feinde durch Hilfeleistung und Begünstigung. Niemand darf des Verrates schuldig befunden werden, es sei denn auf Grund der Aussage zweier Zeugen über dieselbe offenkundige Handlung oder auf Grund eines Geständnisses in öffentlicher Gerichtssitzung. Der Kongress hat das Recht, die Strafe für Verrat festzusetzen. Die Rechtsfolgen des Verrats sollen jedoch nicht über die Lebenszeit des Verurteilten hinaus Ehrverlust oder Vermögensverfall bewirken.

ARTIKEL IV
Abschnitt 1
Gesetze, Urkunden und richterliche Entscheidungen jedes Einzelstaates genießen in jedem anderen Staat volle Würdigung und Anerkennung. Der Kongress kann durch allgemeine Gesetzgebung bestimmen, in welcher Form der Nachweis derartiger Gesetze, Urkunden und richterlicher Entscheidungen zu führen ist und welche Geltung ihnen zukommt.

Abschnitt 2
Die Bürger eines jeden Einzelstaates genießen alle Vorrechte und Freiheiten der Bürger anderer Einzelstaaten.

Wer in irgendeinem Einzelstaate des Verrats oder eines Verbrechens oder Vergehens angeklagt wird, sich der Strafverfolgung durch Flucht entzieht und in einem anderen Staat aufgegriffen wird, muß auf Verlangen der Regierung des Staates, aus dem er entflohen ist, ausgeliefert und nach dem Staat geschafft werden, unter dessen Gerichtsbarkeit dieses Verbrechen fällt.

Niemand, der in einem Einzelstaate nach dessen Gesetzen zu Dienst oder Arbeit verpflichtet ist und in einen anderen Staat entflieht, darf auf Grund dort geltender Gesetze oder Bestimmungen von dieser Dienst- oder Arbeitspflicht befreit werden. Er ist vielmehr auf Verlangen desjenigen, dem er zu Dienst oder Arbeit verpflichtet ist, auszuliefern.

Abschnitt 3

Neue Staaten können vom Kongress in diesen Bund aufgenommen werden. Jedoch darf kein neuer Staat innerhalb des Hoheitsbereichs eines anderen Staates gebildet oder errichtet werden. Auch darf kein neuer Staat durch die Vereinbarung von zwei oder mehr Einzelstaaten oder Teilen von Einzelstaaten ohne die Zustimmung sowohl der gesetzgebenden Körperschaften der betreffenden Einzelstaaten als auch des Kongresses gebildet werden.

Der Kongress hat das Recht, über die Ländereien und sonstiges Eigentum der Vereinigten Staaten zu verfügen und alle erforderlichen Anordnungen und Vorschriften hierüber zu erlassen; und keine Bestimmung dieser Verfassung soll so ausgelegt werden, dass durch sie Ansprüche der Vereinigten Staaten oder irgendeines Einzelstaates präjudiziert würden.

Abschnitt 4

Die Vereinigten Staaten gewährleisten jedem Staat innerhalb dieses Bundes eine republikanische Regierungsform; sie schützen jeden von ihnen gegen feindliche Einfälle und auf Antrag seiner gesetzgebenden Körperschaft oder Regierung (wenn die gesetzgebende Körperschaft nicht einberufen werden kann) auch gegen innere Gewaltakte.

ARTIKEL V

Der Kongress schlägt, wenn beide Häuser es mit Zweidrittelmehrheit für notwendig halten, Verfassungsänderungen vor oder beruft auf Ansuchen der gesetzgebenden Körperschaften von zwei Dritteln der Einzelstaaten einen Konvent zur Ausarbeitung von Abänderungsvorschlägen ein, die in beiden Fällen nach Sinn und Absicht als Teile dieser Verfassung Rechtskraft erlangen, wenn sie in drei Vierteln der Einzelstaaten von den gesetzgebenden Körperschaften oder den Konventen ratifiziert werden, je nachdem, welche Form der Ratifikation vom Kongress vorgeschlagen wird. Jedoch darf keine Abänderung vor dem Jahre 1808 in irgendeiner Weise den 1. und 4. Absatz des 9. Abschnittes des 1. Artikels berühren und keinem Staat darf ohne seine Zustimmung das gleiche Stimmrecht im Senat entzogen werden.

ARTIKEL VI

Alle vor Annahme dieser Verfassung aufgelaufenen Schulden und eingegangenen Verpflichtungen sind für die Vereinigten Staaten unter dieser Verfassung ebenso rechtsverbindlich wie unter den Konföderationsartikeln.

Diese Verfassung, die in ihrem Verfolg zu erlassenden Gesetze der Vereinigten Staaten sowie alle im Namen der Vereinigten Staaten abgeschlossenen oder künftig abzuschließenden Verträge sind das oberste Gesetz des Landes; und die Richter in jedem Einzelstaat sind ungeachtet entgegenstehender Bestimmungen in der Verfassung oder den Gesetzen eines Einzelstaates daran gebunden.

Die vorerwähnten Senatoren und Abgeordneten, die Mitglieder der gesetzgebenden Körperschaften der Einzelstaaten und alle Verwaltungs- und Justizbeamten sowohl der Vereinigten Staaten als auch der Einzelstaaten haben sich durch Eid oder Gelöbnis zur Wahrung dieser Verfassung zu verpflichten. Doch darf niemals ein religiöser Bekenntnisakt zur Bedingung für den Antritt eines Amtes oder einer öffentlichen Vertrauensstellung im Dienst der Vereinigten Staaten gemacht werden.

ARTIKEL VII

Die Ratifikation durch neun Staatskonvente ist ausreichend, diese Verfassung für die ratifizierenden Staaten in Kraft zu setzen.

Gegeben im Konvent mit einmütiger Zustimmung der anwesenden Staaten am 17. Tage des Monats September im Jahre des Herrn 1787 und im 12. Jahre der Unabhängigkeit der Vereinigten Staaten von Amerika; zu Urkund dessen wir hier unsere Namen unterzeichnen.

DIE ZUSATZARTIKEL DER VERFASSUNG

ZUSATZARTIKEL I

Der Kongress darf kein Gesetz erlassen, das die Einführung einer Staatsreligion zum Gegenstand hat, die freie Religionsausübung verbietet, die Rede- oder Pressefreiheit oder das Recht des Volkes einschränkt, sich friedlich zu versammeln und die Regierung durch Petition um Abstellung von Missständen zu ersuchen.

ZUSATZARTIKEL II

Da eine gut ausgebildete Miliz für die Sicherheit eines freien Staates erforderlich ist, darf das Recht des Volkes, Waffen zu besitzen und zu tragen, nicht beeinträchtigt werden.

ZUSATZARTIKEL III

Kein Soldat darf in Friedenszeiten ohne Zustimmung des Eigentümers in einem Haus einquartiert werden und in Kriegszeiten nur in der gesetzlich vorgeschriebenen Weise.

ZUSATZARTIKEL IV

Das Recht des Volkes auf Sicherheit der Person und der Wohnung, der Urkunden und des Eigentums, vor willkürlicher Durchsuchung, Verhaftung und Beschlagnahme darf nicht verletzt werden, und Haussuchungs- und Haftbefehle dürfen nur bei Vorliegen eines eidlich oder eidesstattlich erhärteten Rechtsgrundes ausgestellt werden und müssen die zu durchsuchende Örtlichkeit und die in Gewahrsam zu nehmenden Personen oder Gegenstände genau bezeichnen.

ZUSATZARTIKEL V

Niemand darf wegen eines Kapitalverbrechens oder eines sonstigen schimpflichen Verbrechens zur Verantwortung gezogen werden, es sei denn auf Grund eines Antrages oder einer Anklage durch ein Großes Geschworenengericht. Hiervon ausgenommen sind Fälle, die sich bei den Land- oder Seestreitkräften oder bei der Miliz ereignen, wenn diese in Kriegszeit oder bei öffentlichem Notstand im aktiven Dienst stehen. Niemand darf wegen derselben Straftat zweimal durch ein Verfahren in Gefahr des Leibes und des Lebens gebracht werden. Niemand darf in einem Strafverfahren zur Aussage gegen sich selbst gezwungen noch des Lebens, der Freiheit oder des Eigentums ohne vorheriges ordentliches Gerichtsverfahren nach Recht und Gesetz beraubt werden. Privateigentum darf nicht ohne angemessene Entschädigung für öffentliche Zwecke eingezogen werden.

ZUSATZARTIKEL VI

In allen Strafverfahren hat der Angeklagte Anspruch auf einen unverzüglichen und öffentlichen Prozess vor einem unparteiischen Geschworenengericht desjenigen Staates und Bezirks, in welchem die Straftat begangen wurde, wobei der zuständige Bezirk vorher auf gesetzlichem Wege zu ermitteln ist. Er hat weiterhin Anspruch darauf, über die Art und Gründe der Anklage unterrichtet und den Belastungszeugen gegenübergestellt zu werden, sowie auf Zwangsvorladung von Entlastungszeugen und einen Rechtsbeistand zu seiner Verteidigung.

ZUSATZARTIKEL VII

In Zivilprozessen, in denen der Streitwert zwanzig Dollar übersteigt, besteht ein Anrecht auf ein Verfahren vor einem Geschworenengericht, und keine Tatsache, über die von einem derartigen Gericht befunden wurde, darf von einem Gerichtshof der Vereinigten Staaten nach anderen Regeln als denen des gemeinen Rechts erneut einer Prüfung unterzogen werden.

ZUSATZARTIKEL VIII

Übermäßige Bürgschaften dürfen nicht gefordert, übermäßige Geldstrafen nicht auferlegt und grausame oder ungewöhnliche Strafen nicht verhängt werden.

ZUSATZARTIKEL IX

Die Aufzählung bestimmter Rechte in der Verfassung darf nicht dahin gehend ausgelegt werden, dass durch sie andere dem Volke vorbehaltene Rechte versagt oder eingeschränkt werden.

ZUSATZARTIKEL X

Die Machtbefugnisse, die von der Verfassung weder den Vereinigten Staaten übertragen noch den Einzelstaaten entzogen werden, bleiben den Einzelstaaten oder dem Volke vorbehalten.

ZUSATZARTIKEL XI

Die richterliche Gewalt der Vereinigten Staaten darf nicht dahin gehend ausgelegt werden, dass sie sich auf Klagen nach dem Gesetzes- oder Billigkeitsrecht erstreckt, die gegen einen der Vereinigten Staaten von Bürgern eines anderen Einzelstaates oder von Bürgern oder Untertanen eines ausländischen Staates angestrengt oder durchgefochten werden.

ZUSATZARTIKEL XII

Die Wahlmänner treten in ihren Staaten zusammen und stimmen durch Stimmzettel für einen Präsidenten und einen Vizepräsidenten, von denen mindestens einer nicht Einwohner desselben Staates sein darf wie sie selbst. Sie bezeichnen auf ihrem Stimmzettel die Person, die sie zum Präsidenten wählen wollen, und auf einem gesonderten Zettel die Person, die sie zum Vizepräsidenten wählen wollen. Sie führen in getrennten Listen alle Personen auf, die Stimmen für die Präsidentschaft und für die Vizepräsidentschaft erhalten haben, und die Anzahl der ihnen zugefallenen Stimmen; diese Listen unterzeichnen, beglaubigen und übersenden sie versiegelt an den Sitz der Regierung der Vereinigten Staaten, zu Händen des Senatspräsidenten. Der Präsident des Senats öffnet vor Senat und Repräsentantenhaus alle diese beglaubigten Listen; anschließend sind die Stimmen zu zählen; derjenige, der die größte Stimmenzahl für die Präsidentschaft auf sich vereinigt, soll Präsident sein, wenn diese Zahl der Mehrheit der Gesamtzahl der bestellten Wahlmänner entspricht; wenn niemand eine derartige Mehrheit erreicht hat, soll das Repräsentantenhaus sogleich aus den höchstenfalls drei Personen, die auf der Liste der für die Präsidentschaft abgegebenen Stimmen die größten Stimmenzahlen aufweisen, durch Stimmzettel den Präsidenten wählen. Bei dieser Präsidentschaftsstichwahl wird jedoch nach Staaten abgestimmt, wobei die Vertretung jedes Staates eine Stimme hat. Zur Beschlussfähigkeit ist für diesen Zweck die Anwesenheit von je einem oder mehreren

Mitgliedern von zwei Dritteln der Staaten und zum Wahlentscheid eine Mehrheit aller Einzelstaaten erforderlich. Wenn das Wahlrecht dem Repräsentantenhaus zufällt und es nicht vor dem darauffolgenden 4. März einen Präsidenten wählt, so amtiert der Vizepräsident als Präsident wie im Falle des Todes oder einer sonstigen durch die Verfassung bezeichneten Amtsunfähigkeit des Präsidenten.

Derjenige, der die größte Stimmenzahl für die Vizepräsidentschaft auf sich vereinigt, soll Vizepräsident sein, wenn diese Zahl der Mehrheit der Gesamtzahl der bestellten Wahlmänner entspricht; wenn niemand eine derartige Mehrheit erreicht hat, soll der Senat aus den zwei Personen, die auf der Liste die größten Stimmenzahlen aufweisen, den Vizepräsidenten wählen; zur Beschlussfähigkeit ist für diesen Zweck die Anwesenheit von zwei Dritteln der Gesamtzahl der Senatoren und zum Wahlentscheid eine Mehrheit ihrer Gesamtzahl erforderlich. Wer jedoch nach der Verfassung nicht für das Amt des Präsidenten wählbar ist, darf auch nicht in das Amt des Vizepräsidenten der Vereinigten Staaten gewählt werden.

ZUSATZARTIKEL XIII
Abschnitt 1
Weder Sklaverei noch Zwangsdienstbarkeit darf, außer als Strafe für ein Verbrechen, dessen die betreffende Person in einem ordentlichen Verfahren für schuldig befunden worden ist, in den Vereinigten Staaten oder in irgendeinem Gebiet unter ihrer Gesetzeshoheit bestehen.

Abschnitt 2
Der Kongreß hat das Recht, diesen Zusatzartikel durch entsprechende Gesetze zur Durchführung zu bringen.

ZUSATZARTIKEL XIV
Abschnitt 1
Alle Personen, die in den Vereinigten Staaten geboren oder eingebürgert sind und ihrer Gesetzeshoheit unterstehen, sind Bürger der Vereinigten Staaten und des Einzelstaates, in dem sie ihren Wohnsitz haben. Keiner der Einzelstaaten darf Gesetze erlassen oder durchführen, die die Vorrechte oder Freiheiten von Bürgern der Vereinigten Staaten beschränken, und kein Staat darf irgend jemandem ohne ordentliches Gerichtsverfahren nach Recht und Gesetz Leben, Freiheit oder Eigentum nehmen oder irgend jemandem innerhalb seines Hoheitsbereiches den gleichen Schutz durch das Gesetz versagen.

Abschnitt 2
Die Abgeordnetenmandate werden auf die einzelnen Staaten im Verhältnis zu ihrer Einwohnerzahl verteilt, wobei in jedem Staat die Gesamtzahl aller Personen mit

Ausnahme der nicht besteuerten Indianer zugrunde gelegt wird. Wenn aber das Wahlrecht bei irgendeiner Wahl zur Bestimmung der Wahlmänner für den Präsidenten und Vizepräsidenten der Vereinigten Staaten, der Abgeordneten im Kongress, der Verwaltungs- und Justizbeamten eines Einzelstaates oder der Mitglieder seiner gesetzgebenden Körperschaft irgendwelchen männlichen Einwohnern dieses Staates, die über einundzwanzig Jahre alt und Bürger der Vereinigten Staaten sind, abgesprochen oder irgendwie beschränkt wird, außer wenn dies wegen Teilnahme an einem Aufstand oder wegen eines sonstigen Verbrechens geschieht, so ist die Grundzahl für die Vertretung daselbst im selben Verhältnis zu vermindern, in dem die Zahl solcher männlichen Bürger zur Gesamtzahl der männlichen Bürger über einundzwanzig Jahre in diesem Staate steht.

Abschnitt 3

Niemand darf Senator oder Abgeordneter im Kongress oder Wahlmann für die Wahl des Präsidenten oder Vizepräsidenten sein, irgendein ziviles oder militärisches Amt im Dienste der Vereinigten Staaten oder eines Einzelstaates bekleiden, der, nachdem er als Mitglied des Kongresses oder als Beamter der Vereinigten Staaten oder als Mitglied der gesetzgebenden Körperschaft eines der Einzelstaaten oder als Verwaltungs- oder Justizbeamter in einem der Einzelstaaten auf die Einhaltung der Verfassung der Vereinigten Staaten vereidigt worden ist, an einem Aufstand oder Aufruhr gegen sie teilgenommen oder ihre Feinde unterstützt oder begünstigt hat. Doch kann der Kongress mit Zweidrittelmehrheit in jedem der beiden Häuser diese Amtsunfähigkeit aufheben.

Abschnitt 4

Die Rechtsgültigkeit der gesetzlich genehmigten Staatsschulden der Vereinigten Staaten mit Einschluss der Verpflichtungen, die aus der Zahlung von Pensionen und Sonderzuwendungen für Teilnahme an der Unterdrückung von Aufstand und Aufruhr erwachsen sind, darf nicht in Frage gestellt werden. Doch dürfen weder die Vereinigten Staaten noch irgendein Einzelstaat eine Schuld oder Verbindlichkeit übernehmen oder einlösen, die aus der Unterstützung eines Aufstands oder Aufruhrs gegen die Vereinigten Staaten erwachsen ist, oder irgendeinem Ersatzanspruch für den Verlust oder die Freilassung eines Sklaven stattgeben; vielmehr sind alle derartigen Schulden, Verbindlichkeiten und Ansprüche ungesetzlich und nichtig.

Abschnitt 5

Der Kongress ist befugt, die Bestimmungen dieses Zusatzartikels durch entsprechende Gesetze zur Durchführung zu bringen.

ZUSATZARTIKEL XV

Abschnitt 1

Das Wahlrecht der Bürger der Vereinigten Staaten darf von den Vereinigten Staaten oder einem Einzelstaat nicht auf Grund der Rassenzugehörigkeit, der Hautfarbe oder des vormaligen Dienstbarkeitsverhältnisses versagt oder beschränkt werden.

Abschnitt 2

Der Kongress ist befugt, diesen Zusatzartikel durch entsprechende Gesetze zur Durchführung zu bringen.

ZUSATZARTIKEL XVI

Der Kongress hat das Recht, Steuern auf Einkommen beliebiger Herkunft zu legen und einzuziehen, ohne sie proportional auf die einzelnen Staaten aufteilen zu müssen oder an eine Schätzung oder Volkszählung gebunden zu sein.

ZUSATZARTIKEL XVII

Der Senat der Vereinigten Staaten besteht aus je zwei Senatoren von jedem Einzelstaat, die von dessen Bevölkerung auf sechs Jahre gewählt werden. Jedem Senator steht eine Stimme zu. Die Wähler in jedem Staate müssen den gleichen Bedingungen genügen, die für die Wähler der zahlenmäßig stärksten Kammer der gesetzgebenden Körperschaften der Einzelstaaten vorgeschrieben sind.

Wenn in der Vertretung eines Staates Senatssitze frei werden, dann schreibt dessen Regierung Ersatzwahlen aus, um die erledigten Mandate neu zu besetzen. Doch kann die gesetzgebende Körperschaft jedes Einzelstaates dessen Regierung ermächtigen, vorläufige Ernennungen vorzunehmen, bis das Volk die freigewordenen Sitze durch Wahlen gemäß den Anweisungen der gesetzgebenden Körperschaften neu besetzt.

Dieser Zusatzartikel darf nicht so ausgelegt werden, dass dadurch die Wahl oder die Amtsperiode eines Senators berührt wird, der bereits gewählt war, bevor dieser Zusatzartikel als Teil der Verfassung in Kraft tritt.

ZUSATZARTIKEL XVIII

Abschnitt 1

Nach Ablauf eines Jahres von der Ratifikation dieses Artikels an ist die Herstellung, der Verkauf oder der Transport alkoholischer Flüssigkeiten für Getränkezwecke innerhalb der Vereinigten Staaten, ihre Einfuhr in die oder ihre Ausfuhr aus den Vereinigten Staaten nebst allen ihrer Hoheit unterstehenden Gebieten hiermit verboten.

Abschnitt 2

Der Kongress und die Einzelstaaten sind gleichermaßen befugt, diesen Zusatzartikel durch entsprechende Gesetze zur Durchführung zu bringen.

Abschnitt 3

Dieser Zusatzartikel ist unwirksam, wenn er nicht, wie in der Verfassung vorgesehen, durch die gesetzgebenden Körperschaften der Einzelstaaten binnen sieben Jahren, gerechnet vom Zeitpunkt seiner Übermittlung an die Staaten durch den Kongress, als Verfassungszusatz ratifiziert wird.

ZUSATZARTIKEL XIX

Das Wahlrecht der Bürger der Vereinigten Staaten darf von den Vereinigten Staaten oder einem Einzelstaat nicht auf Grund des Geschlechts versagt oder beschränkt werden.

Der Kongress ist befugt, diesen Zusatzartikel durch entsprechende Gesetze zur Durchführung zu bringen.

ZUSATZARTIKEL XX

Abschnitt 1

Die Amtsperioden des Präsidenten und Vizepräsidenten enden am Mittag des 20. Tages des Monats Januar und die Amtsperioden der Senatoren und Abgeordneten am Mittag des 3. Tages des Monats Januar des jeweiligen Jahres, in dem diese Amtsperioden geendet hätten, wenn dieser Artikel nicht ratifiziert worden wäre; sodann beginnt die Amtsperiode ihrer Nachfolger.

Abschnitt 2

Der Kongress tritt wenigstens einmal in jedem Jahr zusammen, und zwar beginnt diese Sitzung am Mittag des 3. Tages des Monats Januar, falls er nicht durch Gesetz einen anderen Tag bestimmt.

Abschnitt 3

Wenn zu der für den Beginn der Amtsperiode des Präsidenten festgesetzten Zeit der gewählte Präsident verstorben sein sollte, dann wird der gewählte Vizepräsident Präsident. Wenn vor dem für den Beginn der Amtsperiode festgesetzten Zeitpunkt kein Präsident gewählt worden sein sollte oder wenn der gewählte Präsident die Voraussetzungen der Amtsfähigkeit nicht erfüllt, dann nimmt der gewählte Vizepräsident die Geschäfte des Präsidenten wahr, bis ein amtsfähiger Präsident ermittelt ist. Für den Fall, dass weder ein gewählter Präsident noch ein gewählter Vizepräsident amtsfähig ist, kann der Kongress durch Gesetz bestimmen, wer dann die Geschäfte des Präsidenten wahrnehmen soll, oder das Verfahren festlegen, nach dem derjenige, der die Geschäfte wahrnehmen soll, auszuwählen ist. Dieser übt daraufhin die Geschäfte aus, bis ein amtsfähiger Präsident oder Vizepräsident ermittelt ist.

Abschnitt 4

Der Kongress kann durch Gesetz Bestimmungen erlassen für den Fall des Ablebens einer der Personen, aus deren Mitte das Repräsentantenhaus einen Präsidenten wählen kann, wenn ihm das Wahlrecht zufällt, sowie für den Fall des Ablebens einer der Personen, aus deren Mitte der Senat einen Vizepräsidenten wählen kann, wenn ihm das Wahlrecht zufällt.

Abschnitt 5

Der erste und zweite Abschnitt sollen am 15. Tage des Monats Oktober, der der Ratifikation dieses Artikels folgt, in Kraft treten.

Abschnitt 6

Dieser Zusatzartikel ist unwirksam, wenn er nicht durch die gesetzgebenden Körperschaften von drei Vierteln der Einzelstaaten binnen sieben Jahren, gerechnet vom Zeitpunkt seiner Übermittlung, als Verfassungszusatz ratifiziert wird.

ZUSATZARTIKEL XXI
Abschnitt 1

Der achtzehnte Zusatzartikel zur Verfassung der Vereinigten Staaten wird hiermit aufgehoben.

Abschnitt 2

Der Transport oder die Einfuhr von alkoholischen Getränken in einen Einzelstaat, ein Territorium oder eine Besitzung der Vereinigten Staaten zwecks Abgabe oder dortigem Gebrauch ist hiermit verboten, wenn dies gegen ein dort gültiges Gesetz verstößt.

Abschnitt 3

Dieser Artikel ist unwirksam, wenn er nicht, wie in der Verfassung vorgesehen, durch die Konvente der Einzelstaaten binnen sieben Jahren, gerechnet vom Zeitpunkt seiner Übermittlung an die Staaten durch den Kongreß, als Verfassungszusatz ratifiziert wird.

ZUSATZARTIKEL XXII
Abschnitt 1

Niemand darf mehr als zweimal in das Amt des Präsidenten gewählt werden; und niemand, der länger als zwei Jahre der Amtszeit, für die ein anderer zum Präsidenten gewählt worden war, das Amt des Präsidenten innehatte oder dessen Geschäfte wahrnahm, darf mehr als einmal in das Amt des Präsidenten gewählt werden. Dieser Zusatzartikel findet jedoch keine Anwendung auf jemanden, der das Amt des Präsidenten zu dem Zeitpunkt innehatte, zu dem dieser Zusatzartikel durch den Kongress vorgeschlagen wurde, noch hindert er jemanden, der das Amt des Präsidenten in der Periode innehat oder wahrnimmt, in der dieser Zusatzartikel in Kraft tritt, daran, für den Rest dieser Amtsperiode das Amt des Präsidenten innezuhaben oder dessen Geschäfte wahrzunehmen.

Abschnitt 2

Dieser Zusatzartikel ist unwirksam, wenn er nicht durch die gesetzgebenden Körperschaften von drei Vierteln der Einzelstaaten binnen sieben Jahren, gerechnet vom Zeitpunkt seiner Übermittlung an die Staaten durch den Kongress, als Verfassungszusatz ratifiziert wird.

ZUSATZARTIKEL XXIII
Abschnitt 1

Der Bezirk, der als Sitz der Regierung der Vereinigten Staaten dient, bestimmt in vom Kongress vorzuschreibender Weise:

Eine Anzahl von Wahlmännern für die Wahl des Präsidenten und Vizepräsidenten entsprechend der Gesamtzahl der Senatoren und Abgeordneten, die dem Bezirk im Kongress zustünden, falls er ein Staat wäre, jedoch keinesfalls mehr als der Einzelstaat mit den wenigsten Einwohnern; diese sind den von den Einzelstaaten bestimmten hinzuzählen, aber für die Zwecke der Wahl des Präsidenten und Vizepräsidenten als von einem Einzelstaat bestimmte Wahlmänner zu betrachten; und sie treten in dem Bezirk zusammen und versehen solche Pflichten, wie im zwölften Zusatzartikel vorgesehen.

Abschnitt 2

Der Kongress ist befugt, diesen Zusatzartikel durch entsprechende Gesetze zur Durchführung zu bringen.

ZUSATZARTIKEL XXIV
Abschnitt 1

Das Recht der Bürger der Vereinigten Staaten, in Vor- oder anderen Wahlen ihre Stimme für den Präsidenten oder Vizepräsidenten, für die Wahlmänner bei der Wahl des Präsidenten oder Vizepräsidenten, oder für Senatoren oder Abgeordnete im Kongress abzugeben, darf von den Vereinigten Staaten oder einem Einzelstaat nicht auf Grund eines Wahl- oder anderen Steuersäumnisses versagt oder beschränkt werden.

Abschnitt 2

Der Kongress ist befugt, diesen Zusatzartikel durch entsprechende Gesetze zur Durchführung zu bringen.

ZUSATZARTIKEL XXV
Abschnitt 1

Im Falle der Amtsenthebung, des Todes oder des Rücktritts des Präsidenten wird der Vizepräsident Präsident.

Abschnitt 2

Sofern das Amt des Vizepräsidenten frei wird, benennt der Präsident einen Vizepräsidenten, der das Amt nach Bestätigung durch Mehrheitsbeschluss beider Häuser des Kongresses antritt.

Abschnitt 3

Sofern der Präsident dem Präsidenten pro tempore des Senates und dem Sprecher des Repräsentantenhauses eine schriftliche Erklärung des Inhalts übermittelt, dass er unfähig ist, die Befugnisse und Obliegenheiten seines Amtes wahrzunehmen, und bis er ihnen eine schriftliche Erklärung gegenteiligen Inhaltes übermittelt, werden diese Befugnisse und Obliegenheiten vom Vizepräsidenten als amtierendem Präsidenten wahrgenommen.

Abschnitt 4

Sofern der Vizepräsident und eine Mehrheit entweder der Leiter der Ministerien der Bundesregierung oder einer anderen vom Kongress durch Gesetz zu benennenden Körperschaft dem Präsidenten pro tempore des Senates und dem Sprecher des Repräsentantenhauses eine schriftliche Erklärung des Inhalts übermitteln, dass der Präsident unfähig ist, die Befugnisse und Obliegenheiten seines Amtes wahrzunehmen, übernimmt der Vizepräsident unverzüglich die Befugnisse und Obliegenheiten des Amtes als amtierender Präsident. Wenn danach der Präsident dem Präsidenten pro tempore des Senats und dem Sprecher des Repräsentantenhauses eine schriftliche Erklärung des Inhalts übermittelt, dass keine Amtsunfähigkeit besteht, gehen die Befugnisse und Obliegenheiten seines Amtes wieder auf ihn über, es sei denn, der Vizepräsident und eine Mehrheit entweder der Leiter der Ministerien der Bundesregierung oder einer anderen vom Kongress durch Gesetz zu benennenden Körperschaft übermitteln binnen vier Tagen dem Präsidenten pro tempore des Senats und dem Sprecher des Repräsentantenhauses eine schriftliche Erklärung des Inhalts, dass der Präsident unfähig ist, die Befugnisse und Obliegenheiten seines Amtes wahrzunehmen. In diesem Falle entscheidet der Kongress die Sache und tritt zu diesem Zwecke, falls er sich nicht in Session befindet, binnen 48 Stunden zusammen. Wenn der Kongress innerhalb 21 Tagen nach Erhalt der letztgenannten schriftlichen

Erklärung, oder, sofern er nicht tagt, innerhalb 21 Tagen nach dem vorgeschriebenen Zeitpunkt des Zusammentretens des Kongresses, mit Zweidrittelmehrheit beider Häuser entscheidet, dass der Präsident unfähig ist, die Befugnisse und Obliegenheiten seines Amtes wahrzunehmen, nimmt der Vizepräsident dieselben weiterhin als amtierender Präsident wahr; andernfalls übernimmt der Präsident wiederum die Befugnisse und Obliegenheiten seines Amtes.

ZUSATZARTIKEL XXVI
Abschnitt 1
Das Wahlrecht der Bürger der Vereinigten Staaten, die 18 Jahre oder darüber sind, darf von den Vereinigten Staaten oder einem Einzelstaat nicht auf Grund des Alters versagt oder beschränkt werden.

Abschnitt 2
Der Kongress ist befugt, diesen Zusatzartikel durch entsprechende Gesetze zur Durchführung zu bringen.

ZUSATZARTIKEL XXVII
Kein Gesetz, das die Bezahlung der Dienste der Senatoren und Repräsentantenhausmitglieder verändert, tritt in Kraft, bevor nicht eine Neuwahl des Repräsentantenhauses erfolgt ist.

Anhang C

Liste der Bundesstaaten[396]

#	Datum	Kürzel	Jahr	Name	Hauptstadt	Einwohner
1	07.12.1787	DE	1787	Delaware	Dover	853.476
2	12.12.1787	PA	1787	Pennsylvania	Harrisburg	12.440.621
3	18.12.1787	NJ	1787	New Jersey	Trenton	8.724.560
4	02.01.1788	GA	1788	Georgia	Atlanta	9.363.941
5	09.01.1788	CT	1788	Connecticut	Hartford	3.504.809
6	06.02.1788	MA	1788	Massachusetts	Boston	6.437.193
7	28.04.1788	MD	1788	Maryland	Annapolis	5.615.727
8	23.05.1788	SC	1788	South Carolina	Columbia	4.321.249
9	21.06.1788	NH	1788	New Hampshire	Concord	1.314.895
10	25.06.1788	VA	1788	Virginia	Richmond	7.642.884
11	26.07.1788	NY	1788	New York	Albany	19.306.183
12	21.11.1789	NC	1789	North Carolina	Raleigh	8.856.505
13	29.05.1790	RI	1790	Rhode Island	Providence	1.067.610
14	04.03.1791	VT	1791	Vermont	Montpellier	623.908
15	01.06.1792	KY	1792	Kentucky	Frankfort	4.206.074
16	01.06.1796	TN	1796	Tennessee	Nashville	6.038.803
17	01.03.1803	OH	1803	Ohio	Columbus	11.478.006
18	30.04.1812	LA	1812	Louisiana	Baton Rouge	4.287.768
19	11.12.1816	IN	1816	Indiana	Indianapolis	6.313.520
20	10.12.1817	MS	1817	Mississippi	Jackson	2.910.540
21	03.12.1818	IL	1818	Illinois	Springfield	12.831.970
22	14.12.1819	AL	1819	Alabama	Montgomery	4.599.030
23	15.03.1820	ME	1820	Maine	Augusta	1.321.574
24	10.08.1821	MO	1821	Missouri	Jefferson	5.842.713
25	15.06.1836	AR	1836	Arkansas	Little Rock	2.810.872
26	26.01.1837	MI	1837	Michigan	Lansing	10.095.643
27	03.03.1845	FL	1845	Florida	Tallahassee	18.089.888
28	29.12.1845	TX	1845	Texas	Austin	23.507.783

---

[396] *US Census Büro vom 1.4.2010*

29	28.12.1846	IA	1846	Iowa	Des Moines	2.982.085
30	29.05.1848	WI	1848	Wisconsin	Madison	5.556.506
31	09.09.1850	CA	1850	Kalifornien	Sacramento	36.457.549
32	11.05.1858	MN	1858	Minnesota	Saint Paul	5.167.101
33	14.02.1859	OR	1859	Oregon	Salem	3.700.758
34	29.01.1861	KS	1861	Kansas	Topeka	2.764.075
35	20.06.1863	WV	1863	West Virginia	Charleston	1.818.470
36	31.10.1864	NV	1864	Nevada	Carson City	2.495.529
37	01.03.1867	NE	1867	Nebraska	Lincoln	1.768.331
38	01.08.1876	CO	1876	Colorado	Denver	4.753.377
39	02.11.1889	ND	1889	North Dakota	Bismarck	635.867
40	02.11.1889	SD	1889	South Dakota	Pierre	781.919
41	08.11.1889	MT	1889	Montana	Helena	944.632
42	11.11.1889	WA	1889	Washington	Olympia	6.395.798
43	03.07.1890	ID	1890	Idaho	Boise	1.466.465
44	10.07.1890	WY	1890	Wyoming	Cheyenne	515.004
45	04.01.1896	UT	1896	Utah	Salt Lake City	2.550.063
46	16.11.1907	OK	1907	Oklahoma	Oklahoma City	3.579.212
47	06.01.1912	NM	1912	New Mexico	Santa Fé	1.954.599
48	14.12.1912	AZ	1912	Arizona	Phoenix	6.166.318
49	03.01.1959	AK	1959	Alaska	Juneau	670.053
50	21.08.1959	HI	1959	Hawaii	Honolulu	1.285.498
	Summe					310.715.948

Anhang D

Die Präsidenten der USA und ihre Kriege[397]

Nr.	Name	Amtszeit	Anzahl an Kriegen
1	George Washington (1732–1799)	30. April 1789 4. März 1797	
2	John Adams (1735–1826)	4. März 1797 4. März 1801	1
3	Thomas Jefferson (1743–1826)	4. März 1801 4. März 1809	1
4	James Madison (1751–1836)	4. März 1809 4. März 1817	1
5	James Monroe (1758–1831)	4. März 1817 4. März 1825	
6	John Quincy Adams (1767–1848)	4. März 1825 4. März 1829	
7	Andrew Jackson (1767–1845)	4. März 1829 4. März 1837	
8	Martin Van Buren (1782–1862)	4. März 1837 4. März 1841	
9	William Henry Harrison (1773–1841)	4. März 1841 4. April 1841	
10	John Tyler (1790–1862)	4. April 1841 4. März 1845	
11	James K. Polk (1795–1849)	4. März 1845 4. März 1849	1
12	Zachary Taylor (1784–1850)	4. März 1849 9. Juli 1850	

---

[397] https://de.wikipedia.org/wiki/Liste_der_Militäroperationen_der_Vereinigten_Staaten

13	Millard Fillmore (1800–1874)	9. Juli 1850 4. März 1853	1
14	Franklin Pierce (1804–1869)	4. März 1853 4. März 1857	2
15	James Buchanan (1791–1868)	4. März 1857 4. März 1861	
16	Abraham Lincoln (1809–1865)	4. März 1861 15. April 1865	
17	Andrew Johnson (1808–1875)	15. April 1865 4. März 1869	
18	Ulysses S. Grant (1822–1885)	4. März 1869 4. März 1877	
19	Rutherford B. Hayes (1822–1893)	4. März 1877 4. März 1881	
20	James A. Garfield (1831–1881)	4. März 1881 19. September 1881	
21	Chester A. Arthur (1829–1886)	19. September 1881 4. März 1885	
22	Grover Cleveland (1837–1908)	4. März 1885 4. März 1889	
23	Benjamin Harrison (1833–1901)	4. März 1889 4. März 1893	
24	Grover Cleveland (1837–1908)	4. März 1893 4. März 1897	
25	William McKinley (1843–1901)	4. März 1897 14. September 1901	4
26	Theodore Roosevelt (1858–1919)	14. September 1901 4. März 1909	7
27	William Howard Taft (1857–1930)	4. März 1909 4. März 1913	4
28	Woodrow Wilson (1856–1924)	4. März 1913 4. März 1921	12
29	Warren G. Harding (1865–1923)	4. März 1921 2. August 1923	4
30	Calvin Coolidge (1872–1933)	2. August 1923 4. März 1929	9
31	Herbert Hoover	4. März 1929	3

	(1874–1964)	4. März 1933	
32	Franklin D. Roosevelt (1882–1945)	4. März 1933 12. April 1945	4
33	Harry S. Truman (1884–1972)	12. April 1945 20. Januar 1953	4
34	Dwight D. Eisenhower (1890–1969)	20. Januar 1953 20. Januar 1961	5
35	John F. Kennedy (1917–1963)	20. Januar 1961 22. November 1963	2
36	Lyndon B. Johnson (1908–1973)	22. November 1963 20. Januar 1969	8
37	Richard Nixon (1913–1994)	20. Januar 1969 9. August 1974	5
38	Gerald Ford (1913–2006)	9. August 1974 20. Januar 1977	3
39	Jimmy Carter (* 1924)	20. Januar 1977 20. Januar 1981	3
40	Ronald Reagan (1911–2004)	20. Januar 1981 20. Januar 1989	12
41	George Bush I (* 1924)	20. Januar 1989 20. Januar 1993	9
42	Bill Clinton (* 1946)	20. Januar 1993 20. Januar 2001	4
43	George W. Bush II (* 1946)	20. Januar 2001 20. Januar 2009	3
44	Barack Obama (* 1961)	20. Januar 2009 20. Januar 2017	3
45	Donald Trump (* 1946)	20. Januar 2017 bis ???	2

Anhang E

Liste der Militäroperationen der USA[398]

Hier sind die US-Militärinterventionen der Vereinigten Staaten von Amerika zusammengefasst. Im 19. Jahrhunderts waren dieses 9 Kriege, im 20. Jahrhundert sodann 73 Kriege und im 21. Jahrhundert bisher 6 Kriege, an denen die USA beteiligt waren oder die sie ausgelöst haben. An zahlreichen Geheimoperationen mit quasi-militärischem Charakter war auch der Auslandsgeheimdienst CIA beteiligt. Diese sind im Anhang G aufgeführt.

<u>19. Jahrhundert</u>
1801

- Amerikanisch-Tripolitanischer Krieg

1815

- Zweiter Barbareskenkrieg

1845

- Annexion von Texas, das bis 1836 zu Mexiko gehörte und danach ein unabhängiger Staat war. Die Folge ist ein bis 1848 dauernder Krieg zwischen Mexiko und den USA, der mit der Eroberung von Kalifornien, New Mexico, Arizona, Nevada, Utah sowie Teilen von Kansas, Colorado und Wyoming endet. Mexiko verliert etwa die Hälfte seines bisherigen Staatsgebiets.

1853

- Japan – Commodore Matthew Perry erzwingt mit militärischer Gewaltandrohung die Öffnung der japanischen Häfen.

1854

- 9. bis 15. Juli 1854, Nicaragua – Zerstörung von San Juan del Norte, nachdem der US-Botschafter von einer aufgebrachten Menge verletzt wurde und keine Entschädigung geleistet wurde.

1898

- Kuba – Beteiligung am kubanischen Befreiungskampf gegen die spanische Kolonisation. Die USA entfesseln den spanisch-amerikanischen Krieg und unterstellen Kuba nach der spanischen Niederlage ihrer militärischen Verwaltung.

---

[398] *https://de.wikipedia.org/wiki/Liste_der_Militäroperationen_der_Vereinigten_Staaten*

- 12. Juni 1898 bis 4. Juli 1902 Philippinen – Mit Hilfe der Vereinigten Staaten, die sich mit Spanien im Krieg befinden, lösen sich die Philippinen von Spanien und erklären sich für unabhängig. Im Philippinisch-Amerikanischen Krieg werden sie von den Vereinigten Staaten entgegen ursprünglichen Versprechungen unterworfen, die nun ihrerseits ein kolonialistisches Regime errichten.
- 12. August 1898 Hawaii – Annexion des bis dahin unabhängigen pazifischen Königreiches.
- 10. Dezember 1898 Puerto Rico – Nach dem US-amerikanisch-spanischen Krieg wird die Insel aufgrund der Niederlage Spaniens von den Vereinigten Staaten annektiert.

20. Jahrhundert

1903

- 23. bis 31. März 1903 Honduras – US Truppen landen bei Puerto Cortez zum Schutz des US-Konsulates und der Schiffswerft während revolutionärer Unruhen.
- 3. November 1903 Panama – Um sich die Kontrollrechte über den geplanten Kanalbau zu sichern, unterstützen die Vereinigten Staaten die Abspaltung Panamas von Kolumbien. Panama wird eigenständige Republik, gerät gleichzeitig aber in die völlige wirtschaftliche und politische Abhängigkeit von den Vereinigten Staaten. Der 1914 fertiggestellte und 1920 offiziell in Betrieb genommene Panama-Kanal wird US-amerikanisches Hoheitsgebiet, womit die junge Republik in zwei voneinander getrennte Hälften gespalten wird.

1905

- Militärintervention in der Dominikanischen Republik

1906

- 1906 bis 1909 Militärinterventionen auf Kuba

1907

- 8. Februar 1907 Militärintervention in der Dominikanischen Republik. Die Vereinigten Staaten sichern sich die Finanzkontrolle über das Land (1940 aufgehoben).
- 18. März bis 8. Juni 1907 Honduras – Zum Schutz US-amerikanischer Interessen während eines Krieges zwischen Honduras und Nicaragua werden US-Truppen in Trujillo, Ceiba, Puerto Cortez, San Pedro Sula, Laguna und Choloma stationiert.

1909

- US-Militärintervention in Nicaragua 1909–1925 – Amerikanische Streitkräfte greifen in innenpolitische Auseinandersetzungen des Landes ein.

1911

- 1911 bis 1925 Honduras – Verschiedene Interventionen sichern die Monopolstellung der in US-amerikanischem Besitz befindlichen Bananenindustrie. Das Land gerät in völlige wirtschaftliche und politische Abhängigkeit von den Vereinigten Staaten.

1912

- US-Militärintervention auf Kuba
- 1912 bis 1925 Nicaragua wird der US-amerikanischen Finanz- und Militärkontrolle unterstellt.

1914

- 1914 bis 1915 Mexiko – Einmischung in innenpolitische Machtkämpfe (Protektion der Regierung Venustiano Carranzas).

1915

- 1915 bis 1934 Haiti – Besetzung der Karibik-Republik. Verwaltung des Landes wie ein Protektorat. Nach dem Abzug der US-amerikanischen Truppen bleibt die US-amerikanische Finanzhoheit bestehen (bis 1947).

1916

- 18. Februar 1916 Nicaragua – Die Vereinigten Staaten erzwingen das Recht auf Errichtung von Militärstützpunkten.
- März 1916/Februar 1917 US-amerikanische Strafexpedition in Mexiko
- 1916 bis 1924 Besetzung der Dominikanischen Republik

1917

- 1917 bis 1919 Teilnahme am Ersten Weltkrieg an der Seite der Entente gegen die Mittelmächte. Besetzung deutschen Gebiets bis Anfang 1923.
- 1917 bis 1919 Militärische Intervention auf Kuba
- 1918 bis 1920 im Russischen Bürgerkrieg gemeinsame Intervention mit Briten und Franzosen an der Seite der Weißen Armee im Raum Archangelsk (Polar Bear Expedition) und gemeinsam mit den Japanern im Raum Wladiwostok (American Expeditionary Force Siberia)

1919

- 8. bis 12. September 1919 Honduras - Militärische Intervention verhindert eine Revolution.

1924

- 28. Februar bis 31. März und 10. bis 15. September 1924 Honduras – US-Truppen intervenieren zum Schutz US-amerikanischer Bürger und Interessen während der Unruhen im Vorfeld der Wahlen.
- September China – US-Marines landen zum Schutz von US-Amerikanern und anderen Ausländern in Shanghai bei Unruhen.

1925

- 15. Januar bis 29. August 1925, China – Kämpfe zwischen chinesischen Gruppierungen führen wiederum zur Landung von US-Truppen in Shanghai.
- 19. - 21. April 1925, Honduras – US-Truppen landen bei La Ceiba während politischer Unruhen.

1926

- US-Militärintervention in Nicaragua 1926–1933 - Besetzung Nicaraguas. Ihr widersetzt sich Augusto César Sandino in einem Guerillakrieg.

1930

- In der Dominikanischen Republik verhelfen die Vereinigten Staaten Rafael Leónidas Trujillo Molina an die Macht. Dieser errichtet eines der despotischsten Regimes in der Geschichte Lateinamerikas, das bis zu seiner Ermordung 1961 standhält.

1940

- In Kuba verhelfen die Vereinigten Staaten dem Oberbefehlshaber der Armee, General Fulgencio Batista Zaldívar (1901–1973) an die Macht, der das Land vollständig den amerikanischen Interessen preisgibt. Die Batista-Diktatur fällt 1959 mit der Revolution Fidel Castros (1926-2016).

1941

- 1941 bis 1945 Zweiter Weltkrieg – Die Vereinigten Staaten engagieren sich auf verschiedenen Kriegsschauplätzen in Europa, Asien und Afrika. Hauptgegner sind Deutschland und Japan.

1947

- Griechenland – Die Vereinigten Staaten leisten, um eine kommunistische Machtübernahme zu verhindern, logistische, technische und finanzielle Unterstützung.

1948

- 1948 bis 1949 Berliner Luftbrücke - In West-Berlin errichten die Vereinigten Staaten und ihre Alliierten während der Berlin-Blockade durch die Sowjetunion eine Luftbrücke zur Versorgung der Stadt.

1950

- 1950 bis 1953 Korea – Die Vereinigten Staaten kommen, legitimiert durch die in sowjetischer Abwesenheit erfolgte Resolution 85 des UN-Sicherheitsrates, dem prowestlichen Regime in Südkorea zu Hilfe, das durch einen Überraschungsangriff des kommunistischen Nordens in schwere Bedrängnis geraten ist.

1956

- Ägypten – Anlässlich der Suezkrise entsenden die Vereinigten Staaten mehrere Kriegsschiffe und Flugzeugträger ins östliche Mittelmeer und zwingen das

Vereinigte Königreich und Frankreich zur Beendigung ihrer militärischen Intervention am Suezkanal.

1958

- Juli bis Oktober 1958 Libanon – Die Vereinigten Staaten greifen auf Ersuchen des christlichen Staatspräsidenten Camille Chamoun in Auseinandersetzungen im Libanon ein.

- Volksrepublik China – In der Konfrontation zwischen der Volksrepublik China und Taiwan um die zu Taiwan gehörenden, China vorgelagerten Inseln Quemoy und Matsu entsenden die Vereinigten Staaten zur Unterstützung Taiwans Marineeinheiten ins Krisengebiet.

1959

- Kuba – Die Vereinigten Staaten finanzieren und unterstützen von ihrem Territorium aus operierende Guerillabewegungen zum Sturz der Regierung von Ministerpräsident Fidel Castro in Kuba.

1961

- 17. April 1961 Kuba – Eine von den Vereinigten Staaten ausgebildete und ausgerüstete Guerillagruppe aus Exilkubanern scheitert bei der Invasion in der Schweinebucht auf Kuba. Die Operation wird durch die US-amerikanische Bombardierung kubanischer Luftabwehrstellungen vorbereitet.

1962

- Während der sogenannten Kubakrise (Oktober/November) wird die Insel mit einer totalen Blockade belegt.

1964

- Mai 1964 Laos – Flugzeuge und Bodentruppen (etwa 10.000 Mann) starten Angriffe auf die Gebiete des Pathet Lao. Nach jahrelangen Kämpfen zeichnet sich jedoch keine militärische Lösung ab und die US-amerikanischen Interventionstruppen verlassen das Land im März 1970.

- 31. März 1964 Brasilien – Mit logistischer Unterstützung durch die CIA wird der linksgerichtete Präsident João Goulart gestürzt. Es erfolgt die Errichtung einer von den Vereinigten Staaten favorisierten Militärdiktatur, die bis 1982 das Land beherrscht.

- 1964 bis 1975 Vietnam – Die Vereinigten Staaten engagieren sich massiv im Vietnamkrieg. Auf dem Höhepunkt des Krieges sind rund 550.000 amerikanische Soldaten im Einsatz.

- 1964 bis 1982 Bolivien – Die Vereinigten Staaten sind in eine Vielzahl von militärischen Staatsstreichen und Gegenrevolten verwickelt.

1965

- April bis September 1965 Dominikanische Republik – Nach dem Sturz des linksgerichteten Präsidenten Juan Bosch und der Installation einer mit US-amerikanischer Hilfe eingesetzten Militärjunta entbrennt ein Bürgerkrieg. Die Vereinigten Staaten intervenieren mit 42.000 Marines und veranlassen Neuwahlen, aus denen Joaquín Balaguer – der zuvor 30 Jahre in Diensten der Trujillo-Diktatur gestanden hat – als Sieger hervorgeht. Balaguer bestimmt in enger Zusammenarbeit mit den Vereinigten Staaten für die folgenden 35 Jahre die Dominikanische Politik.

- Mai 1965 Kambodscha – Die Vereinigten Staaten bombardieren Grenzdörfer entlang der vietnamesischen Grenze. Das Land wird dadurch in den Vietnam-Krieg verwickelt.

1967

- ab 1967 - nach dem Sechstagekrieg verstärken die Vereinigten Staaten die finanzielle und militärische Hilfe für Israel in der Auseinandersetzung mit den arabischen Nachbarn. Israel wird zum wichtigsten US-amerikanischen Verbündeten in Nahost.

- Bolivien – Die bolivianische Armee wird in ihrem Kampf gegen die Guerilla durch die CIA angeleitet. Mit Hilfe des CIA wird der kubanische Revolutionär Ernesto Che Guevara in Bolivien aufgespürt und am 9. Oktober erschossen.

1970

- März 1970 Kambodscha – Mit amerikanischer Unterstützung putscht sich der General Lon Nol an die Macht. Ausweitung des Vietnam-Krieges auch auf Kambodscha.

- September 1970 Jordanien – Im jordanischen Bürgerkrieg ergreifen die Vereinigten Staaten Partei für das Königshaus und entsenden Flugzeugträger und Kriegsschiffe ins östliche Mittelmeer.

1971

- Indien/Pakistan – Im indisch-pakistanischen Konflikt um die Unabhängigkeit Bangladeschs entsenden die Vereinigten Staaten Flottenverbände in den Golf von Bengalen.

1976

- Angola – Die Vereinigten Staaten unterstützen die UNITA-Rebellen in ihrem Kampf gegen die marxistisch-leninistische MPLA-Regierung.

1977

- 1977 bis 1992 El Salvador – Die Vereinigten Staaten unterstützen die von ihnen eingesetzten oder gebilligten Regierungen im Kampf gegen die marxistisch-leninistische Opposition. In der Folge zerfällt das Land in einen zehnjährigen Bürgerkrieg.

1980

- 25. April 1980 Iran – Die Militäraktion *Operation Eagle Claw* der Vereinigten Staaten zur Befreiung der amerikanischen Geiseln in der besetzten US-Botschaft in Teheran scheitert.

1981

- ab 1981 Nicaragua – Die Vereinigten Staaten setzen nach der erfolgreichen sandinistischen Revolution von 1979 die finanzielle, militärische und logistische Unterstützung der Anhänger der davongejagten Diktatur von Anastasio Somoza Debayle fort und bekämpfen die Sandinisten, nachdem diese auf einen marxistisch-leninistischen Kurs umschwenken.
- ab 1981 Afghanistan – Die Vereinigten Staaten gewähren den Mudschahidin und anderen afghanischen Widerstandskämpfern massive finanzielle, militärische und logistische Hilfe in ihrem Kampf gegen die sowjetische Besetzung des Landes.

1982

- ab 1982 - von Honduras aus operierende Gegner der Sandinisten, die Contras in Nicaragua erhalten militärische und logistische Hilfe seitens der USA.
- April 1982 Argentinien – Die Vereinigten Staaten leisten den britischen Truppen im Krieg gegen Argentinien (Falkland-Krieg) mit ihrer Militärbasis auf der Atlantik-Insel Ascension logistische Unterstützung und Aufklärung durch ihre Spionagesatelliten.

1983

- Der Iran erhält Waffenhilfe zur Abwehr der zuvor von den USA unterstützten irakischen Regierung im Austausch gegen die US-amerikanischen Geiseln in der besetzten Botschaft in Teheran.
- September 1983 Libanon – Die Vereinigten Staaten greifen als Teil einer internationalen Friedenstruppe in den libanesischen Bürgerkrieg ein, der darauf in seine blutigste Phase eintritt. Die Intervention scheitert nach mehreren blutigen Selbstmordanschlägen und die multinationale Streitmacht verlässt den Libanon (Februar/März 1984).
- 25. Oktober 1983 Grenada. – Der linksorientierte Premierminister Maurice Bishop wird von Putschisten exekutiert. Die Annäherung der neuen Regierung an die Sowjetunion führt zu einer militärischen Intervention.

1985

- 1. Mai 1985 Nicaragua – Nach dem Wahlsieg der linksgerichteten Sandinisten vom 4. November 1984 verhängen die Vereinigten Staaten ein vollständiges Handelsembargo gegen Nicaragua, weil sich bei den Sandinisten sehr schnell die marxistisch-leninistischen Kräfte durchsetzen. Fortführung der Unterstützung der Opposition (Contras) zum Sturz des seit 1979 regierenden sandinistischen Regimes.

1986

- Februar 1986 Haiti – Die Vereinigten Staaten wenden sich unter massivem Druck aus der Bevölkerung von der seit 1957 herrschenden und von ihr protegierten Duvalier-Familiendiktatur ab. Diktator Jean-Claude Duvalier, genannt Baby Doc flieht ins Ausland.

- 14. April 1986 Libyen – Als Vergeltung für libysche Terrorakte bombardieren die Vereinigten Staaten Ziele in Tripolis und Bengasi (*Operation El Dorado Canyon*).

1988

- 3. Juli 1988 Iran – Ein Passagierflugzeug vom Typ Airbus A300 der Iran Air wird über der Straße von Hormuz vom Lenkwaffenkreuzer USS Vincennes (CG-49) abgeschossen. 290 Menschen sterben. Nach amerikanischen Angaben war es der Besatzung nicht möglich, den zivilen Airbus von einem iranischen Kampfflugzeug zu unterscheiden oder mit dem Piloten Kontakt aufzunehmen. Die USS Vincennes hielt sich zu diesem Zeitpunkt im Rahmen der *Operation Earnest Will* in iranischen Hoheitsgewässern auf. Der Kapitän der USS Vincennes erhielt eine Auszeichnung. Die Vereinigten Staaten entschädigten später die Angehörigen der Opfer.

1989

- 20. Dezember 1989 Panama wird besetzt (*Operation Just Cause*). Der verhaftete panamaische Machthaber, General Manuel Noriega, wird in die Vereinigten Staaten überführt, wegen Drogenhandels und Geldwäsche angeklagt und am 10. Juli 1992 zu 40 Jahren Haft verurteilt.

1990

- Ab März 1990 - in Reaktion auf den liberianischen Bürgerkrieg findet die *Operation Sharp Edge* statt. Im August 1990 werden 1648 Ausländer und Flüchtlinge aus der Hauptstadt Monrovia und anderen Sammelpunkten im Hinterland gerettet. Im Anschluss sorgt die Militärpräsenz für eine zeitweilige Beruhigung der Lage.

- Ab 1990 - im Drogenkrieg in Kolumbien unterstützen die Vereinigten Staaten paramilitärische Einheiten zur Bekämpfung kommunistischer Rebellen.

- 8. August 1990 Saudi-Arabien – Nach dem irakischen Überfall auf Kuwait am 2. August 1990 entsenden die Vereinigten Staaten Streitkräfte nach Saudi-Arabien zur Stützung des dortigen Regimes und zur Vorbereitung eines Angriffs auf den Irak.

1991

- Januar/Februar 1991 - US-geführte Koalitionstruppen, legitimiert durch einen Beschluss des Weltsicherheitsrats der Vereinten Nationen, marschieren in Kuwait ein und beenden mit der *Operation Desert Storm* die irakische Besetzung des Landes.

1992

- Ab 1992 Februar/März Jugoslawien – Die NATO führt, mit Legitimation des Sicherheitsrats der Vereinten Nationen, unter dem Oberbefehl der Vereinten Nationen mehrere Militäreinsätze zu Gunsten der von Serben in der Hauptstadt Sarajevo belagerten Kroaten und Bosnier in Jugoslawien nach dem Massaker von Srebrenica durch.

- 27. August 1992 Irak – Die Vereinigten Staaten errichten im Irak eine Flugverbotszone für irakische Flugzeuge nördlich des Breitengrades von 36°N und südlich von 33°N. Der Luftkrieg wird eingeschränkt bis 2002 wieder aufgenommen, vorgeblich um Saddam Hussein von Luftangriffen auf die irakischen Kurden im Norden und die Schiiten im Süden des Landes abzuhalten und einen erneuten Überfall auf Kuwait zu verhindern.

- 9. Dezember 1992 Somalia – Die Vereinigten Staaten entsenden auf Aufforderung des Generalsekretärs der Vereinten Nationen und Beschluss des Sicherheitsrats 28.000 Soldaten nach Somalia, um den Bürgerkrieg zu beenden (Rückzug 1994 nach blutig gescheitertem Versuch der Festnahme von General Mohammed Farah Aidid).

1993

- 27. Juni 1993 Irak – Kriegsschiffe unternehmen einen Einsatz gegen den Irak und feuern 23 Marschflugkörper auf Bagdad ab.

1994

- August/September 1994 Haiti – Amerikanische Truppen setzen auf Druck des Sicherheitsrats der Vereinten Nationen die Reinstallation des 1991 durch einen Militärputsch gestürzten Präsidenten Jean-Bertrand Aristide durch.

1998

- 20. August 1998 Sudan – Als Vergeltung auf die Terroranschläge auf die US-amerikanischen Botschaften in Kenia und Tansania führen die Vereinigten Staaten einen Luftangriff auf eine angebliche Giftgasfabrik durch, die sich später als die Asch-Schifa-Arzneimittelfabrik herausstellte.

1999

- März bis Juni 1999 Kosovokrieg – Ohne Mandat der Vereinten Nationen führt die NATO unter dem Kommando der Vereinigten Staaten umfangreiche Bombardements gegen Ziele in Jugoslawien durch, um einen Abzug serbischer Truppen und Polizei aus dem Kosovo zu erzwingen. Nach Abschluss eines Waffenstillstands wird die Provinz Kosovo von NATO-Truppen besetzt und ein Protektorat unter Verwaltung der Vereinten Nationen errichtet.

21. Jahrhundert

2001

- November 2001 Afghanistan – In der Folge der Terrorattacken islamischer Fundamentalisten in New York und Washington vom 11. September 2001 greifen die Vereinigten Staaten Afghanistan an. Das dortige Taliban-Regime wird zerschlagen und eine Übergangsregierung eingesetzt.

2003

- 20. März 2003 Irak – Eine insgesamt 48 Nationen umfassende Koalition (u. a. das Vereinigte Königreich, Italien, Australien und Spanien) greift im Dritten Golfkrieg den Irak an und beseitigt das Regime von Saddam Hussein. Der Irak wurde übergangsweise als Protektorat verwaltet, im Sommer 2005 wurden Wahlen abgehalten und offiziell die Regierungsgeschäfte an die gewählte Regierung übergeben. Die US-amerikanischen Kampftruppen verließen das Land 2011.

2004

- März 2004 Haiti – Nach dem Sturz von Präsident Jean-Bertrand Aristide entsenden die Vereinigten Staaten im Rahmen einer multinationalen Übergangstruppe des Sicherheitsrats der Vereinten Nationen Truppen nach Haiti.

2011

- Frühjahr 2011 – Militärische Luftschläge sowie Marineeinsätze mit Marschflugkörpern gegen Libyen um eine Flugverbotszone durchzusetzen und Militärschläge des Machthabers Muammar al-Gaddafi gegen Zivilisten und Aufständische im Land zu verhindern.

2014

- Seit Juni 2014 führen die USA die *Operation Inherent Resolve* durch, um die Terrormiliz Islamischer Staat zu bekämpfen.

2017

- März 2017 - Luftangriffe auf Syrien

Anhang F

Die Flugzeugträger-Flotte der US - Navy[399]
Stand: 23.7.2017

Seit Jahrzehnten dominiert die US-amerikanische Marine mit ihren Superträgern der *Nimitz-Klasse* die Weltmeere und gibt der Regierung in Washington die Möglichkeit, schnell auf Krisen zu reagieren. Mit der *USS Gerald-R.-Ford* wurde am 22. Juli 2017 das Typschiff einer neue Klasse in Dienst gestellt. Damit verfügt die US-Navy über 11 Flugzeugträger.

Nr.	Name	Klasse	In Dienst	Heimathafen
CVN-68	Nimitz	Nimitz	1975	Everett, Washington
CVN-69	Dwight D. Eisenhower	Nimitz	1977	Norfolk, Virginia
CVN-70	Carl Vinson	Nimitz	1982	San Diego, Kalifornien
CVN-71	Theodore Roosevelt	Nimitz	1986	Norfolk, Virginia
CVN-72	Abraham Lincoln	Nimitz	1989	Everett, Washington
CVN-73	George Washington	Nimitz	1992	Yokosuka, Japan
CVN-74	John C. Stennis	Nimitz	1995	Bremerton, Washington
CVN-75	Harry S. Truman	Nimitz	1998	Norfolk, Virginia
CVN-76	Ronald Reagan	Nimitz	2003	San Diego, Kalifornien
CVN-77	George H. W. Bush	Nimitz	2009	Norfolk, Virginia
CVN-78	Gerald R. Ford	Ford	2017	Norfolk, Virginia

---

[399] *https://de.wikipedia.org/wiki/Liste_der_Flugzeugträger_der_United_States_Navy*

Anhang G

Bekannte Operationen der CIA[400]

Es liegt in der Natur der Sache, dass geheimdienstliche verdeckte Operationen in der Regel nicht an die Öffentlichkeit gelangen. Die folgenden Operationen wurden meist durch die geschichtliche Forschung, Recherchen von Enthüllungsjournalisten, offizielle Untersuchungen oder die Freigabe von Dokumenten im Rahmen des *Freedom of Information Act* bekannt.

- *Operation DEMAGNITIZE:* Eindämmung des Kommunismus in Italien und Frankreich von 1948 an.
- Operationen in der Volksrepublik China: 1952 wurde eine C-47 der CIA in der chinesischen Provinz Jilin abgeschossen. Der Pilot und Co-Pilot starben dabei. Zwei weitere Besatzungsmitglieder überlebten, wurden inhaftiert und konnten erst 1971 bzw. 1973 in die USA ausreisen.
- *Operation GLADIO:* Aufbau und Unterhalt von paramilitärischen Partisanen-Einheiten in Westeuropa von den 1950ern bis in die frühen 1990er Jahre, die teilweise in Terroranschläge in Italien sowie in den griechischen Militärputsch von 1967 verwickelt waren.
- *Operation ARTISCHOCKE:* Programm zur Erforschung von Gehirnwäsche- bzw. Verhörmethoden unter Anwendung von Drogen und Folter (1952)
- *Operation M-K-ULTRA:* Programm zur Bewusstseinskontrolle von 1953 bis in die 1970er Jahre, Nachfolgeprogramm von Artischocke
- *Operation AJAX:* Sturz des iranischen Premierministers Mossadegh 1953 in Zusammenarbeit mit dem iranischen General Fazlollah Zahedi
- *Operation FORTUNE:* geplanter Sturz von Präsident Jacobo Arbenz Guzmán in Guatemala in Zusammenarbeit mit der *United Fruit Company* und dem Diktator von Nicaragua, Anastasio Somoza García. Das Unternehmen wurde 1952 auf Druck des US-Außenministeriums eingestellt. Die konzeptionellen Überlegungen gingen über in *Operation Success* bzw. *Operation PBSUCCESS.*
- *Operation PBSUCCESS:* Sturz von Jacobo Arbenz Guzmán, Präsident von Guatemala 1954.
- *Operation ZAPATA* (Invasion in der Schweinebucht): Invasionsversuch von Exilkubanern auf Kuba 1961, um die Revolutionsregierung Castros zu stürzen.

---

[400] *http://www.americanet.de/html/cia__operationen.html*

- *Operation AIR AMERICA:* größte Fluggesellschaft Südostasiens während des Vietnamkriegs, von der *CIA* kontrolliert und seit 1962 intensiv für Geheimoperationen und zum Schmuggel von Heroin eingesetzt.
- Verfolgung Che Guevaras in Bolivien in Zusammenarbeit mit der bolivianischen Armee im Jahre 1967, die mit seiner Exekution endete.
- *Operation PHOENIX:* Operation zur Identifizierung und Bekämpfung kommunistischer Führungskader der FNL (*Viet Cong*) während des Vietnamkrieges Mitte der 1960er Jahre, der nach US-amerikanischen Angaben 6000, nach südvietnamesischen Quellen 20.000 Menschen zum Opfer fielen und bei der es zu etlichen Menschenrechtsverletzungen kam.
- *Operation CHAOS:* Bespitzelung von rund 7000 Personen und 1000 Organisationen in den USA, die in Opposition zum Vietnamkrieg standen oder der Bürgerrechtsbewegung angehörten, aufgedeckt vom Journalisten Seymour Hersh.
- *Project FUBELT:* Von 1970 bis zum Putsch 1973 verdeckte Operationen zur Unterminierung der Allende-Regierung in Chile. Dabei waren CIA-Agenten auch in die Ermordung des pro-demokratischen Generalstabschefs René Schneider verwickelt. Dem waren bereits seit 1963 umfangreiche Propaganda-Aktionen gegen die Linksparteien in Chile vorangegangen.
- *AZORIAN-Projekt:* Bergung des 1968 vor Hawaii gesunkenen sowjetischen U-Boots *K-129* aus 5000 m Tiefe durch das extra gebaute Spezialschiff *Hughes Glomar Explorer*.
- *Operation CONDOR* war eine multinationale Operation rechtsgerichteter Militärdiktaturen in Südamerika zur gemeinsamen Verfolgung und Tötung politischer Gegner, die von der CIA technisch und logistisch sowie durch Schulungen unterstützt wurde.
- *Operation IA FEATURE:* Unterstützung der UNITA und der Intervention Südafrikas im angolanischen Bürgerkrieg, die zum Eingreifen Kubas 1975 führte.
- *CONTRA-Krieg:* Aufbau und Unterstützung der Contra-Guerillas im Krieg gegen Nicaragua von 1981 bis 1990, ausgeführt von der Vorläuferabteilung der *Special Activities Division,* dem paramilitärischen Arm der CIA.
- *IRAN-CONTRA-Affäre:* Unterstützung der Contras in Nicaragua durch Waffenverkäufe an den Iran und die Duldung des Schmuggels von Kokain in die USA.
- *Operation CYCLONE:* Anwerbung und Training von über 100.000 muslimischen Rekruten für den Einsatz in Afghanistan in Zusammenarbeit mit ISI und MI6.
- *Operation ROSEWOOD:* Nach der deutschen Wiedervereinigung gelang es der CIA, einen Großteil der Klarnamen der DDR-Agenten im Ausland zu erbeuten.

Weitere Einsätze des CIA:

- Im Afghanistankrieg Unterstützung des pakistanischen *Inter-Services Intelligence* bei der Ausbildung und Belieferung afghanischer Mujaheddin mit von den USA und Saudi-Arabien finanzierten Waffen.

- 2006 fand ein Journalist der Chicago Tribune über eine Internetrecherche die Namen von 2.600 CIA-Mitarbeitern heraus, einige davon verdeckte Ermittler. Auch Flugzeuge für verdeckte Aktionen der CIA und geheime Einrichtungen konnten so enttarnt werden.

- Am 6. September 2006 wurde US-Präsident George W. Bush durch ein Urteil des Obersten Gerichtshofes gezwungen, die Existenz und den Unterhalt von CIA-Geheimgefängnissen im Ausland, *Black Sites* genannt, öffentlich zu bestätigen.

- 31. Dezember 2009: Homam Khaleel Mohammad Abu Mallal, ein jordanischer Arzt, wurde Berichten zufolge vom jordanischen Geheimdienst angeworben, um in Afghanistan *al Qaida* zu infiltrieren und Informationen zu beschaffen, die entscheidend für den militärischen Einsatz der USA in Afghanistan sind. Stattdessen richtete sich der 33-jährige Jordanier gegen sie. Er trug einen Sprengstoffgürtel unter der Kleidung, als er sich an Silvester zum Treffen mit Agenten der USA in der *Forward Operating Base Chapman* im Osten Afghanistans nahe Chost aufmachte. Er war ein Doppelagent. Der vermeintliche Überläufer riss sieben CIA-Agenten, darunter die Leiterin des Teams, Jennifer Lynn Matthews und seinen jordanischen Führungsoffizier, Sharif Ali bin Zeid mit in den Tod. Unter den getöteten CIA Agenten war mit Matthews der zweithöchste CIA-Vertreter in Afghanistan.

- In den 90er Jahren wurden Asylsuchende in Deutschland bei der Einreise von einem Verbindungsoffizier der CIA in Flüchtlingslagern wie z.B. im bayerischen Zirndorf befragt.

- Die CIA unterstützte die Verhaftung des späteren Friedensnobelpreisträgers Nelson Mandela im damaligen südafrikanische Apartheid-Regime.

Anhang H

Völkermorde in der Geschichte

Land	Zeitraum	Opfer	Tote
China	1949-1968	In Tibet und in China	64.000.000
Belgien	1886-1908	Im Kongo	8.000.000
Sowjetunion	1932-1939	In den Gulags der Sowjetunion	7.000.000
Deutschland	1939-1945	In KZs in Europa	6.300.000
Japan	1941-1944	Zivilbevölkerung in Japan	5.000.000
Türkei	1915-1922	An Armeniern, Griechen und Assyrern	2.530.000
Kambodscha	1975-1979	In Kambodscha	1.700.000
Nordkorea	1948-1994	In Nordkorea	1.600.000
Äthiopien	1975-1978	In Äthiopien	1.500.000
Biafra	1967-1970	In Biafra	1.000.000
Sowjetunion	1979-1982	In Afghanistan	900.000
Ruanda	1994	In Ruanda	800.000
USA	1789-1901	Indianer in den USA	630.000
Irak	1980-1990	In Kurdistan und im Iran	600.000
Jugoslawien	1945-1980	In Jugoslawien	570.000
Indonesien	1965-1966	In Indonesien	500.000
Japan	1937-1939	An chinesischer Zivilbevölkerung	500.000
Angola	1975-2002	In Angola	400.000
Afghanistan	1986-2001	In Afghanistan	400.000
Uganda	1969-1979	In Uganda	300.000
Pakistan	1970-1971	In Bangladesch	300.000
Kroatien	1941-1945	An Juden, Roma und Serben	359.000
Italien	1934-1945	In Äthiopien, Libyen, Jugoslawien	300.000
Liberia	1989-1996	In Liberia	220.000
Sierra Leone	1991-2000	In Sierra Leone	200.000
Indonesien	1975-1998	In Aceh, Timor, Neu Guinea	200.000
Vietnam	1953-1956	In Vietnam	200.000
Burundi	1972	In Burundi	150.000
Jugoslawien	1992-1999	In Jugoslawien	100.000
Sudan	1989-1999	Im Sudan	100.000

Südkorea	1948-1950	In Südkorea an der Zivilbevölkerung	80.000
USA	1969-1974	Zivilbevölkerung in Vietnam & Kamb.	70.000
Guatemala	1982-1983	In Guatemala	70.000
Haiti	1957-1971	In Haiti	60.000
Dom. Republik	1930-1961	In der Dominikanischen Republik	50.000
Syrien	2012-2013	In Syrien	50.000
Äquatorial Guinea	1969-1979	In Äquatorial Guinea	50.000
Tschad	1982-1990	Im Tschad	40.000
Taiwan	1947	Gegen Aufständische in Taiwan	30.000
Sowjetunion	1917-1920	Gegen Dissidenten in der Sowjetunion	30.000
Spanien	1936.1939	Gegen Dissidenten in Spanien	30.000
Kuba	1959-1999	In Kuba	30.000
USA	1963-1968	In Vietnam	30.000
El Salvador	1932	In El Salvador	30.000
Syrien	1980-2000	In Syrien	25.000
Iran	1979-1989	Im Iran	20.000
Zimbabwe	1982-1987	In Zimbabwe	20.000
Großbritannien	1900-1901	An den Buren	20.000
Argentinien	1976-1983	in Argentinien	13.000
Frankreich	1956-1957	In Algerien	10.000
Großbritannien	1952-1956	In Kenia	10.000
Sierra Leone	1997	In Sierra Leone	6.000
Al Qaida	1993-2001	Weltweit	3.500
Chile	1973	In Chile	3.000

Anhang I

Militärausgaben in der Welt im Jahre 2016[401]

	Land		in Millionen $
1	USA		611.186,00 $
2	China		215.176,00 $
3	Russland		69.245,00 $
4	Saudi-Arabien		63.673,00 $
5	Frankreich		55.745,00 $
6	Indien		55.923,00 $
7	Großbritannien		48.253,00 $
8	Japan		46.126,00 $
9	Deutschland		41.067,00 $
10	Südkorea		36.777,00 $
11	Italien		27.934,00 $
12	Australien		24.617,00 $
13	VAE		23.681,00 $
14	Brasilien		23.676,00 $
15	Israel		17.977,00 $
Die ersten	15 Staaten		1.361.056,00 $
Die restlichen	156 Staaten		324.944,00 $
Weltweit	171 Staaten		1.686.000,00 $

[401] *SIPRI Stockholm vom 24.4.2017*

Anhang J

Militärausgaben der NATO im Jahre 2016[402]

NATO-Mitgliedstaat	Millionen $	% vom BIP
Vereinigte Staaten	611.186	3,3%
Frankreich	55.745	2,3 %
Vereinigtes Königreich	48.253	1,9 %
Deutschland	41.067	1,2 %
Italien	27.934	1,5 %
Kanada	15.157	1,0 %
Spanien	14.893	1,2 %
Türkei	14.803	2,0 %
Polen	9.341	2,0 %
Niederlande	9.253	1,2 %
Norwegen	5.998	1,6 %
Griechenland	4.973	2,6 %
Belgien	4.063	0,9 %
Portugal	3.764	1,8 %
Dänemark	3.514	1,2 %
Rumänien	2.765	1,5 %
Tschechien	1.955	1,0 %
Ungarn	1.254	1,0 %
Slowakei	1.035	1,1 %
Bulgarien	756	1,5 %
Kroatien	695	1,4 %
Litauen	636	1,5 %
Estland	502	2,1 %
Lettland	407	1,5 %
Slowenien	404	0,9 %
Luxemburg	294	0,5 %
Albanien	147	1,2 %
Montenegro	67	1,6 %
Island	17	0,1 %
ohne USA	269.692	

---

[402] *SIPRI Stockholm vom 24.4.2017*

Anhang K

Die größten Rüstungsunternehmen im Jahre 2015[403]

	Firma	Land	Umsatz Waffen in Mio. $	Anteil an der Produktion in %	Konzern-Gewinn in Mio. $	Personal
1	Lockheed Martin	USA	36.440	79	3.605	126.000
2	BOEING	USA	27.960	29	5.176	161.400
3	BAE Systems	GBR	25.510	93	1.456	82.500
4	Raytheon	USA	21.780	94	2.067	61.000
5	Northrop Grumman	USA	20.060	86	1.990	65.000
6	General Dynamics	USA	19.240	61	2.865	99.900
7	Airbus Group	EUR	12.860	18	2.992	136.570
8	United Technologies	USA	9.500	16	4.356	197.200
9	Finmeccanica	ITA	9.300	65	584	47.100
10	L-3 Communications	USA	8.770	84	282	38.000
11	Thales	FRA	8.100	52	897	62.190
12	Huntington Ingalls	USA	6.740	96	404	35.500
13	Almaz-Antey	RUS	6.620	95	NN	NN
14	Safran	FRA	5.020	26	1.644	70.090
15	Harris Corporation	USA	4.920	66	324	21.000
16	Rolls-Royce	GBR	4.790	23	1.650	50.500
17	United Aircraft Corp.	RUS	4.610	80	-1.785	NN
18	Bechtel Corporation	USA	4.600	14	NN	53.000
19	United Shipbuilding	RUS	4.510	87	230	NN
20	Pratt & Whitney	USA	4.225	30	1.900	33.401

---

403 Statista

Anhang L

Warum konnte Donald J. Trump Präsident der USA werden?

Seit 1945	Nach der Unabhängigkeit und der Vergrößerung des eigenen Territoriums durch Kriege, Kauf und Annexion verfielen die USA immer wieder in einen Isolationismus, der erst mit der Beteiligung an den beiden Weltkriegen durchbrochen wurde. Die beiden Weltkriege machten die USA zur Weltmacht - neben der Sowjetunion. Die bis dahin führenden Weltmächte hatten ihren Status verloren. Die USA waren die wichtigste Richtschnur in der freien Welt.
1991	Unter Präsident George Bush I brach das Imperium der Sowjetunion zusammen und die USA waren plötzlich - über Nacht - die einzige verbliebene Weltmacht: es gab nun eine unipolare Weltordnung und die USA waren allein an der Spitze. Eine lange friedliche Welt erschien endlich möglich. George Bush I hat sich um den Frieden in der Welt und die Änderungen in Europa verdient gemacht und gehörte eigentlich mit dem Friedens-Nobel-Preis ausgezeichnet.
2001 2003 2007	Nach dem Terroranschlag auf das World Trade Center am 11.9.2001 in New York, bei dem 2.989 Menschen getötet wurden, reagierten die USA unter Präsident George Bush II unverzüglich und völlig überzogen (Zum Vergleich: In Vietnam hatten die USA 58.220 tote GI's zu verzeichnen). George Bush II begann den „Krieg gegen den Terror" zunächst am 7. Oktober 2001 gegen Afghanistan und dann am 20. März 2003 gegen den Irak. Beide Kriege destabilisierten den gesamten Nahen Osten und führten zu Bürgerkriegen, die bis heute anhalten. Insbesondere der Krieg gegen den Irak wurde von George Bush II mit gefälschten Begründungen und Lügen vom Zaun gebrochen. George Bush II ist für mich ein Kriegsverbrecher und gehört vor das Internationale Tribunal in Den Hag. Die Störgrößen 9/11; Afghanistan, der Irak-Krieg II, die globale Finanzkrise nach dem Zusammenbrich von Lehmann Brothers und die zunehmende beängstigende immense Verschuldung der USA (Hauptschuldner ist China!) führten zu einem erstaunlichen raschen Abbau der US-amerikanischen Übermacht in der Welt.

auf der Zeit Achse	Für *Joe Sixpack* wurden nun zunehmend die Folgen deutlich: kein Geld für die marode Infrastruktur; US-Waren waren auf dem Weltmarkt nicht gefragt; der einfache US-Bürger musste mehrere Jobs annehmen, um überleben zu können; die Staatsverschuldung stieg ins Unermessliche und zunehmend verstärkte sich der Anti-Amerikanismus weltweit. Selbst in befreundeten Ländern (wie z.B. Deutschland) nahm dieser dramatisch zu. Schließlich verloren die USA politisch und wirtschaftlich an Einfluss in der Welt. Wo war sie geblieben, die gute alte Zeit, als die USA sagten, wo es hingeht?
2017	In dieser Lage trat nun der Retter auf: Donald J. Trump kam mit dem Slogan „America first" oder „Make America great again" an und traf damit die Seele eines großen Teils der Bevölkerung. Nun wird alles besser mit dem neuen Messias: Trump wurde gewählt.

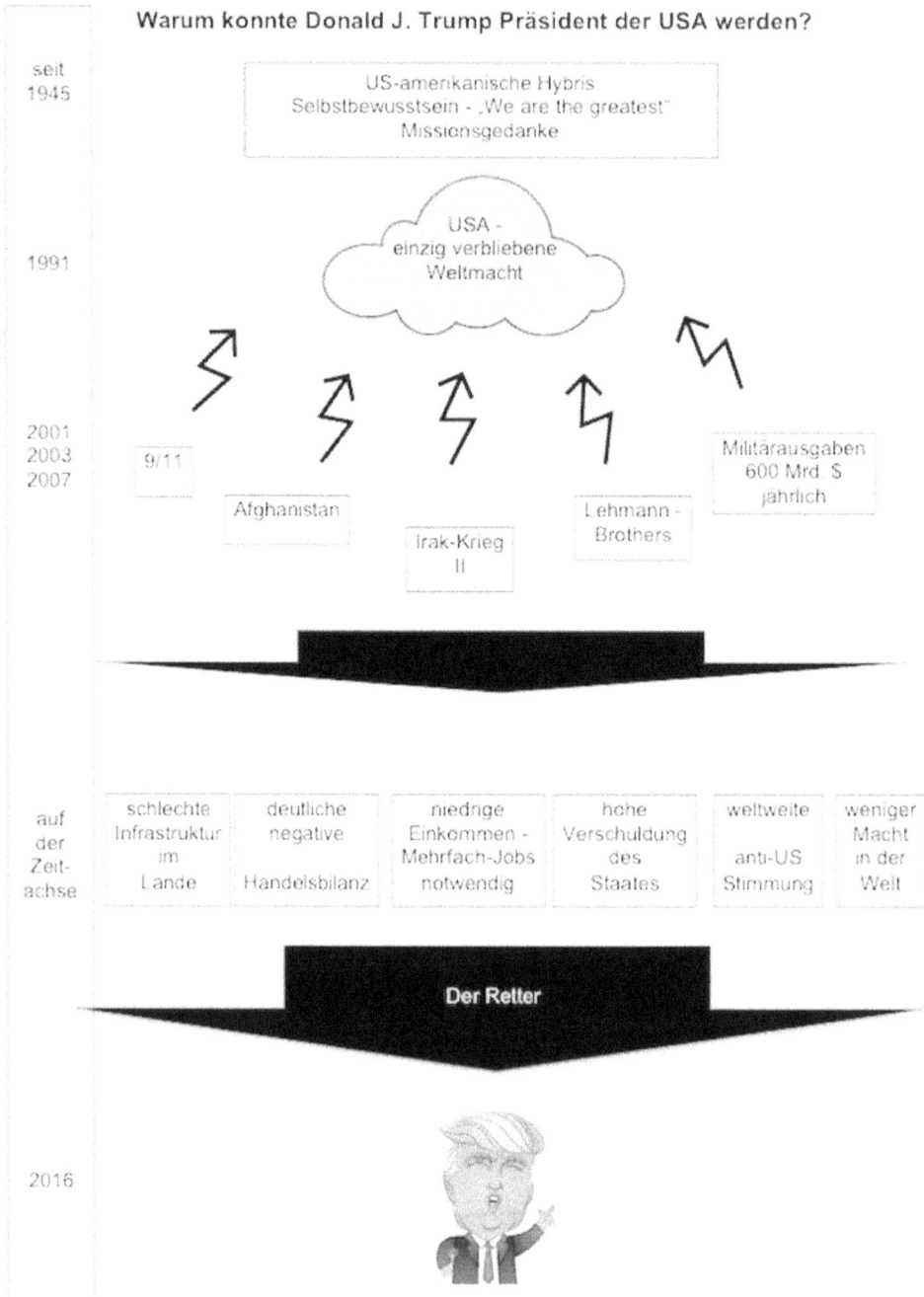

Warum konnte Donald J. Trump Präsident der USA werden?

seit 1945

US-amerikanische Hybris
Selbstbewusstsein - „We are the greatest"
Missionsgedanke

1991

USA -
einzig verbliebene
Weltmacht

2001
2003
2007

9/11

Afghanistan

Irak-Krieg II

Lehmann - Brothers

Militärausgaben
600 Mrd. $
jährlich

auf der Zeit-achse

| schlechte Infrastruktur im Lande | deutliche negative Handelsbilanz | niedrige Einkommen - Mehrfach-Jobs notwendig | hohe Verschuldung des Staates | weltweite anti-US Stimmung | weniger Macht in der Welt |

Der Retter

2016

Grafische Darstellung der Entwicklung

Anhang M

Trump und das Völkerrecht[404]

Grußwort von Professor Dr. Thomas Buergenthal, das er aus Anlass des 100-jährigen Gründungsjubiläum der „Deutschen Gesellschaft für Internationales Recht" in Berlin. Professor Dr. Thomas Buergenthal ist ein emeritierter Professor an der George-Washington-University, ehemaliger Richter am Internationalen Gerichtshof in Den Haag und am Inter-Amerikanischen Gerichtshof für Menschenrechte in San José. Als Kind überlebte er Auschwitz.

Es ist mir eine große Freude, heute mit Ihnen zusammen zu sein und Ihnen zu ihrem 100-jährigen Gründungsjubiläum zu gratulieren. Wie Sie sicherlich wissen, ist die *American Sociatey of International Law*, meine wissenschaftliche Heimat, ein paar Jahre älter als Ihre Gesellschaft. Sie ist aber nicht dadurch hervorgehoben - ich benutze dieses Wort ganz bewusst - dass sie sich wie die deutsche Gesellschaft völkerrechtlich gezwungen sah, sich während der Naziherrschaft aufzulösen. Die Tatsache, dass sie direkt nach Ende des Krieges wieder gegründet wurde, deutet für mich darauf hin, dass sie auch während dieser entsetzlichen Zeit in den Gedanken jener Völkerrechtler überlebt hatte, die stets an die Wichtigkeit des Völkerrechts geglaubt hatten und die Deutschland wieder als Teil dieser besonderen universellen Rechtsordnung sehen wollten. Aus diesem Grund bin ich sehr froh, diesen bedeutenden Geburtstag heute mit Ihnen feiern zu dürfen. Meine herzlichen Glückwünsche zu diesem wichtigen Geburtstag.

Heute bin ich erst das vierte Mal in Berlin. Das erste Mal war im Februar 1945; ja tatsächlich, im Februar 1945! Es war ein kurzer Zwischenstopp an einem Berliner Bahnhof, wo unser Güterzug auf seinem Weg von Auschwitz nach Sachsenhausen kurz anhielt. In diesem Zug habe ich, hungrig und frierend und gerade einmal zehn Jahre alt, etwas erlebt, was ich niemals vergessen habe: eine vorbeigehende deutsche Frau, die den Zug voller Häftlinge aus dem Konzentrationslager sah, ließ ihrem Hass freien Lauf, indem sie laut, dass ich es hören konnte, sagte: „ Es stinkt schon wieder nach Juden". Einige Minuten später kam einer unserer SS-Wachen mit einer dampfenden heißen Tasse Kaffee aus dem Restaurant und sah, wie ich begierig auf den Kaffee starrte, und er reichte ihn mir. Ich war zu jung, um es damals zu begreifen, aber als ich später über das Erlebte nachdachte, bildete sich bei mir die Überzeugung,

---

404 *FAZ Seite 7 vom 13.4.2017*

dass die Geisteshaltung der Frau das symbolisierte, was Nazideutschland erst möglich gemacht hatte, während die unerwartete Geste des jungen SS-Wachmanns die Einstellung charakterisierte, die es Deutschland möglich gemacht hat, diese schreckliche Vergangenheit zu bewältigen und das zu werden, was es heute ist – einer der weltweit führenden demokratischen Verfassungsstaaten.

Jüngst wurde ich überrascht als mich einer meiner drei Söhne - sie sind inzwischen alle über 50 - fragte, ob ich noch Omas deutschen Pass hätte - und hinzufügte: "wir könnten ihn bald nötig haben." Auch habe ich kürzlich mitbekommen, wie ein Mann einer Gruppe von Freunden in einem Restaurant erzählte, dass er gehört habe, er könne die italienische Staatsbürgerschaft annehmen, da sein Großvater aus Italien in die Vereinigten Staaten eingewandert sei. Dies sind einige der Fragen, über die US-Amerikaner beginnen nachzudenken, wenn sie sich Gedanken über die Zukunft der Vereinigten Staaten unter Präsident Trump machen. Ich glaube nicht, dass es bereits soweit ist, aber ich kann nicht leugnen, dass die politische Unruhe, die durch die Wahl von Präsident Trump entstanden ist, und das, was er, seit er an der Macht ist, gesagt und getan hat, einer wachsenden Zahl von US-Amerikanern Angst macht, auch mir. Ich glaube allerdings auch, dass die Vereinigten Staaten die politischen, verfassungsrechtlichen und institutionellen Kontrollmechanismen sowie eine gefestigte demokratische Traditionen besitzen, die Trumps autoritäre Instinkte zügeln können. Es lässt sich nicht leugnen, dass er solche Instinkte besitzt.

Die institutionellen Sicherungen, welche meiner Meinung nach die wichtigste Rolle spielen werden, sind die US-amerikanischen Gerichte, und zwar sowohl auf Ebene des Bundes als auch der der Einzelstaaten. Das konnte man bereits an den Entscheidungen US-amerikanischer Gerichte zu dem ersten Einreiseverbot für sieben muslimische Staaten sehen. Lassen Sie uns auch nicht die anhaltenden Demonstrationen gegen Trumps Politik gegenüber Muslimen vergessen. Diese Demonstrationen spiegeln eine Haltung wieder, die von einer großen Zahl US-Amerikaner geteilt wird, welche religiöse oder rassistische Intoleranz ablehnen und die weiter auf die Barrikaden gehen werden, um gegen das zu kämpfen, was sie als unamerikanische Politik sehen.

Was nun die Auswirkungen anbelangt, die die Präsidentschaft Trumps auf den Einsatz der Vereinigten Staaten für das Völkerrechts und insbesondere die Menschenrechte haben wird, bin ich sehr pessimistisch gestimmt. Der ignorante und anmaßende Nationalismus, der sich in Trumps Politik und seinen Ankündigungen widerspiegeln, misst dem Völkerrecht keine besondere politische Bedeutung bei. Er respektiert Macht, nicht rechtliche Regeln, und er wird sich nur an sie halten, wenn er dazu gezwungen wird oder wenn er sie als seinen persönlichen politischen oder wirtschaftlichen Interessen dienlich ansieht. Die einzigen US-amerikanischen Institutionen, die zum jetzigen Zeitpunkt sowohl die Fähigkeit als auch ein Interesse daran haben, zu verhindern dass der Einsatz der Vereinigten Staaten für das Völkerrecht nachlässt, scheinen große US-amerikanische Unternehmen zu sein, insbesondere Technologieunternehmen. Diese brauchen internationale Regeln und Märkte, um ihre weltweiten Geschäftsbeziehungen zu fördern. Sie haben bereits angefangen, ihre Stimme zu erheben, und das ist gut so, denn sie besitzen, was nötig ist, um sich Gehör zu verschaffen - besonders vor dem US-amerikanischen Kongress.

Es tut mir auch leid, eingestehen zu müssen, dass das Völkerrecht und die Menschenrechte heute ganz allgemein nicht mehr dieselbe Unterstützung und Achtung wie in den letzten Jahren erfahren. Der wachsende Nationalismus in Europa und in den Vereinigten Staaten schwächt die Europäische Union und die NATO. BREXIT ist nicht die einzige Bedrohung für ein vereintes Europa, wenn man sich das Gepolter der nationalistischen Rechten in einigen EU- Mitgliedstaaten anhört, sowohl im Westen als auch im Osten. Eine geschwächte NATO und Präsident Trumps kuriose Liaison mit Präsident Putin bestärken die russische Abenteuerlust - ganz zu schweigen von Chinas jüngsten expansionistischen Schachzügen im Südchinesischen Meer, die auch den Status von Hongkong gefährden. Diese Entwicklung und das derzeitige unbeständige politische Klima marginalisieren die Stellung des Völkerrechts und schwächen die internationale Institutionen sowie den Einsatz für den Schutz der Menschenrechte. Es ist deshalb sehr wichtig, dass wir Völkerrechtler nicht den Kopf in den Sand stecken, sondern unseren politischen Einfluss in unseren Heimatstaaten und auf der internationalen Bühne dafür nutzen, diese nationalistischen Strömungen und den Anführern, die sie unterstützen, entgegenzutreten. Es reicht nicht aus, wenn wir deren fehlerhafte und gefährliche Politiken kritisieren. Wir müssen sie entschlossen und öffentlich bekämpfen!

Erlauben Sie mir zum Schluss ein Wort zur Flüchtlingssituation, die ein enormes Ausmaß angenommen hat. Diese Situation hat Millionen von Menschen entwurzelt und hat begonnen, die wirtschaftlichen Ressourcen der wichtigsten Aufnahmestaaten zu strapazieren. Was noch wichtiger ist: es ist eine menschliche Tragödie, wie es sie seit dem Zweiten Weltkrieg nicht mehr gegeben hat. Bei mir persönlich weckt dies schreckliche Erinnerungen. Wenn ich die Migranten, insbesondere die Kinder sehe, wie sie sich hungrig über Landstraßen, Felder und Autobahnen von einem Land in das nächste kämpfen, in der Hoffnung, dass man ihnen erlaubt, diesen Ort zu betreten oder jenen zu verlassen, erkenne ich mich selbst als eines dieser Kinder wieder, wie ich 1939 mit meinen Eltern versucht habe, von der Tschechoslowakei über die Grenze nach Polen zu gelangen und mich einige wenige Monate später vor den vorrückenden deutschen Panzern in Polen zu verstecken. Diese Erinnerungen haben die aktuelle Flüchtlingssituation für mich zu einer sehr persönlichen werden lassen und haben bei mir eine tiefe Bewunderung für die überwältigende humanitäre Geste von Bundeskanzlerin Merkel geweckt. Ich weiß, dass viele in Deutschland und auch einige europäische Führungspersönlichkeiten sie dafür kritisiert haben, aber für mich und viele, viele andere auf der Welt hat sie das menschliche Gesicht des heutigen Deutschlands gezeigt. Hätten nur unsere Führungspersönlichkeiten den Mut, es ihr gleich zu tun.

Noch einmal, meine allerbesten Glückwünsche zu ihrem bedeutenden Jubiläum. Möge sich die „Deutsche Gesellschaft für Internationales Recht" weiterhin nachdrücklich für das Völkerrecht, die Herrschaft des Rechts und Frieden einsetzt.

Anhang N

Quellen

Autor	Titel	erschienen
Albright, Madeleine	Amerika du kannst es besser	Droemer, München, 2008
Ash, Timothy Garton	Im Namen Europas	Fischer, Frankfurt, 1996
Ash, Timothy Garton	Redefreiheit	Hanser, Köln, 2016
Bamford, James	NSA, Amerikas geheimster Nachrichtendienst	Orell Füssli, 1986
Blom, Philip	Die zerrissenen Jahre 1918 – 1938	BpB 2014
Blum, William	U.S. Military and CIA Interventions since WW II	Common Courage Press, 1995
Brzezinski, Zbigniew	Die einzige Weltmacht	Beltz Quadriga, Weinheim und Berlin, 1997
Brockhaus Band 10	Brockhaus in 15 Bänden	Bertelsmann, 1998
Buhrow, Tom und Stamer, Brigitte	Mein Amerika, Dein Amerika	Rowohlt, Hamburg, 2006
Bundeszentrale für politische Bildung	Diverse Analysen	Bonn
Carter, Jimmy	Unsere gefährdeten Werte. Amerikas moralische Krise	Pendo Verlag, München, 2006
Clark, Christopher	Die Schlafwandler	DVA München, 2013
Clinton, Bill	Mein Leben	Ullstein, Berlin, 2004
Dempsey, Judy	Das Phänomen Merkel	Edition Körber-Stiftung, 2013
Fabian, Frank	Was wir aus 10.000 Jahren Geschichte lernen können	Kindle Edition
Finkelstein, Norman, G.	Die Holocaust-Industrie	Piper, Zürich, 2001
Frankfurter Allgemeine Sonntagszeitung	Diverse Ausgaben	Zeitraum 2014 bis 2015
Frankfurter Allgemeine Zeitung	Diverse Ausgaben	Zeitraum 2013 bis 2015

Gorbatschow, Michail	Perestroika	Droemer, München, 1987
Gorbatschow, Michail	Umgestaltung und neues Denken für unser Land und für die ganze Welt	Dietz-Verlag, Berlin, 1988
Goffman, Alice	On the Run: Fugitive Life in an American City	Fieldwork Encounters and Discoveries
Groß, Barbara	In „Was ist Was"	24.11.2018
Hacke, Christian	Aufsatz im Deutschlandfunk	01.01.2014
Hansen, Eric T.	Die ängstliche Supermacht	Lübbe , Köln, 2013
Holbrooke, Richard	Meine Mission	Piper, München, 1998
http://www.wissen.de/	USA	Konradin Medien GmbH, Leinfelden-Echterdingen
Huntington, Samuel P.	Kampf der Kulturen	Europaverlag, München, 1997
Joffe, Josef	Die Hypermacht	bpb, 2006
Juchler, Ingo	Politik & Unterricht Heft 4-2006	Landeszentrale für politische Bildung Baden-Württemberg
Junker, Detlef	Power and Mission	Herder, Freiburg, 2003
Junker, Detlef	Schlaglichter auf die USA im 20. und 21. Jahrhundert	Heidelberg Center for America Studies 2013
Kennedy, Paul	In Vorbereitung auf das 21. Jahrhundert	New York 1993
Kennedy, Paul	Aufstieg und Fall der großen Mächte	Frankfurt, 2003
Kissinger, Henry A.	Memoiren Band 1	Bertelsmann, München, 1979
Kissinger, Henry A.	Memoiren Band 2	Bertelsmann, München, 1982
Kissinger, Henry A.	Die Vernunft der Nationen	Siedler-Verlag,1994
Kissinger, Henry A.	Weltordnung	Bertelsmann, München, 2014
Kleber, Claus	Amerikas Kreuzzüge	Bertelsmann, München, 2005
Kohl, Helmut	Erinnerungen 1982 – 1990	Droemer, München, 2007
Kohl, Helmut	Erinnerungen 1990 – 1994	Droemer, München, 2007

Kraus, Hans-Christof	Versailles und die Folgen	Bundeszentrake für politische Bildung, 2015
Kronzucker, Dieter und Emmerich, Klaus	Das amerikanische Jahrhundert	ECON, Düsseldorf, 1989
Lind, Michael	The next Americam Nation	New York 1995
Loth, Wilfried	Geschichte Frankreichs im 20. Jahrhundert	Fischer Verlag 1995
Michener, James A.	Die Kinder von Torremolinos	Random House, Hamburg, 1971
Moore, Michael	Stupid White Men	Piper, München, 2002
Münkler, Herfried	Der neue Golfkrieg	Rowohlt, Hamburg, 2003
Münkler, Herfried	Wir sind der Hegemon	FAZ vom 21.8.2015
NN	Verfassung der Vereinigten Staaten	1788
Nostitz, Siegfried von	Die Vernichtung des roten Mannes	Verlag Eugen Diederichs, Düsseldorf 1970
Obama, Barack	Ein amerikanischer Traum	DTV, München, 2009
Packer, George	Die Abwicklung	Bundeszentrake für politische Bildung, 2015
Powell, Colin	Mein Weg	Piper, München, 1996
Pradetto, August	Ostmitteleuropa, Russland und die Osterweiterung der Nato: Perzeptionen und Strategien Im Spannungsfeld Nationaler und Europäischer Sicherheit	Verlag für Sozialwissenschaften, 1997
Schmid, Carlo	Erinnerungen	Scherz-Verlag, 1980
Schmidt, Helmut	Menschen und Mächte	Siedler-Verlag, 1991
Schmidt, Helmut	Was ich noch sagen wollte	Beck, München 2015
Schmidt-Häuer, Christian	Michail Gorbatschow	Piper, München, 1988
Schöllgen, Gregor	Der Auftritt	Berlin, 2003
Scholl-Latour,	Die Welt aus den Fugen	2012
Schwabe, Klaus, Prof. Dr.	Weltmacht und Weltordnung. Amerikanische Außenpolitik von 1898 bis zur Gegenwart	Schöningh, Paderborn, 2006
Spieker, Hartmut und Ursula	4 Jahre USA - eine persönliche Bewertung	Bellona, Warschau, 1995
Steinbrück, Peer	Unterm Strich	Hoffmann & Campe,

		Hamburg 2010
Stiftung Entwicklung & Frieden	Globale Trends 2010	bpb, 2010
Stiftung Wissenschaft und Politik	Diverse Analysen	Berlin
Stürmer, Michael	Welt ohne Weltordnung	Murmann, Hamburg, 2006
Thatcher, Margaret	Downing Street No. 10	Econ, Düsseldorf, 1993
Todd, Emmanuel	Weltmacht USA - ein Nachruf	Piper-Verlag, München, 2003
Todenhöfer, Jürgen	Inside IS – 10 Tage im „Islamischen Staat"	C- Bertelsmann, München, 2015
Trojanow, Ilija und Zeh, Juli	Angriff auf die Freiheit	DTV, 2010
Ulfkotte, Udo	Gekaufte Journalisten	Kopp-Verlag, 2014
Volz, Gustav Berthold	Werke Friedrichs des Großen	Archiv-Verlag, 2006 £
Watzal, Ludwig	Universeller Missionsgedanke – Amerikanische Außenpolitik	„Das Parlament" vom 3.7.2006
Weisser, Ulrich	NATO ohne Feindbild	Bouvier, Bonn, 1992
Wellershoff, Dieter	Mit Sicherheit	Bouvier, Bonn, 1999
Wickert, Ulrich	Gauner muss man Gauner nennen	Piper, München, 2007
Winter, Rolf	Gottes eigenes Land?	Rasch & Röhring, Hamburg, 1991
Wolff, Michael	Fire and Fury	Little, Brwon, London 2018
Zahn, Peter von	Verlässt uns Amerika?	Berlin 1987
Zamperoni, Ingo	Fremdes Land Amerika	Ullstein, 2016
Zawadzki, Mariusz	Prophezeiungen – wird sich die Welt auf den Kopf stellen?	Gazeta Wyborcza vom 27.12.2014
Zelikow, Philip und Rice, Condolezza	Sternstunde der Diplomatie	Propyläen-Verlag,1997
Zweig, Stefan	Magellan – Der Mann und seine Tat	Fischer Verlag, 2007

Anhang O

Personenregister

A

Abe, Shinzo (1954-heute), japanischer Premierminister 452 -- Acheson, Dean (1893-1971), US-Außenminister 221, 405 -- Adenauer, Konrad, deutscher Bundeskanzler (1876-1967) 1787 -- Adorno, Theodor W. (1903-1969), deutscher Philosoph 509 -- Agassi, Andre (1970-heute) 109 -- Al-Masri, Khaled (1963-heute), deutscher Staatsbürger, 347 -- Albright, Madeleine (1937-heute), US-Außenministerin 315, 320 -- Alexander der Große (356-323 v.Chr.) 27, 28, Alexander II (1818-1881), Russischer Zar 124 -- Alvaredo, Juan Bautiste (1809-1882), US-Gouverneur 102 -- Alvarez Cabral, Pedro (1467-15271), portugiesischer Seefahrer 33 ff. -- Alwan, Rafid Ahmed (1968-heute), irakischer Asylant, 247, Amenemhet I (bis 1965 v.Chr.) 21 -- Andropov, Juri (1914-1984), Generalsekretär der KPdSU 208 -- Arend, Hannah (1906-1975), deutsch-amerikanische Philosophin 503 -- Armitage, Richard (1945-heute), US-Politiker 279 -- Armstrong, Louis (1901-1971), US-Jazzmusiker 87 -- Aron, Raymond (1905-1983), französischer Politiker 199 -- Aspin, Les (1938-1995), US-Politiker 186, 306, Assurbanipal (687-627 v.Chr.) 23 -- Astaire, Fred (1899-1987), US-Tänzer und Schauspieler 110 -- Astor, Johann Jakob (1763-1848), US-Unternehmer 105, 115 -- Astyages (um 550 v.Chr.) 26 -- Atlee, Clement (1883-1967), britischer Premierminister 162, Augustin, Norman A. (1935-heute), US-Wirtschaftsmanager 430, Austin, Stephen F. (1793-1836), Gründer von Texas 98

B

Baker, Jim (1930-heute), US-Außenminister 267, 496 -- Baldwin, Stanley (1867-1947), britischer Premierminister 150 -- Barks, Carl (1901-2000), US-Comics-Autor 106 -- Bartolomeu Diaz (1450-1500), portugiesischer Seefahrer 36 -- Bell, Terrel (1921-1996), US-Politiker 325 -- Belsazar (um 540 v.Chr.), babylonischer Kronprinz 25 -- Bennet, Robert (1933-2016), US-Politiker 467 -- Berlitz, Maximilian Delphinus (1852-1921), US-Sprachpädagoge 75 -- Bernanke, Ben (1953-heute), US-Notenbankpräsident 475 -- Beschloss, Michael R. (1955-heute), US-Historiker 403 -- Bevin, Ernest 1881-1951), 175 -- Bidault, Georges (1899-1983), französischer Politiker 492 -- Biden, Joe (1942-heute) 63 -- Bismarck von Otto (1815-1898), deutscher Reichskanzler 248, 273, 275, 327 -- Block, Adriaen (1567-1627), 65, 74 -- Bolton, John (1948-heute), US-Diplomat 344 -- Boone, Daniel (1734-1820), US-Pionier 83 -- Bradley, Omar N. (1893-1983), US-General 406 -- Brandt, Willy (1913-1992), deutscher Bundeskanzler 485 -- Brecht, Bertolt (1898-1956), deutscher Dramatiker 506 -- Breschnew, Leonid (1906-1982), Generalsekretär der KPdSU 46, 48, 204, 207 ff. -- Brown, Michael (1996-2014), US-Bürger, Schüler, Opfer von Polizeigewalt 365 ff. -- Bryan, William Jennings (1860-1926), US-Politiker 141 -- Brzezinski, Zbigniew (1926-2017) 9, 10, 55, 270, 274, 307, 379, 529, 602 -- Buchwald, Art (1925-2007), US-Publizist 508 -- Buck, Pearl S. (1892-1973), 108 -- Bush, George I (1924-heute), 41. US-Präsident 16, 184, 204, 241 ff., 248, 250, 254 ff., 267, 294, 304, 307 ff., 415, 429, 468, 496 ff. -- Bush, George II (1946-heute), 43. US-Präsident 10 ff., 242 ff., 261, 271, 274, 278 ff., 289, 308, 312, 321 322, 329, 335, 343 ff., 355, 388, 392, 398, 416,421 ff., 427 ff., 435 ff., 485, 498 ff., 513, 515, 530 --- Bush, Jeb (1953-heute), US-Politiker 279, 312

C

Cabrillo Juan Rodriguez (1499-1543), spanischer Entdecker 101 -- Caligula (12-14), römischer Kaiser 31 -- Cameron, David (1966-heute), britischer Premierminister 396 -- Carmichael, Stokeley (1941-1998), US-Bürgerrechtler 360 -- Carnegie, Andrew (1835-1919), US-Philanthrop 332 -- Carter, Ashton (1954-heute), US-Verteidigungsminister 527 -- Carter, Jimmy (1924-heute), 39. Präsident der USA 16, 65, 204, 228, 306 ff., 328, 440, 468, 529 -- Cash, Johnny (1932-2003), US-Country-Sänger 84 -- Castile, Philandro (1983-2016), US-Bürger, Opfer von Polizeigewalt 373 -- Castro, Fidel (1926-2016), kubanischer Politiker 206, 434 -- Castro, José (1808-1860), Gouverneur von Kalifornien 102 -- Chamberlain, Neville (1869-1940), britischer Premierminister 150 -- Cheney, Dick (1941-heute), US-Vizepräsident 244, 279 ff., 422 ff., 438 -- Cheney, Lynne (1941-heute), Ehefrau von Dick Cheney 424 -- Chruschtschow, Nikita (1884-1971), Generalsekretär der KPdSU 43, 46, 203 ff., 214, 223, 229 ff. -- Chrysler, Walter (1875-1940), US-Automobilhersteller 107 -- Churchill, Winston (1874-1965) 42, 151 ff., 167 ff., 198, 206, 221 ff., 402 ff., 415, 490 -- Clancy, Tom (1947-2013), US-Schriftsteller 68 -- Clark, William (1770-1838), US-Entdecker 105, 116 -- Clausewitz von, Carl (1780-1831), preußischer Heeresreformer 146 -- Clauss, Max Walter (1901-1988), deutscher Journalist 198 -- Clay, Lucius D. (1898-1978), US-General 492 -- Clifford, Clark (1906-1998), US-Politiker 200 -- Clinton, Bill (1946-heute), 42. US-Präsident 16, 94, 254, 261, 263 ff., 268, 270 ff., 287, 304, 308 ff., 325, 336, 338, 345, 393, 340, 428 ff., 436, 455, 472, 474 ff., 494, 498ff. -- Clinton, Hillary ((1947-heute) 312 -- Cody, William Frederic (1846-1917), Buffalo Bill 100, 118, Cole, James (1952-heute), US-Politiker 441 -- Comey, James (1960-heute), FBI-Direktor 346 -- Cook, James(1728-1779), 105, 126 -- Coolidge, John Calvin (1872-1933), 30. Präsident der USA 140, 420 -- Cooper, Gary (1901-1961), US-Schauspieler 115 -- Cromwell, Oliver (1599-1658), englischer Politiker 41, 397 -- Cuomo, Andrew (1957-heute), US-Politiker 311

D

Darius der Meder (601-530 v.Chr.), babylonischer Herrscher 25 -- Darius III (380-330 v.Chr.), persischer Herrscher 27 ff. -- Darwin, Charles (1809-1882), britischer

Naturforscher 139 -- Daschle, Tom (1947-heute), US-Politiker 467 -- Davis, Jefferson (1808-1889), der einzige Präsident der Konföderierten Staaten von Amerika 132 -- de Cadillac, Antoine (1658-1730), französischer Entdecker 94 -- de Champlain (1574-1635), französischer Entdecker 82 -- de Gaulle, Charles (1890-1970), französischer Präsident 177, 203, 210, 221 ff. -- de Hazeta, Bruno (1743-1897), spanischer Entdecker 115 -- de la Salle, Cavelier (1643-1687), französischer Entdecker 86, 93, 97 -- de Soto, Hernando (1496-1542), spanischer Seefahrer 86, 93 -- de Tocqueville, Alexis (1805-1859), französischer Politiker 139 -- de Vaca, Alvar Nunez Cabeza (1490-1559), spanischer Seefahrer 123 -- Deryke, Erik (1949-heute), belgischer Politiker 188 -- Deschnjow, Semjon (1605-1673), Russischer Entdecker 124 -- Disraeli, Benjamin (1804-1881), britischer Premierminister 269 -- Dixon, Jeremiah (1733-1779), britischer Geodät 68 -- Djilas, Milovan (1911-1995), jugoslawischere Politiker 157 -- Djoser (um 2700 v.Chr.), altägyptischer König 20 -- Dodd, William (1869-1940), US-Diplomat 149 -- Dole, James (1877-1958), US-Industrieller 127 -- Dorsey, Jimmy (1904-1957), US-Swing-Musiker 64 -- Dorsey, Tommy (1905-1956), US-Swing-Musiker 64 -- Dow, Charles (1851-1902), US-Unternehmer 482 -- Drake, Francis (1540-1596), englischer Entdecker 101 -- Druyun, Darleen (1947-heute), US-Rüstungsbeamtin 428 -- Dulles, John Foster (1888-1959), US-Außenminister 50, 199, 204, 214, 220, 405, 407 -- Dumas, Roland (1922-heute), französischer Politiker 266

E

Echnaton (um 1335 v.Chr.), altägyptischer König 21 -- Eden, Anthony (1897-1977), britischer Politiker 43, 203, 204 -- Edison, Thomas (1847-1931), US-Erfinder 85 - Einstein, Albert (1879-1955), deutscher Physiker 402 - Eisenhower, Dwight D. (1890-1969), 34. US-Präsident 43, 99, 180, 203 ff., 210, 213, 219, ff., 223, 229 ff., 359, 409 ff., 421 ff., 485, 491 -- Eliot, John (1604-1690), englischer Missionar 67 -- Elisabeth I (1533-1603), britische Königin 40, 70, 73 -- Ellis, John (1953-heute), US-Journalist 312 -- Erhard, Ludwig (1897-1977), deutscher Bundeskanzler 485 -- Erving, John (1942-heute), US-Schriftsteller 70 -- Evert, Chris (1954-heute), US-Tennisspielerin 97

F

Faubus, Orval (1910-1994), US-Politiker 359 -- Faure, Edgar (1908-1988), französischer Politiker 203 ff. -- Felt, William Mark (1913-2008), US-Watergate-Informant 117 -- Ferdinand II (1578-1637), König von Spanien 38 -- Ferdinand VII (1784-1833), König von Spanien 40 -- Ferdinand (1863-1914), österreichischer Thronfolger 398 -- Finlay, John (1744-1833), kanadischer Entdecker 83 -- Fisher, John (1841-1920), britischer Admiral 42 -- Fitzgerald, Ella (1917-1996), US-Jazz-Sängerin 71 -- Ford, Gerald (1913-2006), 38. Präsident der USA 16, 204, 454 -- Ford, Henry (1863-1947), US-Automobilhersteller 506 -- Franz II (1768-1835), Kaiser des Heiligen römischen Reiches deutscher Nation 52 -- Frey, William (1946-heute), US-

Demograph 318 -- Fukuyama, Francis (1952-heute), US-Politikwissenschaftler 256, 322

G

Gagarin, Jurij (1934-1968), sowjetischer Astronaut 46 -- Gardner, Ava (1922-1990), US-Filmschauspielerin 74 -- Garland, Judy (1922-1969), US-Filmschauspielerin 104 -- Gates, Bill (1955-heute), US-Unternehmer 116, 338 -- Gebhardt, Dick (1941-heute), US-Politiker 311 -- Genscher, Hans-Dietrich (1927-2016), deutscher Politiker 256 ff. -- George II (1683-1760), britischer König 64 -- George III (1760-1801), britischer König 85 -- Gershwin, George (1898-1937), US-Komponist 72 -- Gibbs, Robert (1971-heute), US-Politiker 350 -- Gingrich, Newt (1943-heute), US-Politiker 336, 467 -- Goebbels, Joseph (1897-1945), NS-Politiker 198 -- Goethe von, Johann Wolfgang (1749-1832), deutscher Dichter 505 -- Gorbatschow, Michael (1931-heute), Generalsekretär der KPdSU 47, 49, 51, 204, 208 ff., 215, 234 ff., 252, 255, 294, 497 ff. -- Gore, Al (1948-heute), US-Politiker 279, 312 -- Graf, Steffi (1969-heute), deutsche Tennisspielerin 109 -- Greysolon, Daniel (1639-1710), französischer Entdecker 104 -- Grisham, John (1955-heute), US-Schriftsteller 313 -- Groves, Leslie (1896-1970), US-General 209-- Guthrie, Woody (1912-1967), US-Liedermacher 299

H

Hadrian (76-138), römischer Kaiser 31, 32 -- Hahn, Otto (1879-1968), deutscher Atomphysiker 209 -- Haley, Bill (1925-1981), US-Rockmusiker 95 -- Halvorsen, Gail (1920-heute), US-Luftwaffenpilot 120 -- Hansen, Eric. (1960-heute), US-Journalist 330, 418 -- Hastert, J. Dennis (1942-heute), US-Politiker 427 -- Havel, Vaclav (1936-2011), tschechischer Dramatiker und Politiker 187, 344 -- Hayden, Michael (1945-heute), Direktor CIA 436, 438 -- Heidegger, Martin (1889-1976), deutscher Philosoph 505 -- Heinrich I (1512-1580), portugiesischer König 38 -- Hell, Jonny (1981-heute), US-Hacker 286 -- Henrietta Maria (1609-1669), Ehefrau des englischen Königs Karl I 67 -- Henry, Patrick (1736-1799), US-Unabhängigkeitskämpfer 71 -- Higgins, Henry Lee (1834-1919), US-Orchestergründer 141 -- Hilton, Conrad (1887-1977), US-Hotelier 122 -- Hirohito (1901-1989), Kaiser von Japan 404 -- Hitler, Adolf (1889-1945), deutscher Diktator 46, 52, 54, 149, 153 ff., 157, 401, 403, 485, 489, 506, -- Ho Chi Minh (1908-1969), vietnamesischer Politiker 407 -- Hobbes, Thomas (1588-1679), englischer Philosoph 222, 287 -- Hollande, Francois (1954-heute), französischer Präsident 17, 396 -- Hopkins, Harry (1890-1946), US-Politiker 158 -- Houston, Sam (1793-1863), US-Politiker 98 -- Howard, Michelle Janine (1960-heute), US-Admiral 363 -- Hull, William (1753-1825) US-Brigadegeneral 94 -- Hussein, Saddam (1937-2006), Staatspräsident Irak 1, 239 ff., 248, 272, 280, 305, 311, 415 ff., 425, 435, 485,

I

Inglis, John, (1954-heute), Stv. NSA-Direktor 441 -- Isabella II (1830-1904), Königin von Spanien 38 -- Ismay, Hastings (1887-1965), britischer Politiker 178

J

Jackson, Andrew (1767-1865), 7. Präsident der USA 89, 292 -- Jackson, Jesse (1941-heute), US-Politiker 69 -- Jakob II (1633-1701), englischer König 66, 71 -- Jaruzelski, Wojciech (1923-2014), polnischer Staatspräsident 47 -- Jefferson, Thomas (1743-1826), 3. US-Präsident 56, 71, 85 ff., -- Jelzin, Boris (1931-2007), russischer Präsident 49 -- Jobs, Steven P. (1956-2011), US-Unternehmer 103 -- Joffe, Josef (1944-heute), deutscher Publizist 393 -- Johann III (1502-1557), portugiesischer König 38 -- Johnson, Lyndon B. (1908-1973), 36. US-Präsident 204, 227, 308 ff., 361, 368, 409 ff., 485 -- Joilet, Louis (1645-1700), französischer Entdecker 89, 93 -- Jones, Edward (1922-heute), US-Unternehmer 482 -- Jünger, Ernst, deutscher Schriftsteller (1895-1998), deutscher Schriftsteller 505

K

Kagan, Elena (1960-heute), US-Richterin 352 -- Kamehameha (1758-1819), König von Hawii 126 -- Kant, Immanuel (1724-1804), deutscher Philosoph 143 -- Karkoszka, Andrzej (1945-heute) 187 -- Karl I (1600-1649), König von England 70 ff., 73, 342 -- Karl II (1661-1700) 63, 66, 69, 71 -- Karl V (1500-1558), Kaiser des heiligen römischen Reiches deutscher Nation 38 -- Kennan, George F. (1904-2005) 101, 163, 197, 206, 229, 258, 405 -- Kennedy, John F. (1917-1963), 35. US-Präsident 67, 203, 206, 227, 230, 268, 292 ff., 316, 395, 408 ff., 430, 485, 494, 497, 499 -- Kennedy, Paul (1945-heute), britischer Historiker 261, 273, 517 ff., 527 -- Kerry, John (1943-heute), US-Politiker 112 -- Khalid Scheich Mohammed (1964-heute), Terrorist 350 -- Khomeini, Ajatollah (1902-1989), iranischer Revolutionsführer 239 -- King, Martin Luther (1929-1969), 65, 359 ff., 372 -- King, Rodney (1965-2012), US-Bürger, Opfer von Polizeigewalt 364-- King, Stephen (1947-heute) 92 -- Kisch, Erwin (1885-1948), deutscher Schriftsteller 506 -- Kissinger, Henry (1923-heute), US-Politiker 49, 139, 227 ff., 233, 264, 268 ff., 274, 292, 525 -- Kleopatra (69-30 v.Chr.), ägyptische Königin 22 -- Kohl, Helmut (1930-2017), deutscher Bundeskanzler 184, 497, -- Kołodziejczyk, Piotr (1939-heute), polnischer Admiral und Politiker 187 -- Kolumbus (1451-1506), italienischer Entdecker in kastilianischen Diensten 34, 38 -- Kornblum, John (1943-heute), US-Diplomat 487 -- Kosygin, Alexi (1904-1980), sowjetischer Politiker 204 -- Kozinski, Alex (1950-heute), US-Richter 349 -- Kroes, Rob (1940-heute), niederländischer Historiker 509 -- Kunajew, Dinmuchamed (1912-1993), sowjetischer Politiker 48 -- Kyros II (590-530 v.Chr.), persischer König 25, 26

L

Le Duc Tho (1911-1990), nordvietnamesischer Politiker 228, 411 -- Le Vérendrye, Louis-Joseph Gaultier (1685-1749), französischer Entdecker 112 -- Lee, Peggy (1920-2002), US-Sängerin 113 -- Lee, Richard Henry (1732-1794), US-Politiker der ersten Stunde 71 -- Leisler, Jacob (1640-1691), deutsch-amerikanischer Kolonialist 72 -- Lewinski, Monica (1973-heute), US-Sekretärin 308 -- Lewis Meriwether (1774-1809), US-Entdecker 105, 116 -- Liddel Hart, Basil (1895-1970), britischer Militärhistoriker 390 -- Lie, Trygve (1896-1968), norwegischer Politiker 169 -- Lincoln, Abraham (1809-1865), 16. US-Präsident 79, 83, 107, 116, 130 ff., 357 -- Livingston, Robert (1746-1813), US-Politiker 467 ff. -- Lodge, Henry Cabot (1850-1924), US-Politiker 141 -- Lubanga, Thomas(1960-heute), kongolesischer Milizführer 173 -- Luce, Henry 1898-1967), US-Publizist 513 -- Ludwig XIV (1638-1715), französischer König 85 -- Luger, Richard (1932-heute), US-Politiker 467

M

Mac Millan (1894-1986), britischer Premierminister 43, 203 ff. -- MacArthur, Douglas (1880-1964), US-General 406 -- Madison, James (1751-1836), 4. US-Präsident 71 -- Magellan, Ferdinand (1480-1521), portugiesischer Seefahrer 33 ff. -- Mahan, Alfred Thayer (1840-1914), US-Marinestratege 146 -- Mala, Ray (1906-1952), US-Filmschauspieler 125 -- Malenkow, Georgi (1902-1988), sowjetischer Politiker, 219 -- Malik, Jakow (1906-1980), sowjetischer Diplomat 405 -- Mansfield, Mike (1903-23001), US-Politiker 408 -- Manuel I (1469-1521), portugiesischer König 38 -- Marc Aurel (121-180), römischer Kaiser 31 ff. -- Marco Polo (1254-1324), venezianischer Entdecker 34 ff. -- Marcuse, Herbert (1898-1979), deutsch-amerikanischer Philosoph 505, 509 -- Marquette, Jaques (1637-1675), französischer Entdecker 89 -- Marshall, George C. (1880-1959), US-Außenminister 163, 175, 460, 493 -- Masaryk, Jan (1850-1937), tschechoslowakischer Politiker 218 -- Mason, Charles (1728-1786), englischer Geometer 68 -- Mason, George (1725-1792), US-Politiker 71 -- Matis, Jim (1950-heute), US-Verteidigungsminister 522 -- McCain, John (1936-heute), US-Politiker 438 -- Mc Donald, Lawrence, (1966-heute), Lehmann Banker 476 -- McKinley, William (1843-1901), 25. US-Präsident 79 -- McKoy, Maud Ariel (1901-1984), US-Bürgerin, Mutter von Colin Powell 362 -- Meir, Golda (1898-1978), israelische Premierministerin 100 -- Mentuhotep II (2061 - 2010 v.Chr.), altägyptischer König 19 -- Merkel, Angela (1954-heute), deutsche Bundeskanzlerin 17, 485, 486 -- Merz, Friedrich (1955-heute), deutscher Politiker 527 -- Miner, Jay (1932-1994), US-Designer 123 -- Molotow, Wjatscheslaw (1890-1986), sowjetischer Politiker 204 -- Moltke von, Helmuth (1800-1891), preußischer Generalfeldmarschall 248 -- Monroe, James (1758-1831), 5. US-Präsident 136, 165 -- Moore, Michael (1954-heute), US-Filmregisseur 343, 349, 357, 370 -- Morgenthau, Henry (1891-1967), US-Politiker 402, 491 ff. -- Morris, Leland B. (1886-1950), US-Diplomat 490 -- Mossadegh, Mohammad (182-1967), iranischer Politiker 434 -- Mühlenberg, Frederic (1750-1801), US-Politiker

488 ff. -- Münkler, Herfried (1951-heute), deutscher Politikwissenschaftler 246 -- Mussolini, Benito (1883-1945), italienischer Diktator 151, 401

N

Nabonid, babylonischer König, 26 -- Nabopolassar (658-605 v.Chr.), babylonischer König 25 -- Nadschibullah (1947-1996), afghanischer Staatspräsident 47 -- Naish, Robby (1963-heute), US-Surfweltmeister 127 -- Napoleon I (1769-1821), französischer Kaiser 52 ff., 86, 110, 263 -- Nasser, Gamal Abdel (1918-1970), ägyptischer Präsident 43, 222 -- Naumann, Klaus (1939-heute), deutscher General 279 -- Navarro, Peter (1949-heute), US-Politiker 523 -- Nebukadnezar II (640-562 v.Chr.), babylonischer König 25 -- Nero (37-68), römischer Kaiser 31 -- Ngo Dinh Diem (1901-1963), vietnamesischer Präsident 407 -- Nicholson, Harald (1886-1968), britischer Politiker 145 -- Nicolet, Jean (1598-1642), französischer Entdecker 100 -- Nixon, Richard (1913-1994) 37. US-Präsident 204, 207 ff., 227 ff., 232 ff., 308, 328 ff., 335, 409, 483, 525 -- Nofretete (14. JH. v.Chr.), ägyptische Königin 21 -- Nye, Joseph S. (1937-heute), US-Verteidigungsminister 520

O

Obama, Barack (1961-heute), 44. US-Präsident 10, 16, 18, 59, 63, 238, 280 ff., 286, 293, 308, 322, 329, 333, 335, 343, 350, 351 ff., 367, 370 ff., 396, 415, 428 ff., 440, 466, 468 ff., 485, 499 ff., 503, 514 ff., 524 -- Oglethorpe, James (1696-1785), britischer General 65 -- Oppenheimer, Robert (1904-1967), US-Physiker 209 -- Osama bin Laden (1957-2011), saudischer Terrorist 243, 278, 413, 435 ff. -- Owens, Jesse (1913-1980), US-Leichtathlet 91, 506

P

Pahlewi, Reza (1919-1980), Schah von Persien 434 -- Palmerston, Lord (1784-1865), britischer Premierminister 487 -- Parks, Rosa (1913-2005) US-Bürgerrechtlerin 359 -- Paulson, Henry (1946-heute), US-Politiker 14 -- Penn, William (1644-1718), Gouverneur von Pennsylvania 62 ff. -- Perle, Richard (1941-heute), US-Politiker 244, 279 -- Perot, Ross (1930-heute), US-Unternehmer und Politiker 304, 310, 322 -- Perseus (212-166 v.Chr.), makedonischer König 28 -- Peter der Große (1672-1725), russischer Zar 237 --Philipp (382-336 v.Chr.), König von Makedonien 27 -- Pike, Zebulon (1779-1813), US-Entdecker 104 -- Pinay, Antoine (1891-1994), französischer Politiker 204, -- Pitt, Brad (1963-heute), US-Filmschauspieler 121 -- Pollock, Jackson (1912-1956), US-Maler 118 -- Powell, Colin (1937-heute), US-General und Außenminister 12 ff., 172 ff., 243 ff., 279 ff., 344, 362, 417, 436 -- Powell, Luther (18898-1978), US-Bürger, Vater von Colin Powell 362 -- Primakov, Jevgeni (1929-2015), russischer Politiker 188 -- Putin, Wladimir (1952-heute), russischer Präsident 414

R

Raleigh, Walter (1552-1618), englischer Seefahrer und Entdecker 73 -- Ramses I (um1290 v.Chr.), altägyptischer König 22 -- Ramses II (1303-1213 v.Chr.), altägyptischer König 19 -- Ramses III 1217-1155 v.Chr.), altägyptischer König 20 -- Rapacki, Adam (1909-1970), polnischer Politiker 229 -- Ray, James Earl (1928-1988), US-Attentäter von M. L. King 361 -- Reagan, Ronald (1911-2004), 40. US-Präsident 16, 50, 90, 177, 204, 208 ff., 234 ff., 306, 308, 426, 429, 433, 468, 471, 497 -- Ribbentrop von, Joachim (1893-1946), deutscher Außenminister 490 -- Rice, Condolezza (1954-heute), US-Politikerin 279 -- Rifkind, Malcom (1946-heute), britischer Politiker 186 -- Roche, James G. (1939-heute), US-Marineoffizier 424 -- Rockefeller, John D. (1839-1937), US-Unternehmer 169 -- Romney, Mitt (1947-heute), US-Politiker 355, 429 -- Roosevelt Theodor (1858-1919), 26. US-Präsident 137, 139, Roosevelt, Franklin D. (1882-1945), 32. US-Präsident 135, 146, 148 ff., 167 ff., 174, 196, 293, 328, 403, 490 ff. -- Ross, Wilbur (1937-heute), US-Politiker 523 -- Rousseff, Dilma (1947-heute), brasilianische Präsidentin 17 -- Rove, Carl (1950-heute), US-Politiker 279 -- Rühe, Volker (1942-heute) 185 ff., 276 -- Rumsfeld, Donald, US-Politiker (1932-heute). US-Politiker 13, 244, 272, 279, 287, 422 ff., 427 -- Rusk, Dean, US-Außenminister (1909-1994) 207

S

Sargon II (721 bis 705 v. Chr.), König des neuassyrischen Reiches 23 -- Schabowski, Günter (1929-2015), Politiker der DDR 253 -- Schaefer, Georg Anton (1779-1836), deutscher Arzt und Abenteurer 126 -- Schmid, Carlo (1896-1979), deutscher Politiker 493 -- Schmidt, Helmut (1918-2015), deutscher Bundeskanzler 214, 306, 497 -- Schroeder, Gerhard (1944-heute), deutscher Bundeskanzler 13 -- Schumann, Robert (1866-1963), französischer Politiker 175 -- Schwabe, Klaus (1932-heute), deutscher Historiker 290 -- Schwartzkopf, Norman (1934-2012), US-General 307 -- Sebastian I (1554-1578), portugiesischer König 38 -- Seostris I (um 19000 v.Chr.), altägyptischer König 21 -- Seostris III (um 1840 v.Chr.), altägyptischer König 21 -- Serra, Junipero (1713-1784), Begründer von San Francisco 101 -- Seydak, Pawel (1949-heute), polnischer Offizier und Germanist 602 -- Shalikashvili, John (1936-2011), US-General 264 -- Simon, Gerhard (1937-heute), deutscher Slawist 50 -- Sinatra, Frank (1915-1998), US-Sänger und Entertainer 64 -- Sitting Bull (1831-1890), Stammeshäuptling der Sioux-Indianer 113 -- Snowdon, Edward (1983-heute), US-Whistelblower 17, 74, 284, 438 ff., 442 - Solana, Javier (1942-heute), spanischer Politiker 188 -- Spieker, Hartmut (1940-heute), deutscher Marineoffizier 75 -- Sponeck von, Hans (1939-heute), UN-Diplomat 246 -- Stalin, Josef (1878-1953), Generalsekretär der KPdSU 46 ff., 48, 135, 157 ff., 162, 168, 175, 199 ff., 229, 402 ff. -- Sterling, Alton (1979-2016), US-Bürger, Opfer von Polizeigewalt 365, 373 ff. -- Stern, Fritz (1926-2016), deutsch-amerikanischer Historiker 273, 499 -- Stevens, John Paul (1920-heute), US-Richter 352 -- Stikker, Dirk (1897-1979), niederländischer Politiker 175 -- Stoeckl von, Eduard

X

Xerxes (519-466 v.Chr.), altägyptischer Pharao 27 -- Xi Jinping (1953-heute), chinesischer Präsident 521, 526, 528 ff.

Y

Yellen, Janet (1946-heute), US-Notenbankpräsidentin 338 -- Young, Brigham (1801-1877), zweiter Präsident der Mormonen 82, 119

Z

Zawadzki, Mariusz (1970-heute), polnischer Analytiker 389, 476

Dank

Mein Dank muss vorab Zbigniew Brzezinski gelten, der mich mit seinem im Jahre 1997 erschienenen Buch „Die einzige Weltmacht" motiviert hat, mich diesem Thema zu widmen. Nach umfassendem Quellenstudium in den Jahren 2012 und 2013 habe ich im Oktober 2013 begonnen, meine Gedanken zu Papier zu bringen.

Mein großer Dank gilt Ursula, die mir bei jedem einzelnen Kapitel eine gute Ratgeberin war und die für die erste Korrektur verantwortlich zeichnet.

Der zweite Dank gilt meinem Lektor und Freund Pawel Seydak in Warschau. Als studierter Germanist, Oberst der polnischen Armee und früherer stellvertretender Leiter des Planungsstabes im polnischen Ministerium für Nationale Verteidigung hatte er aufgrund unserer unterschiedlichen Sozialisierung oft einen anderen Blickwinkel auf die Thematik und konnte daher wesentlich zu vielen Aussagen in diesem Buch beitragen.

Das Buch widme ich meinen beiden Enkeltöchtern Alyssa Marie Spieker (* 2000) und Liv Kristin Spieker (* 2002), die beide sowohl die deutsche als auch die US-amerikanische Staatsangehörigkeit besitzen.

Zum Autor

Geboren in Hamburg. Nach dem Abitur Eintritt als Offizieranwärter in die Deutsche Marine. Fachliche Ausbildung bei der Royal Navy in Portsmouth (UK). Studium am US Naval War College in Newport R.I. (USA).

15 Jahre seegehende Verwendungen, darunter Kommandant des Minenjagdbootes "Flensburg" und Kommandeur im 4. Minensuchgeschwader. Stabsverwendungen im Bereich der Planung u.a. im Bundesministerium der Verteidigung sowie im NATO Hauptquartier Atlantik (SACLANT) in Norfolk (USA).

Sicherheitspolitische und militärpolitische Verwendungen als Leiter der militärpolitischen Abteilung an der deutschen Botschaft in Warschau sowie als Direktor für Regionale Stabilisierung bei der OSZE-Mission in Bosnien & Herzegowina. Verfasser einer Vielzahl von militär- und sicherheitspolitischen Analysen in Fachzeitschriften. Regelmäßig Leiter sicherheitspolitischer Konferenzen am US-amerikanisch - deutschen *George C. Marshall European Center for Security Studies* in Garmisch-Partenkirchen.

Sprachen: Deutsch, Englisch, Französisch, Polnisch

www.ingramcontent.com/pod-product-compliance
Lightning Source LLC
Chambersburg PA
CBHW080352030426
42334CB00024B/2846